Reihe Hanser 200/2
Jean Paul Werke

Jean Paul

Werke in zwölf Bänden

Herausgegeben von Norbert Miller

Nachworte von Walter Höllerer

Einteilung der Ausgabe

JEAN PAUL
WERKE

Band 2

Hesperus (II)

Anhang zu den Bänden 1 und 2

Hanser Verlag

Die Ausgabe der »Werke in zwölf Bänden« folgt seitengleich der sechsbändigen Dünndruckausgabe der »Werke« Jean Pauls (3. Auflage 1970 ff.) im Carl Hanser Verlag. Jeweils zwei Bände der vorliegenden Ausgabe entsprechen einem Band der Dünndruckausgabe: Band 1 und 2 der »Werke in zwölf Bänden« entsprechen Band 1 der »Werke«, Band 3 und 4 dem zweiten Band der »Werke«, usw.

Reihe Hanser 200/2
ISBN 3-446-12092-0

Ausstattung Heinz Edelmann
Gesamtherstellung Ebner, Ulm
Printed in Germany

INHALTSÜBERSICHT

Zweites Heftlein

16. HUNDPOSTTAG

Kartoffeln-Formschneider – Hemmketten in St. Lüne – Wachs-Bossierungen – Schach nach der regula falsi – die Distel der Hoffnung – Begleitung nach Flachsenfingen

Man sollte wie der alte *Fritz* gern in Kleidern schlafen, sobald man weiß, daß man, wie zuweilen Viktor und ich, im Hemde von den Vampyren der mitternächtlichen Melancholie umzingelt und angefallen wird; sie bleiben aus, wenn man sitzt und alles anhat; besonders erhalten uns Stiefel und Hut das Gefühl des Tages am meisten. –

Eine warme Hand hob Viktors betautes Haupt vom Schlaftisch auf und richtete es der ganzen daherschlagenden Flut des Morgens entgegen. Seine Augen gingen (wie allemal) unbeschreiblich mild und ohne Nachtwolken vor Agathen auf und überstrahlten sie. Aber sie führte ihn mit seinen Strahlen eilig aus der belaubten Schlafkammer hinweg: denn er sollte sich einen Frisierkamm und einen Morgensegen suchen, und zweitens sollte das Tischbett zu einem Teebrett für Klotilden werden, die die *warmen* Getränke gern an *kalten* Orten nahm.

– Und so steht er draußen zwischen Pfarrhaus und Schloß mitten im Morgen – alles schien ihm erst während seiner Reise gemauert und angestrichen zu sein – denn alles, was darin wohnte, schien sich verändert zu haben und machte ihn wehmütig. »Die Eltern drinnen« (sagt' er zu sich) »haben keinen Sohn – mein Freund hat keine Geliebte, und ich... kein ruhiges Herz.« Da er nun endlich in die Wohnung trat und wieder ein heller Ehrenbogen des liebenden Familienzirkels wurde; da er mit teilnehmenden und doch belehrten Augen die zärtlichen Täuschungen der Eltern, die grundlosen Hoffnungen seines Freundes und das Aufsteigen der gewitterhaften Tage anschauen mußte: so stand sein Auge in *einer* unverrückten Träne über die Zukunft, und sie wurde nicht kleiner, da seine Adoptiv-Mutter sie durch weiches Anblicken rechtfertigen wollte. – – Zum Teil aber wehete auch dieser

Flor über seine Seele bloß aus der vorigen Nacht herüber, deren dämmernde Szenen nur durch einen kleinen Zwischenraum aus Schlaf von ihm geschieden waren: denn eine in Empfindungen verwachte Nacht endigt sich allezeit mit einem schwermütigen Vormittag.

Der Kaplan machte gerade Butter-Vignetten; ich meine, er sägte mit keiner andern Ätzwiege als mit einem Federmesser und in keine andre Kupferplatten als in Kartoffeln Buchdruckerstöcke und Schließquadrätchen ein, die auf die Juliusbutter des Schmukkes wegen zu drucken waren. Man hätte denken sollen, Viktor hätte sich dadurch viel geholfen, daß er Witz hatte und anmerkte, die *alten Drucke* wären zwar langer Bücher darüber und langer allgemeiner deutschen literarischen Rezensionen der Bücher ganz würdig, aber keines menschlichen Gedankens, und wären zehnmal ungenießbarer als diese *neuesten* Butter-Inkunabeln; denn wenn es etwas Elenderes geben könnte als die Weltgeschichte (d.h. die Regentengeschichte), deren Inhalt aus Kriegen, wie das Theaterjournal *anderer* Marionetten aus Prügeleien, bestände, so wär's bloß die Gelehrten- und Buchdruckerhistorie[1]. Auch das hätt' ihm zustatten kommen sollen, daß er hinterdrein philosophisch war und verlangte, man sollte den Menschen weder ein *lachendes* noch *vernünftiges* Tier nennen, sondern ein *putzendes;* zu welcher Anmerkung die Kaplänin nichts setzte als die Anwendung davon auf ihre Töchter.

Aber in Menschen seiner Art haben Kummer, Satire und Philosophie nebeneinander Platz. Er erzählte dem Kartoffeln-Medailleur und der Kaplänin, die alle Weiber auf der Erde zu ihren Töchtern zählte und gegen sie ähnliche Strafpredigten hielt, seine Reise mit so vielen Satiren und Rasuren, als für beide Parteien nötig waren; aber als er die Wünsche der Familie hörte, daß der Lord glück-

[1] Er ist zwar nur gegen die *typographische* Geschichte gelehrter Werke aufgebracht und verachtet nur das ängstliche Forschen nach den Geburttagen etc. verstorbener und dummer Bücher mitten in einer Welt voll Wunder; aber auch hier muß er bedenken, daß Köpfe, die über nichts als das Drucken selber drucken lassen können, doch besser dieses kleine Etwas tun, das den Besseren am meisten wuchert und erspart, als gar nichts, oder etwas über ihre Kraft.

lich mit dem geliebten Fürstenkinde zurückkommen möge, und die Nachricht, daß der Regierrat schon alles eingepackt habe, um mit seinem Freunde jede Stunde, die er wolle, in die Stadt zu ziehen: so hatte Viktor nichts zu tun als – die absondernden Tränenwege in seinen Augenhöhlen hinauszutragen....

– Aber in den Garten! – Das war unüberlegt. Flamin ging nach, und sie langten miteinander im Laub-Klosett vor den Teetrinkerinnen an. Niemals verschatteten die Zweige desselben ein verlegneres Gesicht, weichere Augen, vollere Blicke und lebhaftere oder schönere Träume, als Viktor darunter mitbrachte. Er dachte sich jetzo Klotilde als ein ganz neues Wesen und dachte also – da er nicht wußte, ob sie ihn liebe – recht dumm; der Mensch achtet allezeit, wenn er den Berg überstiegen hat, den kommenden Hügel für nichts; Flamin war sein Berg gewesen, und Klotilde sein Hügel. – In allen Gespräch-Untiefen, wo man schon halb im Sitzen oder Sinken ist, gibts keine herrlichere Schiffpumpe als eine Historie, die man zu erzählen hat. Man gebe mir Verlegenheit und den größten Zirkel und nur *ein* Unglück, nämlich die Anekdote davon, die noch keiner weiß als ich, so will ich mich schon retten. Viktor brachte also seinen Schwimmgürtel heraus, nämlich sein Schifftagebuch, aus dem er für die Laube einen pragmatischen Auszug machte – ich gesteh' es, ein Zeitungschreiber hätte mehr verfälschen, aber schwerlich mehr weglassen können.

Er tat sich, glaub' ich, wieder Vorschub bei der Kaplänin, und noch mehr Schaden bei Klotilden – so sehr er auch nur aus Wohlwollen für die Zuhörer und aus zu starkem Haß des Hofes gegen Klotildens Satiren-Verbot in ihrem Briefe verstieß – dadurch unbezweifelt, daß er – da überhaupt die Mädchen nur den Spott, nicht die Spötter lieben – die Benefizkomödie der Prinzessin nicht von der erhabenen Seite darstellte, wie ich, sondern von der lustigen: Klotilde lächelte, und Agathe lachte.

Da aber der Name Emanuel von ihm genannt wurde und sein Haus und sein Berg: so breitete die Freundschaft und die Vergangenheit auf dem schönsten Auge, worüber noch ein Augenbraunenbogen, aus einer Schönheitlinie gezogen, floß, einen sanften Schimmer aus, der jeden Augenblick zur Freudeträne werden wollte. Doch mußte er zu einer andern werden, als Viktor der Frage um seine Gesundheit, welche Klotilde hoffend an ihn als Kunstverständigen tat, die Antwort der leis' umschriebenen Geschichte seines nächtlichen Blutens geben mußte. Er konnte den Schmerz des Mitleidens nicht verhehlen, und Klotilde konnt' ihn nicht bezwingen. O ihr zwei guten Seelen! welche Quetschwunden wird euer Herz noch von eurem großen Freund empfangen!

Wohin anders konnte sie jetzt ihr liebendes und trauerndes Auge als gegen ihren guten Bruder Flamin hinkehren, gegen den ihr Betragen durch den doppelten Zwang, den ihr ihre Verschwiegenheit und seine Auslegungen anlegten, bisher so unbeschreiblich mild geworden war? – Da nun Viktor das alles mit so ganz andern Augen sah; da er seinem armen Freund, der mit seinem gegenwärtigen Glück vielleicht die giftige Nahrung seiner künftigen Eifersucht vergrößerte, offen und heftend in das feste Angesicht schauete, das einst schwere Tage zerreißen konnten; da ihn überhaupt *künftige* oder *vergangne* Leiden des andern mehr angriffen als *gegenwärtige*, weil ihn die Phantasie mehr in der Gewalt hatte als die Sinne: so konnt' er einen Augenblick die Herrschaft über seine Augen nicht behaupten, sondern sie legten ihren Blick, von mitleidigen Tränen umgeben, zärtlich auf seinen Freund. Klotilde wurde über den Ruheplatz seines Blickes verlegen – er auch, weil der Mensch sich der heftigsten Zeichen des Hasses weniger schämt als der kleinsten der Liebe – Klotilde verstand die kokette Doppelkunst nicht, in Verlegenheit zu setzen oder daraus zu ziehen – und die gute Agathe verwechselte das letzte immer mit dem ersten... »Frag ihn, was ihm fehlt, Bruder!« sagte Agathe zu Flamin...

Dieser lenkte ihn mit ähnlichem Gutmeinen hinter die nächsten Stachelbeerstauden hinaus und fragte ihn nach seiner festen Art, die immer Behauptung für Frage hielt: »Dir ist was passiert!« – »Komm nur!« sagte Viktor und zerrte ihn hinter höhere spanische Wände aus Laub.

»Nichts ist mir« – hob er endlich mit gefüllten Augenhöhlen und lächelnden Zügen an – »weiter passiert, als daß ich ein Narr geworden seit etwan 26 Jahren« – (so alt war er) – »Ich weiß, du bist leider ein Jurist und vielleicht ein schlechterer Okulist als ich selbst und hast wohl wenig in Herrn *Janin*[1] gelesen: nicht?«

Nicht bloß vom Nein wurde Flamins Kopf geschüttelt.

»Ganz natürlich; aber sonst könntest du es aus ihm selber oder aus der Übersetzung von *Selle* recht schön haben, daß nicht bloß die Tränendrüse unsre Tropfen absondere, sondern auch der gläserne Körper, die Meibomischen Drüsen, die Tränenkarunkel und – unser gequältes Herz, setz' ich dazu. – Gleichwohl müssen von diesen Wasserkügelchen, die für die Schmerzen der armen, armen Menschen gemacht sind, sich in 24 Stunden nicht mehr als (wenns recht zugeht) 4 Unzen abseihen. – – Aber, du Lieber, es geht eben nicht recht zu, besonders bei mir, und es ärgert mich heute, nicht daß du in den Herrn Janin nicht geguckt, sondern daß du meine fatale, verdammte, dumme Weise nicht merkst...« – »Welche denn?« – »Jawohl, welche; aber die heutige mein' ich, daß mir die Augen überlaufen – du darfst es kühn bloß einem zu matten *Tränenheber* beimessen, worunter *Petit* alle einsaugende Tränenwege befaßt –, wenn mir z. B. einer unrecht tut, oder wenn ich nur etwas stark begehre, oder mir eine nahe Freude oder nur überhaupt eine starke Empfindung oder das menschliche Leben denke oder das bloße Weinen selber.« – –

Sein gutes Auge stand voll Wasser, da ers sagte, und rechtfertigte alles.

»Lieber Flamin, ich wollte, ich wäre eine Dame geworden oder ein Herrnhuter oder ein Komödiant – wahrlich, wenn ich den Zuschauern weismachen wollte, ich wäre darüber (nämlich über dem Weinen), so wär' es noch dazu auf der Stelle wahr.« –

Und hier legt' er sich sanft und froh mit Tränen, die entschuldigt flossen, um die geliebte Brust.... Aber zur Vipern- und Eisenkur seiner Männlichkeit hatt' er nichts als ein »Hm!« und einen Zuck des ganzen Körpers vonnöten: darauf kehrten die Jünglinge als Männer in die Laube zurück.

Es war nichts mehr darin; die Mädchen waren in die Wiesen geschlichen, wo nichts zu meiden war als hohes Gras und betau-

[1] Ein bekannter guter Schriftsteller über die Augen.

ter Schatten. Die leere Laube war der beste einsaugende Tränenheber seiner Augen; ja ich schließe aus Berichten des Korrespondenz-Spitzes, daß es ihn verdroß. Da die Schwester spät allein wiederkam: so verdroß es den andern auch. Überhaupt, sollte sich etwa der Held – welches für mich und ihn ein Unglück wäre – mit der Zeit gar in Klotilden verlieben: so wird uns beiden – ihm im Agieren, mir im Kopieren – die Heldin warm genug machen, eben weil sie selber nicht warm sein will; weil sie weder überflüssige Wärme, noch überflüssige Kälte, sondern allezeit die wechselnde Temperatur hat, die sich mit dem Gespräch-Stoff, aber nicht mit dem Redner ändert; weil sie einem zärtlichen Nebenmenschen alle Lust nimmt, sie zu loben, da sie keinen Sackzehent davon entrichtet, oder sie wenigstens zu beleidigen, da sie keine Ablaßbriefe austeilt, und weil man wirklich in der Angst zuletzt annimmt, man könne keine andern Sünden gegen sie begehen als solche gegen den heiligen Geist. *Jean Paul*, der in solchen Lagen war und oft jahrelang auf *einem* Platz vor solchen *Bergfestungen* mit seinen Sturmleitern und Labarums und Trompetern stand und statt der Besatzung selber ehrenvoll abzog, dieser *Paul*, sag' ich, kann sich eine Vorstellung machen, was hier in Sachen Sebastians contra Klotilden für Aktenpapier, Zeit und Druckschwärze (von ihm und mir) vertan werden kann, bis wirs nur zur *Kriegsbefestigung* treiben. Es wird einem Mann überhaupt bei einer ganz *vernünftigen* Frau nie recht wohl, sondern bei einer bloß feinen, phantasierenden, heißen, launenhaften ist er erst zu Hause. Durch so eine wie Klotilde kann der beste Mensch vor bloßer Angst und Achtung frostig, dumm und entzückt werden; und meistens schlägt obendrein noch das Unglück dazu, daß der arme matte Schäker, von dem sich ein solcher irdischer Engel, wie der apokalyptische vom Jünger Johannes, durchaus nicht will anbeten lassen, selten noch die Kräfte auftreibt, um zum Engel zu sagen – wie etwan zu einem entgegengesetzten Engel mit Weltreichen, der das Anbeten haben will –: »Hebe dich weg von mir!« Paul hebt sich allemal selber weg. – –

Viktor tat dies nicht; er wollte jetzt gar nicht aus dem Hause, d.h. aus dem Dorfe. Die Sommertage schienen ihm in St. Lüne wie in einem Arkadien zu ruhen, wehend, duftend, selig; und er sollte aus dieser sanft irrenden Gondel hinausgeworfen werden ins Sklavenschiff des Hofs – aus der pfarrherrlichen Milchhütte in die fürstliche Arsenikhütte, aus dem Philanthropistenwäldchen der häuslichen Liebe auf das Eisfeld der höfischen. Das war ihm in der Laube so hart! – und in Tostatos Bude so lieb! – Wenn die Wünsche und die Lagen des Menschen sich miteinander umkehren: so klagt er doch wieder die Lagen, nicht die Wünsche an. »Er wolle sich selber«, sagt' er, »auslachen, aber er habe doch hundert Gründe, in St. Lüne zu zögern, von einem Tage zum andern – es ekle ihn so sehr seine Absicht an, einem Menschen (dem Fürsten) aus andern Beweggründen zu gefallen als aus Liebe – es sei noch unwahrscheinlicher, daß er selber gefalle, als daß es ihm gefalle – er wolle lieber seinen eignen Launen als gekrönten schmeicheln, und er wisse gewiß, im ersten Monat sag' er dem Minister von Schleunes Satiren ins Gesicht, und im zweiten dem Fürsten – und überhaupt werd' er jetzt mitten im Sommer einen vollständigen Hof-Schelm schlecht zu machen wissen, im Winter eher, u. s. w.«

Außer diesen hundert Gründen hatt' er noch schwächere, die er gar nicht erwähnte, wie etwan solche: er wollte gern um Klotilden sein, weil er ihr notwendig, gleichsam um sein Betragen zu rechtfertigen – aber welches denn, mein Trauter, das vergangne oder künftige? –, seine Wissenschaft um ihre Blutverwandtschaft mit seinem Freund eröffnen mußte. Zu dieser Eröffnung fehlte, was in Paris das Teuerste ist, der *Platz*; das Exordium auch. Klotilde war nirgends allein zu treffen. Kenner sagen, jedes Geheimnis, das man einer Schönen sage, sei ein Heftpflaster, das mit ihr zusammenleime, und das oft ein zweites Geheimnis gebäre: sollte Viktor etwan darum Klotilden seine Kenntnisse von ihrer Geschwisterschaft so begierig zu zeigen getrachtet haben? –

Er blieb einen Tag um den andern, da ohnehin die Butterwoche der Vermählung erst vorübergehen mußte. – Er hatte schon Vermählmünzen in der Tasche. Aber er sah Klotilde immer nur in Sekunden; und eine halbe Sekunde braucht man nach *Bonnet* zu einer klaren Idee, nach *Hooke* gar eine ganze: eh' er also eine ganze

Vorstellung von dieser stillen Göttin zusammengebracht hatte, war sie schon fortgelaufen.

Endlich wurden ernsthaftere Anstalten gemacht – nicht zur Abreise, sondern zum Vorsatz derselben... Die schönsten Minuten in einem Besuche sind die, die sein Ende wieder verschieben; die allerschönsten, wenn man schon den Stock oder den Fächer in der Hand hat und doch nicht geht. Solche Minuten umgaben unsern Fabius der Liebe jetzt: sanftere Augen sagten ihm: »Eile nicht«, wärmere Hände zogen ihn zurück, und die mütterliche Träne fragte ihn: »Willst du mir meinen Flamin schon morgen rauben?«

»Ganz und gar nicht!« antwortet' er und blieb sitzen. Ich frage: steckte nicht seinetwegen die Kaplänin ihr Zungen-Richtschwert in die Scheide, weil er nichts so haßte als laute und stille Verleumdungen eines Geschlechts, das, unglücklicher als das männliche, sich von zwei Geschlechtern zugleich gemißhandelt erblickt? – Denn er nahm oft Mädchen bei der Hand und sagte: »Die weiblichen Fehler, besonders böse Nachrede, Launen und Empfindelei, sind *Astlöcher*, die am *grünen* Holz bis in die Flitterwochen als schöne marmorierte *Kreise* gefallen; die aber am *dürren*, am ehelichen Hausrat, wenn der Zapfen ausgedorret ist, als fatale Löcher aufklaffen.« – Agathe schraubte jetzt ihr Nähküssen an seinen Schreibtisch und küßte ihn, er mochte zu lustig oder zu mürrisch aussehen. Selber der Kaplan suchte ihm, wenn nicht die letzten *Tage*, die er bei ihm verträumte, süß zu machen, doch die letzten *Nächte*, wozu nichts nötig war als eine Trommel und ein Fuß. Die feurigsten nächtlichen Hexentänze der Mäuse untersagte der Kaplan mit seinem Fuß, damit sie den Gast nicht aufweckten; er tat nämlich damit an das untere Bettbrett von Zeit zu Zeit einen mäßigen Kanonen-Stoß, der um so mehr ins Hörrohr der Tänzer einknallte, da er schon die Ohren der Menschen erschreckte. Gegen den Eulerschen *Rösselsprung* der Ratten zog er nur mit einem Schlegel zu Felde, womit er, wie ein Jüngster Tag in ihre Lust- und Jagdpartien einbrechend, bloß ein- oder zweimal auf eine ans Bettuch gestellte Trommel puffte.

Matthieu war unsichtbar und feierte, da Höflinge den Fürsten alles nachäffen, die Hochzeittage des seinigen wenigstens in kleinen Hochzeitstunden nach. Das Pulver, das aus Kanonen und aus Feuerwerker-Düten fuhr, das Vivat, das aus Kanzeln gebetet und aus Schenken geschrien wurde, und die Schulden, die man dabei machte, waren, denk' ich, so ansehnlich, daß der größte Fürst sich nicht schämen durfte, damit seine Vermählung und – Langweile anzuzeigen. – Die Kälte hat ewig ein *Sprachrohr* und die Empfindung ein *Hörrohr*. Die Ankunft einer ungeliebten fürstlichen Leiche oder dergleichen Braut hört man an den Polarzirkeln; hingegen wenn wir Niedere unsre Gräber oder unsre Arme mit Geliebten füllen: so fallen bloß einige ungehörte Tränen, trostlose oder selige.

Flamin lechzete nach dem Sessiontisch, dessen Arbeiten jetzo bald angingen, und begriff das Zögern nicht.... Endlich wurd' einmal im ganzen Ernste der Abschiedtag festgesetzt, auf den 10ten August; und ich bin gewiß, Viktor wäre am 14ten nicht mehr in St. Lüne gewesen, hätte nicht der Henker am 8ten einen Tiroler hingeführt.

Es ist der nämliche, der vorgestern bei uns Scheerauern mit einer wächsernen Dienerschaft, die er halb aus Reichsständen, halb aus Gelehrten zusammengesetzt hatte, seinen Einzug hielt und mit den Wachshänden dieser Zwillingbrüder des Menschen uns die Gelder aus dem Beutel zog. Es ist dumm, daß mir der Spitz den heutigen Hundtag nicht vorgestern gebracht: ich hätte den Kerl, der in St. Lüne Viktor und den Kaplan in Wachs bossierte, selber ausgefragt, wie Viktor heiße und Eymann und St. Lüne selbst. Am Ende reis' ich aus erlaubter und biographischer Neugierde diesem Menschen-Zimmermeister, der uns mit schauerlichen Widerscheinen unsers kleinen Wesens umringt, noch nach. –

Viktor mußte also wieder verharren; denn er ließ sich und den Kaplan in Wachs nachbacken, um erstlich diesem, der alle Abgüsse, Puppen und Marionetten kindisch liebte, und zweitens um der Familie, die gern in sein erledigtes Zimmer den wächsernen Nach-Viktor einquartieren wollte, einen größern Gefallen zu tun als sich selbst. Denn ihn schauerte vor diesen fleischfarbnen

Schatten seines Ich. Schon in der Kindheit streiften unter allen Gespenstergeschichten solche von Leuten, die sich selber gesehen, mit der kältesten Hand über seine Brust. Oft besah er abends vor dem Bettegehen seinen bebenden Körper so lange, daß er ihn von sich abtrennte und ihn als eine fremde Gestalt so allein neben seinem Ich stehen und gestikulieren sah: dann legte er sich zitternd mit dieser fremden Gestalt in die Gruft des Schlafes hinein, und die verdunkelte Seele fühlte sich wie eine Hamadryade von der biegsamen Fleisch-Rinde überwachsen. Daher empfand er die Verschiedenheit und den langen Zwischenraum zwischen seinem Ich und dessen Rinde tief, wenn er lange einen fremden Körper, und noch tiefer, wenn er seinen eignen anblickte.

Er saß dem Bossierstuhl und den Bossiergriffeln gegenüber, aber seine Augen heftete er nieder in ein Buch, um die Körpergestalt, in der er sich selber herumtrug, nicht entfernt und verdoppelt zu sehen. Die Ursache, warum er aber doch die weggestellte Verdoppelung seines Gesichts im Spiegel aushielt, kann nur die sein, weil er entweder den Figuranten im Spiegel bloß für ein Porträt ohne Kubikinhalt oder für das einzige Urbild ansah, mit dem wir andre Doubletten unsers Wesens zusammenhalten.... Über diese Punkte kann ich selber nie ohne ein gewisses Beben reden...

Dem Wachsabdruck Viktors wurde nach seiner Volljährigkeit eine toga virilis, ein Überrock, den das Urbild abgelegt hatte, umgetan, desgleichen das Zimmer eingeräumt, woraus der lebendige zog. Der Kaplan wollte diese wohlfeile Ausgabe von Horion so ans Fenster lagern, wenn die bessere fort wäre, daß die ganze Schul-Jugend, die vom Kantor Sitten und mores lernte, die Hüte abrisse, wenn sie aus dem Schulhause heimtobte. –

Endlich! – Denn Matz kam. Des letzten ausgekelterte Wangen und sein ganzer Körper, der unter den Zitronendrückern der Nachtfeste gewesen war, bewiesen, daß er nicht log, da er sagte, der fürstliche Bräutigam sehe noch achtmal elender aus und liege darnieder am Podagra. Er setzte in seiner bittern Weise, die Viktor wenig liebte, hinzu: »Die bleichen Großen haben überhaupt kein Blut, das wenige ausgenommen, was sie den Untertanen abschröpfen oder was ihnen an den Händen klebt, wie die Insekten kein rotes Blut bei sich führen als das den andern Tieren abgesogne.« Dieses erinnerte Viktor an seine medizinischen Pflichten gegen den Fürsten. Entweder Matzens verwüstete Gestalt – denn unmoralisches Nachtleben macht Züge und Farbe noch widerlicher als das längste Krankenlager –, oder die Erinnerung an des Lords Warnungen, oder beides machte ihn unserem Hofmedikus ebenso verhaßt, als dieser wieder jenem durch das Hofphysikat geworden war; dieses verhehlte Gift Matthäi aber offenbarte sich nicht durch kleinere, sondern durch größere, fast *ironische* Höflichkeit. Hingegen Matz und Flamin schienen vertraulicher als je zusammen zu sein.

Vormittags nach dem Rasieren sprang, ohne sich noch einmal zu überwaschen, Viktor auf und packte sogleich den Stiefelknecht ein und riß die Hangriemen der Kleider entzwei und bestellte Meßhelfer, damit sie seinen Lebens-Ballast – ausschifften (wegen seiner elenden Packerei) und dann einschifften. Denn er überließ die ganze Kuratel des Gerümpels unserer kleinlichen Lebensgerätschaften immer fremden Händen, und das mit einer solchen Verachtung dieses Gerümpels und mit einer solchen sorglosen Verschwendung – ich werde zwar meinen Helden nie verleumden; aber es ist doch durch den Spitz erwiesen, daß er nie das Kurrentgeld eines versilberten Goldstücks kollationierte und nie einem Juden, Römer und Herrnhuter etwas im Handel abbrach – so sehr, sag' ich, daß die ganze weibliche Hanse in St. Lüne schrie: ei der Narr! und daß die Kaplänin sich immer an seine Stelle auf den Handelplatz einschob. Er war aber nicht zu bessern, weil er die Lebensreise und also den Reisebündel mit so philosophischen Augen verkleinerte, und weil er vor nichts so errötete als vor jedem Scheine des Eigennutzes: er lief vor allen Anstalten, Vorreitern und Probekomödien davon, wenn sie seinetwegen auftraten – er schämte sich jeder Freude, die nicht wenigstens in zwei Bissen, in einen für einen Mitesser, zu teilen war – er sagte, die Stirne eines Hospodars müßte die Härte seiner Krone angenommen haben, weils sonst ein solcher Mensch unmöglich ertrüge, was oft bloß seinetwegen gemacht würde von einem ganzen

Lande, die Musik – die Ehrenbogen – die Carmina – das Freudengeschrei in Prose und die entsetzlichen Kanonaden. – –

Er hatte jetzt in St. Lüne nichts mehr abzutun als eine bloße platte – Höflichkeit; denn so viel darf ich wohl ohne Eitelkeit behaupten, daß ein Held, den ich zu meinem erkiese, schon hoffentlich so viel Lebensart habe, daß er hingeht zum Kammerherrn Le Baut und sagt: à rèvoir! – An solche Staatsvisiten muß er sich ohnehin jetzt gewöhnen.

Matz saß auch drüben, dieser mit struppichten abgezauseten hängenden Flügeln hingeworfene Amor der Kammerherrin – letzte scherzte über die eitlen Blicke mit ihm, die den nachlassenden Puls seiner Liebe bekannten – Le Baut spielte Schach mit Matzen – Klotilde saß an ihrem Arbeittischchen voll seidner Blumen, mitten unter diesen edlen Drillingen.... Ihr armen Töchter! was für Leute müsset ihr nicht oft bewillkommen und aushören! – Doch für Klotilde war dieser Hausfreund nichts als eine ausgepolsterte Mumie, und sie wußte nicht, kam er oder ging er.

Sebastian wurde als Adoptivsohn des Glücks, als Erbe des väterlichen Günstling-Postens, heute von der Kammerherrschaft ungemein verbindlich empfangen. Wahrhaftig, wenn der Hofmann Unglückliche flieht, weil ihm das Mitleiden zu heftig zusetzt, so drängt er sich gern um Glückliche, weil er Mitfreude genießen will. Der Kammerherr, der sich noch vor dem verbeugte, der in seinem Sturze vom Thron mitten in der Luft hing, bückte sich natürlicherweise vor dem noch tiefer nieder, der in der entgegengesetzten Fahrt begriffen war.

Viktor stellte sich zu den Weibern, aber mit einem aufs Schachbrett irrenden Auge, um, wenn er verlegen wäre, sogleich einen Vorwand der veränderten Aufmerksamkeit oder des Wegtretens bei der Hand zu haben. Es war gescheit; denn jedes Wort, das er und die Weiber sprachen, war ein Schachzug; er mußte gegen die Le Baut – was wußte diese, daß einer Mutter nichts schöner stehe als eine vollkommene Tochter? – d.h. gegen die Stiefmutter seine *Kälte* und gegen die Stieftochter seine *Wärme* verdecken. Der Leser frage nicht: was konnte denn die alte Stiefmutter für Wärme begehren? Denn in den höhern Ständen werden die Ansprüche durch Blutverwandtschaft und Alter nicht geändert – bloß in den niedern werden sie es –; daher befürcht' ich allemal, das, was ich der Tochter vortrage, langweile die Mutter, und ich fange mit Recht, wenn diese kömmt, nach einem bessern Redefaden. – Viktor verbarg seine *Kälte* leicht aus jener Menschenliebe, die bei ihm so oft in zu gutherzige Schmeichelei unmoralischer Hoffnungen ausartete; und wenn eine haben wollte, er sollte sich in sie verlieben, so sagte er: »Ich kann doch wahrlich zum guten Lämmchen nicht sagen: ich mag nicht.« – Die *Wärme* gegen Klotilde verbarg er – schlecht, nicht weil sie zu stark, sondern gerade weil sie es noch nicht genug war. Es ist natürlich: ein Jüngling von Erziehung kann, wenn er will, seine *erwiderte* Liebe ohne Kanzelabkündigung verhüllen und verschweigen, aber eine *unerwiderte*, eine, die er selber bloß erst Achtung nennt, läßt er aus sich ohne Hüllen lodern. – Übrigens bitt' ich die Welt, sich hinzusetzen und zu bedenken, daß mein Held nicht den Teufel im Leibe oder sechzehn Jahre habe, sondern daß er unmöglich eine Liebe für eine Person empfinden könne, die über ihre Gesinnungen wie über ihre Reize eine Mosis-Decke hängt. Liebe beginnt und steigt durchaus nur an der Gegenliebe und mit ihrem wechselseitigen Erraten. Achtung hat er bloß, aber recht viele, aber eine recht wachsende und bange, kurz seine Achtung ist jener kalte hüpfende Punkt im Dotter des Herzens, dem die kleinste fremde Wärme oft nach Jahren – die Metapher ist aus einem Ei geschlagen – wachsendes Leben und Amors Flügel zuteilt.

Er untersuchte jetzt am Arbeittisch Klotildens Wärme mit dem Feuermesser; aber ich kann weiter nicht außer mir vor Freude sein, daß er die Wärme an der ins kleinste abgeteilten Skala wenigstens um $1/111$ Linie gestiegen fand. Denn er schießet wohl fehl; ich will lieber auf den Stirnmesser Lavaters bauen als auf den *Herz-* und *Wärmemesser* eines Liebe suchenden Menschen, der seine Auslegungen mit seinen Beobachtungen vermengt und Zufälle mit Absichten. Sein Feuermesser kann aber auch recht haben; denn gegen gute Menschen ist man im Beisein der schlimmen (man bedenke nur Matzen) wärmer als sonst.

Man verdenk' es Herrn Le Baut und Frau Le Baut nicht, daß

sie meinem Helden zum Glücke gratulierten, an einen solchen Hof, zu einem solchen Fürsten – es ist der größte in Deutschland, sagte *er* –, zu einer solchen Fürstin – sie ist die beste in Deutschland, sagte *sie* – abzureisen. Matz lächelte zwischen Ja und Nein. Der Alte setzte das Schach fort, die Alte das Lob. Viktor sah mit Verachtung, wie wenig zwei solchen Seelen, die die Thronstufen für eine Wesenleiter und den Thron-Eisberg für einen Olymp und ein Empyreum hielten, und die nirgends als an dieser Höhe ihr Glück zu machen wußten, bessere Begriffe vom Glück und schlechtere von der Höhe beizubringen wären. Gleichwohl mußt' er vor Klotilden, die auf ihrem Gesichte mehr als *ein* Nein gegen die Lobrede hatte, offenbaren, daß er ebenso edel verneine wie sie. Er knetete also Lob und Tadel nach einer *horazischen* Mischung untereinander, um weder satirische noch schmeichlerische Anspielungen auf zwei abgedankte Hofleute zu machen: »Mir gefällts nicht,« sagt' er, »daß es da nur Vergnügungen und keine Arbeiten gibt – lauter Konfektkörbchen und keinen einzigen Arbeitbeutel, geschweige einen Arbeittisch wie dieser da.« – »Glauben Sie,« fragte Klotilde mit auffallender Innigkeit, »daß alle Hoffeste einen einzigen Hofdienst bezahlen?« – »Nein,« sagt' er, »denn für die Feste selber sollte man bezahlet werden – ich behaupte, es gibt dort lauter Arbeit und kein Vergnügen – alle ihre Lustbarkeiten sind nur die Beleuchtung, die Zwischenmusik und die Dekorationen, die dem Schauspieler, der an seine Rolle denkt, weniger gefallen als dem Zuschauer.« – »Es ist allemal gut, dagewesen zu sein«, sagte die Alte. – »Gewiß;« (sagte er) »denn es ist gut, nicht immer dazubleiben.« – »Aber es gibt Personen,« (sagte Klotilde) »die dort ihr Glück nicht machen können, bloß weil sie nicht gern dort sind.« Das war sehr fein und schonend; aber bloß für Viktors Herz verständlich: »Einem schönen Schwärmer« (sagt' er und fragte wie allemal nach dem scheinbaren Widerspruch zwischen Viktors *Leben* und Viktors *Meinungen* nichts) »oder einem feurigen Dichter würd' ich raten, zu Hause zu bleiben – beider *Flug* statt der *Pas* wäre im Hofleben, was ein Hexameter in der Prose ist, den die Kunstrichter nicht leiden können – und zur Seele mit dem weichsten gefühlvollsten Herzen würd' ich sagen: entfliehe damit, das *Herz* wird dort als Überbein genommen, wie in der sechsfingerigen Familie in Anjou der sechste *Finger.*«.... Die Alte schüttelte den Kopf schnell links. »Und doch«, fuhr er fort, »würd' ich sie alle drei auf einen Monat an den Hof ziehen und sie unglücklich machen, um sie weise zu machen.« Die Kammerherrschaft konnte sich in Viktor nicht so gut wie mein Leser schicken, der zu meinem größten Vergnügen Laune und das Talent, alle Seiten einer Sache zu beschauen, so geschickt von Schmeichelei und Skeptizismus unterscheidet. Klotilde hatte langsam den Kopf zum letzten Satze geschüttelt. Überhaupt stritten heute alle *für* und *wider* ihn in jenem teilnehmenden Tone, den Weiber und Verwandte allemal gegen einen Fremden annehmen, wenn sie eine Stunde vorher den nämlichen Prozeß, aber zu praktischer Anwendung, mit den Ihrigen geführet hatten.

Viktor, der schon lange besorgte, verlegen zu werden, ging endlich dahin, wohin er bisher so oft geschauet hatte – zum Schach, das man mit der größten Begierde, zu – verlieren, spielte. Der Kammerherr – wir wissen alle, wie er war: er schrieb nichts als Belobschreiben für die ganze Welt, und der Abendmahlkelch wäre mehr für seinen Geschmack gewesen, hätt' er daraus auf eines wichtigen Mannes Gesundheit *toasten* können – dieser beförderte, so gut er konnte, mit den dürren Schachstatuen bloß das fremde Wohl auf Kosten des eignen: gern verlor er, falls nur Matthieu gewann. Noch dazu glich er jenen verschämten Seelen, die ihre Wohltaten gern verborgen geben, und er konnt' es nicht über sich erhalten, es seinem Schach-Gegner zu sagen, daß er ihm den Sieg zuschanze; er hatte fast größere Mühe, sich zu verbergen wie ein Hofmann, als sich *selber* zu *besiegen* wie ein Christ. Eine solche Liebe hätte, wie es scheint, wärmer vergolten werden sollen als durch offenbare Bosheit; aber Matz hatte das nämliche vor und wich dem Siege, den jener ihm nachtrug, wie ein wahrer Spitzbube aus. Le Baut ersann sich vergeblich die besten Züge, womit man *sich* selber matt macht – Matz setzte noch bessere entgegen und drohte jede Minute, auch zu ermatten. Uns alle dauert der auf dem Schachboden herumgehetzte Kammerherr, der wie eine Kokette besorgt, *nicht* besiegt zu werden. Es war für ein weiches

Auge, das doch dem Schwachen lieber als dem Schelm vergibt, nicht mehr auszuhalten: Viktor trat unter tausend Entschuldigungen gegen den Schwachen und voll Bosheit gegen den Boshaften in die Heckjagd ein und nötigte den Hofjunker, seinen Rat und seine Karitativsubsidien anzunehmen und zu vorgeschlagenen Kriegsoperationen von solchem Wert zu greifen, daß der Mann mit dem Amte der kammerherrlichen Schlüssel endlich trotz seinen Befürchtungen und trotz den schlimmsten Aussichten – verlor. Alle Anwesende errieten alle Anwesende, wie Fürsten einander in ihren öffentlichen – Komödienzetteln.

Er hatte endlich die Abschiedaudienz, aber geringen Trost. Die Gestalt, unter der alle seine Schönheitideale nur als Schildhalter und Karyatiden standen, war noch kälter als bei dem Empfange und immer bloß das Echo der elterlichen Höflichkeit. Das einzige, was ihn noch aufrecht erhielt und beruhigte, war eine – Distel, nämlich eine optische, auf den musivischen Fußboden gesäete. Er nahm nämlich wahr, daß Klotilde diesem Blumenstück, das sie doch kennen mußte, unter dem Abschiede mit dem Fuße auswich, als wär' es das Urbild. Abends macht' er seine Schlußketten, wie sie auf Universitäten gelehret werden – dieser Vexierdistel impfte er alle Rosen seines Schicksals ein – »zerstreut war sie doch, und weswegen? frag' ich«, sagt' er ins Kopfkissen hinein – »denn erraten haben sie mich drüben ohnehin noch nicht«, behauptete er, indem er sich aufs zweite Kopfkissen legte – »o du holdes Auge, das auf die Distel sank, geh in meinem Schlafe wieder auf und sei der Mond meiner Träume«, sagte er, da er schon halb in beiden war. – Er glaubte bloß aus Bescheidenheit, er werde nicht erraten, weil er sich nicht für merkwürdig genug ansah, um bemerkt zu werden. –

Der 20. August 179* war der große Tag, wo er abmarschierte nach Flachsenfingen: Flamin war schon um vier Uhr abends fortgetrabt, um keinen Abschied zu nehmen, welches er haßte. Aber unser Viktor nahm gern Abschied und zitterte gern im letzten Verstummen der Trennung: »O ihr dürftigen egoistischen Menschen!« (sagt' er) »dieses Polarleben ist ohnehin so kahl und kalt, wir stehen ohnehin Wochen und Jahre nebeneinander, ohne mit dem Herzen etwas Besseres zu bewegen als unser Blut – bloß ein paar glühende Augenblicke zischen und erlöschen auf dem Eisfeld des Lebens – warum meidet ihr doch alles, was euch aus der Alltäglichkeit zieht, und was euch erinnert, wie man liebt – – Nein! und wenn ich zugrunde ginge, und wenn ich mich nachher nicht mehr trösten könnte: so drückte ich mich mit dem unbedeckten Herzen und mit dem Bluten aller Wunden und zerrinnend und erliegend an den geliebten Menschen, der mich verlassen müßte, und sagte doch: es tut mir wohl!« – Kalte selbsüchtige und bequeme Personen vermeiden das Abschiednehmen so wie unpoetische von zu heftigen Empfindungen; weibliche hingegen, die sich alle Schmerzen durch Sprechen, und poetische, die sich alle durch Phantasieren mildern, suchen es.

Um sechs Uhr abends – denn es war nur ein Sprung nach Flachsenfingen –, als das Vieh wiederkam, ging er fort, begleitet von der ganzen Familie. An seinen glücklichern Arm – meiner muß sich bloß zum Besten der Wissenschaften bewegen – war die Britin und an den linken Agathe angeöhrt; an die Schwester hatte sich der arme Hauspudel geschnallet (Apollonia), welcher gleichwohl dachte, er berühre und genieße trotz dem schwesterlichen Einschiebsel und Zwischengeist den Doktor. So fahren die Funken der Liebe, wie die elektrische und magnetische Materie, durch das Mittel von zwanzig dazwischengestellten Leibern hindurch. Ein Philosoph, der sich hinsetzt und erwägt, daß unsre Finger im Grunde der geliebten Seele nicht um einen Daumen näher kommen, es mag zwischen ihnen und ihr bloß die Gehirnkugel oder gar die Erdkugel liegen, wird allezeit sagen: »Ganz natürlich!« Daraus erklärt dieser sitzende Philosoph, warum die Mädchen die männlichen Verwandten ihres Geliebten halb mitlieben – warum der Rohrstuhl Shakespeares, die Kleiderkommode Friedrichs II., die Stutzperücke Rousseaus unser sehnendes Herz befriedigen. – –

Aber niemand wollte, den Weisel dieses Vorschwarms ausgenommen, wieder zurück. »Nur noch an die sechs Bäume«, sagte Agathe. Als man an diese Grenzpfähle und Lochbäume der heutigen Lust gekommen war, waren deren sieben, und man behauptete allgemein, sie wären nicht gemeint und es ginge weiter. Der Begleitete wird gewöhnlich immer ängstlicher und der Begleiter immer froher, je länger es währt. »Doch bis zu jenem Ackermann!« sagte die scharfsehende Britin. Aber endlich merkte unser Held, daß diese Herkules-Säule ihrer Reise selber gehe, und daß der Ackermann nur ein Wandermann sei. »Das beste ist,« – sagt' er und kehrte sich um – »ich kehre mich um und reise erst morgen.« Der Kaplan sagte: »Bis ans alte Schloß« (d.h. es war noch *eine* Mauer davon da) »geh' ich ohnehin gewöhnlich abends!« – Allein über diese Grenzfestung des schönsten Abends rückte die plaudernde Marschsäule betrügerisch hinaus, und die Augen wurden über die Ohren vergessen. Da sonach bei diesen Grenzstreitigkeiten ein Hauptartikel nach dem andern durch Separatartikel gebrochen wurde: so war wahrhaftig weiter nichts zu machen – als folgender Versuch. »Hieher wollt' ich Sie nur haben« (sagte Viktor) – »jetzt müssen Sie mit mir weitergehen und heute beim Apotheker übernachten.« – »In der Tat,« sagte die Kaplänin kalt, »bis zu Sonnenuntergang wird mitgegangen: wir sollen doch nicht dieser schönen Sonne den Rücken wenden?« Allerdings hatte der Abend lauter Freudenfeuer angezündet auf der Sonne – auf den Wolken – auf der Erde – auf dem Wasser.

Auf dem Hügel sah man schon die Turmspitzen der Stadt; die Sonne, dieses erwählte Drehkreuz der Begleitung, goß aus ihrer Vertiefung über die Schatten-Beete der Täler ihre goldführenden Purpurflüsse. Oben, als sie verging, nahm Viktor die zwei Eheleute in den Arm und sagte: »O macht euch so glücklich wie mich und kommt froh nach Haus!« – und dann nahm er die Schwestern an sein trunknes Herz und sagte: »Gute, gute Nacht, ich bin euch gut« – und dann sah er alle mit ihren verborgnen Seufzern und Tropfen rückwärts gehen – und dann rief er: »Wahrlich, ich komme bald wieder, es ist ja nur ein Sprung daher« – und dann schrie er nach: »Ich bin des Teufels, wenn wir getrennt sind« – und dann zog ihnen sein schweres Auge durch alle Zweige und Tiefen nach, und erst als der liebende Verein ins letzte Tal wie in ein Grab gesunken war, hüllte er sich die Augen zu und dachte an die unaufhörlichen Trennungen des Menschen....

Endlich öffnete er seine Augen gegen die ausgebreitete überwölkte Stadt und dachte: »Zwischen dieser *erhobnen Arbeit*, in die sich die Menschen mit ihrem kleinen Leben nisten, sperren sich auch deine kleinen Tage ein – dieses ist die verhüllte Geburtstätte deiner künftigen Tränen, deiner künftigen Entzückungen – ach mit welchem Auge werd' ich nach Jahren wieder über diese Nebel-Gehäuse schauen – und .. ein Narr bin ich, sind denn 2300 Häuser nur meinetwegen?«

Nachschrift. Diesen sechzehnten Posttag hat der Berghauptmann ordentlich am Ende des Junius abgeschlossen.

Vierter Schalttag
und
Vorrede zum zweiten Heftlein

Ich will Schalttag und Vorrede zusammenschweißen. Es muß daher – wenns nicht Spielerei mit der Vorrede sein soll – hier doch einigermaßen der zweite Teil berührt werden. Es verdient von Kunstrichtern bemerkt zu werden, daß ein Autor, der anfangs acht weiße Papierseiten zu seinem Gebiete vor sich hat – so wie nach Strabo das Territorium Roms acht Stunden groß war –, nach und nach so weit fortrückt und das durchstreifte Papier mit so viel griechischen Kolonisten – denn das sind unsere deutschen Buchstaben – bevölkert, bis er oft ein ganzes Alphabet durchzogen und angebauet hat. Dies setzt ihn instand, den zweiten Teil anzufangen. Mein zweiter ist, wie ich gewiß weiß, viel besser als der erste, wiewohl er doch zehnmal schlechter ist als der dritte. Ich werde hinlänglich belohnt sein, wenn mein Werk der Anlaß ist, daß eine Rezension mehr in der Welt gemacht wird; und ich wüßte nichts – wenns nicht eben dieser Gedanke wäre, daß Bücher geschrieben werden müssen, damit die gelehrten Anzeigen derselben fortdauern können –, was einen Autor zur unsäglichen Mühe antreiben könnte, den ganzen Tag am Dintenfaß zu stehen und ganze Pfunde Konzepthadern in *Berlinerblau* zu färben... Und dieser kühle ernste hocus pocus von Vorrede – ein Ausdruck, den Tillotson für eine Verkürzung von der katholischen Formel ›hoc est corpus‹ hält – sei für gute Rezensenten auf Universitäten genug.

Ich wende mich wieder zu dem, was ich eigentlich damit haben wollte. Ich bin nämlich gesonnen, die Extrablättchen und Nebenschößlinge, womit die Schalttage vollzumachen sind, in alphabetischer Ordnung – weil Unordnung mein Tod ist – nicht nur anzukündigen, sondern auch hier schon anzufangen und fortzusetzen bis zum Buchstaben I.

Schalt- und Nebenschößlinge, alphabetisch geordnet

A

Alter der Weiber. Lombardus (L. 4. Sent. dist. 4.) und der heilige Augustin (l. 22. de civit. c. 15.) erweisen, daß wir alle in *dem* Alter von den Toten auferstehen, worin Christus auferstand, nämlich im 32sten Jahre und dritten Monat. Mithin wird, da im ganzen Himmel kein Vierziger zu haben ist, ein Kind so alt sein wie Nestor, nämlich 32 Jahre und drei Monate. Wer das weiß, schätzet die schöne Bescheidenheit der Weiber hoch, die sich nach dem 30sten Jahre wie Reliquien für älter ausgeben, als sie sind; denn es wäre genug, wenn sich eine Vierzigerin, Achtundvierzigerin so alt machte wie guter Rheinwein oder höchstens wie Methusalem; aber sie glaubt bescheidener zu sein, wenn sie sich, so sehr ihr Gesicht auch widerspricht, schon das hohe Alter zuschreibt, das sie erst, wenn ihr Gesicht einige tausend Jahre in der Erde gelegen ist, haben kann, nämlich – 32 Jahre und drei Monate. Schon ein Dummer sieht ein, daß sie nur das künftige Aufersteh- und kein Erdenalter meine, weil sie von diesem Stand-Jahre nicht wegrückt, welches eben in der Ewigkeit, wo kein Mensch eine Stunde älter werden kann, etwas Alltägliches ist. Diese *Einheit der Zeit* bringen sie in das *Intrigenstück* ihres Lebens darum schon im 30sten Jahr hinein, weil nach diesem in Paris keine Frau mehr öffentlich *tanzen* und (nach Helvetius) kein Genie mehr meisterhaft *schreiben* kann. Auf das letzte rechnete man vielleicht sonst in Jerusalem, wo jeder erst nach dem 30sten Jahr ein *Lehramt* bekam.

B

Basedowische Schulen. Basedow schlägt in seiner Philalethie vor, 30 unerzogene Kinder in einen Garten einzuzäunen, sie ihrer eignen Entwickelung zu überlassen und ihnen nur stumme Diener, die nicht einmal Menschen-Kleidung hätten, zuzugeben und es dann zu Protokoll zu bringen, was dabei herauskäme. Die Philosophen sehen vor lauter Möglichkeit die Wirklichkeit nicht: sonst hätte Basedow bemerken müssen, daß unsre Landschulen solche Gärten sind, in denen die Philosophie den Versuch machen will, was aus Menschen, wenn sie durchaus alle Bildung entbehren, am Ende werde. Ich gesteh' aber, daß alle diese Versuche noch so lange unsicher und unvollkommen bleiben, als die Schulmeister sich nicht enthalten können, diesen Probekindern irgendeinen Unterricht – und wär' es der kleinste – zu erteilen; und besser würde gefahren mit ganz stummen Schulleuten, wie es taubstumme Zöglinge gibt.

C siehe K

D

Dichter. Der Dichter wird, ob er gleich Leidenschaften malt, doch diese am besten in dem Alter treffen, wo seine kleiner sind, so wie Brennspiegel gerade in den Sommern, wo die Sonne am wenigsten brannte, am stärksten wirkten und in den heißen am wenigsten. Die Blumen der Poesie gleichen andern Blumen, die (nach Ingenhouß) im gedämpften benebelten Sonnenlicht am besten wachsen.

E

Empfindsamkeit. Sie gibt oft dem innern Menschen, wie der Schlagfluß dem äußern, größere *Empfindlichkeit* und doch *Lähmung.*

F siehe Ph

G

Göttin. Wie die Römer ihre Monarchen lieber für Götter als für Herren erkannten, so wollen die Männer die Direktrice ihres Herzens lieber ihre *Göttin* als ihre *Herrin* nennen, weil es leichter ist anzubeten als zu gehorchen.

H

H–. Ich habe oft Leute, die zu leben hatten und zu leben wußten – welches nicht zweierlei ist –, erstlich um die besten und vornehmsten Weiber gaukeln und aus dem Honigkelch ihrer Herzen saugen, und zweitens hab' ich sie an demselben Tage die Flügel zusammenschlagen und auf eine jämmerliche Tröpfin niederschießen sehen, damit die Tröpfin ihre Erben – erbe. Nie aber hab' ich diese Schmetterlinge mit etwas anderem verglichen als mit Schmetterlingen, die den ganzen Tag Blumen besuchen und benaschen, und doch ihre Eier auf einen schmutzigen Kohlstrunk laichen.

H

Holbeins Bein. Ich will lieber das H noch einmal nehmen als das I, weil unter der Rubrik des I's die *Invaliden* kämen, von denen ich behaupten wollen: daß ihnen, da Leute, denen man Glieder abgenommen, vollblütig werden, desto weniger Brot gereichet werden dürfe, je mehr ihnen Glieder weggeschossen oder weggeschnitten worden, und daß man dieses die Physiologie und Diätetik der Kriegskasse nenne. – Aber mich haben die halben armen Teufel zu sehr gedauert.

Die Beine Holbeins machen größern Spaß als abgenommene. Der Maler strich nämlich in Basel nichts an als Basel selber; und der nämliche Umstand, der sein Genie in diese architektonische Färberei hineinzwang, nötigte es auch, daß es oft darin Raststunden hielt – er soff nämlich entsetzlich. Ein Bauherr, dessen Name in der Geschichte fehlt, trat oft in die Haustüre und zankte zum Gerüste hinauf, wenn die Beine des Hausfärbers, anstatt davon herunterzuhängen – denn mehr war vom Maler nicht zu sehen –, in der nächsten Weinkneipe standen und wankten. Schritt nachher Holbein damit über die Gasse daher: so kam ihm Hader entgegen und stieg mit ihm aufs Gerüste hinauf. Dieses brachte den Maler, der seine *Studien* (auch im Trinken) liebte, auf, und er nahm sich vor, den Bauherrn zu ändern. Da er nämlich das ganze Unglück seinen Beinen verdankte, deren Fruchtgehänge der Mann unter dem Gerüste sehen wollte: so entschloß er sich, eine zweite Auflage von seinen Beinen zu machen und sie an das Haus hängend zu malen, damit jener, wenn er unter der Haustüre hinaufschauete, auf den Gedanken käme, die zwei Beine und ihre Stiefeln malten droben fleißig fort. – Und auf diesen Gedanken kam der Bauherr auch; aber da er endlich bemerkte, daß das Vexierfußwerk den ganzen Tag an *einer* Stelle hange und sich nicht fortschiebe: so wollt' er nachsehen, was denn der Meister so lange an *einer* Partie bessere und retuschiere – und verfügte sich selber hinauf. Droben im Vakuum (Leerem) ersah er leicht, daß der Maler da aufhöre, wo Kniestücke anfangen, beim Knie, und daß der mangelnde Rumpf wieder saufe in einem Alibi.

Ich verdenk' es dem Bauherrn nicht, daß er auf dem Gerüste keine Moral aus dem Fußwerk zog: er war zu erbost.

Ich wollte noch eine Geschichte von den Fürsten-Porträts anstoßen, die hinter den Präsidenten in den Sessionzimmern statt der Urbilder zum Stimmen dahangen – aber ich störe den Zusammenhang; auch war sonst hier das Ende des ersten Heftleins.

17. Hundposttag

Die Kur – das Schloß des Fürsten – Viktors Visiten – Joachime – Kupferstich des Hofs – Prügel

Ich sagte in Breslau: »Ich wollt', ich wäre der Fetspopel!« da ich gerade das Porträt dieser Person verzehrte. Der Fetspopel ist eine Närrin, deren Gesicht den breslauischen Pfefferkuchen aufgepresset ist. Ich sage folgendes nicht bloß meinetwegen, um etwan bloß mich auf eine solche Pfefferkuchen-Paste zu bringen, sondern auch anderer Gelehrten wegen, die Deutschland ebensowenig mit Denkmälern ehrt, z. B. Lessing, Leibniz. Da es einem in den deutschen Kreisen so sauer wird, bis man nur eine halbe Rute Steine zum Grabmal eines Lessings oder sonstigen Großen zusammenbringt – das, was von Steinen gute Rezensenten auf einen Literatus schon bei Lebzeiten werfen, wie die Alten auf Gräber, ist noch das meiste –: so erklärt' ich mich frei auf dem breslauischen Markt, eh' ich noch den Fetspopel angebissen: »Entweder hier auf diesem Pfefferkuchen ist der Tempel des Ruhms und das Bette der Ehren für deutsche Schriftsteller, oder es gibt gar keinen Ruhm. Wann ist es Zeit, sobald es nicht jetzt ist, es von den Deutschen zu erwarten, daß sie die Gesichter ihrer größten Männer nehmen und bossieren in Eßwaren, weil doch der Magen das größte deutsche Glied ist? Wenn der Grieche unter lauter Statuen großer Männer wohnte und dadurch auch einer wurde: so würde der Wiener, wenn er die größten Köpfe immer vor Augen und auf dem Teller hätte, in Enthusiasmus geraten und wetteifern, um sich und sein Gesicht auch auf Pfeffer- und andern Kuchen, Pasteten und Krapfen zu schwingen. Meusels gelehrtes Deutschland wäre in Backwerk nachzudrucken – man könnte große Helden auf Kommißbrot nachbosseln, um die gemeine Soldateska in Feuer zu setzen und in Hunger nach Ruhm – große Dichter würd' ich auf Brautkuchen abreißen in eingelegtem Bildwerk, und Heraldiker von Genie auf Haferbrot – von Autoren für Weiber wären süße Dosenstücke in Zuckerwerk zu entwerfen. – Geschähe das, so würden Köpfe wie Hamann oder Liscow allgemeiner von den Deutschen geschmeckt in solcher Einkleidung; und mancher Gelehrte, der kein Brot zu essen hätte, würde eines doch verzieren; und man hätte außer dem papiernen Adel noch einen gebacknen.« – – Was mich anlangt, der ich mein Gesicht bisher noch nirgends gewahr wurde als im Rasierspiegel: so soll man mich damit – denn in Westfalen bin ich am wenigsten bekannt – auf Pumpernickel pappen. – –

Jetzt wieder zur Geschichte! Ein langer kraushaariger Mensch steht in der Nacht vor dem bunten Hause des Apothekers Zeusel, guckt zum dritten erleuchteten Stockwerk, in das er zieht, empor und macht endlich statt der hölzernen Tür die gläserne der Apotheke auf. O mein guter Sebastian! Segen sei mit deinem Einzug! Ein guter Engel gebe dir seine Hand, um dich über sumpfige Wege und Fußangeln zu heben; und wenn du dir eine Wunde gefallen, so weh' er sie mit seinem Flügel an, und ein guter Mensch decke sie mit seinem Herzen zu! –

In der wie ein Tanzsaal flammenden Apotheke bat sich einer der fettesten Hoflakaien von einem der magersten Provisoren noch einen Manipel und einen kleinen Pugillum Moxa für Seine Durchlaucht aus. Der magere Mann nahm aber hinter seiner Waage eine halboffne Hand voll Moxa und noch vier Fingerspitzen voll – da doch ein kleiner Pugillus nur drei Fingerspitzen beträgt – und schickte alles den Füßen des Fürsten zu: »Wenn wir das gar verbrannt haben,« – sagt' er und wies auf die Moxa – »so wird Seine Durchlaucht schon ein Podagra haben, so gut als eines im Lande ist.«

Die Ursache, warum der Provisor mehr gab, als rezeptieret war, ist, weil er auch seinen Kirchenstuhl im Tempel des Nachruhms haben wollte; daher überdachte er erstlich ein fremdes Rezept so lange, bis ers genehmigte, und wog zweitens immer $^{1}/_{11}$, $^{1}/_{17}$ Skrupel zu viel oder zu wenig zu, um dem Doktor die Bürgerkrone der Heilung vom Kopf zu nehmen und auf seinen zu setzen: »Bloß mit der Gabe muß ich meine Kuren tun«, sagte er. Viktor gönnte ihm den Irrsal: »Ein Provisor,« sagte er, »der den ganzen Flügel der Wiedergenesenden anführt und dem Doktor bloß den Nachtrab der Leichen zuteilt, hat für dieses Kurzleben schon Lorbeerkränze genug *unter* der Gehirnschale.«

Der Apotheker Zeusel hat Welt genug, um den Mietmann nicht durch ein aufgenötigtes Empfangs-Essen zu beschweren, und sagte ihm bloß den Zeitungartikel aus dem mündlichen morning chronicle der Stadt, daß der Fürst das Podagra weniger habe als suche und fixiere. Auch gab er ihm den italienischen Bedienten, den der Lord für ihn gemietet hatte, und das Zimmer.

– Und darin sitzt Sebastian jetzt auf der Fensterbrüstung allein und denkt – ohne Blick auf Schönheiten der Stube und der Aussicht – ernsthaft nach, was er denn eigentlich hier vorhabe morgen und übermorgen und länger: »Morgen zünd' ich sonach los« (sagt' er und drehte die Quaste der Fensterschnur) – »ich und das Podagra sollen uns festsetzen beim Fürsten – Arg ists, wenn ein Mensch die gichtische Materie eines Regenten als Wasser braucht, um seine Mühle zu treiben – ein *Herz*-Polype, eine *Kopf*-Wassersucht sollte mich weniger ärgern als Hofmann, beides wären anständige *Gnadenmittel* und Floßfedern zum Steigen. – Nein, ich bleibe gerade und fest, ganz aufrecht, ich gebe gleich anfangs nicht nach, damit sie's nicht anders wissen. – Nicht einmal ans Kantonieren und Ankern im Vorzimmer ist zu denken.« (Auch hatte der Lord dem Selbsprecher schon die Freilassung von der ängstlichen Hofordnung einbedungen.) – »Ach ihr schönen Frühlingjahre! ihr seid nun über mich weggeflattert und mit euch die Ruhe und der Scherz und die Wissenschaften und die Aufrichtigkeit und lauter ähnliche gute Herzen.« – (Er wirbelte die Quastenschnur plötzlich kürzer hinauf.) »Aber du guter Vater, du hast solche gute Jahre nicht einmal gehabt, du durchstreifest die Erde und gibst deine Tage preis für das Glück der Menschen. – Nein, dein Sohn soll dir deine Aufopferungen nicht verderben und nicht verbittern – er soll sich hier gescheit genug aufführen – und wenn du dann wiederkommst und hier am Hofe einen gehorsamen, einen begünstigten und doch unverdorbnen Sohn antriffst....« Als der Sohn gar dachte, daß er, wenn er so in gerader Aufsteigung am Hofe kulminierte, gewinnen könnte das Herz der Kaplanei, das Herz von Le Baut, das seines Vaters, das seiner sämtlichen Verwandten und (dacht' er anders daran) auch das von Klotilde: so hatt' er die abgedrehte Quaste wie eine Tuberose in seiner Hand.... und daher legt' er sich still zu Bette.

– Steh auf, mein Held! Die Morgensonne macht schon deinen Erker rot – springe unter dem Glockengeläute der Wochenpredigt und unter dem Getöse des heutigen Markttages in deine helle Stube! – Dein Vater, von dem du die ganze Nacht geträumt, hat sie voll musikalischen und malerischen Schiff und Geschirr gestellt, und du wirst den ganzen Morgen an ihn denken; – und doch schenkt dir der Erker noch mehr: den Blick auf einen grünen Streif von Feldern und auf Maienthals Anhöhen nach Abend –

den ganzen Marktplatz – das Privat-Haus des Stadtseniors gegenüber, dem du in alle Stuben, die er an deinen Flamin vermietet, schauen kannst! – –

Flamin ist jetzo aber nicht darin; denn er hatte meinen Helden schon angefaßt und mit meinen Worten angeredet: steh auf! – Eine neue Lage ist eine Frühlingkur für unser Herz und nimmt das ängstliche Gefühl unserer Vergänglichkeit aus ihm: – und unter einem solchen heitern Himmel des Lebens tanzet heute mein Viktor mit allem – mit den Vormittaghoren – mit dem Regierungrate – mit dem Apotheker – durch die Apotheke hindurch neben dem Provisor vorbei, um oben auf dem Schlosse mit dem podagristischen Jenner einige Gänge zu machen.

– Er ist kaum eine halbe Stunde bei dem Fürsten gewesen, so sieht ihn Zeusel wieder in sein medizinisches Warenlager rennen .... »Ei ei!« denkt der Apotheker.

Aber es war ganz anders: Viktor gelangte durch ein Monturen-Verhau – denn die Gänge zu den Fürstenzimmern sind fast Zeltgassen, und die Regenten lassen sich so ängstlich umwachen, als besorgten sie, die *ersten* oder die *letzten* zu sein – ins Krankenzimmer. Vor einem Patienten, der in waagrechter Verfassung liegt, behält man die lotrechte leichter. Die Großen verwechseln oft die Wirkung ihrer Zimmer und Geräte mit ihrer eignen: – wenn sie der Gelehrte auf einem Rain, in einem Walde, an einem Krautfelde überfallen könnte: er wüßte sich zu benehmen. Aber Viktor war selber in gestickten und mit goldnen Eckenbeschlägen versehenen Zimmern erzogen. Da er den Freund seines Vaters in Schmerzen und mit eingepackten Beinen fand: so vertauschte er seine britische Unbefangenheit gegen die medizinische und fing, anstatt stolze fürstliche Fragen zu erwarten, ärztliche vorzulegen an. Als des Doktors ärztliches Beichtsitzen zu Ende war: so legte er die Hand, anstatt auf den Kopf des Beichtkindes, auf die Bibel daneben und wollte schwören und ließ es – bleiben, weil ihm etwas Besseres einfiel, und blätterte – das war ihm eingefallen – das Gichtbrüchigen-Evangelium in der Bibel auf und wies auf den Spruch: Steh auf, hebe dein Bette auf; »denn ans Podagra ist hier gar nicht zu denken«, sagte er. Er tat ihm dar, seine ganze Krankheit sei Wind, figürlich und eigentlich gesprochen – in den erschlafften Gefäßen haus' er und schleiche sich wie die Jesuiten unter allen Gestalten in alle Glieder ein – selber sein Schmerz in der Wade sei solcher versetzter Menschen- oder Gedärm-Äther. Der Leibarzt Kuhlpepper ist mit seinem Irrtum über den Fürsten zu entschuldigen; denn jeder Arzt muß sich eine Universalkrankheit auslesen, wofür er alle andere ansieht, die er con amore behandelt, in der er, wie der Theolog in Adams Sünde oder der Philosoph in seinem Prinzip, den ganzen Rest ertappet – es stand also in dem freien Willen Kuhlpeppers, sich zur Stamm-Krankheit, die das Nest-Ei und die Mutterzwiebel der Pathologie sein konnte, das Podagra – bei Männern, bei Weibern Flüsse – auszuklauben oder nicht. Da ers ausgeklaubt, so hat er auch suchen müssen, es bei Sr. Durchlaucht zu fixieren wie Pastell oder Quecksilber. – Jenner hatte – selber von seiner Kapelle – nie etwas Angenehmers gehöret als Viktors Behauptung, die ihn vom bisherigen Liegen, Medizinieren und Hungern loshalf. Viktor eilte in der Freude über die leichte Krankheit zum Rezeptieren davon, nachdem er an Trostes Statt behauptet hatte: »ein *ätherischer* Leib sei noch mitzunehmen und diene der Seele zwar zu keinem himmlischen Grahams-, aber doch zu einem Luftbette, das sich selber mache. Nur die armen Weiberseelen lägen – wenn man ihre Körper recht betrachte – auf stechenden Strohsäcken, glatten Husarensatteln und scharfen Wurstschlitten, indes tonsurierte oder tätowierte Geister (Mönche und Wilde) sich mit so hübschen, von geschabtem Fischbein gepolsterten Leibern[1] zudeckten.«

– Fort lief er; und ich habe schon berichtet, daß der Apotheker nachher dachte: Ei, ei! – In der Apotheke sagte Viktor zum Provisor, an den er wie Salpeter anflog: »Herr Kollege, was denken Sie dazu, wenn wir bei Sr. Durchlaucht auf nichts kurierten als Wind? Sie sollen mir raten. Ich meines Ortes würde verordnen:

Pulv. Rhei orient.
Sem. Anisi Stellati
– Foeniculi

[1] Geschabtes Fischbein fanden die Briten als das weichste Lager aus.

Cort. Aurant. immat.
Sal. Tart. $\overline{aa}$ dr. I.
Fol. Senn. Alexandr. sine Stipit. dr. II.
Sacchar. alb. Unc. Sem. –

Fallen Sie mir bei: so hab' ich weiter nichts zu sagen als: C. C. M. f. p. Subt. D. ad Scatulam, S. Blähungpulver, einen Teelöffel voll öfters zu nehmen bei Gelegenheit.«

Da ihn der Provisor ernsthaft ansah: so sah er denselbigen noch ernsthafter an; und die Arzenei wurde ohne *geänderte* Dosis bereitet. Als er fort war, sagte der Provisor zu seinen zwei stutzenden Pagen: »Ihr zwei dummen Epiglottes, er hat doch so viel Verstand und fragt.«

Im Grunde braucht der Lebensbeschreiber den Umstand gar nicht zu motivieren – da ihn das Pulver und der Held motivieren –, daß Jenner auf die Beine kam noch denselben Tag.

Da Fürsten keinen Druck erfahren als den der Luft, die – *in* ihrem Leibe ist: so kannte Jenners Dank für die Befreiung von diesem Druck so wenig Grenzen, daß er den ganzen Tag den Doktor – nicht wegließ. Er mußte mit ihm dinieren – soupieren – reiten – spielen. Im Schlosse wars auszuhalten; es war nicht, wie Neros seines, eine Stadt in der Stadt, ein Flachsenfingen in Flachsenfingen, sondern bloß eine Kaserne und eine Küche, voll Krieger und Köche. Denn vor jedes Briefgewölbe voll Schimmel, vor jede Stube, wo acht Demanten lagen, vor jedes Türschloß und vor jede Treppe war ein Bajonett mit dem darangehefteten Schirm- und Schutzherrn gepflanzt. Die überzählige Küchenmannschaft wohnte und heizte im Schloß, weil Seine Durchlaucht beständig aß. Durch dieses beständige Essen wollte er sich das Fasten erleichtern; denn er rührte – weils Kuhlpepper so haben wollte – von den drei Ritual-Mahlzeiten der Menschen blutwenig an und konnte den Hofleuten, die seine strenge Diät erhoben, nicht ganz widersprechen. Ein Uhrmacher aus London war ihm in dieser Mäßigkeit am meisten dadurch beigesprungen, daß er ihm eine Bedientenglocke und ein Federwerk verfertigte, dessen Zeiger auf einer großen Scheibe im Bedientenzimmer stand; das

Zifferblatt war statt der Stunden und Monattage mit Eßsachen und Weinen gerändert. Jenner durfte nur klingeln und drücken: so wußte die Dienerschaft sogleich, ob die Zunge und der Viktualienzeiger auf Pasteten oder auf Burgunder weise. Dadurch – daß er wie eine Mühle klingelte, wenn sein innerer Mensch nichts mehr zu mahlen hattte – setzte er sich am leichtesten instand, eine strengere Diät zu halten, als wohl Ärzte und Sittenlehrer fodern könnten, und beschämte mehr als einen Großen, den man nach der Ausweidung im Tode aufs Paradebette legen sollte mit dem hungrigen Magen unter dem einen Arm und mit der durstigen Leber unter dem andern, wie man auch Kapaunen beide Eingeweide als Armhüte zwischen beide Flügel gibt.

Im Schlosse war Viktor zu Hause wie in der Kaplanei; denn der eigentliche Hof, der eigentliche Hof-Wurmstock und Froschlaich war bloß im Palast des wirklichen Ministers von Schleunes ansässig, weil der die Honneurs des Thrones machen mußte, die Gesandten, die Fremden einlud u.s.w. Die Fürstin wohnte im großen alten Schloß, das Paulinum genannt. So verlebte also Jenner seine Tage ohne Prunk, aber bequem, in der wahren Einsamkeit eines Weisen, und brachte sie mit Essen, Trinken, Schlafen zu; daher konnte ihn der flachsenfingische Prorektor ohne Schmeichelei mit den größten alten Römern vergleichen, an denen wir einen ähnlichen Haß des Gepränges bewundern. Jenner hatte im Grunde keinen Hof, sondern ging selber an den Hof seines wirklichen Ministers; aber höchst ungern: er konnte da nichts lieben, weder die Fürstin, die immer da war, noch Schleunes' ehelose Töchter, die noch wider sein Londoner Gelübde waren.

Nachts um 12 Uhr hätte Zeusel gern noch darhinter kommen wollen, wie alles sei, und brachte dem Leibmedikus seine Nichte *Marie* als Lakaiin zugeführet. Der Medikus, der keinen Narren in der Welt zum Narren haben konnte, zumal unter vier Augen, steckte dem dünnen Hecht die Raufe voll Wahrheit-Futter, das dieser begierig herausfraß wie Ananas. Marie war eine durch einen Prozeß verarmte, durch eine Liebe verunglückte Verwandte und Katholikin, die in der kalten höfischen Apothekers-Familie nichts empfing und erwartete als Stichwunden der Worte und Schußwunden der Blicke – ihre aufgelöste und erquetschte Seele glich der Bruchweide, der man alle Zweige rückwärts mit der bloßen Hand herunterstreichen kann – sie fühlte bei keiner Demütigung einen Schmerz mehr – sie schien vor andern zu *kriechen*, aber sie lag ja immerfort *niedergebreitet* auf dem Boden. Als der sanfte Viktor diese demütige, seitwärtsgekehrte Gestalt, über die so viele Tränen gegangen waren, und dieses sonst schöne Gesicht erblickte, auf welches nicht Leiden der Phantasie ihre reizenden Maler-Drucke aufgetragen, sondern physische Schmerzen ihre Giftblasen ausgeschüttet hatten: so tat seinem Herzen das Schicksal der Menschen wehe, und mit der sanftesten Höflichkeit gegen Mariens Stand, Geschlecht und Jammer lehnte er ihre Dienste ab. Der Apotheker würde sich selber verachtet haben, wenn er diese Höflichkeit für etwas anders als feine Raillerie und Lebensart genommen hätte. Aber Viktor schlug sie noch einmal aus; und die Arme entfernte sich stumm und, wie eine Magd, ohne Mut zur Höflichkeit.

Am Morgen brachte ihm die Ausgeschlagene doch sein Frühstück mit gesenkten Augen und schmerzlich lächelnden Lippen; er hatt' es in seinem Bette gehört, daß der Apotheker und seine harten Holztriebe von Töchtern Marien das »lamentable greinerliche Air« vorgehalten und daraus den »refus des raillierenden« Herrn oben gefolgert hatten. Ihm blutete die Seele; und er nahm Marien endlich an – er machte sein Auge und seine Stimme so sanft und mitleidend, daß er beide dem weichsten Mädchen hätte leihen können; aber Marie bezog nichts auf sich. – –

Jenner konnte kaum abpassen, wenn er wiederkäme – –

Den dritten Tag wars wieder so – –

So auch die andere Woche – –

– Ich wünschte aber, meine Leser wären um diese Zeit durchs flachsenfingische Tor sämtlich geritten und diese gelehrte Gesellschaft hätte sich in die Stadt zerstreuet, um Erkundigungen von unserem Helden einzuziehen. Der Lesevortrab, den ich auf die Kaffeehäuser geschickt hätte, würde erfahren, daß der neue englische Doktor schon den alten gestürzt – dem Pfarrsohn in St. Lüne zum Regierratposten verholfen – und daß große Änderungen in allen Departements bevorstehen. Das unter die Hof-Kellerei, -Schlächterei, -Fischmeisterei, -Kastellanei und -Dienerei verteilte Treffen würde mir mitbringen, daß der Fürst dem Doktor nicht auf die Finger, sondern auf die Achsel geklopfet – daß er ihm vorgestern sein Bilderkabinett eigenhändig gezeigt und das beste Stück daraus geschenkt – daß er in der Komödie mit ihm aus der Hauptloge herausgesehen – daß er ihm eine steinreiche Dose geschenkt (die gewöhnliche Regenten-Bürgerkrone und deren Friedenpfeife, als wenn wir Grönländer wären, die sich nichts lieber schenken lassen als Schnupftabak) und daß sie miteinander auf Reisen gehen werden. – Zwei der allerfeinsten und stiftfähigsten Leser, die ich aus diesen Kolonnen ausgeschossen, und wovon ich den einen ins Paulinum an die Fürstin, den andern zum wirklichen Minister abgefertigt hätte, würden mir wenigstens *die* Neuigkeit rapportieren, daß Fürst und Doktor miteinander bei beiden gewesen, und daß beide den Helden für einen sonderbaren scheuen *schweigenden* Briten, der alles dem Vater *verdanke*, angesehen hätten – – –

Aber die letzte Neuigkeit, die mir die Leser erzählt haben, können sie ja unmöglich wissen, und ich will sie ihnen selber erzählen.

– Eh' ich das vortrage, klär' ichs nur noch mit drei Worten auf, warum Viktor so hurtig stieg. Es kann Evangelisten Matthieu unter meinen Lesern geben, die dieses schnelle Steigen wie das des Barometers für das Zeichen eines frühen Fallens nehmen – welche sagen, Lorbeere und Salat, den man in 24 Stunden durch Spiritus auf einem Tuche zum Reifen nötigt, welken ebensobald wieder ab – ja die sogar spaßen und das fürstliche Gedärm mit seinem Äther für eine Fisch-Schwimmblase meines Helden ausgeben, der nur durch ihr Füllen stieg. – – Berghauptmänner lachen solche Leser aus und halten ihnen vor: daß die Menschen, besonders die Residenten auf Thronen, einen neuen Arzt für ein neues Spezifikum ansehen – daß sie einem neuen am meisten gehorchen – daß Sebastian das erstemal sich gegen jeden am feinsten betrug, hingegen bei alten Bekannten ohne Not nichts Witziges sagte – daß Jenner jeden liebte, den er zu durchschauen vermochte, und daß er glücklicherweise meinen Helden bloß für einen heitern Lebelustigen erkannte und um seinen Kopf keine Bosische *Beatifikation*[1] bemerkte, die nach Phosphor stinkt und schmerzliche Funken auswirft – daß Viktor nicht wie Le Baut ein *Scherbengewächs* in einer Krone war, sondern eine darüber erhöhte, im *Freien* hängende Hyazinthe – daß er heiter war und heiter machte – und daß ein anderer Berghauptmann mit seinen Lesern gar nicht so viel Umstände gemacht haben würde als ich. Er hätte ihnen bloß den Hauptumstand gesagt, daß der Fürst an Viktor eine bezaubernde Ähnlichkeit mit seinem fünften (auf den sieben Inseln verlornen) Sohn, dem Monsieur, im Scherzen und Betragen gefunden und liebgewonnen hätte, und daß er diese Bemerkung schon in London, obgleich Viktor fünf Jahre jünger als jener war, gemacht.

Jenner wollte selber seinen Liebling jedem vorstellen, also auch der Fürstin. Die Philosophen haben es zu erklären, warum Sebastian sich nicht eher, als bis er neben dem fürstlichen Eheherrn auf dem Kutschkissen saß, auf das tolle verliebte Streifchen Papier besann, das er in Kussewitz über den Imperator der montre à regulateur aufgeklebt und der Fürstin zum Kaufe dareingegeben hatte. Er fuhr zusammen und hielts für unmöglich, daß er ein solcher Narr sein können. Aber einem Menschen ist so etwas leicht. Seine Phantasie warf auf jede Gegenwart, auf jeden Einfall so viel Brennpunkt-Lichter aus tausend Spiegeln zurück und zog um die Zukunft, die darüber hinauslag, so viel gefärbten Schatten und blauen Dunst herum, daß er ordentlich erschrak, wenn ihm eine närrische Handlung einfiel; denn er wußte, wenn er sie noch zehnmal zurückgewiesen und noch dreißigmal übersonnen hätte, daß er sie dann – begehen würde. – Da beide vor die Fürstin traten: so war Viktor in jener angenehmen Verfassung, welche Informatoren und jungen Gelehrten nichts Neues ist, die ihnen die Glieder verknöchert und das Herz zersetzt und die Zunge versteinert – nicht die Gewißheit, daß *Agnola* (so hieß die Fürstin) jenes Uhr-Inserat gelesen habe, machte ihn so verlegen, sondern die Ungewißheit. In der Angst dachte er gar nicht daran, daß sie ja seine Handschrift und den Autor des Schnitzchens nicht einmal

[1] So heißet der Schimmer um den Kopf, wenn man elektrisiert ist.

kenne; und denkt man auch in der Angst daran, so geht sie doch nicht weg.

– Aber alles war zugleich über, unter, wider seine Erwartung. Die Fürstin hatte das empfindsame Gesicht mit der Reisekleidung weggelegt und ein festes feines Galagesicht dafür aufgetragen. Der gekrönte Ehevogt Jenner wurde von ihr mit so viel warmem Anstand empfangen, als wär' er sein eigner – Ambassadeur vom ersten Range. Denn Jenner, dessen Herzscheibe sich am elektrisierenden Kissen einer schönen Wange oder eines Busentuchs voll Funken lud, hatte eben deswegen gegen Agnola, mit der er bloß der Politik wegen die Konkordaten der Ehe abgeschlossen, alle Wärme seines – Monatnamens. Gegen Viktor, den Sohn ihres Erbfeindes, den Nachfahrer des Hausdiebes der fürstlichen Gunst, hegte sie, wie leicht zu erachten, wahre – Zärtlichkeit. Unser armer Held – betroffen über Jenners Kälte, für die er sich von der Gemahlin eben keine sonderliche Wärme gegen sich selber versprach – betrug sich so ernsthaft wie der ältere und jüngere Kato zugleich. Er dankte Gott (und ich selber), daß er fortkam.

Aber unter dem ganzen Wege dachte er: »Hätt' ich nur mein Sendschreiben aus dem Uhr-Kuvert heraus! Ach ich täte dann alles, arme Agnola, dich zu versöhnen mit deinem Schicksal und mit deinem Gemahl!« – »Ach St. Lüne,« – (setzte er unter dem Vorbeifahren vor dem Stadtsenior hinzu) – »du friedlicher Ort voll Blumen und Liebe! Die Hatzpachtung versendet deinen Bastian von einem Hatzhaus ins andre.«

Denn er mußte höflichkeithalber doch auch zum wirklichen Minister – und Jenner nahm ihn mit. Dorthin ging er mit Lust, gleichsam wie in ein Seegefecht oder in ein Kontumazhaus oder in den russischen Eispalast.

Möbeln und Personen waren in Schleunes' Hause vom feinsten Geschmack. Viktor fand darin von den Wackelfiguren und Hofleuten an bis zu den Basaltbüsten alter Gelehrten und zu den Puppen der Schleunesschen Töchter, vom geglätteten Fußboden bis zu den geglätteten Gesichtern, vom Puderkabinett bis zum Lesekabinett – beide schminkten den Kopf schon im Durchmarsch –, kurz, überall fand er alles, was die Prachtgesetze je – verboten haben. Seine erste Verlegenheit bei der Fürstin gab ihm die Stimmung zu einer zweiten. Es war der alte Viktor gar nicht mehr. Ich weiß voraus, daß ihn die löblichen Schullehrer am Marianum in Scheerau darüber hart anlassen werden – zumal der Rektor –, daß er so wenig Welt hatte, daß er dort witzig ohne Munterkeit, gezwungen-frei ohne Gefälligkeit, zu beweglich mit den Augen, zu unbeweglich mit andern Gliedern war. Aber man muß diesen Hof- und Schulleuten vorstellen: er konnte nichts dafür. Der Rektor selber würde so gut wie Viktor verlegen gewesen sein vor der schöngeisterischen Ministerin, die zwar Meusel noch nicht, aber doch der Hof in sein gelehrtes Deutschland gesetzt – vor ihren spottsüchtigen Töchtern, zumal vor der schönsten, die Joachime hieß – vor einigen Fremden – vor so viel Leuten, die ihn haßten vom Vater her, und die ihn beobachteten, um sein Verhältnis mit dem Fürsten zu erklären und zu rechtfertigen – vor der Fürstin selber, die der Henker auch da hatte – vor Matthieu, der hier in seinem Element und in seiner Hauptrolle und Bravourarie war – und vor dem Minister. – Zumal vor dem letzten: Viktor fand an diesem einen Mann voll Würde, dem die Geschäfte die Artigkeit nicht nahmen, noch das Denken den Witz, und den eine kleine Ironie und Kälte nur noch mehr erhoben, der aber Gefühl, Gelehrte und die Menschen zu verachten schien. Viktor dachte sich überhaupt einen Minister – z.B. Pitt – wie einen Schweizer-Eisberg, an welchen oben Wolken und Tau als Nahrung anfrieren, der die Tiefe drückt und im Wechsel zwischen Schmelzen und Vereisen unten große Flüsse aussendet, und aus dessen Klüften Leichname steigen.

Jenner selber wurde unter ihnen nicht recht froh; was halfen ihm die feinsten Gerichte, wenn sie durch die feinsten Einfälle verbittert wurden? Der Spieltisch war daher – zumal bei der friedlichen Landung seiner Gemahlin – sein ruhiger Ankerplatz; und sein Viktor war dasmal auch froh, neben ihm zu ankern. Mein Korrespondent meint, den Stimmhammer zu diesem überfeinen, dreimal gestrichenen Ton drehte bloß die Ministerin, die alle Wissenschaften im Kopfe und zwar auf der Zunge hatte und deswegen wöchentlich ein bureau d'esprit hielt. In dieser lächerlichen Verfassung verspielte Sebastian seinen Abend und verschluckte sein Souper: er konnte gut erzählen, aber er hatte nichts zu erzählen – in den wenigen Contes, die ihm beiwohnten, war alles namenlos, und dem Zirkel um ihn waren gerade die Namen das erste – seine Laune konnt' er auch nicht gebrauchen, weil so eine wie die seinige den Inhaber selber in ein sanftes komisches Licht stellet, und weil sie also nur unter guten Freunden, deren Achtung man nicht verlieren kann, aber nicht unter bösen Freunden, deren Achtung man ertrotzen muß, in ihren Sokkus und Narrenkragen fahren darf – er genoß nicht einmal das Glück, innerlich alle auszulachen, weil er keine Zeit dazu hatte, und weil er die Leute nicht eher lächerlich fand als hinter ihrem Rücken.––

Verdammt übel war er dran – »Ich komm' euch sobald nicht wieder«, dachte er – und als der Mond durch die zwei langen Glastüren des Balkons, der auf den Garten hinaussah, mit seinem träumerischen Lichte einging, das draußen auf stillere Wohnungen, schönere Aussichten und ruhigere Herzen fiel: so schlich er (da seine Spiel-Maskopeigesellschaft durch den Fürsten nach dem Essen zertrennt war) auf den Balkon hinaus, und die auf der Erde und am Himmel blinkende Nacht erhob seine Brust durch größere Szenen. Mit welcher Liebe dachte er da an seinen Vater, dessen philosophische Kälte dem Jennerschnee gleich war, der die Saat gegen Frost bedeckt, indes die höfische dem Märzschnee ähnlicht, der die Keime zerfrisset! Wie sehr warf er sich jeden unzufriedenen Gedanken gegen seines rechtschaffenen Flamins kleinen Mangel an Feinheit vor! O wie richtete sich sein innerer Mensch wie ein gefallener und begnadigter Engel auf, da er sich Emanuel an der Hand Klotildens dachte, der ihn selig fragte: »Wo fandest du heute ein Ebenbild von meiner Freundin?« – Jetzo sehnte er sich unaussprechlich in sein St. Lüne zurück....

Seine steigenden Herzschläge hielt auf einmal *Joachime* an, die mit einem ins Zimmer gerichteten Gelächter herauskam. Da es ihr schwer fiel, nur eine Stunde zu sitzen (mich wundert, wie sie eine ganze Nacht im Bette blieb), so machte sie sich, sooft sie konnte, vom Stangengebiß des Spieles los. Die Fürstin band sie dasmal ab, die wegen ihrer kranken Augen diese *Nachtarbeit* der Großen aussetzte. Joachime war keine Klotilde, aber sie hatte doch zwei Augen wie zwei Rosensteine geschliffen – zwei Lippen wie gemalt – zwei Hände wie gegossen – und überhaupt alle Glieder-Doubletten recht hübsch.... Und damit hält ein Hofarzt schon Haus; wenn auch die einfachen Exemplare (Herz, Kopf, Nase, Stirn) keiner Klotilde zugehören. Da er nun unter dem großen Himmel seinen Mut und auf dem Balkon, der für ihn allemal ein Sprachzimmer war, seine Zunge wiederbekam – da Joachimens Ton ihn wieder in seinen zurückstimmte – da sie das Schweigen der Briten antastete und er die Ausnahmen verteidigte – da er jetzt am Faden der Rede sich wie eine Spinne hinauf- und hinablassen konnte und nicht mehr zu stören war durch die Fürstin, die nachgekommen war, um die entzündeten Augen in der Nacht abzukühlen – und da man nur dann klagt, Langweile zu empfinden, wenn man bloß selber eine macht – und da ich alles dieses hersetze, so tu' ich (glaub' ich) einem Rezensenten genug, der hinter dem Kutschkasten des Fürsten steht und nachsinnt und wissen will, woran er sich (außer den Lakaienriemen) zu halten habe, wenn unter ihm Viktor im Wagen während des Heimfahrens des Ministers Haus nicht zum Teufel wünscht, sondern zufriedner denkt: meinetwegen! –

Dem Fürsten schlug der Umgang Viktors so gut zu, daß er sich vorstellte, er könne ihn so wenig wie ein Stiftfräulein das Ordenzeichen außer Hause vom Leibe tun. Er stürzte allezeit den Ordenkelch und Willkommen des warmen Sprudels einer neuen Freundschaft so unmäßig hinein wie ein Gast in Karlsbad den seinen. Wenn er Langweile hatte, wurde der Medikus ersucht, zu kommen, damit sie wiche; wenn er innern Jubel spürte, wurde jener wieder angefleht, zu erscheinen, damit er den Jubel mitgenösse. Nur *die* Zeit, wo Jenner weder Langeweile noch das Gegenteil empfand, blieb seinem Freunde ganz zu freier Verwendung. Viktor hatte vorher geschworen, leicht abzuschlagen, und auf die Leute losgezogen, die bewilligten; jetzt sagt' er aber: »Der Teufel sage Nein! Es komm' nur ein Mensch erst in die Lage!« – – Und so mußte der arme Viktor lauter leere Kreise voll

Schwindel im Hof-Zirkel des Thrones beschreiben, unter Menschen, für deren Ton er leichter ein *Ohr* als eine *Zunge* hatte, und die er erraten und doch nicht gewinnen konnte.

Ein Jüngling, in dessen Brust die Nachtstücke von Maienthal und St. Lüne hängen – oder einer, der aus einem Baddörfchen anlangt – oder einer, der vorhat sich zu verlieben – oder einer, der in großen Städten oder in ihren großen Zirkeln ein *müßiger* Zuschauer sein muß, jeder von diesen ist schon für sich auch ein *mißvergnügter* darin und stößet in seine kritische Pfeife so lange gegen die spielende Gesellschaft, bis sie ihn selber – anwirbt. Kommen aber alle diese Ursachen gar in einem einzigen Menschen zusammen: so weiß er gegen seine Gallenblase keinen Rat und keinen Gallengang, als daß er feines Papier nimmt und an die Eymanischen in St. Lüne einen verdammt spöttischen Brief über das Gesehene abläßt.

Mein Held ließ folgenden an den Pfarrer ab:

»Mein lieber Herr Adoptiv-Vater!

– Ich hatte bisher nicht so viel Zeit übrig, um die Augen aufzuheben und zu sehen, was wir für einen Mond haben. Wahrhaftig, einem Hofe fehlts zur Tugend schon – an *Zeit*. Der Fürst führt mich überall wie ein Riechfläschchen bei sich und zeigt seinen närrischen Doktor vor. Mich werden sie bald nicht ausstehen können, nicht weil ich etwan etwas tauge – ich bin vielmehr fest versichert, sie ertrügen den tugendhaftesten Mann von der Welt ebensogut wie den schlimmsten, und das bloß, weil er ein Anglizismus, ein homme de Fantaisie, ein Naturspiel wäre –, sondern weil ich nicht genug rede. Geschäftleute bekümmern sich um keinen Gespräch- und keinen Briefstil; aber bei Hofleuten ist die Zunge die Pulsader ihres welken Lebens, die Spiral- und Schwungfeder ihrer Seelen; alle sind geborne Kunstrichter, die auf nichts als Wendung, Ausdruck, Feuer und Sprache sehen. Das macht, sie haben nichts zu tun; ihre gute Werke sind Bonmots, ihre Meßgeschäfte Besuchkarten, ihre Hauswirtschaft eine Spiel- und ihre Feldwirtschaft eine Jagdpartie, und der kleine Dienst eine Physiognomie. Daher müssen sie fremde Fehler den ganzen Tag in Ohren haben gegen die schlaffe Weile, wie die Ärzte die Krätze einimpfen gegen Dummheit: ein Hofstaat ist das ordentliche Pennypostamt der kleinsten Neuigkeiten, sogar von euch Bürgerlichen, wenn ihr gerade etwas recht – Lächerliches getan habt. Zu wünschen wäre, wir hätten Festins, oder Spielpartien, oder Komödien, oder Assembleen, oder Soupers, oder etwas Gutes zu essen, oder irgendeine Lustbarkeit; aber daran ist nicht zu denken – wir haben zwar alle diese Dinge, aber nur die Namen davon; der Kammerpräsident würde die Achsel zucken, wenn wir nur des Jahrs viermal so glänzend fröhlich sein wollten, als Sie es des Monats viermal sind. Da unsere Woche aus sieben Sonntagen besteht: so sind unsere Lustbarkeiten nur Kalenderzeichen, Zeit-Abschnitte, auf die niemand achtet, und ein Festin ist nichts als ein Spielraum der Plane, die jeder hat, das Brettergerüst seiner Hauptrolle und die Jahrzeit der fortgesetzten Intrige gegen Opfer der Liebe oder des Ehrgeizes. Hier ist jede Minute eine stechende Moskite, und der Distelsame des schöngefärbten Kummers fliegt weit herum.

Viele Weiber sind da gut und Anhänger des Linnäus, und ihre Augen ordnen die Männer botanisch nach seinem schönen einfachen *Sexualsystem;* sie machen unter tugendhafter und lasterhafter Liebe einen großen Unterschied, nämlich den des *Grades* oder auch der Zeit; und die *Beste* spricht oft darüber wie die *Schlimmste*, und die Schlimmste wie die Beste. Indessen gibts hier weibliche Tugend und männliche Treue in ihrer Art – aber einem Pfarrer ist davon kein Begriff beizubringen; denn diese zwei Geleen oder Gallerte sind so zart und weich, daß ich sie, wenn ich sie auch von allen Stufen des Throns hinuntertragen wollte in die Kaplanei, doch so verdorben und anbrüchig hinabbrächte, daß man ihnen drunten die zwei entgegengesetzten Namen geben würde, für die wir doch schon unsre besondern Gegenstände oben haben. Die Bürgerlichen würden unsere bejahrten Männer in der Liebe lächerlich finden, und diese euere Töchter. – Was mir aber dieses glückliche Hofleben oft versalzet, ist der allgemeine Mangel an Verstellung. Denn hier glaubt keiner, was er hört, und denkt keiner, wie er aussieht; alle müssen nach den ordentlichen Spielgesetzen, gleich den Karten, einerlei obere Seite haben und äußere Gesichtstille auf inneres Glühen decken, wie der Blitz nur den Degen, aber nicht die Scheide zerstört. – Folglich kann, da eine allgemeine Verstellung keine ist und da jeder dem andern Gift zutraut, keiner *belügen*, sondern jeder nur *überlisten;* nur der Verstand, nicht das Herz wird berückt. Inzwischen ist, die Wahrheit zu sagen, das keine Wahrheit; denn jeder hat zwei Masken, die *allgemeine* und die *persönliche*. Übrigens werden die Farben, die auf den wissenschaftlichen, feinen und menschenliebenden Anstrich des Äußern verbraucht werden, notwendig vom Innern abgekratzet, aber zum Vorteil, da am Innern nicht viel ist, und das Studium des Scheins verringert das Sein; so sah ich oft im Walde Hasen liegen, an denen kein Lot Fleisch war und kein Tropfen Fett, weil alles von dem ungeheuern Haarpelz weggesogen war, der nach dem Tode fortgewachsen.

Wenn man den Inhalt des Throns und des platten Pöbel-Landes vergleicht, so scheinet die physikalische und moralische Erhabenheit der Menschen im umgekehrten Verhältnis mit der ihres Bodens zu stehen, so wie die Einwohner der Marschländer größer sind als der Bergländer. Aber gleichwohl tragen jene erhabnen Leute den Staat leicht auf Schmetterlingflügeln, überschauen sein Räderwerk mit dem hundertäugigen Papillon-Auge und beschirmen mit einem Spazierstöckchen das Volk vor Löwen, oder jagen damit die Löwen in dem Volk, wie in Afrika Hirtenkinder mit einer Peitsche naturhistorische Löwen vom Weidevieh abschrecken... Lieber Herr Hofkaplan! diese Satire schmerzte mich schon auf der vorigen Seite; aber man wird hier boshaft, so wie eitel, ohne zu wissen wann, jenes, weil man zu sehr auf andere, dieses, weil man zu sehr auf sich merken muß. Nein! Ihr Garten, Ihre Stube ist schöner; da gibt es keine steinerne Brust, an der man die Arme und Adern der Freundschaft kreuzigt wie ein Spaliergewächs; da muß man sich nicht täglich wie ich zweimal rasieren lassen und dreimal frisieren; da darf man doch seinen gewichsten Stiefel anziehen. Schreiben Sie Ihrem Adoptivsohne bald – denn ich schlage mir das Fest Ihres Besuchs noch ab. –

Sind viel Kindtaufen und Leichen? – Was macht der Fuchs und der taube Balgtreter? – Eben wird jetzo der Mörser statt Ihrer Ratten-Trommel unter mir gerührt. – – Leben Sie wohl.

Und Sie grüß' ich jetzt erst, geliebte Mutter! Meine Hand ist warm, und in meinem Herzen klopfen ein paar Seelen, weil jetzt Ihr Angesicht voll mütterlicher Wärme alle meine satirischen Eisspitzen bescheint und in warmes Blut zerschmelzt, das für Sie schlagen und für Sie fließen will. Wie tut es so wohl, wieder zu lieben! Ihr zweiter Sohn (Flamin) ist gesund, aber zu fleißig, und gegenwärtig in St. Lüne. Grüßen Sie meine Schwestern und alles, was Sie liebt.

Sebastian.«

*

Er hob den Brief auf, um den Regierrat, der seine Person mit haben wollte, doch mit einer Fracht abzufertigen.

Indessen wurden seine und Jenners gemeinschaftliche Besuche mit ihren Theaterknoten zu ganz andern Nervenknoten der Freundschaft zwischen Jenner und ihm – und zugleich machten sie den Ruf dieser Freundschaft größer. In St. Lüne, in Le Bauts Hause, wurde dreimal mehr daraus gemacht, als daran war – im Pfarrhause neunmal.

Dazu kam eine Kleinigkeit, nämlich eine Schlägerei – eigentlich zwei. Ich habe den Vorfall vom Spitz, Viktor ihn von Flamin, dieser von Matthieu, in dessen edlem historischen Stil er hier der Nachwelt übergeben werden kann. Der Evangelist schämte sich keines Bürgerlichen, sobald er ihn zum Narren haben konnte. Daher besuchte er den Hofapotheker ohne Bedenken. Diesem, der den Kasernenmedikus Kuhlpepper wegen seiner stolzen Grobheit und wegen der untern Note[1] innig haßte, hatte Matthieu längst versprochen, den Doktor zu stürzen. Da der letzte und das Podagra durch Viktor wirklich von Jenners Füßen vertrieben waren: so ließ der Evangelist dem Apotheker merken, er selber würde

[1] Kuhlpepper tat ihm nie den Gefallen, um den er ihn so oft bat, daß er dem Fürsten ein Klistier verordnete, welches alsdann der Apotheker selber gesetzet hätte, um nur einmal dem Regenten *beizukommen* und dessen schwache Seite in seine eigne Sonnenseite zu verwandeln.

ohne dessen Wink und Wünsche weit weniger zum Falle Kuhlpeppers beigetragen haben, als er getan. Zeusel – zumal da er den Nachfahrer des Kasernenmedikus im Hause hatte – kam nach einigen Tagen mit der gewissen Überzeugung aufs Billard, daß er aus seiner Apotheke heraus Kuhlpeppern das unsichtbare Bein untergestellet und ihn von den Thronstufen herabgeworfen. Dort war zum Unglück der Kasernenmedikus selber und der edle Matz. Zeusel kam auf diesem Theater mit den Festons von drei Uhrketten an – mit einem Paar Hosen, auf deren Knien einige Arabesken gedruckt waren – mit einer doppelten Weste, doppelten Halsbinde und im Gesicht mit doppelten Ausrufzeichen über den Kasernenmedikus – seine Geldbörse saß gerade unter dem heiligen Bein, weil er, wie einige Engländer, die Hosentasche in die Gegend der Hosenschnalle hatte verstecken lassen. Er hatte als Kammermohren seinen hagern langen Provisor mit, der im Neben-Trinkzimmer auf den sehr kurzen Provisor der zweiten oder Kanaillen-Apotheke stieß. Der kurze Provisor folgte aus Haß dem langen überall, bloß um ihn zu ärgern; aber diesesmal war er bloß vom Lande zurück mit einigen von Wiedergenesenden einkassierten Hühnereiern.

Matthieu nahm sich – nach einem exegetischen Wink an Zeusel – die Freiheit, über das fürstliche Podagra Kuhlpeppers Meinung zu sein. Kuhlpepper, der ein alter Deutscher sein wollte – solche alte Deutsche können sich nie im Zorn, aber recht gut aus Eigennutz verstellen –, feuerte ab und sagte, der englische Doktor sei ein ganzer Ignorant. Zeusel faßte mit einem weiten Lächeln wie mit einem Buchdruckerstock seine höfische Verachtung gegen den groben Mann ein. Der Medikus sah wie der Gleicher, der Apotheker wie Spitzbergen aus. Jetzo wurde bloß über das Podagra geturnt. Der Kampfwärter und Turniervogt Matthieu gab zu verstehen, »Zeusel liebe zwar seinen Fürsten und Herrn, aber er wünsche doch, daß diese Liebe die besten Mittel und die heilsamsten Einflüsse gehabt.« – »In den H–« (sagte Kuhlpepper) »kann *der* da Einfluß haben.« – Als sich der Apotheker deswegen stolz und verächtlich in die Höhe richtete: drückte ihn der Doktor langsam auf den Stuhl und auf seinen Geldbeutel nieder, und die auf die Achsel eingeschlagne Hand nagelte den kleinen Zierling samt der Börse an den Sessel an.

Diese Befestigung verdroß den Schneidervogel am meisten, und er versetzte, in die Höhe wollend: »noch heute würde er, wenn er zu Rate gezogen würde, Sr. Durchlaucht die jetzige bessere Wahl anraten.« Der Kasernenmedikus mochte vielleicht die Hand zu hurtig von der Achsel abdecken; denn er bestrich damit, wie mit einer Kanone, die Nase seines Gegners, worauf diese ein Blut wie der heilige Januar entließ. Der Evangelist bedauerte es für seine Person, »daß zwei so verständige Männer sich nicht miteinander entzweien und schlagen könnten ohne persönlichen Haß und ohne Hitze, da sie gleich kriegenden Fürsten sich ohne beides anfallen könnten – aber das Bluten bestätige Zeusels Wallung zu sehr«. – Zeusel rief zum Doktor: »Sie Grobian!« – Dieser nahm im Grimme wirklich die Matthäische Meinung an, jener blute nur aus Grimm, und verglich ihn mit den Kadavern, die in alten Zeiten zwar bei Annäherung des Mörders bluteten, aber bloß aus ganz natürlichen Ursachen. Der Medikus suchte also seinen gleich einem Fürsten oben vergoldeten Stecken auf und beurlaubte sich mit der gekrönten Stange, indem er sie einige Male gleichsam magnetisch-streichend über Zeusels Finger führte; aber ich würde den Stab, wenn ich an der Stelle anderer Leute wäre, weder ein Hörrohr für Zeuseln nennen, das der Arzt an ihn, wie man Schwerhörigen öfters tut, anstieß, damit dieser besser hörte, noch auch einen Türklopfer, den er der Wahrheit vorstreckte, damit sie leichter in den Apotheker einkonnte: sondern er wollte bloß seine Finger nötigen, das Schnupftuch fallen zu lassen, damit er ihm ins Gesicht beim Abschied schauen könnte, den er in die schonende Wendung kleidete: »Sag Ers Seinem Doktor, er und Er da, ihr seid die zwei größten Stocknarren in der Stadt.«

Vor den letzten Worten verhielten sich beide Provisores ruhig genug, nicht mit der Zunge – denn der lange Provisor sang als zweites Chor mit demselben Kriegsliede den kurzen an und war echter Anti-Podagrist –, sondern sonst. Wer überlegt, daß der lange meinen Helden wegen seiner Höflichkeit liebte und den kurzen nicht leiden konnte, weil Kuhlpepper alles bei diesem verschrieb, der würde von dem Paare nichts Geringers erwarten als den Widerschein des Billardzimmers; aber der lange Provisor war gesetzt und breitete erhebliche Wahrheiten nie wie Portugal mit Blute aus, sondern er nahm – sobald der Kasernenmedikus den Hofmedikus einen Stocknarren genannt hatte – still den Hut des kurzen Provisors, der in solchen des Zerknickens wegen seine Eier-Gefälle niedergelegt hatte, und setzte besagte Eier dem Professionverwandten ohne Ingrimm auf; und mit geringem Druck paßte er den Doktorhut, der eine halbe Elle zu hoch saß, seinem Freunde – um so mehr, da auch Kastor und Pollux Eierschalen aufhatten – promovierend recht an und ging fort, ohne eben viel Dank für das aufgesetzte Filz-Gefüllsel und den fließenden Gesicht-Umschlag haben zu wollen.

Schlägereien breiten kleine, wie Kriege große Wahrheiten aus. Der Hofkaplan Eymann sandte ein langes Glückwunschschreiben an Viktor und hieß ihn »Jenners Nierenlenker« und bat um seinen Besuch. Ein »Ranzenadvokat« klopfte bei ihm wie bei einer höhern Instanz an und bat ihn um eine fürstliche Einschreitung gegen das Regierkollegium. Der Apotheker hält mit seinem Gesuch um ein Lavement noch zurück.

Viktor sparte sich noch den ersten Besuch in St. Lüne auf wie eine reifende Frucht und ärgerte dadurch den Regierrat, der ihn hinbereden wollte. Aber er sagte: »Die Hinterbliebenen eines Orts sehnen sich nach dem, der daraus fort ist, so lange unbeschreiblich, bis er den ersten Besuch gemacht, so wie er auch. Nach dem ersten passen beide Parteien ganz gesetzt und kalt den zweiten ab.« – Was er nicht sagte und dachte, aber fühlte und fürchtete, war: daß seine Halbgöttin Klotilde, die das Allerheiligste in seiner Brust bewohnte, und die seiner Seele durch ihre Unsichtbarkeit teurer, nötiger und *eben darum* gewisser geworden war, ihm vielleicht bei ihrer Erscheinung alle Hoffnungen auf einmal aus seinem Herzen ziehe. –

Es war am Abend des empfangenen Eymannischen Briefes, wo er so phantasierte: »Wenn doch Jenner nur so gesund bliebe! – Er muß Bewegung haben, aber eine ungewohnte – der Reiter muß gehen, der Fußgänger fahren. – Wir sollten miteinander zu Fuß durchs Land ziehen, verkleidet. – Ach ich könnte vielleicht manchem armen Teufel nützen – wir schlichen heimwärts durch St. Lüne – – Nein, nein, nein«...

Er erschrak selber vor einem gewissen Einfall – denn er besorgte, er würde ihn, da er ihn einmal gehabt, auch ausführen, daher sagte er dreimal Nein dazu. Der Einfall war der, den Fürsten zu Klotildens Eltern hinzubereden. – Es half aber nichts: es fiel ihm bei, daß sein Vater ein zu strenges Rügegericht über den Kammerherrn und den Minister gehalten – »Was will mir Le Baut schaden! Wenn ich dem armen Narren nur drei Sonnenblicke von Jenner zuwendete! – Das Gescheiteste ist, ich denke heute nicht mehr darüber nach.«

Der Hund wird uns Antwort bringen; ich meines Ortes wette – ein feiner Menschenkenner auf meiner Insel wettet hingegen, der Held macht diesen Spaß –, daß er ihn nicht macht.

18. Hundposttag

Standeserhöhung Klotildens – Inkognito-Reise – Bittschrift der Oberjägermeisterei – Konsistorialbote – Vexierbild der Flachsenfinger

Freilich macht' er ihn, den Spaß; aber ich verlier' im Grunde nicht. Denn es war so: vom Tage an, wo Doktor Kuhlpepper vor der vollblütigen Nase Zeusels mit seiner groben Hand wie mit einem elektrischen Auslader vorbeigegangen war, drängte sich der Mann mit drei Uhren an meinen Helden, der nur eine und noch dazu des Zeidlers plumpe trug. Zeusel dankte überhaupt Gott, wenn sich nur ein Hoffurier bei ihm betrank und der Hofdentist überfraß. Er kam immer mit gewissen geheimen Nachrichten, die zu publizieren waren. Er behielt nichts bei sich, und hätte man ihn unter seine Apotheke zu hängen gedrohet. Er sagte unserm Helden, daß der Minister um die Stelle der zweiten Hofdame für seine Joachime bei der Fürstin werbe, die sich bloß die weibliche Dienerschaft selber wählen durfte – daß jener aber es nicht geradezu tun dürfe, weil er oder sein Sohn Matthieu dem Kammerherrn Le Baut versprochen, die nämliche Stelle Klotilden zu verschaffen – er bat also meinen Helden, der, wie er sehe, Matthieus Freund sei, ihm die Verlegenheit zu ersparen und den Fürsten zu bewegen (welches nur *ein* Wort koste), daß dieser selber bei der Fürstin die Bitte um *Joachime* einlege – die Fürstin, die ohnehin den Minister protegiere, würd' es aus mehr als *einem* Grunde mit Freuden tun, und der Minister könnte dann nichts dafür, wenn der Kammerherr, der Feind des Lords, leer ausginge. –

Der Tropf, sieht man, hatte bloß aus den zwei eingefangnen Nachrichten der zwei Amt-Werberinnen den ganzen übrigen Rechtgang erraten, und selber der Umstand, den ihm Matthieu entdeckte, daß der Minister einen Viertels-Flügel seines Palastes für eine Freundin seiner verstorbnen Tochter Giulia räume, hatte ihn nur mehr befestigt. So sehr ersetzt Bosheit nicht nur Jahre, sondern auch Nachrichten und Scharfsinn.

Mein Held konnte ihm nichts sagen als: er glaube nichts davon. Aber in drei einsamen Minuten glaubte er alles – denn deswegen, sah er, mußte die liebe Klotilde gerade bei der Erscheinung der Fürstin aus dem Stifte zurück – deswegen wurde der Minister-Sohn von Le Baut mit soviel Rauch- und Dankopfer-Altären umbauet – deswegen brachte die Alte (im sechzehnten Hundposttage) dem Hofleben solche Ständchen und so laute – überhaupt sind, sah er noch, zwei solche geächtete gefangne Hofjuden in Babylon des Teufels lebendig, bis sie in der alten heiligen Stadt wieder sitzen, und wenn sie gerade eine schöne Tochter haben, so wird diese zur Vorspann der Fahrt gebraucht und zur Montgolfiere des Steigens...

»O komm nur, Klotilde« – rief er glühend – »Der Hof-Pfuhl wird mir dann ein italienischer Keller, ein Blumenparterre. – Bist nur du beim Minister, so hab' ich Geist genug und sprühe ordentlich. – Was wird mein Vater sagen, wenn er uns mit zwei Laufzäumen stehen sieht, an einem hast du die Fürstin, am andern ich den Mann....« Jetzo fielen ihm Klotildens neuliche Einwendungen gegen das Hofleben wie Eiszapfen in sein kochendes Blut; aber er dachte, »Weibern gefallen doch die Hof-Lager des Glanzes ein wenig mehr, als sie selber vermuten und sagen, und weit mehr als den Männern. – Halte denn ers mit ähnlichem Seelen-Bau nicht auch aus? – Sie, als Stieftochter des Fürsten, und als eine schöne dazu, habe nur halbes Elend, gegen ihn gehalten – und wisse sie denn, ob sie nicht einmal aus ihrem Feld-Etat in die Hofgarnison zurückgesetzt werde durch einen Zufall?« Unter dem Zufalle verstand er eine Heirat mit – Sebastian. Endlich beruhigte er sich mit dem, was ich auch glaube, daß sie damals bloß aus Höflichkeit einige Kälte gegen ihre neue Entfernung von ihren Eltern vorgespiegelt und also auch gegen den neuen Ort; auch hätte man Freude darüber für Wärme gegen *irgend* jemand am Hofe nehmen können, z. B. gegen ihren – Bruder, dacht' er.

Jetzo kam der gestrige Gedanke, über den ich die Wette verloren, wieder hervor, in *einer* Nacht erstaunlich in die Höhe geschossen; der nämlich: wenn er den Fürsten zur Reise und zum Besuche beim Kammerherrn überredete und ihn noch unterwegs um ein Vorwort für Klotilde bei der Fürstin ansprach: so wars erstlich dem Stiefvater unmöglich, die Bitte für die schönste Stieftochter abzuweisen, und zweitens der Fürstin unmöglich, bei ihrem Gemahl, der das Recht der ersten Bitte ausübte, nicht allen möglichen Vorteil aus der ersten Gelegenheit zu ziehen, sich ihn verbindlich zu machen. – –

– – Acht Tage darauf, da es schon dämmerte – in den Herbsttagen wirds eher Nacht –, stand der Hofkaplan Eymann auf der Warte und guckte nach der Sonne, nicht ihrer selber wegen, sondern um des Abendrots und Wetters willen, weil er morgen säen wollte: als er erschrocken von der Warte hinübersprang in sein Haus und die Hiobspost auspackte, der Konsistorialbote werde gleich da sein samt einem französischen Emigranten, und für den einen sei noch kein Heller vorrätig und für den andern kein Bette...

Es kam kein Mensch. –

Ich begreif' es leicht; denn der Konsistorialbote lauerte am Pfarrhause und marschierte, sobald er oben den Hofmedikus Viktor aus Wachs am Fenster sitzen sah, spornstreichs zum Dorfe hinaus, gerade nach Flachsenfingen zu. Der Emigrant war zu seinem Professionverwandten Le Baut hineingegangen. –

Beide Reisende nannten sich auch noch – Jenner und Viktor, und kamen heute von ihrer scherzreichen Rennbahn zurück. – –

Vor sieben Tagen war nämlich der Fürst, der Maskentänze und Inkognito-Reisen und gemeine Sitten liebte, und der nur des Ministers geistige Masken und Inkognito verwünschte, mit Viktor zu Fuß hinter einem Kerl abgereiset, der zu Pferde mit der Redoutenkleidung und mit Redoutenerfrischungen vorausgebrochen war. Jenner trug einen Degen in der Hand, der in keiner Scheide steckte, sondern in einem Spazierstöckchen; ein Sinnbild der Hof-Waffen! Er gab sich in den Marktflecken für den neuen Regierrat Flamin aus. Mein Held, der sich anfangs zu einem reisenden Augenarzt geprägt hatte, münzte sich im dritten Dorfe zu einem Konsistorialboten um – bloß weil beiden der wahre Bote begegnete. Dieser Kammereinnehmer des Konsistoriums mußte dem Arzte – es kostete dem Fürsten nur eine fürstliche Resolution und eine Gnade – sein Sportelbuch und seinen kirchlichen Amtrock samt dem aufgenähten Blech auf diese Woche überlassen. Die Bleche sind an Boten und die Silbersterne an vornehme Röcke wie die Bleistücke an Tuchballen befestigt, damit man wisse, was am Bettel ist.

Für Büsching wäre eine solche Rekahns-Fahrt ein Fund – für mich ist sie eine wahre Pein, weil mein Manuskript ohnehin schon so groß ist, daß meine Schwester sich darauf setzet, wenn sie Klavier spielet, da der Sessel ohne die Unterlage der Hundposttage nicht hoch genug ist.

Was sah Jenner? – was Viktor? –

Der Regierrat Jenner sah unter den Beamten lauter krumme Rücken – krumme Wege – krumme Finger – krumme Seelen. – »Aber krumm ist ein Bogen, und der Bogen ist ein Sektor vom Zirkel, diesem Sinnbild aller Vollendung«, sagte der Konsistorialbote Viktor. Allein Jenner ärgerte sich am meisten darüber, daß ihn die Beamten so sehr verehrten, da er sich doch nur für einen Regier-*Rat* ausgab und für keinen Regenten. – Viktor versetzte: »Der Mensch kennt nur zwei Nächsten; der Nächste zu seinem

Kopf ist sein Herr, der zu seinem Fuße sein Sklave – was über beide hinausliegt, ist ihm Gott oder Vieh.« –

Was sah Jenner noch mehr? –

Steuerfreie Spitzbuben sah er, die sich an steuerfähigen Armen bereicherten – redliche Advokaten hört' er, die nicht, wie seine Hofleute oder die englischen Räuber, mit einer tugendhaften Maske stahlen, sondern ohne die Maske, und denen eine gewisse Entfernung von Aufklärung und Philosophie und Geschmack nach dem Tode gar nicht schädlich sein wird, weil sie dann in ihrer eignen Verteidigung Gott die Einrede ihrer Unwissenheit entgegensetzen und ihm vorhalten können: »daß andere Gesetze als landesherrliche und römische sie nicht verbinden können, und Gott sei weder Justinian, noch Kant Tribonian.« – Er sah am Kopfe seiner Landrichter Brotkörbe, und am Kopfe ihrer Untertanen Maulkörbe hängen; er sah, daß, wenn (nach Howard) zwei Menschen nötig sind, um *einen* Gefangnen zu ernähren, hier zwanzig Eingekerkerte da sein müssen, damit *ein* Stadtvogt lebe.

Er sah verdammtes Zeug. Dafür sah er aber auch auf der andern Seite in angenehmen Nächten das Vieh in schönen Gruppen in den Feldern weiden, ich meine das republikanische, nämlich Hirsche und Sauen. Der Konsistorialbote Viktor sagte ihm, er habe diesen romantischen Anblick den Jägermeistern zu danken, deren weiches Herz den fürstlichen Befehl des Wildschießens ebensowenig hätte vollziehen können, wie die ägyptischen Wehmütter den, die Judenknaben totzumachen. Ja der Sportelbote ließ sich in einer Kneipschenke gelbe Dinte und schwarzes Papier hingeben und setzte da, während der Schieferdecker auf dem Dache trommelte, um Schiefer zugelangt zu bekommen, und die Gäste an die Krüge schlugen, um eingeschenkt zu kriegen, und der Wirtsbube auf einem Bierheber zum Fenster hineintrompetete, unter diesem babylonischen Lärm setzte der Sportulnbote eine der besten Bittschriften auf, welche die edle Jägerschaft noch je an den Fürsten abgelassen.

Schlechte Relation aus der Bittschrift der Oberjägermeisterei

»Da das Wild nicht lesen und schreiben könnte: so sei es die Pflicht der Jägermeisterei, die es könnte, für dasselbe zu schreiben und nach Gewissen einzuberichten, daß alles flachsenfingische Wild unter dem Drucke des Bauers schmachte, sowohl Rot- als Schwarzwildpret. Einem Oberförster blute das Herz, wenn er nachts draußen stehe und sehe, wie das Landvolk aus unglaublicher Mißgunst gegen das Hirschvieh die ganze Nacht in der größten Kälte neben den Feldern Lärm und Feuer machte, pfiffe, sänge, schösse, damit das arme Wild nichts fräße. Solchen harten Herzen sei es nicht gegeben, zu bedenken, daß, wenn man um ihre Kartoffeltische (wie sie um ihre Kartoffelfelder) eben solche Schützen und Pfeifer lagerte, die ihnen jede Kartoffel vom Munde wegschössen, daß sie dann mager werden müßten. Daher sei eben das Wild so hager, weil es sich erst langsam daran gewöhne, wie Regimentpferde den Hafer von einer gerührten Trommel zu fressen. Die Hirsche müßten oft meilenweit gehen – wie einer, der in Paris sein Frühstück aus Aubergen zusammenhole –, um in ein Krautfeld, das keine solche Küstenbewahrer und Widerparte des Wilds umstellen, endlich einzulaufen und sich da recht satt zu fressen. Die Hundjungen sagten daher mit Recht, sie zerträten in *einer* Parforcejagd mehr Getreide, als das Wild die ganze Woche abzufressen bekomme. – Dieses und nichts anders seien die Gründe, welche die Oberjägermeisterei bewogen hätten, bei Sr. Durchlaucht mit der untertänigen Bitte einzukommen,

> Daß Ew. den Landleuten auflegen möchten, nachts in ihren warmen Betten zu bleiben, wie tausend gute Christen tun und das Wild selber am Tage.

Dadurch würde – getrauete sich die Obristjägermeisterei zu versprechen – den Landleuten und Hirschen zugleich unter die Arme gegriffen – letzte könnten alsdann ruhig, wie Tagvieh, die Felder abweiden und würden doch dem Landmann die Nachlese, indem sie mit der Vorlese zufrieden wären, lassen. – Das Landvolk wäre von den Krankheiten, die aus den Nachtwachen kämen von Erkältungen und Ermüdungen glücklicherweise befreiet. Der größte Vorteil aber wäre der, daß, da bisher Bauern über die Jagdfronen murrten (und nicht ganz mit Unrecht), weil sie darüber die Zeit der Ernte versäumten, daß alsdann die Hirsche an ihrer Statt die Ernte in der Nacht übernähmen, wie sich in der Schweiz die Jünglinge für die Mädchen, die sie liebten, nachts dem Getreide-Schneiden unterzögen, damit diese, wenn sie am Morgen zur Arbeit kommen, keine finden – und so würden die Jagdfronen in den Ernten niemand mehr stören als höchstens das – Wild etc.«

Was ist aber vom Konsistorialsportulboten Viktor zu erzählen? – Dieser kirchliche Hebbediente setzte alle Pfarrherren durch seinen Spaß und alle Pfarrfrauen durch seine Gewandtheit in Erstaunen, und bloß sein Blech und seine Papiere konnten die Echtheit eines solchen Botenexemplars hinlänglich verbürgen. Er kassierte alles ein, was der Konsistorialsekretär liquidiert hatte, und entschuldigte sich damit, daß es weder ihm noch dem Sekretär in diesem Falle zukäme, gewissenhaft zu sein. In seiner kurzen Amtführung sackte er ohne Scham ein alle rückständige Ehepfänder vom geringsten Wert – wir im Kollegio, sagte er, sind auf einen halben Batzen erpicht – Gelder, wenn die Ehen geschieden waren – Gelder, wenn diese von den Räten geschlossen waren, es sei durch Indulgenzen für Trauerzeit, für Blutverwandtschaft oder für elterliche Einwilligung – Gelder, wenn die Gelder erst einmal (oder zweimal) bezahlt waren, aber noch nicht zum zweiten (oder dritten) Male, wiewohl das Konsistorium diesen Geld-Nachklang stets nur in dem Falle verlangte, wenn die Leute die Quittung verloren hatten – Gelder, welche die Pfarrherren bloß für Dekrete zu erlegen hatten, worin sie losgesprochen wurden. – –

Darauf schüttete er den Sack vor dem Fürsten aus und plättete die Goldwoge auseinander und fing an:

»Ihro Durchlaucht!

Das Konsistorium ist des Teufels: es könnte über alle Gebote eine lutherische Poenitentiaria sein und ist es nur über das sechste. Was eine ehrliche Konsistorial-Regie – ich nämlich – hat zusammenscharren können, liegt da auf dem Tisch. Der Haufe könnte noch einmal so breit sein, wenn das Konsistorium Verstand hätte und sagte: ›Wer kauft? neue frische Ablaßbriefe für alles!‹ – Es hat gezeigt, daß es über einige Verwandtschaftgrade Dispensationbullen so gut wie der Papst verfertigen könne; warum will es sich denn an keine näheren Grade machen? Es würde von großen so gut als von kleinen dispensieren können, wenn es darüber her wollte, und ebensogut von Bußtag-Fasten als von Trauerzeit und dreimaligem Kanzelausrufe, dieser erotischen Fastenzeit. Beim Himmel, wenn ein einziger Mensch, wie der Papst, die geistliche Waschmaschine ganzer Weltteile zu sein vermag und die Seelen am Jubeljahre bündelweise säubern kann: so werden doch wir alle im Kollegium zur Waschmaschine eines einzigen Landes zu gebrauchen sein? Geschieht das nicht: so nehmen wir – denn wir wollen leben – Sündengeld und Sportuln für das wenige, worin wir gütig nachzusehen haben; und wenn in Sparta die *Richter* die Göttin der Furcht anbeteten, so verehren bei uns die *Parteien* dieses schöne ens. – Hätten wir nur wenigstens von fünf oder sechs großen Sünden loszusprechen, nur z.B. von einem Mord: so könnten wir Ehescheidung und Ehe-Beschleunigung – diese ganz entgegengesetzten Operationen gelingen uns, so wie das Karlsbader Wasser zugleich den Stein in der Blase zerteilt und Eingetauchtes im Brunnen versteinert – für halbes Geld erlassen.«.... Nach einer langen Pause: »Ihro Durchlaucht, es ist doch nicht zu machen, weil der Henker die weltlichen Räte mitten unter den geistlichen hat: ein halb *profaner Sessiontisch* ist zu keinem *heiligen Stuhle* umzudrechseln; es ist also nichts zu wünschen – außer der gesegneten Mahlzeit – als Verträglichkeit, damit geist- und weltliche Räte die Parteien, um welche sie sitzen, ordentlich aufspeisen können, ein paar Knochen ausgenommen, die uns Schreibern und Boten zufallen; so sah ich oft auf einem toten Pferde zugleich *Stare* und *Raben* in bunter Reihe einträchtig wohnen und hacken und zehren.« – –

Mein Korrespondent versichert mich, durch diese Reden richtete der Hofmedikus mehr bei Jenner aus als der Hofprediger durch seine. Viele Parteien bekamen ihr Geld, und einige Richter ein allerungnädigstes Handschreiben.

Eh' ich mit unserem verkleideten Gespann vor St. Lüne ankomme: ist noch eines und das andre zu schreiben. An Jenners Seele waren mehre Kniedrücker als an einem Fortepiano angebracht, die das Favoritenknie, indem es sich zu beugen schien, bewegte, wie es wollte. Er war allemal der Sohn der Gegenwart und der Widerschein der Nachbarschaft. Las er im Sully, so versäumte er eine Woche lang das geheime Regierkollegium nicht und ließ den Kammerpräsidenten kommen. Las er im Friedrich II., so wollt' er das Reichskontingent stellen und selber kommandieren und ging vormittags auf die Parade. Er sah mit Vergnügen das Ideal einer guten Regierung an, es sei im Druck oder in einer Rede, und oft versuchte er die Annäherung dazu, Umbesserungen, Untersuchungen und Belohnungen, ganze Wochen lang – *Enthaltungen* ausgenommen, die doch das einzige Verdienst sind, das der Fürst ohne fremde Hülfe erwerben kann. – Unter der ganzen Kreuzfahrt war er ein wahrer Antoninus Philosophus und stand in Bereitschaft, überall zu belohnen und zu bestrafen und zu verfügen; – auch fühlte er, er könnt' es tulich machen, wenn man nur nicht von ihm noch gar *arbeiten* und *entbehren* heischte; darüber ging das andre auch zum Teufel.

Anfangs gefiel ihm die empfindsame Reise – als sie vorüber war, wieder – aber in der Mitte schmeckte ihm alles, was nach dem Vorlauf ausgekeltert wurde, immer herber, und er wünschte sich statt der Dorfküchenzettel sein Viktualienzifferblatt. Auch hatt' er sich so sehr an Tapferkeit gewöhnt, daß er beim Mangel derselben – d. h. seiner Leibwache – sozusagen furchtsam wurde; daher wollt' er einmal im Finstern einen jungen Weber in der Schenke aus dem Bette heraus mit seinen Stockdegen erstechen, weil der Weber nachts das fürstliche Bette verwechselt hatte mit einem von friedlicherem Inhalt. Übrigens sammelten sich jetzt alle

Strahlen seiner Zuneigung im einzigen Menschen von Stande, im einzigen Beherzten und Vertrauten, den er hatte, in Viktor, zum Brennpunkte. Mein Held aber hatte überall zu genießen – wenigstens den Gedanken an St. Lüne –, überall zu essen – wenigstens auf einem Obstbaum –, überall zu lesen – und warens nur Feuersegen an der Türe, alte Kalender an der Wand, Ermahnungen zur Wohltätigkeit über Almosenbüchsen –, überall zu denken – über das Reise-Paar, über die vier Jahrzeiten-Akte der Natur, die jährlich wieder gegeben werden, über die tausend Akte im Menschen, die niemals wiederkehren – und überall zu lieben und zu träumen, denn eben diese Straße hatte Klotilde so oft auf ihren Reisen nach Maienthal und St. Lüne zurückgelegt, und der Freund ihres reichen Herzens fand auf diesem klassischen Wege nichts als große Erinnerungen, Zauber-Stellen und eine stille lange heimliche Seligkeit....

»St. Lüne!« schrie Jenner, erfreuet, daß er nur wieder einen Weltmann, Le Baut, sehen solle. Auf die Emigranten-Maske war er selber verfallen, um den Kammerherrn, bei dem er sich zuletzt für einen Fürsten-Erbfeind ausgeben wollte, besser auszuholen. Wäre in Le Bauts Seele ein höherer Adel als der heraldische gewesen – oder hätte Viktor nicht gewußt, daß der Kammerherr den Fürsten auf den ersten Blick erkennen würde – und daß ers schon darum vermögen würde, weil der wahre suspendierte Konsistorialbote schon der Stadt Flachsenfingen wahrscheinlich die ganze Vermummung werde ins Ohr gesagt haben: so hätt' er ihm die noble Masque ausgeredet.

Sebastian blieb gedachtermaßen weg und im Freien, wahrscheinlich aus Scham seiner Rolle und offenbar aus Sehnsucht, Klotildens Sonnenangesicht, das für ihn so lange nicht aufgegangen war, in einer seinem Herzen bequemern Lage anzuschauen. »Und die Eltern werden mich gern wiedersehen,« dacht' er dazu, »wenn sie mir etwas zu verdanken haben« – Klotildens Hofamt nämlich. Er fuhr, hinter dem Bettschirm der Dunkelheit lauschend, öfters zusammen, als er aus dem Pfarrhause seinen Namen und zwar mit solcher Liebe, mit solchen Wünschen seiner Antwort nennen hörte, daß er beinahe eine gegeben hätte. Aber die

Pfarrleute hatten nur mit seinem Patchen gesprochen und zu solchem gesagt: »Guter liebster Sebastian! Sieh doch her, was hab' ich da?« – Wie lag das verhüllete Paradies des heurigen Frühlings in alten Resten um ihn! Wie beneidete er die Schattenköpfe im Schlosse, die er um die Lichter gehen sah, und den alten Pfarrmops, der ihn zu den Pfarrleuten hineinwedeln wollte und drinnen auf dem Schauplatz einer so holden Vergangenheit weiter agierte! Aber als ihn Disteln am Schlosse an die musivische auf dem innern Fußboden desselben erinnerten, so war der Neider zu beneiden, und er ging mit den schönsten Träumen, die je über sein dunkles Leben gezeichnet wurden, zum Apotheker zurück.

Am andern Tage kam Jenner nach, erfreuet über die Eltern, entzückt über die Tochter, weil jene so fein waren und diese so schön. Es kostete meinem Helden nichts als ein Wort, um den Stiefvater zur Bitte für die Anstellung der Stieftochter zu bewegen, die der Held und der Vater so gern öfter sehen wollten – und dem Stiefvater kostete es auch nur ein Wort bei der Fürstin, um seine und die fremde Bitte gewährt zu finden... Klotilde wurde Hofdame.

Sogleich darauf drang der Minister von Schleunes im Glückwunschschreiben den Viertels-Flügel seines Hauses Klotildens Eltern auf und war in der Epistel froh, »daß eine höhere Bitte die seinige mit so vielem Erfolge *wiederholet* hätte«. – Ich stelle diesen Edeln allen Weltleuten zum Muster auf; wiewohl sich jetzt alles im *moralischen* Sinne, wie die Wiener im *heraldischen*, *edel* schreibt.

Viktor, der mit seinen Seelenaugen den ganzen Tag dem Kammerherrn ins Fenster guckte, konnte es kaum erwarten, Klotilde erstlich in St. Lüne zu sehen, und zweitens am Hofe. Er verschob den Besuch von Tag zu Tag – und machte ihn von Nacht zu Nacht im Traume. Nicht einmal die Besuchkarte – seinen Brief an den Pfarrer – hatt' er fortgeschickt: er wollt' ihn nicht nur selber bringen, sondern auch gar unterschlagen. Aber diesen letzten Gedanken – den Brief zu unterdrücken, weil etwan Klotilde diese boshafte Konduitenliste der Höfe in die Hände und daraus Widerwillen gegen das neue Amt bekommen könnte – schleuderte er, wie Paulus die Schlange, sogleich aus seiner Seele hinaus: wehe dem Herzen, das nicht aufrichtig ist gegen ein aufrichtiges, nicht groß gegen ein großes und warm gegen ein warmes, da es schon alles dieses sein müßte gegen eines, das nichts von allem diesem wäre!

Übrigens bedurft' er eines solchen Besuchs und eines solchen Gegenbesuchs täglich stärker; denn er war nicht glücklich: daran war außer ihm schuld 1) der Fürst, 2) Flamin, 3) neuntausendundsiebenunddreißig Personen. Der Fürst konnte nicht viel dafür; er goß das ganze Füllhorn seiner Liebe über den Doktor aus und nahm diesem alle Freiheit weg, die er anfangs so heilig zu bewahren willens gewesen. Viktor schüttelte den Kopf, sooft er sein Tagebuch oder Schiffjournal der Lebensfahrt (auf Geheiß seines Vaters) weiterschrieb und aus seiner Seekarte ersah, daß er ganz andere Meere und Grade der Länge und Breite passieret war, als er oder sein Vater haben wollte: »Inzwischen land' ich doch richtig«, sagt' er. –

Aber sein Flamin tat seiner Seele weher, die überall zuviel Liebe suchte und gab. Er wollte dem Rate mit der Nachricht von Klotildens Hofamt eine Freude machen, die seiner eigenen glich; aber der empfing sie so kalt wie ihren Überbringer. Der Aktenstaub lag dick auf den Orgelpfeifen seines Gemüts. – Angekettet an den Session- und Schreibetisch, war er jetzt, wie angekettete Hunde, wilder als vorher ungefesselt. – Die Bemühungen seiner Kollegen, den Staats-Körper zu einem Anagramma auszurenken, erhielten von ihm den verdienten Beifall nicht. – Auch setzte sich in seiner Seele der Sauerteig der freundschaftlichen Eifersucht an, der es nicht recht war, daß sein Viktor ihn seltener und andre öfter sah. – Am meisten erboste ihn Viktors Weigern, als er *ihn* um Begleitung nach St. Lüne *ersuchte*... Kurz: er war arg.

Die 9037 Mann, die für meinen Helden 9037 Plagegötter waren, sind die Herren Flachsenfinger samt und sonders vermittelst ihres närrischen Charakters, der nicht hier skizzieret zu werden verdient, sondern in einem flüchtigen Extrablättchen.

Flüchtiges Extrablättchen, worin der närrische Charakter der Flachsenfinger skizziert wird – oder perspektivischer Aufriß der Stadt Klein-Wien.

Klein-Wien heißen viele mein Flachsenfingen, so wie es ein Klein-Leipzig, Klein-Paris u.s.w. gibt. Es können aber wohl zwei Städte nicht weiter voneinander in Sitten abstehen als Flachsenfingen, wo man sein Leben und seine Seele verfrißt und versäuft, und Wien, wo man vielleicht den entgegengesetzten Fehler eines spartischen Ausmergelns nicht genug vermeidet. Die Klein-Wiener oder Flachsenfinger öffnen dem Genuß der Natur weniger ihr Herz als ihren Magenmund – Auen sind die Küchenstücke ihres Viehes, und Gärten die ihrer Besitzer – die Milchstraße fesselt und sättigt ihren Geist (ob sie gleich länger ist) nicht halb so sehr, als die Königsberger Bratwurst von 1583 es täte, welche fünfhundertundsechsundneunzig Ellen lang und viermal schwerer war als der Gelehrte selber, der sie der Nachwelt geschildert, Herr *Wagenseil*[1]. – – Sind das Züge, auf welche die Fuhrleute den Namen Klein-Wien begründen? Ich war oft in Groß-Wien und kenne die Großkreuze, Kleinkreuze und Kommandeurs des Temperanzordens, der dort so gemein ist, persönlich: ich kann also allerdings einen gültigen Zeugen abgeben, und mir ist zu glauben, wenn ich – da man in Klein-Wien außerordentlich säuft – von Groß-Wien, und ausdrücklich von dessen Klosterleuten, ganz etwas anders verfechte; sie haben nicht nur immerfort den größten Durst – der doch weg sein müßte, wenn man ihn löschte –, sondern sie bedienen sich auch gegen die Trunkenheit eines schönen Mittels vom Plato. Dieser Alte gibt uns den Rat, in der Betrunkenheit in einen *Spiegel* zu schauen, um durch die zerrissene Gestalt, die uns darin an unsere Entehrung erinnert, auf immer davon abgemahnet zu sein. Daher stellen oft ganze Domkapitel, der Dechant, der Subsenior, die Domizellaren u. s. w., Gefäße mit Wein oder Bier vor sich hin und heben sie an die Augen und besehen in diesem (*metamorphotischen* oder) Zerrspiegel, der die

[1] Es ist der mit den langen Schuhen, in seiner »Erziehung eines jungen Prinzen« 1705.

entstellten Züge noch mehr entstellt (weil er wackelt), sich schon lange nach des Philosophen Rat. Ich frage aber, ob Leute, die beständig so tief ins Glas gucken, Trinken lieben können! –

Daraus folgt aber nicht, daß ich den Groß-Wienern die Ähnlichkeit mit den Flachsenfingern auch in solchen Zügen nehme, die ehren. So lass' ich jene recht gern diesen z.B. darin ähnlich sein, daß sie an keiner Dichtkunst, keiner Schwärmerei und Empfindsamkeit – denn das ist alles einerlei – krank liegen. Viktor würde dieses Lob in seiner Sprache so etwa klingen lassen: »Die Wiener Autoren (selber die besten, nur Denis und kaum drei ausgenommen) geben dem Leser keine über die ganze Gegenwart tragende Flügel durch jenen Seelen-Adel, durch jene Verschmähung der Erde, durch jene Achtung für alte Tugend und Freiheit und höhere Liebe, worin andre deutsche Genien wie in heiligen Strahlen glänzen«[1], und er würde sich deshalb auf die »Wiener Skizzen«, auf »Faustin«, auf Blumauer und auf den »Wiener Musenalmanach« berufen. Den Tadel würde selber ein Wiener nützlichst annehmen und uns fragen, ob wir einen Musenalmanach (wie er) mit einem Zoten-Bodensatz aufzuweisen haben, worauf man setzen könnte: »Mit Approbation des Bordells.« – Dieses Gefühl des literarischen Unterschiedes nötigte sogar einen Nicolai – sonst kein besonderer Amoroso der Wiener Schriftsteller –, in seiner Allgemeinen deutschen Bibliothek eine eigne Seitenloge für diese einzubauen, ob er gleich sonst Schreiber aller andern Deutschkreise in *ein* Parterre zusammenwirft. Auf ähnliche Art sah ich in Baiern, daß an dem Galgen außer dem gewöhnlichen Balken für die drei christlichen Konfessionsverwandten noch ein besonderer schismatischer Querpfosten angebracht war, an welchen bloß die Judenschaft geheftet wurde.

Der Flachsenfinger weiß, daß an Poeten nichts ist, und springt in Büchern, wo Versebäche durch die Prose laufen, über die Bäche hinweg, wie gewisse Leute spät in die Kirche gehen, um dem Singen zu entweichen. Er ist ein treuer Diener des Staats,

[1] So sprach bloß die erste Auflage 1795 von Wienern; eine dritte verbesserte erkennt auch 1819 eine verbesserte von ihnen an, ob sie gleich die *Schatten* ihrer Vorzeit lebendig aufbewahrt.

dem bekannt ist, wozu die poetische goldne Ader beim Revision-, Kommision-, Relation-, Enrollierungwesen zu gebrauchen ist: zu gar nichts; inzwischen will er doch, wenn er auch einen Klopstock und Goethe nicht schätzen kann, in müßigen Stunden einen guten Knüttelvers und Leberreim nicht verachten. Eine solche glücklich robuste Seelen-Natur, worin man weniger seinen Geist erhöhen will als seinen Pacht, macht es freilich begreiflich, wie es Schutzpocken geben kann, vermittelst deren der Flachsenfinger allein (wie Sokrates) in der Pest der Empfindsamkeit unangefochten herumwandelte. Der volle Mond machte bei ihnen volle Krebse, aber keine volle Herzen, und das, was sie darin pflanzten, damit er den Wachstum begünstigte, war nicht Liebe, sondern – Kohlrüben. Der echte Klein-Wiener zielt nach viel nähern Schießscheiben als nach dieser weißen droben. Geheiratet wird da mit wahrer Lust, ohne daß man sich vorher totgeschossen oder totgeseufzet – man kennt keine Hindernisse der Liebe als kirchliche – die weibliche Tugend ist eine Gürtelschnalle, die so lange halten soll als der Geschlechtname der Tochter – die Herzen der Töchter sind da wie Briefumschläge, die sich, wenn sie einmal an einen Herrn überschrieben waren, leicht umstülpen lassen, damit man darauf die Aufschrift an einen andern Menschen mache – die Mädchen lieben da nicht aus Koketterie, sondern aus Einfalt allen Teufel, ausgenommen arme Teufel...

Kurz, mein Korrespondent, von dem ich alles habe, ist fast parteiisch für Klein-Wien eingenommen und widerspricht daher heftig dem Verfasser des *reisenden Franzosen*, der irgendwo gesagt haben soll – hätt' ich ihn im Hause, so wüßt' ich, wie eigentlich Klein-Wien heiße –, daß der Flachsenfinger wenigstens zum Räuber nicht Kraft genug besitze. Knef aber sagt, er wolle hoffen, daß sie schon gestohlen haben, und stützt sich auf die, die man aufgehangen.

Ende des flüchtigen Extrablättchens, worin der närrische Charakter der Flachsenfinger skizzieret wurde – oder des perspektivischen Aufrisses der Stadt Klein-Wien

*

Aber unter solchen Menschen konnte mein Held bei aller Duldung keine frohe Tage finden, er, der allen Eigennutz, zumal den schmausenden, so haßte, und der gern in Doktor Grahams Vorlesungen hospitiert hätte, worin dieser lehrte, ohne Essen zu leben – er, der in sein Herz so gern den von der Poesie *geflügelten Samen* der Wahrheit aufnahm; der einen Emanuel am Herzen trug und den Mangel an poetischem Gefühle sogar für ein Zeichen hielt, daß der *moralische* Mensch noch nicht alle Raupenhäute weggelegt – er, der das ganze Leben und den ganzen Staatskörper für die Hülse ansah, worin der Kern des zweiten Lebens reift – – o! wer so denkt, ist zu einsam unter denen, die anders denken!

– So lag die Welt um ihn, als er ein Blatt von der guten Pfarrerin bekam: »Man sagt hier allgemein, Sie wären gestorben. Aber ich lasse mich gegen die Leute vernehmen, Sie müßten, da Sie so wenig von sich hören ließen und alle Welt vergäßen, eben deswegen noch am Leben sein. Bestätigen Sie meinen Satz! Wir sehnen uns alle herzlich und närrisch nach Ihnen, und ich möchte Sie wohl bitten, den einundzwanzigsten zu kommen (wenn Sie nicht die Hochzeit beim Stadtsenior mehr hindert als meinen Flamin). Wir haben Ihnen hier nichts anzubieten als den Geburttag unserer Klotilde. O guter Mylord, o geliebte Lordship, wie wars Denenselben bisher möglich, so lange stumm und unsichtbar zu bleiben? Eine treue Freundin, die gar nichts von den Damen Ihres Hofes an sich hat, nicht einmal die Veränderlichkeit, wünschet Sie herzlich vor ihr Auge und vor ihr Ohr – und diese Dame bin ich – und wenn ich Sie kommen sehe, werde ich doch vor Freude weinen, ich mag dabei lachen oder schmollen, wie ich will. E.«

Wann erhielt er dieses Blatt voll Seele? Und welche Antwort gab seine darauf? –

– Es war am schönsten Abend, der die Ankunft des schönsten Sonntagmorgens und des magischen Nachsommers ansagte – er sah nach der Abendröte, unter welcher Maienthals Berge lagen, und sein Herz schlug ihm schwer – er sah nach der Morgenröte des Vollmonds, die über St. Lüne entglimmte, und seine Sehnsucht nach dorthin wurde unaussprechlich – – er dachte an Klotilde, deren Geburttag morgen einfiel, und ganz natürlich ging er heute – – bloß zu Bette.

19. Hundposttag

Der Friseur, der nicht lungen-, sondern singsüchtig ist – Klotilde in Viktors Traum – Extrazeilen über die Kirchenmusik – Gartenkonzert von *Stamitz* – Zank zwischen Viktor und Flamin – das Herz ohne Trost – Brief an Emanuel

Der Oktober-Sonntag, womit ich diesen Posttag voll mache, war schon um 9½ morgens ein so freudiger glänzender Tag in St. Lüne, daß das ganze Pfarrhaus an den Hofmedikus dachte. – »Ach er sollte abends ins Konzert kommen!« Der Virtuose Stamitz gab eines in Le Bauts Garten. – »O lieber schon zum Mittagessen!« – »Und in meine Frühpredigt, wenn er nicht in die Kinderlehre will.« Eymann hatte dabei seine neu aufgelegte Perücke am meisten im Kopfe, die ihm Herr *Meuseler* heute darauf gesetzt hatte. Dieser geschickte Perückenmacher bereisete die Diözesanen (Pfarrer), die kein eignes Haar trugen, öfter und mit größern Verdiensten um ihre Köpfe als der Superintendent selber, dieser *Beherrscher der Gläubigen*, zu welchem die meisten Kapläne sagten: Ihro Exzellenz. Hätt' er sichs abgewöhnen können, daß er zuviel sang, log und soff, der Friseur: so hätten die meisten Geistlichen ihre Toupets – diese artistischen Hahnenkämme – bei ihm machen lassen; – so aber nicht.

Da der Kaplan gern die Konfitüren des Schicksals – worunter falsche Haare gehören – mit etwas versäuerte und hopfte: so suchte er natürlicherweise sich die heutige Perücke, für deren falsche Touren er an Zahlungstatt echte abgeschnittene Haare seiner Leute gab, durch Skrupel zu versalzen, die er sich über das lange Wegbleiben Viktors machte. Er erinnerte: »Wir müssen ihn vor den Kopf gestoßen haben – er schreibt nicht einmal – er ist vielleicht mit meinem Sohne zerfallen – etwas hats gesetzt – und dann sieht uns der alte Lord auch nicht mehr von der Seite an – unsere Ratten halfen ihn auch mit austreiben.«

Durch solche Elegien setzte er anfangs nur sich, und zuletzt selber den Zuhörer in Angst. Er war durch nichts zu widerlegen als dadurch, daß man etwas Neues, was ihn ängstigte, hervorsuchte. Die Wetterscheide seines Gewölkes oder sein Not- und Hülfbüchlein war diesesmal ein wahres Buch, des Zeitzer Tellers »Anekdoten für Prediger«, die er heute durch den Perückenmacher vom geistlichen Lesezirkel empfing. Geistliche, zumal die auf dem Lande, betreiben alles mit einer kleinlichen pünktlichen Ängstlichkeit, worein sie zum Teil ihr regierender Wauwau und Lindwurm von Konsistorium schreckt. In dieser Lesegesellschaft war nun ein Gesetz im Gange – Kommentatoren und Herausgeber halten es –, daß jedes Leseglied die Fett- und Dintenflecke und Risse, die es im Lesebuch anträfe, vorn immatrikulieren sollte in einem Flecken-Verzeichnis und Befundzettel samt der Seitenzahl »wo«. Ganz natürlich leugnete jeder, der nur halbwege ein ehrlicher Lutheraner war, die *unbefleckte Empfängnis* des Buchs; und die Sommerflecken wurden also alle ordentlich einregistriert, aber keiner bestraft. Bloß der gewissenhafte Hofkaplan lud als Wüstenbock die Strafe fremder Fehler auf, indem er eine ganze Nacht jedesmal nicht schlafen konnte, sooft er im Buche mehre Kleckse als im Sündenregister fand, weil er offenbar sah, er werde zum Adoptivvater des namenlosen Schmutzes gemacht und zum Käufer des Buchs. – – Tellers Anekdoten für Schwarzröcke waren nun gar völlig schwarze Wäsche: war nicht ein Eselohr am andern – Kleckse auf Klecksen – die Blätter ordentliche Korrekturbogen... und zwar *unmetaphorisch* gesprochen? – Eymann hob an: »Und wenn mirs Geld zum Fenster hereinflög'....«

Da flog Viktors Brief zum Fenster herein und sein – Verfasser zur Tür.

Freilich aber wars so: Viktor hatte vor schönem Wetter schöne Träume, vor elendem erschien ihm der Satan mit seiner Sippschaft. Das schöne Sonnabend-Wetter und der Gedanke an den Geburttag Klotildens und des Nachsommers gaben ihm einen Morgentraum, der ein Theater war, in welchem bloß ihr holdes Bild gespielt. Eine Person, die er hinter dem Schleier des Traums gesehen, stand für ihn den ganzen nächsten Tag in einem zauberischen Widerschein. Bei ihm irrten die Träume – diese Nachtschmetterlinge des Geistes – wie andre über die Nacht und den Schlaf hinaus; wenigstens vormittags liebt' er jede Person im Wachen fort, die er im Traum zu lieben angefangen. Diesesmal floß gar umgekehrt die wachende Liebe in die träumende hinein, und die wirkliche Klotilde fiel mit der idealen in *ein* so leuchtendes Heiligenbild zusammen, daß einer, der seinen Traum weiß, sich ins übrige leicht findet. Deswegen muß der Traum den Lesern gegeben werden, den poetischen Lesern besonders – für andere möchte ich eine Ausgabe der Hundposttage veranstalten, wo er heraus wäre; denn unpoetische, die selber keine haben, sollten auch keine lesen.

Euch aber, euch guten, selten belohnten weiblichen Seelen, die ihr ein eignes zweites *Gewissen* neben dem ersten für reine Sitten habt – deren einfache Tugend in der Nähe zu einem Kranze aus allen Tugenden aufblüht, wie Nebel-Sterne durch Gläser in Millionen zerfallen – die ihr, so veränderlich in allen Entschlüssen, so unveränderlich im edelsten, aus der Erde geht mit verkannten Wünschen, mit vergessenem Werte, mit Augen voll Tränen und Liebe, mit Herzen voll Tugend und Gram – euch teuern erzähl' ich gern den kleinen Traum und mein großes Buch!...

»Eine Hand, die Horion nicht sah, faßte ihn an, eine Lippe, die er nicht sah, redete ihn an: Dein Herz sei jetzo heilig und rein, denn der Genius der weiblichen Tugend wohnt in diesem Gefilde. – Siehe, da stand Horion auf einer mit Vergißmeinnicht überzogenen Flur, auf welche der Himmel wie ein blauer Schatten herübersank; denn alle Sterne waren aus ihm genommen, nur der *Abendstern* stand einsam flimmernd oben an der Stelle der Sonne. Weiße Eis-Pyramiden, gestreift mit herunterrinnenden Abendröten, umrangen wie mit einem Wall aus Gold- und Silberstufen das ganze dunkle Rund – – Darin ging Klotilde, erhaben wie eine Verstorbene, heiter wie ein Mensch in der andern Welt, geführt bald von geflügelten Kindern, bald von einer verschleierten Nonne, bald von einem ernsten Engel, aber sie ging ewig vor Horion vorüber – sie lächelte ihn selig-liebend an unter jedem Vorüberziehen, aber sie zog vorüber. – Blumige Erhöhungen, Gräbern fast gleich, stiegen auf und nieder, denn jede wurde von einem darunter schlummernden Busen durch Atmen geregt; eine weiße Rose stand über dem Herzen, das darunter verhüllet lag, zwei rote wuchsen über den Wangen, deren zartes Erröten sich in die Erde verbarg, und oben am himmlischen Nachtblau wankte der weiße und rote Widerschein der Hügel-Blumen gleitend ineinander, sooft unten die Rosen des Herzens und der Wangen sich mit dem Hügel bewegten – Versiegende Echo, aber von ungehörten Stimmen erregt, gaben einander hinter den Bergen Antwort; jedes Echo hob die kleinen Schlummerhügel höher auf, als wenn sie ein tiefer Seufzer oder ein Busen voll Wonne erhöhte, und Klotilde lächelte seliger, von jedem Widerhalle tiefer in den Blumenboden versenkt – In den Tönen war zu viel Wonne, und das aufgelöste Herz des Menschen wollte darin sterben. Klotilde sank jetzt in die Gräber bis ans Herz; nur das stille Haupt lächelte noch über der Aue – die Vergißmeinnicht ragten endlich an die untergesunkenen Augen voll seliger Tränen und überblühten sie – Da überkroch die Holde plötzlich ein Schlummerhügel, und unter den Blumen stiegen ihre Worte auf: Ruhe du auch, Horion! – Aber die fernern Laute verwandelten sich unter dem Begraben in dunkle Harmonikatöne... Siehe, unter dem Verstummen ging ein großer Schatten wie Emanuel heran und stand vor ihm wie eine kurze Nacht und verdeckte die unbekannte Minute aus einer höhern Welt. Aber als die Minute und der Schatten zerflossen waren: da waren alle Hügel niedergefallen – Da übergüldete der Blumen-Widerschein zusammengeflossen den wallenden Himmel – Da klammerten sich an die Purpurgipfel der Eisberge *weiße* Schmetterlinge, *weiße* Tauben, *weiße* Schwanen mit ausgespannten Flügeln wie mit Armen an, und hinter den Bergen wurden gleichsam von einer übermäßigen Entzückung Blüten emporgeworfen und Sterne und Kränze – Da stand auf dem höchsten, in lichtem Glanz und Purpurlohe ruhenden Eisberg Klotilde verherrlicht, geheiligt, überirdisch entzückt, und an ihrem Herzen flatterte eine Nebelkugel, die aus aufgelösten kleinen Tränen bestand, und auf welche Horions blasses Bild gezeichnet war, und Klotilde breitete die Arme auseinander.« – –

Aber um zu umarmen? oder um sich aufzuschwingen? oder um zu beten?... Ach, er erwachte zu bald und strömte in größern Tränen, als die nebeligen waren, aus, und eine untersinkende Stimme rief unaufhörlich um ihn: Ruhe du auch!

O du weibliche Seele, die du müde und unbelohnt, bekämpft und blutend, aber groß und unbefleckt aus dem rauchenden Schlachtfelde des Lebens gehst, du Engel, den das männliche, von Stürmen erzogne, von Geschäften besudelte Herz achten und lieben, aber nicht belohnen und erreichen kann; wie beugt sich jetzo meine Seele vor dir, wie wünsch' ich dir jetzo des Himmels stillenden Balsam, des Ewigen belohnende Güte! Und du, Philippine, teure Seele, tritt weg in eine verborgne Zelle und lege unter den Tränen, die du schon so oft vergossen hast, deine Hand an dein reines weiches Herz und schwöre: »Ewig bleibe du Gott und der Tugend geweiht, wenn auch nicht der Ruhe!« Dir schwör es; mir nicht, denn ich glaub' es ohne Schwur. – –

Welch' eine Paradenacht voll Sterne und Träume war das! und welch ein Galatag der Natur kam auf sie! In Viktors Kopf stand nichts als St. Lüne, blau überzogen, silbern übertauet und mit dem schönsten Engel geschmückt, der heute nasse frohe Augen in den freundlichen Himmel hob und dachte: »Wie bist du heute gerade an meinem Wiegenfeste so schön!« – Sogar der Stadtsenior und seine Tochter, welche beide Hochzeit machten – jener eine Wieder-Hochzeit mit seiner Seniorin, diese eine erste mit dem Waisenhausprediger –, schoben sich in den Zug seiner freudigen Gedanken als zwei neue Paare ein.

Er wollte nicht nach St. Lüne, sondern er sagte: »Ich ziehe mich nur an zu einem kleinen Spaziergange.« –

»Es ist ganz egal, wo ich heute gehe«, sagt' er draußen und ging also auf den St. Lüner Weg. –

»Umkehren kann ich allemal«, sagt' er auf halbem Wege. – –

»Noch närrischer aber wär's, wenn ich zugleich Briefsteller und Briefträger würde und mein eignes Schreiben einhändigte«, sagte er und zog solches heraus. –

»Und meiner guten Mutter ihres beantwortete ich bei dieser Gelegenheit mündlich«, fuhr er halb im Traume fort und voll größerer Liebe gegen sie, die ihm den holden nächtlichen durch die Nachricht des Geburttages zugeschickt. –

– – Da er aber das Lüner Vorgeläute zum Kirchengeläute vernahm: so sprang er empor und sagte: »Nunmehr versalz' ich mir den Weg nicht länger durch weitere Skrupel, sondern ich marschiere keck und entschlossen ins Dorf.«

Und so zog er an der Hand Fortunens, hinter dem Nachlächeln der ganzen Natur, mit Träumen im Herzen, mit unschuldiger Hoffnung im neu aufblühenden Angesicht, in das Eden seiner Seele ein.

Flamin hatt' er nicht mitgebeten, um dem Stadtsenior den Hochzeitgast nicht zu nehmen, und weil er selber nicht wußte, daß er nach St. Lüne gelangen würde – und vielleicht auch, weil er seine phantasierende Aufmerksamkeit auf den schimmernden Morgen durch keine juristischen Akten-Neuigkeiten wollte stören lassen. Er ging überhaupt lieber mit einer Frau als einem Mann spazieren. Männer schämen sich beinahe nebeneinander anderer als stummer Empfindungen; aber weiblichen Seelen öffnen sich gern die verschämten Gefühle; denn sie decken das nackte Herz mit Mutterwärme zu, damit es nicht unter dem Enthüllen erkalte.

Da Viktor unten ums Pfarrhaus ging, sah er oben selber zum Fenster auf sich herunter, in seiner zweiten Auflage für einige gute Freunde; aber der Wachs-Viktor mußte sogleich hinter eine spanische Wand getrieben werden, damit er den fleischernen nicht erschreckte. Der Empfang des letzten und das Jubelfest dabei braucht nicht lebhafter von mir beschrieben zu werden, als daß ich sage: der Mops wurde fast ertreten, der Gimpel sprang umsonst nach seinem Frühstück herum, die Pfarrerin brachte in ihrer anblickenden Freude auch dem Gaste keines, und die Kirche ging erst nach dem Doppel-Uso von einer halben Stunde an; daher diesesmal mehre Eingepfarrte als sonst betrunken hineinkamen.

Berauscht, aber von Freude, kam Viktor auch hinein. Es ist nichts Angenehmeres, als eine Pfarrfrau zu sein und zum Mann, wenn sie ihm das geistliche Bäffchen umlegt, zu sagen: »Mach es heute länger, die Keule brät sonst nicht gar.« – Die häuslichen Kleinigkeiten ergötzten meinen Helden ebensosehr, als ihn die höfischen erzürnten.

Er ging mit dem Pfarrer und der Pfarrerin, die alle Prozesse der Küche und Toilette summarisch und männlich abkürzte. Seine Duldung gegen die Fehler des geistlichen Standes hatte mit jener vornehmen stift- und tafelfähigen nichts gemein, welche aus höchster Verachtung entsteht, und die einen christlichen Priester so leicht wie einen ägyptischen erträgt: sondern sie kam aus seiner Meinung, daß die Kirchen noch die einzigen Sonntagschulen und spartischen Schulpforten des armen Volkes sind, das seinen cours de morale nicht beim *Staate* hören kann. Auch liebte er als Jüngling die Lieblinge seiner Kindheit.

Viele Prediger suchen den Quintilian, der *schlechte* Gründe in Reden *voran*gestellet haben will, und den Cicero, der sie erst *hintennach* verlangt, zu vereinigen und postieren solche an beiden Orten; aber Eymann hielt gute Empfindungen für besser als schlechte Gründe und wand um den Bauern nicht Schluß-, sondern Blumenketten.

Der obige Friseur wollte anfangs nicht in die Kirche, weils unter seinem Stand war, aber nachher konnt' er nicht anders; denn wegen des fremden Hofherrn darin wurde Kirchenmusik gemacht.

Es ist der einzige Fehler des Perückenmachers Meuseler, daß er zu gern singt und seine Kehle in alle Kirchenmusiken, die in seiner Perückendiözes gemacht werden, einmengt, zumal am heiligen Pfingstfest. Der Lüner Kantor wollt' es nie leiden; aber wie berückt er diesen und labt tausend Ohren? So bloß: er frisierte heute hinaus, was noch zu frisieren war (nicht bloß heute, sondern es ging allemal so), und glitt bloß an der Chortreppe hinan. Hier wachte und lehnt' er so lange, bis der Kantor, auf dem musikalischen Wurstschlitten seßhaft, mit dem Finger in den ersten Akkord der Kirchenmusik einhieb. Dann fuhr er wie ein Sonnenstrahl schnell ins Chor und mausete dem jungen Altisten sein Pensum weg und sangs dem Kirchensprengel in die Ohren, jedoch unter so viel Jammer und Puffen, als säng' er sein Manuskript den Rezensenten vor. Denn man muß es nun einmal der Welt bekannt machen, daß der bissige Klavierist dem frisierenden Altisten mit einem spitzwinkligen Triangel von Ellenbogen wütig entgegenstochert, um den fremden Singvogel aus dem Vogelhause des Chors zu stoßen. Da aber der Sänger seinen rechten Arm zum festen Notenpulte seines Textes und den andern zur Streitkolbe machte, wie die an Jerusalem bauenden Juden, welche die eine Hand voll Bauzeug, die andre voll Waffen hatten: so konnte der Perückenmacher, unter fortwährendem Fechten und Musizieren, schon sein möglichstes tun und einiges durchsetzen während des Gottesfriedens der Musik. Aber sobald die Musik den letzten Atem gezogen hatte: so setzte der harmonische Strichvogel und Sturmläufer behend über das Chor hinaus und sann unterwegs tausend Ohren und einem einzigen Ellenbogen nach. Der Kantor konnt' ihn nicht riechen und nicht kriegen.

Lief er hingegen glücklicherweise mit seinen Schachteln durch ein Dorf, wo gerade Pfarr- und Schulherr und pädagogischer Froschlaich eine taube Leiche umquäkten und umkrächzeten, welches viele noch kürzer eine Leichenmusik nennen: so konnte der Virtuose, ohne Gegenstemmung der Ellenbogen, munter mit zwei Füßen mitten in die Motette hineinspringen – das Trauer-Ständchen, das die Erben dem Toten bringen, bearbeiten – dem Leichenzuge einige Finalkadenzen gratis zuwerfen und doch noch im Dorfe dem Amtmann eine ganz neue Beutelperücke anbieten. –

Unserem Helden machte die Dorfkirchen-Musik das größte satirische Vergnügen. Wir aber hätten wenig davon, wenn ich nicht so vorsichtig wäre, daß ich um die Erlaubnis nur zu einer elenden Extrasilbe – man soll sie kaum sehen – über die Kirchenmusik bettelte.

Elende Extra-Silbe über die Kirchenmusik

Ich sehe allemal mit Vergnügen, daß die Leute in einer Kirchenmusik sitzen bleiben, weil es ein Beweis ist, daß keiner von der Tarantel gestochen ist; denn liefen sie hinaus, so sähe man, sie könnten keine Mißtöne aushalten und wären also gebissen. Ich als profaner Musikmeister setze nur für wenige Kirchen – nämlich für geflickte oder für neue den Einweihlärm – und verstehe also im Grunde von der Sache nichts, worüber ich mich im Vorbeigehen auslassen will; aber soviel sei mir doch erlaubt zu behaupten, daß die lutherischen Kirchenmusiken etwas taugen – auf dem Lande, nicht in den Residenzstädten, wo vielleicht die wenigsten Mißtöne richtig vorgetragen werden. Wahrlich, ein elender, versoffner, blauer Kantor, der in Bravour-Arien sich braun singt und andere braun schlägt – es gibt also zweierlei *Bravour*-Arien –, ist imstande, mit einigen Handwerkern, die Sonntags auf der Geige arbeiten, mit einem Trompeter, der die Mauern Jerichos niederpfeifen könnte ohne Instrument, mit einem Schmied, der sich mit den Pauken herumprügelt, mit wenigen krampfhaften Jungen, die das Singen noch nicht einmal können, und die doch einer Sängerin gleichen, welche nicht wie die schönen Künste allein für *Ohr* und *Auge* arbeitet, sondern auch (aber in einem schlimmern Sinn als die Jungen) für einen dritten Sinn, und mit dem wenigen Wind, den er aus den Orgel-Lungenflügeln und aus seinen eignen holt, ein solcher stampfender Mann ist, sag' ich, imstande, mit so außerordentlich wenigem musikalischen Gerümpel doch ein viel lauteres Donnern und Geigenharz-Blitzen um den Kanzel-Sinai, ich meine eine weit heftigere und mißtönendere Kirchenmusik aus seinem Chor herauszumachen als manche viel besser unterstützte Theater-Orchester und Kapellen, mit deren Wohllauten man so oft Tempel entweiht. Daher tut es nachher einem solchen lauten Manne weh, wenn man sein Kirchen-Gekratze und Geknarre verkennt und falsch beurteilt. Soll sich denn in alle unsre Provinzialkirchen das weiche leise herrnhutische Tönen einschleichen? – Es gibt aber zum Glück noch Stadtkantore, die dagegen arbeiten, und die wissen, worin reiner

Chor- und Mißton sich vom Kammerton zu unterscheiden habe.

Den Lesern nicht, aber Organisten kann ich zumuten, daß sie wissen, warum bloße Dissonanzen – denn Konsonanzen sind nur unter dem Stimmen der Instrumente zu ertragen – aufs Chor gehören. Dissonanzen sind nach Euler und Sulzer Ton-Verhältnisse, die in großen Zahlen ausgedrückt werden; sie mißfallen uns also nicht wegen ihres Mißverhältnisses, sondern wegen unsers Unvermögens, sie in der Eile in Gleichung zu bringen. Höhere Geister würden die nahen Verhältnisse unserer Wohllaute zu leicht und eintönig, hingegen die größern unserer Mißtöne reizend und nicht über ihre Fassung finden. Da nun der Gottesdienst mehr zur Ehre höherer Wesen als zum Nutzen der Menschen gehalten wird: so muß der Kirchenstil darauf dringen, daß Musik gemacht werde, die für höhere Wesen passet, nämlich eine aus Mißtönen, und daß man gerade die, die für unsre Ohren die abscheulichste ist, als die zweckmäßigste für Tempel wähle.

Machen wir einmal der herrnhutischen Instrumentalmusik die Kirchentüre auf: so steckt uns zuletzt auch ihr Singen an, und es verliert sich nach und nach alles Sing-Geblök, welches unsre Kirchen so lustig macht, und welches für Kastratenohren ein so unangenehmer Hammer des Gesetzes, aber für uns ein so guter Beweis ist, daß wir den Schweinen ähneln, die der Abt de Baigne auf Befehl Ludwigs XI., nach der Tonleiter geordnet, mit Tangenten stach und zum Schreien brachte. So denk' ich über Kirchen- oder neudeutschen Schlachtgesang.

Ende der Extrasilbe über die Kirchenmusik

Ich hätte den Haarkräusler nicht so lange singen und agieren lassen, wenn mein Held diesen ganzen Sonntag zu etwas anderem zu gebrauchen wäre als zu einem Figuranten; aber den ganzen Tag tat er nichts von Belang, als daß er etwan aus Menschenliebe die alte Appel zwang – indem er ihre Kommoden und Schachteln selber auspackte –, von ihrem Körper, der lieber Schinken als sich anputzte, die gewöhnliche, mit typographischer Pracht gedruckte Schabbes-Ausgabe schon um drei Uhr nachmittags zu veranstalten: sonst lieferte sie solche erst nach dem Abendessen. Die Juden glauben, am Sabbat eine neue Schabbesseele zu bekommen: in die Mädchen fährt wenigstens eine, in die Appeln ein paar.

Aber warum mut' ich meinem Helden zu, heute mehr Handlung zu zeigen – ihm, der heute – versunken in die Traum-Nacht und in den kommenden Abend – bewegt durch jedes freundliche Auge und durch die Urnen des weggeträumten Lenzes – sanft aufgelöset durch den stillen lauen Sommer, der an den Rauchaltären der Berge, auf den mit Milchflor belegten Fluren und unter dem verstummenden Trauergefolge von Vögeln lächelnd und sterbend lag und beim Aufsteigen der ersten Wolke auf dem Laube verschied – Viktor, sag' ich, der heute, von lauter weichen Erinnerungen wehmütig angelächelt, fühlte, daß er bisher zu lustig gewesen. Er konnte die guten Seelen um ihn nur mit liebenden schimmernden Augen anblicken, diese noch schimmernder wegwenden und nichts sagen und hinausgehen. Über seinem Herzen und über allen seinen Noten stand tremolando. Niemand wird tiefer traurig, als wer zu viel lächelt; denn hört einmal dieses Lächeln auf, so hat alles über die zergangne Seele Gewalt, und ein sinnloser Wiegengesang, ein Flötenkonzert – dessen Dis- und Fis-klappen und Ansätze bloß zwei Lippen sind, womit ein Hirtenjunge pfeift – reißet die alten Tränen los, wie ein geringer Laut die wankende Lawine. Es war ihm, als wenn ihm der heutige Traum gar nicht erlaubte, Klotilden anzureden; sie schien ihm zu heilig und noch immer von geflügelten Kindern geführt und auf Eisthronen gestellt. Da er überhaupt für Le Bauts Gespräche im Reiche der Moralisch-Toten heute keine Zunge und keine Ohren hatte: so wollt' er im großen laubenvollen Garten dem Stamitzischen Konzert ungesehen zuhören und sich höchstens vom Zufall vorstellen lassen. Sein zweiter Grund war sein zum Resonanzboden der Musik geschaffnes Herz, das gern die eilenden Töne ohne Störung aufsog, und das die Wirkungen derselben gern den gewöhnlichen Weltmenschen verbarg, die Goethes, Raffaels und Sacchinis Sachen wahrhaftig ebensowenig (und aus keinen geringern Gründen) entbehren können als Löschenkohls seine. Die

Empfindung erhebt zwar über die Scham, Empfindung zu zeigen; aber er haßte und floh während seiner Empfindungen alle Aufmerksamkeit auf fremde Aufmerksamkeit, weil der Teufel in die besten Gefühle Eitelkeit *einschwärzt*, man weiß oft nicht wie. In der Nacht, im Schattenwinkel fallen Tränen schöner und verdünsten später.

Die Pfarrerin bestärkte ihn in allem; denn sie hatte heimlich – in die Stadt geschickt und den Sohn eingeladen und eine Überraschung im Garten künstlerisch angelegt. –

Die Pfarrleute hoben sich endlich in den belaubten Konzertsaal und dachten nicht daran, wie sehr sie von Le Bauts Hause verachtet würden, das nur edle Metalle und edle Geburt, nie edle Taten für Eintrittkarten gelten ließ, und das die Pfarrleute als Freunde des Lords und Matthieus hoch, aber als Schoßhunde beider noch höher geschätzt hätte.

Viktor blieb im Pfarrgarten ein wenig zurück, weil es noch zu hell war, und auch weil ihn die arme Apollonia dauerte; diese guckte einsam und ungesehen im vollen Putze aus dem Fenster des Gartenhäuschens in die Luft und wiegte das Patchen steilrecht, das sie bald über ihren Kopf, bald unter ihren Magen hing. Er setzte, wie ein Spießbürger, im Gartenhaus den Hut nicht auf, um ihren Mut durch Höflichkeit zu stärken. Ein Wickelkind ist gleichsam der Einbläser und Balgtreter der Kinderwärterin: der junge Sebastian schickte Appeln hinreichenden Entsatz gegen den ältern, und sie unterfing sich zuletzt, zu reden und anzumerken, das Patchen sei ein guter, lieber, schöner »Bastel«. »Aber« (setzte sie dazu) »die gnädige Frölen (Klotilde) dürfen das nicht hören; Sie wollen haben, wir sollen ihn Viktor nennen, wenn Sie hören, daß der Vater Bastel sagt.« Sie strich es nun heraus, wie Klotilde sein Patchen liebe, wie oft sie ihr den kleinen Schelm abnehme und ihn anlächle und abküsse; und die Lobrednerin wiederholte am Kleinen alles, was sie pries. Ja der erwachsene Sebastian tat es auch nach, aber er suchte auf den kleinen Lippen nichts als *fremde* Küsse; und vielleicht gehörten bei Appeln wieder *seine* unter die Sachen, die gesucht werden. Der Glücklichere verließ die Glücklichere; denn Amor schickte nun eine geschmückte Hoffnung nach der andern an sein Herz als Boten ab, und alle sagten: »Wir belügen dich wahrhaftig nicht; trau uns!«

Endlich fing Stamitz zu stimmen an, um welchen die zähe Obristkämmerei sich gewiß nichts bekümmert hätte, weil heute keine Fremde da waren, hätte sich nicht Klotilde dieses Gartenkonzert als die einzige Feier ihrer Geburtnacht erbeten gehabt. Stamitz und sein Orchester füllten eine erleuchtete Laube – der adelige Hörsaal saß in der nächsten hellsten Nische und wünschte, es wäre schon aus – der bürgerliche saß entfernter, und der Kaplan flocht aus Furcht vor dem katarrhalischen Tau-Fußboden ein Bein ums andre über die Schenkel – Klotilde und ihre Agathe ruhten in der dunkelsten Blätterloge. Viktor schlich sich nicht eher ein, als bis ihm die Ouvertüre den Sitz und das Sitzen der Gesellschaft ansagte; in der fernsten Laube, in der wahren Sonnenferne nahm dieser Bartstern Platz. Die Ouvertüre bestand aus jenem musikalischen Gekritzel und Geschnörkel – aus jener harmonischen Phraseologie – aus jenem Feuerwerkgeprassel widereinander tönender Stellen, welches ich so erhebe, wenn es nirgends ist als in der Ouvertüre. Dahin passet es; es ist der Staubregen, der das Herz für die großen Tropfen der einfachern Töne aufweicht. Alle Empfindungen in der Welt bedürfen Exordien; und die Musik bahnet der Musik den Weg – oder die Tränenwege.

Stamitz stieg – nach einem dramatischen Plan, den sich nicht jeder Kapellmeister entwirft – allmählich aus den Ohren in das Herz, wie aus Allegros in Adagios; dieser große Komponist geht in immer engern Kreisen um die Brust, in der ein Herz ist, bis er sie endlich erreicht und unter Entzückungen umschlingt.

Horion zitterte einsam, ohne seine Geliebten zu sehen, in einer finstern Laube, in welche ein einziger verdorrter Zweig das Licht des Mondes und seiner jagenden Wolken einließ. Nichts rührte ihn unter einer Musik allezeit mehr, als in die laufenden Wolken zu sehen. Wenn er diese Nebelströme in ihrer ewigen Flucht um unser Schatten-Rund begleitete mit seinen Augen und mit den Tönen, und wenn er ihnen mitgab alle seine Freuden und seine Wünsche: dann dacht' er, wie in allen seinen Freuden und Leiden, an andre Wolken, an eine andre Flucht, an andre Schatten als an die über ihm, dann lechzete und schmachtete seine ganze Seele; aber die Saiten stillten das Lechzen, wie die kalte Bleikugel im Mund den Durst ablöscht, und die Töne löseten die drückenden Tränen von der vollen Seele los.

Teurer Viktor! im Menschen ist ein großer Wunsch, der nie erfüllt wurde: er hat keinen Namen, er sucht seinen Gegenstand, aber alles, was du ihm nennest, und alle Freuden sind es nicht; allein er kömmt wieder, wenn du in einer Sommernacht nach Norden siehst oder nach fernen Gebirgen, oder wenn Mondlicht auf der Erde ist, oder der Himmel gestirnt, oder wenn du sehr glücklich bist. Dieser große ungeheure Wunsch hebt unsern Geist empor, aber mit Schmerzen: *ach! wir werden hienieden liegend in die Höhe geworfen gleich Fallsüchtigen.* Aber diesen Wunsch, dem nichts einen Namen geben kann, nennen unsre Saiten und Töne dem Menschengeiste – der sehnsüchtige Geist weint dann stärker und kann sich nicht mehr fassen und ruft in jammerndem Entzücken zwischen die Töne hinein: ja alles, was ihr nennt, das fehlet mir....

Der rätselhafte Sterbliche hat auch eine namenlose ungeheure Furcht, die keinen Gegenstand hat, die bei gehörten Geistererscheinungen erwacht, und die man zuweilen fühlt, wenn man nur von ihr spricht....

Horion übergab sein zerstoßenes Herz mit stillen Tränen, die niemand fließen sah, den hohen Adagios, die sich mit warmen Eiderdunen-Flügeln über alle seine Wunden legten. Alles, was er liebte, trat jetzt in seine Schatten-Laube, sein ältester Freund und sein jüngster – er hört die Gewitterstürmer des Lebens läuten, aber die Hände der Freundschaft strecken sich einander entgegen und fassen sich, und noch im zweiten Leben halten sie sich unverweset. –

Alle Töne schienen die überirdischen Echo seines Traumes zu sein, welche Wesen antworteten, die man nicht sah und nicht hörte....

Er konnte unmöglich mehr in dieser finstern Einzäunung mit seinen brennenden Phantasien bleiben und in dieser zu großen Entfernung vom Pianissimo. Er ging – fast zu mutig und zu nahe

– durch einen Laubengang den Tönen näher zu und drückte das Angesicht tief durch die Blätter, um endlich Klotilde im fernen grünen Schimmer zu erblicken....

Ach er erblickte sie auch! – Aber zu hold, zu paradiesisch! Er sah nicht das denkende Auge, den kalten Mund, die ruhige Gestalt, die so viel verbot, und so wenig begehrte: sondern er sah zum erstenmal ihren Mund von einem süßen harmonischen Schmerz mit einem unaussprechlich-rührenden Lächeln umzogen – zum erstenmal ihr Auge unter einer vollen Träne niedergesunken, wie ein Vergißmeinnicht sich unter einer Regenzähre beugt. O diese Gute verbarg ja ihre schönsten Gefühle am meisten! Aber die erste Träne in einem geliebten Auge ist zu stark für ein zu weiches Herz... Viktor kniete, überwältigt von Hochachtung und Wonne, vor der edeln Seele nieder und verlor sich in die dämmernde weinende Gestalt und in die weinenden Töne. – Und da er endlich ihre Züge erblasset sah, weil das grüne Laub mit einem totenfarbigen Widerschein der Lampen ihre Lippen und Wangen überdeckte – und da sein Traum und die Klotilde wieder erschien, die darin unter den blumigen Hügel versunken war – und da seine Seele zerrann in Träume, in Schmerzen, in Freuden und in Wünsche für die Gestalt, die ihr Wiegenfest mit andächtigen Tränen heiligte: o war es da zu seinem Zergehen noch nötig, daß die Violine ausklang, und daß die zweite Harmonika, die Viole d'Amour, ihre Sphären-Akkorde an das nackte, entzündete, zuckende Herz absandte? – O! der Schmerz der Wonne befriedigte ihn, und er dankte dem Schöpfer dieses melodischen Edens, daß er mit den *höchsten* Tönen seiner Harmonika, die das Herz des Menschen mit unbekannten Kräften in Tränen zersplittern, wie hohe Töne Gläser zersprengen, endlich seinen Busen, seine Seufzer und seine Tränen erschöpfte: unter diesen Tönen, nach diesen Tönen gab es keine Worte mehr; die volle Seele wurde von Laub und Nacht und Tränen zugehüllt – das sprachlose Herz sog schwellend die Töne in sich und hielt die äußern für innere – und zuletzt spielten die Töne nur leise wie Zephyre um den Wonneschlaftrunknen, und bloß im sterbenden Innern stammelte noch der überselige Wunsch: »Ach Klotilde, könnt' ich dir heute dieses stumme, glühende Herz hingeben – ach könnt' ich an diesem unvergänglichen Himmelsabend, mit dieser zitternden Seele sterbend vor deine Füße sinken und die Worte sagen: ich liebe dich!« – –

Und als er an ihren Festtag dachte und an ihren Brief nach Maienthal, der ihm das große Lob gegeben, ein Schüler Emanuels zu sein, und an kleine Zeichen ihrer Achtung für ihn und an die schöne Verschwisterung seines Herzens mit ihrem – ja da trat die himmlische Hoffnung, dieses geadelte Herz zu bekommen, zum erstenmal unter Musik nahe an ihn, und die Hoffnung ließ die Harmonikatöne wie verrinnende Echos weit über die ganze Zukunft seines Lebens fließen....

»Viktor!« sagte jemand in langsam gedehntem Ton. Er sprang auf und kehrte seine veredelten Züge gegen den – Bruder seiner Klotilde und umarmte ihn gern. Flamin, in welchen alle Musik Kriegsfeuer und freiere Aufrichtigkeit warf, sah ihn staunend, fragend und unmerklich schüttelnd und mit jener Freundlichkeit an, die wie Hohn aussah, die aber allezeit bloßes Schmerzen empfangener Beleidigungen war. »Warum nahmst du mich heute nicht mit?« sagte freundlich Flamin. Viktor drückte seine Hand und schwieg.

»Nein! rede!« sagte jener. – »Laß es heute, mein Flamin, ich sage dirs noch«, versetzte Viktor.

»Ich will dirs selber sagen« (begann jener schneller und wärmer) – »Du denkst vielleicht, ich werde eifersüchtig. Und siehe, kennt' ich dich nicht, so würd' ichs auch; wahrlich, ein anderer würd' es, wenn er dich hier so angetroffen hätte und alles zusammenrechnete, deine neuliche Entfernung aus unserem Gartenhaus in die Laube – dein Schreiben ohne Licht und dein Singen von Liebe« –

»An Emanuel«, sagte Viktor sanft –

»Dein Abgeben dieses Blattes an sie« –

»Es war ein anderes aus ihrem Stammbuche«, sagt' er –

»Noch schlimmer, das wußt' ich nicht einmal – Dein Zögern in St. Lüne und tausend andre Züge, die mir nicht sogleich einfallen, dein heutiges Alleingehen« –

»O mein Flamin, das geht weit, du siehst mit einem andern Auge als dem der Freundschaft« –

Hier wurde Flamin, der sich in nichts verstellen konnte, ohne es sogleich zu werden, und der keine Beleidigung erzählen konnte, ohne in den alten Zorn zu geraten, wärmer und sagte weniger freundlich: »Es sehens schon andre auch, sogar der Kammerherr und die Kammerherrin.«

Dieses zerriß Viktor das Herz. »Du Teurer, alter Jugendfreund, so sollen wir auseinander gezogen und gerissen werden, wir mögen noch so sehr bluten; es soll also diesem Matthieu gelingen (denn von dem kommt alles, nicht von dir, du Guter), daß du mich marterst, und daß ich dich martere – Nein, es soll ihm nicht gelingen – Du sollst nicht von mir genommen werden – Siehe bei Gott,« (und hier stand in Viktor das Gefühl seiner Unschuld erhaben auf) »und wenn du mich jahrelang verkennst, so kommt doch die Zeit, wo du erschrickst und zu mir sagst: ich habe dir unrecht getan! – Aber ich werde dir gern vergeben.«

Dieses rührte den Eifersüchtigen, der heute überhaupt (wegen einer besondern Ursache) gelassener war. »Sieh,« (sagt' er) »ich glaube dir allemal: sag es, tust du nie etwas gegen mich?« – »Nie, nie, mein Lieber!« antwortete Viktor. – »Jetzt verzeih meiner Hitze,« fuhr jener fort, »so hab' ich schon mit meiner verfluchten Eifersucht einmal Klotilden selber in Maïenthal gequält – aber dem Matthieu tue nicht unrecht; er ists vielmehr, der mich beruhigte. Er sagte mir es zwar, was Klotildens Eltern zu merken geglaubt, ja noch mehr – sieh, ich sage dir alles – sie hätten sogar wegen deiner vorgeblichen Neigung und wegen deines jetzigen Einflusses, den der Kammerherr gern zu seiner Wiedererhebung benutzen möchte, von einer möglichen Verbindung mit der Tochter gesprochen, auch gegen diese, und sie ausgeforscht; aber (dir ists doch gleichgültig) meine Geliebte blieb mir treu und sagte Nein.« –

Nun war unserm Freund das vorher so glückliche Herz gebrochen; dieses harte Nein war bisher noch nicht gegen ihn ausgesprochen worden – mit einer unaussprechlichen, niederdrückenden, aber stillen Wehmut sagt' er leise zu Flamin: »Bleib du mir auch treu – denn ich habe ja wenig; und quäle mich nie mehr so wie heute.« Er konnte nicht mehr reden; die erstickten Tränen stürmten flutend auf sein Herz hinan und sammelten sich schmerzlich unter dem Augapfel – er mußte jetzt einen stillen dunkeln Ort haben, wo er sich recht ausweinen konnte, und in seinem aufgerissenen schmerzenden Innern war bloß der Gedanke noch sanft und balsamisch: »Jetzt in der Nacht kann ich weinen, so viel ich will, und niemand sieht mein zerrissenes Angesicht, meine zerrissene Seele, mein zerrissenes Glück.«

Und als er dachte: »Ach Emanuel, wenn du mich heute so sähest« – konnt' er sich kaum mehr halten.

Er floh mit zurückgestemmten Tränen, gleichgültig wer es sehe oder nicht, aus dem Garten, über welchen ein düsterer Engel eine große Trauerfahne fliegen ließ und Leichenmusik. Er stieß sich wund an einer steinernen Gartenwalze, womit man die *beregneten* Grasspitzen und *Blümchen* niederquetscht – er weinte noch nicht, aber auf der Warte, da wollt' er sich sättigen und tränken mit reichlichem Schmerz – er wiederholte immer: »Aber sie blieb getreu und sagte Nein, nein, nein« – die Konzerttöne wehten ihm nach wie Feuer dem, der es besprochen – er watete durch nasse entschlummerte Fluren, die ihre Blumen verhüllten, und schneller als er strichen auf der Erde die Schattenrisse des oben vom Winde verfolgten Gewölkes dahin – er stand an der Warte, hielt jede Zähre noch und rannte hinauf – er warf sich auf die Bank, wo er Klotilden zum ersten Male im weißen Gewand von ferne gesehen – »Ruhe du auch, Horion!« hatte sie aus seinem Traum ihm unter dem Blumenhügel zugerufen, und er hörte es wieder. – –

Hier riß er freudig alle seine Wunden auf und ließ sie frei hinbluten in Tränen – sie überzogen mit trüben Strömen das Angesicht, das sanft oft gelächelt hatte, aber immer gutmütig, und das andern keine abgepresset, sondern abgetrocknet hatte – jede Flut war eine weggehobne Last, aber das Herz wurde darauf wieder schwer und vergoß die neue. – Endlich konnt' er die Töne wieder hören, die meisten sanken unter, eh' sie an den Turm geflossen waren, kleine kamen sterbend an und zergingen in seinem dunkeln Herzen – jeder Ton war eine fallende Träne und machte ihn leichter und sprach seinen Kummer aus – der Garten schien aus sanft ertönenden, gebrochen-überdämmerten, dunkelgrünen

Schattenwogen zu bestehen – er riß, von Erinnerung gestochen, das Auge davon weg: »Was geht er mich mehr an«, dacht' er. Aber endlich stieg aus diesem Schatten-Eden und aus der Viole d'Amour das Lied »Vergiß mein nicht« zu seinem müden Herzen auf und gab ihm wieder den sanftern Schmerz und die vergangne Liebe: »Nein,« sagt' er, »ich vergesse dein auch nicht, ob du mich gleich nicht geliebt – Deine Gestalt wird mich doch ewig rühren und an meine Träume erinnern – ach du Himmlische, es ist ja jetzt das einzige, was mich nicht schmerzet, wenn ich denke: ich vergesse dein nicht.«

Alles wurde stumm und ausgelöscht; er war allein neben der Nacht. Endlich ging er nach der langen Stille herab und nach Flachsenfingen zu, matt geweint und arm geworden. Und als er unterweges schnell zum schwarzblauen Himmel, in welchem irrende Wolken um den Mond wie Schlacken umhergeworfen waren, hinaufblickte und schnell wieder über die halb vernichtete Schattengegend, über die Schattenberge und Schattendörfer: so kam ihm alles tot, leer und eitel vor, und es schien ihm, als wär' in irgendeiner hellern Welt eine Zauberlaterne – und durch die Laterne rückten Gläser, worauf Erden und Frühlinge und Menschengruppen gefärbet wären – und die herabgeflossenen hüpfenden Schattenbilder dieser Gläser nennten wir Uns und eine Erde und ein Leben – *und allem Bunten liefe ein großer Schatten hintennach.* – –

Ach, ich rege vielleicht in mancher Brust längst vergessene Beklemmungen wieder auf, aber es tut uns wohl – da die Leiden so viel Platz in unserer Erinnerung einnehmen –, daß dieses herbe Lagerobst milde wird durch Liegen, und daß ein geringer Unterschied ist zwischen einem vergangnen Schmerz und einer jetzigen Lust.

Der arme Viktor kam nach Mitternacht mit einem bleichen Angesicht und mit brennenden Augen im Hause des Apothekers an. Er begehrte nichts, um seine gebrochne Stimme nicht zu verraten. Als er seinen Alltagsüberrock im Mondschimmer hängen sah, und als er sich wie eine fremde Person vorstellte, der der Rock gehörte und die ihn am Morgen so freudig auszog und jetzo so trostlos anlegte: so ergriff ein Mitleiden, das er mit sich selber hatte, wieder mit zu starkem Druck sein erschöpftes Herz. Marie kam, und er wendete nicht einmal die Zeichen dieses Mitleids von ihr weg. Sie stand betroffen – er sagte ihr mit der sanftesten, aus Seufzern gewebten Stimme, er brauche nichts – und die gute Seele ging ohne Mut zum Trösten und zu Tränen langsam hinaus, aber die ganze Nacht vergoß sie unsichtbare über die fremden und über einen Kummer, der ihr nicht gesagt war.

Warum öffnete gerade heute das Schicksal alle Adern seines Herzens? Warum ließ es gerade auf diesen Tag die Silberhochzeit des Stadtseniors und die erste Hochzeit seiner Tochter mit dem Waisenhausprediger treffen? Warum, wenn doch beide Hochzeitfeste auf diesen Tag zusammenfallen sollten, mußten sie bis nach Mitternacht fortwähren, wo sie den armen Viktor in alle Brandstätten seiner Hoffnungen schauen ließen, wo er in einer lichtervollen Stube aus seiner dunkeln die Liebe sah, welche Hände verknüpfte, Lippen zusammendrückte und Augen und Seelen vermischte? – Zu einer andern Zeit würd' er über den Waisenhausprediger und über zwei Armenkatecheten gelächelt haben; aber heute konnt' er nur darüber seufzen, und es ist eine sanfte Schönheitlinie an seinem innern Menschen, daß er den armen Menschen das vergönnte, was er entbehrte: »Ach ihr seid glücklich«, sagte er – »o liebt euch recht, presset die klopfenden vergänglichen Herzen heiß aneinander, eh' sie der Flügel der Zeit zerschlägt, und glühet aneinander in der kurzen Minute des Lebens und wechselt eure Tränen und Küsse, eh' die Augen und Lippen im Grabe erfrieren – ihr seid glücklicher als ich, der ich das Herz voll Liebe niemand geben kann als den Würmern des Grabes, und auf dessen Sarg ein Tischler die Überschrift, die wie ich mit Erde bedeckt wird, färben soll: ihr guten Menschen, ihr habt mich nicht geliebt, und ich war euch doch so gut!« –

Jedes glückliche Lächeln, jeder flötende Violinenzug, jeder Gedanke wurde jetzt seinem von Tränen umgebenen weichen Herzen zur harten spitzen Ecke, so wie einer Hand, die sich in Wasser untertaucht, alles hart anzufühlen wird.

Seine grenzenlose Aufrichtigkeit, seine grenzenlose Erweichung konnt' er mit nichts befriedigen, als mit einem Briefe an seinen Emanuel, in welchen er seine ganze Seele überströmen ließ.

»O teurer Geliebter!

Sollt' ich denn dirs verbergen, wenn mich Schmerzen übermannen oder Torheiten? Sollt' ich dir nur meine bereueten Fehler zeigen und nie meine gegenwärtigen? – Nein, tritt her, Teurer, an meine wunde Brust, ich öffne dir das Herz darin, es blute und poche unter der Entblößung, wie es will – du deckest es doch vielleicht mit deiner väterlichen Liebe wieder zu und sagst: ich lieb' es noch. –

Du, mein Emanuel, ruhest in deiner hohen Einsamkeit, auf dem Ararat der erretteten Seele, auf dem Tabor der glänzenden: da blickest du sanft geblendet in die Sonne der Gottheit und siehest ruhig die Wolke des Todes auf die Sonne zuschwimmen – sie verhüllt sie, du erblindest unter der Wolke, sie verrinnt, und du stehst wieder vor Gott. – Du liebst Menschen als Kinder, die nicht beleidigen können – du liebst Erdengenüsse wie Früchte, die man zur Kühlung pflückt, aber ohne nach ihnen zu hungern – die Gewitter und Erdbeben des Lebens gehen vor dir ungehört vorüber, weil du in einem Lebens-Traum voll Töne, voll Gesänge, voll Auen liegst, und wenn dich der Tod aufweckt, lächelst du noch über den heitern Traum.

Aber ach, mehr als *ein* Gewitter donnert hinein in den Lebenstraum von uns andern und macht ihn ängstlich. Wenn ein höheres Wesen in den Wirrwarr von Ideen treten könnte, der unsern Geist umgibt, und aus dem er seinen Atem holen muß, wie wir in einer aus allen Luftarten zusammengegossenen Luftart atmen – wenn es sähe, welche Nährmittel durch unsern innern Menschen gehen, denen er seinen Milchsaft abgewinnen muß, dieses Gemenge von komischen Opern – Bayles Wörterbüchern – Konzerten von Mozart – Messiaden – Kriegsoperationen – Goethes Gedichten – Kants Schriften – Tischreden – Mond-Anschauungen – Lastern und Tugenden – Menschen und Krankheiten und Wissenschaften aller Art – – wenn das Wesen diese Lebens-Olla-

Potrida untersuchte: würd' es nicht begierig sein, zu wissen, welche widersinnige Säfte dadurch in der armen Seele zusammen gerinnen, und würd' es sich nicht wundern, daß noch etwas Festes und Gleichförmiges im Menschen bleibt? – Ach wenn dein Freund, Emanuel! bald in einem feinen Speisesaal, bald in einem Garten, bald in einer Loge, bald vor dem großen Nachthimmel, bald vor einer Kokette, bald vor dir ist: so macht ihm dieser zweideutige Wechsel der Auftritte Schmerzen und vielleicht Flecken...

Nein, ich will meinen Emanuel nicht belügen – – O sind denn die Kleinigkeiten und die Steinchen dieses Lebens wert, daß wir darum krumme Gänge wählen, wie die Minierraupe durch die Ästchen ihres Blattes sich zu Krümmungen zwingen läßt? – Nein, alles, was ich gesagt habe, ist wahr; aber ich hätt' es nicht gesagt, wenn nicht andre Schmerzen mich auch auf jene führten; und doch hättest du es mir, du unschuldig-kindlich-erhaben-trauender Lehrer, geglaubt. Ach, du hälst mich für zu gut... o es ist ein weiter ermüdender Schritt von der Bewunderung zur Nachahmung! – Jetzt aber blick in mein geöffnetes Herz!

Seitdem ich hier im Totenhaus meiner kindlichen Freuden, in den Beeten, wo meine Kindheitjahre geblühet und abgeblühet haben, vielleicht mit zu vielen Träumen der Vergangenheit umhergehe; – und noch mehr: von dem Tage an, wo du meinem Herzen den Reiz zum Fieber-Schlage auf mein ganzes Leben gegeben, seitdem du mir das Leben aufgedeckt, worin sich der Mensch zerblättert, und den dünnen spitzigen Augenblick, auf dem er so schmerzhaft steht, seit jener Abschied-Nacht, wo meine Seele groß und meine Tränen unerschöpflich waren, rinnt eine ewige Wunde in mir, und der Seufzer einer Sehnsucht, die nichts zu nennen weiß als Träume und Tränen und Liebe, liegt wie eine stockende Ader beklemmend und verzehrend in meiner Brust – – Ach, ich lache noch wie sonst, ich philosophiere noch wie sonst, aber mein Inneres sieht nur der Geliebte, dem ichs jetzt entblöße.

O Schicksal, warum schlugst du in den Menschen den Funken einer Liebe, die in seinem eignen Herzblut ersticken muß? Ruht nicht in uns allen das holde Bild einer Geliebten, eines Geliebten, wovor wir weinen, wornach wir suchen, worauf wir hoffen, ach und so vergeblich, so vergeblich? – Steht nicht der Mensch vor der Brust eines Menschen wie die Turteltaube vor dem Spiegel und girret wie diese sich heiser vor einem toten flachen Bilde darin, das er für die Schwester seiner klagenden Seele hält? – Warum frägt uns denn jeder schöne Frühlingabend, jedes schmelzende Lied, jede überströmende Freude: wo hast du die geliebte Seele, der du deine Wonne sagst und gibst? Warum gibt die Musik dem bestürmten Herzen statt der Ruhe nur größere Wellen, wie das Geläute der Glocken die Ungewitter, anstatt zu entfernen, herunterzieht? Und warum ruft es draußen an einem schönen stillen hellen Tage, wenn du über das ganze aufgeschlagne Gemälde einer Landschaft siehest, über die Blumen-Meere, die auf ihr zittern, über die herabgeworfnen Wolkenschatten, die von einem Hügel zum andern fliehen, und über die Berge, die sich wie Ufer und Mauern um unsern Blumenzirkel ziehen, warum ruft es da denn unaufhörlich in dir: ›Ach, hinter den rauchenden Bergen, hinter den aufliegenden Wolken, da wohnt ein schöneres Land, da wohnt die Seele, die du suchst, da liegt der Himmel näher an der Erde‹? – Aber hinter dem Gebirge und hinter dem Gewölke stöhnt auch ein verkanntes Herz und schauet an deinen Horizont herüber und denkt: ›Ach, in jener Ferne wär' ich wohl glücklicher!‹

Sind wir denn alle nicht glücklich – – Bejah' es nicht und sage nicht zu mir, Emanuel, daß im Winter dieses Lebens gerade die wenigen warmen Sonnenblicke, die ihn unterbrechen, den bessern Menschen wie Gewächse zersprengen und zugrunde richten – sage nicht, daß jedes Jahr etwas von unserm Herzen wegstoße, und daß es wie das Eis immer kleiner werde, je weiter es schwimme im Strome der Zeit – sage nur nicht, daß die irrende Psyche, wenn sie auch ihr zweites Selbst in ihrem Gefängnis höre, doch nie in seine Arme kommen könne – – Aber du hasts schon einmal gesagt:

›In zwei Körpern stehen wie auf zwei Hügeln getrennt alle liebende Seelen der Erde, eine Wüste liegt zwischen ihnen wie zwischen Sonnensystemen, sie sehen einander herübersprechen durch ferne Zeichen, sie hören endlich die Stimmen über die Hügel herüber – aber sie berühren sich nie, und jede umschlingt nur ihren Gedanken. – Und doch zerstäubt diese arme Liebe wie ein alter Leichnam, wenn sie gezeigt wird; und ihre Flamme zerflattert wie eine Begräbnislampe, wenn sie aufgeschlossen wird.‹

Sind wir denn alle nicht glücklich? –

Bejah' es nicht! – Ach der Mensch, der schon von der Kindheit an nach einer unbekannten Seele rief, die mit seiner eignen in *einem* Herzen aufwuchs – die in alle Träume seiner Jahre kam und darin von weitem schimmerte und nach dem Erwachen seine Tränen erregte – die im Frühling ihm Nachtigallen schickte, damit er an sie denke und sich nach ihr sehne – die in jeder weichen Stunde seine Seele besuchte mit so viel Tugend, mit so viel Liebe, daß er so gern all' sein Blut in seinem Herzen wie in einer Opferschale der Geliebten hingegeben hätte – die aber ach nirgends erschien, nur ihr Bild in jeder schönen Gestalt zusandte, aber ihr Herz ewig entrückte – – o endlich, o plötzlich, o selig schlägt ihr Herz an seinem Herzen, und die zwei Seelen umfassen sich auf immer – – er kann es nicht mehr sagen, aber wir könnens: dieser ist doch glücklich und geliebt....

Guter Emanuel, du vergibst mir den Schmerz der Furcht, daß ich es wohl nie sein werde – Nein, nie! – O ich wäre auch für diese von Gräbern zerstückte Erde vielleicht gar zu glücklich, ich dürfte für ein so junges, mit so kleinen Verdiensten gerechtfertigtes Leben vielleicht ein zu großes Eden bewohnen, wenn meine zu weiche Seele, die schon unter drei frohen Minuten einsinkt, die jeden Menschen liebt und sich mit Kinderarmen ans Herz der ganzen Schöpfung hängt, o die schon durch diesen bloßen Traum der Liebe zu selig wird und überwältigt durch diese Beschreibung – – nein, sie wäre zu selig, eine solche von Wehmut und Menschenliebe längst zerschmolzene Seele, wenn sie einmal nach einem so langen tödlichen Sehnen endlich, endlich – o Emanuel, ich bebe wieder vor Freude, und es ist doch niemals, niemals möglich! – alle ihre Wünsche, ihren ganzen Himmel, so viele Liebe in *einer* teuern, teuern Seele gesammelt fände, wenn ich vor der großen Natur und vor dem Angesicht der Tugend und vor Gott selber, der mir und ihr die Liebe gab, zur Einzigen, zur Frommen, zur

Geliebten – o Gott, wie heißt ihr Name – zur Vorausgeliebten, die ich jetzt im Wahnsinn nennen wollte, weinend sagen dürfte: endlich hat dich mein Herz, du Gute, Gott gibt uns heute einander, und wir bleiben beisammen auf die ganze Ewigkeit. Nein, ich würd' es nicht sagen, sondern vor Wonne verstummen und sterben.

– Siehe! mir war jetzt, als ging' eine Gestalt über meine Stube und riefe: Viktor! Ich sah mich um und erblickte meine leere Stube und die abgelegten Sonntagkleider, und jetzt erinnerte ich mich erst, daß ich unglücklich bin und nicht geliebt.

Du aber, unersetzlicher Freund, mißkenne mich nicht; ich schwöre dir, daß ich dir diese Blätter ungeändert gebe, wenn ich auch morgen, wo die Wirbel der heutigen Nacht stiller fließen, alle Änderungen nötig fände. Dein törichter Freund bleibt doch dein ewiger Freund.

S. V. H.«

20. Hundposttag

Blatt von Emanuel – Flamins Fruchtstücke auf den Schultern – Gang nach St. Lüne

»Armer Sebastian,« – sagt' ich, da ich das heutige Felleisen aufmachte – »eh' ichs auf habe, weiß ich schon voraus, daß du den ganzen Tag nach einer solchen Nacht dich eingeschlossen, um dein verblutetes Angesicht gegen den Trauergarten zuzuwenden – daß du heute diese brennenden Gifttropfen lieber hast als den Wundbalsam, und daß du in den Spiegel schauest, um die stille schuldlose Gestalt, die er dir mit ihren Schnitten zeigt, wie eine fremde zu beweinen. – O wenn der Mensch nichts mehr zu lieben hat, so umfasset er das Grabmal seiner Liebe, und der Schmerz wird seine Geliebte. Vergebet einander den *kurzen* Wahnsinn der Klage: denn unter allen Schwächen des Menschen ist das die unschuldigste, wenn er, anstatt gleich dem Zugvogel sich über den Winter zu erheben und in heitere Zonen zu fliegen, gleich andern Vögeln vor diesem Winter niedersinkt und dumpf in seinem kalten Grame erstarrt.«

Viktor sargte sich sozusagen an jenem Tage in sein Zimmer ein, das er niemand als einer Tür- und Wandnachbarin der Schmerzen, Marien, öffnete, deren Gestalt ihm so sanft wie eine Abendsonne tat. Jedes andere weibliche Gesicht auf der Straße gab ihm Stiche; und der Bruder der verlornen Klotilde, den er am Fenster sah und heute gern umarmt hätte, lieh der verweinten Erinnerung neue Farben.... Leser! – die Leserin ist von selber billiger – lache nicht über meinen guten Helden, der da keiner ist, wo gerade die Stärke der Seele die Stärke des Schmerzens wird; laß mich es wenigstens nicht hören. Wem der sympathetische Nerve des Lebens, die Liebe, unterbunden oder durchschnitten ist, der darf schon einmal seufzen und sagen: alles kann der Mensch auf der Erde geduldiger verlieren als Menschen.

Und doch führte abends ein Zufall – nämlich ein Brief – alle seine Schmerzen noch einmal durch sein müdes Herz. Ein kleiner Brief von Emanuel – aber keine Antwort auf den erst abgesandten – kam an.

»Mein immer Geliebter!

Ich habe den Tag deines Eintritts in ein neues Lebens-Gewühl erfahren, und ich habe gesagt: mein Geliebter bleibe glücklich – die Ruhe der Tugend baue wie mit einer Brust sein Herz gegen den Frost und Sturm seines neuen Lebens ein – seine Schmerzen und seine Entzückungen seien nicht laut – er trauere sanft und still wie eine Fürstin im sanften Weiß, er genieße sanft und still, und im Tempel seines Herzens spiele die Lust nur wie ein ungehört-irrender Schmetterling in einer Kirche – und die Tugend schwebe vor ihm am höhern Himmel über unserer Sonne und wärme und erhelle und ziehe allmählich sein Herz!

Du willst, aus liebender Bangigkeit für mein entsinkendes Leben, nicht haben, daß ich oft schreibe: so wenig glaubst du, Lieber, meiner Hoffnung. O die ablaufenden Gewichte meiner Maschine fallen langsam und sanft auf das Grab hinauf – dieses Erdenleben kleidet sich in meiner Seele immer schöner an und schmückt sich zum Abschiede – dieser Nachsommer um mich, der wie eine Nebensonne neben dem Augustsommer steht, und der künftige Frühling nehmen mich der Natur schmeichelnd aus den Armen.

So überlaubt, so überblümt der Allgütige die Kirchhofmauer des Lebens, wie wir die Mauer eines englischen Gartens, mit bedeckendem Efeu und Immergrün und gibt dem Ende des Gartens den Schein eines neuen Gesträuchs. –

So steigt schon hier im *dunkeln* Leben der Geist, wie der Barometer schon unter dem trüben Wetter steigt, und wird den Einfluß des *lichtern* schon unter den Wolken innen.

– Ich folge aber deiner Liebe und schreibe dir nicht mehr als einmal im Winter, wo ich dir die große Nacht erzähle, in der ich meinem blinden Julius zum erstenmal sagte, daß ein Ewiger ist. – In jener Nacht, mein Geliebter, zogen mich die Entzückung und Andacht zu hoch, und das dünne Leben wollte reißen. Ich blutete lange. Im Winter, wo an die Stelle der Erden-Reize die des Himmels treten[1], verbiete mir das Gemälde des Sommers nicht.

O mein Sohn! – ich mußte dir ja schreiben, weil meine Freundin Klotilde klaget, daß sie zum neuen Jahre aus der grünen Laube der Einsamkeit auf den drängenden Marktplatz des Hofes gezogen werde – ihre Seele ist dunkel von Trauer und streckt die Arme nach dem stillen Leben aus, das von ihr genommen wird. Ich weiß nicht, was ein Hof ist – du wirst es wissen, und ich beschwöre dich, erlöse meine Freundin und lenke die Hand ab, die sie aus St. Lüne ziehen will. Wenn du es nicht kannst: so verlasse am Hofe die geliebte Seele nicht – sei ihr heißester Freund – ziehe die Bienenstacheln der Erdenstunden aus ihrem milden Herzen. – Wenn kalte Worte wie Schneeflocken auf diese Blume fallen: so schmelze sie der Hauch der Liebe zu Tränen, die du rinnen siehest – Wenn über ihr Leben ein Gewitter aufsteigt: so zeig ihr den Engel, der auf der Sonne steht und über unsere Gewitter den Regenbogen der Hoffnung zieht – O dich, den ich so liebe, wird meine Freundin auch so lieben, und wenn mein Freund ihr sein sanftes Herz, sein weiches Auge, seine Tugend, seine von der Natur und von dem Ewigen bewohnte Seele aufdeckt: so wird er

[1] Der Dezember begünstigt die Beobachtungen der Astronomen am meisten.

meine Freundin vor sich glücklich werden sehen, und das erhabne Angesicht, das vor ihm in Tränen und Lächeln und Liebe zerfließt, wird immer in seinem Herzen bleiben.

Emanuel.«

Siehe, da trat in dieser glühenden Minute die erhabne Gestalt, die er gestern gesehen, wieder vor sein Herz mit den wehmütig lächelnden Lippen und mit den Augen voll Tränen; und als die Gestalt vor ihm schweben blieb und schimmerte und lächelte, so stand seine Seele vor ihr wie vor einer Verstorbenen auf, und alle Wunden fingen wieder unter dem Erheben an zu bluten, und er rief: »So weiche denn nie aus meinem Herzen, du erhabne Gestalt, und ruh' ewig auf seinen Wunden!« – Die Trostlosigkeit, die Ermattung und der Schlaf überhüllten seinen Geist, so wie seinen letzten Gedanken, nächstens nach St. Lüne wieder zu gehen und *ihre* Eltern zu bereden, sie nicht an den Hof zu zwingen...

Der lange Schlaf des Todes schließt unsere *Narben* zu, und der kurze des Lebens unsere *Wunden.* Der Schlaf ist die Hälfte der Zeit, die uns heilt. Der erwachte Viktor, dessen Fieber der Liebe gestern durch die Schlaflosigkeit so sehr zugenommen, sah heute, daß sein Schmerz ungemäßigt war, weil seine Hoffnung unmäßig gewesen: – anfangs hatt' er gewünscht – dann beobachtet – dann vermutet – dann gesehen – dann ausgelegt – dann gehofft – dann darauf geschworen. Jeder kleine Umstand, sogar sein Anteil an Klotildens Ernennung zur Hofdame, hatte mildes Öl der Liebe in seine Glut gegossen. »O ich Tor!« sagt' er, mit den drei Schwur-Fingern an der Stirne, und wie alle kräftige Menschen war er um desto mutiger, je mutloser er gewesen. Ja, er fühlte sich auf einmal zu leicht; – denn eine zu schnelle Kur kündigt auch bei Seelen den Rückfall an. Ein neuer Trost war der gestrige Entschluß, daß er Klotilden einen Dienst erweisen – nämlich den Hofdienst ersparen wollte. Er besann sich noch über seinen Entschluß, sie wiederzusehen – Fühltest du etwa, Viktor, daß alles, was die Liebe tut, um zu sterben, nur ein Mittel ist, um wieder zu auferstehen, und daß alle ihre Epilogen nur Prologen zum zweiten Akte sind? – Aber ein Korb Äpfel auf dem Markte machte ihn in seinem Entschlusse wieder fest. Flamin trat nämlich herein. Er fing sogleich mit Fragen über das Verschwinden am Sonntag und mit Nachrichten der allgemeinen Unruhe über den teuern Flüchtling an. Viktor, durch die ganze Erinnerung wieder erhitzt und gegen den Bilderstürmer und Fiskal einer vergeblichen Liebe fast ein wenig erzürnt, gab ihm die wahre Antwort: »Du nahmest mir meine Freude zum Teil, und warum sollt' ich so spät erst aufs Theater treten?« Je stärker Flamin die liebende Bekümmernis der Pfarrerin und Klotildens über seine Unsichtbarkeit malte, desto peinlicher wurd' in ihm der Wirrwarr streitender Gefühle; ohne sein zurückrufendes Gewissen wär' es ihm jetzo leichter geworden, nun dem Freunde die hoffnunglose Liebe zu bekennen, als sonst die hoffende. – Zufällig wunderte sich Flamin über die Reife der Äpfel unten auf dem Markte und verlangte einige: ein Blitzstrahl fuhr nun vor Viktors Auge über die angebornen Fruchtstücke auf Flamins Schultern, die allezeit im Nachsommer während der Apfelreife erschienen, die er aber im bisherigen Taumel vergessen hatte. Der Himmel weiß, ob nicht dem Leser selber entfallen ist, daß Flamin dieses Lagerobst (sein Muttermal) auf dem Rücken trägt, das ein Sodoms- und Evas-Apfel für ihn werden kann. Konnte nicht Matthieu, der bisher an Flamin dieses Insiegel seiner fürstlichen Verwandtschaft nicht untersuchen konnte, sich auf einmal von allem überzeugen, was er aus dem Briefe an den Lord nur mit diebischen Blicken erraten konnte? Und konnt' er nachher nicht zum Fürsten gehen und da für alle unsere Freunde die giftigsten Suppen einbrocken? – Da aber das Vexierbild gewöhnlich in *einer* Woche verblich: so brauchte Viktor ihm nur ebenso lange den Träger desselben aus den Augen zu entrücken; er trug also seinem von der Natur tätowierten Freunde die Bitte vor, einmal gemeinschaftlich nach St. Lüne zu gehen, da sie vorgestern einander verfehlet hätten....

»Daraus wird nichts«, sagte Flamin, der die kleinere Delikatesse hatte, die Bitte um die Begleitung wegen seiner Vorwürfe in Le Bauts Garten nicht zu benützen, und darüber die größere vergaß, eine solche Rücksicht seinem Viktor gar nicht zuzutrauen.

Dieser, in einer leidenschaftlichen Eilfertigkeit, zwei solche

Übel (Klotildens Hofamt und Matthieus Besichtigung) abzuwenden, griff zum sonderbaren Mittel, dem Hofjunker die Reise-Genossenschaft anzutragen. Denn sie sahen und sprachen einander täglich in Vorzimmern und Sälen – und wahrhaft freundlich, nur konnte keiner den andern ausstehen. – »Mit Freuden!« (sagte der Evangelist) »in *dieser* Woche hab' ich den Kabinettdienst – aber die *nächste* kann ich.«

Und gerade in der jetzigen wollt' es Viktor. – So viel schnelle Fehlschlagungen bestürzten diesen so, daß er, dessen sorg- und argloses Herz immer ein offener Brief mit fliegendem Siegel war, sich jetzt gegen seinen guten, teuren Freund Flamin verstellte – Er wollte wenigstens das Muttermal und dessen Deutlichkeit selber untersuchen. Er ging daher zu ihm und fand ihn gebücktschreibend und mit einem glühenden Arbeit-Gesicht. Er beschwurs ihm, Erholung und Ferien wären ihm unerläßlich, und er sollte wie ein Setzer stehend arbeiten. Dann kam er allmählich auf Flamins vollblütige Brust und auf die Frage: ob sie ohne Stechen und Drücken seine Anspannungen vertrage? Dann langte er an dem Ziele an, und er schlug vor, Flamin solle sich in jedem Falle als Lungen-Ableiter ein burgundisches Pechpflaster auf die Schulterblätter legen lassen, ja er wollt' es ihm jetzt selber tun und ihm zeigen, wie alles zu machen sei. Dadurch hoffte er noch dazu um das Apfelstück zugleich einen Vorhang zu ziehen. Aber er verstellte sich so erbärmlich – denn ihm glückten unschuldige Intrigen gegen Mädchen und scherzhafte Verstellungen aus Satire, und mißlangen ernsthafte –, daß sogar Flamin aufhorchte und trocken versetzte: »er habe schon ein solches Pflaster seit zwei Tagen auf: und – Matthieu hab' es ihm geraten und selber aufgelegt.«

Da saß er. – Sebastian hatte weiter nichts zu tun, als in einer sonderbaren Kälte, die auf dem St. Lüner Wege nur durch einige Stiche von den alten dornigen Spätlingen seines verblühten Paradieses untermischt wurde, unbegleitet zum Kammerherrn Le Baut zu gehen, zu sagen, was zu sagen war, ins Pfarrhaus zu gucken und still wieder fortzuwandern ohne eine einzige – Hoffnung.

Liebe Fortuna! lieber geköpft als skalpiert, lieber *ein* Unglück als zehn Fehlschlagungen; ich meine: rädere mit deinem Rade den Menschen lieber von oben als unten hinauf! –

Viktor wußte zwar noch kein Wort von der Wendung, womit er zwei solchen Hof-Emigranten wie den Le Bauts, die nichts Heiligers kannten als die Latrie gegen einen Fürsten, die Dulie gegen dessen Minister und die Hyperdulie gegen dessen H–, Klotildens Standerhebung verleiden sollte; aber er dachte: »Ich tue, was ich kann.«

Klotildens Eltern nahmen ihn mit so viel Verbindlichkeit auf – d.h. mit so viel Höflichkeit des Körpers, mit so viel Puderzucker auf jeder Miene, mit so viel Violensirup auf jedem Wort – kurz, er fand den Bericht, den Matthieu von ihrer gefälligen Denkart für ihn an Flamin erstattet hatte, so gegründet, daß er keine bessere Gelegenheit hätte ausuchen können als diese, um sie von der Verpflanzung ihrer Tochter abzumahnen – hätten sie ihm nicht zu danken angefangen, daß er selber dieser Verpflanzer gewesen war. Sie hatten alles erfahren oder erraten und dankten ihm für seine Verwendung, der sie wahrscheinlich eigennützigere Absichten liehen, als die Tochter tat. Es wäre lächerlich gewesen, in Klotildens Gegenwart ihr selber Flachsenfingen zu widerraten und das auszureden, wofür man ihm dankte; indes versucht' er doch etwas. Er sagte zum Kammerherrn: »seine Tochter verdiene mehr, einen Hof zu haben, als einen zu zieren; ja er verdiene bei der ganzen Sache höchstens – Entschuldigung, da Klotilde gewiß den Umgang ihrer Eltern dem Hofzwang vorziehe: in diesem Falle versprech' er, den Zeiger bei dem Fürsten wieder zurückzustellen und alles ohne Nachteil zu berichtigen.« Der Vater hielt diese Äußerung für ein sonderbares Ablehnen des Dankes, die Stiefmutter für irgendeine Spitzbüberei, die Tochter für – Worte. Sie sagte ein wenig kurz: »Ich glaube, es war leicht, zwischen Ungehorsam und Abwesenheit zu wählen.« Denn so unbiegsam sie für ihre Stiefmutter war, so willig kam sie den Winken ihres Vaters nach, den sie mit allen seinen Schwächen und als die einzige ihm auf der Erde gewogne Seele zärtlich liebte. Viktor ließ es endlich, obwohl gezwungen, gut sein; aber warum ergibt sich der Mensch schwerer in die Zukunft als in die Vergangenheit? – Die

Kälte der Tochter war natürlicherweise nicht kleiner (aber aufrichtiger) als die Wärme der Eltern.... und gerade die Kälte erfrischte sein glühendes Gehirn. Diese kalte gleichgültige Gestalt war wie ein Schleier über die erhabne liebende gedeckt, die immer mit ihrem schwermütigen Blicke vor ihm schwebte, und die er nicht aushielt. Ohne Bewußtsein einer Schuld, zufrieden mit seinem Gehorsam gegen Emanuels Bitte, zog er mit seinen vom Wohlstand erdrückten Gefühlen ab, kälter gegen die Kalte. – Er wäre ein schlechter Liebhaber gewesen, wenn er gewußt hätte, was er haben wollen; denn sonst hätt' er von Klotilden, sogar im Falle ihrer Liebe gegen ihn, keine außerordentliche Wärme gegen einen Medikus begehren können, den ihr die Eltern aufzwangen (welches einem Manne noch mehr schadet als Häßlichkeit), der so unhöflich ohne ein Geburttag-Carmen aus dem Garten fortjagte, und der sie in die sieben vergoldeten Türme des Hofdienstes trotz ihrem Widerwillen, trotz allem Anschein ihres künftigen *Gefängnisfiebers* hineinschob. – Aber für das *offne Lehn* seines Herzens war eben dieser Ärger gesund....

Wenn mein guter Leser einmal von einer zu teuren Freundin einen ewigen Abschied zu nehmen hat: so nehm' er ihn *zweimal*. – Der *erste* versteht sich ohnehin, wo er in der Trunkenheit des Schmerzes, im Blutsturz des Herzens und der Augen erliegt, und wo das geliebte Bild sich mit Flammen in die weiche Seele brennt; aber dann wird er die Abgeschiedne nie vergessen können. Daher muß er einen *zweiten* nehmen, der schon darum kälter ist, weil heftige Empfindungen kein dal segno der Wiederholung leiden, ja er muß (wenn er am allerklügsten sein will) sie nach dem ersten tragischen Abschied an einem öffentlichen Platze (z.B. bei einer Krönung), wo sie kalt scheinen muß, zu sehen suchen; ihr frostiges Gesicht überschneiet dann ihr heißes in seinem Kopfe, und mein guter Leser hat doch wieder so viel Verstand beisammen, daß er weiß, was er in den Hundposttagen lieset...

– Wahrlich, wenn *Jean Paul* nicht fleißig schreibt, so tuts keiner – es schlug schon ein Uhr, und er hielts für ein Viertel auf Zwölfe – meine Schwester will schon vor dem aufgeschwänzten rauchenden Hecht, der wie die Schlange der Ewigkeit an seinem

Schwanze frisset, die Hände falten und sagt immerfort: »Es wird ja alles kalt« – »Das soll es auch, nach so glühenden Kapiteln,« (sag' ich) »wenn du den Leser und den Autor meinst« – Der Posthund springt schon, indem ich noch über dem zwanzigsten Kapitel sitze, mit dem einundzwanzigsten in der Stube herum – und doch will ich verhungern, wenn ich nicht vor dem Essen noch, wie die sieben Weisen, sieben goldne Sprüche sage:

1. Wenn man beim Stiche der Biene oder des Schicksals nicht stille hält, so reißet der Stachel ab und bleibt zurück.

2. Jämmerliche Erde, die drei, vier große oder kühne Menschen verbessern und erschüttern können! Du bist ein wahres Theater: auf dem Vorgrund sind einige fechtende Spieler und einige Zelte aus Leinwand, im Hintergrund wimmelts von gemalten Soldaten und Zelten! –

3. Staaten und Diamanten werden jetzt, wenn sie Flecken haben, in kleine zerschnitten – und da

4. die Menschen in großen Staaten und die Bienen in großen Stöcken Mut und Wärme einbüßen: so heftet man jetzt an kleine Länder andre kleine Länder, wie an Bienenstöcke Koloniestöcke.

5. Der Mensch hält *sein* Leben für *das* der Menschheit, wie die Bienen das Tropfen ihres Bienenstandes, wenn schon die Sonne wieder scheint, für Regen nehmen und nicht ausfliegen;

6. aber er begeht täglich einen *kleinern* Irrtum: anfangs hält er für eine *Ewigkeit* (für diese aristotelische Zeit-Einheit des Schauspiels des Seins) seine gegenwärtige *Stunde* – dann seine *Jugend* – dann sein *Leben* – dann sein *Jahrhundert* – dann die Dauer des *Erdballs* – dann der *Sonne* ihre – dann der *Himmel* ihre – dann (das ist der kleinste Irrtum) die *Zeit*....

7. An den Menschen sind vorn und hinten, wie an den Büchern, zwei leere weiße Buchbinderblätter – Kindheit und Greisenalter; und an den Hundposttagen auch: siehe das Ende dieses Tages und den Anfang des nächsten.

Fünfter Schalttag

Fortsetzung des Registers der Extra-Schößlinge

K

Kälte. In unserm Zeitalter stehen Abnahme des *Stoizismus* und Wachstum des *Egoismus* hart nebeneinander; jener bedeckt seine Schätze und Keime mit Eis, dieser ist selber Eis. So nehmen im Physischen die *Berge* ab und die *Gletscher* zu.

L

Leihbibliothek für Rezensenten und Mädchen. Ich bin noch immer willens, es ins Intelligenzblatt der Literaturzeitung setzen zu lassen, daß ich den Kaufschilling, den ich für meinen *Abendstern* erhebe, nicht zerschlagen, noch wie Musäus zum Ankauf von Gartenhäusern zersplittern, sondern das ganze Kapital zu einer vollständigen Sammlung aller deutschen *Vorreden* und *Titel*, die von Messe zu Messe erscheinen, verwenden will. Ich kann dabei bestehen, wenn ich eine Vorrede wöchentlich für einen Pfennig Lesegeld an Rezensenten ausgebe, welche nicht gern das Buch selber lesen wollen, wenn sie es rezensieren. –

Damit mir nicht einmal der Überschuß des besagten Schlagschatzes als totes Kapital im Hause liegt: so sollen dafür – wenn ich mich nicht ändere – die *schwerern* deutschen Meisterwerke – z.B. Friedrich *Jakobis*, *Klingers* seine, *Goethes* Tasso –, desgleichen die bessern satirischen und philosophischen vom Buchbinder in einer *leichtern* Damenausgabe geliefert werden, die ganz aus sogenannten Vexierbänden, worinnen kein Unterziehbuch steckt, bestehen soll. Ich spiele damit, denk' ich, den Leserinnen etwas Kernhaftes in die Hände, das so gut gebunden und ebenso betitelt ist wie die Buchhändler-Ausgabe, und in das sie – weil das harte Steinobst schon *ausgekernt* und innen nichts ist – nicht nur ebensoviel, sondern sechs Lot mehr Seidenfaden und Seidenabschnitzel legen können als in die gedruckte Ausgabe. *Allwills* Briefwechsel – ein schweres zweidotteriges Straußenei des Autors, das ich vom Buchbinder auf diese Weise habe ausblasen lassen, weil die meisten Leserinnen zu *kalt* sind, es auszubrüten – ist jetzo ganz *leicht*. Aber von den deutschen Romanen werd' ich niemals eine solche Futteral-Ausgabe von leeren Zeremonienwagen des Musen- und Sonnengottes veranstalten, weil ich befahre, der Buchhandel schreie über *Nachdruck*. – Ich wäre ein glücklicher Mann, wenn sich die Mitleserinnen meiner Leih-Kapselbibliothek nur zweimal in einigen italienischen und portugiesischen Büchereien hätten herumführen lassen; sie würden in diesen, wo oft nur die Titel der Werke – und noch dazu der dümmsten – an die Wand geschmieret sind, erstaunet sein, welche schlechte Figur solche unbrauchbare Bibliotheken neben meiner Bücherei von ordentlichen Vexierbüchern, die ich aus so vielen Fächern und mit einigem Eigensinn wähle, nicht anders als machen können. – So werden freilich deutsche Kapselleserinnen von euch Portugieserinnen nimmermehr eingeholet! Vielmehr kommen jene sogar den Männern, den Advokaten und Geschäftleuten nach, die ähnliche Kapsel-Journalistika mithalten und die Futterale der besten deutschen Journale – letztere werden oft als curiosa sogar den Kapseln angebogen und füttern diese aus – mitlesen und weitergeben.... Das ist mein Plan und Entwurf; Schafe aber würden mutmaßen, ich spaßte mich hier bloß herum, wenn ichs nicht wirklich durchsetzte.

M

Mädchen. Junge Mädchen sind wie junge Truthühner, die schlecht gedeihen, wenn man sie oft anrührt; und die Mütter halten diese weichen, aus Blumenstaub zusammengeflossenen Geschöpfe wie *Pastellgemälde* so lange unter Fensterglas – weil sich alles vor uns Prinzessinnenräubern und Obstdieben scheuet –, bis sie *fixieret* sind. Indessen ist weder Einsamkeit – welche nur zu einer ungeprüften Unschuld führt, die zwar nicht vor dem Wüstling, aber doch vor dem Heuchler fällt – die rechte Kronwache um ein weibliches Herz, noch Gesellschaft, noch Arbeitsamkeit – sonst sänke kein Landmädchen –, noch gute Lehren – denn diese sind in jedem Mund und in jeder Lesebibliothek zu haben –; sondern diese vier ersten und letzten Dinge auf einmal tuns, die sich sämtlich entbehren, vereinigen und ersetzen lassen durch eine tugendhafte weise Mutter.

N

Namen der Großen[1]. Wenn ich so sehe, daß sie ihre *außerehelichen* Meß-Produkte, Gelegenheitschriften und pièces fugitives so namenlos, als wärens Rezensionen, verteilen: so sag' ich: »Hieran erkenn' ich echte Bescheidenheit.« Denn natürliche Kinder sind gerade ihre besten und ihre eignen und können noch dazu vom Fürsten für echt erklärt werden – indes ihre übernatürlichen in der Ehe das Echtmachen entbehren müssen –: und doch wollen sie der Welt den Namen des Wohltäters nicht wissen lassen, sondern schaffen ebensooft (ja öfter) heimlich Leute *in sie hinein*, als *aus ihr hinaus*. Was das Kind sonst zuerst aussprechen lernt, sagen ihm solche Eltern zuletzt – ihren Namen. Mich dünkt, sie folgen hierin Goethes feinem Ohre; denn sie verstecken sich selber ebenso – wenn sie das Orchester der Welt mit Kinderstimmen und mit vingt-quatre und mit Weck- und Repetierwerken (welche unähnliche Zusammenstellungen!) füllen –, wie Goethe vom spielenden Tonkünstler begehrt, daß er für die Ohren arbeite, aber zur Schonung der Augen sich selber verberge. Ebenso schön handeln sie, wenn sie ihre Kinder der 30sten Ehe am Ende (oft nach der 5- oder 20jährigen Verjährung) doch an Kindes Statt annehmen und der Welt zeigen und so den Zeisigen nachahmen, die, wie man sagt, ihrem Neste und dessen Insassen durch den sogenannten Zeisigstein so lange Unsichtbarkeit erteilen, bis sie flügge sind.

O

Ostrazismus. Er war bekanntlich bei den Griechen keine Strafe: nur Leute von großen Verdiensten errangen ihn, und sobald man diese Landesverweisung an schlechte Menschen verschwendete,

[1] Ich habe den Buchstaben N ganz umgegossen, weil ich in der ersten Auflage leider einen guten Einfall gehabt, den ich ohne mein Erinnern seines ersten Herausgebens als mein eigner gelehrter Dieb im Kommentar der Holzschnitte wieder bekannt gemacht.

ging sie völlig ein. Beklagen muß es ein Reichsbürger, daß wir, da wir eine ähnliche öffentliche Erziehanstalt, nämlich die Landesverweisung, haben, diese oft an die allerelendesten Schelme verschleudern und daher – in der Absicht, einen Kreis oder ein Land zum Spucknapf und zum Absondergefäß des andern zu machen – Halunken aus dem Lande jagen, die kaum wert sind, daß sie darin bleiben. Dadurch wird der Gebieträumung das Ehrenhafte und Auszeichnende, was sie für den Mann von Verdiensten haben könnte, meist benommen, und ein ehrlicher Mann – z. B. Bahrdt – schämt sich beinahe, daß man ihn mit einer solchen Ehre nur belegt. Es sollte daher reichspolizeimäßig werden, daß nur Minister, Professoren und Offiziere von entschiedenem Werte, gleich wichtigen Akten, verschickt und verwiesen würden. Auf ähnliche Männer würd' ich auch das Henken einschränken: bei den Römern wurden wahrhaftig nur große Köpfe und Lichter auf Kosten eines ganzen Staats an den *Weg* beerdigt; was soll ich aber von den Deutschen denken, bei denen selten nützliche Staatsbürger – sondern meistens ausgemachte Spitzbuben – auf öffentliche Kosten, die man die Henkergelder nennt, begraben werden und vorher am Wege ausgehangen unter dem Galgen? – Nicht einmal bei Lebzeiten kann ein Mann, wenn er nicht außerordentliche und oft *exzentrische* Verdienste hat – wiewohl exzentrische Menschen in die Wahrheit, wie die *Kometen* in die *Sonne*, als Nährstoff zurückfallen –, sich darauf allemal Rechnung machen, daß er auf eine Art, wie die Alten ihre Edeln in Statuen und Bildern verdoppelten, in effigie zwischen dicken steinernen Rahmen werde aufgehangen werden .... Man antworte mir, ich lasse mit mir reden.

P

Philosophie. Einige kritische Philosophen haben jetzt aus der Algebra eine mathematische Methode entlehnt, ohne die man keine Minute philosophisch – nicht sowohl denken als – schreiben kann. Der Algebraist erhaschet durch das Versetzen bloßer *Buchstaben* Wahrheiten, die keine Schlußkette ausgraben konnte. Das tut der kritische Philosoph nach, aber mit größerem Vorteil. Da er nicht

Buchstaben, sondern ganze *Kunstwörter* geschickt untereinandermengt, so schäumen aus der Alliteration derselben Wahrheiten hervor, die er sich kaum hätte träumen lassen. Solchen Philosophen wird mit Recht wie den gothaischen Predigern (Goth. Landesordnung P. III. p. 16.) verboten, Allegorien zu brauchen oder irgendeine Redeblume, die ihnen, wie den Leithunden andere Blumen, die Fährte verderben. – Eigentlich aber ist der Bilderstil bestimmter als der Kunstwörterstil, der zuletzt, da alle *abstrakte Worte Bilder* sind, ja auch ein Bilderstil ist, aber einer voll *zerflossener entfärbter* Bilder. *Jakobi* ist nicht dunkel durch seine *Bilder*, sondern durch die neuen *Anschauungen*, die er durch jene mit uns teilen will.

Ich habe neulich in den Geburttabellen der gelehrten und lehrenden Republik nachgesehen und die jungen *Käntchen* aufgezählt, die der alte Kant, sonst unverheiratet wie sein Vetter Newton, seit zehn Messen gezeugt hat. *Demetrius Magnus*, der ein Buch von den gleichnamigen Autoren machen wollte, müßte sehr dumm gewesen sein, wenn er zu unsern Zeiten hätte schreiben und doch zugleich, indem er gleichwohl beigebracht, daß es 16 Plato, 20 Sokrates, 28 Pythagoras, 32 Aristoteles gegeben, es ganz sündlich hätte auslassen wollen, daß es jetzt so viele Philosophen und Philosophisten, als jene zusammengerechnet machen, gebe, nämlich 96, die den Namen Kant führen könnten, wollten sie sonst. Solche Handwerker – so kann ich die Magister nennen, weil man umgekehrt sonst die Handwerker Magister hieß und den Obermeister Erzmagister – sollte man als die beste Propaganda in Rechnung bringen, welche dicke Bücher haben können: sie sind am besten imstande, das System auszubreiten, weil sie das Unfaßliche, das Geistige davon abzuschneiden, und das Volkmäßige und Körperliche, d.h. die Wörter, für Leser, die sonst einfältig, aber doch nicht ohne kritische Philosophie sterben wollen, auszuziehen wissen. Das elendeste theologische und ästhetische Gestein erhält jetzt eine kantische Fassung aus Wörtern. Obgleich durch jedes neue große System eine gewisse *Einseitigkeit* des Blicks in alle Köpfe kömmt – zumal da jeder kalte Philosoph gerade desto *einseitiger* ist, je *einsichtiger* er ist –, so verschlägts doch nichts; denn große Wahrheit-Barren gehen nur durch das gemeinschaftliche Wühlen des ganzen Denker-Gewerks hervor[1]. Wer Kant auf seinem Berge unter seinen gelehrten Mitarbeitern hat stehen sehen, erinnert sich mit Vergnügen einer ähnlichen Geschichte in Peru, die Buffon mitteilt: als daselbst Condamine und Bouguer die Äquatorgrade der Erde (wie Kant die der intellektuellen Welt) ausmaßen, fanden sich ganze Affen-Rudel als Mitarbeiter dazu ein, setzten Brillen auf, blickten nach den Sternen und herunter nach den Uhren und brachten eines und das andre zu Papier, wiewohl ohne Ehrensold, welches ihr einziger Unterschied von den Vikariat-Kanten ist.

Jeder Mann von Genie ist ein Philosoph, aber nicht umgekehrt – ein Philosoph ohne Phantasie, ohne Geschichte und ohne das *Vielwissen* des Wichtigsten ist einseitiger als ein Politiker – wer irgendein System mehr annahm als erfand, wer nicht vorher dunkle Ahnungen desselben hatte, wer nicht vorher wenigstens darnach lechzte, kurz, wer nicht seine Seele als einen vollen warmen, mit Keimen ausgefüllten Boden, der nur auf seinen Sommer wartet, mitbringt, der kann wohl ein Lehrer, aber nicht ein Schüler der zum Brotstudium erniedrigten Philosophie sein – und kurz, es ist einerlei, welchen Ort man zur philosophischen Sternwarte besteige, einen Thron, oder einen Pegasus, oder eine Alpe, oder ein Cäsars-Lager, oder eine Leichenbahre, und sie sind fast alle höher als der Katheder im Hör- und Streitsaale.

Q siehe K

R

Rezensenten. Ein Redakteur sollte sechs Tische haben: am ersten säßen und äßen die Anzeiger des *Daseins* eines Buchs – am zweiten die Bausch- und Bogen-Anzeiger seines *Werts* – am dritten die Auszieher desselben – am vierten die Sprachmeister und Sprachforscher, welche unter das Publikum räsonnierende Verzeich-

[1] Ein Beispiel ist jetzo das erste Prinzip der Moral und das der Regierformen.

nisse fremder Donatschnitzer austeilen – am fünften die Bekämpfer, die ein neues Buch nicht durch ein neues Buch, sondern durch ein Blättchen widerlegen – am sechsten stände die kritische Fürstenbank, auf die sich Herder, Goethe, Wieland oder noch einer setzen könnten, die ein Buch so überschauen wie ein Menschenleben, welche die *Individualität* desselben auffassen, den Geist des literarischen *Geschöpfes* und des *Schöpfers* zugleich zeichnen, und die jene *Menschwerdung* und Verkörperung der göttlichen Schönheit, welche die Gestalt eines Einzelwesens annimmt, trennen von der Schönheit und dann aufdecken und verzeihen.

Diese sechs kritischen Bänke, die sechs verschiedene Literaturzeitungen liefern könnten, werden jetzt übereinander geworfen und gestalten *eine*. – So freimütig ich aber gegen diese Zusammenwerfung von gelehrten 1) Anzeigen, 2) Rezensionen, 3) Auszügen, 4) Sprach- und 5) Sachkritiken und 6) Kunsturteilen aufstehe: so gern bin ich bereit, zuzugestehen, daß die rezensierende *Fauna* und *Flora* der *fünf* Tische vielleicht ebensoviel Unkraut-Fechser ausrotte, als sie selber heraustreibt aus eignen Keimen, und ich berufe mich deshalb auf einen Privatbrief von mir, der außer dem Verdacht der Schmeichelei ist, und worin ich sie mit einem Fliegenschwamm zusammengeselle, der, ob er gleich selber bei einem Aufguß (hier von Dinte) ganze Insekten-Heere gebiert, doch die Fliegen ausreutet. – Aber da unter den Rezensenten auch Autoren sind wie ich, wie unter den portugiesischen Inquisitoren Juden – und überhaupt da ich Schaltjahre lang darüber sprechen wollte: warum einen Schalttag lang? –

S

Streiche. »Wer seines Herrn Willen weiß und tut ihn nicht, soll doppelte Streiche leiden.« – Wer leidet denn die einfachen? Der doch nicht, der den Willen nicht weiß und nicht tut? – Also folgt, daß größere Kenntnisse die moralische Schuld nicht *erschweren*, sondern erst *erzeugen*! Denn insofern ich eine moralische Verbindlichkeit gar nicht einsehe, ist mein Verstoß dagegen ja nicht kleiner, sondern keiner.

Ich will meine eigne Akademie der Wissenschaften sein und mir die folgende Preisfrage aufgeben, die ich selber in einer Preisschrift beantworten will: »Da nur eine Handlung tugendhaft ist, die aus Liebe zum Guten geschieht: so kann nur eine sündig sein, die aus bloßer Liebe zum Bösen geschieht, und die Rücksicht des Eigennutzes muß den Grad einer Sünde so gut wie den Grad einer Tugend kleiner machen. Was wäre aber auf der andern Seite noch außer dem Eigennutz in unserer Natur, was uns zum Schlimmen triebe? Und wenn Böses aus reinem Hang zum Bösen geschähe! so gäbe es ja eine zweite, obwohl entgegengesetzte *Autonomie* des Willens.«

T

Trübsal, *Trauer*. Jetzo, da ich diese beklemmenden Töne schreibe, die mir vorsagen, daß die Natur nur *Dornenhecken*, die Menschen aber *Dornenkronen* machen: so vergeht mir die Lust, mit satirischen Dornen um mich zu schlagen, und ich möchte lieber einige aus euern Füßen oder Händen ziehn.

21. Hundposttag

Viktors Krankenbesuche – über töchtervolle Häuser – die zwei Narren – das Karussell

Folgende Anmerkung kömmt nicht aus dem Tornister des Hundes, sondern aus meinem eignen Kopf: man braucht kein Lobredner unserer Zeiten zu sein, um mit Vergnügen zu sehen, daß jetzt Autoren, Fürsten, Weiber und andere die unähnlichen *falschen* Larven der Tugend (z. B. Bigotterie, Pietismus, zeremonielles Betragen) meistens abgelegt, und dafür den *echten* geschmackvollen *Schein* der Tugend gänzlich angenommen haben. Diese Veredelung unserer Charaktermasken, wodurch wir das Äußere der Tugend schöner treffen, ist mit einer ähnlichen des Theaters gleichzeitig, auf dem man nicht mehr wie sonst mit *papiernen* Kleidern und unechten Tressen, sondern mit *echten* agiert und tragiert. –

»Sie wurden schon gestern von der Fürstin verlangt«, sagte der Fürst zum Hofmedikus, da er mit seinem ausgeleerten Gesicht kaum eingetreten war. Die Augenentzündung Agnolas hatte durch das Herbstwetter, durch die Nachtfeste, durch Kuhlpeppers tapfere Hand und durch ihre eigne – denn die roten Titelbuchstaben der Schönheit, nämlich geschminkte Wangen, wurden immer neu aufgelegt – sehr zugenommen. Eigentlich war Viktor zu stolz, um sich als einen bloßen Arzt begehren zu lassen; ja er war zu stolz, um an sich etwas anders (und wär's Philosophie oder Schönheit) suchen zu lassen als seinen Charakter; denn sein Vater, der ebenso zartstolz war, hatte ihn gelehrt: man muß keinem dienen, der uns nicht achtet, oder den man selber nicht achtet, ja man muß von keinem eine Gefälligkeit annehmen, dem man nur einen äußerlichen, aber keinen innerlichen Dank zu sagen vermag. Aber dieses zarte Ehrgefühl, das nie mit seinem Eigennutze, wohl aber mit seiner Menschenliebe in ungleiche Treffen kam, konnte ihm seine Hände nicht binden, womit er einer unglücklichen Fürstin – unglücklich, wie er, durch Darben an Liebe – wenigstens die Schmerzen der Augen nehmen konnte; vielleicht auch *jüngere* Schmerzen: denn seine Gutmütigkeit gab ihm lauter Versöhnungen ein, des Fürsten mit Le Baut, mit der Fürstin, mit dem Minister. Nichts ist gefährlicher, als zwei Menschen auszusöhnen – man müßte denn der eine selber sein; sie zu entzweien, ist viel sicherer und leichter.

Er fand Agnola nachmittags noch im Schlafzimmer, weil dessen grüne Tapeten (zwar nicht dem Gesichte, aber) dem heißen Auge schmeichelten. Ein dichter Schleier über dem Gesichte war ihr Taglichtschirm. Als sie, wie eine Sonne, ihren Schleier aufschlug: so begriff er nicht, wie er in Tostatos Bude aus diesem italienischen Feuer und aus diesen schnellen Hofaugen ein verweintes Blondinengesicht machen können. Ein Teil dieses Feuers gehörte freilich der Krankheit an. Ihr erstes Wort war ein entschlossener Ungehorsam auf sein erstes; indessen stieß sie damit die Herren *Pringle* und *Schmucker* so gut vor den Kopf wie ihn; denn das ganze dreieinige collegium medicum riet ihr – Blutigel um die Augen; aber diese ekelten sie. Der Medikus rückte mit Schröpfköpfen am Hinterhaupte heraus; aber ihre Haare waren ihr lieber als ihre Augen. »Muß man denn alles mit Blut erkaufen?« sagte sie mit italienischer Lebhaftigkeit. – »Die Reiche und Religionen solltens nicht werden, aber doch die Gesundheit«, sagt' er englisch frei. Er foderte noch einmal ihr Blut – aber sie gab es ihm erst, da er das Opfermesser änderte und ihr am Auge eine Aderlaß vorschlug. Personen von Stande wissen, wie Gelehrte, oft die gemeinsten Dinge nicht: sie dachte, der Doktor werde die Ader öffnen. Und weil sie es dachte: tat ers auch, mit seiner durchs Starstechen geübten Hand.

Inzwischen ist – wenn (nach dem Plinius) ein Kuß aufs Auge einer auf die Seele ist – eine Aderlaß darauf kein Spaß: sondern man kann, indem man eine Wunde macht, selber eine holen. Der arme Hofmedikus muß mit seinem schwimmenden freundlichen Auge, von dem vor wenigen Tagen die Träne der Liebe abgetrocknet wurde, kühn in die in eine Augenhöhle gesperrte Sonne schauen und noch obendrein sanft mit dem Finger am warmen Gesicht anliegen und aus der Quelle der Tränen helles Blut vorritzen.... Schon eh' man eine solche Operation unternähme, sollte man eine ähnliche an sich vollziehen lassen – der Kühlung wegen. Im Grunde hatte auch ihm das Schicksal diese Woche nichts gegeben als Lanzetten-Schnitte in seine Herzschlagader. Stellet man sich noch vor, daß ihm das ganze weibliche Geschlecht wie eine magische, weit zurückgewichne Gestalt vorkam, die einmal in einem Traume nahe an ihm geschimmert, als ein erblassender Mond am Tage, den er in einer lichten Nacht angebetet hatte: so hat man sich sein gutes schuldloses Herz geöffnet, um darin außer einem großen fortarbeitenden Schmerzen tausend mitleidige Wünsche für die bedauerte Fürstin zu erblicken. Ungeachtet ihrer sonderbaren Mischung von Stolz, Lebhaftigkeit und Feinheit glaubte er doch in ihr eine Änderung zu entdecken, die er halb aus seiner heutigen Beflissenheit, halb aus seinem ihr bisher so günstigen Einfluß auf den Fürsten erklären konnte, und die ihm einen größern Mut gegeben hätte, wenn er sich nicht von dem Zettel über dem Imperator der Kompaß-Uhr mit besondern Auslegungen seines Mutes hätte drohen lassen. Bei dem vorigen ersten Besuche war sein Mut gelähmt, weil er sich als der Sohn eines Vaters, der seinen Einfluß durch die Sorge um natürliche Kinder zu befestigen schien, geflohen glaubte; denn ein Mensch voll Liebe ist neben einem voll Haß stumm und dumm.

Am mutigsten machte ihn heute außer seinen Zänkereien, die unterlagen (als über die Blutigel etc.), noch die letzte, die siegte; man wird mutiger und glücklicher, wenn man einer Stolzen widerspricht, als wenn man ihr schmeichelt. Er sah eine Maske liegen; da er nun wußte, daß in Italien die Damen im Bette diese, wie die unsrigen die Handschuhe, als Gesichtschuhe anlegen: so verbot er ihr die Maske geradezu als Zunder der Augenentzündung. Es war keine Schmeichelei, da er ihr sagte, daß ihr die Maske mehr nehmen als geben könnte. Kurz, er bestand darauf. –

Er war vielleicht zu duldend gegen den Zweifel, den nur eine Frau *erträglich* und *dauerhaft* machen konnte, gegen den Zweifel, wen sie miteinander verwechsele, den Hofmedikus oder den Günstling; denn er sagte ihr – obwohl in der Sorge, zuviel zu sagen, welches bei Leuten von seinem Feuer ein Zeichen ist, daß es schon geschehen ist – am Ende das, was er am Anfange zurückbehalten hatte, daß ihn das Teilnehmen (empressement) des Fürsten hergeschickt; und hob diesen auf eigne Kosten empor, um so mehr, da er nichts Außerordentliches weiter von ihm anzubringen hatte als eben, daß er ihn – hergeschickt.

Dann ging er. Bei dem Fürsten ließ er ihr so viel *Selig-* und so viel *Heiligsprechungen* (auf dieser Erde zwei Kontrarietäten!) zukommen, als der Anstand und sein Humor (zwei noch größere Kontrarietäten) verstatteten. Sonderbar! sie hatte trotz ihrem Feuer keine Launen. Er wußte, Jenner erlag nicht bloß dem Verleumder, sondern auch dem Lobredner. Man legt den gekrönten Schauspieldirektoren der Erde Entschlüsse ins Herz und Beschlüsse in den Mund; sie wissen, was sie wollen und was sie reden, ein paar Tage später als ihr Throneinbläser. Ein Günstling ist ein Shakespeare und Dichter, der hinter den Personen, die er handeln und reden lässet, nicht selber vorguckt und vorhustet, sondern der ein Bauchredner ist, welcher *seiner* Stimme den Klang einer *fremden* gibt.

Da er den andern Tag die Patientin wieder besuchte, waren die Augenhöhlen abgekühlt, obwohl die Augen nicht; Agnola saß heil in einem Kabinett voll Heiligenbilder. Mit der Unpäßlichkeit der Augen war eine Quelle des Gesprächs weggenommen; und ihr Stolz vertrat zugleich seiner Empfindung und Laune den Zugang. Ob er es wohl hundertmal zu ihr in seinem Innern sagte: »Quäle dich nicht, stolze Seele, ich bin kein Günstling, ich will dir nichts nehmen, am wenigsten deinen Stolz oder fremde Liebe – o ich weiß, was es ist, keine zu erlangen«: so blieb er doch (nach *seiner* Meinung) kalt vor ihr und zog mit der ärgerlichen Aussicht ab, daß ihm seine gute Kur die Wiederkehr abschneide; denn die andern Hofbesuche waren doch keine freimütige Krankenbesuche. Vor der fatalen Kompaß-Uhr erschrak er täglich weniger, außer wenn er eben froher war.

– Manche Leute würden eher ohne Häuser als ohne Bauern leben; Viktor lieber ohne Lebens-Luft als ohne Luftschlösser; er mußte immer das Lotterielos und die Aktie irgendeines Plans in der Zukunft stehen haben, und eine Frau war meistens die Maskopeischwester in diesem Großavanturhandel. Diesmal war er auf die Versöhnung Jenners und Agnolas erpicht. Er schloß so: sie ist auf beiden Seiten leicht – Jenner wird jetzt immer Agnolas Gesellschaft suchen, obwohl bloß aus List, um in die künftige ihrer Hofdame Klotilde mit mehr Anstand zu kommen, die er im Stande ihrer Ehelosigkeit noch ohne Schaden nach seinem *Gelübde* lieben kann – das wird ihn, da er weder einem langen Lobe, noch einem langen Umgang widerstehen kann, unvermerkt an Agnola gewöhnen – diese, die jetzt verlassen auf der Seite des Ministers Schleunes steht, wird die vereinigte Achtung Viktors und Jenners nicht ausschlagen u.s.w..... Ob ihn aber nur die Schönheit der Handlung, nicht auch die Schönheit der Fürstin zu diesem Mittleramt anmahnet, das kann das 21ste Kapitel noch nicht wissen; meinetwegen sei es indessen: sein *verblutet-kaltes* Innere, aus welchem noch das Klavier und Klotildens Name und das Morgen-Erwachen blutlose Dolche ziehen, hat ja das Getöse der Welt so nötig und jedes Übertäuben der Wunden!

Mit der Absicht solcher Friedenspräliminarien entschuldigte er seinen künftigen Ungehorsam gegen seinen Vater, der ihm das Schleunessche Haus zu suchen abgeraten; denn da die Fürstin immer hinkam, so wars der schicklichste neutrale Ort zum Friedenkongresse. O! nur ein halbes – –

Extrablatt über töchtervolle Häuser!

Das Haus von Schleunes war ein offner Buchladen, dessen Werke (die Töchter) man da lesen, aber nicht nach Hause nehmen konnte. Obgleich die fünf andern Töchter in fünf Privatbibliotheken als Weiber standen, und eine in der Erde zu Maienthal die Kindereien des Lebens verschlief: so waren doch in diesem Töchter-Handelhaus noch drei Freiexemplare für gute Freunde feil. Der Minister gab bei den Ziehungen aus der Ämter-Lotterie gern seine Töchter zu Prämien für große Gewinste und Treffer her. Wem Gott ein Amt gibt, dem gibt er, wenn nicht Verstand, doch eine Frau. In einem töchterreichen Haus müssen, wie in der Peterskirche, *Beichtstühle* für alle Völker, für alle Charaktere, für alle Fehler stehen, damit die Töchter als Beichtmütter darin sitzen und von allen absolvieren, bloß die Ehelosigkeit ausgenommen. Ich habe oft als Naturforscher die weisen Anstalten der Natur zur Verbreitung sowohl der Töchter als Kräuter bewundert. »Ists nicht eine weise Einrichtung,« sagt' ich zum naturhistorischen Goeze, »daß die Natur gerade denen Mädchen, die zu ihrem Leben einen reichen mineralischen Brunnen brauchen, etwas Anhäkelndes gibt, womit sie sich an elende Ehe-Finken setzen, die sie an fette Örter tragen? So bemerkt Linné[1], wie Sie wissen, daß Samenarten, die nur in fetter Erde fortkommen, Häkchen anhaben, um sich leichter ans Vieh zu hängen, das sie in den Stall und Dünger trägt. Wunderbar streuet die Natur durch den Wind – Vater und Mutter müssen ihn machen – Töchter und Fichtensamen in die urbaren Forstplätze hin. Wer bemerkt nicht die Endabsicht, daß manche Tochter darum von der Natur gewisse Reize in *benannten* Zahlen hat, damit irgendein Domherr, ein Deutscher Herr, ein Kardinaldiakonus, ein apanagierter Prinz oder ein bloßer Land-

[1] S. dessen amoen. acad., die Abhandlung von der bewohnten Erde.

junker herkomme und besagte Reizende nehme und als Brautführer oder englischer Brautvater sie schon ganz fertig irgendeinem sonstigen Tropfen übergebe als eine auf den Kauf gemachte Frau? Und finden wir bei den Heidelbeeren eine geringere Vorsorge der Natur? Merket nicht derselbe Linné in derselben Abhandlung an, daß sie in einen nährenden Saft gehüllet sind, damit sie den Fuchs anreizen, sie zu fressen, worauf der Schelm – verdauen kann er die Beeren nicht –, so gut er weiß, ihr Säemann wird?« –

O mein Inneres ist ernsthafter, als ihr meint; die Eltern ärgern mich, die Seelenverkäufer sind; die Töchter dauern mich, die Negersklavinnen werden – ach ists dann ein Wunder, wenn die Töchter, die auf dem westindischen Markte tanzen, lachen, reden, singen mußten, um vom Herrn einer Pflanzung heimgeführt zu werden, wenn diese, sag' ich, ebenso sklavisch behandelt werden, als sie verkauft und eingekauft wurden? Ihr armen Lämmer! – Und doch, ihr seid ebenso arg wie eure Schaf-Mütter und Väter – was soll man mit seinem Enthusiasmus für euer Geschlecht machen, wenn man durch deutsche Städte reiset, wo jeder Reichste oder Vornehmste, und wenn er ein weitläuftiger Anverwandter vom Teufel selbst wäre, auf dreißig Häuser mit dem Finger zeigen und sagen kann: »Ich weiß nicht, soll ich mir aus dem perlfarbenen, oder aus dem nußfarbenen, oder etwan aus dem stahlgrünen Hause eine holen und heiraten: offen stehen die Kaufläden alle«? – Wie, ihr Mädchen, ist denn euer Herz so wenig wert, daß ihr dasselbe wie alte Kleider nach jeder Mode, nach jeder Brust zuschneidet, und wird es denn wie eine sinesische Kugel bald groß, bald winzig, um in eines männlichen Herzens Kugelform und Ehering-Futteral einzupassen? – »Es muß wohl, wenn man nicht sitzen bleiben will, wie die heilige Jungfer da drüben«, antworten mir die, denen ich nicht antworte, weil ich mich mit Verachtung wegwende von ihnen, um der sogenannten heiligen Jungfer zu sagen: »Verlassene, aber Geduldige! Verkannte und Verblühte! Erinnere dich der Zeiten nicht, wo du noch auf bessere hofftest als die jetzigen, und bereue den edeln Stolz deines Herzens nie! Es ist nicht allemal Pflicht, zu heiraten, aber es ist allemal Pflicht, sich nichts zu vergeben, auf Kosten der Ehre nie glücklich zu werden und Ehelosigkeit nicht durch Ehrlosigkeit zu meiden. Unbewunderte, einsame Heldin! in deiner letzten Stunde, wo das ganze Leben und die vorigen Güter und Gerüste des Lebens, in Trümmer zerschlagen, voraus hinunterfallen, in jener Stunde wirst du über dein ausgeleertes Leben hinschauen, es werden zwar keine Kinder, kein Gatte, keine nasse Augen darin stehen, aber in der leeren Dämmerung wird einsam eine große, holde, englischlächelnde, strahlende, göttliche und zu den Göttlichen aufsteigende Gestalt schweben und dir winken, mit ihr aufzusteigen – o steige mit ihr auf, die Gestalt ist deine *Tugend.*« –

Ende des Extrablattes

*

Einige Tage darauf gab die Fürstin dem Fürsten ein *Auge* en medaillon mit der schönen Wendung: sie gebe diese *Votivtafel* dem Heiligen (das paßte um so mehr, da der Fürst Januar hieß), der ihr seinen Wuntertäter zugeschickt, und der das bekommt, was er heilen lassen. Jenner sagte zu Viktor, dem er das Auge zeigte: »Der heilige Januar wird mit Ihnen, mit der heiligen Ottilia, verwechselt« – die bekanntlich die Patronin der Augen ist.

Viktor war froh, daß Matthieu zu ihm kam, um mit ihm nach St. Lüne zu gehen; denn dieser bat ihn, weil dieses ohne ihn geschehen, mit zu seiner Mutter zu gehen, »weil heute bei der Fürstin großes Souper sei, bei seiner Mutter aber kein Mensch«, d. h. kaum über neun Personen. Viktor zog also – es tat heute nichts, daß die fürstliche Augendulderin fehlte – gern in die Schleunessche Nürnbergische *Konvertitenbibliothek* von Töchtern hinein hinter dem zärtlichen Jonathan-Orest-Matz, den er überhaupt jetzt aus Schonung für ihren allgemeinen Freund Flamin toleranter behandelte. Die *Menschen* vergesellschaften sich wie die *Ideen* ebensooft nach der *Gleichzeitigkeit* als nach der *Ähnlichkeit*; und aus der Wahl der *Bekannten* ist ebensowenig etwas auf den Charakter des Jünglings zu schließen, als auf einer Frau ihren aus der Wahl des Gatten. Matthieu stellte ihn seiner Mutter im Lesekabinette, da ihr gerade aus einem englischen Autor vorgelesen wurde, mit den Worten vor: »Hier bring' ich Ihnen einen ganz lebendigen Engländer.« Joachime las in einem Verzeichnisse – es war kein Bücher-, sondern ein Nelkenblätterverzeichnis –, um sich einige Nelken auszusuchen, nicht um sie zu pflanzen, sondern sie nachzumachen – in Seide. Sie haßte Blumen, die wuchsen. Ihr Bruder sagte aus Ironie: »sie haßte die Veränderlichkeit sogar an einer Blume.« Denn sie liebte sie sogar an Liebhabern; und unterschied sich ganz vom April, der wie die Weiber in unserem Klima weit beständiger ist, als man vorgibt. Im Kabinett waren noch zwei Narren da, die mir mein Korrespondent nicht einmal nennt, weil sie, glaubt er, hinlänglich bezeichnet und geschieden wären, wenn ich den einen den wohlriechenden Narren nennte, und den andern den feinen.

Beide Narren umsummten die Schöne. Überhaupt, sooft ich Narren in großen Partien studieren wollte, sah ich mich ordentlicherweise nach einer großen Schönheit um; – diese umsaßen sie wie Wespen eine Obstfrau. Und wenn ich sonst keine Ursache hätte – ich habe sie aber –, um die schönste Frau zu ehelichen: so tät' ichs schon darum, damit ich immer die Bienenkönigin in der hohlen Hand sitzend hielte, der der ganze närrische Immenschwarm nachbrauste. Ich und meine Frau würden dann den Kerlen in Lissabon gleichen, die, in den Händen mit einem Stänglein angeketteter Papageien, an den Füßen mit einer Kuppel nachhüpfender *Affen*, durch die Gassen ziehen und ihr tolles Personale feilbieten.

Der wohlriechende Narr, der heute in der *Sonnenseite* Joachimens war, las der Mutter vor – der feine, der in der *Wetterseite* war, stand neben Joachime und schien sich nichts um ihr *Wetterkühlen* zu scheren. Viktor stand als Übergang von der heißen Zone in die kalte da und stellte die gemäßigte vor; Joachime spielte drei Rollen mit *einem* Gesicht. Der wohlriechende Narr schoß mit der linken Hand die Drehbasse eines silbernen Joujou: dieses hängende Siegel eines Toren bewegte er entweder wie der Grönländer einen Block mit seinen Füßen, der Erwärmung wegen – oder er tats, wie der Großsultan aus gleichem Grund immer ein Schnitzmesser handhaben muß, um nicht immer jemand sterben zu lassen vor Liebe – oder um, wie der Storch immer einen Stein in den Krallen hält, allezeit ein Ixions-Rad in den Händen, wie ein Spornrad an den Fersen, zu haben – oder der Gesundheit wegen, um den globulus hystericus[1] durch die Bewegung eines äußern zu bestreiten – oder als Paternosterkügelchen – oder weil er nicht wußte, warum.

Jeder war mit sich zufrieden. Als die Mutter unsern Engländer gebeten, mit seinem Akzent ihr vorzulesen, so sagte der *feine* Narr: »Das Englische ist wie gewisse Gesinnungen leichter zu verstehen als auszusprechen.« Dieses feine Schaf hatte nämlich überall die Gewohnheit, metaphorisch zu sein – wenn ihm ein Mädchen sagte: »Ich kann mich heute der Kälte nicht erwehren«, so macht' er die des Herzens daraus – man konnte nicht sagen: »Es ist trübe, warm, die Nadel hat mich gestochen etc.«, ohne daß er dies für einen Kugelzieher nahm, der sein Herz aus dem Gewehre der Brust vorzog und vorwies – es war vor seinen Ohren unmöglich, daß man nicht fein war, und aus eurem Gutenmorgen drehte er ein Bonmot – hätt' er das Alte Testament gelesen, er hätte sich über die feinen Wendungen darin nicht satt wundern können. Dafür schränkte der *wohlriechende* Narr seinen ganzen Witz auf ein lebhaftes Gesicht ein – er schlug diesen Fracht- und Assekuranzbrief von tausend Einfällen vor euch auf und hielt ihn vor, aber es kam nichts – ihr hättet auf den Ansagezettel von Witz in seinem feurigen Auge geschworen, jetzo brenn' er los – aber nicht im geringsten! Er handhabte die satirische Waffe wie die Grenadiere die Handgranaten, die sie nicht mehr werfen, sondern nur abgebildet auf den Mützen führen.

Als der Feine sein erotisches Bonmot gesagt hatte: sah Joachime unsern Helden an und sagte mit einer ironischen Miene wider den Feinen: »J'aime les *Sages* à la *folie*.«

Der Stolz des wohlriechenden auf seinen heutigen Vorzug und die scheinbare Gleichgültigkeit des feinen Narren gegen seine Hintansetzung bewiesen, daß alle beide selten im heutigen Falle

[1] Hysterische Kugel, d.h. die hysterische Krankenempfindung, als rolle sich eine Kugel die Kehle herauf.

waren; – und daß Joachime auf eine eigne Weise kokettierte. Sie lachte uns erhabne Mannspersonen allemal aus, wenn zwei auf einmal bei ihr waren – eine allein weniger – ihre Augen überließen es unserer Eigenliebe, das Feuer darin der Liebe mehr als dem Witze zuzuschreiben – sie schien alles herauszuplaudern, was ihr einfiel, aber manches schien ihr nicht einzufallen – sie war voll Widersprüche und Torheiten, aber ihre *Absichten* und ihre Zuneigung bleiben doch jedem zweifelhaft – sie antwortete schnell, aber sie fragte noch schneller. Heute trat sie in Beisein der drei Herren – zu andern Zeiten im Beisein des ganzen bureau d'esprit – vor den Spiegel, zog ihre Schminkdose heraus und retuschierte das bunte Dosenstück ihrer Wangen. Man konnte sich gar nicht denken, wie sie aussähe, wenn sie verlegen wäre oder beschämt.

Die Tugend mancher Damen ist ein Donnerhaus, das der elektrische Funken der Liebe zerschlägt, und das man wieder zusammenstellt für neue Versuche; unserm an die höchste weibliche Vollkommenheit verwöhnten Helden kam es vor, als gehöre Joachime unter jene Donnerhäuser. Koketterie wird immer mit Koketterie beantwortet. Entweder letzte war es, oder zu schwache Achtung für Joachime, daß Viktor die beiden Anbeter in den Augen der Göttin lächerlich machte. Sein Sieg war ebenso leicht als groß – er lagerte sich auf der Stelle des Feindes: mit andern Worten, Joachime gewann ihn lieber. Denn die Weiber können den nicht leiden, der vor ihren Augen einem andern Geschlechte unterliegt als dem ihrigen. Sie *lieben* alles, was sie *bewundern*; und man würde von ihrer Vorliebe für körperliche Tapferkeit weniger satirische Auslegungen gemacht haben, wenn man bedacht hätte, daß sie diese Vorliebe für alles Ausgezeichnete, für ausgezeichnete Reiche, Berühmte, Gelehrte, empfinden. Der dürre und runzlige Voltaire hatte so viel Ruhm und Witz, daß wenige Pariser Herzen sein satirisches ausgeschlagen hätten. Noch dazu drückte mein Held seine Achtung für das ganze Geschlecht mit einer Wärme aus, die sich das Einzelwesen zueignete; – auch brachte seine beliebte Gesamtliebe, ferner sein in der Trauer über ein verlornes Herz schwimmendes Auge und endlich seine wärmende Menschenfreundlichkeit ihm eine Aufmerksamkeit von Joachimen zuwege, welche die seinige in dem Grade erregte, daß er sich das nächstemal zu untersuchen vornahm, was dran wäre. – –

Das nächste Mal war bald da. Sobald ihm die Ankunft der Fürstin vom Apotheker geweissagt war – denn der war für die kleine Zukunft des Hofs ihm seine Hexe zu Endor und Kumä und seine Delphische Höhle –, so ging er hin; denn er fuhr nicht hin. »Solang' es noch einen Schuhabputzer und ein Stein-Pflaster gibt,« sagt' er, »fahr' ich nicht. Aber von vornehmern Leuten wunderts mich, daß sie noch zu Fuß reisen von einem Flügel des Palasts in den andern. Könnte man nicht, so wie die Pennypost für eine Stadt, ein Fuhrwerk für seinen Palast einführen? Könnte nicht jeder Sessel ein Tragsessel sein, wenn eine Dame die Alpenreise von einem Zimmer ins andere weniger scheuete? Und verschiedene Weltumseglerinnen würden es wagen, eine Lustreise durch einen großen Garten zu machen in einer zugesperrten Sänfte.« – Viktor reisete gerade durch einen, nämlich den Schleunesschen: es war noch zu hell und zu schön, um sich wie Nähkissen an die Spieltische zu schrauben. Er sah darin eine kleine bunte Reihe gehen und Joachimen darunter. Er schlug sich zu ihnen. Joachime bezeugte eine malerische Freude über die Wolken-Gruppierung, und es stand ihren schönen Augen gut, wenn sie sie dahin hob. Da man nichts Gescheites zu reden hatte: suchte man etwas Gescheites zu tun, sobald man ans Karussell ankam. Man setzte sich darauf und ließ es drehen. Viele Damen hatten gar den Mut nicht, diese Drehscheibe zu besteigen – einige wagten sich in die Sessel – bloß Joachime, die ebenwo verwegen als furchtsam war, beschritt das hölzerne Turnierroß und nahm die Lanze in die Hand, um die Ringe mit einer Grazie wegzuspießen, die schönerer Ringe würdig war. Aber um sich nicht dem Abwerfen des Dreh-Rosinante bloßzugeben, hatte Joachime meinen Helden wie ein Treppengeländer an sich gestellt, um sich an ihn in der Zeit der Not anzuhalten. Die Achsebewegung wurde schneller und ihre Furcht größer; sie hielt sich immer fester an, und er faßte sie fester an, um ihrer Anstrengung zuvorzukommen. Viktor, der sich auf die Taschenspielerkünste und den Hokuspokus der Weiber recht gut verstand, fand sich leicht in Joachimens Wieglebische natürliche Magie und »Trunkus Plempsum Schallalei«; noch dazu war das wechselseitige Andrücken so schnell hin- und hergegangen, daß man nicht wußte, hatt' es einen Erfinder oder eine Erfinderin....

Da sie jetzt alle im Zimmer sind und ich allein im Garten stehe neben der Roßmühle: so will ich darüber geschickt reflektieren und anmerken, daß die Großen, gleich den Weibern, den Franzosen und den Griechen, große – Kinder sind. Alle große Philosophen sind das nämliche und leben, wenn sie sich durch Denken fast umgebracht haben, durch Kindereien wieder auf, wie z.B. Malebranche tat; ebenso holen Große zu ihren ernstern edeln Lustbarkeiten durch wahre kindische aus; daher die Steckenpferd-Ritterschaft, die Schaukel, die Kartenhäuser (in Hamiltons mémoires), das Bilderausschneiden, das Joujou. Mit dieser Sucht, sich zu amüsieren, steckt sie zum Teil die Gewohnheit an, ihre Obern zu amüsieren, weil diese den alten Göttern gleichen, die man (nach Moritz) nicht durch Bußen, sondern durch fröhliche Feste besänftigte.

Da er mit der ganzen Theatergesellschaft des Ministers bekannt war, und zweitens, da er kein Liebhaber mehr war – denn dieser hat tausend Augen für *eine* Person und tausend Augenlider für die andern –: so war er beim Minister nicht verlegen, sondern gar vergnügt. Denn er hatte da doch seinen Plan durchzusetzen – und ein Plan macht ein Leben unterhaltend, man mag es *lesen* oder *führen*.

Es mißlang ihm heute nicht, ziemlich lange mit der Fürstin zu sprechen, und zwar nicht vom Fürsten – sie mied es –, sondern von ihrem Augenübel. Das war alles. Er fühlte, es sei leichter, eine übertriebene Achtung vorzuspiegeln, als eine wahre auszudrücken. Die Besorgnis, falsch zu scheinen, macht, daß man es scheint. Daher sieht bei einem Argwöhnischen ein Aufrichtiger halb wie ein Falscher aus. Indessen war bei Agnola, die ihres Temperaments ungeachtet spröde war – ein eigner zurückgestimmter Ton herrschte daher in ihrer Gegenwart bei Schleunes –, jeder Schritt genug, den er nicht zurück tat.

Aber gegen die lebhafte Joachime tat er einen halben vorwärts. Nicht sowohl sie als das Haus schien ihm kokett zu sein; und die Töchter darin fand er – dies macht das Haus – den alten Litonen oder Leuten der Sachsen ähnlich, die $1/3$ frei waren und $2/3$ leibeigen, und die also ein Drittel ihres Guts verschulden konnten. Jede hatte noch ein Drittel, ein Neuntel, ein Kugelsegment von ihrem Herzen übrig zur freien Verfügung. Überhaupt wer noch kein Kabeljau- oder Stockfischangeln gesehen: der kann es hier lernen aus Metaphern – die drei Töchter halten lange Angelruten übers Wasser (Vater und Mutter plätschern die Stockfische her) und haben an die Angelhaken gespießet Staatsuniformen oder ihre eigne Gesichter – Herzen – ganze Männer (als anködernde Nebenbuhler) – Herzen, die schon einmal aus dem Magen eines andern gefangnen Kabeljaus herausgenommen worden –: ich sage, daraus kann man ungefähr ersehen, womit man die andern Kabeljaus in der See fängt, völlig wie die Stockfische zu Lande, nämlich auch (jetzt lese man wieder zurück) mit roten Tuchlappen – mit Glasperlen – mit Vogelherzen – mit eingesalzenen Heringen und blutenden Fischen – mit kleinen Kabeljaus selber – mit Fischen, die man halb verdauet aus gefangnen Stockfischen gezogen. – –

Viktor dachte: »Meinetwegen sei Joachime nur lebhaft oder kokett, ich laufe leicht über Mardereisen hinüber, die ich ja mir vor der Nase stellen sehe.« Laufe nur, Viktor! das *sichtbare* Eisen soll dich eben in das *bedeckte* treiben. Man kann an derselben Person die Koketterie gegen jeden bemerken, und doch ihre gegen sich übersehen, wie die Schöne dem Schmeichler glaubt, den sie für den ausgemachten Schmeichler aller andern hält. – Er bemerkte, daß Joachime das neue Deckenstück diesen Abend öfters angeschauet hatte; und wußte nicht recht, warum es ihr gefalle: endlich sah er, daß sie nur sich gefalle, und daß diese Erhebung ihren Augen schöner lasse als das Niederblicken. Er wollt' es übermütig untersuchen und sagte zu ihr: »Es ist schade, daß es nicht der Maler des Vatikans gemacht hat, damit Sie es öfter ansähen.« – »O,« sagte sie leichtsinnig, »ich würde niemals mit andern hinaufsehen – ich liebe das Bewundern nicht.« Später sagte sie: »Die Männer verstellen sich, wenn sie wollen, besser als wir; aber ich sage ihnen ebensowenig Wahrheiten, als ich von ihnen höre.« Sie gestand geradezu, Koketterie sei das beste Mittel gegen Liebe; und mit der Bemerkung, »seine Freimütigkeit gefall' ihr, aber die ihrige müss' ihm auch gefallen«, endigte sie den Besuch und den Posttag.

22. Hundposttag

Stückgießerei der Liebe, z. B. gedruckte Handschuhe, Zank, Zwergflaschen und Schnittwunden – ein Titel aus den Digesten der Liebe – Marie – Courtag – Giulias Sterbebrief

Der Leser wird sich ärgern über diesen Hundposttag; ich meines Orts habe mich schon geärgert. Der Held verstrickt sich zusehends in das Zuggarn zwei weiblicher Schleppen und sogar in die Bande der fürstlichen Freundschaft.... es braucht nur noch, daß gar Klotilde zum Wirrwarr stößet – – Und so etwas muß ein Berghauptmann, ein Eiländer den Leuten auf dem festen Lande hinterbringen!

Chronologisch solls noch dazu gemacht werden: ich will diesen Hundposttag, der vom November bis zum Dezember langt, in Wochen zerlegen. Dadurch wird die Ordnung größer. Denn ich kenne die Deutschen: sie wollen wie die Metaphysiker alles von vorn an wissen, recht genau, in Großoktav, ohne übertriebene Kürze und mit einigen citatis. Sie versehen ein Epigramm mit einer Vorrede und ein Liebemadrigal mit einem Sachregister – sie bestimmen den Zephyr nach einer Windrose – und das Herz eines Mädchens nach dem Kegelschnitt – sie bezeichnen alles mit Fraktur wie Kaufleute und beweisen alles wie Juristen – ihre Gehirnhäute sind lebendige Rechenhäute, ihre Beine geheime Meßstangen und Schrittzähler – sie zerschneiden den Schleier der neun Musen und setzen auf die Herzen dieser Mädchen Tasterzirkel und in ihre Köpfe Visierstäbe – die arme Klio (die Muse der Geschichte) sieht gar aus wie der Konsistorialrat Büsching, der langsam und krumm unter einer Landfracht von Meßketten, von Terzienuhren und von Harrisonschen Längenuhren und durchschossenen Schreibkalendern daherwandelt – so daß ich besonders den armen Büsching beweine, sooft ich ihn nur schreiten sehe, da den guten topographischen Last- und Kreuzträger ganz Deutschland (von dem ich etwas anders erwartet hätte), jeder Amtmann, jeder dumme Schultheiß (bloß wir Scheerauer sattelten ihn nicht) gleich einer Pfänderstatue von der Kniekehle bis ans Nasenloch (der gute Mann ist kaum zu sehen, und mich wunderts nur, wie er auf den Füßen verbleibt) umhangen, besteckt und eingebauet hat mit allen verdammten Teufels-Wischen – mit Dorfinventarien – mit Intelligenzblättern – mit Wappenwerken – mit Flurbüchern und perspektivischen Aufrissen von Schweinställen.

Sie haben sogar den Jean Paul – damit ich nur von mir selber ein Beispiel des deutschen Foliierphlegma *erzähle*, wiewohl ich eben dadurch eines *gebe* – angesteckt: ists nicht eine alte Sache, daß er das Blau der schönsten Augen, in die je ein amoroso geblickt, vermittelst eines Saussureschen Cyanometers[1] genauer nach Graden angegeben und die schönsten Tropfen, die aus ihnen während der Messung fielen, richtig genug mit einem Taumesser ausvisiert hat? – Und hat nicht sein Versuch, die weiblichen Seufzer mit dem Stegmannischen Luftreinigkeitmesser einzufangen und zu prüfen, unter uns mehr als zuviel Nachahmer gefunden? – –

Woche des 22. Post-Trinitatis oder vom 3. Nov. bis 11. (exclusive)

Diese Woche versaß er fast ganz beim Minister: manche Menschen kommen, wenn sie nur viermal in einem Hause waren, dann wie das tägliche Fieber täglich wieder, anfangs wie die Lenzsonne jeden Tag früher, dann wie die Herbstsonne jeden Tag später. Er sah wohl, daß er bei dieser Hof- und Ministerialpartie nichts niederlegen könne, weder ein Geheimnis, noch Vermögen, noch ein Herz, weil sie ehrlichen Gerichtstellen gleichen würde, die – so wie die Mönche ihr Eigentum ein Depositum nennen und

[1] Instrument, das Blau des Himmels zu bestimmen.

sagen, nichts gehöre ihnen – umgekehrt jedes Depositum zu einem Eigentum erheben und sagen, alles gehöre ihnen. Aber er machte sich nichts daraus: »Ich komme ja nur zum Spaße,« (dacht' er) »und mir ist nichts anzuhaben.« – Der Minister, dem er bloß über der Tafel begegnete, hatte gegen ihn alle die Höflichkeit, die mit einem persiflierenden Gesicht und mit einem die Welt in Spionen und in Diebe einteilenden Stande zu verbinden ist; aber Sebastian merkte doch, daß er ihn für einen Halbkenner in der Medizin und in den ernsthaften Wissenschaften – als wären nicht alle ernsthaft – ansehe und für einen Eingeweihten bloß im Witz und schönen Wissen. Jedoch war er zu stolz, ihm eine andere als die leere Neumondseite zuzukehren, und verbarg alles, was ihn bekehren konnte. Daher mußte sich Viktor bei dem dümmsten Kanzleiverwandten, ders gesehen hätte, dadurch um alle Achtung bringen, daß er, wenn der Minister mit seinem Bruder, dem Regierpräsidenten, ein interessantes Gespräch über Auflagen, Bündnisse, über die Kammer anspann, entweder nicht aufmerkte, oder fortlief, oder die Weiber aufsuchte. – Auch liebte er am Fürsten nur den Menschen; der Minister nur den Fürsten. Viktor konnte bei Jenner selber über die Vorzüge der Republiken Reden halten, und dieser hätte oft im Enthusiasmus (wenn die Reichgerichte und sein Magen es verstattet hätten) gern Flachsenfingen zum Freistaat erhoben und sich zum Präsidenten des Kongresses darin. Aber der Minister haßte dies tödlich und klebte allen politischen Freidenkern – einem Rousseau – allen Girondisten – allen Feuillants – allen Republikanern – und allen Philosophen den Namen Jakobiner auf, wie die Türken alle Fremde, Briten, Deutsche, Franzosen etc., *Franken* nennen. Indes war dieses eine Ursache, warum Viktor Matzen, der besser hierüber dachte, jetzo lieber gewann; und warum er von dem Vater zu der Tochter floh.

Bei Joachimen gelangen in dieser Woche seine Gnadenmittel: sie gab dem feinen und wohlriechenden Narren-Dualis, wie wir der *Tugend*, nur das Akzessit, und meinem Helden, wie wir der *Neigung*, die Preismedaille. Da er aber bloß eine gewisse Empfindsamkeit am meisten in der Freundschaft und Liebe achtete: so hätt' er, dacht' er, mit dieser Schäkerin durch den Mond reisen können, ohne *für* sie (aber wohl *über* sie) zu seufzen – aber diese Lustigen, mein Bastian, haben den Henker gesehen; denn wenn sie etwas anders werden, dann wird mans auch mit. Sie sagte ihm, sie wolle *gefallen* wie ein lutherisches Heiligengemälde, aber sie wolle nicht *angebetet* sein wie ein katholisches. Sie nahm ihn am meisten durch die ihrem Geschlecht eigne Gabe ein, zarte Wendungen zu verstehen – die Weiber erraten so leicht, weil sie sich immer nur erraten lassen, und *ergänzen* und *verbergen* jede *Hälfte* mit gleichem Glück –; aber zu ihren Reizen rechn' ich auch den Zwang vor der Fürstin und den vor den Zuhörern mit den – Augen. Übrigens war jetzo sein von Klotilden weggeworfenes Herz in der Lage der Kinder, die gewettet haben, Schläge in ihre Hand ohne Tränen aufzunehmen, und welche noch fortlächeln, wenn diese schon fließen.

Woche des 23. Post-Trinitatis oder 46ste des Jahrs 179*.

Jetzt ist er auch vormittags dort. Es ist bemerkenswert, daß er ihr am Martinitag die gepuderte Stirn mit dem Pudermesser rasierte, und daß er um einige Toiletten-Hofämter bei ihr anhielt: »Ich kann Ihr Schminkdosenträger werden, wie der große Mogul Tabakpfeifen- und Betelträger hat – oder auch Ihr Cravatier ordinaire – oder Ihr Sommier (d.h. Gebetpolsterträger) – ich würde, wenn Sie nicht auf den Polster knieten, es selber tun vor Ihnen. – – Ich kannte in Hannover einen schönen Engländer, der sich das linke Knie füttern und polstern ließ, weil er nicht wußte, wen er heute anzubeten bekomme und wie lange.«

Es ist ebenso wichtig, daß er sie am Jonastag ein Paar feine Handschuhe, worauf ein sehr einfältiges Gesicht getuschet war, anzunehmen zwang – »es wäre sein eignes,« (sagt' er) »sie sollte das Gesicht nur nachts im Bette auf oder an der Hand haben, damit es aussähe, als küßt' er ihr durch die ganze Novembernacht die Hand.« –

Ich fahre in meinem pragmatischen Auszuge aus diesem Belagertagebuch fort und finde am Leopoldstag aufgezeichnet, daß Joachime schon vormittags sagte, sie würde ihrem Papagei, wenn sie ihm einen Sprachmeister hielte, nichts aus dem ganzen Diktionär beibringen lassen als das Wort: perfide! »Jeder Liebhaber«, sagte sie, »sollte sich ein Papchen halten, das ihm unaufhörlich zuriefe: perfide!« – »Die Damen«, sagte mein Held, »sind allein schuld: sie wollen zu lange, oft ganze Wochen, ganze Monden geliebt werden. Dergleichen ist über unsre Kräfte. Haben nicht die Jesuiten sogar die Liebe zu Gott periodisch gemacht[1]? Skotus schränkt sie auf den Sonntag ein – andre auf die Festtage – Coninch sagt: es ist genug, wenn man ihn alle vier Jahre einmal liebt – Henriquez setzt noch ein Jahr dazu – Suarez sagt gar: wenns nur vor dem Tode ist – – Manchen Damen fielen bisher die Zwischenzeiten anheim; aber die Tag-, die Jahr-, die Festzeiten, die Verlobung-, die Begräbnistage bilden ebensoviel verschiedene Sekten unter den Jesuiten der Liebe.« – Joachime machte den Anfang zu einer zürnenden Miene. Der Hofmedikus hatte nichts lieber mit Schönen als Zank und setzte dazu: »C'est à force de se faire hair qu'elles se font aimer – c'est aimer que de bouder – ah que je Vous prie de Vous facher![2]« – Seine Laune hatte ihn über das Ziel getrieben – Joachime hatte recht genug, seine Bitte um ihren Zorn zu erfüllen – er wollte den Zank fortsetzen, um ihn beizulegen – da es aber doch Fälle gibt, wo die *Vergrößerung* einer Beleidigung ebensowenig Vergebung verschafft als die stufenweise *Zurücknahme* derselben: so tat er klug, daß er ging.

Er wunderte sich, daß er den ganzen Tag an sie dachte: das Gefühl, ihr unrecht getan zu haben, stellte ihr Gesicht in einer leidenden Miene vor seine erweichte Seele, und alle ihre Züge waren auf einmal veredelt. Tacitus sagt: man hasset den andern, wenn man ihn beleidigt hat; aber gute Menschen lieben den andern oft bloß deswegen.

Am Tage darauf, am Ottomars-Tage – *Ottomar*! großer Name, der auf einmal den langen Leichenzug einer großen Vergangenheit im Finstern vor mir vorüberfährt – sah er sie ernsthaft, ihn weder suchend noch fliehend. Die zwei Narren blieben in ihren

[1] Dieser freche Unsinn steht wirklich in Pascals Briefen. S. den 10ten.

[2] d.h. Dadurch, daß sie einen ärgern, machen sie nur, daß man sie mehr liebt – Schmollen ist Lieben – O ich bitte Sie inständig, böse zu werden.

Augen die zwei Narren und gewannen durch nichts etwas. Da er also gewiß bemerkte, daß aus einem flüchtigen Grollen wahre Reue über ihre bisherige Offenheit geworden war, von der er einen zu freimütigen Gebrauch und eine zu eigennützige Auslegung gemacht zu haben schien: so war es jetzo seine Pflicht, das, was er bisher aus Scherz getan hatte, im Ernste zu tun, nämlich sie aufzusuchen und auszusöhnen.

Aber sie stand immer an der Fürstin, und es war nichts.

Ich hab' es nicht selber gesagt, weil ich wußte, der Leser seh' es ohne mich, daß der Held glaubt, Joachime halte ihn für den Bilderdiener ihrer Reize und für den von ihr angezognen Mondmann: der Held nahm sich daher längst vor, ihr diesen Irrtum – zu lassen. Einen solchen Irrtum zu benehmen, dazu hat selten ein Mann oder ein Weib Stärke genug – Viktor hatt' aber noch mehr Gründe, ihr den Glauben an seine Liebe (d.h. auch sich den seinigen an ihre) zu gönnen: erstlich, er wollte verstecken, warum er komme – zweitens, er wußte, in der großen Welt und unter den Joachimen wird ein Liebhaber nur wie der dritte Mann zum Spiel gesucht, man stirbt da nicht von der Liebe, man lebt da nicht einmal davon – drittens, er hob sich immer den Notanker auf, aus Spaß Ernst zu machen: »Wenn mir das Messer an der Kehle sitzt,« dacht' er, »so setz' ich mich hin und gewinne sie von Herzen lieb, und damit gut« – viertens, eine Kokette macht einen Koketten... Hier fing ich bekanntlich schon an, mich über den 22sten Posttag zu ärgern, wiewohl ich so gut wie einer weiß, warum alle Menschen, sogar die aufrichtigsten, sogar die Männer, sich zu kleinen Intrigen gegen Geliebte neigen; nicht bloß nämlich, weils kleine und *erwiderte* sind, sondern weil man mit seinen Intrigen mehr zu schenken als zu stehlen meint. Bloß die edelste höchste Liebe ist ohne wahre Spitzbüberei.

Wochen des 24. und 25. Post-Trinitatis

Am Sonntage war Ball: »Ganz natürlich« (sagte er) »sieht sie mich nicht an; im Ballkleide sind die Schönen unversöhnlicher als in der Morgenkleidung.« – Sie sah ihn kaum, so kam sie ihm wie ein bewegter Himmel mit ihren Brillanten-Fixsternen und ihren Perlen-Planeten entgegen und bat ihn in diesem Glanze um Vergebung ihrer Laune; anfangs habe sie sich zornig gestellt, sagte sie, dann sei sie es geworden, und am andern Tage habe sie erst gesehen, daß sie unrecht gehabt, es zu scheinen, und recht, es zu sein. Diese Bitte um Vergebung machte unsern Medikus demütiger, als es nötig war. Sie bat ihn scherzhaft, sie um Vergebung zu bitten, und machte ihn mit ihrem Platzgolde von Jähzorn bekannt.

Zwei Tage lang wurde der Westfälische Friede gehalten. Aber *eine* Zänkerei mit einem Mädchen macht, wie *ein* Narr, zehen; und zum Unglück hat man die Zornige nur lieber (wenigstens mehr als die Gleichgültige), so wie das Volk *den* methodistischen Predigern am meisten zuläuft, die es am stärksten verdammen. Joachime wurde täglich zornfähiger – welches er größerer Liebe zuschrieb –, aber er auch. Sie konnten den ganzen Besuch im schönsten Reichs- und Hausfrieden verbracht haben: beim Abschiede wurde alles auf den Kriegsetat gesetzt, die Gesandten zurückberufen und die Beurlaubten, wenn mir diese poetischen Ausdrücke erlaubt sind. Mit dem zornigen Bodensatz im Herzen zog er dann ab und konnte kaum den Augenblick des Wiedersehens – d.h. seiner oder ihrer Rechtfertigung – erwarten. So brachten sie ihre Stunden mit dem Schreiben der Friedeinstrumente und der Manifeste zu. Die streitige Sache war so sonderbar wie der Streit: es betraf ihre Foderungen der Freundschaft; jedes bewies, das andre wäre der Schuldner und fodere zu viel. Was unsern Medikus am meisten erboste, war, daß sie dem feinen und dem wohlriechenden Narren, ihr die Hand zu küssen, erlaubte, ihm aber verbot, und zwar ohne alle Entscheidgründe. »Wenn sie nur löge und mir sagte: darum, oder darum! so wär's doch was«, sagt' er; aber sie tat ihm den Gefallen nicht. Für mein Geschlecht ist Abschlagen ohne Gründe, sogar ohne erratene, ein Schwefelpfuhl, ein dreifacher Tod; auf Joachime wirkten Gründe und Kabinettpredigten gleichviel.

Extrablatt darüber

Ich habe hundertmal, mit meinem juristischen onus probandi (Last zu beweisen) auf dem Buckel, an die Weiber gedacht, die imstande sind, durch einige Anstrengung sowohl ohne alle Gründe zu handeln als zu glauben. Denn am Ende muß doch jeder (nach allen Philosophen) sich zu Handlungen und Meinungen bequemen, denen Gründe fehlen; denn da jeder Grund sich auf einen neuen beruft, und dieser sich wieder auf einen stützt, der uns zu einem schickt, welcher wieder seinen haben muß: so müssen wir (wenn wir nicht ewig gehen und suchen wollen) endlich zu einem gelangen, den wir ohne allen Grund annehmen. Nur fehlet der Gelehrte darin, daß er gerade die wichtigsten Wahrheiten – die obersten Prinzipien der Moral, der Metaphysik etc. – ohne Gründe glaubt und sie in der Angst – er will sich dadurch helfen – notwendige Wahrheiten benennt. Die Frau hingegen macht kleinere Wahrheiten – z. B. es muß morgen weggefahren, eingeladen, gewaschen werden etc. – zu notwendigen Wahrheiten, die ohne die Assekuranz und Reassekuranz der Gründe angenommen werden müssen – und dies ists eben, was ihr einen solchen Schein von Gründlichkeit anstreicht. – – Ihnen wird es leicht, sich vom Philosophen zu unterscheiden, der denkt, und dem die Wahrheitsonne so waagrecht in die Augen flammt, daß er darüber weder Weg noch Gegend sieht. Der Philosoph muß in den wichtigsten Handlungen, in den moralischen, sein eigner Gesetzgeber und Gesetzhalter sein, ohne daß ihm sein Gewissen die Gründe dazu sagt. Bei einer Frau ist jede Neigung ein kleines Gewissen und hasset *Heteronomien* und sagt weiter keine Gründe, so gut wie das große Gewissen. Und durch diese Gabe, mehr aus eigner Machtvollkommenheit als aus Gründen zu handeln, passen eben die Weiber recht für die Männer, weil diese lieber ihnen zehn Befehle als drei Gründe geben.

Ende des Extrablattes darüber

Was ebenso schlimm war, ist, daß Joachime ihm endlich, um nur seine Aktenstöße von Beschwerden und Reichs-gravaminibus wegzubringen, die Finger ließ, ohne nur den geringsten Grund dazu zu sagen. Er konnte also keinen Titel seines Besitzstandes aufweisen und hätte im Notfall niemand gehabt, der ihn darin schützen können.

Es ist aber eine gegründete Rechtsregel oder ein männliches Brokardikon: daß alles bei den Weibern fester werde, wenn man darauf bauet, und daß uns eine kleine gestohlne Gunst rechtmäßig gehöre, sobald wir um eine größere anhalten. Die Rechtsregel gründet sich darauf, daß die Mädchen uns, wie den Juden im Handel, allemal die Hälfte abbrechen und nur ein paar Finger geben, wenn wir die Hand haben wollen. Hat man aber die Finger: so tritt ein neuer Titel aus den Institutionen ein, der uns die Hand zuerkennt; die Hand gibt ein Recht auf den Arm, und der Arm auf alles, was daran hängt, als accessorium. So müssen diese Dinge betrieben werden, wenn Recht Recht bleiben soll. Es muß überhaupt von mir oder von einem andern ehrlichen Mann ein kleines Lesebuch geschrieben werden, worin man dem weiblichen Geschlecht die Modos (Arten), solches zu akquirieren (zu erwerben), mit der juristischen Fackel vorträgt und aufhellt. Viele Modi kommen sonst ab. So bin ich z. B. nach dem bürgerlichen Rechte rechtmäßiger Besitzer einer beweglichen Sache, wenn sie vor dreißig Jahren gestohlen worden (im Grunde sollt' es eher sein, und es sollte mir nichts schaden, daß man später zu stehlen angefangen) – ebenso fällt mir durch eine Verjährung von dreißig Minuten (die Zeit ist relativ) alles von einer Schönen rechtmäßig anheim, was ich ihr Bewegliches (und an ihr ist alles beweglich) entwendet, und man kann daher nicht früh genug zu stehlen anfangen, weil sonst vor dem Diebstahl die Verjährung nicht anheben kann.

Spezifikation ist ein guter Modus. Nur muß man wie ich ein Prokulejaner sein und glauben, daß eine fremde Sache dem, der ihr eine andre Form erteilt, zugehöre, z. B. mir die Hand, die ich durch den Druck in eine andre Form gebracht.

Der sel. Siegwart sagte: confusio (Vermischung der Tränen) ist mein Modus. Aber commixtio (Vermischung trockner Sachen, z. B. der Finger, der Haare) ist jetzt fast unser aller modus acquirendi.

Ich wollt' einmal die ganze Sache nach der Lehre von den Servituten, wo eine Frau tausend Dinge zu leiden hat, behandeln (wiewohl alle diese Servituten durch die Konsolidation der Ehe gänzlich erlöschen); aber ich weiß die Lehre von den Servituten selber nicht mehr recht und wollte lieber darin examinieren als examiniert werden. – –

Ich kehre zum Medikus zurück. Da er also wußte, daß eine geküßte Hand ein Schenkbrief der Wangen ist – die Wangen aber die Opfertafeln der Lippen sind – diese der Augen – die Augen des Halses –: so wollt' er genau nach seinem Lehrbuch verfahren. Aber bei Joachimen, wie bei allen Gegenfüßlerinnen der Koketten, *bahnte keine Gunstbezeugung der andern den Weg, nicht einmal die große der kleinen* – aus einem Vorzimmer kam man ins andre – und was sagte mein Held dazu? Nichts als: »Gottlob! daß eine besser ist, als sie schien, daß sie unter dem Schein, unser Spielzeug zu sein, unsere Spielerin ist, und daß sie die Koketterie zum Schleier der Tugend macht.«

Er fühlte jetzt, sooft ihr Name erwähnt wurde, eine sanfte Wärme durch seinen Busen wehen.

Vom Ende des Kirchenjahrs (1ten Dezember) bis zum Ende des bürgerlichen (31sten Dezember)

Flamin, dessen patriotische Flammen in der Sessionstube keine Luft antrafen und ihn selber zuerst erstickten, wurde täglich scheuer und wilder. Es war ihm etwas Neues, daß ganze Kollegien und Kommissionen das tun mußten, was *einer* hätte machen können – daß die Glieder des *Staats* (wie es doch die Glieder des *Körpers* auch sind) am *kurzen Arme* des Hebels bewegt werden, um mit größerer Kraft weniger zu tun, und daß besonders ein Kollegium dem Leibe gleiche, der nach Borellus 2900mal mehr Kraft bei einem Sprunge anwendet, als die Last erfodert, die er zu heben hat. Er haßte alle Große und kam zu keinem; der Hofjunker Matz nicht einmal bekam seine Visiten. Mein Sebastian machte seine bei ihm seltener, weil seine Muße und seine Lustbarkeiten-Windstille gerade in Flamins Arbeitstunden fielen. Diese Entfernung und das ewige Sitzen bei Schleunes – welches Flamin aus Unbekanntschaft mit Joachimens Einfluß, auf alle Fälle Klotildens ihrem zurechnen mußte, zu deren künftigen Besuchen sich Viktor durch seine jetzigen den Vorwand verschaffe – und selber die fürstliche Gunst gegen diesen, die in Flamins Augen keine Folge seines Freiheitgeistes und seiner Aufrichtigkeit sein konnte – alles dieses zog die verschlungenen Freundschafthände beider, deren Leben sonst ein vierhändiges Tonstück gewesen, immer weiter auseinander; die Fehler und den moralischen Staub, den sonst Viktor von seinem Liebling wegwischen konnte, durfte er kaum wegzublasen wagen; sie betrugen sich zärter und aufmerksamer gegeneinander. Aber mein Viktor, an dessen Herz das Schicksal so viele saugende Vampyre legte, und der in *eine* Brust den Schmerz der entbehrten Liebe und den Kummer der fallenden Freundschaft einzuschließen hatte, wurde durch alles – recht lustig. O es gibt eine gewisse Lustigkeit der Verstockung und des Grams, die die erschöpfte Seele bezeichnet, ein Lächeln, wie das an Menschen, die an Wunden des Zwerchfells sterben, oder das an eingedorrten zurückgespannten Mumien-Lippen! Viktor warf sich in den Strom der Lustbarkeiten, um unter demselben seine eigne Seufzer nicht zu hören. Aber freilich oft, wenn er den ganzen Tag über niedergerissene Narrheiten komisches Salz ausgesäet hatte, das ebensooft die Hand des Säemanns wund beißet, und er den ganzen Tag sich an keinem Auge erquicken können, dem er in seinem eine Träne hätte zeigen dürfen – wenn er so müde der Gegenwart, so gleichgültig gegen die Zukunft, so wund von der Vergangenheit neben dem letzten Narren, neben dem Apotheker, vorbei war, und wenn er in seinem Erker in die voll Welten hängende Nacht und in den stillenden Mond und an die Morgenwolken über St. Lüne blickte: dann ging allezeit das geschwollne Herz und der geschwollne Augapfel entzwei, und die von der Nacht verdeckten Tränen strömten von seinem Erker auf die harten Steine hernieder: »O nur *eine* Seele,« rief sein Innerstes mit allen Tönen der Wehmut, »nur *eine* gib, du ewige liebende schaffende Natur, diesem armen verschmachtenden Herzen, das so hart scheint und so weich ist, so fröhlich scheint und so trübe ist, so kalt scheint und so warm ist.«

Dann war es gut, daß an einem ähnlichen solchen Abend kein Kammerherr, kein Weltmensch im Erker stand, wenn gerade die arme Marie – auf welche das vorige Leben wie eine erdrückende Lawine herübergestürzt ist – seine Frühstück-Befehle begehrte; denn er stand, ohne einen Tropfen abzuwischen, freundlich auf und ging ihr entgegen und faßte ihre weiche, aber rotgearbeitete Hand, die sie aus Furcht nicht wegzog – wiewohl sie aus Furcht ihr gegen die Hoffnung versteinertes Gesicht abdrehte –, und sagte dann, indem er sanft ihre Augenbraunen waagrecht strich, mit seiner aus dem gerührtesten Herzen steigenden Stimme: »Du arme Marie, sag mir was – du hast wohl wenig Freude – in deine guten Augen kommt wohl wenig mehr, was sie gerne sehen, wenns nicht deine Tränen sind – du Liebe, warum hast du keinen Mut zu mir, warum sagst du deinen Gram nicht mir? Du gutes gemartertes Herz – ich will für dich sprechen, für dich handeln – sag mir, was dich drückt, und wenn es dir einmal an einem Abend zu schwer wird und du drunten nicht weinen darfst, so komm herauf zu mir.. schau mich jetzo frei an.. wahrlich ich vergieße Tränen mit dir, und ich will mich den Henker um alles scheren.« – Ob sie es gleich für unhöflich hielt, vor einem so vornehmen Herrn zu weinen: so war ihrs doch unmöglich, durch die gewaltsame Abbeugung des Gesichts alle Tränen, die seine Zunge voll Liebe in Bächen aus ihr preßte, zu entfernen.... Verübelt es seiner überwallenden Seele nicht, daß er dann seinen heißen Mund an ihre kalten verachteten und ohne Widerstand bebenden Lippen drückte und zu ihr sagte: »O! warum sind wir Menschen so unglücklich, wenn wir zu weich sind?« – In seinem Zimmer schien sie alles für Spott zu nehmen – aber die ganze Nacht hindurch hörte sie das Echo des menschenfreundlichen Menschen – sogar als Spott hätt' ihr so viel Liebe wohlgetan – dann kristallisierten sich ihre vergangnen Blumen noch einmal im Fenster-Eis ihres jetzigen Winters – dann war ihr, als würde sie heute erst unglücklich. – Am Morgen schwieg sie gegen alle und war bloß diensteifriger gegen Sebastian, aber nicht mutiger; nur zuweilen fiel sie drunten dem Provisor, wenn er ihn lobte, mit den Worten, aber ohne weitere Erklärung, bei: »Man sollte sein eignes Herz in kleine

Stückchen zerschneiden und hingeben für den engländischen Herrn.«

Arme Marie, sagt mein eignes Inneres dem Doktor nach; und setzet noch dazu: vielleicht liest mich jetzt gerade eine ebenso Unglückliche, ein ebenso Unglücklicher. Und mir ist, als müßt' ich ihnen, da ich die Trauerglocken ihrer vergangnen trüben Stunden angezogen, auch ein Wort des Trostes schreiben. Ich weiß aber für den, der immer über neue gaffende Eisspalten des Lebens schreiten muß, kein Mittel als meines: wirf sogleich, wenns arg wird, alle *mögliche Hoffnungen* zum Henker und ziehe dich verzichtend in dein Ich zurück und frage: wie nun, wenns Schlimmste auch gar käme, was wär's denn? Söhne deine Phantasie nie mit dem *nächsten* Unglück aus, sondern mit dem *größten.* Nichts löset mehr den Mut auf als die warmen, mit kalter Angst abwechselnden Hoffnungen. Ist dieses Mittel dir zu heroisch: so suche für deine Tränen ein Auge, das sie nachahmt, und eine Stimme, die dich fraget, warum du so bist. Und denke nach: der Widerhall des zweiten Lebens, die Stimme unserer bescheidnen, schönern, frömmern Seele wird nur in einem vom Kummer verdunkelten Busen laut, wie die Nachtigallen schlagen, wenn man ihren Käfig überhüllt.

Oft betrübte sich Sebastian darüber, daß er hier so wenig seine edlern Kräfte für die Menschheit anspannen können, daß seine Träume, durch den Fürsten Übel zu verhüten, Gutes auszurichten, Fieberträume blieben, weil z.B. sogar die besten Männer am Ruder des Staats Ämter durchaus nur nach Verhältnissen und Empfehlungen besetzten und fremde und eigne Ämter nie für Pflichten, sondern für Bergwerkkuxen hielten. Er betrübte sich über seine Unnützlichkeit; aber er tröstete sich mit ihrer Notwendigkeit: »In einem Jahr, wenn mein Vater kömmt, sag' ich mich los und richte mich zu etwas Besserem auf«, und sein Gewissen setzte dazu, daß seine persönliche Unnützlichkeit der Tugend seines Vaters diene, und daß es besser sei, in einem Rade, bei der Tüchtigkeit zu einem Perpendikel, ein Zahn zu sein, ohne welchen das Gehwerk stocken würde, als der Perpendikel eines ungezähnten Rades zu werden.

In solchen Lagen fragte er sich immer von neuem: »Ist vielleicht Joachime, wie du, besser, weicher, weniger kokett, als sie scheint? und warum willst du sie nach einem äußern Schein verdammen, der ja auch der deinige ist?« Ihr Betragen bestätigte selten diese guten Vermutungen, ja es widerlegte sie oft gar; gleichwohl fuhr er fort, sich neuen Widerlegungen auszusetzen und Bestätigungen zu begehren. Das Bedürfnis zu lieben zwingt zu größern Torheiten als die Liebe selber; Viktor ließ sich jede Woche eine Vollkommenheit mehr vom weiblichen Ideal abdingen, für das er wie für den unbekannten Gott schon seit Jahren die Altäre in seinem Kopfe fertig hatte. Unter diesem Abdingen wäre der ganze Dezember verflossen, wäre nicht der erste Weihnachttag gewesen.

An diesem, wo er hinter jedem Fenster lachende Gesichter und Hesperiden-Gärten sah, wollt' er auch fröhlich sein und flog unter den Kirchenmusiken in Joachimens Toilettenzimmer, um da sich selber eine Weihnachtfreude zu machen. Er beschere ihr, sagte er, einen Flaschenkeller aus Likören, ein ganzes Lager von Rataffia, weil er wisse, wie Damen tränken. Als er endlich seinen Lagerbaum voll Flaschen aus der – Tasche zog: wars eine elende kleine Schachtel voll Baumwolle, in der nette Fläschchen wohlriechender Wasser, fast von der Länge der Zaunkönig-Eier, eingebettet standen. Das Niedliche freuet, wie das Prächtige, Mädchen allezeit. Joachimen hielt er eine lange Rede über die Mäßigkeit ihres Geschlechts, das so wenig esse wie Kolibri, und so wenig trinke wie Adler – mit einigen Schaugerichten und mit einem Flakon woll' er 5000 Mann weiblichen Geschlechts speisen, und es sollte noch übrig bleiben – die Ärzte bemerkten, daß die, die den Hunger am längsten ertragen hätten, Weiber gewesen wären – sogar in mittlern Ständen bestände die ganze Bienenflora, wovon diese Holden lebten, in einem Farbenbande, das sie als Schärpe oder Schleife umlegten, statt eines nährenden Umschlags und Suppentäfelchens, und woran sie noch höchstens einen Liebhaber anmachten. Joachime zog unter der Lobrede eine Flasche heraus, weil sie sie für wächsern hielt. Viktor, um sie zu widerlegen – oder auch sonst weswegen –, drückte ihr sie stark in die Hand und zerdrückte sie glücklich. Ein Berghauptmann von meiner Denkart nähme das Zerbrechen einer Flasche, die man auf keine Eymannschen Gurken decken kann, schwerlich in seine Hundposttage auf – weil er gern Dinge von Gewicht aufträgt –, wenn nicht die Flasche selber dadurch eines bekäme, daß sie die weichste Hand, auf der noch der härteste Juwel Schimmer auswarf, blutig schnitt. Der Doktor erschrak – die Blutende lächelte – er küßte die Wunde, und diese drei Tropfen fielen, gleich Jasons Blut, oder gleich einem von einem Alchimisten rektifizierten Blute, als drei Funken in sein entzündbares, und die Blutkohle der Liebe bekam drei anglimmende Punkte – ja es hätte wenig gefehlt, so hätt' er ihr gehorcht, da sie ihm scherzend befahl (um ihm eine größere Verlegenheit zu ersparen, als er hatte), die Pariser veraltete Mode, an Damen mit rosenfarbner Dinte zu schreiben, wieder aufzuwecken und hier auf der Stelle drei Zeilen mit ihrem Blut an sie abzufertigen. Soviel ist wenigstens gewiß, daß er zu ihr sagte: er wollte, er wäre der Teufel. Bekanntlich wird dem letzten das guarentigiatische Instrument oder vielmehr der Partagetraktat über die Seele mit dem Blute des Eigners als Faust- und Fraispfand zugefertigt. – Blut ist der Same der *Kirche*, sagt die katholische; und hier ist gar vom *Tempel* für eine Schöne die Rede.

Dabei wars – und bliebs –, als Cour bei der Fürstin auf heute angesagt wurde. Das war ihm erstlich fatal, weil der heutige Abend versalzen war – und zweitens lieb, weil Joachime heute den Hut wegtun mußte, den er und sie so liebten. Da, wie gewöhnlich, den Damen von der Fürstin die Roben und Frisuren vorgeschrieben wurden, worin sie den Courtag, d.h. den Brandsonntag ihrer Freiheit, bei ihr begehen mußten: so konnte sie heute ihren Florhut nicht aufbehalten, den sie so liebte und Viktor auch, aber an ihr nicht; denn es war gerade der, welchen Klotilde getragen, als sie unter dem Konzerte ihre nasse Augen mit dem schwarzen Spitzenflor verhüllte, der nachher immer über seine beraubte Augen herüberhing.

Ich will den Courtag beschreiben.

Die hauptsächliche Absicht, warum der Hof um sechs Uhr abends vorgefahren kam, war die, um zehn Uhr recht ärgerlich wieder heimzufahren. Ich kanns aber zehnmal weitläuftiger vortragen:

Um sechs Uhr fuhr Viktor mit der übrigen befehligten Brüder- und Schwestergemeine ins Paulinum. Er beneidete oder segnete vielmehr den Zeugmacher, den Stiefelwichser, den Holzhacker, der abends seinen Krug Bier, seine Andacht, seine Stollen und seine trompetenden Kinder hatte; desgleichen ihre Weiber, die heute schon den Morgen anbissen, nämlich die marmorierte gesprenkelte Kleiderrinde für den zweiten Feiertag. Im bunten Dunst- und Tierkreis stand die Fürstin als Sonne, ebenso unglücklich wie ihre Unglücklichen; *nur der Traum* (dacht' er) *kann einen König glücklich machen, oder einen Armen unglücklich.* Als er sah, wie sie alle nach einem sparsamen Froschregen von Worten und nach Erfrischungen, d. h. Erhitzungen und Ermattungen, ein Postzug um den andern nach dem Hof- und Adreßkalender an die Spieltische eingeschirret wurden – an jedes Brett kam das nämliche Bunterie-Gespann alter Gesichter –, so wunderte er sich zu allererst über die allgemeine Geduld; an einem Schwarzen der *Hof*-Goldküste sind sicher, schwur er, wenn man nur bedenkt, was er *anzuhören* und *auszustehen* hat, die *Ohren* und die *Haut*, wie an gebratnen Milchferkeln, die besten Stücke. Hier muß der Löwe dem Tiere die Haut zum Domino abbetteln, das ihm sonst seine abgeborgt. Hier unter diesen von kleinen Seelen gebückten Gestalten (wie auch Blätter sich krümmen, wenn Blattläuse daran wohnen) kann kein großer, kein kühner Gedanke getragen werden, sie können wie Getreide, das sich *lagert*, nur *taube* Körner geben.

Vor der Tafel fuhr *der* Teil oder Bogen des um die italienische *Sonne* laufenden *Hofs*, der nicht dazu eingeladen war, nach Hause, mißvergnügt über die Langeweile des Spieles, und noch mißvergnügter, daß gerade gewisse Personen der Langeweile der Tafel gewürdigt waren.

Joachime, an welcher die zurückhaltende Agnola wenig Vergnügen fand, ging mit ab, aber der Doktor nicht und ihr Bruder Matz gleichfalls nicht, der die Ehre hatte, hinter der Fürstin Stuhl in der Marschsäule, die sie, ihr Kammerherr, ein Page und ein Hoflakai machten, gerade den Mittelpunkt zu bilden; er stand bekanntlich sogleich hinter dem Kammerherrn und war der einzige, der aussah wie ein leserliches Pasquill auf alles zusammen. Über die Tafel, worüber wenig gesprochen wurde, höchstens sehr leise von zwei Nachbarn, soll auch hier nichts gesprochen werden.

Nach dem Essen kam der Fürst und störte das steife Zeremoniell, das er aus Bequemlichkeit haßte, so wie es Viktor aus Philosophie verachtete: »Wahrlich, ein Erzengel,« – sagte Viktor oft – »der die menschliche, in allen Kleinigkeiten beobachtete Tugend und Weisheit bemerkte an Sessiontischen, an Altären, in Besuchzimmern, müßte seinen Himmel und seine Flügel verwetten, daß wir einen Heller oder doch etwas taugten – in größern Dingen; wir wissen aber sämtlich, wo es hinkt; und eben dieser Ekel an der steifen altklugen dezenten Mikrologie und Maschinerie der Menschen ist die Laune des Satirikers. Die moralische Verschlimmerung entspinnt sich zwar aus Geringfügigkeiten, aber nicht die Besserung; Satanas kriecht durch Jalousieläden und *Sphinkter* in uns, der gute Engel zieht durch das Haupttor ein.« – Agnola belohnte heute unsern Helden für seine bisherige, es so treumeinende Beflissenheit mit einer wärmern Aufmerksamkeit, die in seinen Augen durch ihren Schmuck – sie trug den der vorigen Fürstin, ihren eignen und den vorigen mütterlichen – und durch ihren ganzen Prachtanzug noch schöner wurde; denn er liebte Putz an Weibern und haßte ihn an Männern. Seine Achtung nahm durch den Schmerz, daß sie Jenners eigennützige Absichten bei seinen Besuchen (wegen der künftigen Klotilde) mit schönern vermenge, und daß man es ihr doch nicht sagen könne, eine gerührte Wärme an. Wie kams, daß ihn dann Agnola an Joachime erinnerte; daß diese der Ableiter der Achtung für jene wurde; und daß alle liebende Gefühle, die ihm die Fürstin gab, zu Wünschen gerieten, Joachime möchte sie verdienen und empfangen?

Mit dieser Seele voll Sehnsucht fuhr er heute ohne Umstände zu dieser Joachime zurück, in deren Hand er bekanntlich eine kleine Wunde gelassen. Er sagte bei ihr: »er müsse als Mörder und Medikus noch heute nach der Wunde sehen«; aber wie Sonnenschein fiel ein schöner neuer Kummer auf Joachimens Angesicht wärmend in seine Seele. Er konnt' es kaum erwarten, mit ihr auf den Balkon hinauszukommen, um darüber zu reden. Draußen machte er in wenig Minuten die Schnittwunde und die Dezemberkälte zum Vorwand, die Hand und den Schnitt in seine zu nehmen, um sie zu wärmen: »Wunden schadet Kälte«, sagte er; aber der feine Narr hätte hier das Seinige dabei gedacht. Der leere Abend, die Erinnerungen an die Weihnacht-Kinderfreuden, der herunterblickende Sternenhimmel, der alle dunkeln Wünsche des Menschen wie Blumen in der Nacht magisch beleuchtet, und die Stille überfüllten und beklemmten seine verlassene Seele, und er drückte die einzige Hand, die ihm jetzt das Menschengeschlecht reichte. Er fragte sie geradezu über ihren Kummer. Joachime antwortete sanfter als sonst: »Ich wollte Sie dasselbe fragen; aber bei mir ists natürlich.« Denn sie habe, erzählte sie, bei ihrer Zurückkehr das Gepäcke Klotildens und die Nachricht der Ankunft und – was eben der Punkt ist – die Kleider ihrer Schwester Giulia, denen Klotilde bisher eine Stelle unter ihren gegeben, angetroffen. Diese Giulia war bekanntlich an Klotildens Herzen verschieden, einen Tag vorher, eh' diese aus Maienthal nach St. Lüne zog.

Ein Chaos durchschoß sein Herz; aber aus dem Chaos setzte sich bloß die umgesunkne Giulia zusammen – denn Klotilde wich täglich in ein dunkleres Heiligtum seiner Seele zurück –; ihr blasses Luna-Bild liebkosete mit Strahlen einer andern Welt seinen wunden Nerven, und er ließ sich willig glauben, Joachime habe ihre Gestalt. In seiner dichterischen, den Weibern so selten verständlichen Erhebung warf die Erblaßte den Heiligenschein, den ihr Klotilde zustrahlte, wieder auf ihre Schwester zurück. Joachime hatte heute wieder den Brief gelesen, den Giulia an sie in der Todesstunde durch Klotilde schreiben lassen, und trug ihn noch bei sich. Wahrscheinlich hatte ein Herz voll vergeblicher Liebe die schöne Schwärmerin unter die Erde gezogen. Viktor bat sie mit schimmernden Augen um den Brief; er schlug ihn auf im Mondlicht, und als er die geliebten Züge seiner verlornen Klotilde erblickte, weinte sein ganzes Herz.

»Gute Schwester!

Leb auf immer wohl! Laß mich das zuerst sagen, weil ich nicht weiß, welche Minute mir den Mund verschließt. Die Gewitter meines Lebens ziehen heim. Es wird schon kühl um meine Seele. Ich sage diesen Abschied und meinen herzlichsten Wunsch für dein Wohlergehen meiner Freundin Klotilde in die Feder. Gib den Einschluß meinen lieben Eltern und füge deine Bitte an meine, mich in meinem schönen Maienthal zu lassen, wenn ich vorüber bin. Ich sehe jetzt durch das Fenster die Rosenstaude, die neben dem Gärtchen des Küsters auf dem Kirchhofe stehet – dort wird mir eine Stelle gegeben, die wie eine Narbe bezeuget, daß ich dagewesen, und ein schwarzes Kreuz mit den sechs weißen Buchstaben Giulia – mehr nicht. Liebe Schwester, laß es ja nicht zu, daß sie meinen Staub in ein Erbbegräbnis sperren – O nein, er soll aus Maienthals Rosen flattern, die ich bisher so gern begossen – dieses Herz, wenn es sich zerlegt hat in den Blütenstaub eines neuen ewigen Herzens, spiele und schwebe im Strahle des Mondes, der mir es in meinem Leben so oft schwer und weich gemacht. Fährest du einmal, liebe Schwester, bei Maienthal vorüber: so blickt bis zur Straße das Kreuz durch die Rosen hindurch, und wenn es dich nicht zu traurig macht, so schaue hinüber zu mir.

Mir war jetzt einige Minuten, als holte ich in Äther Atem – in kleinen dünnen Zügen – Es wird bald aus sein. Sag aber meinen Gespielinnen, wenn sie nach mir fragen, ich bin gern gegangen, ob ich wohl jung war. Recht gern. Unser Lehrer sagt, die Sterbenden sind fliegendes Gewölk, die Lebenden sind stehendes, unter welchem jenes hinzieht, aber abends ist ja beides dahin. Ach ich dachte, ich würde mich noch recht lange, von einem Trauerjahr zum andern, nach dem Sterben sehnen müssen, ach ich besorgte, diese erblaßten Wangen, diese hineingeweinten Augen würden den Tod nicht erbitten, er würde mich veralten lassen und mir das verblühte Herz erst abnehmen, wenn es sich müde geschlagen – aber siehe, er kömmt eher – In wenig Tagen, vielleicht in wenig Stunden wird ein Engel vor mich treten und lächeln, und ich werd' es sehen, daß es der Tod ist, und auch lächeln und recht freudig sagen: Nimm immer mein schlagendes Herz in deine Hand, du Abgesandter der Ewigkeit, und sorge für meine Seele.

›Bist du aber nicht jung,‹ (wird der Engel sagen) ›hast du nicht erst diese Erde betreten? Soll ich dich schon zurückführen, eh' sie ihren Frühling hat?‹

Aber ich werde antworten: Schau diese untergegangnen Wangen an und diese ermüdeten Augen und drücke sie nur zu – o lege den Leichenstein[1] an meine Brust, damit er alle Wunden aussauge und nicht eher abfalle, als bis sie ausgeheilet sind – Ach ich habe wohl nichts Gutes in der Welt getan, aber auch nichts Böses.

Dann sagt der Engel: ›Wenn ich dich berühre, so erstarrest du – der Frühling und die Menschen und die ganze Erde verschwinden, und ich allein stehe neben dir – Ist denn deine junge Seele schon so müde und so wund? Welche Leiden sind denn schon in deiner Brust?‹

Berühre mich nur, guter Engel! Jetzt sagt er: ›Wenn ich dich berühre, so zerstäubst du, und alle deine Geliebten sehen nichts mehr von dir –‹

O berühre mich!...«

*

Der Tod berührte das blutige Herz, und ein Mensch war vorüber...

Während Viktor das Trauerblatt las, hatte die Schwester der Toten einige Male, weil sie sich das dachte, was er las, die Augen abgetrocknet, und als er sie ansah, schimmerten darin die Samenperlen einer weichen Seele. Aber er wünschte sich jetzo die Unsichtbarkeit seines Gesichts oder den Erker seines Zimmers, um allen Seufzern und Gefühlen ungesehen nachzuhängen. Wär' er in einem bürgerlichen Hause gewesen: so hätte er unverspottet jetzt zu den ausgepackten Kleidern und in die künftigen Zimmer Klotildens gehen können – und er hätte gleichsam die grünen Fluren von Maienthal wieder erblickt, wenn er die romantischen Gewänder, worin Giulia sie durchstreifet hatte, unter den letzten

[1] Der Schlangenstein saugt sich so lange an die Wunde an, bis er ihren Gift weggesogen.

Küssen der Schwester hätte verschließen sehen – – Aber in einem solchen Hause wars eine Unmöglichkeit.

Er verzieh jetzt, da er seltener den Genuß der fremden Empfindsamkeit hatte, sogar das Übertreiben derselben leicht. Daß sie den Körper zerrütte, war ihm der elendeste Einwand, weil ihn ja alles Edlere, jede Anstrengung, alles Denken aufreibe; der Körper und das Leben wären ja nur Mittel, aber kein Zweck. »Giulias Herz in Giulias Körper«, sagte er, »ist ein reiner Tautropfe in einem weichen Blumenkelch, den alles zerdrückt, verschüttet, aussaugt, und der noch vor der Mittagsonne entflohen ist; solche für eine Welt voll Sturm zu biegsame Seelen, die zu viel Nerven und zu wenig Muskeln haben, verdienen ihrer Empfindsamkeit wegen das einfressende Salz der Satire nicht, das sie wie Schnecken zernagt – die Erde und wir können ihnen wenig Freuden geben, warum wollen wir ihnen die andern nehmen?«

Aber die Trauerzüge, die jetzt das Mitleid durch Joachimens Lächeln zog, drückten sich deutlich in Viktors Herzen ab, und das, was sie hier verbergen wollte, machte sie reizender als alles, was sie je zu zeigen gesucht.

Nichts ist gefährlicher – wie er vor einigen Wochen getan –, als sich verliebt zu stellen: man wirds sogleich darauf. So war der Weichling *Baron* einige Tage, wenn er einen Helden von Corneille gespielet hatte, selber einer. So starb Moliere am eingebildeten Kranken und Karl V. am Probe-Begräbnis. So machte die papierne Krone, die Cromwell in einem Schuldrama aufbekommen hatte, ihn auf eine härtere begierig. – Die zweite Lehre, die daraus zu lernen ist (diese setzt aber freilich voraus, Joachime war eine Kokette), ist die: daß ein Held die Koketterie wahrnehmen und doch hineintappen könne; ein Poet sitzt wie die Nachtigall (der er an Gefieder, Kehle und Einfalt ähnelt) oben auf dem Baume und sieht die Falle stellen und hüpft hinunter und – hinein.

Nach einigen Tagen – als in Viktor die Frage über Joachimens Wert und über seine Liebe wie eine Woge auf- und ablief; als er schlecht mit Flamin, gut mit der Fürstin und besser mit dem Fürsten stand, der jeden Tag nachfragte, wenn Klotilde käme – kam sie.

23. Hundposttag

Erster Besuch bei Klotilde – die Blässe – die Röte – die *Renn-Wochen*

»Ja, das gesteh' ich,« – sagte Viktor, der am andern Tage nach Klotildens Ankunft in seiner Stube umherlief – »in ein Gewitter oder in ein stürmendes Meer säh' ich herzhafter als in das kleine Gesicht, in einen heitern Himmel von drei Nasenlängen.« Aber er half sich dadurch, daß er einen abgerissenene Fortissimo-Akkord auf dem Klavier anschlug: dann konnte er zu Klotilden. Bloß unterwegs sagte er: »Nirgends wird so viel gezankt als in einem Menschen – Welcher Teufelslärm in diesem fünfschuhigen Disputatorium über den geringsten Bettel, bis nur aus einer Bill eine Akte wird! – Ein tragbarer Nationalkonvent in nuce ist man, ich kann keinen Schritt tun, ohne daß erst die rechte und linke Seite darüber haranguieren, und die enragés und die noirs, und der Herzog von Orleans und Marat. Das Abscheulichste ist im innerlichen Regensburger Reichstage des Menschen, daß die Tugend darin mit zehn Sitzen und *einer* Stimme sitzt, der Teufel aber mit *einem* Steiße und sieben Stimmen.« –

Durch diese lustigen Selbergespräche wollt' er sich vom Anblick seiner verworrenen, verstockten, *kalt-wunden*, immer Joachimen zu Klotilden hinaufhebenden Seele entfernen. Er wurde endlich bloß durch den tugendhaften Entschluß wieder rein ausgestimmt, jetzt die Liebe zu Joachimen nicht zu verstecken – »sich ihrer nicht zu *schämen*«, hätt' er bald gedacht. »Wenn ich mich gegen Joachime wärmer, und gegen die andre kälter *stelle*, als ich etwa bin: so müßte der Teufel sein Spiel haben, wenn ichs nicht endlich *würde*.«

Der hatt' es aber eben, und zwar ein wahres L'hombrespiel zu *vier* Personen[1] mit dem mort: dieser Croupier hatte die einzige Volte geschlagen, daß er das Gesicht Klotildens mit einer ganz andern *Farbe* ausspielte, als er in Le Bauts Schlosse getan. Viktor fand sie in Schleunes seinem unendlich schöner wieder, als er sie verlassen hatte – *blässer* nämlich. Da sie keine Nervenpatientin

[1] Joachime, Klotilde, Viktor und der Teufel.

war, keine Kälte mied, sogar in Dezemberabenden allein auf dem Dorfe spazieren ging: so waren sonst ihre Wangen mehr dunkle Rosenknospen als aufgegangene abgebleichte Rosenblätter. Aber jetzo war die Sonne ein Mond geworden – sie hatte in irgendeinem Kummer, wie der Saphir im Feuer, nichts verloren als die Farbe, statt des Blutes schien die stillere, zärtere Seele selber näher durch den weißen Florvorhang zu blicken. Alles Blut, das aus ihren Wangen zurückgewichen war, floß in seine über und stieg ihm wie ein Zaubertrank in den Kopf; indes suchte er sich in diesen den Gedanken zu setzen: »Wahrscheinlich machte sie mehr der Zank mit ihren Eltern, weniger der Kummer, hieher getrieben zu werden, krank!« –

Wenn man sich einmal vorgesetzt hat, sich kalt zu stellen: so wird man es noch mehr, wenn man Ursachen findet, es nicht zu werden. Viktor wurde noch kälter durch Klotildens Eltern, die mitgekommen, und von deren Fehlern ihm auf einmal der Deckmantel weggezogen zu sein schien; an Personen, die man einer dritten wegen zu hoch geachtet, nimmt man, wenn uns die dritte nicht mehr zwingt, durch eine größere Heruntersetzung derselben Rache. Auch sagte er zu sich: »Da sie ihren Bruder Flamin jetzo selten sieht: so wär's einfältig, sie einer verlegnen Minute durch die Erzählung bloßzustellen, daß ich die Verwandtschaft weiß.« – Armer Viktor! – Gleichwohl wars ihm unmöglich, sein Herz nur mit so viel elektrischer Wärme vollzuladen – er rieb es mit Katzenfellen, er schlug es mit Fuchsschwänzen –, als dasein mußte, daß sein Puls wenigstens voll für Joachimen gegangen wäre, geschweige fieberhaft; aber *eben dieses* bestimmte ihn, sich gerade so zu betragen, als wären Herz und Pulse voller: »Es wäre unedel,« (dacht' er) »wenn es die gute Joachime entgelten müßte, daß ich einmal andere Hoffnungen und Wünsche gehabt als die neuesten.« Diese Aufopferung erwärmte ihn mit eigner Achtung; diese Achtung gab ihm den männlichen Stolz, der mit seiner Liebe und seiner Wahl allen vier Weltteilen trotzt; dieser Stolz gab ihm wieder Freiheit und Freude – und jetzo war er imstande, mit Klotilden zu reden wie ein vernünftiger Mensch.

Diese ganze innere Geschichte nahm freilich einen zwölfmal

größern Zeitraum ein als Muhameds Reise durch alle Himmel – fast eine gute Stunde. Ein Zufall aber warf sich zwischen alle seine Ideen. Da nämlich die Ministerin eine wahre Gelehrte war – sie wußte, daß ein paar Quarzdrusen und einige Präparate und ein ertränkter Fötus noch keinen Gelehrten machen, sondern erst ein Lehrsaal voll Naturalien und ein Lesekabinett –, und da der Kammerherr Le Baut ein Gelehrter war – denn sein Kabinett war ebenso groß –: so wurde dem Kammerherrn die Sammlung gezeigt, die er selber bereichern helfen. Man sollte denken, sie hätten einander ausgelacht und für Narren gehalten: aber sie hielten sich wirklich für Gelehrte; denn den Großen wachsen die Früchte vom Baume des Erkenntnisses so ins Fenster und ins Maul – sie haben so viele Leichtigkeit, Kenntnisse zu erlangen (daher die zweite, sie zu zeigen) – sie suchen im Brunnen der Wahrheit so selten etwas anders als ihr eignes, mit Wasserfarben gemachtes Kniestück, und in die Tiefe dieses Brunnens zu waten, wäre für sie eine solche Erkältung – und doch gehen sie auf der andern Seite mit so vielerlei Personen von Kenntnissen aus allen Fächern um – – daß sie von allem etwas über der Tafel erfahren und durch die Ohren, durch Mundüberlieferung, wie die Schüler der Alten, Vielwisser werden. Wenn sie nachher gar das, was ihnen ungehört geblieben, vollends zu entbehren wissen, was ist dann zwischen ihnen und den ärmsten Gelehrten für ein Unterschied als der in dem Bewußtsein?

Im Naturalien- und Bücherkabinett lag noch die ganze Neujahr-Ladung von summenden Käfern mit goldnen Flügeldecken ohne Flügel – ich meine die vergoldeten Musenalmanache. Matthieu, dieser Nachahmer der tierischen Nachtigallen, war der Erbfeind der menschlichen, nämlich der Dichter. Er sagte – was in eine Rezension besser gepasset hätte –: »er sei ein großer Freund von Versen, aber im Winter – denn wenn er so durch die Blumen-Beete eines Almanachs streiche, so werd' er, wie einer, der durch ein Bohnenfeld geht, schläfrig genug und könne einschlafen. – Und da gerade die Nächte länger würden, und man also einen längern Schlaf bedürfe, so sei es schön, daß die Almanache gerade mit Winteranfang erschienen, und daß diese Blumen mit den

Moosen zu einerlei Jahrzeit blühten – so könne man doch am murmelnden Bache in den Versen einschlafen, wenn das Murmeln und Schlafen auf der gefrornen Wiese nicht mehr gehe.« – –

Unser Viktor war so satirisch wie der Evangelist; er hatte im Hannöverischen so gut wie dieser hier gelacht – z. B. er hatte beklagt, daß die meisten Almanachsänger leider mehr für den Kenner arbeiteten als für dumme Leser und schon zufrieden wären, wenn sie nur jenen in den Schlaf versetzten – daß ein Mensch, der keine Prose schreiben könnte, versuchen sollte, ob er zu keinem Volksänger tauge, wie nur *die* Vögel, die nicht *reden* lernen, *singen* können – daß er einen guten Almanach am ersten und angenehmsten durchbringe, wenn er bloß die Reime durchlaufe – und daß flache Köpfe wie flache Diamanten, denen keine Facetten zu geben sind, zu *Herzen* würden und uns statt der Gedanken Tränen gäben, in denen nicht einmal das Aufgußtierchen eines Gedankens schwimme....

Aber er sah noch eine Seite mehr als Matthieu, nämlich die edle. – Es war seine Gewohnheit, gerade diese vorzudrehen, wenn ein anderer nur die schlechte gewiesen, und umgekehrt. Seine Meinung war: »die Dichter wären nichts als betrunkene Philosophen – wer aber aus ihnen nicht philosophieren lerne, lern' es aus Systematikern ebensowenig – die Philosophie mache nur die *Silberhochzeit* zwischen Begriffen, die Dichtkunst aber die erste – leere *Worte* geb' es, aber keine leere *Empfindungen* – der Dichter müsse, um uns zu bewegen, bloß alles Edle zum Hebel nehmen, was auf der Erde ist, die Natur, die Freiheit, die Tugend und Gott; und eben die Zauberstäbe, die magischen Ringe, die Zauberlampen, womit er uns beherrsche, wirken endlich auf ihn selber zurück.« –

Er legte diese Meinung – als Matthieu die seinige und Joachime ihre eigne vorgetragen, daß nämlich ihr an den Musenalmanachen wenigstens zwei oder drei Blätter gefielen, nämlich die glatten Pergamentblätter – viel kürzer vor; – die Ministerin war der seinigen (denn sie war selber eine Versifexin); – der Kammerherr sagte, »jede Stadt und jeder Fürst bete ja die Dichter in eignen Tempeln an – nämlich in den Schauspielhäusern«; – Klotilde durfte sich nun zu den Siegern schlagen: »Wenn man im Januar einen Dichter lieset, so ists so lieblich, als wenn man im Junius spazieren geht. – Ich kann weder Philosophen noch Gelehrte lesen; es bliebe mir« (sie wollte sagen: ihrem Geschlechte) »daher gar zu wenig, wenn man mir die lieben Dichter nähme.« – »Sie würden höchstens« (sagte endlich der Minister) »Ihre Schüler an ihnen finden; Dichter bekümmern sich, wie die Heiligen, wenig um die Welt und ihr Wissen; sie können den Staat besingen, aber nicht belehren.« – O du grinsende Mumie, dachte Viktor, ein Edelstein, den du nicht als einen Staatsbaustein vermauern kannst, ist dir weniger als ein Sandblock. Wenn du nur jede flammende, als eine Ergänzung der republikanischen Antiken dastehende Seele zu einem Unterschreiber, zu einem Zollkommisar oder Kammerfiskal einsetzen könntest (wie die Großkairer die Ruinen zu Ställen und Pferdetränken verbauen)! – Der edle Matz fügte bloß hinzu: »In Rom war ein Maler, der mit jedem nur singend sprach; und ich kannte einen großen Dichter, der nicht einmal im gemeinen Leben Prose konnte; er konnte aber mehres nicht und hatte wenig Welt, aber viel Welten im Kopfe – er wird, wenn er sich drucken lässet, seinen Lesern kaum mehre Täuschungen geben, als ihm jeder schon gemacht hat, der wollte.« – – Viktor sah aus Klotildens gesenktem Auge, daß sie so gut wie er merke, daß der Teufel ihren Dahore meine; aber er schwieg; seine Seele war traurig und erbittert; aber er war längst durch den Hof die zu ertragen abgehärtet, die er hassen mußte.

Unter dieser Disputation hatte der edle Matz die ganze Gruppe unvermerkt in schwarzem Papier nachgeschnitten. »Ach!« sagte Joachime, »das ist nicht das erstemal, daß er Gesellschaften *schwarz* abbildet.« – Da aber Viktor Silhouettengruppen niemals sehen konnte, ohne an uns zerrinnende Schatten-Menschen, an dieses versiegende Zwerg-Leben, an die auf das Leben gezeichneten Nachtstücke und an die Schattenpartien, die man Völker nennt, zu denken – und da ihn daran außer seiner Traurigkeit und außer einem Wachs-Skelett von Mad. Biheron, das im Naturaliensaale mit dastand, noch mehr die blasse Gestalt Klotildens erinnerte – und da diese, mit den vergleichenden Augen auf dem Gerippe und dem Schattenbilde, leise zu Viktor sagte: »Mich könnten zu einer andern Zeit so viele Ähnlichkeiten traurig machen« – so durchschnitt sein volles Herz der scharfe Schmerz über seine ewige Armut und über die Gewißheit: »Dieses schöne Herz bewegt sich nie für deines, und wenn ihr Freund Emanuel gestorben ist, bleibst du immer allein« – und er trat ans Fenster, drehte es hart auf, schlang den Nordwind ein, zerdrückte mit der Faust die zwei Augäpfel und ging mit den – vorigen Zügen wieder zu den andern.

Aber für heute hatten solche Erschütterungen zu tief in sein Herz hineingerissen. Und da ihm Klotilde in einer einsamen Sekunde sagte, daß die Pfarrerin und Agathe über sein Außenbleiben zürnten: so war er, dem sich bei diesen Namen die ganze bewölkte Vergangenheit wie ein Himmel auftat, nicht imstande eine Antwort zu geben.

Als er nach Hause kam, redete Klotildens Stimme, die er unter allen ihren Reizen am wenigsten vergessen konnte, unaufhörlich und wie das Echo eines Trauergesangs in seiner Seele... Leser, wenn das, was du liebtest, lange verschwunden ist aus der Erde oder aus deiner Phantasie, so wird doch in Trauerstunden die geliebte *Stimme* wiederkommen und alle deine alten Tränen mitbringen und das trostlose Herz, das sie vergossen hat!... Aber nicht bloß ihre Stimme, sondern alles drängte sich im Finstern um seine Phantasie, ihr bescheidenes Auge, das nicht hofmäßig blitzte und ertrotzte und suchte, wie der andern ihre, diese behutsame Feinheit, die ihm seit seinem Hofleben weder an ihr noch an seinem Vater mehr zu groß vorkam – dazu setze man noch das Bild Joachimens und sein Chaos von Widersprüchen und die Bemerkung, daß ein Mensch, den die gewissesten Beweise, ungeliebt zu sein, beruhigt haben, doch bei einem *neuen* wieder leidet: so kennt man die Bewegungen, die der Schlaf, diese Meerstille des Lebens, bei ihm stillen mußte. –

»Das war das letzte Fieberschauer«, sagt' er am andern Morgen und bauete auf sein jetziges Herz, dessen Entzündungen wie die der Vulkane täglich ihren Kessel mehr ausbrannten. Er gebot sich daher eine wöchentliche Flucht vor der zu teuern Seele, in der Absicht, daß der neue Nachklang seiner Liebe in seinem Herzen auszittere und alles wieder still werde darin.

Aber nach einer Woche sah er sie wieder: wahrlich, der Teufel saß wieder am Spieltisch und spielte gegen ihn eine andere Farbe aus – *Rot.* Klotilde sah nicht blaß, sondern, obwohl nur wenig, rot aus. Dieses Rot machte an seinem innern Menschen einen großen Klecks und verfälschte sein inneres Kolorit, wie Schwarz jede Malerfarbe. Denn als er sie genesen wiederfand: so wars ihm nicht sowohl *angenehm* – denn er sah, wie wenige Verdienste er mehr um ihre Ruhe habe, wie sie ihn nicht einmal in diesem Warenlager von Menschen-Makulatur aushebe, und wie dumm er gewesen, daß er sich heimlich, ganz heimlich träumen lassen, »ihre vorige Bleichheit komme gar von ihrer vergeblichen Sehnsucht nach ihm seines Orts her« –, desgleichen wars ihm auch nicht *unangenehm* – denn er hätte all sein Herzblut dahingegossen, um damit eine einzige Pulsader in ihr wieder in den Gang zu bringen –, ich sage, es war ihm nicht sowohl angenehm oder unangenehm als beides, als unerwartet, als ein Wink, des – Teufels zu werden. Sein Herz und das Bild, das zu lange darin war, wurden gar entzweigedrückt: »Es sei!« sagt' er und zerbiß die krampfhafte Lippe, womit ers sagte. – Einige Tage lang mocht' er nicht einmal Joachime sehen. »Hat diese denn ein Auge für die Natur und ein Herz für die Ewigkeit?« fragt' er, und er wußte wohl die Antwort.

Jetzo ging eine Zeit für ihn an, die gerade das Gegenteil der Sabbatwochen war – man kann sie die *Renn-Wochen* oder die *Tarantel-Tanzstunden* der Besuche nennen. Es ist eine verdammte Zeit, der Mensch weiß nicht, wo er steht. Sie fiel bei Viktor gerade in die Wintermonate, wo ohnehin die sausenden Butterwochen der Städte und Höfe sind. Ich will sie jetzt ordentlich schildern.

Viktor suchte nämlich sein uneiniges unglückliches Herz zu überschreien und zu betäuben – nicht mit den Trommelwirbeln der Lustbarkeiten; unter diesen verblutete es vielmehr, so wie unter dem Trommeln die Wunden stärker fließen: sondern – mit Menschen; diese waren die blutstillenden Schrauben, die er um seine Seele legte. Sein Leib war jetzt wie der katholische Reliquienleib eines Apostels an allen Orten; er verlief den ganzen Tag, bald mit, bald ohne den Fürsten.

In Flachsenfingen war zuletzt keine Dame mehr, der er nicht die Hand geküsset hatte – und kein Nachttisch mehr, wo ers dabei hätte bewenden lassen.

Er machte in den *Rennwochen* doppelte Schleifen – französische Pas – Tupfdesseins – kleine Komödien – Scharaden – Rezepte für Kanarienvögel – Verse für Fächer – tausend Besuche – und noch mehr Morgen-Briefchen....

Letzte, die er bekam und schickte, waren französisch geschrieben und französisch gebrochen – nämlich zu Haarwickeln gequetscht: »Es sind«, sagt' er, »die Haarwickel weiblicher Gehirnfibern – die Patronen voll Amors-Pulver – die Kokons der liebenden Schmetterlinge« – er sprach vom Steigen und Fallen dieser weiblichen Papiere und nennte sie noch die Aushängebogen des weiblichen Herzens und die Schmutztitelblätter der koketten Edikte von Nantes. »Ich behaupte dies,« – setzt' er hinzu – »um mich vom Hofjunker Matthieu zu unterscheiden, ders leugnet, weil er gar verficht, anfangs dringe man den Schönen Briefe auf, dann Dinge von mehr Kubikinhalt, z. B. Fächer, Juwelen, Hände, dann endlich sich selber, so wie die Posten anfangs nur Briefe aufnahmen, dann Pakete, endlich Passagiere.« –

Er fand diejenigen Weiber täglich amüsanter, die uns Leuten von Verstand das Herz aus der Brust und das Gehirn aus dem Kopf entwenden, und zwar (wie jener Edelmann anderes Zeug) nicht aus Liebe zum gestohlnen Gute, sondern aus Liebe zum *Rauben*– sie schicken wie der Edelmann den andern Morgen das Gut dem Eigner redlich wieder zu. Ihre Feinheiten – die seinigen – seine Wendungen, um ihren auszuweichen – die Aufmerksamkeit, die man auf sich wenden muß – die Gelegenheit, alle Empfindungen unter die feinsten Trennmesser zu bringen, oder unter Sonnen- und Mondmikroskope – die Leichtigkeit, den aufrichtigsten Wahrheiten den sauern Geschmack und den angenehmsten den süßlichten zu benehmen – – dieses machte ihm die Nachttische der Weiber, besonders der koketten, zu Lektisternien und Göttertischen: »Beim Himmel,« sagte der Nacht-Tischgänger oder Toiletten-Panist, »ein Mann ist bloß ein Holländer, höchstens ein Deutscher, aber eine Frau ist eine geborne Französin oder gar eine Pariserin – der Mann verbirgt seine moralische wie seine physische Brust – Gedanken und Blumen, die nicht durch die Raufen der vier Fakultäten durchfallen, Empfindungen, die nicht in den Akten oder in einem ärztlichen Befundzettel können beschrieben werden, muß man wahrlich nur einer Frau und keinem Manne sagen, zumal einem flachsenfingischen«... oder einem scheerauischen. –

Um sich zu entschuldigen, daß er mit den Koketten auf dem Fuß eines Sammliebhabers umging, berief er sich auf seine Absicht – sie bloß kennen lernen zu wollen – und auf den vortrefflichen *Forster*, der in Antwerpen vor Rubens' Maria, die auf dem Altarblatt gen Himmel fährt, so gut wie ein geborner Katholik *hinkniete*, bloß um sie näher zu beschauen.

Er hatte noch eine gefährlichere Entschuldigung: »Der Mensch«, sagte er, »sollte alles sein, alles lernen, alles versuchen – er sollte an der *Vereinigung* der beiden *Kirchen* in seiner Seele arbeiten – er sollte, wenn nur auf ein paar Monate, ein Stadtmusikus, Totengräber, Galgenpater, ein Ingenieur, Tragödiensteller, Oberhofmarschall, ein Reichsvikarius, Vizelandrichter, ein Rezensent, eine Frau, kurz alles sollte der Mensch auf einige Tage gewesen sein, damit aus dem Farbenprisma zuletzt die weiße vollkommne Farbe zusammenflösse.« –

Die Grundsätze werden desto gefährlicher bei einem wie er, der, mit den hochgespannten Saiten der unähnlichsten Kräfte bezogen, leicht den Ton eines jeden angab, nicht aus Verstellung, sondern weil sich seine Umgangs-Dichtkraft tief in die Seele des andern versetzen konnte – daher gewann, ertrug und kopierte er die unähnlichsten Menschen, ungeachtet seiner Aufrichtigkeit. Ich bedaure ihn aber, daß er überall so viel zu verschweigen hatte, sein Erraten des Fürsten, sein Herz gegen Klotilde, seine Versöhn-Intrigen gegen Agnola, seine Wissenschaft von Flamins Verhältnissen u. s. w. Ach Verschweigen und Verstellen fließen leicht zusammen, und müssen nicht Tropfen in den festesten Charakter, sobald er immer unter der Traufe steht, endlich Narben graben?

Nichts erkältet mehr die edelsten Teile des innern Menschen als Umgang mit Personen, an denen man keinen Anteil nehmen kann.

Dieses Gastwirtleben am Hofe, täglich Leute zu sehen, die nicht einmal Ich sagen, deren Verhältnisse man so gleichgültig unkennt wie deren Talente, wenn sie nicht ein Bedürfnis sucht – dieses Haschen nur nach dem nächsten Augenblick – dieses Vorüberrennen der feinsten und geistreichsten Fremden und Besuchameisen, die in drei Tagen vergessen sind – alles dieses, was die Paläste zu russischen Eispalästen macht, wo sogar der *Ofen* voll Naphthaflammen eine Eisscholle ist, wozu ich das *komische* Salz gar nicht zu setzen brauche, das ohnehin alles warme Blut, wie *glauberisches* das heiße Wasser, erkältet, alles dieses machte sein Herz öde, seine Tage kahl und lästig, seine Nächte beklommen, sein Betragen zu kalt gegen Gute, zu duldend gegen Schlimme.

Noch dazu schwieg sein Emanuel und schloß, wie die Natur, seine Blumen in sich ein. – Wen die Natur ernährt und erhebt, der ist im Winter nicht so gut als im Sommer. Die Erde hatte ihren Pudermantel von Schnee um und den ganzen Tag die Nachtkleidung an, die Bäume hatten ihre Knospen in die Flocken-Papilloten gewickelt, und die Äste sahen wie Haarnadeln aus – Viktors Seele war wie die Natur; o! der Himmel wärme bald in beiden die Blumen des Frühlings an!

Da die Krankheitgeschichte meines Viktor mich zu schmerzhaft an die versteckten Gifte im menschlichen Körper erinnert: so soll sie bald zu Ende sein. Es gefiel ihm, daß er durch das Herumflattern immer galanter und kälter gegen alle weibliche Personen wurde – das Seil der Liebe schneidet weniger tief in den Busen ein, wenn es, in Fäden und Flocken ausgezupft, um alle flattert. Er, der, wie sein Namenvetter, der heilige Sebastian, ganz mit (Amors) Pfeilen vollgeschossen aussah, ließ Pfeile anderer Art gegen das ganze Geschlecht, wiewohl nie gegen Einzelwesen, fliegen. In diesem letzten Umstand war seine Bitterkeit von Matthieus seiner unterschieden, der z. B. von seiner eignen Base, die ihre Schönheit durch späte Blattern verloren, sagen konnte: »Ihre Schönheit hielt sich recht tapfer gegen die Blattern und trug aus diesem Siege die herrlichsten *Narben* davon, und zwar alle, wie Pompejus' Ritter, von vornen im Gesicht.«

Wie Teufelsdreck zum haut-gout gebracht wird, so würzet man

das feinste savoir vivre durch einige kühne Unhöflichkeiten. Bastian war in der Tarantelzeit durch nichts verlegen zu machen – er ging und kam wie ein Pariser ohne Umstände – er suchte oft kühne, aber vorteilhafte Stellungen seines Körpers – unter dem Schauspiel tat er Reisen durch die Logen, wie der Fürst durch die Kulissen – er brachte es (obwohl mit Mühe, und nur indem er sich immer das Muster der Hofleute vorhielt) fünfmal dahin, daß er gleichgültig zuhörte oder gar wegschauete, wenn ihm der andere erzählte; welches alles, wenn nicht wesentliche, doch Nebenstücke der wahren Höflichkeit sind.

Auch will ich zu seinem Ruhm nicht unbemerkt lassen, daß er sich die ordentlichen *erotischen* und *satirischen* Freiheiten der *gallikanischen* Kirche gegen mehre Weiber auf einmal nahm; denn vor einer einsamen hatt' er noch die alte Ehrerbietung eines edlen Herzens. Ich will von jenem doch ein Beispiel geben. Einmal war er unter fünf Verleumderinnen (die Gesellschaft bestand aus sechs Frauenzimmern und *einer* Mannsperson); die häßlichste schwärzte alle, sogar gedruckte Mädchen an, z. B. die verstorbene Klarisse, der sie vorrückte, sie habe gegen Lovelace nicht genug gewußt sauver les dehors de la vertu. Man muß es gewärtig sein, wie die Königsberger Schule es in ihren Rezensionen aufnimmt, daß er sich vor der Verleumderin auf ein Knie hinließ und mit einigem Ernst sagte: »O Clarisse! Voici Votre Lovelace, retranchons quatre tomes et commençons comme les faiseurs d'Epopées par le reste.[1]«

Freilich warf er sich die Tarantelzeit häufig unter der Tarantelzeit vor; und da der Heidenvorhof seines Herzens so voll Weiber wurde, indes im Allerheiligsten desselben nichts war als ein stummes Dunkel, und da sein Kopf ein Insektenkabinett von Hofkleinigkeiten wurde: so seufzete er freilich oft in seinem Erker: »O! komme bald, guter Vater, damit dein sinkender Sohn aus diesem schmutzigen Märznebel in ein helleres Leben steige, eh' er sich ganz befleckt hat, daß er nicht einmal diesen Wunsch mehr tut« – und sooft er in Joachimens Zimmer die Prospekte von

[1] d. h. O Klarisse! Da haben Sie Ihren Lovelace, wollen wir die vier ersten Bände überspringen und wie Epopöendichter gleich beim Überrest anfangen.

Maienthal – welche Giulia vom Porträtmaler. Klotildens machen lassen – zu Gesichte bekam: so zog er mitten im Scherzen das Auge von ihnen mit einem Seufzer weg – – Aber geheilt wurd' er nicht, als bis das Schicksal sagte: jetzt! Da klopfte der Theaterschlüssel auf einmal, der die Menschen in der Schauspielerprobe des Lebens – das Schauspiel selber wird erst im zweiten gegeben – kommen und handeln heißet; und es trug sich etwas zu, was ich sogleich im folgenden Kapitel berichten werde, wenn ich in diesem auserzählet habe, wie Viktor mit allen Leuten um sich her stand.

Mit manchen eigentlich schlecht – erstlich mit Klotilden. Sie wohnte zwar bei dem Minister – als Hofdame hätte sie ins Paulinum gehört, allein der Fürst hatte es wegen der Leichtigkeit, sie zu sehen, so karten lassen –, aber sie war immer um die Fürstin, mit der sie bald ein ähnlicher Ernst und eine ähnliche Zurückhaltung verknüpfte. Ihre Gleichgültigkeit gegen einen, der mit ihr einen gemeinschaftlichen Freund und Lehrer hatte, gab diesem Viktor eine noch größere, zumal da er wußte, sie müßte fühlen, daß in dieser kalten Berg- und Hofluft nur ein einziger, obwohl falber Nelken-Absenker ihrer schönen Seele blühe, er selber nämlich. Auch mußte ihm der Zwang des Wohlstandes, sie kalt anzuschauen, zur Gewohnheit werden. Am schlimmsten wars für ihn, daß sie gleichgültig war ohne Empfindlichkeit und kalt mit Achtung für ihn. Andere waren ganz toll über das »tugendhafte Phlegma dieser Pygmalions-Bildsäule.« Der edle Matz nannte sie oft die *heilige* Jungfrau oder die Demoiselle Mutter Gottes. Es konstiert und erhellet ganz deutlich aus den vor mir aufgeschlagenen Hunds-Manualakten, daß einige Herren vom Hofe nach verschiedenen verdorbnen Versuchen, sich die mit so vieler Schönheit unverträgliche Tugend zu erklären, bald aus Temperament, bald aus verhehlter Liebe, bald aus einer koketten Sprödigkeit, die sich wie das Wasser bei St. Clermont endlich zur *eignen Brücke über sich* selber versteinert, daß diese listigen Herren recht glücklich auf die Vermutung verfielen, Klotilde nehme diese Maske als eine Kopie des Gesichts der Fürstin vor ihres, um in der Gunst zu bleiben. Daher wurde Klotildens züchtige Tugend von den meisten mit größerer Schonung beurteilt, indem man sie als eine absichtliche Nachahmung des ähnlichen Fehlers der Fürstin schon entschuldigen konnte durch das Beispiel ähnlicher Nachahmungen, da Hofleute oft die größten äußern Naturfehler, ja die Tugenden eines Regenten nachäfften. – So dachte wenigstens der billigere Teil des Hofes.

Agnola war unserem Helden einen immer größern Dank für die Besuche Jenners zu zeigen beflissen, ob sie gleich, denk' ich, die untreue Absicht des Fürsten in der Gegenwart Klotildens ebensogut entdecken konnte, als sie zuweilen in Viktors Seele bei der Gegenwart Joachimens blicken mochte... Überhaupt hätt' ich den Leser längst bitten sollen aufzupassen: ich trage die Sachen mit erlaubter Dummheit vor, obwohl mit historischer Treue; sind nun feine, spitzbübische, wichtige, intrigante Züge und Winke darin, so ists ohne mein Wissen, und ich kann sie also dem Leser nicht anweisen mit einer Zeigerstange, oder ansagen mit einer Feuertrommel, sondern er selber – weil er Hofgeschichten versteht – muß wissen, was ich mit meinen Winken haben will, nicht *ich.*

Mit Joachimen wäre Viktor recht gut gefahren – da er alle Fehler, die er bei andern Weibern und nicht bei ihr antraf, ihr als Tugenden in Rechnung brachte, und da er sich mit ihrem Ich mehr verflocht; denn die Fehler der Mädchen kommen wie Schokolade und Tabak dem Gaumen anfangs desto toller vor, je besser sie ihm nachher schmecken – er wäre gut gefahren, ohne zwei Ecksteine; aber die waren da. Der erste war – denn ich will seine kleine Ärgernis über die kurze Dauer ihrer schönen Weihnacht-Empfindsamkeit nicht rechnen –, daß sie immer Klotilden tadelte, besonders ihre »affektierte« Tugend. Der zweite war, daß Klotilde sie ebensowenig suchte: Viktor konnte niemand lieben, den Klotilde nicht liebte. – Und jetzt sind die Rennwochen und Visiten-Taranteltanzstunden *eines* Menschen zu Ende; aber ach die ganze Nachwelt muß noch dieselbe heiße Linie der Narrheit und Jugend passieren.

24. Hundposttag

Schminke – Krankheit Klotildens – Schauspiel Iphigenie – Unterschied der bürgerlichen und der stiftfähigen Liebe

Am 26sten Februar fand Viktor morgens bei Joachimen – die stolze Klotilde. Ich weiß nicht, war diese aus Zufall oder Höflichkeit oder deswegen da, um einer Person, die von Viktor mit einigem Interesse behandelt wurde, näher zu begegnen. Aber, o Himmel! die Wangen dieser Klotilde waren blaß, die Augen wie von einer ewigen Träne überhaucht, die Stimme gerührt, gleichsam gebrochen, und der bleiche Marmorkörper schien nur das Bild zu sein, das am Grabmal der entflognen Seele steht. Viktor vergaß die ganze Vergangenheit, und sein Innerstes weinte vor Sehnsucht, ihr beizustehen und aus ihrem Leben alle trübe Winterlandschaften wegzulöschen. »Ich befinde mich heute wie gewöhnlich«, sagte sie auf seine hofärztliche Frage, und er wußte nichts aus dieser unerwarteten Erbleichung zu machen – er konnte heute überhaupt nichts machen, nicht einmal einen Scherz oder eine Schmeichelei – seine in Mitleid zergangne Seele wollte keine Form annehmen – verwirrt war er auch. Klotilde ging bald; – und ihm wär's heute für ganz Großpolen (diese in der Eisfahrt der Völker- und Kronenwanderung schön sich abschleifende Eisscholle) nicht möglich gewesen, nach ihr noch eine halbe Stunde zu verbleiben.

Er hätte ohnehin gehen müssen; denn der Hofjunker Matthieu rief ihn zur Fürstin. Die Zeit war ungewöhnlich: er konnte es nicht erwarten und nicht erraten, was es gebe. Der Evangelist lächelte (das tat er überhaupt jetzt öfter über die Fürstin) und sagte: »den Fürsten und Fürstinnen sei bloß das Wichtige klein, und das Kleine wichtig, wie Leibniz von sich selber sagte[1]. Wenn ihnen die Krone und eine Haarnadel miteinander vom Kopfe fallen: so suchen sie vor allen Dingen die Nadel.«

Beiläufig! Es wäre Bosheit von mir gegen den edlen Matthieu, wenn ichs länger unterdrückte, daß er seit einiger Zeit gegen mei-

[1] Er irret, Leibniz sagte bloß: alles Schwere werd' ihm leicht, alles Leichte schwer.

nen Helden viel sanfter und inbrünstiger geworden – welches bloß an einem andern Menschen als er, ich meine an einem nachstellenden Schelm, ein Kains-Zeichen wäre und etwan so viel bedeutete wie das Wedeln eines Katzenschwanzes. –

Viktor erstaunte über die Bitte der Fürstin, – Klotilden zu heilen: das heißt, nicht über das Bitten – denn sie beehrte ihn öfters damit –, sondern über die Nachricht, daß Klotilde, auf deren Wangen er bisher die Äpfelblüten der Gesundheit auf Kosten seiner Seele in den *Rennwochen* gesehen, bloß taube Blüten getragen, nämlich bloß Schminke, die ihr die Fürstin wegen der Gleichblüte mit den übrigen roten Kupferblumen des Hofes hatte *befehlen* müssen. Agnola, die, wie ihr Stand, rasch war, ersuchte ihn noch, als er zur medizinischen Oberexaminationskommission ernennet war, sein Amt nur ja recht bald, schon heute sogleich im Schauspiele zu verwalten, wo er die Examinandin treffen werde.

Und er fand sie. Das Schauspiel war ein aus Eldorado gelieferter funkelnder Solitär, Goethes *Iphigenie.* Da er die Kranke wieder mit dem Abendrot der Schminke sah, worin sie auf fremdes Geheiß sogar unter dem Untergehen schimmern sollte – da er dieses stille, zum Altar gleichsam rot bezeichnete Opfer, das er und andere von seinen Fluren, von seinen einsamen Blumen weggetrieben unter die Opfermesser des Hofs, den Untergang seiner Wünsche stumm erdulden sah, und da er mit dem weiblichen Verstummen das männliche Toben verglich – und da Klotilde ihren Schmerz der Iphigenie geliehen zu haben schien mit der Bitte: »Nimm mein Herz, nimm meine Stimme und klage damit, klage damit über die Entfernung von den Jugendgefilden, über die Entfernung vom geliebten Bruder« – und da er sah, wie sie die Augen fester an die Iphigenie, wenn sie nach dem verlornen Bruder schmachtete, anzuschließen suchte, um die Ergießung und die Richtung derselben (nach ihrem eignen auf dem Parterre, nach Flamin) zu beherrschen: o dann hatten so große Schmerzen und ihre Zeichen in seinen Augen und Mienen einen solchen Vorwand nötig, wie die Allmacht des Genius ist, um mit Schmerzen der dichterischen Täuschung verwechselt zu werden.

Nie hat ein Arzt seine Kranke mit größerer Teilnahme und

Schonung ausgefragt, als er Klotilden im nächsten Zwischenakte: er entschuldigte seine Zudringlichkeit mit dem Befehle der Fürstin. Ich muß vorher berichten, daß die Kranke – ob er gleich bisher ein fallender Petrus war, den manches Hahngeschrei mehr zum Weinen als zum Bessern gebracht – doch die zweite Person blieb, die er nie verleugnete, d.h. die er nie mit seinen jetzigen frivolen, launichten, kühnen, fangenden Wendungen anredete. Die erste Person, welche er zu hoch achtete, um mit seinem jetzigen Herzen an sie zu schreiben, – war sein Emaunel.

Klotilde antwortete ihm: »sie sei so wohl wie immer: das einzige, was an ihr krank sei,« (sagte sie lächelnd) »nämlich die Farbe, sei schon unter den Händen einer Wundärztin, die sie wider ihre Neigung bloß von außen heile.« Diese scherzhafte Erwähnung des von der Fürstin dekretierten Schminkens hatte die doppelte Absicht, ihr Schminken zu entschuldigen und den Doktor aus seinem weichherzigen Ernst zu bringen. Aber das erste war unnötig – da im Theater sogar Damen, die nie Rot auflegen, es beim Eintritt in die Loge auftrugen und beim Ausgang ausstrichen, um nicht an einem Baum voll glühender Stettineräpfel als die einzigen Quitten dazuhängen, und da überhaupt von dem ganzen weiblichen Hofstaat die mineralischen Wangen als Hof-Gesichtlivree gefodert wurden. Das zweite war vergeblich; vielmehr schwollen die Wunden seines Herzens durch zweierlei höher: durch jenes kalte, fast schwärmende Ergeben ins Verblühen – und durch etwas unaussprechlich Mildes und Weiches, was oft im weiblichen Gesicht das brechende Herz, das fallende Leben bezeichnet, wie das Obst durch *weiches* Nachgeben beim *Druck* seine Reife ansagt.

O ihr guten weiblichen Geschöpfe, macht euch der Kummer, da euch die Freude schon verschönert, vielleicht darum noch schöner und zu rührend, weil er euch öfter trifft, oder weil sich jener in diese kleidet? Warum muß ich hier die Freude über euer Erdulden und Verschleiern der Schmerzen so flüchtig bekennen, da jetzt vor meiner Phantasie so viele Herzen voll Tränen mit offnen Angesichtern voll Lächeln vorüberziehen und eurem Geschlechte das Lob erwerben, daß es sich dem Kummer so gern wie der Freude öffne, wie die Blumen, ob sie sich gleich nur vor der Sonne auftun, doch auch auseinandergehen, wenn diese der Wolkenhimmel überzieht? –

Viktor, ohne durch ihre Antwort irre zu werden, fuhr fort: »Vielleicht können Sie sich nicht von der schönen Natur entwöhnen und von der Bewegung – das Nachtsitzen, das ich selber empfinde« – – Sie ließ ihn nicht ausreden, um ihn daran zu erinnern, daß sie ja die jetzige Farbe von Hause an den Hof mitgebracht. Man sieht aber in dieser Erinnerung mehr Schonung als Wahrheit; denn sie wollte ihr Hofamt nicht gerade vor dem verklagen, der es ihr erlangen half. – – Viktor, der ihre Kränklichkeit so sicher sah, und doch keine Frage mehr vorzulegen wußte, stand stumm, verlegen da. Das eigne Schweigen löset den Zurückhaltenden die Zunge: Klotilde fing selber an: »Weil ich nichts weiß, was mir hier schadet, als die Schminke: so bitt' ich meinen Arzt, mir diesen Diätfehler zu untersagen« – d. h. die Fürstin zum Widerruf ihres Schminkedikts zu vermögen – »Ich mag gern«, fuhr sie fort, »doch einige Ähnlichkeit mit zwei so guten Freunden, Giulia und Emanuel, bekommen« – d.h. die blasse Farbe, oder auch die Meinung des baldigen Todes. – Viktor stieß ein hastiges Ja heraus und wandte das schmerzende Auge gegen den auffliegenden Vorhang.

Nie waren wohl die Szenen der Spieler und der Zuhörer sich ähnlicher. Iphigenie war Klotilde – der wilde Orest, ihr Bruder, war ihr Bruder Flamin – der sanfte helle Pylades sein Freund Viktor. Und da Flamin unten im Parterre mit seinem wolkigen Angesicht stand – (er kam nur, um seine Schwester bequemer zu sehen) –, so war es unserm und seinem Freunde so, als würd' er von ihm angeredet, als Orest zu Pylades sagte:

– Erinnere mich nicht jener schönen Tage,
Da mir dein Haus die freie Stätte gab,
Dein edler Vater klug und liebevoll
Die halb erstarrte junge Blüte pflegte;
Da du, ein immer munterer Geselle,
Gleich einem leichten bunten Schmetterlinge

Um eine dunkle Blume, jeden Tag
Um mich mit neuem Leben gaukeltest,
Mir deine Lust in meine Seele spieltest.

Klotilde fühlt' es ebenso schmerzhaft, daß man auf der Szene ihr Leben spiele, und kämpfte gegen ihre Augen... Aber da Iphigenie zu ihrem Bruder Orest sagte:

O höre mich! O sieh mich an, wie mir
Nach einer langen Zeit das Herz sich öffnet
Der Seligkeit, dem Liebsten, was die Welt
Noch für mich tragen kann, das Haupt zu küssen –
O laß mich, laß mich, denn es quillet heller
Nicht vom Parnaß die ewige Quelle sprudelnd
Von Fels zu Fels ins goldne Tal hinab,
Wie Freude mir vom Herzen wallend fließt
Und wie ein selig Meer mich rings umfängt –

– und da Klotilde traurig den größern Zwischenraum der Schmerzen und der Tage zwischen sich und ihrem Bruder übermaß: so quollen ihre großen, so oft am Himmel hängenden Augen voll, und ein schnelles Niederbücken verdeckte die schwesterliche Träne allen ungerührten Augen. Aber den gerührten, womit ihr naher Freund sie nachahmte, wurde sie nicht entzogen... Und hier sagte eine tugendhafte Stimme in Viktor: »Entdeck ihr, daß du das Geheimnis ihrer Verwandtschaft weißt – hebe von diesem wundgepreßten Herzen die Last des Schweigens ab – vielleicht welkt sie an einem Gram, den ein Vertrauter kühlt und nimmt!« – Ach, dieser Stimme zu gehorchen, war ja das wenigste, womit er sein unendliches Mitleiden befriedigen konnte! – Er sagte äußerst leise und aus Rührung fast unverständlich zu ihr: »Mein Vater hat es mir längst entdeckt, daß Iphigenie die Gegenwart ihres Bruders und meines Freundes weiß.« – Klotilde wandte sich schnell und errötend gegen ihn – er ließ, zur nähern Erklärung, seinen Blick zu Flamin hinabgleiten – erblassend sah sie weg und sagte nichts – aber unter dem ganzen Schauspiel schien ihr Herz weit mehr zusammengedrückt zu sein, und sie mußte jetzo noch mehr

Tränen und Seufzer zerquetschen als zuvor. Zuletzt gab sie mitten in ihrer Betrübnis der Dankbarkeit ihre Rechte und sagte ihm für seine Teilnahme und sein Vertrauen, gleichsam im Sterben lächelnd, Dank. Er legte an den Spinnrocken des Gesprächs ganz neuen fremden Stoff, weil er unter dem Fortspinnen gern über den traurigen Eindruck, den sein Bekenntnis zu machen geschienen, heller und gewisser werden wollte. Er fragte nach Emanuels neuesten Briefen; sie versetzte: »Ich habe erst gestern während der ganzen Mondfinsternis an ihn geschrieben; er kann mir nicht oft antworten, weil seine Brust durch das Schreiben leidet.« – Da nun die Finsternis des 25sten Februars schon abends um 10 Uhr 20 Minuten anfing, um 11 Uhr 41 Minuten am stärksten und um 1 Uhr 2 Minuten erst aus war: so konnte Viktor als Arzt mit Gesetzpredigten und Gesetzhämmern über die medizinische Sünderin herfallen und es erhärten, nun sei es kein Wunder. Laß es bleiben, Doktor! Diese lieben Wesen gehorchen leichter dem Manne – den zehn Geboten – den Büchern – der Tugend – dem Teufel selber leichter als dem Diätetiker. Klotilde sagte: »Die Mitternachtstunden sind bloß meine einzigen Freistunden. – Und Maienthal kann ich ja nie vergessen.« – »Ach, wie könnte man das?« sagt' er. Die Musik vor dem letzten Akte und die tragische Stimmung und die Schmerzen begeisterten sie, und sie fuhr fort: »Trank man nicht *Lethe*, wenn man das Elysium betrat, und wenn man es verließ?«... (Sie hielt inne.) »Ich tränke keine Lethe, nicht im ersten Falle, noch weniger im *letzten* – nein!« Und nie wurde das Nein leiser, sanfter, gezogener gesagt. In Viktors Herzen zog ein dreischneidiges Mitleiden schmerzlich hin und her, da er sich die schreibende und weinende und vom Schicksal verspottete Klotilde in der Mitternacht unter dem vom Erdschatten zerstückten und bewölkten Mond vorstellte; er sagte nichts, er blickte starr in die trüben Szenen der Bühne und weinte noch fort, als sich auf ihr schon die frohen entwickelten.

Zu Hause machte er seine Gehirnfibern zu Ariadnes Fäden, um aus dem Labyrinth der Ursachen ihres Kummers und besonders des *neuen* zu kommen, der sie bei seiner Eröffnung zu befallen geschienen. Aber er blieb im Labyrinth; freilich erzeugte Gram die Krankheit, aber wer erzeugte den Gram? – Es wäre schlimm für diese armen zarten Schmetterlinge, wenn es mehr als *einen* tödlichen Kummer gäbe; in jeder Gasse, in jedem Hause findest du eine Frau oder eine Tochter, die in die Kirche oder ins Trauerspiel gehen muß, um zu seufzen, und die ins obere Stockwerk steigen muß, um zu weinen; aber dieser aufgehäufte Kummer wird lächelnd verschmerzt, und die Jahre nehmen lange neben den Tränen zu. Hingegen einen gibts, der sie abbricht – denke daran, lieber Viktor, in den freudigen Stunden deiner Viel-Liebe, und denket ihr alle daran, die ihr einem solchen weichen Geschöpf das schlagende Herz aus der Brust mit warmen liebenden Händen ziehet, um es in eure neben eurem eignen Herzen aufzunehmen und ewig zu erwärmen! – Wenn ihr dann dieses heiße Herz, wie einen Schmetterlinghonigrüssel, ausgerissen hinwerfet: so zuckt es noch wie dieser fort, aber es erkaltet dann und schlägt nicht lange mehr. –

Unglückliche Liebe war also der nagende Honigtau auf dieser Blume, schloß Sebastian. Natürlich dacht' er an sich zuerst; aber schon längst hatten ihn alle seine feinsten Beobachtungen, seine ihm jetzt geläufigern *Rikoschet-Blicke* aus dem *Augenwinkel* überwiesen, daß er die Auszeichnung, die sie ihm nicht versagte, mehr ihrer Unparteilichkeit als ihrer Neigüng zuzuschreiben habe. Wer es sonst am Hofe sei – das herauszubringen, stellt' er vergeblich einen Elektrizitätzeiger nach dem andern auf. Auch wußt' er voraus, daß er vergeblich aufstellen werde, da Klotilde alles Aushorchen ihres Innern vereiteln würde, wenn sie eine unerwiderte Neigung hätte; die Vernunft war bei ihr das Wachs, das man auf das eine Ende der magnetischen Nadel klebt, um das Niedersinken (die *Inklination*) des andern aufzuheben oder zu verbergen. Gleichwohl nahm er sich vor, das nächstemal einige Wünschelruten an ihre Seele zu halten. – –

Ich muß hier einen Gedanken äußern, der einigen Verstand verrät und mein Berechnen überhaupt. Mein Hund-Postmeister Knef sah wahrscheinlich nicht voraus, daß ich das Jahr und die Länge dieser ganzen Geschichte bloß aus der Mondfinsternis des 25. Febr. herausrechnen würde, deren er Meldung tat, so wie überhaupt große Astronomen durch die Mondphasen sehr hinter die geographische Länge der Erde kamen. 1793 fiel das in diesem Kapitel Erzählte vor: ich bin Mann dafür; denn da sich überhaupt die ganze Geschichte, wie bekannt, im 9ten Jahrzehend des 18ten Jahrhunderts begibt, und da darin keine Mondfinsternis von einem 25sten Febr. überall zu finden ist als im Jahre 1793, d.h. im jetzigen: so ist mein Satz gewiß. Zur Sicherheit hielt ich alle in diesem Buche einfallende Mond- und Wetterveränderungen mit denen von 1792 und 1793 zusammen; und alles passete schön ineinander – der Leser sollt' es auch nachrechnen. Ungemein ergötzend ist es für mich, daß sonach, da ich im Julius schreibe, die Geschichte in einem halben Jahre meiner Beschreibung nachkommt. –

Viktor zauderte mit seinem Gange zur Fürstin nicht, um bei ihr die schweigende Klotilde für eine vollständige Nervenpatientin zu erklären. Er lachte selber innerlich über den Ausdruck – und über die Ärzte – und über ihre Nervenkuren – und sagte: wie sonst die französischen Könige bei ihren Heilanstalten gegen die Kröpfe sagen mußten: »Der König berührt dich, aber Gott heilt dich«, so sollten die Ärzte sagen: der Stadt- und Landphysikus greift dir an den Puls, aber Gott macht die Kur. – Hier indessen gab er sie aus drei guten Absichten für eine Nervenleidende aus: erstlich um für sie die Aufhebung der Hof-Leibeigenschaft, wenigstens die Befreiung vom genauen Hofdamen-Amt zu erlangen, weil in seinem Herzen immer der hineingestochene Splitter des Vorwurfs eiterte: »Du bist schuld, daß sie hier sein muß« – ferner um ihr die Erlaubnis der Land- und Frühlingsluft, falls sie einmal darum nachsuchte, im voraus auszuwirken – endlich um sie von der befohlnen Ähnlichkeit mit denen Damen zu erlösen, an deren bleifarbigen Gesichtern, wie an den Bleisoldaten der Kinder, sich das Rote täglich abfärbt, so wie täglich ansetzt. Da sich aber Agnola selber schminkte, so mußt' er aus Höflichkeit es beiden auf einmal verbieten, als Arzt. Die Fürstin untersiegelte alle seine Bittschriften recht gütig; nur über den Schmink-Artikel gab sie in Rücksicht ihrer selbst gar keine Resolution, und in Rücksicht Klotildens diese: sie habe nichts dagegen, wenn sie bei ihr, ausgenommen an Courtagen und im Schauspiel, ohne Rot erscheine; und von der

Anwesenheit bei beiden sei sie gerne dispensiert, bis sie wieder genesen sei.

Er konnte kaum den Abschied erwarten, um diesen Reichsabschied oder -schluß der geliebten Kranken zu bringen. Ihn selber nahm diese Willfährigkeit der Fürstin wunder, bei der sonst Bitten Sünden waren, und die nichts versagte, als was man erbat. Seine Verlegenheit war jetzo nur die, Klotilden die Bewilligungen der Fürstin ohne das beleidigende Geständnis ihrer vorgeschützten Kränklichkeit beizubringen. Aber aus diesem kleinen Übel zog ihn ein großes: als er bei ihr vorkam, sah sie noch zehnmal siecher aus als vorgestern bei der Entdeckung ihrer Verwandtschaft; ihre Blüten hingen zugedrückt und kalt betauet zur Erde nieder.

Gang und Stellung waren unverändert, die äußere Fröhlichkeit dieselbe; aber der Blick war oft zu flatternd, oft zu stehend; durch die Lilienwangen flog ein Fieberrot, durch die untere Lippe einmal ein zerdrückter Krampf... Hier hob das Mitleid den erschrocknen Freund über die Höflichkeit hinaus, und er sagte ihr geradezu die Einwilligungen der Fürstin. Er rief seinem beschwerten Herzen seine bisherige Hof-Kühnheit zu Hülfe und befahl ihr, den nahen Frühling zu ihrer Apotheke zu machen und die Blumen zu ihren offizinellen Kräutern und ihre – Phantasie zu ihrer Arzenei. »Sie scheinen mich« (sagte sie lächelnd) »zu den Lerchen zu rechnen, die in ihrem Bauer immer *grünen Rasen* haben müssen. Damit aber meine Fürstin und Sie nicht umsonst gütig waren: so werd' ichs am Ende tun. – Ich gesteh' es Ihnen, ich bin wenigstens eine eingebildete – Gesunde: ich fühle mich wohl.«.... Sie brach es ab, um ihn mit der Freimütigkeit der Tugend und mit einem in schwesterlicher Liebe schwimmenden Auge über ihren Bruder auszufragen: ob er glücklich und zufrieden sei, wie er arbeite, wie er sich in seinen Posten schicke? Sie sagte ihm, wie weh ihr bisher diese tief in ihre Seele eingesperrten Fragen getan; und sie dankte ihm für das Geschenk seines Vertrauens mit einer Wärme, die er für einen feinen Tadel seines bisherigen Schweigens hielt. – Sie stand von jeher gern in einem Blumenkranz von Kindern; aber in Flachsenfingen hatte sie dieser Nebelsternchen noch mehre und zwar aus einem besondern Grunde um ihren Glanz versammelt, nämlich um es zu verbergen. daß sie Julia, eine kleine fünfjährige Enkelin des Stadtseniors, bei welchem ihr Bruder wohnte, als die unwillkürliche Lebensbeschreiberin und Zeitungträgerin desselben an sich ziehe. Mehr als dreimal war ihm, als müßt' er diesem lilienweißen Engel, den seine Wolke immer höher trug, zu Füßen fallen und mit ausgebreiteten Armen sagen: »Klotilde, werde meine Freundin, eh' du stirbst – meine alte Liebe gegen dich ist längst zerquetscht, denn du bist zu gut für mich und für uns alle – aber dein Freund will ich sein, mein Herz will ich überwinden für dich, meinen Himmel will ich hingeben für dich – ach du wirst ohnehin den Abendtau des Alters nicht erleben und die Augen bald zumachen, und der Morgentau hängt noch darin!« Denn er hielt ihre Seele für eine Perle, deren Körper-Muschel geöffnet in der auflösenden Sonne liegt, damit sich die Perle früher scheide. – Beim Abschiede konnt' er ihr mit der Freimütigkeit des Freundes, die an die Stelle der Zurückhaltung des Liebhabers gekommen war, die Wiederholung seiner Besuche anbieten. Überhaupt behandelte er sie jetzo wärmer und unbefangner; erstlich, weil er auf ihr erhabnes Herz so ganz Verzicht getan, daß er sich über seine frühern kühnen Ansprüche darauf wunderte; zweitens, weil ihm das Gefühl seiner uneigennützigen aufopfernden Rechtschaffenheit gegen sie Wundbalsam auf seine bisherigen Gewissensbisse goß.

An diese Kränklichkeit schloß sich ein Abend oder ein Ereignis an, worein der Leser, glaub' ich, sich nicht finden wird. – Viktor sollte abends Joachimen ins Schauspiel abholen, und ihr Bruder mußte vorher ihn abholen. Ich hab' es schon zweimal niedergeschrieben, daß ihm seit einigen Wochen Matthieu nicht mehr so zuwider war wie einem Elefanten eine Maus; er hatte doch eine einzige gute Seite, doch einigen moralischen Goldglimmer an ihm ausgegraben, nämlich die größte Anhänglichkeit an seine Schwester Joachime, die allein sein ganzes, seinen Eltern zugeschlossenes Herz, seine Mysterien und seine Dienste innehatte – zweitens liebte er an Matthieu, was der Minister verdammte, den Salzgeist der Freiheit – drittens sind wir alle so, daß, wenn wir unser Herz für irgendein weibliches aus einer Familie eingeheizet haben, daß wir Einheizer nachher die Ofen-Wärme auf die ganze Sipp- und Magenschaft ausdehnen, auf Brüder, Neffen, Väter – viertens wurde Matthieu immer von seiner Schwester gelobt und entschuldigt. – Als Viktor kam zu Joachime: hatte sie Kopfschmerzen und Putzjungfern bei sich – der Putz und der Schmerz nahm zu – endlich schickte sie die lebendigen Appreturmaschinen fort und setzte sich, sobald sie aus dem Schaum der Puder- und Schmuckkästen, der Schminklappen und mouchoirs de Venus, der poudres d'odeur und der Lippenpomaden zu einer Venus erhärtet war, da setzte sie sich nieder und sagte, sie bleibe zu Hause wegen Kopfschmerzen. Viktor blieb mit da und recht gern. Wer nicht das Sparrwerk und Zellenwerk des Menschenherzens kennt, den nimmt es wunder, daß Viktors Freundschaft gegen Klotilde ein ganzes Honiggewirke von Liebe für Joachime in seine Zellen eintrug; es war ihm lieb, wenn sie einander besuchten oder umarmten, er suchte in den Segenfingern des Papstes nicht so viele Heilkraft als in Klotildens ihren; die Freundschaft derselben schien ihm eine Entschuldigung der seinigen zu sein und Joachimen auf das Postament des Werts zu heben, auf welches er sie mit allen Wagenwinden noch nicht stellen können. Sogar das Gefühl seines steigenden Wertes gab ihm neue Rechte zu lieben; und heute würde sogar Klotildens Flor- und Fürstenhut seine Helmkleinodien auf Joachimens kränklichem, geduldigern Kopfe behauptet haben. In ihre fortgesetzte Koketterie gegen das Narrenpaar hatt' er sich längst gefügt, weil er recht gut wußte, *wen* sie unter drei *Weisen* aus Morgenland nicht zum Narren habe, sondern zum Anbeter. Aber zurück!

Matthieu, der der Schwester zu Gefallen auch zu Hause blieb, und Viktor und sie machten die ganze Bande dieses concert spirituel. Joachime lehnte auf dem Kanapee ihren sanftern siechen Kopf an die Wand zurück und blickte auf das Fuß-Getäfel und sah mit den herübergezognen Augenlidern schöner aus – der Evangelist ging ab und zu – Viktor setzte, wie allemal, im Zimmer herum – Es war ein recht hübscher Abend, und ich wollt', meiner würde heute so. Das Gespräch wendete sich auf die Liebe; und Viktor behauptete das Dasein einer doppelten, der bürgerlichen und der stiftfähigen oder französischen. Er liebte die französische in Büchern und als Gesamtliebe, aber er haßte sie, sobald sie die einzige sein sollte; er beschrieb sie heute so: »Nimm ein wenig Eis – ein wenig Herz – ein wenig Witz – ein wenig Papier – ein wenig Zeit – ein wenig Weihrauch – und gieß es zusammen und tu es in zwei Personen von Stande: so hast du eine rechte gute *französische* fontenellische Liebe.« – »Sie vergaßen«, setzte Matz dazu, »noch ein wenig Sinne, wenigstens ein *Fünftel* oder *Sechstel*, das als adjuvans oder constituens[1] zur Arznei kommen muß. – Indessen hat sie doch das Verdienst der Kürze; die Liebe sollte, wie die Tragödie, auf Einheit der Zeit, nämlich auf den Zeitraum *eines* Tages, eingeschränket sein, damit sie nicht noch mehre Ähnlichkeit mit ihr bekäme. Schildern Sie aber die bürgerliche!« – Viktor: »Die zieh' ich vor.« – Matthieu: »Ich nicht. Sie ist bloß ein längerer Wahnsinn als der Zorn. On y pleure, on y crie, on y soupire, on y ment, on y enrage, on y tue, on y meurt – enfin on se donne à tous les diables, pour avoir son ange. – Unsere Gespräche sind heute einmal voll Arabesken und à la grécque: ich will ein Kochbuchrezept zu einer guten bürgerlichen Liebe machen: Nimm zwei junge große Herzen – wasche sie sauber ab in Taufwasser oder Druckerschwärze von deutschen Romanen – gieße heißes Blut und Tränen darüber – setze sie ans Feuer und an den Vollmond und lasse sie aufwallen – rühre sie fleißig um mit einem Dolche – nimm sie heraus und garniere sie wie Krebse mit Vergißmeinnicht oder andern Feldblumen und trage sie warm auf: so hast du einen schmackhaften bürgerlichen Herzenskoch[2]«

Matthieu setzte noch hinzu: »in der heißen bürgerlichen Liebe sei mehr Qual als Spaß; in ihr sei, wie in Dantes Gedicht von der Hölle, letzte am besten ausgearbeitet und der Himmel am schlechtesten – Je älter ein Mädchen oder ein eingepökelter Hering sei, desto dunkler sei an beiden das Auge, das durch die Liebe so

[1] Adjuvans ist das Ingredienz, das die Kräfte der Hauptingredienzien stärkt; constituens ist, was der Arzenei die Form einer Pille oder Latwerge oder Mixtur erteilt.

[2] Wie man sagt: Erbsenkoch, Nudelkoch.

werde – Jede Frau aus einem höhern Zirkel müsse froh sein, daß sie vom Manne, an den sie gekettet sei, nichts zu behalten brauche als sein Bild im Ring, wie Prometheus, da Jupiter einmal geschworen, ihn 30000 Jahre am Kaukasus gelötet zu lassen, während derselben bloß ein wenig von dieser Bastille an der Hand getragen in einem Fingerring.« – Dann ging Matthieu eilend hinaus, welches er allemal nach witzigen Entzündungen tat. Viktor liebte die bitterste ungerechteste Satire im fremden Munde, als Kunstwerk; er verzieh alles und blieb heiter.

Joachime sagte dann scherzhaft: »Wenn also keine Manier der Liebe etwas taugt, wie Sie beide bewiesen haben, so bleibt uns nichts übrig, als zu hassen.« – »Doch nicht,« (sagt' er:) »Ihr Herr Bruder hat nur kein wahres Wort gesagt. Stellen Sie sich vor, ich wäre der Armenkatechet und verliebt – in die zweite Tochter des Pastor primarius bin ichs – ihre Rolle ist die einer Hörschwester; denn die bürgerlichen Mädchen wissen nicht zu reden, wenigstens mehr in Haß als in der Liebe – Der Armenkatechet hat wenig bel esprit, aber viel saint esprit, viel Ehrlichkeit, viel Treue, zu viel Weichherzigkeit und unendliche Liebe – der Katechet kann keine galante Intrige anspinnen auf einige Wochen oder Monate, noch weniger kann er die zweite Pastorstochter in die Liebe hineindisputieren, wie ein roué – er schweigt, um zu hoffen; aber mit einem Herzen voll ewiger Liebe, voll opfernder Wünsche begleitet er zagend und still alle Schritte der Geliebten und – Liebenden – aber sie errät ihn nicht, und er sie nicht. Und dann stirbt sie ... Aber vorher, eh' sie stirbt, tritt der bleiche Katechet trostlos vor ihr Abschiedlager und drückt die zitternde Hand, eh' sie erschlafft, und gibt dem kalten Auge noch eine Freudenträne, eh' es erstarret, und dringet noch unter die Schmerzen der kämpfenden Seele mit dem sanften Frühlinglaute hinein: ich liebe dich – Wenn ers gesagt hat, stirbt sie an der letzten Freude, und er liebt dann auf der Erde weiter niemand mehr.« ...

Die Vergangenheit hatte seine Seele überfallen – Tränen hingen in seinen Augen und mischten Klotildens Krankenbild in einer sonderbaren Verdunklung mit Joachimens ihrem zusammen – er sah und dachte eine Gestalt, die nicht da war – er drückte die

Hand derjenigen, die ihn ansah, und dachte nicht daran, daß sie alles auf sich beziehen könnte.

Plötzlich trat lächelnd Matthieu herein, und die Schwester lächelte nach, um alles zu erklären, und sagte: »Der Herr Hofmedikus gab sich bisher die Mühe, dich zu widerlegen.« Viktor, schnell erkaltet, versetzte zweideutig und bitter: »Sie begreifen, Herr v. Schleunes, daß es mir am leichtesten wird, Sie in die Flucht zu schlagen, wenn Sie nicht im Felde sind.« – Matz fixierte ihn; aber Viktor schlug sanft sein Auge nieder und bereuete die Bitterkeit. Die Schwester fuhr gleichgültig fort: »Ich glaube, mein Bruder ist oft im Falle, mit der Façon zu wechseln.« – Er nahm es heiter lachend auf und dachte wie Viktor, sie ziele auf seine galanten Abenteuer und Lusttreffen mit Weibern aus allen Ständen, die auf dem Landtag sitzen. – Aber da sie ihn fortgeschickt hatte, um bei ihrer Mutter anzufragen, wer heute abends zum Cercle komme, so sagte sie dem Medikus: »Sie wissen nicht, was ich meinte. Wir haben am Hofe eine kranke Dame, die Ihre leibhafte Pastorstochter ist – Und mein Bruder hat nicht so viel und nicht so wenig Geist, um den Armenkatecheten zu machen.« Viktor fuhr zurück, brach ab und ging ab.

Warum? Wieso? Weswegen? – Aber merkt man denn nicht, daß die kranke Dame Klotilde sein soll, die Matzens feinen Annäherungen zur Schall- und Schußweite des Herzens zu entfliehen sucht? Überhaupt hatte Viktor wohl gesehen, daß der Evangelist gegen Klotilden bisher eine verbindlichere Rolle spielte, als er vor ihrem Einzuge in sein Eskurial und Raubschloß durchmachte; aber Viktor hatte diese Höflichkeit eben diesem Einquartieren zugeschrieben. Jetzo hingegen lag die Karte von dessen Plane aufgeschlagen da: er hatte einer gegen ihn gleichgültigen Person darum mit dem Scheine der Verachtung (die er aber fein mehr auf ihren künftigen kleinen Kassenbestand als auf ihre Reize fallen ließ) absichtlich begegnet, um dadurch ihre Aufmerksamkeit – diese Türnachbarin der Liebe – und nachher durch den schnellen Wechsel mit Gefälligkeit noch mehr als diese Aufmerksamkeit zu gewinnen. O! du kannst nichts gewinnen! rief in Viktor jeder Seufzer. Aber doch gab es ihm Schmerzen, daß diese Edle, dieser

Engel mit seinen Flügeln einen solchen Widersacher schlagen müsse. – Nun wurden ihm dreißig Dinge zugleich verdächtig: Joachimens Eröffnung und Kälte, Matthieus Lächeln und – alles.

So weit dieses Kapitel, dem ich nur noch einige reife Gedanken anhänge. Man sieht doch offenbar, daß der arme Viktor seine Seele für jede weibliche, wie jener Tyrann die Bettgenossen für das Bette, kleiner verstümmelt. Freilich ist Achtung die Mutter der Liebe; aber die Tochter wird oft einige Jahre älter als die Mutter. Er nimmt eine Hoffnung des weiblichen Werts nach der andern zurück. Am spätesten gab er zwar seine Foderung oder Erwartung jenes erhabenen *indischen* Gefühls für die Ewigkeit auf, das uns, diesen im magischen Rauche von Leben hängenden Schattenfiguren, einen unauslöschlichen Lichtpunkt zum Ich erteilt, und das uns über mehr als *eine* Erde hebt; aber da er sah, daß die Weiber unter allen Ähnlichkeiten mit Klotilden diese zuletzt erhalten; und da er bedachte, daß das Weltleben alles Große am Menschen wegschleife, wie das Wetter an Statuen und Leichensteinen gerade die *erhabnen Teile* wegnagt: so fehlte ihm nichts, um Joachimen die schon lange ins reine geschriebene Lieberklärung zu übergeben, nichts als von ihrer Seite ein Unglück – ein nasses Auge – ein Seelensturm – ein Kothurn. Mit deutlichern Worten: er sagte zu sich: »Ich wollte, sie wäre eine empfindsame Närrin und gar nicht auszuhalten. Wenn sie dann einmal die Augen recht voll hätte und das Herz dazu, und wenn ich dann vor Rührung nicht wüßte, wo mir der Kopf stände: so könnt' ich dann anrücken und mein Herz herausbringen und es ihr hinlangen und sagen: es ist des armen Bastians seines, behalt es nur.« Mir ist, als hört' ich ihn leise dazu denken: »Wem will ichs weiter geben?« –

Daß er das erste wirklich gedacht hat, sehen wir daraus, weil ers in sein Tagebuch hineingesetzt, aus dem mein Korrespondent alles zieht, und das er mit der Aufrichtigkeit der freiesten Seele für seinen Vater machte, um gleichsam seine Fehler durch das Protokollieren derselben auszusöhnen. Sein italienischer Lakai tat fast nichts, als es mundieren. – – Hinge ich nicht vom Hunde und seiner Zeitungkapsel ab, so fiele seine Lieberklärung noch heute vor; ich bräche Joachimen etwan einen Arm – oder legte sie ins Krankenbette – oder bliese dem Minister das Lebenslicht aus – oder richtete irgendein Unglück in ihrem Hause an – – und führte dann meinen Helden hin zur leidenden Heldin und sagte: »Wenn ich fort bin, so knie nieder und überreich' ihr dein Herz.« – So aber kann der chymische Prozeß seiner Verliebung noch so lang werden wie ein juristischer, und ich bin auf drei Alphabete gefaßt.

Hier aber will ich etwas bekennen, was der Leser aus Hochmut verheimlicht: daß ich und er bei jeder auftretenden Dame in diesen Posttagen einen *Fehlschuß* zum *Salutieren* getan – jede hielten wir für die Heldin des Helden – anfangs Agathen – dann Klotilden – dann, als er in die Uhr der Fürstin seine Lieberklärung sperrte, sagte ich: »Ich weiß schon den ganzen Handel voraus« – dann sagten wir beide: »Wir hatten doch recht mit Klotilden« – dann griff ich aus Not zu Marien und sagte: »Ich will mir aber weiter nichts merken lassen« – endlich wirds eine, an die keiner von uns nur dachte (wenigstens ich nicht), Joachime. – So kann mirs selber ergehen, wenn ich heirate....

Eh' ich zum Schalttage aus dem Posttag übergehe, sind noch folgende Minuten zu passieren: Klotilde legte die Kebs-Wangen, die joues de Paris, die Schminke, ab und setzte jetzt ihr einwelkendes Herz seltener dem Druck der Hof-Serviettenpresse aus. Der Fürst, der ihrentwegen im Hörsaale seiner Gemahlin hospitiert hatte, blieb öfter aus und sprach dann bei Schleunes ein: gleichwohl dachte die Fürstin edel genug, um nicht unsern Viktor durch eine Zurücknahme des Danks die Zurücknahme der Jennerschen Gunst entgelten zu lassen. – In Viktor war ein langer Krieg, ob er Klotildens Bruder die neuen Beweise ihrer Schwesterliebe sagen sollte: – endlich – da Flamins leidendes, verarmtes, von Relationen und Schelmen und Argwohn zerstochenes Herz ihn bewegte, und da er diesem rechtschaffenen Freunde bisher so wenig Freude machen konnte – sagte er ihm (die Verwandtschaft ausgenommen) fast alles.

Postskript: Endesunterschriebener soll hiemit auf Verlangen bezeugen, daß Endesunterschriebener seinen 24sten Posttag ordentlich am Letzten des Juliusmonats oder des Messidors zu Ende gebracht hat. Auf der Insel St. Johannis 1793.

Jean Paul,
Scheerauischer Berghauptmann

Sechster Schalttag

Über die Wüste und das gelobte Land des Menschengeschlechts

Es gibt Pflanzenmenschen, Tiermenschen und Gottmenschen. – Als wir geträumt werden sollten: wurde ein Engel düster und entschlief und träumte. Es kam *Phantasus*[1] und bewegte gebrochne Lufterscheinungen, Dinge wie Nächte, Chaosstücke, zusammengeworfne Pflanzen vor ihm und verschwand damit.

Es kam *Phobetor* und trieb tierische Herden, die unter dem Gehen würgten und graseten, vor ihm vorüber und verschwand damit.

Es kam *Morpheus* und spielte mit seligen Kindern, mit bekränzten Müttern, mit küssenden Gestalten und mit fliegenden Menschen vor ihm, und als die Entzückung den Engel weckte, war Morpheus und das Menschengeschlecht und die Weltgeschichte verschwunden...

– Jetzo schläft und träumt der Engel noch – wir sind noch in seinem Traum – erst *Phobetor* ist bei ihm, und *Morpheus* wartet noch darauf, daß Phobetor mit seinen Tieren verschwinde...

Aber lasset uns, statt zu träumen, denken und hoffen; und jetzt fragen: werden auf *Pflanzenmenschen*, auf *Tiermenschen* endlich *Gottmenschen* kommen? Verrät der *Gang* der Welt-Uhr so viel Zweck wie der *Bau* derselben, und hat sie ein *Zifferblatt*-Rad und einen *Zeiger*!

Man kann nicht (wie ein bekannter Philosoph) von Endabsichten in der *Physik* sofort auf Endabsichten in der *Geschichte*

[1] Der Gott des Schlafes wurde von drei Wesen umgeben, von *Phantasus*, der sich nur in leblose Dinge verwandeln konnte, von *Phobetor*, der alle Tiergestalten, und von *Morpheus*, der alle Menschengestalten annehmen und vorgaukeln konnte. Metamorph. L. II. Fab. 10.

schließen – so wenig als ich, im einzelnen, aus dem teleologischen (absichtvollen) Bau eines Menschen eine teleologische Lebensgeschichte desselben folgern kann, oder so wenig als ich aus dem weisen Bau der Tiere auf einen fortlaufenden Plan in der Weltgeschichte derselben schließen darf. Die Natur ist eisern, immer dieselbe, und die Weisheit in ihrem Bau bleibt unverdunkelt; das Menschengeschlecht ist frei und nimmt wie das Aufgußtier, die vielgestaltete Vortizelle, in jedem Augenblick bald regelmäßige, bald regellose Figuren an. Jede physische Unordnung ist nur die Hülse einer Ordnung, jeder trübe Frühling die Hülse eines heitern Herbstes; aber sind denn unsere Laster die Blüteknospen unserer Tugenden, und ist der Erdfall eines fortsinkenden Bösewichts denn nichts als eine verborgne Himmelfahrt desselben? – Und ist im Leben eines Nero ein Zweck? Dann könnt' ich ebensogut alles zurückgeben und umkehren und Tugenden zu Herzblättern versteckter Laster machen. Wenn man aber, wie mancher, den Sprachmißbrauch so weit treibt, daß man *moralische* Höhe und Tiefe, wie die *geometrische*, nach dem *Standort* umkehret, wie *positive* und *negative* Größen; wenn also alle Gichtknoten, Fleckfieber und *Blei-* oder *Silberkoliken* des Menschengeschlechts nichts sind als eine andere Art von Wohlbefinden: so brauchen wir ja nicht zu fragen, ob es je genesen werde – es könnte ja dann in allen möglichen Krankheiten doch nichts sein als gesund.

Wenn sich ein Mönch des zehnten Jahrhunderts schwermütig eingeschlossen und über die Erde, aber nicht über ihr Ende, sondern über ihre Zukunft, nachgedacht hätte: wäre nicht in seinen Träumen das dreizehnte Jahrhundert schon ein helleres gewesen und das achtzehnte bloß ein verklärtes zehntes?

Unsere Wetterprophezeiungen aus der *gegenwärtigen* Temperatur sind logisch richtig und historisch falsch, weil neue Zufälle, ein Erdbeben, ein Komet, die Ströme des ganzen Dunstkreises umwenden. Kann der gedachte Mönch richtig berechnen, wenn er solche künftige Größen wie Amerika, Schießpulver und Druckerschwärze nicht ansetzt? – Eine neue Religion – ein neuer Alexander – eine neue Krankheit – ein neuer Franklin kann den Waldstrom, dessen Weg und Inhalt wir auf unserer Rechenhaut verjüngen wollen, brechen, verschlucken, dämmen, umlenken. – Noch liegen vier Weltteile voll angeketteter wilder Völker – ihre Kette wird täglich dünner – die Zeit schließet sie los – welche Verwüstung, wenigstens Veränderungen müssen diese nicht auf dem kleinen bowling-green unserer kultivierten Länder anrichten! – Gleichwohl müssen alle Völker der Erde einmal zusammengegossen werden und sich in gemeinschaftlicher Gärung abklären, wenn einmal dieser Lebens-Dunstkreis heiter werden soll.

Können wir von einigen mit Eisenfeile und Scheidewasser (hier Lettern und Druckschwärze) selbst angelegten Miniatur-Erdbeben und Vulkanen auf die Ätnas-Ausbrüche schließen, d.h. von den Umwälzungen der wenigen gebildeten Völker auf die der ungebildeten? Da wir setzen dürfen, daß das Menschengeschlecht so viele Jahrtausende lebt als der Mensch Jahre: dürfen wir schon aus dem sechsten Jahre dem Jünglings- und Mannsalter die Nativität stellen? Dazu kömmt, daß die Lebensbeschreibung dieses Kindes-Alters gerade am magersten ist, und daß aufgewachte Völker – fast alle Weltteile liegen voll schlafender – in *einem* Jahre mehr historischen Stoff und *folglich* mehr Historiker erzeugen als ein eingeschlafnes Afrika in einem Jahrhundert. Wir werden also aus der allgemeinen Welthistorie dann am besten prophezeien können, wenn die erwachenden Völker ihre paar Millionen Nachtragbände gar dazugebunden haben werden. – Alle wilde Völker scheinen nur unter *einem* Prägstock gewesen zu sein; hingegen die Rändelmaschine der Kultur münzet jedes anders aus. Der Nordamerikaner und der alte Deutsche gleichen sich stärker als Deutsche einander aus benachbarten Jahrhunderten. Weder die Goldne Bulle, noch die Magna charta, noch den Code noir konnte Aristoteles in seine Regier- und Gehorch-Formen hineinlegen: sonst hätt' er sie weiter gemacht; aber getrauen wir uns denn, den künftigen Nationalkonvent in der Mungalei oder die Dekretalbriefe und Extravaganten des aufgeklärten Dalai Lama oder die Rezesse der arabischen Reichs-Ritterschaft besser vorherzusehen? Da die Natur kein Volk mit *einem* Münzstempel und *einer* Hand allein ausprägt, sondern mit tausenden auf einmal – daher auf dem deutschen ein größeres Gedränge von Abdrücken ist als auf

Achilles' Schild –: wie wollen wir, die wir nicht einmal die vergangnen, aber einfacheren Umwälzungen des Erdballs nachrechnen können, in die moralischen seiner Bewohner schauen? – –

Von allem, was aus diesen Prämissen folgt, glaub' ich – das Gegenteil, ausgenommen die Notwendigkeit der prophetischen Demut. Der Skeptizismus, der uns, statt hartglaubig, unglaubig macht und statt der *Augen* das *Licht* reinigen will, wird zum Unsinn und zur fürchterlichsten philosophischen Kraft- und Tonlosigkeit.

Der Mensch hält sein Jahrhundert oder sein Jahrfunfzig für die Kulmination des Lichts, für einen Festtag, zu welchem alle andre Jahrhunderte nur als Wochentage führen. Er kennt nur zwei goldne Zeitalter, das am Anfang der Erde, das am Ende derselben, worunter er nur seines denkt; die Geschichte findet er den großen Wäldern ähnlich, in deren Mitte Schweigen, Nacht und Raubvögel sind, und deren Rand bloß Licht und Gesang erfüllen. – Allerdings dienet mir alles; aber ich diene auch allem. Da es für die Natur, die bei ihrer Ewigkeit keinen Zeitverlust, bei ihrer Unerschöpflichkeit keinen Kraftverlust kennt, kein anderes Gesetz der Sparsamkeit gibt als das der Verschwendung – da sie mit *Eiern* und *Samenkörnern* ebensogut der *Ernährung* als der *Fortpflanzung* dient und mit einer unentwickelten Keim-Welt eine halbe entwickelte erhält – da ihr Weg über keine glatte Kegelbahn, sondern über Alpen und Meere geht: so muß unser kleines Herz sie mißverstehen, es mag hoffen oder fürchten; es muß in der Aufklärung *Morgen-* und *Abendröte* gegenseitig verwechseln; es muß im Vergnügen bald den *Nachsommer* für den *Frühling*, bald den *Nachwinter* für den *Herbst* ansehen. Die *moralischen* Revolutionen machen uns mehr irre als die *physischen*, weil jene ihrer Natur nach einen *größern* Spiel- und Zeitraum einnehmen als diese – und doch sind die finstern Jahrhunderte nichts als eine Eintauchung in den Schatten des *Saturns* oder eine Sonnenfinsternis ohne Verweilen. Ein Mensch, der sechstausend Jahre alt wäre, würde zu den sechs Schöpfungtagen der Weltgeschichte sagen: sie sind gut.

Man sollte aber niemals *moralische* und *physische* Revolutionen und Entwickelungen zu nahe aneinander stellen. Die ganze Natur hat keine andere Bewegungen als *vorige*, der Zirkel ist ihre Bahn, sie hat keine andere Jahre als platonische – aber der Mensch allein ist *veränderlich*, und die gerade Linie oder der Zickzack führen ihn. Eine Sonne hat so gut wie der Mond ihre Finsternisse, so gut wie eine Blume ihre Blüte und Abblüte, aber auch ihre Palingenesie und Erneuerung. Allein im Menschengeschlecht liegt die Notwendigkeit einer ewigen Veränderung; jedoch hier gibts nur *auf-* und *niedersteigende* Zeichen, keine Kulmination; jene ziehen nicht einander notwendig nach sich, wie in der Physik, und haben keine äußerste Stufe. Kein Volk, kein Zeitalter kommt wieder; in der Physik muß alles wiederkommen. Es ist nur zufällig, nicht notwendig, daß Völker in einem gewissen Stufenalter, auf einer gewissen mürben Sprosse wieder herunterstürzen – man verwechselt nur die *letzte* Stufe, von welcher Völker fallen, mit der *höchsten*; die Römer, bei denen keine Sprosse, sondern die ganze Leiter brach, mußten nicht notwendig durch eine Kultur sinken[1], die nicht einmal an unsere reicht. Völker haben kein Alter, oder oft geht das Greisenalter vor dem Jünglingalter. Schon bei dem Einzelwesen ist der Krebsgang des Geistes im Alter nur zufällig; noch weniger hat die Tugend darin eine Sommer-Sonnenwende. – Die Menschheit hat also zu einer ewigen Verbesserung Fähigkeit; aber auch Hoffnung? –

Das gestörte *Gleichgewicht* der eignen Kräfte macht den einzelnen Menschen elend, die *Ungleichheit* der Bürger, die *Ungleichheit* der Völker macht die Erde elend; so wie alle Blitze aus der Nachbarschaft der Ebbe und Flut des Äthers entstehen und alle Stürme aus ungleichen Luftverteilungen. Aber zum Glück liegts in der Natur der Berge, die Täler zu füllen.

Nicht die Ungleichheit der Güter am meisten – denn dem

[1] Auch nicht durch den Luxus, dessen Größe man - indem man *ihre* Ausgabe mit *unserer* Einnahme vergleicht – übertreibt, und der ihnen nur dadurch schadete, daß sie die Völker gleichsam wie ostindische Vettern beerbten. Es war der eines Schusters, der das große Los gewonnen; es war die Verschwendung eines Soldaten nach der Plünderung. Daher hatten sie Luxus ohne Verfeinerung. Es konnte sich ihre *Größe* nur durch *Vergrößerung* erhalten. Hätte man ihnen Amerika mit seinen Goldstangen vorgeworfen, sie hätten bei größerm Luxus noch einige Jahrhunderte länger an dieser Krücke gehen können.

Reichen hält die Stimmen- und Fäuste-Mehrheit der Armen die Waage –, sondern die Ungleichheit der Kultur macht und verteilt die politischen Druckwerke und Druckpumpen. Die lex agraria in Feldern der Wissenschaften geht zuletzt auch auf die physischen Felder über. Seitdem der Baum des Erkenntnisses seine Äste aus den philosophischen *Schulfenstern* und priesterlichen *Kirchenfenstern* hinausdrängt in den allgemeinen Garten: so werden alle Völker gestärkt. – Die ungleiche Ausbildung kettet Westindien an den Fuß Europas, Heloten an Sparter, und der eiserne Hohlkopf[1] mit dem Drücker auf der Neger-Zunge setzt einen Hohlkopf anderer Art voraus.

Bei der fürchterlichen Ungleichheit der Völker in Macht, Reichtum, Kultur kann nur ein allgemeines Stürmen aus allen Kompaß-Ecken sich mit einer dauerhaften Windstille beschließen. Ein ewiges Gleichgewicht von Europa setzt ein Gleichgewicht der vier übrigen Weltteile voraus, welches man, kleine Librationen abgerechnet, unserer Kugel versprechen kann. Man wird künftig ebensowenig einen Wilden als eine Insel entdecken. Ein Volk muß das andere aus seinen Tölpeljahren ziehen. Die gleichere Kultur wird die Kommerzientraktate mit gleichern Vorteilen abschließen. Die längsten Regenmonate der Menschheit – in welche die Völkerverpflanzungen allzeit fielen, so wie man Blumen allzeit an trüben Tagen versetzt – haben ausgewittert. Noch steht ein Gespenst aus der Mitternacht da, das weit in die Zeiten des Lichts hereinreicht – der Krieg. Aber den Wappen-Adlern wachsen Krallen und Schnabel so lange, bis sie sich, wie Eberhauer, krümmen und sich selber unbrauchbar machen. Wie man vom Vesuv berechnete, daß er nur zu 43 Entzündungen noch Stoff verschließe: so könnte man auch die künftigen Kriege zählen. Dieses lange Gewitter, das schon seit sechs Jahrtausenden über unserer Kugel steht, stürmt fort, bis Wolken und Erde einander mit einem *gleichen* Maß von Blitzmaterie vollgeschlagen haben.

Alle Völker werden nur in *gemeinschaftlicher* Aufbrausung

[1] Bekanntlich wird der Kopf des armen Negers in einen hohlen von Eisen gesperrt, der seine Zunge niederdrückt.

hell; und der Niederschlag ist Blut und Totenknochen. Wäre die Erde um die Hälfte verengert: so wäre auch die Zeit ihrer moralischen – und physischen – Entwickelung um die Hälfte verkürzt.

Mit den Kriegen sind die stärksten Hemmketten der Wissenschaften abgeschnitten. Sonst waren Kriegsmaschinen die Säemaschinen neuer Kenntnisse, indes sie alte Ernten unterdrückten; jetzo ists die Presse, die den Samenstaub weiter und sanfter wirft. Statt eines Alexanders brauchte nun Griechenland nichts nach Asien zu schicken als einen – Setzer; der Eroberer pelzet, der Schriftsteller säet.

Es ist eine Eigenheit der Aufklärung, daß sie, ob sie gleich den Einzelwesen noch die Täuschung und Schwäche des Lasters möglich lässet, doch Völker von Kompagnie-Lastern und von National-Täuschungen – z. B. von Strandrecht, Seeraub – erlöset. Die besten und schlimmsten Taten begehen wir in Gesellschaft; ein Beispiel ist der Krieg. Der Negerhandel muß in unsern Tagen, es müßte denn der Untertanenhandel anfangen, aufhören.[1]

Die höchsten steilsten Thronen stehen wie die höchsten Berge in den wärmsten Ländern. Die politischen Berge werden wie die physischen täglich kürzer (zumal wenn sie Feuer speien) und müssen endlich mit den Tälern in *einer* – Ebene liegen.

Aus allem diesem folgt:

Es kommt einmal ein goldnes Zeitalter, das jeder Weise und Tugendhafte schon jetzo genießet, und wo die Menschen es leichter haben, gut zu leben, weil sie es leichter haben, überhaupt zu leben – wo einzelne, aber nicht Völker sündigen – wo die Menschen nicht mehr Freude (denn diesen Honig ziehen sie aus jeder Blume und Blattlaus), sondern mehr Tugend haben – wo das Volk am Denken, und der Denker am Arbeiten[2] Anteil nimmt, damit er sich die Heloten erspare – wo man den kriegerischen und juristischen Mord verdammt und nur zuweilen mit dem Pfluge Kanonenkugeln aufackert – – Wenn diese Zeit da ist: so stockt beim Übergewicht des Guten die Maschine nicht mehr durch

[1] Im Jahr 1792 geschrieben.

[2] Der Millionär setzt Bettler, der Gelehrte Heloten voraus; die höhere Bildung der Einzelnen wird mit der Verwilderung der Menge erkauft.

Reibungen – Wenn sie da ist: so liegt nicht notwendig in der menschlichen Natur, daß sie wieder ausarte und wieder Gewitter aufziehe (denn bisher lag das Edle bloß im fliehenden Kampfe mit dem übermächtigen Schlimmen), so wie es, nach Forster, auch auf der heißen St. Helenen-Insel[1] kein Gewitter gibt. –

Wenn diese Festzeit kömmt, dann sind unsre Kindeskinder – nicht mehr. Wir stehen jetzo am Abend und sehen nach unserm dunkeln Tag die Sonne durchglühend untergehen und uns den heitern stillen Sabbattag der Menschheit hinter der letzten Wolke versprechen; aber unsre Nachkommenschaft geht noch durch eine Nacht voll Wind und durch einen Nebel voll Gift, bis endlich über eine glücklichere Erde ein ewiger Morgenwind voll Blütengeister, vor der Sonne ziehend, alle Wolken verdrängend, an Menschen ohne Seufzer weht. Die Astronomie verspricht der Erde eine ewige Frühling-Tag- und Nachtgleiche[2]; und die Geschichte verspricht ihr eine höhere; vielleicht fallen beide ewige Frühlinge ineinander. –

Wir Niedergesenkte, da der Mensch unter den Menschen verschwindet, müssen uns vor der Menschheit erheben. Wenn ich an die Griechen denke: so seh' ich, daß unsere Hoffnungen schneller gehen als das Schicksal. – Wie man mit Lichtern nachts über die Alpen von Eis reiset, um nicht vor den Abgründen und vor dem langen Wege zu erschrecken: so legt das Schicksal Nacht um uns und reicht uns nur Fackeln für den *nächsten* Weg, damit wir uns nicht betrüben über die Klüfte der Zukunft und über die Entfernung des Ziels. – Es gab Jahrhunderte, wo die Menschheit mit verbundnen Augen geführt wurde – von einem Gefängnis ins andere; – es gab andere Jahrhunderte, wo Gespenster die ganze Nacht polterten und umstürzten, und am Morgen war nichts verrückt; es kann keine andern Jahrhunderte geben als solche, wo Einzelwesen sterben, wenn Völker steigen, wo Völker zerfallen, wenn das Menschengeschlecht steigt; wo dieses selber sinkt und

[1] 1792 geschrieben. Jetzo liegt sogar das Gewitter, das sonst am Himmel über ganz Europa stand, dort auf platter Erde.

[2] Denn nach 400000 Jahren steht die Erdachse, wie Jupiter jetzt, senkrecht auf ihrer Bahn.

stürzt und endigt mit der verstiebenden Kugel... Was tröstet uns? –

Ein verschleiertes Auge hinter der Zeit, ein unendliches Herz jenseits der Welt. Es gibt eine höhere Ordnung der Dinge, als wir erweisen können – es gibt eine Vorsehung in der Weltgeschichte und in eines jeden Leben, welche die Vernunft aus Kühnheit leugnet, und die das Herz aus Kühnheit glaubt – es muß eine Vorsehung geben, die nach andern Regeln, als wir bisher zum Grunde legten, diese verwirrte Erde verknüpft als Tochterland mit einer höhern Stadt Gottes – es muß einen Gott, eine Tugend und eine Ewigkeit geben.

25. Hundposttag

Verstellte und wahre Ohnmacht Klotildens – Julius – Emanuels Brief über Gott

Gutes, schönes Geschlecht! Zuweilen wenn ich ein demantenes Herz über deinem warmen hängen sehe: so frag' ich: trägst du etwan ein abgebildetes darum auf deiner Brust, um dem Amor, dem Schicksal und der Verleumdung das gleiche Ziel ihrer verschiedenen Pfeile zu bezeichnen, wie der arme Soldat, der kniend umgeschossen wird, durch ein in Papier geschnittenes Herz den Kugeln seiner Kameraden die Stelle des schlagenden anweist? – – Wenn dieses Kapitel geendigt ist, wird mich der Leser nicht mehr fragen, warum ichs so angefangen habe...

Einst kam Viktor von einem tagelangen Spaziergange zurück, als ihm Marie mit einem Briefchen von Matthieu atemlos entgegenlief. Es stand die Frage darin, ob er ihn und seine Schwester nicht heute über St. Lüne bis nach Kussewitz begleiten wollte. Das Laufen Mariens hatte bloß von einem reichen Botenlohn und Gnadengelde Matzens hergerührt, der arme Leute oft zugleich beschenkte und persiflierte, wie er seine Schwester zugleich liebenswürdig und lächerlich fand. Leuten, die ihn kannten, kam er daher komisch vor, wenn er ernsthaft sein mußte. Aber Viktor sagte Nein zur Mitreise; was recht gut war, denn beide waren ohnehin schon fort. Ich kann nicht bestimmen, obs nach zwei oder nach drei Tagen war, daß sie wiederkamen, die Schwester mit dem kältesten Gesichte gegen ihn, und der Bruder mit dem wärmsten. Er konnte sich diese doppelte Temperatur nicht ganz erklären, sondern nur halb etwan aus Entdeckungen, die beide bei Tostato und dem Grafen O über seine Verkleidung und sein Buden-Drama könnten gemacht haben. Bisher war Joachimens Zürnen immer erst eine Folge des seinigen gewesen; jetzo wars umgekehrt; dies verdroß ihn aber sehr.

Einige Tage darauf stand er mit der Fürstin und mit Joachimen in einem Fenster des ministerialischen Louvre. Die Unterhaltung war lebhaft genug; die Fürstin überzählte die Buden auf dem Markte, Joachime sah dem schnellen Zickzack einer Schwalbe nach, Viktor stand heimlich auf einem Beine (das andere stellt' er nur zum Schein und unbeladen auf den Boden), um zu versuchen, wie lang' ers aushalte. Auf einmal sagte die Fürstin: »Heilige Maria! wie kann man doch ein armes Kind so eingesperrt in einem Kasten herumtragen!« Sie guckten alle auf die Straße. Viktor nahm sich die Freiheit zu bemerken, daß das arme Kind von – Wachs sei. Eine Frau trug einen kleinen Glasschrank vor sich hängend, worin ein wächserner eingewindelter Engel schlief; sie bettelte, wie andere, gleichsam auf dieses Kind, und das Kleine ernährte sie besser, als wenn es lebendig gewesen wäre. Die Fürstin verlangte die neue Erscheinung herauf. Die Frau trat zitternd mit ihrem Mumienkästchen ein und zog den kleinen Vorhang zurück. Die Fürstin hing ein künstlerisch-trunknes Auge an die schlafende holde Gestalt, die (wie ihr Stoff von Wachs) aus Blumen geboren und in Frühlingen erzogen schien. Jede Schönheit drang tief in ihr Herz; daher liebte sie Klotilden so sehr und viele Deutsche so wenig. Joachime hatte nur *ein* Kind und *eine* Schönheit lieb – und beides war sie selber. Viktor sagte, diese wächserne Mimik und Kopie des Lebens hab' ihn von jeher trübe gemacht, und er könne nicht einmal seine eigne Wachs-Nachbildung in St. Lüne ohne Schauder sehen. »Steht sie nicht in einem Überrock am Fenster des Pfarrhauses?« fragte Joachime viel heiterer. »Nicht wahr?«

fragt' er wieder, »Sie dachten wohl vor einigen Tagen, ich wär' es selber?« – Aus ihrer Miene erriet er ihren bisherigen Irrtum, der vielleicht mit beigetragen hatte, sie gegen ihn aufzubringen. Der Pater der Fürstin kam dazu und fügte – nach seiner Gewohnheit, zu huldigen – bei, er werd' ihn, um ihm das Sitzen zu ersparen, nächstens bloß nach seinem Wachsbild zeichnen. Der Pater war bekanntlich ein guter Zeichner.

Ich lasse Begebenheiten, die weniger wichtig sind, unerzählt liegen und gehe fröhlich weiter.

Es war schon im März, wo die höhern Stände wegen ihres sitzenden Winterschlafes mehr vollblütig als kaltblütig sind – wers nicht versteht, nimmt an, ihr Überfluß an Blute rühre mehr vom Aussaugen des fremden her –; wo die Krankheiten ihre Besuchkarten in Gestalt der Rezepte beim ganzen Hof abgeben; wo die Augen der Fürstin, das Äther-Embonpoint des Fürsten und die gichtischen Hände des Hofapothekers die Winterstürme fortsetzten: da war es schon, sag' ich, als auch Klotilde den Einfluß des Winters und ihrer verdoppelten Abgeschiedenheit von Zerstreuungen und ihres Umgangs mit ihren Phantasien jeden Tag heftiger empfand... Wenn ich aufrichtig sein soll: so mess' ich ihrer Abgeschiedenheit wenig, aber ihrem vom Wohlstand auferlegten Umgang mit dem edlen Matz, mit den Schleunesschen, mit andern kaltblütigen Amphibien alles bei; ein unschuldiges Herz muß in dem moralischen Frostwetter, wie alabasterne Gartenstatuen im physischen, wenn jenes und wenn diese weiche einsaugende Adern haben, Risse bekommen und brechen.

So stands mit ihr an einem wichtigen Tage, wo er bei ihr die kleine Julia fand. Diesen geliebten Namen legte sie dem Kinde des Seniors bei, des Mietherrn von Flamin, um ihre Trauersehnsucht nach ihrer toten Giulia durch einen ähnlichen Klang, durch den Rest eines Echo zu ernähren. »Dieser Trauerton« (sagte Viktor bei sich) »ist ja für sie das willkommene ferne Rollen des Leichenwagens, der sie zu ihrer Jugendfreundin holt; und ihre Erwartung eines ähnlichen Schicksals ist ja der traurigste Beweis eines ähnlichen Grams.« Wenn noch etwas nötig war, seine Freundschaft von aller Liebe zu reinigen: so wars dieses schnelle Entblättern einer so schönen Passionblume; – gegen Leidende schämt man sich des kleinsten Eigennutzes. – Unter dem Gespräche, von dem sich die eifersüchtige Julia durch die Unverständlichkeit ausgeschlossen fand, zupfte sie an der Bedientenklingel aus Verdruß; denn Mädchen machen schon um acht Jahre früher Gefallansprüche als Knaben. Klotilde verbot dieses Geläute durch ein zu spätes Interdikt; die Kleine, erfreuet, daß sie das hereilende Kammermädchen in Bewegung gesetzt, suchte wieder an der Quaste zu zupfen. Klotilde sagte auf französisch zum Doktor: »Man darf ihr nichts zu monarchisch befehlen; jetzt ruht sie nicht, bis ich mein äußerstes Mittel versuche. – Julia!« sagte sie noch einmal mit einem weiten, von Liebe übergossenen Auge; aber umsonst. »Nun sterb' ich!« sagte sie, schon dahinsterbend, und lehnte das schöne, von einem scheidenden Genius bewohnte Haupt an den Stuhl zurück und schloß die frommen Augen zu, die nur in einem Himmel wieder aufzugehen verdienten. Indem Viktor bewegt und stumm vor der stillen Scheintoten stand und bei sich dachte: »Wenn sie nun nicht mehr erwachte und du die starre Hand vergeblich rissest, und ihr letztes Wort auf dieser öden Erde gewesen wäre: nun sterb' ich! – o Gott, gäb' es dann ein anderes Mittel für die Trostlosigkeit ihres Freundes als ein Schwert und die letzte Wunde? Und ich faßte mit der kalten Hand ihre Hand und sagte: ich gehe mit dir!« – indem er so dachte, und indem die Kleine weinend die sinkende Rechte zog: so wurde das Angesicht wirklich bleicher, und die Linke gleitete vom Schoß herab – – hier wurde jenes Schwert mit der Schärfe über sein Herz gezogen – – Aber bald schlug sie wieder die irren Augen auf, todesschlaftrunken sich besinnend und schämend. Sie beschönigte die flüchtige Ohnmacht durch die Bemerkung: »Ich habe es wie jener Schauspieler mit der Urne seines Kindes gemacht, ich dachte mich an die Stelle meiner Giulia in ihrer letzten Minute, aber ein wenig zu glücklich.«

Er wollte eben medizinische Hirtenbriefe gegen diese zernagende Schwärmerei abfassen – so sehr übersetzt eine unglückliche Liebe jedes weibliche Herz aus dem majore-Ton in den minore-Ton, sogar einer Klotilde ihres, deren Stirn männlich, und deren Kinn sich fast mehr zum Mut als zur Schönheit erhob –, als ganz andere Hirtenbriefe kamen. Die Botenmeisterin derselben war Viktors *glücklichere* Freundin – Agathe. Lache wieder Leben, du Unbefangne, in zwei Herzen, auf welche der Tod seine fliegenden Wolken-Schatten geworfen! Sie fiel vertraut in zwei freundschaftliche Arme; aber gegen ihren Bruder Doktor, der so lange statt des ganzen Rumpfs nur seine Hand, d. h. seine Briefe, nach St. Lüne hatte gehen lassen, war sie noch scheu. Ich kann aber seinen Fehler, aus einem Hause, das er *ein* Vierteljahr *aus* Gründen gemieden, nachher noch ein zweites *ohne* Gründe wegzubleiben, ich kann diesen Fehler nicht ganz verdammen, weil ich ihn – selber habe. – Sie konnte sich nicht satt an ihm sehen; ihr blühendes Landgesicht wies ihm statt seiner jetzigen Karwoche des Grames eine *Rötelzeichnung* seiner und ihrer dahingeflatterten Freudentage im Pfarrgarten. Er verhieß ihr feierlich, ihr Ostergast zu sein mit ihrem Bruder und statt der Köpfe und Fenster einander nichts einzuschlagen als Eier; er rastete nicht, bis er der alte wieder war, und sie die alte. Da sie die Langduodez-Geschichte des Dorfes und Vaters den beiden nur aus Liebe lächelnden Hofleuten gar nicht als eine Auszugmacherin oder in einer verstümmelten Ausgabe ablieferte, sondern in der Länge ihrer Rückenbänder: so fühlten Klotilde und Viktor, wie sanft ihnen dieses Niedersteigen von den bunten spitzen Hofgletschern in die weichen Täler der mittlern Stände tat, und sie sehnten sich beide weg von glatten Herzen an warme. Unter den Menschen und Borsdorferäpfeln sind nicht die glatten die besten, sondern die rauhen mit einigen Warzen. Dieses Sehnen nach aufrichtigern Seelen war es auch wohl, was aus Klotilden die Behauptung preßte: es gebe nur Mißheiraten zwischen den Seelen, nicht zwischen den Ständen. Daher kam ihre wachsende Liebe gegen die außer dem Lohkasten eines Stammbaums, nur in der Gemeinhut grünende Agathe – welche Liebe einmal ich und der Leser im ersten Bande aus Scharfsicht für den Deckmantel einer andern Liebe gegen Flamin erklärt haben, und die uns beiden den Tadel gegen eine Heldin abgewöhnen sollte, die ihn hintennach immer widerlegt.

Auf der dicken Brieftasche, die Agathe brachte, war die Handschrift der Aufschrift von – Emanuel, welchen Klotilde alles an die Pfarrerin überschreiben ließ, um ihrer Stiefmutter das – Zumachen ihrer Briefe abzunehmen. Die Frau Le Baut hatte diese *Einsicht* der Akten, diese Sokrates-Hebammenkunst im Ministerium erlernt, das ein Recht besitzt, Haussuchung in den Briefen aller Untertanen zu tun, weil es sie entweder für Pestkranke oder für Gefangene halten kann, wenn es will. Während die Stieftochter im Nebenzimmer das äußere Paket erbrach, weil sie aus seiner Dicke einen Einschluß für den Doktor prophezeiete: hauchte letzter aus Zufall – oder aus Absicht; denn seit einiger Zeit legte er überall seine Entzifferkanzleien der Weiber an, im engsten Winkel, in jeder Kleidfalte, in den Spuren gelesener Bücher – haucht' er, sagt' ich, zufälligerweise an die Fensterscheiben, auf denen man sodann lesen kann, was ein warmer Finger daran geschrieben hat. Es traten nach dem unwillkürlichen Hauche lauter französische, mit dem Fingernagel skizzierte Anfang-S heraus. »S!« – dacht' er – »das ist sonderbar: ich fange mich selber so an.«

Seine Vermutungen brach die mit einem seligentwölkten Angesicht wiederkommende Klotilde ab, die dem denkenden Medikus einen großen Brief von Emanuel reichte. Nach dieser *zweiten* Freude folgte statt der dritten eine Neuigkeit; sie eröffnete ihm jetzt, »daß endlich Emanuel sie instand gesetzt, eine gehorsame, wenn auch nicht gläubige Patientin zu sein«. Sie hatte nämlich bisher den Vorsatz ihres Gehorsams und ihrer Frühlingkur so lange verschwiegen, bis ihr Freund in Maienthal ihr ein Krankenzimmer – gerade Giulias ihres – bei der Äbtissin auf einige Lenzmonate ausgewirket hatte, damit da das Wehen des Frühlings ihre gesunknen Schwingen hebe, der Blumenduft das zerspaltne Herz ausheile, und der große Freund die große Freundin aufrichte.

Viktor entwich eilend, nicht allein aus Hunger und Durst nach dem Inhalte seiner Hand, sondern weil eine neue Gedankenflut durch seine alten Gedankenreihen brach. – »Bastian!« (sagte Bastian unterweges zu sich) »ich hielt dich oft für dumm, aber für *so* dumm nicht – Nein, es ist sündlich, wenn ein Mann, ein Hof-Medikus, ein Denker, monatelang darüber spintisieret, oft halbe

Abende, und doch die Sache nicht eher herausbringt, als wenn er sie hört, jetzt erst – Wahrlich sogar das Fenster-S passet an!« – Ich und der Leser wollen ihm das aus den Händen nehmen, womit er sich hier vor uns steinigt; denn er wirft nach uns beiden ebensogut, weil wir ebensogut nichts erraten haben wie er. Kurz, der versteckte Glückliche, der die schöne Klotilde zur Unglücklichen macht, und für den sie ihre stumme scheue Seele ausseufzet, und der für ihre meisten Reize gar keine Augen hat, ist der blinde – Julius in Maienthal. Daher will sie hin.

Ich wollt' einen Folioband mit den Beweisen davon vollbringen: Viktor zählte sie sich an seinen fünf Fingern ab. Beim Daumen sagt' er: »Des Julius wegen sucht sie die kleine Julia, so ists auch mit Giulia« – beim Schreibfinger sagte er: »Das französische Anfang-J sieht wie ein S ohne Querstrich aus« – beim Mittelfinger: »Die Minerva hat ihm ja nicht bloß die Flöte, sondern auch Minervens schönes Gesicht beschert, und in dieses blinde Amors-Gesicht konnte Klotilde sich ohne Erröten vertiefen; schon aus Liebe gegen seinen Freund Emanuel hätte sie ihn geliebt« – beim Ringfinger: »Daher ihre Verteidigung der Mißheiraten, da sein bürgerlicher Ringfinger an ihren adeligen kommen soll« – beim Ohrfinger: »Beim Himmel! das alles beweiset nicht das geringste.«

Denn nun überströmten ihn erst die ganzen Beweise: im ersten Bande dieses Buchs kam oft ein unbekannter Engel zu Julius und sagte: »Sei fromm, ich schweb' um dich, ich beschirme deine eingehüllte Seele – ich gehe in den Himmel zurück.« –

Zweitens: dieser Engel gab einmal Julius ein Blatt und sagte: »Verbirg es, und nach einem Jahr, wenn die Birken im Tempel grünen, laß es dir von Klotilden vorlesen: ich entfliehe, und du hörst mich nicht eher als über ein Jahr.« – – Alles das lag ja Klotilden wie angegossen an: sie konnte dem Blinden nie ihr sterbendes Herz aufdecken – sie ging gerade jetzt (wie lange ist noch auf Pfingsten?) nach Maienthal, um das Blatt, das sie ihm in der Charaktermaske eines Engels gereicht, selber vorzulesen – endlich ging sie ja gerade damals nach St. Lüne ab – – kurz, aufs Haar trifft alles zu.

Wenn der Lebensbeschreiber ein Wort dareinsprechen dürfte: so wär' es dieses: Der Berghauptmann, der Lebensbeschreiber, glaubt seines Orts alles recht gern; aber Klotilden, die bisher aus jedem Schmutznebel weiß strahlend herausging, und an der man, wie an der Sonne, so oft *Wolken* mit *Sonnenflecken* vermengte, kann er so lange nicht tadeln, bis sie es selber vorher tut. Viktor hat sogar, wie ich in der ersten Auflage, manche Beweise vergessen, die für Klotildens Liebe gegen Julius reden: z. B. den warmen Anteil an dessen Blindheit und ihren Wunsch seiner Heilung (im Briefe an Emanuel), Flamins veraltete Eifersucht in Maienthal, sogar die Wonne, mit der sie im Schauspielhaus das Tal ein Eden nennt und die Lethe ausschlägt.

Viktor riß das Paket entzwei, und zwei Blättchen fielen aus einem großen Blatte heraus. Das eine Blättchen und das große Blatt waren von Emanuel, das zweite vom *Lord*. Er studierte das letzte, in doppelten Chiffern geschriebne zuerst; folgendes:

»Im Herbst komm' ich, wenn die *Äpfel* reifen. – Die Dreieinigkeit« (der Lord meint des Fürsten drei Söhne) »ist gefunden; aber die vierte Person in der Gottheit« (der vierte lustige Sohn) »fehlet. – Fliehe aus dem Palaste der Kaiserin aller Reußen,« (– mit dieser Chiffer hatten beide den Minister Schleunes zu bezeichnen verabredet –) »aber die Großfürstin (Joachime) meide noch mehr: sie will nicht lieben, sondern herrschen, sie will kein Herz, sondern einen Fürstenhut. – In Rom« (er meint Agnola) »hüte dich vor dem Kruzifix, aus dem ein Stilett springt! Denk an die *Insel*, eh' du fehlest.«

Viktor erstaunte anfangs über die zufällige Angemessenheit dieser Verbote; aber da er sich bedachte, daß er sie ihm schon auf der Insel gegeben haben würde, wenn sie sich nicht auf seine neuern Begebenheiten bezögen: so erstaunt' er noch mehr über die Kanäle, durch welche seinem Vater die Spionen-Depeschen von seinen jetzigen Verhältnissen zugekommen sein mögen (– könnte denn mein Korrespondent und Spion nicht auch des Vaters seiner sein? –), und am meisten über die Warnung vor

Joachimen. »O! wenn diese gegen mich falsch wäre!« sagte er seufzend und mochte das trübe Bild und den Seufzer nicht vollenden. – – Sondern er vertrieb beide durch das kleine Blatt von Emanuel, das so klang:

»Mein Sohn!

Die Morgenröte des Neujahrs schien über den Schnee an mein Angesicht, als ich das Papier hinlegte,« (Emanuels zweiten, sogleich folgenden Brief) »auf das ich zum letzten Male meine Seele mit allen ihren über diese Kugel hinausreichenden Bildern abzudrücken suchte. Aber die Flammen meiner Seele wehen bis zum Körper und sengen den mürben Lebensfaden ab; ich mußte oft die zu leicht blutende Brust vom Papier und von der Entzückung wegwenden.

Ich habe, mein Sohn, mit meinem Blut an dich geschrieben. – Julius denkt jetzo Gott. – Der Lenz glüht unter dem Schnee und richtet sich bald auf aus dem Grünen und blüht bis an die Wolken. – Meine Tochter (Klotilde) führt den Frühling an der Hand und kömmt zu mir – Sie nehme meinen Sohn an die andre Hand und lege ihn an meine Brust, worin ein zerlaufender Atem ist und ein ewiges Herz... O wie tönen die Abendglocken des Lebens so melodisch um mich! – Ja wenn du und deine Klotilde und unser Julius, wenn wir alle, die wir uns lieben, beisammen stehen; wenn ich eure Stimmen höre: so werd' ich gen Himmel blicken und sagen: die Abendglocken des Lebens umtönen mich zu wehmütig, ich werde vor Entzückung noch früher sterben als vor dem längsten Tage, und ehe mir mein verewigter Vater erschienen ist.

Emanuel.«

*

Lieber Emanuel, das wirst du leider! Der Freuden-Himmel dringt an deinen Mund, und unter Wehen, unter Tönen, unter Küssen saugt er dir den flackernden Atem aus; denn der Erdenleib, der nur *grasen*, nicht *pflücken* will, verdauet nur *niedrige* Freuden, und erkaltet unter dem Strahl einer *höhern* Sonne! – –

Mit Rührung zieh' ich von Viktors entzweigedrücktem unkenntlichen Angesicht den Schleier weg, der seine Schmerzen bedeckt. Laß dich anschauen, trostloser Mensch, der einem Frühling entgegengeht, wo sein Herz alles verlieren soll, Emanuel durch den Tod, Klotilde durch Liebe, Flamin durch Eifersucht, sogar Joachime durch Argwohn! Laß dich anschauen, Verarmter, ich weiß, warum dein Auge noch trocken ist, und warum du gebrochen und den Kopf schüttelnd sagst: »Nein, mein teurer Emanuel, ich komme nicht, denn ich kann ja nicht.« – Es ätzte sich in dein Herz am tiefsten, daß gerade dein treuer Emanuel noch glaubte, du würdest von seiner Freundin geliebt. – Der unentwickelte Schmerz ist ohne Träne und ohne Zeichen; aber wenn der Mensch das Herz voll zusammenfließender Wunden durch Phantasie aus dem eignen Busen zieht und die Stiche zählt und dann vergisset, daß es sein eignes ist: so weint er mitleidig über das, was so schmerzhaft in seinen Händen schlägt, und dann besinnt er sich und weint noch mehr. – Viktor wollte gleichsam die starre Seele aus den gefrornen Tränen wärmend lösen und ging ans Erkerfenster und malte sich, indes die verhaltene Abendglut des Märzes aus dem Gewölke über den maienthalischen Bergen brannte, Klotildens Vermähltag mit Julius vor – O, er zog, um sich recht wehe zu tun, einen Frühlingtag über das Tal, der Genius der Liebe schlug über den Traualtar den blauen Himmel auf und trug die Sonne als Brautfackel ohne Wolkendampf durch die reine Unermeßlichkeit. – Da ging an jenem Tage Emanuel verklärt, Julius blind, aber selig, Klotilde errötend und längst genesen, und jeder war glücklich – Da sah er nur einen einzigen Unglücklichen in den Blumen stehen, sich nämlich; da sah er, wie dieser Betrübte wortkarg vor Schmerzen, fröhlich aus Tugend, näher und vertrauter mit der Braut aus Kälte, so ungekannt, eigentlich so entbehrlich mit herumgeht, wie ihm das schuldlose Paar mit jedem Zeichen der Liebe alles vorrechnet, was er verloren, oder gar aus Schonung diese Zeichen verhehlt, weil es seinen Gram errät – dieser Gedanke fuhr gleich einer Lohe wider ihn –, und wie er endlich, weil die beladene Vergangenheit alle seine getöteten Hoffnungen und seine entfärbten Wünsche vor ihn trägt, sich umwendet, wenn das geliebte Paar von ihm zum Altar und zum ewigen Bunde geht, wie er sich trostlos umwendet nach den stillen leeren Fluren, um unendlich viel zu weinen, und wie er dann so allein und dunkel in der schönen Gegend bleibt und zu sich sagt: »Deiner nimmt sich heute kein Mensch an – niemand drückt deine Hand, und niemand sagt: Viktor, warum weinst du so? – O dieses Herz ist so voll unaussprechlicher Liebe wie eines, aber es zerfällt ungeliebt und ungekannt, und niemand stört sein Sterben und sein Weinen – Doch, doch, o Julius, o Klotilde, wünsch' ich euch ewiges Glück und lauter zufriedne Tage«.... Dann konnt' er nicht mehr; er legte die Augen in die Hand und an den Fensterrahmen und erlaubte ihnen alles und dachte nichts mehr; der Schmerz, der wie eine Klapperschlange mit aufgerissenem Rachen ihn und sein Entgegentaumeln angeschauet hatte, drückte ihn jetzt, ergriffen und hineingeschlungen, auseinander...

Weiche Herzen, ihr quälet euch auf dieser felsichten Erde so sehr wie harte den andern – den Funken, der nur eine Brandwunde macht, schwinget ihr zum Feuerrade um, und unter den Blüten ist euch ein spitzes Blatt ein Dorn!... Aber warum, sag' ich zu mir, zeigst du deines Freundes seines und öffnest entfernte ähnliche Wunden an geheilten Menschen? O antwortet für mich, ihr, die ihr ihm gleicht: möchtet ihr eine einzige Träne entbehren? Und da die Leiden der Phantasie unter die Freuden der Phantasie gehören: so ist ja ein nasses Auge und ein schwerer Atemzug das geringste, womit wir eine schöne Stunde kaufen....

– Der Stolz – die beste Widerlage gegen weichliche Tränen – wischte sie meinem Helden ab und sagte ihm vor: »Du bist so viel wert wie die, welche glücklicher sind; und wenn unglückliche Liebe dich bisher schlimm machte, wie gut könnte dich nicht die glückliche machen!« – Es war Stille in ihm und außer ihm; die Nacht war am Himmel; er las Emanuels Brief.

»Mein Horion!

Vor einigen Stunden hat die Zeit ihre Sanduhr umgekehrt, und jetzo rieselt der Staub eines neuen Jahres nieder. – Der Uranus schlägt unserer kleinen Erde die Jahrhunderte, die Sonne schlägt die Jahre, der Mond die Monate; und an dieser aus Welten zusammengesetzten Konzertuhr treten die Menschen als Bilder heraus, die freudig rufen und tönen, wenn es schlägt.

Auch ich trete froh heraus unter das schöne Neujahrmorgenrot, das durch alle Wolken glimmt und den hohen halben Himmel heraufbrennt. In einem Jahre seh' ich aus einer andern Welt in die Sonne: o wie wallet dieses letzte Mal mein Herz unter dem Erdengewölk von Liebe über, gegen den Vater dieser schönen Erde, gegen seine Kinder und meine Geschwister, gegen diese Blumenwiege, worin wir nur *einmal* erwachen, und unter ihrem Wiegen an der Sonne nur *einmal* entschlafen!

Ich erlebe keinen Sommertag mehr, darum will ich den schönsten, wo ich mit deinem Julius[1] zum ersten Male betend durch Lichtwolken und durch Harmonien drang und mit ihm vor einem donnernden Throne niederfiel und zu ihm sagte: ›Oben in der unermeßlichen Wolke, die man die Ewigkeit nennt, wohnt der, der uns geschaffen hat und liebt‹ – diesen Tag will ich heute in meiner Seele wiederholen; und nie erlösche er auch in meinem Julius und Horion!

Ich habe oft zu meinem Julius gesagt: ›Ich habe dir den größten Gedanken des Menschen, der seine Seele zusammenbeugt und doch wieder aufrichtet auf ewig, noch nicht gegeben; aber ich sage dir ihn an dem Tage, wo dein und mein Geist am reinsten ist, oder wo ich sterbe.‹ Daher bat er mich oft, wenn *sein Engel* bei ihm gewesen war, oder wenn die Flöte und die schauernde Nacht oder der Sturm ihn erhoben hatte: ›Sage mir, Emanuel, den größten Gedanken des Menschen!‹ –

Es war an einem holden Juliusabend, wo mein Geliebter an meinem Busen auf dem Berge unter der Trauerbirke lag und weinte und mich fragte: ›Sage mir, warum ich diesen Abend so sehr weine! – Tust du es denn nie, Emanuel? Es fallen aber auch warme Tropfen von den Wolken auf meine Wangen.‹ – Ich antwortete: ›Im Himmel ziehen kleine warme Nebel herum und ver-

[1] Julius wurde erst im zwölften Jahre blind und hatte also Vorstellungen des Gesichts.

schütten einige Tautropfen; aber geht nicht der Engel in deiner Seele auf und nieder? Denn du streckest deine Hand aus, um ihn anzurühren.‹ – Julius sagte: ›Ja, er steht vor meinen Gedanken; aber ich wollte nur dich anrühren; denn der Engel ist ja aus der Erde gegangen, und ich sehne mich recht nach seiner Stimme. In mir wallen Traumgestalten ineinander, aber sie haben keine so hellen Farben wie im Schlafe – lächelnde Angesichter blicken mich an und kommen mit aufgebreiteten Schattenarmen auf mich und winken meiner Seele und zerfließen, eh' ich sie an mein Herz andrücke – Mein Emanuel, ist denn dein Angesicht nicht mit unter meinen Schattengestalten?‹ Hier schloß er sein nasses Angesicht glühend an meines, das ihm abgeschattet vorzuschweben schien; eine Wolke sprengte das Weihwasser des Himmels über unsre Umarmung, und ich sagte: ›Wir sind heute so weich bloß durch das, was uns umringt und was ich jetzt sehe.‹ – Er antwortete: ›O sage mir es, was du siehest, und höre nicht auf, bis die Sonne hinabgegangen ist.‹

Mein Herz schwamm in Liebe und zitterte in Entzücken unter meiner Rede: ›Geliebter, die Erde ist heute so schön, das macht ja den Menschen weicher – der Himmel ruht küssend und liebend an der Erde, wie ein Vater an der Mutter, und ihre Kinder, die Blumen und die schlagenden Herzen, fallen in die Umarmung ein und schmiegen sich an die Mutter. – Der Zweig hebt leise seinen Sänger auf und nieder, die Blume wiegt ihre Biene, das Blatt seine Mücke und seinen Honigtropfen – den offnen Blumenkelchen hängen die warmen Tränen, in die sich die Wolken zerteilen, gleichsam in den Augen, und meine Blumenbeete tragen den aufgebauten Regenbogen und sinken nicht – Die Wälder liegen saugend am Himmel, und trunken von Wolken stehen alle Gipfel in stiller Wollust fest – Ein Zephyr, nicht stärker als ein warmer Seufzer der Liebe, hauchet vor unsern Wangen vorbei unter die rauchenden Kornblüten und treibt Samen-Staubwolken auf, und ein Lüftchen ums andre gaukelt und spielt mit den fliegenden Ernten der Länder, aber es legt sie uns hin, wenn es gespielt hat – – O Geliebter, wenn alles Liebe ist, alles Harmonie, alles liebend und geliebt, alle Fluren *ein* berauschender Blütenkelch, dann streckt wohl auch im Menschen der hohe Geist die Arme aus und will mit ihnen einen Geist umschlingen, und dann, wenn er die Arme nur an Schatten zusammenlegt, dann wird er sehr traurig vor unendlicher, vor unaussprechlicher Sehnsucht nach Liebe.‹ –

›Emanuel, ich bin auch traurig‹, sagte mein Julius.

›Siehe, die Sonne zieht hinab, die Erde hüllet sich zu – laß mich alles noch sehen und es dir sagen.... Jetzo fliehet eine weiße Taube, wie eine große Schneeflocke, blendend über das tiefe Blau... Jetzo zieht sie um den Goldfunken des Gewitterableiters herum, gleichsam um einen im Taghimmel aufgehangenen glimmenden Stern – o sie woget und woget und sinkt und verschwindet in den hohen Blumen des Gottesackers.... Julius, fühltest du nichts, da ich sprach? Ach die weiße Taube war vielleicht dein Engel, und darum zerfloß heute vor seiner Nähe dein Herz – Die Taube fliegt nicht auf, aber Tau-Wolken, wie abgerissene Stücke aus Sommernächten, mit einem Silberrand, ziehen über den Gottesacker und überfärben die blühenden Gräber mit Schatten.... Jetzo schwimmt ein solcher vom Himmel fallender Schatten auf uns her und überspült unsern Berg – – Rinne, rinne, flüchtige Nacht, Bild des Lebens, und verdecke mir die fallende Sonne nicht lange!.... Unser Wölkchen steht in Sonnenflammen.... o du holde, so sanft hinter dem Erdenufer zurückblickende Sonne, du Mutterauge der Welt, dein Abendlicht vergießest du ja so warm und langsam wie rinnendes Blut aus dir und erblassest sinkend, aber die Erde, in Fruchtschnüren und Blumenbändern aufgehangen und an dich gelegt, rötet sich neugeschaffen und vor schwellender Kraft.... Höre, Julius, jetzo tönen die Gärten – die Luft summet – die Vögel durchkreuzen sich rufend – der Sturmwind hebt den großen Flügel auf und schlägt an die Wälder; höre, sie geben das Zeichen, daß unsre gute Sonne geschieden ist....

O Julius, Julius,‹ (sagt' ich und umfaßte seine Brust) ›die Erde ist groß – aber das Herz, das auf ihr ruht, ist noch größer als die Erde und größer als die Sonne... Denn es allein denkt den *größten Gedanken.*‹

Plötzlich ging es vom Sterbebette der Sonne kühl wie aus einem Grabe daher. Das hohe Luftmeer wankte, und ein breiter Strom, in dessen Bette Wälder niedergebogen lagen, brauste durch den Himmel die Laufbahn der Sonne zurück. Die Altäre der Natur, die Berge, waren wie bei einer großen Trauer schwarz überhüllt. Der Mensch war vom Nebelgewölbe auf die Erde eingesperrt und geschieden vom Himmel. Am Fuße des Gewölbes leckten durchsichtige Blitze, und der Donner schlug dreimal an das schwarze Gewölbe. Aber der Sturm richtete sich auf und riß es auseinander; er trieb die fliegenden Trümmer des zerbrochenen Gefängnisses durch das Blau und warf die zerstückten Dampfmassen unter den Himmel hinab – und noch lange braust' er allein über die offne Erde fort, durch die lichte gereinigte Ebene... Aber über ihm, hinter dem weggerissenen Vorhang glänzte das Allerheiligste, die Sternennacht. –

Wie eine Sonne ging der größte Gedanke des Menschen am Himmel auf – meine Seele wurde eingedrückt, wenn ich gen Himmel sah – sie wurde aufgehoben, wenn ich auf die Erde sah –

Denn der Unendliche hat in den Himmel seinen Namen in glühenden Sternen gesäet, aber auf die Erde hat er seinen Namen in sanften Blumen gesäet.

›O Julius,‹ sagt' ich, ›bist du heute gut gewesen?‹ – Er antwortete: ›Ich habe nichts getan, außer geweint.‹

›Julius, knie nieder und entferne jeden bösen Gedanken – höre meine Stimme beben, fühle meine Hand zittern – ich knie neben dir.

Wir knien hier auf dieser kleinen Erde vor der Unendlichkeit, vor der unermeßlichen, über uns schwebenden Welt, vor dem leuchtenden Umkreis des Raums. Erhebe deinen Geist und denke, was ich sehe. Du hörst den Sturmwind, der die Wolken um die Erde treibt – aber du hörst den Sturmwind nicht, der die Erden um die Sonne treibt, und den größten nicht, der hinter den Sonnen weht und sie um ein verhülltes All führt, das mit Sonnenflammen im Abgrund liegt. Tritt von der Erde in den leeren Äther: hier schwebe und siehe sie zu einem fliegenden Gebirge einschwinden und mit sechs andern Sonnenstäubchen um die Sonne spielen – ziehende *Berge*, denen *Hügel*[1] nachflattern, stürzen vor-

[1] Planeten mit Monden.

über vor dir und steigen hinauf und hinab vor dem Sonnenschein – dann schau umher im runden, blitzenden, hohen, aus kristallisierten Sonnen erbaueten Gewölbe, durch dessen Ritzen die unermeßliche Nacht schauet, in der das funkelnde Gewölbe hängt – Du fliegst Jahrtausende, aber du trittst nicht auf die letzte Sonne und in die große Nacht hinaus – Du schließest das Auge zu und wirfst dich mit einem Gedanken über den Abgrund und über die ganze Sichtbarkeit, und wenn du es wieder öffnest, so umkreisen dich, wie Seelen Gedanken, neue hinauf- und hinabstürmende Ströme aus lichten Wellen von Sonnen, aus dunkeln Tropfen von Erden, und neue Sonnenreihen stehen einander wieder aus Morgen und Abend entgegen, und das Feuerrad einer neuen Milchstraße wälzt sich um im Strom der Zeit – Ja dich rücke eine unendliche Hand aus dem ganzen Himmel, du siehest zurück und heftest dein Auge auf das erblassende eintrocknende Sonnenmeer, endlich schwebt die entfernte Schöpfung nur noch als ein bleiches stilles Wölkchen tief in der Nacht, du dünkst dich allein und schauest dich um und – – ebensoviel Sonnen und Milchstraßen flammen herunter und hinauf, und das bleiche Wölkchen hängt noch zwischen ihnen bleicher, und außen um den ganzen blendenden Abgrund ziehen sich lauter bleiche stille Wölkchen. – –

O Julius, o Julius, zwischen den wandelnden Feuerbergen, zwischen den von einem Abgrund in den andern geschleuderten Milchstraßen, da flattert ein Blütenstäubchen, aus sechs Jahrtausenden und dem Menschengeschlecht gemacht – Julius, wer erblickt und wer versorgt das flatternde Stäubchen, das aus allen unsern Herzen besteht? –

Ein Stern wurde jetzt herabgeschlagen. Falle willig, Stern, in die Luft der Erde geheftet, auch die Sterne über der Erde taumeln wie du in ihre entlegnen Gräber herab – das Weltenmeer ohne Ufer und ohne Grund quillet hier, versieget dort; die Mücke, die Erde, fliegt um das Sonnenlicht und sinkt in das Licht und zerbröckelt – O Julius, wer erblickt und erhält das flatternde Stäubchen auf der Mücke, mitten im gärenden, grünenden, verwitternden Chaos? O Julius, wenn jeder Augenblick einen Menschen und eine Welt zerlegt – wenn die Zeit über die Kometen geht und sie austritt wie

Funken und die verkohlten Sonnen zerreibt – wenn die Milchstraßen nur wie zurückfahrende Blitze aus dem großen Dunkel dringen – wenn eine Weltenreihe um die andere in den Abgrund hinuntergezogen wird, wenn das ewige Grab nie voll wird und der ewige Sternenhimmel nie leer: o mein Geliebter, wer erblickt und erhält denn uns kleine Menschen aus Staub? – Du, Allgütiger, erhältst uns, du, Unendlicher, du, o Gott, du bildest uns, du siehest uns, du liebest uns – O Julius, erhebe deinen Geist und fasse den größten Gedanken des Menschen! Da wo die Ewigkeit ist, da wo die Unermeßlichkeit ist und wo die Nacht anfängt, da breitet ein unendlicher Geist seine Arme aus und legt sie um das große fallende Welten-All und trägt es und wärmt es. Ich und du und alle Menschen und alle Engel und alle Würmchen ruhen an seiner Brust, und das brausende schlagende Welten- und Sonnenmeer ist ein einziges Kind in seinem Arm. Er siehet durch das Meer hindurch, worin Korallenbäume voll Erden schwanken, und sieht an der kleinsten Koralle das Würmchen kleben, das ich bin, und er gibt dem Würmchen den nächsten Tropfen und ein seliges Herz und eine Zukunft und ein Auge bis zu ihm hinauf – ja, o Gott, bis zu dir hinauf, bis an dein Herz.‹ –

Unaussprechlich gerührt sagte weinend Julius: ›Du siehst, o Geist der Liebe, also auch mich armen Blinden – o! komm in meine Seele, wenn sie allein ist, und wenn es warm und still auf meine Wangen regnet, und ich dazu weine und eine unaussprechliche Liebe fühle: ach du guter großer Geist, dich hab' ich gewiß bisher gemeint und geliebt! – Emanuel, sage mir noch viel, sage mir seine Gedanken und seinen Anfang.‹

›Gott ist die Ewigkeit, Gott ist die Wahrheit, Gott ist die Heiligkeit – er hat nichts, er ist alles – das *ganze Herz* fasset ihn, aber kein *Gedanke*; und *Er denkt nur uns, wenn wir ihn denken.* – – Alles Unendliche und Unbegreifliche im Menschen ist sein Widerschein; aber weiter denke dein Schauder nicht. Die Schöpfung hängt als Schleier, der aus Sonnen und Geistern gewebt ist, über dem Unendlichen, und die Ewigkeiten gehen vor dem Schleier vorbei und ziehen ihn nicht weg von dem Glanze, den er verhüllet.‹

Stumm gingen wir Hand in Hand den Berg hinab, wir vernahmen den Sturmwind nicht vor der Stimme unserer Gedanken, und als wir in unsere Hütte traten, sagte Julius: ›Ich werde den größten Gedanken des Menschen immer denken, unter dem Tönen meiner Flöte, unter dem Brausen des Sturms und unter dem Fallen des warmen Regens, und wenn ich weine, und wenn ich dich umarme, und wenn ich im Sterben bin.‹ – Und du, mein geliebter Horion, tue es auch.

Emanuel.«

*

Der kleine Erden-Kummer, die kleinen Erdengedanken waren jetzt aus Horions Seele geflohen, und er ging, nach einem betenden Blick in den geöffneten Sternenhimmel, an der Hand des Schlafs in das Reich der Träume hinein. – Lasset uns ihn nachahmen und heute auf nichts weiter kommen. –

Ende des zweiten Heftleins

Drittes Heftlein

26. Hundposttag

Drillinge – Zeusel und sein Zwillingbruder – die aufsteigende Perücke – Entdeckung von Spitzbübereien

Wenn ich in Coventgarden über das Trauerspiel geweint hätte: so würd' ich doch im Epiloge bleiben, den sie nachher halten, ob ich gleich über ihn lachen müßte. Allein nur aus dem Trauerspiele führt ein Quergäßchen in das Lustspiel, aber nicht aus dem Heldengedicht; kurz der Mensch kann nach dem *Erweichen*, aber nicht nach dem *Erheben* lachen. Ich darf es daher nie verstatten, daß ein Vielleser sogleich nach dem 25sten Kapitel dieses anfange. Wenn man überhaupt selber zusieht, wie sie einen lesen – nämlich noch fünfmal elender, gedankenloser, abgerissener, als man schreibt – (ich rede bloß von Fleiß: Kenntnisse fallen von selber beim Lesen weg, und die Autorfeder kann die Lebengeister des Lesers, wie der Pumpenstiefel das Wasser, doch nur auf eine gewisse Höhe ziehen) – wie sie bei den besten Stellen zwei Blätter auf einmal umwenden, bald zwei ungleichartige Kapitel entern lassen, bald in vier Wochen erst ein Kapitel gar hinauslesen, das in *einer* Sitzung hätte durchsein sollen – wie solche klassische Leser oft kurz vor einem Besuche oder unter dem Andrehen oder gar Ansengen der Haarwickel oder unter dem Auskämmen der Haare (die gar das erhabenste Kapitel einpudern) letztes lesen oder ein rührendes unter dem Keifen mit der ganzen Stube – wenn man bedenkt, daß unter solche Leser die meisten Scheerauer und Flachsenfinger gehören, und bloß *die* Leserinnen nicht, die sich in alle Bücher und Männer einzuschießen wissen, und denen einerlei ist, was sie lesen oder heiraten – und wenn man gar die traurige Betrachtung macht, daß, wenn über diese Leser nicht einmal der Lesegroschen, den sie fürs Buch bezahlen müssen, so viel Gewalt besitzt, um sie zum Genusse rührender und erhabner Blätter zu vermögen, daß es dieser lange Periode noch weniger erzwingen werde: so preiset man das deutsche Publikum glücklich, das doch solche Werke nähren, an denen wie an Truthühnern das *Weiße* das beste ist.

Da ein solcher Truthahn auch die *Wiener Zeitschrift* ist, und ich vorige Woche im Traume dachte, mein Hund schreibe daran: so wirds hierher passen, daß ich meinen Irrsal widerrufe. Mir fällt der Traum nicht auf – (da die Korrespondenzbestie gleichfalls *Hofmann*[1] heißt) –, daß diese gar der in eine Hundshaut eingewindelte und verpuppte Professor sei. Ich wäre gar nicht darauf verfallen, daß ein Professor der »*praktischen* Eloquenz« in der Form eines *Hundes* der Welt Drucksachen apportierte, hätte nicht einmal in Paris ein Kerl sich mit *konterbanden* Waren in eine Pudelhaut einnähen lassen, um so verkappt durchs *Tor* zu kommen. Schon aus der ungleichen Größe beider Wesen hätt' ich wissen können, welche Zeit es sei; aber ich ging im tollen Traume so weit, daß ich den Hund wirklich examinierend zwickte und befühlte, als der Professor, den ich hinter dieser Charaktermaske suchte, selber lebendig zur Tür eintrat. Er hob zwar sofort alle Verwechslung; ich legte mir aber, gleichsam um ihm Genugtuung zu geben, die Strafe auf, das ganze Ding bekannt zu machen und noch dazu sein Mitarbeiter, d. h. seine Monattaube zu werden, die monatlich heckt... Es sollen daher viele wirklich in der Wiener Zeitschrift (denn in der ersten Auflage vergaß ich das zu sagen, daß ich nur geträumt) nach Arbeiten von mir geforschet haben: ist das möglich, ich bitte? – –

Wir haben unsern Viktor unter lauter trüben Vermutungen stehen lassen: jetzo finden wir ihn wieder vor einem Begegnis, das sie alle bestätigt.

Wer den Apotheker Zeusel, um den sich der ganze Vorfall dreht, nur von Hörensagen kennt, weiß, daß er ein Hasenfuß ist. Besagter Fuß – ein Hase und der Teufel behalten, wenn auch das ganze Fell abgestreift ist, noch den Fuß – sah es gern, wenn ihn

[1] Der Professor Hoffmann und seine Zeitschrift, worin er im Anfange der Revolution jeden freien Geist als Thronenstürmer gefangen nahm, ist freilich längst vergessen; aber man kann ja den nächsten neuesten deutschen Ultra statt seiner setzen.

ein Herr von Hofe ausschmausete und – auslachte; er konnte nicht bescheiden verbleiben, sobald ihn ein Vornehmer zum Narren hatte. Der edle Matz benahm ihm daher seine Bescheidenheit oft. Von diesem vertrug er wie die Flachsenfinger alles, von Viktor nichts. Ich erklär' es nur daraus, weil Viktors Satiren allgemein und passend und für das Bessern waren; die Menschen aber vergeben lieber Pasquill als Satire, lieber Verleumdung als Ermahnung, lieber *Spotten* über Orthodoxe und Aristokraten als *Vernünfteln* darüber[1]. – Demungeachtet, ob Zeusel gleich von Matthieu diesesmal wieder gehänselt und geprellet wurde, wollt' ers ihm nicht recht vergeben, sondern bekam das Chiragra darüber.

Es war nämlich kurz vor dem ersten April – manche haben jährlich 365 erste Aprile –, als der Junker den Apotheker in jenen April schickte. In St. Lüne waren schon drei Bad- und Trinkgäste angekommen, drei junge wilde Engländer, die sich für Drillinge ausgaben, aber wahrscheinlich nur nacheinander, nicht miteinander geborne Brüder waren. Bloß ihre Seelen schienen Drillinge des Gemein- und Freiheitgeistes zu sein; sie waren so republikanisch, daß sie nicht einmal an dem Hofe erschienen, und hielten wie jeder Engländer uns alle (mich und den Leser und den Eloquenz-Professor) für Christensklaven und die Freigelassenen für Steckenknechte. Die Zauberkraft eines ähnlichen Herzens trieb bald den Regierrat Flamin in ihre kartesischen Wirbel; sie waren kaum acht Tage da, so hatten sie mit ihm schon einen Klub beim Kaplan gehalten. Er versprach ihnen auf Ostern das Gesicht ihres Landsmanns Sebastian; und den edlen Matthieu hatt' er gleich anfangs mitgebracht. Matzens Freiheitbaum war bloß ein satirischer Dornstrauch; seine Satiren ersetzten die Grundsätze. Nur ein einziger Drilling, den selber der Böse mit Hörnern und Bocksfüßen, nämlich der Satyr, ritt, konnte den beißenden *Evangelisten* und falschen Freiheit-*Apostel* recht leiden; denn in einem heitern lichten Kopf nimmt jedes fremde Witz- und Blitzwort einen größern Schimmer an, wie Johanniswürmchen in dephlogistisierter Luftart heller glimmen.

[1] Daher war es in Athen erlaubt, die Götter zu verspotten, aber nicht zu verneinen.

Als Matthieu den Pfarrkutscher und den Lohnlakai der Engländer, den Blasbalgtreter Zeusel – den Zwillingbruder des Apothekers –, erblickte: erfand er etwas, das ich eben erzählen werde. Der Apotheker mußte sich bekanntlich seines leiblichen Bruders schämen, weil er ein bloßer Balgtreter war und keinen andern Wind machte als musikalischen – und weil er ferner schlechte innere Ohren und außen gar keine hatte. Jedoch hatt' er sich wegen der letzten mit einem gerichtlichen Zeugnis gedeckt, das ihm nachrühmte, daß er seine Schallmuscheln auf eine ehrliche Art durch einen Bader verloren, der ihm von seiner Schwerhörigkeit helfen wollen. Aber sein Kopf war sein Ohr. Wenn er einen Stab an den Redner oder an seinen Sessel hielt, oder wenn man gerade über seinem Kopfe predigte: so hörte er recht gut. *Haller* erzählt ähnliche Beispiele, z.B. von einem Tauben, der allemal einen langen Stock an die Kanzel als Leiter und Steg der Andacht stieß. Seine Taubheit, die ihn eher zu einem höchsten Staatsbedienten, als zu einem Lehnbedienten berief, wendete ihm gerade den Sieg über andere Wahlkandidaten zu, weil dem Kato dem Ältern – so hieß sich der lustige Engländer – seine närrische Stellung gefiel.

Der edle Matthieu, dessen Herz eine ebenso dunkle Farbe hatte wie seine Haare und Augen, hing die Drillinge als Köder-Würmchen an die Angel, um den Apotheker zwischen seinem und Flamins Arm nach St. Lüne zu bringen. Zeusel ging freudig mit und ahnete das Unglück nicht, das ihn erwartete, nämlich seinen Bruder, mit dem ers schon seit vielen Jahren gegen etwas Gewisses ausgemacht hatte, daß sie einander in Gesellschaften gar nicht kennen wollten. Der Balgtreter begriff ohnehin aus Einfalt gar nicht, wie ein so vornehmer Mann wie Zeusel sein Bruder sein könnte, und verehrte ihn im stillen von weitem; nur eine Sache vertrug er nicht, trotz seiner blödsinnigen Geduld, die, daß sich der Apotheker für den Erstgebornen ausgab: »Bin ich nicht«, sagt' er, »um eine Viertelelle länger und eine Viertelstunde älter als er?« Er schwur, in der Bibel sei es verboten, seine Erstgeburt zu verkaufen – und er war dann wie alle, denen eine dumme Geduld ausreißet, nicht mehr zu bändigen.

Der Apotheker bemerkte nach dem ersten Schrecken über den

dastehenden Bruder mit Vergnügen, daß niemand seine Verbrüderung kenne; er wollte es daher auch nachtun und foderte vom Bruder-Bedienten so kalt wie jeder, zu trinken. Der Balgtreter besah, indem er den Kopf niederbog, damit der Bruder oben darüber die Befehle gäbe, mit Erstaunen und wahrer Achtung die silbernen Gattertore und Beinschellen auf den Füßen seines Verwandten und dessen Hüftgehenk von Stahl-Girlanden der Uhren. Zeusel hätte sich gern – wäre dem Junker zu trauen gewesen – gegen die Briten angestellt, als betrög' er sich und hielte des Tauben Bücken für übertriebene Kriecherei gegen Hofleute; er wäre dann imstande gewesen, dazuzusetzen, der *Opisthotonus* gegen Niedere sei derselbe Krampf wie der *Emprosthotonus*[1] gegen Höhere – aber wie gesagt, der Henker traue Hofjunkern!

Die Briten indessen nahmen den Narren samt seiner Geldbörse am Hintern kaum wahr und wunderten sich bloß, was er da wolle. Ihre republikanischen Flammen schlugen mit Flamins seinen zusammen, und zwar so, daß der Hofjunker sie für Franzosen und für Reisediener und Zirkularboten der französischen Propaganda würde genommen haben, wenn er nicht geglaubt hätte, nur ein Narr könne eine versuchen und eine glauben. Matthieu hatte Scharfsinn, aber keine Grundsätze – Wahrheiten, aber keine Wahrheitliebe – Scharfsinn ohne Gefühl – Witz ohne Zweck. Er war heute nur darauf aus, durch losgezündete Streifschüsse den Apotheker immer in der Angst zu befestigen, irgendeine Ideenverbindung werde ihn den Augenblick auf den dastehenden Bruder lenken. So legt' er recht glücklich nebenher den armen Hasenfuß auf die Folter des »gespickten Hasens«, als er ironisch für den Nepotismus focht. »Die Päpste, die Minister« (sagt' er) »geben wichtige Posten nicht dem ersten besten, sondern einem Manne, den sie genau geprüft haben, weil sie mit ihm fast auferzogen wurden, nämlich einem Blutfreund. Sie denken zu moralisch, als daß sie nach ihrer Erhebung ihre Verwandten nicht mehr kennen sollten, und sie halten den Hof für keinen Himmel, wo man nach seiner in die Hölle verdammten Magenschaft nichts fragt. Weil ein Minister

[1] Emprosthotonus ist der Krampf, der den Menschen *vorwärts* krümmt – der Opisthotonus beugt ihn *rückwärts*.

so viel verdauen kann wie ein Strauß: so wundert man sich, daß er nicht auch wie ein Strauß seine Eier voll Anverwandten in den Sand und vor die Sonne wirft und ihr Aufkommen nicht dem Zufall anvertrauet. Aber nichts verträgt sich weniger mit dem echten Nepotismus als dies; ja selber der Strauß brütet zu Nacht und in kältern Orten persönlich und unterlässet es nur dann, wo die Sonne besser brütet: so sorgt auch der Mann von Einfluß nur in solchen Fällen für seine Vettern, wenn großer Mangel von Verdiensten es fodert. Ich gesteh' es, die Moral kann so wenig Nepotismus wie Freundschaften gebieten; aber das Verdienst ist desto größer, wenn man ohne alle moralische Verbindlichkeit mit seinem Stammbaum gleichsam die halben Thronstufen überdeckt.« – Dieser satirische Hüttenrauch und Schwaden nahm die Briten für ihn ein, zumal da der Rauch edle Metalle voraussetzte, nämlich die höchste Unparteilichkeit bei einem Sohne, dessen Vater Minister war.

Da der Apotheker das Souper zerlegte – Matz hatt' ihn ersucht, le grand escuyer tranchant zu sein –, so paßte sein Freund es ab, bis er einen großen Truthahn an der Gabel hatte, um ihn in der Luft, wie Reiher die Fische, und noch dazu italienisch zu zerfällen; dann nahm der Edle seinen Weg über den Partage-Truthahn und über Polen durch die Wahlreiche, bis er in den Erbreichen anlangte, wo er stille lag, um da die Bemerkung zu machen, daß ganz natürlicherweise der erste große Diktator seinen eignen Sohn auf seinen Thron nach sich werde hinaufgezogen haben: »so hab' er sich oft beim flachsenfingischen Vogelschießen an den Kindern ergötzt, die mit den Kronen und Zeptern, welche die Väter herabgeschossen, herumsprangen und damit warfen und spielten.« – Der Taube unterhielt durch seinen Visierstab und seine Zündrute, die er an den Tisch stemmte, die freieste Verbindung mit dem ganzen Klub und sah seinem arbeitenden Bruder zu, wie er sägte und hielt. Matthieu, der den Vorschneider liebte, aber die Wahrheit noch mehr, konnte seinetwegen nicht die Reflexionen über die gekrönten Erstgeburten unterschlagen, sondern er merkte frei an, man sollte wenigstens unter der regierenden Familie, wenn auch nicht unter dem Volke, die Wahl frei haben.

»Jetzt denken wir nicht einmal wie die Juden, bei denen zwar eine halbtierische Mißgeburt noch die Rechte eines Erstgebornen hat, aber doch keine ganze tierische[1].« – Der Balgtreter wurde durch die fallopische Muttertrompete des Stabs mit neuen Ideen des Erstgebornen geschwängert – sein Bruder wurde von der Angst mehr zerlegt als der indische Hahn in der Luft. – Der Evangelist fuhr fort: »Auch bei den Juden hat bloß die tierische Erstgeburt, weil sie nicht mehr opfern dürfen, das beste Futter und ist heilig und unverletzlich – das übrige Vieh gehört unter die *jüngern Söhne.*«...

– Darauf sagte er plötzlich und lächelnd das Kompliment: »Bloß mein Freund hier mit dem Truthahn macht die glücklichste Ausnahme von meiner Behauptung und sein Herr Bruder mit dem Stabe da die betrübteste; es sind aber Zwillinge, und er ist nur eine Viertelstunde älter als der Taube.« Er wandte sich unbefangen an den Gestabten, der sein Gesicht schon zum Krieg mobil gemacht hatte: »Nicht wahr, eine Viertelstunde älter?« – »Ja, straf' mich Gott,« (sagt' er) »das bin ich: was sagt mein Bruder?« – Der Apotheker mußte matt den Dividendus an der Gabel senken, ob er gleich durch die herabgeschnittenen Quotienten schon leichter war. Der Balgtreter überschauete flüchtig alle Gesichter und entdeckte überall darauf einen schweigenden Unglauben, den der Junker durch seine kalten Versicherungen noch lesbarer machte. »Der ganze Scherz« – sagte Zeusel leise – »ist wohl für niemand interessant.« Da der Balgtreter die leise Exzeptionhandlung nicht durch seinen langen Gehörknochen habhaft werden konnte – er sah aber dann nicht ab, wie er seinen Prozeß und sein Erstgeburtrecht behaupten wollte –, so trat er seinen Beweis an und zog vier lange Flüche als ebensoviel syllogistische Figuren heraus und bückte den Kopf unter seinen Bruder, damit der über demselben seine Salvationschrift einreichte. Der Apotheker, der nicht die Erstgeburt, sondern nur das wankend machen wollte, daß er sein Bruder sei, und der ihn wegen

[1] Siehe die Wochenschrift »Der Jude«, S. 380; z. B. nach dem Buch Lebusch Atteret Sahaph ist ein Mensch mit einem Tierkopf eine menschliche Erstgeburt, aber ein Insekt, ein ganzes Tier ist es nicht.

Zweifel über dessen Titulaturen nicht gern anreden wollte, sagte bittend zu Matthieu: »Geben Sie ihm recht, denn er weiß gar nicht, wovon wir bisher gesprochen haben.« – Schnell und abgerissen, aber mit einer ungläubigen Miene sagte daher der Junker zu ihm: »Er s*oll* recht haben, mein Freund«, und setzte unter dem Schein, ihn ablenken zu wollen, dazu: »recht frisch und jung sieht er aus.« – »Bei Gott!« (versetzte er aufbrennend) »*der* da ist *jünger*; aber er kam hinter mir schon zusammengefahren auf die Welt in der Gestalt eines Tabakbeutels – er ist aus den Bettelmännern[1], die von mir abfielen, zusammengedreht und gezwirnt.« Der Balgtreter brannte nun alle Kanonen auf dem Wall seines Kopfes ab, erbittert durch die Essigmienen und Giftblicke und die Unhörbarkeit seines Blutfreundes: er spannte daher den Daumen und den Ohrfinger aus und setzte sie wie Zirkelfüße an sein eignes Gesicht, um es auszumessen; dann wollt' er beide als ein Längenmaß über das Gesicht seines Blutfreundes legen – er würde dann, da der Mensch zehn Gesichtlängen hat, das fremde und sein eignes Gesicht gegeneinander gehalten und dann aus ihrem verschiedenen Maße leicht auf ihre Statur geschlossen haben –; aber der Apotheker wackelte, und der Balgtreter setzte den Daumen ganz falsch über dem Kinnbacken ein. Hier hob den Daumen, der sich in den weichen Backen eintunken wollte, etwas Hartes und Rundes auf, und der Balgdiener trieb durch das Heruntergleiten an dem Kinnbacken eine Wachskugel zum Maule heraus, womit der Apotheker seine eingekrempten Wangen ausgefüttert hatte wie mit einem Polster, um das eingelegte Bildwerk des Gesichts zum erhobenen aufzustülpen. Die herausgleitende Kugel warf wie eine Boselkugel den Apotheker um, d.h. seine Gelassenheit, und er sagte zum Tauben, der jetzo gar zu einer Historie von seinem Kahlkopfe überschreiten wollte, mit blitzenden Augen nur so viel: »Ihr Mensch habt keine Lebensart, und Euer älterer Bruder muß Euch erst abhobeln.« Da aber der Kalkant schon in der Naturgeschichte des Kahlkopfes fortschritt: so eilte Zeusel davon mit der Entschuldigung, der Herr Hofmedikus Horion warte heut' abends auf ihn. Der ernsthafteste unter den Engländern trat ganz

[1] Die Spinner nennen das Abfällige der Baumwolle so.

nahe an ihn und sagte: »Empfehlen Sie mich dem Doktor, und da er so gute Kuren macht, so sagen Sie ihm in meinem Namen, Sie wären ein großer – Narr.«

Kaum war er zum Dorfe hinaus: so dauerte den Kalkanten der Emigrant, und er wollte in der Historie des Kahlkopfes aufhören. Der Evangelist schickte ihn daher dem erbosten Zwilling nach, um ihn jetzt in der Nacht einzufangen; und nahm dafür selber den historischen Faden auf. Nämlich an einem Abend, wo der Hof nicht im Schauspiel war, hielt der Hofapotheker (der Himmel weiß wie) sein Nußknackergesicht aus einer der ersten Logen heraus. Matthieu, damals noch Page, postierte den Balgtreter im Scheitelpunkte seiner Perücke, nämlich in der Galerie gerade über ihm. Der Kalkant ließ oben an einem unsichtbaren Roßhaar einen kleinen Haken niedersteigen, der wie ein Raubvogel über der herausschauenden Perücke hing, die ich für ein Ideal von Haaren halte. Denn sie schien aus dem Kopfe, dem die Locken und die Vergette längst ausgefallen waren, als Eingeborner und Fechser herausgewachsen zu sein, und niemand nahm sie für adoptiertes Pelzwerk. Der Balgtreter ließ den Haken so lange über der Perücke wie einen Perpendikel schwanken, bis Gewißheit da war, daß er in die Vergette eingegriffen. Sofort bedient' er sich seiner Hände als Fuhrmannwinden und hob (wie der Frost andre Gewächse) die ganze Frisur aus den Wurzeln und zog langsam die Zopfperücke wie eine steigende Haar-Montgolfiere in die Höhe. Das Parterre und der erste Liebhaber und der Lichtputzer wurden vor Erstaunen zu Eisschollen, da sie den Schwanzkometen in gerader Aufsteigung zur Galerie aufgehen sahen. Auf dem Apotheker, der seinen Kopf abgedeckt und kalt angeweht fühlte, richteten sich die wenigen natürlichen Haare auch empor vor Schrecken, wie die künstlichen; und als er sich mit dem kahlen Scheitel umdrehte, um der Kreuzerhöhung seines Haarwuchses nachzusehen, ließ sein Zwillingbruder (um nicht entdeckt zu werden) das ganze härene Meteor, das dem Haar der Berenice im Himmel nachwollte, gar unter die Leute herunterfallen vor seinem Gesichte vorbei und sah gelassen herab auf die Kulmination im Nadir, wie die ganze Galerie. – –

Während unserer Erzählung haben die Zwillinge einander geprügelt. Der Erstgeburt-Akzessist rief draußen auf dem mit Nacht überdeckten Flachsenfinger Weg in einem fort: »Herr Hofapotheker!« Und da er keine Antwort vernehmen konnte, mußt' er mit dem Hörrohr an jedes Ding, ob es etwan rede, stochern. Endlich stieß sein Visitiereisen an die Erstgeburt, und er ging hin, um sie um Vergebung und Retour zu ersuchen. Aber der Apotheker war dermaßen im Kochen und Sprudeln, daß er, als der Balgtreter seinen Kopf unterhielt, um dessen Antwort einzuholen, seine Hand in eine Kugel anschießen und sie wie einen Glockenhammer auf die Pfeilnaht des untergehaltenen Hauptes fallen ließ, worauf die Täucherglocke einen ordentlichen Ton angab. Der Apotheker würde, wenn man ihn recht verstanden und ihm Zeit gelassen hätte, durch diesen Zainhammer die Suturen auf dem tauben Haupte um vieles vorgehoben haben; aber so störte ihn sein eigner Bruder, der ihn am Kopfe – denn der Balgtreter würde seine Finger als Schmucknadeln in die künstlichen Haare gelegt und ihn daran gelenkt haben, wäre die Perücke am Kopfe festgemacht gewesen – wie ein Gesträuch niederbog, um sein Hörrohr als ein zweites Rückgrat so stark und doch so behutsam über des Zwillings erstes zu legen, daß niemand komplizierte Frakturen davontrug als der Hörstab. – Darauf sagte er gute Nacht und empfahl ihm, sich links zu halten, um nicht irrezugehen....

– Hätte ich gewußt, daß diese Geschichte so viele Blätter überschatten würde, ich hätte sie lieber weggeworfen. Am andern Morgen stattete der unverschämte Matthieu einen Besuch beim Kreuzträger ab, an dessen Händen jetzt das vom Zorn reifgewärmte Chiragra glühte; er wollte – weil er jeden Tadel seiner Unverschämtheit mit einer größern beantwortete – die gichtbrüchigen Hände zu neuen Katzenpfoten machen, um frische Spaß-Kastanien aus dem Feuer zu nehmen. Aber der Apotheker, dessen Herz nur klein, aber doch nicht schwarz war, fühlte sich zu sehr gekränkt, und als Matthieu, über seine Klagen lachend und schweigend, von ihm ging, ohne sich nur die Mühe einer Entschuldigung zu geben: so schwur der Chiragrist, ihn – da haben wir wieder den Narren – zu stürzen.

Tritt wieder auf, mein Viktor, ich sehne mich nach schönern Seelen, als dieses Gebrüder Narren da hat! – Niemand von uns lebt und lieset so in den Tag hinein, daß er nicht wüßte, in welcher biographischen Zeitperiode wir leben: es ist nämlich acht Tage vor Ostern, wo Zeusel auf dem Krankenbette und Klotilde auf dem Wege nach St. Lüne ist. – Flamin hinterbrachte unserm Viktor den Spaß mit dem kranken Zeusel. Er mißfiel ihm gänzlich, so wie ihn Schriften wie der Antihypochondriakus, das Vademekum oder die mündlichen Erzähler gedruckter Späße – die fadesten aller Gesellschafter – ekelten. Er konnte nie eine Tierhatze zwischen zwei Narren anlegen: nur der Entwurf eines solchen Schlachtstücks kitzelte seine Laune, aber nicht die Ausführung, so wie er Prügelszenen gern in Smollet (dem Meister darin) las und dachte, aber niemals sehen mochte. Sogar von den Körper-Bonmots und Hand-Pointen am fremden Leibe dacht' er zu geringschätzig, die ich doch den stummen Witz (wie stumme Sünden) nennen möchte, und die das wahre attische Salz kleiner Städte sind; denn wahrer Witz, dünkt mich, muß sich wie das Christentum nicht in Worten, sondern in Werken offenbaren. Er sah unsere Torheiten mit einem vergebenden Auge, mit humoristischen Phantasien und mit dem ewigen Gedanken an die allgemeine Menschennarrheit und mit schwermütigen Schlüssen an. Sobald er den bösen Punkt ausnahm, daß Zeusel sich jedem Edelmann zum Miettier so lange, bis ihn dieser zurückprügelte, vorstreckte, wie man in Paris Schoßhunde zum Spazierengehen mieten kann: so hatt' er gegen dessen Eitelkeit, da sie zumal in andern Fällen gutmütig, freigebig und oft sogar witzig war, wenig einzuwenden. Niemand ertrug Eitelkeit und Stolz liebreicher als er: »Was hat denn der Mensch davon,« sagt' er viel zu lebhaft, »wenn er kein Narr ist, oder wo soll er denn aufhören, demütig zu sein? Entweder zu gut oder gar nichts müssen wir von uns denken.«

Viktor stattete also bei seinem Hausherrn zugleich einen freundschaftlichen und einen ärztlichen Besuch mit seiner teilnehmenden Seele ab. Diese Gesinnung griff herrlich in den Plan des Apothekers ein, den Doktor anzuwerben, damit er gegen Matzen diene. »Dazu brauche ich nichts,« (sagte Zeusel zu Zeusel) »als daß ich ihn die Intrigen, die das Schleunessche Haus gegen ihn spielet, sehen lasse, denn er ist ohne mich nicht raffiniert genug dazu.« Denn er hält überhaupt den Helden der Hundposttage – ders auch willig litt – ein wenig für dumm, bloß weil dieser gutmütig, humoristisch und gegen alle Menschen vertraulich war. In der Tat gab ihm das Leben in der großen Welt zwar geistige und körperliche Gewandtheit und Freiheit, wenigstens größere; aber eine gewisse äußere Würde, die er an seinem Vater, am Minister und sogar oft an Matthieu wahrnahm, konnt' er niemals recht oder lange nachmachen; er war zufrieden, daß er eine höhere in seinem Innern hatte, und fand es fast lächerlich, auf der Erde ernsthaft zu sein, und zu gering, stolz auszusehen. Vielleicht konnten sich eben darum Viktor und Schleunes nicht leiden; ein *Mensch* von Talenten und ein *Bürger* von Talenten hassen einander gegenseitig.

Eh' ich dem Apotheker erlaube, alle Fäden des Schleunesschen Kanker-Gespinstes vorzuzeichnen: will ich nur erklären, warum Zeusel hierüber so allwissend war, und doch Viktor so blind. Dieser aber war es, weil er sich unter seinen Freuden auf das Erraten gleichgültiger oder schlimmer Leute gar nicht legte; er schwebte überhaupt wie ein Paradiesvogel immer in der Himmelluft, vom Schmutzboden abgetrennt, und flog, wie alle Paradiesvögel, der losen Federn wegen immer *gegen* den Wind; daher bekam er, aus Mangel an Verbindungen, die *mündlichen* Hofzeitungen erst, wenn alle Heiducken, die Lakaien der Pagen und die Einheizer sie schon schwarz gelesen hatten; – oft gar nicht. – Der Apotheker ist im entgegengesetzten Falle, weil er zwar die schlechten Augen, aber auch die guten Ohren eines Maulwurfs hat, und weil in der camera obscura seines ähnlichern Herzens sich leichter die Bilder der verwandten Kniffe malen; noch dazu setzt er zwei lange Hörröhre – zwei Töchter – an die Kabinette oder vielmehr an ihre Liebhaber an, die daraus kommen, und horcht durch die Röhre manches weg, was ich in dieser Lebensbeschreibung recht herrlich schon im dritten Heftlein nutzen kann. Es gibt Menschen – der war so –, die nur Nachrichten, ohne Interesse für den Inhalt, erhetzen wollen und Personalien ohne Realien, und die alle große Gelehrte, aber keine Gelehrsamkeit – alle große Staatsmänner, aber keine Politik – alle Generale, ohne Liebe zum Kriege – zu kennen suchen persönlich und schriftlich.

Es kann sein, daß mancher feine Leser schon aus dem vorigen von dem, was Zeusel jetzt entdecken will, Wind hat. Ich gebe des Apothekers Darstellung in folgender verjüngten:

»Der Minister habe den Fürsten sonst niemals in sein Interesse ziehen können, selten in sein Haus; zwar hab' er zuweilen eine Tochter, die ihm gefallen konnte, zu vermählen nicht unterlassen; aber entweder das verschiedene Interesse des Tochtermanns war allemal dem seinigen ungünstig, oder auch der Einfluß Sr. Herrlichkeit (des Lords). Daher sei er mehr zu entschuldigen als zu verdammen, daß er die Partei des *Schwächern* ergriffen, nämlich die der verlassenen Fürstin, die doch allemal etwas sei, und welche ihre italienischen Künste vielleicht nur noch verdecke. Im ganzen genommen sei es also nicht unrecht, daß man die Fürstin, die viel *Temperament* habe, durch Matthieu an Schleunes' Haus zu knüpfen suche, worin man sich nach ihrer äußern Tugend-Grandezza geniere, indes man sie durch den Hofjunker über die *Kälte* ihres Gemahls beruhige.«...

Wenn sich der Leser das Schlimmste vorstellt: so begreift er Viktors ungläubiges Erstarren und Verfluchen; er ließ aber Zeuseln erst ausreden.

»Zum Glück habe Herr Hofmedikus dem Hause die Ehre erwiesen, oft hinzukommen; und die Schleunesschen werden ihn wahrscheinlich auf *alle* Weise zum öftern Geschenk seiner Besuche ermuntert haben, da er zumal dadurch auch den Fürsten eingewöhne. Er wisse hierüber allerlei von guter Hand.«...

Viktor erriet, was Zeusel aus Höflichkeit verschwieg – den Wink auf Joachime. »Sonderbar ists doch,« dacht' er, »daß mir mein Vater fast dasselbe schreibt! – Aber ein hübsches Gewirre von Absichten! ich machte bei meinen Absichten auf die Fürstin den Minister zu meinem Deckmantel, und er mich bei seinen auf den Fürsten zu dem seinigen.« – Das hätt' er ohne mich wissen sollen, daß böse Menschen die guten nie aus Liebe suchen, und daß Joachimens Herz nichts ist als ein Köder in der Hand des Ministers; aber dichterische Menschen, die immer die Flügel der

Phantasie aufspannen, werden, wie die Lerchen wegen ihrer *ausgespreizten* Flügel, sogar in Netzen festgehalten, welche die *weitesten* Maschen haben, wodurch sonst leicht ein glatter Vogelkörper glitte. – Nur noch ein Wort: warum betrug sich Viktor gegen die besten Menschen, gegen Klotilde, seinen Vater etc., feiner, anständiger und schöner als der beste Weltmann; und gegen mittelmäßige und schlimme benahm er sich doch so links: warum? – Weil er alles aus Neigung und Achtung tat, und nichts aus Eigennutz und Nachahmung; die Weltleute hingegen behaupten ein immer gleiches Betragen, weil sie es nie nach fremden Verdiensten, sondern nach eignen Absichten abformen. Daher gab ihm sein Vater auf der Insel unter den Lebenregeln – die überhaupt eine feine versteckte Weissagung von seinen Fehlern und Begebenheiten waren – diese mit: man begeht die meisten Torheiten unter Leuten, die man nicht achtet.

»Da nun Klotilde dem Fürsten gefalle: so werde dieser Matthieu, der um sie schon vor einigen Jahren geworben, sie zu seinen Eroberungen zu machen suchen, um durch sie viel wichtigere zu machen.«

Pfui! rief Viktors ganze Seele, jetzt seh' ich erst alle Stacheln der Dornenkrone, die auf dein Herz gedrücket wird, du arme Klotilde!

»Matthieu wäre längst mit seinen Heuratsanträgen weiter herausgegangen, hätt' er die gegenwärtigen Aussichten (eines – Ehebruchs) näher gehabt. Vielleicht sei auch Matthieu noch über die Zurückkunft ihres Bruders (Flamins, wegen ihrer verkleinerten Erbschaft) in Sorge, ob ihn gleich der Tod seiner Schwester (der beerbten Giulia) ein wenig entschädige. Daher liebe die Fürstin Klotilden, da deren Heurat mit Matthieu nur eine Sache des Interesse sei. Käm' es aber wirklich zu einer Vermählung, wie wahrscheinlich sei, da Matthieu sie schon durch Grobheit dem Kammerherrn abnötigen würde«.... (Es ist ein eigner Zug des Evangelisten, daß er gegen Schwache grob und oft gegen dieselbe Person rauh und wieder fein war) – »so könnte jener und Jenner sich im *wechselseitigen* Vergeben üben; und das Band der Freundschaft würde sich auf einmal um vier Personen in verschiedenen

Schleifen wickeln. Diese vierfache Verkettung risse dann keiner mehr auseinander, und alles ginge zum Teufel. Der einzige Maschinengott, der die Knüpfung dieses Knotens noch verhüten könnte, sei der – Herr Hofmedikus. Ihm versage Herr Le Baut vielleicht die Tochter nicht, da er ihr zum Hofdamenamt verholfen – ›welches damals, da ich mich Ihnen nicht deutlich erklären durfte, gerade meine wahre Absicht war, die Sie ebensogut errieten als ausführten‹ – und da das Schicksal des Sohns (Flamins, der nach der allgemeinen Meinung noch verschollen war) ja in den Händen Sr. Herrlichkeit stehe. Auch zweifle er am Gewinnen der Fürstin nicht, da er (der Doktor) bisher ihre Gunst besessen, und sie ihn dem Doktor Kuhlpepper vorgezogen. Durch den Verlust Klotildens und Agnolas wären den Schleunesschen die Flügel beschnitten.«...

Schurke! hätte hier Flamin geflucht; aber Viktor, der glaubte, diesen moralischen Staubbesen verdiene nur ein ganzes Leben, nie *eine* Handlung, und der mit der größten Unduldung der Laster eine zu große Duldung der Lasterhaften verband, dieser sagte, aber mit mehr Hitze, als man nun vermuten wird: »O du gute Fürstin! die *deutschen* Skorpionen sitzen um dein Herz und stechen es zur Wunde und gießen als Balsam Gift in die Wunde, damit sie niemals heile! – Abscheuliche, abscheuliche Verleumdung!« Viktor lobte und verfocht gern seine Freunde zu lebhaft – und zwar aus Neigung zum Gegenteil; denn da er bei seiner *eignen* Ehre die Belobbriefe seines Gewissens den Schandgemälden der Welt ruhig und stumm entgegensetzte, so wär's zwar seine Neigung gewesen, die Ehre seiner Freunde so kalt zu verteidigen wie seine eigne, aber es war Gehorsam gegen sein Gewissen, es (trotz dem Gefühle der Entbehrlichkeit) mit der größten Wärme zu tun.

Das höfische und triumphierende Lächeln Zeusels war eine zweite Verleumdung; der Tropf hielt Viktor für ein Zifferblatt- oder Stundenrad bei der Sache und sich für den Perpendikel. Daher sagte Viktor mit einem aus Wehmut und Stolz gemischten Unwillen: »Meine Seele erhebt sich zu weit über eure Hof-Kleinigkeiten, über eure Hof-Spitzbübereien, mich ekelt euer Kram unaussprechlich. – O du edler Geist in Maienthal!« – –

Er ging mit durchschnittenem Herzen weg – der Nachtwächter, der ihn allemal im höhern Sinne an die Zeit und an die Ewigkeit dazu erinnerte, rief seines Lehrers Gestalt vor seine weinende Seele und – Klotilde mit ihren blassen Mienen kam mit und sagte: »Siehst du noch nicht ein, warum ich so bleiche Wangen habe und so schnell in das fromme Tal Emanuels ziehe?« – und Joachime tanzte vorüber und sagte: »Ich lache Sie aus, mon cher!« – und die Fürstin verhüllte ihr unschuldiges Gesicht und sagte aus Stolz: »Verteidige mich nicht!« –

Der Leser kann sich leicht denken, daß Viktor den Namen Klotilde für zu groß hielt, um ihn nur in einer solchen Nachbarschaft über die Lippen zu bringen – wie die Juden den Namen Jehova nur in der heiligen Stadt, nicht in den Provinzen auf die Zunge nahmen. Seine Seele heftete sich nun an den Nachflor seiner Liebe, an die von Zeuseln besprützte Agnola. Es war ihm erwünscht, daß gerade jetzo der Kaufmann Tostato aus Kussewitz ankommen mußte, um seine katholische Osterbeichte in der Stadt abzutun: er konnte bei ihm doch auf Verschwiegenheit über die Maskopei-Rolle in der Bude dringen, damit er der gemißhandelten Fürstin wenigstens den Schmerz über eine gutgemeinte Beleidigung, über die in die Uhr eingeklebte Lieberklärung, ersparte.

27. Hundposttag

Augenverband – Bild hinter Bettevorhang – Gefahr für zwei Tugenden

Klotilde ging in der Leidenwoche, unter Liebkosungen von der Fürstin entlassen, nach St. Lüne. In der Osterwoche trägt sie ihr Herz voll bedeckter Sorgen nach Maienthal zu ähnlichern Seelen, wenn sie vorher durch die Vorhölle gegangen, nämlich durch einen schimmernden Ball, den ihr – oder höflicher zu reden, der Fürstin – der Fürst am dritten Osterfeiertage gibt.... Ist diese Blume mit dem Melonenheber des Todes oder Schicksals aus meinen biographischen Beeten ausgestochen und versetzt: so werf' ich die Feder weg und prügle den Spitz zurück – ich habe mich so sehr an sie gewöhnt wie an eine Verlobte: wo treib' ich am Hofe wieder einen weiblichen Charakter auf, der wie ihrer *heilige* und *feine* Sitten verbindet, *Himmel* und *Welt*, Tugend und Ton, ein Herz, welches (ist es anders mit etwas Kleinem zu vergleichen erlaubt) der unsern Helden ängstigenden und auch wie ein Herz aussehenden montre à regulateur ähnlich ist, welche mit dem Zeiger der Hofstunden einen Zeiger der Sonnenstunden und den liebenden Magnet verknüpft?

Jetzo sind wir noch die ganzen Osterfeiertage beisammen; denn Sebastian muß zum Pfarrer Eymann, um ihn und die britischen Drillinge und seine liebe Kaplänin und mehr Liebes zu sehen. Er wäre gern schon am Osterheiligenabend dem Regierrat dahin gefolgt (und dem Lebensbeschreiber wär's so lieb gewesen wie ein Osterfladen, weil er der Städte und Höfe auf dem Papiere übersatt ist); aber der Genius der zärtlichsten Freundschaft winkte ihm, nur wenigstens bis den ersten Ostertag Flamins und Klotildens wegen, welche beide einander so lange entbehret und so sehnlich gewünschet hatten, sich wechselseitig neue Wunden nun mitbringend, zurückzubleiben, gleichsam als woll' er fragen: »Die ersten Freudenblicke dieser so lange auseinandergedrängten Geschwister wird doch mein unglücklicher Sebastian nicht stören wollen?« – Wahrlich, nein! antwortete seine Träne.

Die Stadt war nun von seinen Geliebten ausgeleert – die Leidenwoche war eine wahre für ihn – nicht einmal die Fürstin, gleichsam die Elektrizitätträgerin seiner auf sein eignes Herz zurückgewehten Liebeflamme, war ihm seit langen erschienen – denn mit dieser Stimmung konnt' er nicht zu Joachimen gehen – – – als ihn der Pater der Fürstin, die heute bei ihm (am heiligen Osterabend) gebeichtet hatte, besuchte und vor ihm einen Wundzettel ihrer Augen entfaltete und ihn freundlich schalt, daß der Hofbeichtvater dem Hofmedikus Sünden, statt zu erlassen, vorzurücken habe. »Ich wollte morgen verreisen«, sagte Viktor – »Gut!« sagte der Pater, »die Fürstin verlangt schon heute Ihre Hülfe.«

Auf dem Wege zu ihr sagt' er zu sich: »Hat denn Tostato das Osterbeichten verschworen, daß er jetzt abends noch nicht da ist?

und wo wird ihn der Henker morgen haben?« – »Hier!« antwortete – Tostato hinter ihm. – So einen lustigen Bußfertigen hatte noch keine Sakristei gesehen. Das Freuden- und Teufels- und Beichtkind sagte die Ursache seines frohen Tobens: »die Fürstin hab' ihm als Landsmann heute das halbe Gewölbe ausgekauft.« – Eh' Viktor auf seinem Gesicht *die* ernsthaften Mienen in Reih und Glied gestellet hatte, mit welchen er ihm die Bitte um Verschweigung seines kaufmännischen Vikariats tun wollen, ich meine die Buden-Verwaltung: so erfreuete ihn der springende Beichtsohn mit der Nachricht, daß die Fürstin nach seinen und ihren Landsleuten, nach seinen Associés, gefragt, und daß er ihr gar nicht verborgen, daß einer einmal das letzte ohne das erste gewesen – nämlich ihr Hofmedikus selber. – »Donner!« sagte der....

Der arme Narr von Kaufmann meint' es gut, und es war weiter nichts anzustellen als die Untersuchung, ob nicht Agnolas Fragen Zufall gewesen – ob sie die Uhr noch habe, oder je aufgemacht, ob kein Wind die Lieberklärung als einen verschwisterten Wind fortgetrieben. – –

Bedenklich bliebs, daß gerade der Pater und der Kaufmann, gerade die bösen Augen und die guten Nachrichten in *einen* Tag zusammenfielen; in diesen 30sten März, in den Osterabend. Da dieser Besuch für meinen Helden sehr merkwürdig ist: so bitt' ich jeden, sich recht bequem zu setzen und die vom Buchbindergolde verpichten Blätter dieser Erzählung vorher aufzuspalten und achtzugeben wie ein Spion. –

Als Viktor im Schlosse war: stieß ihm der Pater auf, welcher sagte, er gehe auch mit. Es war ein Glück; denn ohne diesen Wegweiser hätt' er schwerlich den Pfad durch ein Labyrinth von Zimmern in das veränderte Krankenkabinett gefunden. Und mit ihm ging wie ein Kibitz die Sorge durch alle Gemächer, er werde auf dem Gesichte der Fürstin ein Klaglibell gegen das eingesperrte billet doux erblicken; aber nicht einmal ein Anfangbuchstabe oder das Rubrum eines Urteils stand auf ihrem Gesichte, als er vor sie trat, und seine Wetterwolke war seitwärts gegangen. Wenigstens stieß eine, die über der Fürstin selber hing, seine ab; sie war nämlich krank, aber nicht an Augen bloß, und eine zweite Botschaft, die ihn holen sollte, hatt' ihn nur verfehlt. Sie empfing ihn im Bette – nicht ihrer Krankheit, sondern ihres Standes wegen: denn für Damen von einigem Range ist das Bette das Hoflager – die Moosbank – der Hochaltar – die Königpfalz – kurz der Fürstenstuhl und Sessel. Wie der Philosoph Descartes, der Abt Galiani und der alte Shandy, so können sie in diesem Treibhaus am besten denken und arbeiten. Ob sie gleich im Bette lag, so war sie, wie gesagt, doch nicht gesund, sondern von Kopf- und Augenschmerzen angefallen. Daher hatte sie von ihrer fortgeschickten Dienerschaft für heute nichts behalten als eine Kammerfrau, die sie sehr liebte, und die Mücke an der Wand, die sie irrte, und unsern Doktor, der eines von beiden unterließ. Ich hätte eine im offenstehenden Bilderkabinett seßhafte Hofdame gerne mitgezählet; aber sie saß so stumm und unbeweglich draußen, daß Viktor schwur, sie ist entweder ein Kniestück oder – eine Deutsche – oder beides. Es ersparte den verbrühten Augen der Fürstin ebensoviel Schmerzen, daß der grüne Lichtschirm und die grünen Atlastapeten und die grünen Atlasgardinen im Krankenkabinett ein wogendes *blaues* Helldunkel zusammengossen, als es gesunden Augen Vergnügen verschaffte. Eine einzige Wachskerze stand auf einem Leuchter, den alle Jahreszeiten einfaßten, nämlich abgebildete – über welche Sitte der Großen, die Natur immer nur in Spielmarken, in effigie und durchs Kopierpapier, nie in natura selber zu genießen, ich hier weder meine Meinung noch die Gründe sagen kann, weil ein ganzes

Extrablatt

vonnöten wäre, um nur unter so vielen möglichen Gründen, warum sie überall – auf den Tapeten – auf den dessus des portes – des trumeaux – des cheminées – auf den Vasen – auf den Leuchtern – auf den plats de menage – auf den Lichtscher-Untersätzen – in ihren Gärten – auf jedem Quark eine Landschaft, die sie nie betreten, einen Salvator Rosa-Felsen, den sie nie besteigen, gern sitzen sehen... ich sage, weil unter so vielen Gründen, warum sie es tun und der alten Natur dieses jus imaginum einräumen, der wahre nur von einem Extrablättchen auszuklauben wäre, indem nur ein solches es weitläuftig entscheiden könnte, ob es davon komme, daß ihnen die Natur, wie einem Liebhaber die Geliebte, bei der ewigen Trennung ihr Bild geschenkt – oder davon, daß die Künstler ihnen, wie den alten Göttern, das gerade am liebsten bringen und opfern, was sie hassen – oder daß sie dem Kaiser Konstantin gleichen, der zur nämlichen Zeit das wahre Kreuz abschaffte, und die Abbildungen desselben vermehrte und heiligte – oder daß sie aus feinerem Gefühl das dauerhafte, aber musivische Gemälde der Natur, in welchem ganze Bergrücken die musivischen Steinchen sind, den zärtern, aber kleinern Vexierbildern der Künstler nachsetzen müßten – oder daß sie Leuten glichen (wenns solche gäbe), die auf den Theatervorhang sich die ganze Oper mit allen Dekorationen abmalen ließen, um sich das Aufziehen des Vorhanges und das Beschauen der Akte zu ersparen – – – Und doch, wenn das Extrablättchen mitten im Entscheiden wäre, würde jeder aus Hundhunger nach bloßen Vorfällen Reißaus nehmen und auf nichts auslaufen als auf die Fortsetzung der Vorfälle und auf

das Ende des Extrablattes.

Die Fürstin hatte zwei Verhüllungen, wovon er die eine sehr liebte und die andre sehr haßte. Die geliebte war ein Schleier, der für ihre wunden Augen eine Heilbinde war; ihm aber war einer die Folie und Fassung des weiblichen Gesichts, und er machte sich anheischig, den Satz als Respondent und Präses zugleich zu verteidigen, daß die Tugend nie besser mit Schönheit belohnet werde als in St. Ferieux bei Besançon: denn beim Sittenfeste bekommt dort das beste Mädchen einen *Schleier* zu 6 Livres. – Die verhaßte Verhüllung waren die Handschuhe, gegen die er überall seinen Fehdehandschuh hinwarf: »Eine Frau« – sagt' er im Hanöverischen – »wag' es einmal und ziehe gegen mich von *Leder*, nämlich ihre Hand, und verfechte damit ohne Hülfe der Esaushände die Esaushände und sage, man muß sie nicht abziehen als im Bette. Anziehen müßte man sie höchstens da, könnt' ich versetzen; aber ich werde anfragen: zu was dienen denn am Ende die schönsten Hände, die ich sehe, wenn sie immer unter den Flügeldecken liegen, als wären wir Männer persische Könige? Und ist es dann zu streng, wenn man Personen, die solche nachgemachte Hände von Leder oder Seide tragen, ins Gesicht sagt, sie glichen der Mediceischen Venus, sogar bis auf die Hände[1]? Man antworte! –

Überhaupt ist in diesem dunkeln grünen Kabinett fast alles – Agnolas schöne römische Schultern ausgenommen – zugehüllt; sogar zwei Heiligenbilder warens. Denn ein gemaltes Marienbild mit einer wahren metallischen Krone – es sollte kein Sinnbild der Regenten mit Vexier-Köpfen unter echten Kronen sein – deckten die Zedern der Bette-Federbüsche zu; und über einen sehr hübschen heiligen *Sebastian* von Tizian – aus dem Palast Barbarigo in Venedig kopiert – (der Mann sah mit seinen Pfeilen wie ein Stachelschwein aus und hing doch neben ihrem Kopfkissen) hatte sie die Bettgardine weiter vorgezogen, als sein Namenvetter ohne Pfeile kam, der mehr anbetete als angebetet wurde. Viele versicherten mich seitdem, es sei ein Sebastian von van Dyk aus der Düsseldorfer Galerie gewesen; aber weiter unten werd' ich zeigen, warum nicht.

Außer einem weiblichen Auge, das hinter einem Schleier ruht, gibts nichts Schöneres als eines, das (hier hat der Teufel sechs End-S hintereinander) ihn gerade wegleget. Dem armen Doktor schlug eine solche schöne Glut entgegen – da er als Okulist verfahren wollte –, daß er sogleich als Protomedikus ihres Kopfes verfuhr, um an ihre Hand zu fühlen und sich dadurch zu retten. Denn während sie den Handschuh-Kallus von ihrer Hand – es waren aber nur halbe Handschuhe mit nackten Fingern oder halbe Flügeldecken, d.h. hemiptera – herunterzupfte: so war der Doktor, weil sie darauf hinsehen mußte, in der größten Sicherheit von der Welt, und das griechische Feuer fuhr ganz neben ihm vorbei. Daher ist recht mit Bedacht in die Feuerordnung der Moral ein ganzer, fast zu langer Artikel hineingesetzt, ders jungen Mädchen verbietet, mit den Augen frei wie mit bloßem Lichte in dem Besuchsaale herumzugehen, weil so viel brennbares Zeug darin steht – wir sämtlich –, sondern sie müssen solche in einen Strickstrumpf

[1] Die Hände der Mediceischen Venus sind neu und ergänzt.

oder Nährahmen oder in ein dickes Buch – z. B. in die Hundposttage – stecken wie in eine Laterne.

– Es ist wahrlich ein Jammer: seit ich und das Publikum im fürstlichen Zimmer sind, folgt eine Ausschweifung nach der andern – ich meine Sternische. –

Der fürstliche Puls ging noch etwas erhitzter als dessen seiner, der ihn hier beschreibt. Sie hatte kurz vorher, eh' er kam, einen warmen Verband aus zerbratnen Äpfeln von den Augen abgenommen. Sie begehrte einen Zwischenverband, indes man das zubereiten würde, was der Doktor verordnete. Er konnte aber jetzt in der Nacht, bei diesem Wirrwarr des Helldunkels, in allen vier Kammern seines Gehirns und in den acht kleinern Gehirnen der vierten Gehirnkammer keinen Augendoktor auftreiben als den Doktor v. *Rosenstein*, welcher darin aufstand und ihm riet, er solle raten, Safranpulver, ein 5tel Kampfer und zerschmolzene Winteräpfel auf gezupfte feine Linnen zu streichen. Die Kammerfrau wurde fortgeschickt, die Zubereitung des Rezeptes zu besorgen oder zu befehlen, nachdem sie vorher ein schwarzes Taftband mit dem Äpfeln-Überschlage um zwei der schönsten Augen vorgebunden hatte, die einer angenehmern Binde und Blindheit würdig waren. Ich bin lebhaft, wenn ich schreibe: der Überschlag schien aus dem Apfel der Schönheit – und das schwarze Band aus aneinander gestoßenen Schminkmuschen gemacht zu sein. Der Pater ging auch fort, sobald er die Hoffnung der baldigen Heilung vom Doktor hatte. Für den Medikus wars aber wahrhaftig jetzt kein Kinderspiel, einem italienischen Rosen- und Madonnengesicht gegenüber zu sitzen – noch dazu so nahe, daß er den Atem flüstern hören kann, nachdem er ihn vorher wachsen sehen konnte – einem Gesicht gegenüber zu halten (mein' ich, war kein Spiel), auf dem Rosen den Lilien eingeimpfet sind wie Abendröte den lichten Mondwolken, und das ein malerischer Schatten, nämlich ein schwarzes Ordenband, eine priesterliche Kopfbinde, ein wahrer postillon d'amour, so schön zerteilt und hebt – ein zugebundnes Gesicht, das er recht bequem in einem fort anschauen kann, und das sich (in einer malerischen Halbstellung) auf das Kopfkissen und auf die Hand, ihm zugerichtet, stützt.....

Ich hätte eine Steigerung versuchen und bei Sebastians Seele anfangen sollen, die heute aus ihrer eignen Schwermut, aus ihren Sorgen, aus ihrer durch die Zeuselsche Verleumdung vergrößerten Liebe für Agnola lauter Schönheitlinien und flüssige Tuschen machte, um damit in dessen eignes Gesicht ein so schönes neues hineinzumalen, als je eine schöne Seele eines auf Leinwand, oder am eignen Kopf, oder an einem fremden erschaffen hat.

Agnola machte wohl diese Bemerkung eher als ich.

Es tat freilich dem Paare schlechten Vorschub, daß es unter – nicht vier Augen (denn Agnola war zugehangen), sondern unter – zwei Augen war; denn die beiden andern Augen der Hofdame im Kabinett, aus denen Viktor nicht eher klug werden konnte als jetzt, da die fürstlichen zu waren und er ohne Fragen durch Blicke und Anlächeln das starre Ding auf dem Sessel drinnen im Kabinett untersuchen konnte, waren wahrhaftig *gemalt* und der Rumpf dazu, der sie trug.

Es frappierte ihn jetzo, daß er wider alle Hofordnung allein bei der Fürstin sein durfte; aber er sagte sich, sie ist eine Italienerin – eine Patientin – eine kleine schöne Phantastin – (letztes war sogar aus dem ungewöhnlichen Winternegligé und Sizilien-Feuer ersichtlich). – Er konnte bisher (und auch heute vor dem Verbande der Augen) den rechten Ton gar nicht bei ihr treffen; denn da sie zu fein war für eine Deutsche, zu wenig zärtlich für eine Engländerin, zu lebhaft für eine Spanierin: so hätt' er auf sie freilich geschrieben p. p. p. (passé par Paris, welches auf den über Paris gelaufnen Briefen steht), er hätt' es, sag' ich, wäre sie nicht wieder zu innig-leidenschaftlich gewesen für eine Pariserin. Daran stieß sichs. – Aber da zwei Menschen sich mutiger und freier unterreden, wenn einer oder beide im Finstern sitzen – und Agnola saß da –: so war Viktor doch heute nicht ganz und gar so einfältig wie ein Schaf. Noch dazu machte ihn der Kleinodienschrank beherzt, in dem er – sie konnt' es nicht sehen, daß er unhöflich herumsah – zu seiner Freude unter 20 Uhren keine montre à regulateur ausfand. Sie fragte ihn, ob sie bis zum dritten Feiertage so hergestellt sein werde, daß sie zum Vergnügen des Fürsten auf dem Balle etwas beitragen könne. Er bejahete es, ob er gleich wußte, sie trüge noch mehr bei, wenn sie wegbliebe, und ob sie gleich dasselbe wußte. – Hier dauerte sie ihn, und er wollt' ihr alles offenbaren. Er wollte nicht etwan plump sagen: »In Großkussewitz ließ ich mich vom Teufel breitschlagen, daß ich in die Uhr Ew. Durchlaucht einen Liebesantrag eingeschwärzet«; sondern er wollte im schönsten Seelenergusse mit dem pochenden Busen niederfallen und sagen: »Nicht aus Furcht der Strafe, sondern aus Furcht, daß das Geständnis meines Fehlers einige Ähnlichkeit mit der Wiederholung desselben erhalte, hab' ichs bisher verborgen, daß ich einmal eine Hochachtung, in der ich nur Ihren Hof, und nicht den Gebieter desselben nachahmen darf, weniger zu stark als zu kühn ausgedrückt habe; aber die Stärke der Gefühle wird leicht mit der Rechtmäßigkeit derselben verwechselt.« – Er setzte dieses Niederfallen noch aus, weil er hinter der Gardine einen goldnen Streif wahrnahm, der der Anfang eines Bilderrahmens zu sein schien. Dieses Einfaßgewächs mußte doch um etwas herumlaufen, um ein Bild, mein' ich – und das wollt' er gern wissen.

Der verdammte Hofapotheker samt seiner Verleumdung hatt' es zu verantworten, daß er das wollte; nicht als ob er glaubte, daß Matzens Gesicht umgoldet hinter dem Bette hinge: sondern weil ihm heute allerlei aufgefallen war. Er konnt' es, da ihres Auges Tapetentür und Sprachgitter schwarz verhangen war, recht leicht machen: er durfte nur die linke Hand leis' auf die Bettkante aufstemmen und so, hineingebogen und über ihr mit gehaltenem Atem schwebend, mit der rechten über das Bette (es war schmal und er lang) hinübergreifen und die Gardine ein wenig zupfen – so wußt' er, was dahinter hing. Ich sag' es noch einmal: ohne den Apotheker wär's ihm gar nicht eingefallen. Ein Verleumder macht, daß man wenigstens jede Handlung um ihren Paß befragt – man tuts bloß, um den Verleumder recht augenscheinlich zu widerlegen – und da oft die unschuldigste keinen Gesundheitpaß hat: so schüttelt man den Kopf und sagt: es ist wahre Verleumdung, aber aufpassen will ich denn doch.

Er hatte etlichemal den Versuch gemacht, hinüberzulangen; aber da sie immer zu sprechen und er immer zu antworten hatte, so gings nicht, wenn er nicht seine Annäherung an ihre Ohren verraten wollte. Die Gespräche betrafen den Ball – die Gegenwart und Krankheit ihrer Hofdame Klotilde – die Stellvertreterin der letzten, Joachime, über deren Anstellung sich Viktor herzlich kalt ausdrückte; er konnte es bei Agnola niemals über Hof-Neuigkeiten hinaustreiben; sie schien alles Abstrakte und Metaphysische zu hassen oder zu unkennen; und vollends von Empfindungen mit ihr zu *reden* – was er sonst bei jeder am liebsten tat, und wozu ihm auch des Gemahls seine Anlaß und Stoff genug gegeben hätten –, kam ihm nicht viel besser vor, als sie gar zu *haben.*

Als er seine kalte Antwort über die Erhebung Joachimens gegeben hatte – eine Kälte, die mit seiner heutigen schwärmerischen gefühlvollen Wärme für die Fürstin einen schmeichelhaften Abstich machte –: so wollt' er in die halbe Takt-Pause darauf, welche Agnola mit Denken ausfüllte, die Aufhebung des Vorhangs verlegen. Er stemmte die Hand auf, hielt den Atem auf, zog den Vorhang auf – aber der heilige Sebastian war dahinter, den ich schon oben besagt, und der ganz gewiß von Tizian, und nicht von van Dyk war, weil er unserem Viktor so ähnlich sah[1], daß es ihm selber glaublich wurde, der Pater habe ihn nach seiner Wachsstatue in St. Lüne dazu kopiert. Der Heilige kam ihm noch schlimmer vor als der Evangelist – nicht weil er dachte, das Porträt sei sein Namenvetter, sondern weil ihm einfiel, *warum* die Weiber in Italien zuweilen Heiligenbilder *verhängen.* Die Ursache kann bekanntlich einen Holzschnitt zu den zehn Geboten – Göschen und Unger sollten den Katechismus mit geschmackvollern Schnitten zu den Verboten herausgeben, als die alten sind – ausfüllen. Auch die Maria über dem Bette war mit Federbüschen und allem *verschleiert*.... Zeusel, Zeusel! hättest du nicht verleumdet, diese ganze Lebensbeschreibung liefe (soviel ich voraussehen kann) wohl anders! –

Er erhielt sich, durch Anstemmung der Rechten an die Wand, über der schönen Blinden schwebend, weil ihn eine kleine Weltkugel bei der Zentripetalkraft anfaßte und ihn aus seinem Zurücklaufe brachte. – Denn weil die Kranke auf der rechten Seite ruhte:

[1] Denn der Sebastian van Dyks soll diesem Maler selber ähnlich sein.

so war vom aufgerollten Haar eine Wolke nach der andern über das Herz und über den Lilienhügel, welchen Seufzer tragen, hinübergeflossen, und die zum andern Hügel sinkenden Locken hatten dort nicht so viel überdecken können, als sie hier entkleidet hatten. Den Locken sank langsam das Spitzengewebe nach, und die Herzblätten und die reifen Blüten blätterten sich ab von der aufdringenden Apfel-Frucht... Teurer ästhetischer Held dieser Posttage, wirst du ein moralischer bleiben, jetzt ungesehen hängend über diesem wahren globe de compression von Belidor – über dieser *zunehmenden* Mondkugel, wovon man nie die andere Hälfte sieht – neben dieser Anhöhe, die man wie andre Anhöhen um keine Festung dulden sollte – und noch dazu an einem Hofe, wo man sonst alles *Erhabne* durch die *Kleiderordnung* erdrückt?

Sobald er aus dem Bette und Paulinum ist: will ich mich mit dem Leser weitläuftig über den ganzen Vorfall entzweien – jetzo muß er erst erzählt werden in einem fort und mit vielem Feuer.

Er war gleichsam in die Luft geheftet – Aber endlich wars Zeit, aus dieser heißen Zone aller Gefühle und der Stellung zu weichen. Noch dazu erhöhte ein neuer Umstand Gefahr und Reiz zugleich. – Ein langer Seufzer schien ihren ganzen Busen zu überladen und aufzuheben und wie ein Zephyr durch einen Lilienflor zu wogen, und der überbauende Schneehügel schien vom schwellenden Herzen, das unter ihm glühte, und vom schwellenden Seufzer zu zittern. – Die Hand der zugehüllten Göttin bewegte sich mechanisch nach dem eingekerkerten Auge, als wollte sie eine Träne hinter dem Bande wegdrücken. Viktor, in Sorge, sie verschiebe die Binde, zieht die Rechte ab von der Wand, und die Linke vom Bette, um, auf den Zehen schwebend, ohne Bestreifen sich aus diesem Zauberhimmel herauszubeugen. – –

Zu spät! – Das Band ist herab von ihren Augen – vielleicht war sein Seufzer zu nahe gewesen oder sein Schweigen zu lange. –

Und die enthüllten Augen finden über sich einen begeisterten, in Liebe zerronnenen, im Anfange einer Umarmung schwebenden Jüngling.... Erstarrt hing er in der versteinerten Lage – ihre von Schmerzen entbrannten Augen überquollen schnell vom mildern Lichte der Liebe – sie sagte heiß und leise: »comment?« –

Und gelähmt zur Entschuldigung, bebend, sinkend, glühend, sterbend fällt er auf die heißen Lippen nieder und auf den schlagenden Busen. – Er schloß seine Augen vor Entzückung und vor Bestürzung zu, und blind und liebestrunken und kühn und bange wuchs er mit seinen trinkenden Lippen an ihre an.... als plötzlich in sein auf jeden kommenden Laut gespanntes Ohr der Nachtwächter-Ausruf der zwölften Stunde fuhr – und als Agnola wie mit einer fremden hereindringenden Hand ihn abstemmte, um eine blutige Hemdnadel wegzuwerfen – –

Wie ein Weltgericht in Nachtwolken schmetterte des Wächters einfache Ermahnung, an den Tod und an die zwölfte Geisterstunde dieses Mitternachtlebens zu denken, in seine Ohren, vor denen die Blutströme des Herzens vorüberbrausten – Der Ruf auf der Gasse schien von Emanuel zu kommen und zu sagen: »Horion! Beflecke deine Seele nicht und falle nicht ab von deinem Emanuel und von dir! Schau an die Leinwand über ihrem kranken Auge, als verhüllte es der Tod – und sinke nicht!«

»Ich sinke nicht!« sagte sein ganzes Herz: er wand sich mit ehrerbietigem Schonen aus den pulsierenden Armen und fiel, erstarrend vor der Möglichkeit einer Nachahmung des elenden Matthieu, den er so verachtet hatte, außerhalb des Bettes an ihrer hinausgenommenen Hand mit vorströmenden Tränen nieder und sagte:

»Vergeben Sie dem Jüngling – seinem überwältigten Herzen – seinen geblendeten Augen – – ich verdiene alle Strafen, jede ist mir eine Vergebung – aber ich habe niemand vergessen als mich.« – – »Mais c'est moi que j'oublie en Vous pardonnant«[1], sagte sie mit einem zweideutigen Auge, und er stand auf und suchte sich, da ihm ihre Antwort die Wahl zwischen der angenehmsten und der demütigsten Auslegung anbot, gern selber mit der letzten heim – Agnolas Auge blitzte vor Liebe – dann vor Zorn – dann vor Liebe – dann schloß sie es – er trat in die ehrerbietigste Entfernung zurück – sie öffnete es wieder und kehrte ihr Gesicht kalt gegen die Wand und gab durch einen geheimen Druck an die Wand, der, glaub' ich, eine eigene Klingel im Zimmer der Kam-

[1] Aber ich vergesse hingegen mich, wenn ich verzeihe.

merfrau regierte, der letzten den Befehl zu eilen – und in einigen Minuten kam diese mit der Augen-Gurt. Natürlicherweise spielte man (wie im Leben des Menschen) den fünften Akt so hinaus, als wäre der dritte und vierte gar nicht dagewesen. – Dann zog er höflich ab.

So! – Nun fangen ich und der Leser darüber zu fechten an, und Viktor darüber zu denken. Recht war seine Umarmung nicht – seine Entdeckreise nach der Wand und seine Gemäldeausstellung waren es auch nicht –, aber *klug* war sie; denn er konnte doch wahrlich nicht zurückpurzeln und sagen: »Ich dachte, Matz hange hinter dem Bette.« – – Darauf antworten mir freilich Leute von Erfahrung: »Wir sind hier nicht darüber mit ihm unzufrieden, daß er die Klugheit der Tugend vorzog, sondern darüber vielmehr, daß ers nach dem Kusse nicht wieder so machte – Dieser Kuß ist ein zu kleiner Fehler, als daß ihn Agnola vergeben könnte.« Ich merke, diese Leute von Erfahrung sind Anhänger von der Sekte, welche in meinem Buche die Fürstin wegen so vieler halben Beweise unter diejenigen Weiber rechnet, die, zu stolz und zu hart für die Liebe des Herzens, die Liebe der Sinne nur flüchtig mit der Liebe zum Herrschen abwechseln lassen, und die es nur tun, um aus Amors Binde ein Leitseil, aus seinen Pfeilen Sporen und Steigeisen zu machen. Es sind mir auch die halben Beweise recht gut bekannt, womit sich diese Sekte deckt – die Bigotterie der Fürstin – ihr Beichtabend – ihre bisherige Aufmerksamkeit für meinen Helden – das Verdecken der gemalten Marie und das Enthüllen der lebendigern – und alle Umstände meiner Erzählung. Aber ich kann so etwas von einer Freundin Klotildens (diese müßte sich denn gerade deswegen von ihr geschieden oder aus Seelengüte diese nur dem männlichen Geschlechte gewöhnlichern Eilboten des Temperaments gar nicht begriffen haben) unmöglich eher denken, als bis mich in der Folge offenbare Spuren eines mehr *erbitterten* als *gekränkten* Weibes dazu nötigen. –

Ich komme von meinem Versprechen ganz ab, einiges näher zu legen, was gewiß bei Unparteiischen meinen Helden darüber, wo nicht rechtfertigt, doch entschuldigt, daß er nach dem Kusse sozusagen wieder tugendhaft wurde, und nicht des leibhaften Teufels lebendig. Ich stelle keck unter die Milderunggründe seine Unbekanntschaft mit solchen Weibern, die, gleich den Spartern, mutig nicht nach der *Zahl* der Feinde ihrer Tugend fragen, sondern nach dem *Orte* derselben; er war wohl oft bei ihnen und in ihrem Lager, aber seine Tugend hinderte sie, ihm die ihrige zu zeigen. – Nicht so viel wie durch jenes wird er durch die Einwirkung des Nachtwächters und durch das Erinnern an den Tod entschuldigt; denn dieses muß selber entschuldigt werden; – es ist aber auch nur gar zu gewiß, daß gewisse Menschen, die zu Philosophen oder auch zu Dichtern organisiert sind, gerade dann, und zwar allemal, statt ihres Zustandes allgemeine Ideen beschauen, wo es andere gar nicht können und wo sie nichts sind als Ich, nämlich in den größten Gefahren, in den größten Leiden, in den größten Freuden. –

Ein Billiger schiebt alles auf den Apotheker, der Viktors moralischer und mechanischer *Bettzopf* oder Bettaufhelfer war; denn da der ihm den edlen Matz in einer ähnlichen Lage (aber ohne Bettzopf) vorgemalet hatte: so wurde der Abscheu, welchen Viktor einige Tage vorher gegen des Evangelisten Betragen empfunden hatte, in ihm zum lähmenden Unvermögen, einige Tage darauf im geringsten es zu kopieren. – O wenn wir doch jede Sünde, zu der wir oder andre uns versuchen, ein paar Tage vorher von einem wahren Schuft begehen sähen, den wir anspeien! – Könnten wir dann dem Schufte nacheifern?

Endlich braucht man nur zu Viktor in den Erker, wo er jetzo sitzt in einem sonderbaren Barometerstande, hinzusehen, wenn man den vorigen beurteilen will. Sein jetziger ist nämlich eine Mischung von Leerheit, Unzufriedenheit (mit sich und jedem), von größerer Liebe gegen Agnola, von Rechtfertigungen dieser Agnola, und doch von einem *Unvermögen*, sie sich als eine nahe Freundin Klotildens zu denken. –

Mich wird das wenige, was ich in der Eile zusammengetragen, niemals reuen, wenn ich dadurch einige glückliche Winke gegeben hätte, wie gut meinen Held bei seinem Betragen *nach* dem Kusse, das strengen Leuten von Welt auffallen muß, eine unangenehme Vereinigung von moralischen Zwingmitteln vorschützen könne, und wenn es mir also geglückt wäre, ihm die Hochachtung, um die er sich brachte, weil er den für seinen Finger zu weiten Fürstenring nicht mit dem langen Seidenfaden der Liebe überwickelte zum Anpassen, am Ende des 27sten Kapitels wieder zu geben....

28. Hundposttag

Osterfest

Einen Hundtag, der so lang und wichtig ist wie der 28ste, darf man schon in drei Feiertage zerfällen.

Erster Osterfeiertag

Ankunft im Pfarrhause – Klub der Drillinge – Karpfe

Am ersten Ostertage schlich Sebastian, voll Schneewolken wie der Himmel über ihm, aus dem Totenhaus der Tugend, aus den Wirtschaftgebäuden der Leidenschaften, ich meine aus der Residenzstadt – aber erst gegen Abend, um heute mit seinem von einem halbjährigen Gewitterregen bodenlos gewordnen Herzen keinem Freunde lange zur Last zu sein. Auf dem Berge, hinter welchem Flachsenfingen wie durch einen Erdfall einsinkt, kehrt' er sich um gegen die dunkle Stadt und ließ vor seiner Seele wie einen Abendnebel die Erinnerung vorüberziehen, wie er vor drei Vierteljahren im Abendglanze des Sommers und der Hoffnung so fröhlich über diese Häuser geblickt habe – ich beschrieb es längst –, und er verglich seine damaligen Aussichten mit seiner heutigen Wüste; er sagte endlich: »Sage dirs nur geradezu, was du *hast* und *willst* – du hast nämlich nichts mehr, kein geliebtes und liebendes Herz in der ganzen Stadt – aber du *willst* noch einmal nach St. Lüne marschieren und ganz verarmt vom blassen Engel, den dein ausgestohlnes Herz nicht vergessen kann, den *zweiten* Abschied nehmen, wie du der Sonne nachsteigst und sie, wenn du ihren Untergang aus einem Tale gesehen, noch einmal auf einem Berge sinken siehest.«...

Fünf halbe Sabbaterwege vom Dorfe erblickte er den Hofkaplan, von einem Katechumenen (sowohl des Schneiderhandwerks als des Christentums) gejagt. Vergeblich suchte er und der junge Schneider den vorausgehetzten Seelenhirten zu erlaufen. Der Hirt stand nicht eher fest, als bis der Junge in sein Haus hinein war. Ein Hundertundzwanzigpfünder (das ist mein physisches Gewicht) bekömmt nicht mehr ästhetisches, wenn er die unbedeutende Ursache des unbedeutenden Rennens so lange bei sich behält und es nicht eher sagt als jetzo, daß der Kaplan durchaus niemand hinter sich gehen hören konnte, weil er besorgte, der Mensch erschmeiß' ihn von hinten. Nun wollte der Lehrbursche in die Fußstapfen seines geistlichen Meisters treten und ihm nachkommen – je ärger der Meister ins Freie setzte, um jenen zurückzulassen, desto weiter sprang der Schüler vor, ihn zu ertappen – das war der ganze Bettel; aber so jagen Menschen Menschen.

Viktor lief mit aufgeflognen Armen an hangende, die der Eigner in der Angst nicht erheben konnte. Aber im Pfarrhause legten sich zwei wärmere um seinen ausgefrornen Busen, die seiner Landsmännin; und die Pfarrerin trübte seine und ihre Auferstehfreude nicht mit einer einzigen Klage über seine bisherige Entfernung – er erwiderte diese freundschaftliche Feinheit, die dem andern unnütze Entschuldigungen erließ, mit doppelter Wärme und mit einem dickbändigen Klaglibell gegen seine eigne Narrheiten. Sie führte ihn eine Treppe im freudigen, heute mit lauter erleuchteten Stockwerken durchbrochnen Pfarrhause hinauf an ihres lieben Sohnes Brust und vor die Augen der drei verwandten Söhne aus *einem* Vaterland, vor die Drillinge....

O ihr vier Menschen *eines* Herzens, drückt meines verlassenen Viktors seines an eurem warm und macht den Guten froh, nur auf einen Abend.... Ich bins wahrlich selber, seit dem Pascha-Ausgange aus dem flachsenfingischen Ägypten. Ich will daher das 28ste Kapitel so lang machen, wie das Baddorf selber ist. Meinem Werke wird dadurch Gewicht erteilt bei wahren Kunstrichtern – aber auch bei Postmeistern, die von mir, wenn ichs in die Verlagshandlung absende, fürs Wägen etwas Erhebliches ziehen... Soll aber ein Autor so schäbicht sein und seine Empfindungen, bloß weil sie ein Postsekretär mehr nach seiner eignen abwiegt als nach der Posttaxe, des Portos wegen abkürzen? Und muntert mich nicht die Kur-, die Fürsten- und die Städte-Bank in Regensburg zum Gegenteil auf, zu verlängerten Empfindungen, indem besagte Bänke mir durch einen Reichsabschied zwei Drittel Postgeld für Drucksachen erlassen, um die Gelehrsamkeit, hoffen sie, in Gang zu bringen und die Empfindsamkeit?

Der edle Evangelist war zwar auch mit droben – er und Joachime hatten die Hofdame höflich zu den Eltern begleitet –, aber hier auf dem *Lande*, wo weniger moralisches Unkraut steht als in *Städten* (so wie weniger botanisches in *Feldern* als in *Gärten*) und wo man Freuden ohne maitres de déplaisirs genießet, hier, wo in Viktor die Liebe des Vaterlandes die Sehnsucht nach jeder andern stillte, konnte niemand unglücklich sein als der, ders verdiente. Matz verschwand da wie eine Kröte unter Tulpen. Viktor hätte die Briten geliebt, auch ohne die vaterländische Blutverwandtschaft – und hätte die Holländer gelästert, auch mit derselben; daher schreibt sich seine unbesonnene Rede, diese Völker malten sich in ihren Tabakpfeifen, indem die englischen *aufgerichtete* Köpfe hätten und die belgischen *hangende*.

Alle drei waren von der Oppositionpartei und verloren ihr kaltes Blut über das eiskalte von Pitt. Der Korrespondent der Hundtage schreibt mir nicht, warum – obs war, weil sie vom Minister beleidigt wurden – oder ob sie am fürchterlichen Weltgerichte und der Totenauferstehung in Frankreich, wo die Sonne über Phönix-Asche und Krokodileneier zugleich brütet, nähern Anteil nahmen – oder weswegen sonst. Er berichtet mir überhaupt nichts weiter von ihnen als ihre Namen, nämlich Kaspar, Melchior und Balthasar, welches die Namen der heiligen drei Könige aus Morgenland waren[1].

[1] Nach der gemeinen Meinung; denn ich bin der andern zugetan, nach der sie heißen Ator, Sator, Peratoras. – Diese Namen unterscheiden die Könige ganz von den Hirten, die Misael, Acheel, Cyriakus und Stephanus heißen und auch eher kamen, was ich alles aus Casaub. exercit. ad Ann. Baron. II. 10. hier abschreibe, weil ich mich gar nicht schäme, etwas Unnützes zu wissen, sobald ein Casaubonus sich desselben nicht schämt und sobald es noch dazu ein gelehrtes ist.

Der, der sich aus Laune Melchior nannte, verbarg unter einer phlegmatischen Eiskruste eine Gleicherglut und war ein Hekla, der erst seine Eisberge spellt, eh' er Flammen ausschüttet; mit kaltem Auge und schlaffer Stimme und welker Stirne sprach er, einsilbig, vielsinnig, gepreßt – er sah die Wahrheit nur in einem Brennspiegel, und seine Dinte war eine wegreißende Wasserhose. – Der zweite Engländer war ein Philosoph und Deutscher auf einmal. Den ältern Kato, der zugleich den Mohrenkönig vorstellte, kennt jeder. Es ist mir so lieb, als wenn ichs selber wäre, daß gerade mein Held durch eine größere heitere Besonnenheit der Denkfreiheit von ihnen allen unterschieden war – ich meine jenes sokratische helle Auge, das frei über und durch den Garten der Bäume des Erkenntnisses umherblickt und das wählet wie ein Mensch, anstatt daß andre vom Instinkt irgendeinem Satze, irgendeinem Apfel dieser Bäume ausschließend zugetrieben werden, wie jedes Insekt seiner Frucht. Die moralische Freiheit wirkt so gut auf unsre Meinungen als auf unsre Taten; und trotz der Entscheidgründe beim Verstande und trotz der Beweggründe beim Willen *wählt* doch der Mensch sowohl sein System als sein Tun.

Daher wären die Drillinge beinahe noch vor dem Abendessen kalt gegen Sebastian geworden im Lieben, bloß weil ers war im Urteilen. Er war heute mit ihnen zum ersten Male in einem Falle, worein er mit Flamin jeden Tag dreimal geriet: gewisse Menschen verschmerzen lieber uneingeschränkten Widerspruch als eingeschränkten Beifall. Die Sache war die:

Matthieu gab durch seine satirischen Übertreibungen der kleinen Unähnlichkeit zwischen Viktor und ihnen ein immer größeres Hervortreten. Er sagte (nicht um anzuspielen, sondern um es zu scheinen), die Fürsten, von denen die Untertanen wie vom sinesischen König die Witterung des Staats erbäten, hälfen sich wie jener Rektor, der den Kalender selber verfaßte und seinen Schülern (hier den Günstlingen der Fürsten) zuließ, das *Wetter* dazu zu machen. Auch sagt' er, die Dichter könnten wohl für die Freiheit *singen*, aber nicht *sprechen*, sondern sie machten in furchtsamer Verfassung unter der Larve der Tragödienhelden die Stimme der Helden nach, so wie er einen ähnlichen Spaß oft an einem gebratnen Kalbskopfe gesehen, der der ganzen table zu brüllen geschienen wie ein lebendes Kalb, indes nichts als ein lebender *Laubfrosch* darin gesteckt wäre, der sich bloß mit seinem Quaken daraus hören lassen. »Aber eine noch größere Feigheit wär's,« sagte Viktor, »nicht einmal zu singen; allein ich weiß, die Menschen sind jetzo weder *barbarisch* noch *gebildet* genug, um die Dichter zu genießen und zu befolgen; die *Dichter*, die *Religion*, die *Leidenschaften* und die *Weiber* sind vier Dinge, die drei Zeiten erleben, wovon wir erst in der mittlern sind, sie zu *verachten*; die vergangne war, sie zu *vergöttern*, die künftige ist, sie zu *verehren*.« Die erzürnten Drillinge glaubten besonders, die Religion und die Weiber wären bloß für den Staat. Viktors republikanische Gesinnungen waren ihnen ohnehin schon wegen seiner aristokratischen Verhältnisse zweideutig. Da er nun gar dazusetzte: die Staatenfreiheit habe mit den kleinern Abgaben, mit größerer Sicherheit des Eigentums, mit besserem Wohlleben, kurz mit der Steigerung des sinnlichen Glücks gar nichts zu schaffen, alles dies wohne oft noch reichlicher in Monarchien, und das, wofür man Eigentum und Leben opfere, müsse doch etwas Höheres sein als Eigentum und Leben – da er ferner sagte: ein jeder Mensch von Bildung und Tugend lebe in einer republikanischen Regierform trotz den Verhältnissen seines Leibes, so wie ja *Gefangne* in *Demokratien* doch die Rechte der Freiheit genießen – und da er gar nicht sowohl für den Minister und das Oberhaus als für das englische Volk der Waffenträger und *Kontradiktor* wurde, weil die Grundsätze von den ersten beiden von jeher des letzten seine bekriegt und doch nicht bestimmt hätten; weil die jetzige Klage so alt wäre wie die (englische) Revolution; weil der Grundriß der letzten nur in einer förmlichen Gegenrevolution zerschlitzet werden könnte; weil alle Ungerechtigkeiten *nach* dem *Schein* der Gesetze begangen würden, welches besser wäre als eine Gerechtigkeit *wider* den *Schein* der Gesetze; und weil das *Sprachgitter*, das man jetzt um die englische Preßfreiheit[1] gemacht, nicht schlimmer sei als die athenischen Verbote, zu philosophieren, sondern besser

[1] Überall ist von den Jahren 1792, 1793 die Rede.

als die Erlaubnisse der römischen Kaiser, auf sie zu pasquillieren – –

... Die Engländer lieben lange Röcke und Reden. Da er mit »*da*« anfing: so muß in seinem wie in meinem Perioden »*so*« darauf kommen....

So wars keinem Teufel recht, und Kato der Ältere sagte: »wenn er diese Prinzipien im Oberhause vortrüge, so entstünde der größte Lärm darüber, aber aus Beifall, und jeder Hörer schriee noch: hear him!« Viktor sagte mit der Bescheidenheit eines Weltmanns: »er sei ein so warmer Republikaner und Altbrite wie sie alle, nur heute sei er zu unfähig, um aus diesen Grundsätzen zu erweisen, daß er ihnen gleiche; – vielleicht im nächsten Klub!« – »Und der kann« (sagte der Hofkaplan) »an meinem Geburttage gehalten werden, in wenig Wochen.« – Wenn wirs erleben, ich und die Leser, so wird man uns hoffentlich als Altgevattern mit dazu einladen; wir waren das erstemal (am 6ten Hundposttage) bekanntlich auch dabei.

Mein Held foderte den Menschen (zumal da er sich nicht Mühe gab) zu wenig Achtung ab. Er arbeitete zwar um diesen Arbeitlohn; wenn sie ihm aber nichts gaben: so wußt' er tausend Entschuldigungen für die Menschen und zog seinen Münzstempel heraus und schlug sich selber eine Ehrenmedaille, indem er dabei schwur: »Ich will verdammt sein, wenn ich mich nicht das nächstemal stolzer aufführe und minder nachsichtig und überhaupt ernsthafter, um eine gewisse Ehrfurcht zu erregen.« Das nächstemal soll noch kommen. Er vergab daher den Drillingen so schön, daß sie endlich den Menschenfreund mit leidenschaftlichen Armen auf immer an ihre Seele schlossen.

Nach einer solchen Gradualdisputation machte er nichts lieber als etwas recht Tolles, Galantes, Kindisches – damals wars ein Weg in die Küche. Catinat sagte: der nur sei ein Held, qui jouerait une partie de quilles au sortie d'une bataille gagnée ou perdue – oder der nach einer gewonnenen Disputation in die Küche gehen kann. Entweder nichts oder alles ist in diesem Täusch-Leben wichtig, sagt' er. In die Küche, die nicht so schmutzig war wie ein französisches Schlafzimmer, sondern so rein wie ein belgischer

Viehstall, war schon ein anderer Festhase und außerordentlicher Gesandter eingelaufen, der Hofkaplan, der da seinem Berufe oblag. Er mußte zusehen, ob sein Karpfen-Vierpfünder – aus dem Pastoralteich gebürtig und für den Adoptivsohn Bastian ausdrücklich ausgewintert – nicht sowohl recht abgeschuppet (darüber setzt' er mit wenig Philosophie sich hinweg) als recht geschwänzet wurde. Es konnt' ihm doch wahrhaftig nicht gleichgültig sein, sondern als Mensch mußt' er den Schmerz zugleich empfinden und bekämpfen, wenn ein Karpfe von soviel Pfunden, als ein Sterblicher Gehirn hat, so jämmerlich hinausgeschlitzet wird, daß das eine Schwanzquotum nicht kleiner ist wie ein Haarbeutel, und das andre nicht größer als eine Floßfeder. – Und doch ist diese ganze Nominalterrition von geringem Belang gegen eine ganz andere Realterrition (so sehr verschwindet erheblicher Kummer vor größerem), die den Pfarrer mit der Drohung ängstigte, daß man die Gallenblase des Vierpfünders zerdrücke – – Seine hätte sich der andern sofort nachergossen –: »Um Gottes Willen bedächtiger, Appel! *verbitter'* mir den ersten Ostertag nicht«, sagt' er. Galle ist nach Boerhaave wahre Seife; daher wäschet die satirische die halbe Lesewelt gleißend und rein, und die Leber eines solchen Menschen ist die Seifenkugel eines Weltteils und seiner Kolonien.

Es lief indes herrlich ab. – Aber beim Himmel! die Welt sollte nach dem Abdruck dieses Buchs einmal einsehen, daß ein Karpfen von vier Pfund – so lange gefüttert im Fischkasten, so geschickt ausgeweidet – mehr wiege auf der Fischwaage der *Zufriedenheit* als die goldnen *Fischgräten* in rotem Felde des Wappens der Grafen von Windischgrätz! –

Konnt' er denn lange in der Küche – diesem Witwensitz seiner alten geschiednen Jugend – unter so vielen Freundinnen Klotildens, die ihm alle das Niedersinken und Weggehen derselben (im doppelten Sinne) vorklagten, stehen, ohne daß der *Honigessig* zurückgewünschter Freuden über seinen Gaumen lief und die Zukkung des Mitleidens durch sein Herz; ob er heute gleich im zweiten Stockwerk die Disputation über die Freiheit als ein wahres zerteilendes Mittel, als ein Schußwasser, wenigstens als eine Aderlaßbinde über seine offne Adern übergeschlagen hatte? Ich fragte, ob er an die Gute lange nicht denken konnte. – Aber ich würde die Antwort gar nicht geben und aus Mitleiden mit dem unschuldigen Viktor es vor soviel überrindeten Seelen – die in ihrer leeren Brusthöhle die poetischen Freuden der Liebe gutheißen und doch die poetischen Leiden derselben nicht – gar nicht offenbaren, wie oft er jeden Milchzucker des Schicksals mit dem giftigen Bleizucker der Erinnerung versetzte, wenn ich nicht deswegen müßte:...

– weil die kleine Julia wiederkam aus dem Schlosse und das Versprechen mitbrachte, morgen komme Tante schon (Klotilde). Dieses versprach also, daß die Ministers-Tochter morgen abfahre. – Man verarge den Pfarrleuten die Zudringlichkeit um Klotilden nicht: denn am dritten Feiertag geht sie zum Balle, am Tage darauf nach Maienthal – sie hatten ja nur noch morgen und heute.... Die kleine Julia hatte unser Flamin, dem ihr Penny-Postamt wohlgefiel, mitgebracht. – Ich bin moralisch gewiß, die Kaplänin sah meinem Helden soviel an, als ich von ihm schreibe, und sie liebte ihn so sehr, daß, wenn sie statt des Schicksals hätte dekretieren müssen, sie vor Kummer gestorben wäre, eh' sie es über sich gewonnen hätte, den Sohn auf Kosten des Freundes zu beglücken. – So sehr gewann er durch eine schöne Vereinigung von *Feinheit*, *Empfindung* und *Phantasie* die schönsten und weichsten Herzen, ich meine die weiblichen.

Diese winzige Julia, der Nachflor der untergegangnen Giulia, band in Viktors Seele Rosen mit Nesseln zusammen; und alle seine heutigen Blumen der Freude hatten ihre Wurzeln in tiefen Tränen, die seine Brust verdeckte. Ihn rührte sogar der Kuß von Klotildens Freundin, von Agathen. Er dachte an das Stamitzische Konzert und an ihr Nebeneinandersein und an den Florhut, der den Schmerz von zwei geliebten Augen verhing. Er bat Agathen, sie sollte von Klotilden diesen Hut entlehnen und ihm ein genaues Ebenbild darnach machen, weil ers verschenken wolle. – »Wenn sie fort ist« (sagte er zu sich) – – »nein, aber wenn sie tot ist: dann wein' ich unverhüllt und sage allen Menschen frei heraus, daß ich sie geliebet habe.« – Du Lieber, über dem Souper – ein Pfarrer kann eines geben – wird man den Glanz deiner Augen mehr dem sich selber entladenden Witze zuschreiben als dem zurückgepreßten Tränenwasser, und ich könnte dich, wenn ich mitäße, vor Rührung nicht ansehen, wenn du unter dem Aufhammern und »Härten« der roten Eier dein überquellendes Auge starr und halbzugedeckt auf einen roten Eierpol niederzuheften suchtest und schweigend deinen Eier-Giebel dem Fallbocke des Eymannschen Eies unterstelltest, um Zeit zum Siege über die Stimme und Augenhöhle zu gewinnen! – Und doch kann ich nicht sehen, was du aus dieser Maske für einen erheblichen Vorteil dann zu ziehen gedenkst, wenn dir die alte Appel durch die kleine Iris und Expressin Julia – sie selber kann sichs nie unterfangen – ein geflecktes tätowiertes Ei, ein wahres gekochtes allegorisches Gemälde, zuschickt, und wenn du die mit Scheidewasser darauf eingebeizten Blumenstücke und deinen Namen, mit Vergißmeinnicht umgraset, auf der zerbrechlichen Schale überliesest; ich sagte, was konnte dir deine vorige Verstellung helfen, wenn du jetzt, um den Gedanken »Vergißmeinnicht« nicht hinauszudenken, eilig hinausgehest und den doppelten Vorwand nimmst, du müssest Apollonien danken und wegen der Ermüdung schon zur Ruhe gehen? – O danken wirst du wohl, aber ruhen nicht!...

Zweiter Osterfeiertag

Leichenrede auf sich selber – zweierlei entgegengesetzte Schicksale der Wachsstatue

Der niedergefallene Schneehimmel lag auf der Gegend. Der Schnee machte traurig und erinnerte an das winterliche Nestelknüpfen der Natur. Es war der erste April, wo die Natur sozusagen die Jahrzeit selber in den April schickte. – Viktor hatte so viel mores längst gelernt, daß man, wenn man bei einem Hofkaplan im Hause ist, auch mit ihm in seine Predigt gehen müsse. Auch schritt er in Sakristeien aus demselben Grunde, warum er gern in Schäfer-, Jagd- und Vogelhütten kroch. Er fand es nicht übertrieben, daß der Kaplan (wie er zuletzt selber) sein Ersteigen der Kanzel – bloß *weil* er eine Menge Zurüstungen dazu machte – dem Ersteigen eines Walles in Hinsicht der Wichtigkeit an die Seite setzte. Ja er disputierte unter dem Hauptliede mit ihm über die Stolgebühren eines totgebornen Fötus und tat mit wenigem dar, daß ein Pfarrer von jedem Fötus – und wär' er fünf Nächte alt – die gehörigen Begräbnisgebühren, die filzigen Eltern möchten immerhin für das Ding keinen Leichensermon bestellen, fodern könnte. Der Kaplan machte einen wichtigen Einwurf; aber Viktor hob ihn durch den wichtigen Vorschlag, daß ein Geistlicher sich (weil sonst die besten Fötus unterschlagen würden) so oft Leichengebühren von jedem Paare zahlen ließe, als es Taufgelder entrichten könnte. Der Kaplan versetzte: »Es ist dumm, daß die besten Pastoraltheologien über diesen Punkt so hurtig weg sind wie Schnupftabak.«

Bei soviel Laune meines Helden und bei soviel Lustigkeit meines Pfarrers – der an jedem heiligen Abend keifte und urtelte wie ein Revolutionstribunal, und der sich an jedem ersten Feiertag milderte, bis er am dritten gar ein Engel wurde – sollte sich die Welt etwas anders versprechen, als was doch kömmt: daß nämlich Viktor aus jeder Stunde des kommenden Abends, welcher Klotilden zum vorletzten Male in seine Gesellschaft brachte, ein vorragendes Opfermesser blinken sah, in das er seinen wunden Busen drücken muß. Sie war auf heute gleichsam zu einem Valet-Abendmahl geladen – die Drillinge ohnehin.

Endlich kam sie abends am Arme des verkannten Matthieu. – Wenn Ruska behauptet, daß die Zahl von 44 435 556 Teufeln, die nach der Behauptung des Guliermus Parisiensis um eine *sterbende* Äbtissin flankieren, viel zu schwach angegeben sei[1]: so kann man leicht denken, wieviel Teufel um eine *lebende*, um eine *blühende* schwadronieren mögen; ich meines Ortes nehme um eine Schöne so viele Teufel an, als es Mannspersonen gibt.

Als Klotilde erschien mit dem ins Abblühen hineinlächelnden Angesicht, mit der erschöpften Lautenstimme, die der Schmerz als eine eigne Fortepianos-Veränderung durch den Drücker aus

[1] Voetii select. disputat. theol. P. I. p. 918.

uns bringt – aber ists nicht mit den Menschen wie mit den Orgeln, deren *Menschenstimme* am schönsten mit dem Tremulanten geht? – als sie so erschien: so hatte ihr schönster Freund die Wahl, entweder vor ihr niederzusinken mit den Worten: »Laß mich früher sterben«, oder recht scherzhaft heute zu sein.

Das letzte wählt' er (ausgenommen gegen sie), um seine Träume zu übertäuben. Daher warf er mit Historien und gesunden Anmerkungen um sich – Daher schenkte er in die Reichsoperationskasse gegen die Empfindsamkeit auch diese Satire mit, daß sie die März- oder Naßgalle am menschlichen Acker sei, d.h. eine immer naßbleibende Stelle, auf der alles verfault. – Als das nichts verfing: trat er mit ganzen Staaten in Allianz und versprach sich, es würde helfen, wenn er von ihnen anmerkte, daß die Gipfel derselben wie Waldbäume ineinander verwachsen wären, und daß es nichts wirkte, unten einen durchzusägen – daß die Gleichheit der Reiche die Gleichheit der Stände ersetzte oder vorbereitete – und daß das Schießpulver, das bisher *Heftpulver* der Mächte war, die wasserscheuen Wunden des Menschengeschlechts endlich ausbrennen und heilen werde. – Endlich als er offenbar merkte, daß es ihm geringen Vorschub tat, da er vermutete, Europa werde einmal zum *Nordindien* werden und derselbe Norden, der einmal das Brech- und Bauzeug der Erde war, werd' es noch einmal sein, aber der Norden auf der andern Halbkugel: so schlug er bei seinem chymischen Prozesse den nassen Weg ein und nahm (wie ein Gesandschaftsekretär) statt der Politik – Punsch vor.

Aber nur Sorgen, nicht Wehmut oder Liebe lassen sich vertrinken. Die in Nervengeist aufgelösten andern Geister ziehen sich mit einem magisch-schimmernden Zirkel um jede Idee, um jede Empfindung, die du darin hast, wie in Brauhäusern die Lichter wegen des Dunstes in einem farbigen Kreise brennen. Das Glas mit seinem heißen Nebel ist ein papinischer Topf sogar des dichtesten Herzens und zersetzt die ganze Seele; der Trunk macht jeden zugleich weicher und kühner. Ein weiches Herz war von jeher neben einer tapfern gehärteten Faust. Da es noch fortschneiete: so bot er Klotilden auf morgen seinen Muschel-Schlitten und sich (da er ohnehin zum Balle geladen war) zum fahrenden

Ritter an – wodurch er den Evangelisten nötigte, sich als Schlitten-Gondelierer der Stiefmutter anzutragen.

Klotilde entfernte sich jetzt von der männlichen lustigen Gesellschaft ins Nebenzimmer, wo ihre Agathe und alles war – es geschah nicht aus Mißbilligung der anständigen männlichen Fröhlichkeit – noch weniger aus Verlegenheit, da es überhaupt ihrem Geschlechte leichter ist und leichter gemacht wird, sich unter vierzig Augen unbefangen zu benehmen als unter vier – noch weniger aus Unvermögen der Verstellung ihrer Schwesterliebe gegen Flamin; denn ihre fliegende Seele hatte längst die Flügel zusammenzulegen, die Tränen und Wünsche zu verhüllen gelernt, unter *Fremden* erwachsen, in schwierigen Verhältnissen und unter uneinigen Eltern erzogen – sie tat es bloß, wie die Pfarrerin, weil es *britische* Sitte ist, daß sich die Damen von Männern und ihrem Punsch-Weihkessel wegbegeben.

Da sie aus Viktors Augen war – und da er aus ihrem *jetzigen noch bleichern* Aussehen den Schluß zog, daß ihr das Tal Emanuels schwerlich die Lenzfarben wiedergeben werde, weil die Aussicht der Abreise nichts geheilet habe; und da ihm diese *kleine Abwesenheit* gleichsam in einem Taschenspiegel die Totenerscheinung einer *ewigen* vorhielt – und da das schwellende Herz doch endlich den Damm der Verstellung überwältigt –: so eilte er in den Winter hinaus – deckte die entzündete Brust den kühlenden Flocken auf – und riß den Spalt weiter, in den das Schicksal seine Schmerzen impfte – und lief durch die weiße Nacht auf den Wartturm hinauf; – und hier, übergossen von der still aus dem Himmel steigenden Schneelawine, sah er in die graue, wühlende, zitternde, flackernde Landschaft hinaus und in die weite, von Schnee durchbrochne Nacht – und alle Tränen seines Herzens fielen, und alle Gedanken seiner Seele riefen: »So sieht die Zukunft aus! So schimmernd sinken die Freuden des Menschen vom Himmel und zerfließen schon unter dem Sinken! So rinnt alles dahin! Ach welche Luftschlösser sah ich von dieser Höhe um mich glänzen, und Abendrot glimmte an ihnen! Ach alle sind unter Schnee verschüttet und unter Nacht!« Er sah in den Garten Klotildens hinab, in dessen finstern, vom Schnee überflatterten

Lauben er das Eden seines Herzens gefunden und wieder verloren hatte. »Die Töne, die über diesen Garten flossen, sind versiegt, aber nicht die Tränen, die ihnen nachrinnen«, dacht' er. Er sah in den Garten ihres Bruders hinab, wo das Tulpen-K zerblättert und die grünenden Namen vergangen und verhüllet waren.

Mit dieser Seele, die in diese Gegend wie in das Gebeinhaus verweseter Tage hineingeschauet hatte, kehrte er zum freudigen Klube zurück. Der Wechsel mit Kälte und Wärme hatte seine Ähnlichkeit mit dem Punschverein fortgesetzt, der unterdessen fortgetrunken. Alle und er betraten die Grenze des Trunkes, wo man in *einem* Atem lacht und weint; aber es freuet mich, daß der Mensch doch wahre Nahrung des Geistes und Herzens (wenngleich aus keiner Klosterküche oder Klosterbibliothek, doch) aus einem – Klosterkeller ziehen kann; – daß er die Gesundheit seines – Witzes trinkt; – daß ihn ein jeder Kelch (nicht bloß auf dem Altar) geistlich stärkt, und daß er, wenn die Schlangen ihre Kronen beim Trinken abnehmen, seine darunter aufsetzt – und daß die Weinrebe Tränen nicht bloß selber oder aus den Augen eines katholischen Marienbildes vergießet, sondern auch aus denen eines Mannes, der von ihr getrunken. Der Klub fiel darauf, Parlamentreden zu halten. – Der Kaplan schlug Kasualreden vor. – Viktor sprang auf einen Stuhl und sagte: »Ich halte den Leichensermon auf mich selber – ich habe hier schon in meiner Kindheit gepredigt.«

Alle tranken noch einmal, selber die Leiche, und diese perorierte dann so:

»Geliebteste und traurigste Zuhörer und Mitbrüder!

Ein Mensch, tiefgebeugte Zuhörer, kann in die zweite Welt hinabsinken, ohne daß ein Trauerpferd nachspringt, so wie er in diese einläuft, ohne daß ein Paradegaul vorantrabt. – Wir unsers Orts haben sämtlich den *Leichentrunk* voraus eingenommen, um alles auszuhalten; denn im Nassen dehnt sich der Mensch aus, und im Trocknen dorret er ein, ich meine durch feste Speisen, gleich dem Blutigel, der außer dem Wasser vier Zoll kürzer ausfällt. Und ich hoffe, ich und das tiefgebeugte Trauergefolge haben dem Hochseligen zu Ehren *getoastet* genug.

Und so seh' ich ihn denn vor mir«...

– Hier winkte er dem Pfarrer, seine Schlafmütze hinzuwerfen, damit etwas Totes daläge, an das sich sein Affekt wenden könnte –

»..vor mir da liegen den unvergeßlichen Herrn Hofmedikus Sebastian Viktor von Horion, und gestorben ist er und will hinab unter das Erde-Zudeck, in die Stätte voll langer Ruhe. Was sehen wir noch vor uns ruhen als die Täucherglocke, worin die bedeckte Seele in dieses Dunstleben hereinsank – als die trockne Schale eines Kerns, der erst in einem zweiten Planeten gesäet wird – als seine Hülle, als, sozusagen, die weggeworfne Schlafmütze seines erwachten Geistes?

Besehet, weinende Zuhörer, diese figürliche blasse Mütze! Hier liegt sie, der Kopf ist heraus, der darin sann – unser Viktor ist dahin und schweigt, der so oft sprach von Mathematik, Klinik, Heraldik, Kautelarjurisprudenz, medicina forensis, Sphragistik und ihren Hülfwissenschaften. – Wir haben viel an ihm verloren – wer tröstet Sie, vortrefflicher Herr v. Schleunes, über diese Einbuße, und so die andern Herren auch? – Man hat aber in diesem närrischen Leben, das wohl eine Art von Vor-Tod sein mag, gar nicht so viel Zeit, um ordentlich zu trösten. Nicht bloß Kirchenstühle sind oft auf Leichensteine gebauet, sondern auch Fürstenstühle – *die* vollends – und selber Kanzeln.

Sollte wohl deine Seele, hochseliger Sebastian, in ihrem mittlern Zustande nach dem Tode etwas von ihrem Körper wissen, aus dem sie wie aus ihrem Hut-Futteral ausgepackt ist, und von der letzten Ehre, die wir hier ihrer Kapsel antun? Falls sie noch Bewußtsein hat und noch ein Auge für diese Stube, worin sie so oft war: so wird es sie freuen, daß die heiligen drei Könige, wovon der Mohr der Kato der Ältere ist, um ihren abgezognen Madensack herumstehen und den Sack kaum fahren lassen wollen; es muß ihr gefallen, daß wir sämtlich klagen: wo ist seinesgleichen in der gemeinen Chemie – in der Physiognomik und Physiognomie – in den neuern Sprachen – in der *Bänderlehre*, aus der er eine Liebe für alle Arten von Bändern schöpfte? – Wer suchte weniger als er strengen Zusammenhang der Gedanken, der den Deutschen verleitet, gute durch schlechte zu verkitten und mehr Mörtel als Quader zu brauchen? – Nicht einmal der Hof – daher er nicht gern hinging, wenn dort Spaß vorfiel – brachte ihn von einem gewissen ernsthaften gesetzten Wesen ab, das er bis zu einem lächerlichen trieb, auf welches letzte er allezeit aus war. – – Beim Himmel! durch das Stundenglas des Todes, durch das er wie durch ein Taschenperspektiv guckte, brach ihm alles so klein hervor, daß er nicht wußte, weswegen er ernsthaft sein sollte – ich will nicht gesund dastehen, wenn ihm nicht im besagten Glase alle *Stufen* zum Throne so winzig vorkamen wie die daumenlange *Holztreppe* des Laubfrosches in seinem Einmachglase.

Er war ein recht guter Prediger, besonders ein Leichenredner, daher ihn auch ein recht guter Prediger zu Gevatter bat, und das Patchen steht mit da und weint seines Orts über Leibschmerzen.... Nur große Hofprediger, die in der Hauptkirche die fürstliche Leichenpredigt halten, können sich dessen rühmen, was ich zu meinem größten Vergnügen jetzo höre, daß das Leichengefolge lacht, und das ist mir ein Pfand, daß ich tröste....

Und doch hat einer, der auf dem Totenbette liegt, mehr Trost als einer, der nur neben dem Bettfuß steht. Das Souterrain der Erdrinde bewohnen lauter stille ruhende Menschen, die voreinander zusammenrücken; aber auf dem Souterrain stehen ihre unruhigen Freunde und wollen hinunter in die geliebten Arme aus Staub; denn die Leinwand auf dem Toten-Auge ist ja ein Fallhut der erkalteten Stirn, der Sarg ist der Fallschirm des Unglücklichen, und das Leichentuch der letzte Verband der weitesten Wunden – ach warum fällt der müde Mensch lieber in den kurzen als in den langen ungestörten sichern Schlaf? – So nimm denn, guter Sebastian, den Totenschein als ein ewiges Friedensinstrument aus der Hand der sanften Natur...

Aber beim Henker! wo haben wir denn den Toten? was soll die weiße Mütze da unten? – Ich sehe die Leiche im Spiegel gegenüber – sie muß wo stehen – ich muß sie holen.« – –

– Mit einem Schauer seines Ich sprang er herab – ein erhabner

Wahnsinn ging in den Stufen der Wehmut, des Lächelns, des Erstarrens sein Angesicht auf und ab. Er lief hinter eine spanische Wand, die vor seine Statue aus Wachs gestellet war – und trug den wächsernen Menschen heraus – und warf ihn hin wie einen Leichnam – und ein Schleier war über den Leichnam gewickelt – und er stieg verzerret auf den Stuhl, um fortzufahren:

»Das ist die Nachtleiche – der verschlackte, der verkohlte Mensch – in solche starre Klumpen sind die Ich geklebt und müssen sie wälzen – Warum bebet ihr über mich, Zuhörer, weil ich bebe, daß ich dieses umgeworfene Menschenbild so starr anblicke? – Ich seh' ein Gespenst um diesen Leichnam schweben, das ein Ich ist.... Ich! Ich! du Abgrund, der im Spiegel des Gedankens tief ins Dunkle zurückläuft – Ich! du Spiegel im Spiegel – du Schauder im Schauder! – Ziehet den Schleier vom Leichnam weg! Ich will den Toten keck anschauen, bis es mich zerstört.«...

– Jeder schauderte nach; aber ein Engländer zog den Totenschleier weg..... Starr, sprachlos, ergriffen, erbebend sah Viktor auf das enthüllte Gesicht, das auch lebendig um seine Seele hing; aber endlich ergossen sich Tränen über seine kalten Wangen, und er sprach leiser, wie wenn sich sein Herz auflöste:

»Seht, wie der Leichnam lächelt! Warum lächelst du denn so, Sebastian? Warst du etwan so glücklich auf der Erde, daß dein Mund in einer Entzückung erkaltete?... Nein, glücklich warst du wohl nicht – die Freude selber war oft für dich ein Samengehäuse des Schmerzes – Und du sagtest selber recht oft: ich bin schon zufrieden, und ich verdiene kaum meine Hoffnungen und Wünsche, geschweige ihre Erfüllung. –

Flamin! schaue dieses umgelegte Gesicht hier an – es lächelt aus Freundschaft, nicht aus Freude – Flamin, diese erloschene Brust war über ein Herz gewölbt, das dich ohne Grenzen liebte und bis in den Tod.

Und das ist im ganzen das einzige Unglück des armen Seligen. An und für sich und seiner originellen Lage und Laune wegen hätte der gute Bastian schon gut genug fahren können; aber er war zu weich zur Freude – zu unbesonnen – zu heiß – fast zu phantastisch. Er wollte gar lieben (bei seinen Lebzeiten), und es war nicht zu tun. Die Blumengöttin der *Liebe* ging vor ihm vorbei, sie versagte ihm die Verklärung des Menschen, das Melodrama des Herzens, das goldne Zeitalter des Lebens.... Kalte Gestalt, richte dich auf und zeige den Menschen die Tränen, die aus einem weichen Herzen fließen, das vor Liebe bricht und keine findet!...

Wenn unser Horion nicht glücklich war: so mag es ihm freilich gar wohl tun, wenn er schon am Mittage des Lebens seine Mittagruhe halten darf, wenn er sterben und, losgemacht vom heißpochenden Herzen, gestillt vom Todesengel, sich so frühe legen darf unter das lange Leichentuch, das der Menschen-Genius über ganze Völker, wie der Gärtner das Verdeck über den Blumenflor, gegen Regen und Sonne zieht – gegen die Glut unsrer Freuden, gegen den Guß unsers Wehs.... *Ruhe du auch, Horion!*«...

– Seine Wehmut bei diesen Worten aus dem alten Traume war so übermannend, daß er aus ihr – zur Entschuldigung oder zur Erholung – in eine fast wahnsinnige Laune übertrat.

»Inzwischen ist der sämtliche Spaß halb gegen meinen Geschmack, den ich am Hofe ausbilden wollte. Das Leben verlohnets gar nicht, daß man seinetwegen den guten Tod auszankt oder beräuchert und erhebt. Die Furcht zu sterben ausgenommen, gibts nichts Jämmerlicheres als die Furcht zu leben. Leute von wahren Talenten sollten sich betrinken, um das Leben aus dem rechten Licht zu sehen und es uns nachher zu melden. – Am allerelendesten aber (so daß das *menschliche* Leben dagegen noch passabel ausfällt) ist das *bürgerliche*, auf das ich jahrelang losziehen könnte, bloß weil es nichts hat als lange Tröge für den Magen, aus denen die Ketten für die Phantasie herabhängen – weils den Menschen zum Kleinstädter umsetzt – weils unser fliehendes Dasein aus einem Fruchtacker zur Säemaschine macht – weils einen fatalen Dunst ausdampft, der sich dick vor das Grab und über den Himmel ansetzt, und in dem sich der arme Expeditionrat von Mensch schwitzend, käuend, feist, beschmieret, ohne einen warmen Sonnenstrahl für sein Herz, ohne ein Streiflicht für sein Auge herumtreibt, bis ihn der Fall-Bock des Pflasterers[1] auf den

[1] Er nennt den Tod und den Staat einen Pflasterer, obwohl in verschiedenem Sinn.

morastigen Drehplatz einrammt. – Den einzigen Nutzen hat so ein armer Marmorstein, aus dem ein *Pflaster* statt einer *Statue* gemacht wird, daß er das ganze Menschenleben für etwas recht Erhebliches ansieht, das er nicht genug preisen könne. – Inzwischen könnte doch auch uns guten Narren das Äußere nicht so klein vorkommen, wenn nicht etwas ewiges Großes in uns wäre, womit wirs zusammenhalten – wenn nicht ein Sonnenlicht in uns wäre, das in dieses Opertheater so hineinfällt, wie das Taglicht zuweilen, wenn eine Türe aufgeht, in die nachtlichte Schaubühne – wenn wir nicht, wie Menschen in alten Auferstehgemälden, halb in der Erde steckten, halb aber außer ihr – und wenn dieses Eisleben keine Aiguille percée[1] wäre und keine Öffnung in ein ewiges Blau hinaus hätte.... Amen!

Ich hab' aber der leidtragenden Versammlung noch zu melden, daß ich sie – in den *ersten* April geschickt; denn der Tote, dessen Leichenrede ich halte, bin ich wirklich selber.«...

Aber hier umarmten ihn alle seine Freunde, um seinem geistvollen Wahnsinne Schranken zu setzen – und um ein so heftiges echt-britisches Herz an ihres zu drücken. Die Umarmung erwärmte alle seine kalten Wunden sanft, und er war geheilt, obwohl erschöpft; das fremde Leben wuchs in seines hinein, und die Liebe überwand den Tod. Die Engländer, in deren Augen die Tränen einer *doppelten* Trunkenheit waren, konnten sich kaum abreißen vom humoristischen Liebling. –

Klotilde, die mit ihren Freundinnen der Leichenrede im Nebenzimmer zuhörte, hielt sie anfangs bittend ab, dieses aufzumachen. Aber als Viktor sagte: »Kalte Gestalt, richte dich auf und zeige den Menschen die Tränen, die aus einem weichen Herzen fließen, das vor Liebe bricht« – so nahm sie eilend von ihnen gute Nacht, weil sie über eine ihr ganzes Wesen hebende Rührung nicht Meister werden konnte. Da man ihm die *Zeit* ihrer Entfernung be-

[1] So nennt man eine hohe Felsenpyramide neben dem Montblanc, in der ein Loch ist, wodurch man den Himmel sieht. Für mich ists eine sanfte Phantasie, mir neben dem höchsten Berg, der so viel Himmel als Erde nimmt, einen kleinern vorzustellen, der sich in eine kleine Aussicht auftut, die unserem *Auge* eine blaue Perspektive reicht, aus welcher unsere *Hoffnung* die Wölbung des Himmels bauet.

richtet hatte: so wurde er, der jetzo schon so müde, weich und zärtlich war, es in einem unaussprechlichen Grade – alle durch die Anstrengung erhöhten Lichter auf seinem Angesicht schienen in Liebe wie Mondschimmer in Tautropfen zu zerfließen – er wartete nicht, bis sein Zimmer leer wurde, sondern zeigte das, was Klotilde in dem ihrigen verbergen wollte – er konnte sogar die unverschleierte Wachsstatue mit sanftem Geiste anschauen und sagte lächelnd: »Ich glaube, ich habe mich darum *ganz* in Wachs wiederholen lassen, warum es der Katholik mit einzelnen Gliedern tut, um sie an eine Heilige zu hängen und dadurch um Genesung zu danken oder zu bitten; oder wie die römischen Kaiser, deren Wachsstatue die Ärzte nach dem Tode des Originals besuchten.«

Die Gesellschaft ging ab, und er war endlich allein. Der Mond, der um 11 Uhr 57 Minuten aufgegangen war, warf sein noch vertieftes abnehmendes Licht erst oben an die Fenster von Klotildens Wohnzimmer. Viktor löschte das Nachtlicht aus und setzte sich, um mit seinem noch wogenden träumenden Herzen nicht in die Träume des Schlafes zu treten, ans Fenster, beinahe an den gewöhnlichen Standort seiner Wachskopie und in ähnlicher Stellung – – als das Schicksal es fügte, daß er, der heute die Wachsmumie für seine Person ausgegeben hatte, jetzt umgekehrt für das Bild angesehen werden sollte – –

– von Klotilden! Sie stand in einiger Entfernung von ihrem Fenster, an welches kein Licht als das vom Himmel fiel; Viktor war, da das letzte noch nicht zu ihm hineinkonnte, ganz im Schatten und ihr mit Vierfünftel seines Profils zugekehrt. Kaum sah' er, daß sie einen unverwandten fassenden, gleichsam einschlagenden Blick auf ihn hefte: so erriet er, daß sie ihn mit dem wächsernen Menschen vermenge; auch bemerkte er aus dem Augenwinkel, daß etwas Weißes um sie flattere, d. h. daß sie sich die Augen oft trockne. Aber wie wär' es seinem feinen Gefühle möglich gewesen, ihr durch die geringste Bewegung ihren Irrtum zu nehmen und sie für ihr unschuldiges Anblicken verlegen und rot zu machen! – Ein anderer, z. B. der verkannte Matz, hätte sich in einem solchen Vorfalle gelassen in die Höhe gerichtet und gleichgültig zum Fenster hinausgesehen; aber er verknöcherte sich gleichsam in seiner Stellung der Leblosigkeit. Allein nur die Nacht und Entfernung konnten ihr sein Zittern zudecken, da ihre für seine Leiche fallenden Tränen wie ein heißer Strom sein zerstörtes Herz ergriffen und das wenige, was der heutige Abend daran noch fest gelassen, erweichten und auflösten in eine brennende Welle der Liebe. Den Kindern fließen die Tränen stärker, wenn man ihnen Mitleid bezeigt; und in dieser Stunde der Erschöpfung wurde Viktor weicher, der sonst durch fremdes Mitleid mit ihm härter wurde, und als Klotilde sich ans Fenster setzte, um das müde Haupt aufzulehnen: so war ihm, als ermahne ihn etwas, das jetzo wahr zu machen, was er heute zu der Statue gesagt: »Kalte Gestalt, richte dich auf und zeige den Menschen die Tränen, die aus einem weichen Herzen etc.«

Klotilde zog endlich die Vorhänge zu und verschwand. Aber er setzte behutsam noch lange die Rolle seines Bildes fort, und eben, da er sich weniger anstrengte, um eine Statue zu spielen, gelang es ihm besser. Alle seine Gedanken flossen nun wie Balsam über die Narben und aufgerissenen Stellen seines Innern, und er sagte: »Wenn du auch nur meine Freundin bist, so genüget es mir, und du kannst diesen von Sehnsucht empörten Busen stillen. O dieses volle Herz würde ohnehin auseinandergetrieben, wenn es den Gedanken fassen sollte, daß du mich liebtest!« – Übrigens fiel ihm heute zum erstenmal die Unwahrscheinlichkeit seiner neulichen Vermutung ein, daß eine so zurückhaltende Person wie sie sich auf eine so wenig zurückhaltende Art gegen den blinden Julius sollte benommen haben, und er fragte sich: »Ists denn zur Erklärung ihrer Abreise vom Hof nicht genug an Jenners und Matthieus unheiliger Liebe und an Emanuels heiliger?« – Damit sie aber am Morgen nicht ihre irrige Verwechslung entdeckte, so gab er seinem wächsernen Figuranten genau die Stelle, die er selber am Fenster eingenommen.

Dritter Osterfeiertag

F. Kochs doppelte Mundharmonika – die Schlittenfahrt – der Ball – und....

Der Leser wird mit mir wünschen, daß der dritte Ostertag etwas Schlimmers endige als den langen 28sten Hundposttag.

Der Schlitten ging leidlich, soviel vorauszusehen war. – – Ich seh' aber noch etwas anders voraus: daß sich eine halbe Million meiner Lesekunden (für die andre halbe steh' ich) nicht aus meinem Helden finden kann. Es ist daher mein Amt, nur soviel ihnen vorzusagen: Viktor war nie kleinmütig, ihn ekelte die menschliche Unterjochung unter das Glück; der Tod nahm ihn jeden Tag einmal auf den erhabenen Arm und ließ ihn von da herunter bemerken, wie winzig alle Berge und Hügel sind, auch Gräber. Jedes Unglück machte ihn stählern, der Medusenkopf des Totenkopfs machte ihn steinern, und er ärgerte sich nachher über den schmelzenden Sonnenblick der freudigen Rührung. Seine lustige Laune, sein Ideal weiblicher Vollkommenheit, der Mangel an Gelegenheit und das Schild Minervens hatten ihm über die Windmonate des Gefühls hinübergeholfen, und er hatte bisher keine andre Sonne angebetet als die um 21 Millionen Meilen entlegne – bis der Himmel oder der Henker die nähere herführte, gerade im Jahr 1792. – Noch wär' es ganz leidlich gegangen und das Unglück schon auszuhalten gewesen, wenn er gescheut oder kalt gewesen wäre; ich will sagen, wenn er nicht zu sich gesagt hätte: »Es ist schön, nie über sich zu weinen, aber doch über den andern; es ist schön, jeden Verlust zu verbeißen, aber nicht den eines Herzens, und was wird ein geschiedner Freund aus seiner Höhe größer finden, entweder wenn ich mir Trostpredigten über sein Ableben mit wahrer Fassung halte, oder wenn ich dem Geliebten im freiwilligen übermannenden Kummer nachsinke?« – Dadurch – und aus Unbekanntschaft mit der Übermacht edler, aber unbezähmter Gefühle – und weil er seine bisherige zufällige Herzstille mit einer freiwilligen verwechselte – und aus einer überschwenglichen Menschenliebe hatte er absichtlich seinem innern Menschen bis jetzt die Fühlhörner zu groß wachsen lassen – und so war er durch die Wirbel aller bisherigen Einflüsse, der bisherigen Beraubungen, der bisherigen Rührungen, dieser Ostertage, dieses schönen Jugenddorfes so weit verschlagen, daß er ungeachtet seiner Besonnenheit, seines Hoflebens, seiner Laune einiges von seiner alten Unähnlichkeit mit jenen Genies (wenigstens für Ostern) einbüßete, die gleich dem Seekrabben Fühlfäden aufrichten, die kaum ein Mann umklaftert....

Jenes teilnehmende Anblicken Klotildens, das ihm gestern nach der vorigen Hitze kühlender Balsam gewesen, wurd' ihm heute ein sehr heißer; ihr Auge voll Tränen seinetwegen richtete alle Tage seiner Liebe für sie und ihr ganzes Bild in seinem Herzen auf. Ich bin überzeugt, sogar dem Regierrat, der übrigens durch den gestrigen Leichensermon von seinem Argwohn, so wie durch die republikanische Zerstreuung einiges von seiner Liebe gegen Klotilden, hätte verlieren können, entwischte das Trunkne und Träumerische seiner Augen nicht. Das Pfarrhaus selber war heute zum Glück eine Börse oder ein geistliches Intelligenzkomtoir und Werbhaus: der Kaplan registrierte – nicht etwan französische car tel est notre plaisir, sondern – die Katechumenen ein, die auf Pfingsten beichten wollten.

Er wollte nicht eher ins Schloß hinübergehen – sein verkannter Freund Matz hatt' ihm schon um 10 Uhr aus dem Fenster Morgengruß und Glückwunsch zum Schneewetter zugerufen –, als bis sein Schlitten aus der Stadt da war, damit er sogleich abführe, weil er drüben keine lächerliche Rührung zeigen wollte. Seitdem ihm die große Welt zur Werkeltagwelt geworden war, fiel ihm Verstellung vor ihr schwerer; man verbirgt sich vor denen am leichtesten, die man achtet.

Aber die Drillinge und *Franz Koch* trieben ihn früher hinüber, schon abends um 5½ Uhr. –

Ich fuhr in die Höhe beim Namen Franz Koch in des Hunds Papieren. Wenn einer von meinen Lesern ein Karlsbader Brunnengast ist oder Se. Majestät der König von Preußen Wilhelm II. oder von dessen Hof oder der Kurfürst von Sachsen oder der Herzog von Braunschweig oder eine andre fürstliche Person: so hat er den guten Koch gehört, der ein bescheidner abgedankter

Soldat ist und der überall mit seinem Instrument herumreiset und spielet. Das letzte, das er doppelte *Mundharmonika* nennt, besteht aus einem verbesserten Paar zugleich gespielter – Maultrommeln oder Brummeisen, die er immer nach den Spiel-Stücken umwechselt. Seine Brummeisen-Handhabung verhält sich zur alten wie Harmonikaglocken zu Bedientenglocken. Es ist meine Schuldigkeit, solche von meinen Lesern, deren Phantasie Zaunkönigs-Schwingen hat, oder die wenigstens vom Herzen an Lithopädia (Stein-Fötus) sind, oder die das Ohrentrommelfell zu nichts haben als zum Trommeln darauf, solche Leser mit der wenigen Oratorie, die ich habe, dahin zu bringen, daß sie den besagten Franz aus dem Hause werfen, wenn er kommen und vor ihnen summen will. Denn es ist nichts daran, und die elendste Bratsche und Strohfiedel schreiet meines Bedünkens lauter; ja sein Getöne ist so leise, daß er im Karlsbade vor nicht mehr als 12 Kunden auf einmal aufspielte, weil man nicht nahe genug an ihm sitzen kann, wie er denn sogar bei seinen Hauptliedern das Licht wegtragen lässet, damit weder Aug' noch Ohr die Phantasien störe. – Ist aber freilich ein Leser anders – etwan ein Dichter – oder ein Verliebter – oder sehr zart – oder wie Viktor – oder wie ich: so horch' er ohne Bedenken mit stiller zerfließender Seele dem Franz Koch – oder – denn heute wird er nicht gerade zu haben sein – mir zu.

Der lustige Engländer hatte Viktor diesen Harmonisten mit der Karte geschickt: »Überbringer dieses ist der Überbringer eines Echo, das er in der Tasche führt.« – Viktor nahm ihn daher lieber zur Freundin aller schönen Töne hinüber, damit ihre Abreise sie nicht um diese melodische Stunde bringe. Es war ihm, wie wenn er durch eine lange Kirche ginge, da er in Klotildens Lorettohaus eintrat; ihr einfaches Zimmer war, wie Marias Wohnzimmer, von einem Tempel eingefasset. Sie hatte schon ihre schwarze Putzkleidung vollendet. Die schwarze Tracht ist eine schöne Verfinsterung der Sonne, worin man das Auge von ihr gar nicht wegzubringen vermag. Viktor, der bei seiner *sinesischen* Achtung für diese Farbe heute dieser schwarzen Magie eine wehrlose Seele, ein entzündetes Auge mitbrachte, wurde blaß und verwirrt über das aufgehellte Angesicht Klotildens, über welches der Zug eines herabgeregneten Kummers so wie ein Regenbogen über den hellen blauen Himmel schwebte. Es war nicht die Heiterkeit der Zerstreuung – die jedes Mädchen durch das Ankleiden bekömmt –, sondern die Heiterkeit der frommen Seele voll Geduld und Liebe. Er besorgte, in zweierlei Disteln zu treten, in die gemalten des Fußbodens, über die er immer wegschritt, und in die satirischen der feinen Beobachter um ihn, an die er sich immer stieß. Ihre Stiefmutter war noch über der Stukkatur und Appretur ihres Madensacks, und der Evangelist war in ihrem Ankleide-Zimmer als Putz-Meßhelfer und Mitarbeiter. Daher hatte Klotilde noch Zeit, den Mundharmonisten zu hören; und der Kammerherr bot sich der Tochter und meinem Helden – denn er war ein Vater von Lebensart gegen seine Tochter – zu einem Teil der Zuhörerschaft an, ob er gleich aus der Musik sich wenig machte, Tafel- und Ball-Musik ausgenommen.

Viktor sah jetzt erst aus Klotildens Freude über den mitgebrachten Musiker, daß ihr harmonisches Herz gern mit den Saiten zittere; überhaupt wurd' er oft über sie irre, weil sie – wie du, teuerster** – sowohl ihr höchstes Lob durch Schweigen sagte als ihren höchsten Tadel. Sie bat ihren Vater, der die Mundharmonika schon im Karlsbad gehöret hatte, ihr und Viktor eine Idee davon zu geben – er gab sie: »sie drücke nicht sowohl das fortissimo als das piano-dolce meisterhaft aus und sei wie die einfache Harmonika dem Adagio am angemessensten.« Sie antwortete darauf – an Viktors Arm, der sie in ein dazu verfinstertes stilles Zimmer führte –: »die Musik sei vielleicht zu gut für Trinklieder und für lustige Empfindungen. Da der Schmerz den Menschen veredle und ihn durch die kleinen Schnitte, die er ihm gebe, so regelmäßig entfalte, wie man die Knospen der Nelke mit einem Messer aufritze, damit sie ohne Bersten aufblühen: so ersetze die Musik als künstlicher Schmerz den wahren.« – »Ist der wahre so selten?« sagte Viktor in dem dunkeln, von *einem* Wachslicht beschienenen Zimmer. – Er kam neben Klotilde, und ihr Vater saß ihm gegenüber. –

Selige Stunde! die du einmal mit den Echolauten dieser Harmonika durch meine Seele zogest – fliehe noch einmal vorüber, und der Nachklang jenes Echos klinge wieder um dich! –

Aber als der bescheidne stille Virtuos das Geräte der Entzükkung kaum in die Lippen geleget hatte: so fühlte Viktor, daß er es jetzo (bevor das Licht hinauskäme) nicht so machen dürfe wie sonst, wo er sich zu jedem Adagio eigne Szenen vormalte und jedem Stücke besondere Schwärmereien seiner Texte unterlegte. Denn es ist ein unfehlbares Mittel, den Tönen ihre Allmacht zu geben, wenn man sie zu Ripienstimmen unserer Stimmung und so aus Instrumental-Musik gleichsam Vokal-Musik, aus unartikulierten Tönen artikulierte macht, anstatt daß die schönste Reihe Töne, die kein bestimmter Gegenstand zu Alphabet und Sprache ordnet, abgleitet vom bespülten, aber nicht erweichten Herzen. – Als daher die holdesten Laute, die je über Menschenlippen als Mitlauter der Seele flossen, von der bebenden Mundharmonika zu wehen anfingen; als er fühlte, daß diese kleinen Stahlringe gleichsam als Fassung und Griffbrett seines Herzens ihre Erschütterungen zu seinen machen würden: so zwang er sein fieberhaftes Herz, an dem ohnehin heute alle Wunden aufgingen, sich gegen die Töne zusammenzuziehen und sich keine Szenen vorzuzeichnen, bloß damit er – – nicht in Tränen ausbräche, bevor das Licht weg wäre.

Immer höher stieg das Zuggarn hebender Töne mit seinem ergriffenen Herzen empor. – Eine wehmütige Erinnerung um die andere sagte in dieser Geisterstunde der Vergangenheit zu ihm: »Erdrücke mich nicht, sondern gib mir meine Träne« – Alle seine gefangnen Tränen wurden um sein Herz versammelt, und sein ganzes Innere schwamm, aus dem Boden gehoben, sanft in ihnen – Aber er faßte sich: »Kannst du noch nicht entbehren,« (sagt' er zu sich) »nicht einmal ein nasses Auge? Nein, mit einem trocknen nimm dieses beklommene Echo deiner ganzen Brust, nimm diesen Nachhall aus Arkadien und alle diese weinenden Laute in eine zerstörte Seele auf« – Unter einer solchen überhüllten Zerfließung, die er oft für Fassung nahm, wars allemal in ihm, als wenn ihn aus einer fernen Gegend eine brechende Stimme anredete, deren Worte den Silbenfall von *Versen* hatten; die brechende Stimme redete ihn wieder an: »Sind nicht diese Töne aus verklungenen Hoffnungen gemacht? Rinnen nicht diese Laute, Horion, wie Menschentage ineinander? O blicke nicht auf dein Herz! in das stäubende Herz malen sich wie in einen Nebel die vorigen schimmernden Zeiten hinein« – Gleichwohl antwortete er noch ruhig: »Das Leben ist ja zu kurz für zwei Tränen, für die des Kummers und für die andre« .... Aber als jetzt die weiße Taube, die Emanuel im Gottesacker niederfallen sah, durch seine Bilder flog – als er dachte: »Diese Taube hat ja schon in meinem Traum von Klotilden geflattert und sich an die Eisberge geklammert: ach sie ist das Bild des verwelkenden Engels neben mir« – und als die Töne immer leiser flatterten und endlich in dem flüsternden Laube eines Totenkranzes umherliefen – und als die brechende Stimme wiederkam und sagte: »Kennst du die alten Töne nicht? – Siehe, sie gingen schon in deinem Traum vor ihrem Wiegenfeste und senkten dort bis ans Herz die kranke Seele neben dir ins Grab, und sie ließ dir nichts zurück als ein Auge voll Tränen und eine Seele voll Schmerz« – – – »Nein, mehr ließ sie mir nicht«, sagte gebrochen sein müdes Herz, und alle seine bekämpften Tränen drangen in Strömen aus den Augen....

Aber das Licht ward eben aus dem Zimmer getragen, und der erste Strom fiel ungesehen in den Schoß der Nacht.

Die Harmonika fing die Melodie der Toten an: »Wie sie so sanft ruhn! etc.« – Ach in solchen Tönen schlagen die zerlaufenden Wellen des Meeres der Ewigkeit an das Herz der dunklen Menschen, die am Ufer stehen und sich hinübersehnen! – Jetzo wirst du, Horion, von einem tönenden Wehen aus dem Regendunst des Lebens hinübergehoben in die lichte Ewigkeit! – Höre, welche Töne umlaufen die weiten Gefilde von Eden! Schlagen nicht die Laute, in Hauche verflogen, an fernen Blumen zurück und umfließen, vom Echo geschwollen, den Schwanen-Busen, der selig-zergehend auf Flügeln schwimmt, und ziehen ihn von melodischen Fluten in Fluten und sinken mit ihm in die fernen Blumen ein, die ein Nebel aus Düften füllt, und im dunkeln Dufte glimmt die Seele wieder an wie Abendrot, eh' sie selig untergeht? – – –

Ach Horion, ruht die Erde noch unter uns, die ihre Todeshügel um das weite Leben trägt? Zittern diese Töne in einer irdischen Luft? O! Tonkunst, die du die Vergangenheit und die Zukunft mit ihren fliegenden Flammen so nahe an unsre Wunden bringst, bist du das Abendwehen aus *diesem* Leben oder die Morgenluft aus *jenem*? – Ja, deine Laute sind Echo, welche Engel den Freudentönen der zweiten Welt abnehmen, um in unser stummes Herz, um in unsre öde Nacht das verwehte Lenzgetön fern von uns fliegender Himmel zu senken! Und du, verklingender Harmonikaton! du kömmst ja aus einem Jauchzen zu uns, das, von Himmel in Himmel verschlagen, endlich in dem fernsten stummen Himmel stirbt, der aus nichts besteht als aus einer tiefen, weiten, ewig stillen Wonne....

»Ewig stille Wonne,« (wiederholet Horions aufgelöste Seele, deren Entzücken ich bisher zu meinem machte) »ja, dort wird die Gegend liegen, wo ich meine Augen aufhebe gegen den Allgütigen, und meine Arme ausbreite gegen *sie*, gegen diese müde Seele, gegen dieses große Herz – Dann fall' ich an dein Herz, Klotilde, dann umschling' ich dich auf ewig, und die Flut der ewig stillen Wonne hüllt uns ein – Wehet wieder nach dem Leben, Erdentöne, zwischen meiner und ihrer Brust, und dann schwimme eine kleine Nacht, ein wallender Schattenumriß auf euren lichten Wogen daher, und ich werde hinsehen und sagen: das war mein Leben – dann sag' ich sanfter und weine stärker: ja der Mensch ist unglücklich, aber auf der Erde nur.«

O gibts einen Menschen, über welchen bei diesen letzten Worten die Erinnerung große Regenwolken zieht, so sag' ich zu ihm: Geliebter Bruder, geliebte Schwester, ich bin heute so gerührt wie du, ich achte den Schmerz, den du verbirgst – ach du entschuldigst mich und ich dich....

Das Lied stand still und tönte aus. – Welche Stille jetzt im Dunkel! Alles Seufzen war in ein zögerndes Atmen eingekleidet. Nur die Nebelsterne der Empfindung funkelten hell in der Finsternis. Keiner sah, wessen Auge naß geworden war. Viktor blickte in die stille schwarze Luft vor ihm, die vor wenig Minuten mit hängenden Gärten von Tönen, mit zerfließenden Luftschlössern des menschlichen Ohrs, mit verkleinerten Himmeln erfüllt gewesen und die nun dablieb als nacktes schwarzes Feuerwerks-Gerüst.

Aber die Harmonika füllte dieses Dunkel bald wieder mit Lufterscheinungen von Welten an. Ach warum mußt' es denn gerade die meinen Viktor nagende Melodie des »Vergißmeinnicht« treffen, die ihm die Verse vortönte, als wenn er sie Klotilden vorsagte: »Vergiß mein nicht, da jetzt des Schicksals Strenge dich von mir ruft – Vergiß mein nicht, wenn lockre kühle Erde dies Herz einst deckt, das zärtlich für dich schlug – Denk, daß ichs sei, wenns sanft in deiner Seele spricht: vergiß mein nicht«... O wenn noch dazu diese Töne sich in wogende Blumen verschlingen, aus einer Vergangenheit in die andre zurückfließen, immer leiser rinnen durch die vergangnen, hinter dem Menschen ruhenden Jahre – endlich nur murmeln unter dem Lebensmorgenrot – nur ungehört aufwallen unter der Wiege des Menschen – und erstarren in unsrer kalten Dämmerung und versiegen in der Mitternacht, wo jeder von uns nicht war: dann hört der gerührte Mensch auf, seine Seufzer zu verbergen und seine unendlichen Schmerzen.

Der stille Engel neben Viktor konnte sie nicht mehr verhüllen, und Viktor hörte Klotildens ersten Seufzer. –

Ja, dann nahm er ihre Hand, als wenn er sie schwebend erhalten wollte über einem offnen Grabe.

Sie ließ ihm ihre Hand, und ihre Pulse schlugen bebend mit seinen zusammen. –

Endlich warf nur noch der letzte Ton des Liedes seine melodischen Kreise im Äther und floß auseinander über eine ganze Vergangenheit – dann hüllte ihn ein fernes Echo in ein flatterndes Lüftchen und wehte ihn durch tiefere Echo hindurch und endlich an das letzte hinüber, das rings um den Himmel liegt – dann verschied der Ton und flog als eine Seele in einen Seufzer Klotildens. –

Da entfiel ihr die erste Träne, wie ein heißes Herz, auf Viktors Hand.

Ihr Freund war überwältigt – sie war dahingerissen – er preßte die sanfte Hand – sie zog sie aus seiner – und ging langsam aus dem Zimmer, um dem zu weichen Herzen, über dessen holde Zeichen die Nacht ihren Schleier hing, wieder zu Hülfe zu kommen....

Das kommende Licht nahm diese Traumwelten hinweg. – Matthieu und die Kammerherrin erschienen auch. Wir wollen aber in dieser weichen Stimmung, wo man gerade gegen Schlimme in der härtesten ist, nichts sagen und nichts denken über das neue Paar, das für den Abstich gegen unsere Erweichung nichts kann. Viktor sagte sich dies auch, aber mehr als einmal; weil sich die vom Apotheker erlogne Vermählung Klotildens mit Matthieu ihm mit den grellsten Farben aufdrang, ähnlich jener platonischen Verbindung, wo der reine Geist aus seinem Äther getrieben und mit zusammengekrümmten Flügeln in einen befleckten Leib gemauert wird. Klotilde kam zurück. Sie war in Verlegenheit gegen Viktor, bloß weil er darin war oder neben ihr auf dem Schlitten noch mehr darin sein mußte – ihren geschwollenen Augapfel entfernte sie vom Licht. – Da Tränen-Versetzungen wie Milchversetzungen drücken und zerstören: so suchte die in sein Inneres zurückgedrückte Wehmut einen Ausgang durch die Stimme, die heftig und abgebrochen war, durch die Bewegungen, welche schnell waren, sogar durch die Lebhaftigkeit des Ausdrucks – kurz es war gut, daß sie fuhren.

Er dachte wieder das Gegenteil, als er auf dem Schlitten hinter ihr stand. Die Nacht schien sich hinter die Wolken gezogen zu haben, deren weites Gewölbe den Himmel einnahm. Er konnte keine Materie zum Gespräch auftreiben, er mochte sinnen, wie er wollte – er lief Klotildens, Viktors, aller Bekannten Leben durch – es stieß ihm nichts auf. Der Grund war, seine Gedanken, die er darauf ausschickte, kehrten ohne sein Wissen in jeder Minute um und hingen sich wie Bienen an Klotildens edles Profil, oder an ihr weiches Auge, oder sanken in ihre auf seine Hand gefallne Träne ein und in das ganze Äther-Meer der heutigen Töne. Der dunkle Himmel über ihm gab ihm endlich Emanuels letztes Schreiben in den Sinn, und er konnte ihr daraus des Blinden Einweihung in den höchsten Gedanken des Menschen erzählen. Klotilde hörte ihm freudig zu und sagte endlich: »Niemand ist glücklicher als ein Schüler eines solchen Lehrers; aber er muß nie in die Welt treten – da wird er es nicht sein. Sein Lehrer hat ihm ein zu weiches Herz gegeben, und ein weiches hängt, wie Sie ja selber sagen, wie das weiche Obst so tief herab, daß es jeder erreichen und verwunden kann; die harten Früchte hängen höher.«

Sie kamen jetzt bei den harten Residenzfrüchten an, und ihre Bemerkung war ihre eigne Geschichte. Aber die neuen Auftritte – die rauschenden Wagen und Kleider – der Lärm um nichts und um wenig – die Saalleuchter wie Fixsternsysteme – die doppelten Mund-Disharmonikas – die männliche Hof-Fauna – die weibliche Hof-Flora – das ganze mobil gemachte Lustlager, dieses Meß-Getümmel überschmetterte das gedämpfte Echo, das zwischen zwei harmonischen Seelen hinüber und herüber ging.

Unser Held wurde von der Fürstin noch freundlicher angelassen als vom Fürsten. Joachime, die Amtverweserin Klotildens, hatte noch außer der kalten zürnenden Freundlichkeit eine juwelenreiche montre à regulateur. An einem öffentlichen Orte kostet es weniger als in einem Kabinett, den äußern Menschen wie eine Charaktermaske über den innern zu decken. Viktor, auf welchen ohnehin jeder *Schmerz* die witzige Wirkung des *Trunkes* machte, verriet den ersten höchstens durch das Übermaß seiner Lebhaftigkeit.

Eine Frau verrät sich durch das Gegenteil – Klotilde durch nichts. Er sagte ihr in der sonderbaren Übertäubung, in welche äußere Freudentöne und innere Phantasien setzen, wenn sie wie zwei Ströme miteinander zusammenkommen, folgende Ideen: »Wär' ich die Göttin der Wonne (wenns eine gibt), so ließ' ich drei Uhr schlagen – um die Wandleuchter machte ich Farbenprismen oder hinge sie gar in die Kabinette und zöge über den Tanzsaal durch Weihrauch eine Zauberdämmerung – dann müßt' ich die Töne des Orchesters in so viele Zimmer zurückstellen, daß davon nichts hereinkäme als ein weiches Echo – und wenn dann in dem dämmernden, von Melodien durchwehten Wirrwarr nicht die Leute nach einigen stillen Bewegungen vor Entzücken vergehen wollten: so wüßt' ich nicht«.... »Setzen Sie noch dazu,« (sagte sie) »damit wir auch eines haben, daß wir hier bleiben und die Auflösung beobachten.« –

Aber seine Fassung überlebte in jedem Balle kaum die Menuett. Nach dem ersten Geräusch, wenigstens um die Geisterstunde, war allemal seine ganze Seele in eine eigne poetische, der Augen kaum mächtige Schwermut zersetzt. Außer den Tönen kann ich noch die *Bewegung* zum Erläutern dieser Erscheinung brauchen: alle Bewegung ist erstlich erhaben – nämlich die von großen Massen, oder vielmehr jede schnelle Bewegung gibt dem Gegenstand die Größe des durcheilten Raums, daher bei Abstich mit dem Zwecke bewegte Gegenstände komischer sind als ruhige – zweitens das Bewegen der Menschen stellte ihm ihr Vorüberflattern, ihr Fliehen in die Gräber dar. Er blieb oft in der Nacht trübe unten an Häusern stehen, in deren zweitem Stockwerke man tanzte, und sah hinauf, und das Vorüberschweben freudiger Köpfe war ihm der Gaukelsprung der Irrlichter auf dem Kirchhofe.

Heute fühlte er dies bei einer zerschmolzenen überlaufenden Seele noch eher als sonst. Die Anglaise, worin aus der Kolonne ein Paar nach dem andern verschwindet, war ja das Bild unsers schattigen Lebens, in das wir alle ausziehen mit Trommeln, und von tausend Spielkameraden eingefaßt, und in dem wir fortrücken, jedes Jahr verarmend, jede Stunde einsamer, und worin wir zu Ende laufen, von allen verlassen, außer einem gemieteten Mann, der uns eingräbt hinter das Ziel. – Aber der Tod breitet gleichsam unsere Arme aus und drückt sie um unsere geliebten Geschwister; ein Mensch fühlt erst am Rande der Gruft, wo er ans Reich unbekannter Wesen stößet, wie sehr er die bekannten liebt, die ihn lieben, die leiden wie er, die sterben wie er.

Da ein Weib uns mit nichts die ganze selige Vergangenheit rührender aufdeckt, als wenn sie ihr Augenlid aufhebt und uns ihr schimmerndes Auge zeigt: so mußte er ja wohl wenigstens unter dem Tanze in ein Auge blicken, das ihm lauter Himmel zeichnete, die versunken waren – und heute sollte ihm alles versinken, das Auge sogar. Und da Klotilde durch das Tanzen gewöhnlich erblaßte: so zog er durch ihre Augen in ihr Inneres und zählte darin an der stillen Seele die Tränentropfen, die unerschüttert an ihr hingen – die vielen Impf-Einschnitte des Schicksals für neue Tugenden – die beschnittenen Wurzeln, die das Schicksal an dieser Blume, wie wir an niedern Gewächsen, vor der Verpflanzung in eine andre Erde verkürzt – und die tausend Honiggefäße schöner Gedanken. Und da er an alle ihre bedeckten Tugenden auf einmal dachte, an die Herrschaft ihrer weiblichen Vernunft über ihre Empfindsamkeit, an ihr leichtes Einwilligen in den Ball, den ihr jetzo der Fürst, so wie das in die Schminke, die ihr sonst die Fürstin aufgedrungen, und an ihre Gefälligkeit, sobald sie nichts aufzuopfern brauchte wie sich; und da er sich vorhielt, daß sie, nicht ähnlich den Hof- und Stadtweibern, die wie Gewächse sich ans *Fenster* des Gewächshauses nach dem *Lichte* ausspreizen, sondern ähnlich den Frühlingblumen gern im Schatten blühe, und doch die Liebe zum Landleben so wenig wie ihre Bescheidenheit zur Schau auslege: so mußt' er das Auge abwenden von der zarten aufgerichteten Blume, auf die der Tod den Leichenstein niederwarf, von der schönsten Seele, die ihren Wert noch nicht im Spiegel einer gleichen sah, vom sterbenden Herzen, das doch nicht glücklich war.

Alsdann stieg freilich der Gedanke, vor dem er zusammenfuhr, wie ein Sturm empor: »Ich will ihrs heute sagen, wie gut sie ist – o ich seh' sie doch nicht wieder, und sie stirbt sonst von sich ungekannt! – Ich will ihr zu Füßen sinken und meine unaussprechliche Liebe bekennen. – Sie kann nicht zürnen; ich begehre ja nicht ihr heiliges Herz, das keiner verdient, ich will ja nur sagen: meines vergisset dich nie, aber es verlanget deines nicht, es will nur sanfter brechen, wenn es vor dir gezittert und geblutet und geweinet und gesprochen hat«...

Nahe hinter diesem Gedanken kam Klotilde selber zu ihm an der Hand ihrer Stiefmutter, und das von der Wärme wie Rosen von der Sonne entfärbte Angesicht, die kränkern müden Züge taten die stille Bitte, in die frische Luft und nach Haus zu kommen.

Sie fuhr; die Stiefmutter entfernt hinter ihr. – Welcher Tausch der Bühnen! – Unter dem Morgentor des Himmels stand der Mond, der den Leichenschleier aus Gewölk abgehoben hatte von der Milchstraße und von dem ganzen blauen Abgrund. Er trug allmählich einen Grund von Silber auf und zeichnete mit Schatten und Blitzen ein rückendes Nachtstück hinein. Sein Licht schien der Frost in Körper zu verdichten, in weiße Auen, in taumelnde Ströme, in schwebende Flocken, es hing blitzend als weißes Blütenlaub an den Gebüschen, es glimmte die östlichen Berge hinauf, die die Sonne in Eisspiegel gegossen hatte. – Und alles über dem Menschen und um den Menschen war erhaben-still – der Schlaf spielte mit dem Tod – jedes Herz ruhte in seiner eignen Nacht. –

Und hier bei diesem Eintritt gleichsam aus dem Getümmel der Erde in die stille überdämmerte Unterwelt flossen kalte Schauer und nach ihnen glühende Schauer über Viktors Nerven. – Dies geschieht, wenn die Seele des Menschen zu voll ist und zu sehr erschüttert wird, und alle Fäden ihres zitternden Körpergewebes schwanken dann mit ihr. – Sein Schlitten wurde jetzt eine fliegende Gondel. Die entgegenschlagende Nachtluft wehte alle seine Flammen an. O! der Strom voll Eisspitzen, wenn er über ihn gezogen, die kühle Decke von Schnee, wenn sie auf ihm gelegen wäre! – Immerfort rief es in ihm: »Du fährst die Stille, die Geduldige mit ihrem schwarzen Schleier dem Tode zu – es ist ihr Leichenwagen – die edle Perlenfischerin hat dem Himmel ihr Zeichen gegeben, daß sie hier unten Schmerzen und Tugenden genug gesammelt habe, damit er sie wieder hinaufziehe zu sich.« – Die vorüberrückenden Berge, die vorbeistürzenden Bäume, die wegrinnenden Felder, diese Flucht der Natur schien in einen großen Wasserfall zusammenzufließen, der alles mittrieb und den Menschen zuerst, und nichts stehen ließ als die Zeit. – Und als er in das Tal, wo die Stadt verschwindet, wie vor einem Jahre seine begleitenden Freundinnen, hinunterrollte und als der Mond scheinbar hinter den Bäumen durch den Himmel zu fliegen anfing: so richtete er seine Augen gegen die Sterne auf und redete zurückgebogen, hinaufstarrend, zertrümmert den Himmel laut an: »Tiefes blaues Grab über den Menschen, du versteckst deine weiten Nächte hinter zusammengerückten Sonnen! Du ziehest uns und unsre Tränen hinauf wie Dünste. – Ach wirf nicht die armen, sich so kurz sehenden Menschen so weit auseinander, nicht so unendlich weit! – Und warum kann der Mensch nicht hinaufblicken zu dir, ohne zu denken: wer weiß, welches geliebte Herz ich droben nach einem Jahre suchen muß!« –

Seine verdunkelten Augen fielen schmerzhaft vom Himmel herab – auf Klotildens ihre, die aufgehoben seinen gegenüberstanden. Sie konnte die Träne, die vom Auge erst bis zur Wange gefallen war, weder durch den Schleier entziehen, noch für eine auf dem Angesicht zergangene Schneeflocke ausgeben, da der Schleier die Flocken abstieß; aber eine solche Träne hatte keinen Schleier nötig. Klotilde hatte gedacht, er meine bloß Emanuel, und darum wurde sie weich.... Wie zwei scheidende Engel schauten beide sich mit weinenden Augen an. Aber Klotilde zog die ihrigen ab, und ihr Haupt bückte erliegend sich vorwärts. Gleichwohl wandte sie sich wieder um und tat mit dem Himmels-Angesicht und mit der Himmels-Stimme die schöne Bitte an ihn: »Würdigen Sie dieser warmen Freundschaft auch meinen Bruder; und vergeben Sie der Schwester heute diese Bitte, da ich sie vielleicht lange nicht erneuern kann.« – Er bückte sich tief und konnte nicht antworten. –

Aber da ihr Wohnort ihnen jetzt entgegenschimmerte und ihr Schloß, von dem der Silberregen des Mondes niederrann – da die Minute immer größer und dunkler herankam, worin ihm der Abschied (vielleicht die Maske des Todes) diesen stillen Engel von der Seite nahm – da ihm jede gleichgültige Abschiedformel, die er sich aussinnen wollte, sein krankes Herz zerschnitt – da er sah, wie sie ihr Haupt auf die Hand und auf den Schleier lehnte, um unbemerkt die ersten Zeichen ihres Abschiedes wegzunehmen oder aufzuhalten: so stürzte die ganze Wolke, die so lange einzelne Tropfen in seine Augen fallen lassen, zerrissen auf ihn nieder und überflutete sein Herz..... Er hielt plötzlich still... Er sah mit unversiegenden Augen gegen St. Lüne..... Klotilde kehrte sich um und erblickte ein entfärbtes Angesicht, eine Stirn voll Schmerzen und einen zitternden Mund und sagte blöde: »Ihre Seele ist zu gut und zu weich.« – Ja, dann brach sein überfülltes Herz entzwei. – Dann quollen alle mit alten Tränen vollgegossenen Tiefen seiner Seele auf und hoben aus den Wurzeln sein schwimmendes Herz, und er sank vor Klotilden nieder, glänzend in himmlischer Liebe und rinnendem Schmerz – von der Tugend überflammt – vom Mondenlicht verklärt – mit der treuen erliegenden Brust, mit den überhüllten Augen, und die zerrinnende Stimme konnte nur die Worte sagen: »Engel des Himmels! endlich bricht vor dir das

Herz, das dich unaussprechlich liebt – o ich habe ja lange geschwiegen. – Nein, du edle Gestalt weichest nie aus meiner Seele. – O Seele vom Himmel, warum haben deine Leiden und deine Güte und alles, was du bist, mir eine ewige Liebe gegeben, und keine Hoffnung und einen ewigen Schmerz?« – Von ihm weggebogen lag ihr erschrocknes Angesicht in ihrer rechten Hand, und die linke deckte nur die Augen, aber nicht die Tränen zu. Ein sterbender Laut flehete ihn an, aufzustehen. Man hörte den zweiten Schlitten von ferne. – »Unvergeßliche! ich martere Sie, aber ich bleibe, bis Sie mir ein Zeichen der Vergebung geben.« – Sie reichte ihm die linke Hand hinaus, und ein heiliges Angesicht voll Rührung wurde aufgedeckt. Er preßte die warme Hand an sein flammendes Angesicht, in seine heißen Tränengüsse. Er fragte zitternd wieder: »O mein Fehler wird immer größer, werden Sie ihn denn ganz verzeihen?«...

Da verhüllte sie das errötende Angesicht in den verdoppelten Schleier und stammelte abgewandt: »Ach dann muß ich ihn teilen, edler Freund meines Lehrers.« – –

Seliger, seliger Mensch! nach diesem Wort bietet dir das ganze Erdenleben keinen größern Himmel an! Ruhe nun in stillem Entzücken mit dem überwältigten Angesicht auf der Engelhand, in die das edelste Herz das für die Tugend wallende Blut ausgießet! Weine alle deine Freudentränen auf die gute Hand, die dir sie gegeben hat! Und dann: wenn du es vermagst vor Entzücken oder vor Ehrfurcht, denn hebe dein reines glänzendes Auge auf und zeig ihr darin den Blick der erhabnen Liebe, den Blick der ewigen Liebe und der stummen und der seligen und der unaussprechlichen! –

Ach der, den einmal eine Klotilde geliebt hätte, der könnte jetzo vor Entzücken nicht weiterlesen – nicht weiterschreiben.... oder auch vor Schmerz! –

Jetzt legte er den schönern Weg schweigend und geheiligt zurück – der Mond hing wie ein betauter, mit weißen Blüten überlegter Morgen vom Himmel herab – der Frühling bewegte seine Auen und seine Blumen unter dem Schleier von Schnee – das Entzücken schlug in Viktors Herzen, schwoll in seiner Brust, glänzt' in seinem Auge – aber die Sprachlosigkeit der Ehrfurcht herrschte über das Entzücken.... Sie kamen an. Und als beide im Zimmer der Harmonika, wo er abends vor Schmerzen ihre Hand ergriffen hatte, einander einsam gegenüberstanden, so verändert, so selig zum ersten Male, zwei solche Herzen, sie wie ein Engel, der vom Himmel niedersank, er wie ein Seliger, der aus der Erde auferstand, um dem blöden Engel an das Herz zu fallen und mit ihm sprachlos in den Himmel zurückzugehen... welche Stunde! – O nur für euch, ihr schönen Seelen, die ihr solche Stunde nie erlebt und doch verdient, mal' ich diese fort!.... Wie zwei Selige vor Gott schauen sie einander in die Augen und in die Seelen – wie ein Zephyr, den zwei schwankende Rosen fortsetzen, wehet zwischen den zitternden Lippen der sprachlose Wonneseufzer, von der Brust in schnellen Zügen eingetrunken und freudig schauernd in langen ausgezittert – sie schweigen, um sich anzublicken, sie heben die Augen auf, um durch den Freudentropfen durchzusehen, und senken sie nieder, um ihn mit dem Augenlide abzutrocknen.... Nein, es ist genug – o es ist eine andre Träne, die jetzo drückend in dem schönen Herzen liegt, das schweigt und sagen will: ich war niemals glücklich, und ich werd' es auch nie!

Viktor hatte ihr so viel zu sagen und hatte so wenige Minuten mehr dazu: gleichwohl machte ihn nicht sowohl die Freude als die Ehrfurcht stumm – denn heilig ist dem liebenden Herzen die Gestalt, die zu ihm gesagt: ich bin dein. – Denket aber nicht, er wollte etwan die rohe Bitte tun, seinetwegen dazubleiben; nur die *Frage*, ob er sie in Maienthal besuchen dürfe, nur die *Bitte*, daß sie für ihr Genesen sorge, kann er wagen. Klotilde hatte nur *eine* an ihn zu tun, die sie nicht genug überhüllen konnte; die nämlich, ihres eifersüchtigen Bruders wegen sie nicht in Maienthal zu sehen.

Unter dem Zögern der Entzückung schellet der zweite Schlitten. Die Eile nötigte sie zum Mut – – Viktor verwandelte die *Bitte* in den *Wunsch*, daß der *Frühling* die Absicht ihrer Reise (die Genesung) begünstigen möge, und die *Frage* in die *Freude*, wie glücklich sie in Maienthal neben Dahore sein werde, wie selig er sonst dort gewesen und wie wenig er sonst geglaubt, daß man es da noch mehr werden könne. Klotilde antwortete (wahrscheinlich auf seinen Wunsch nachzureisen): »Ich hinterlasse Ihnen ebensoviel, meinen *Bruder* und Ihren *Freund*; vergessen Sie meine vorige Bitte nicht!«

Erst da die annähernden Eltern Klotilden erinnerten, den Schleier zurückzuschlagen, und ihren Geliebten anmahnten, den ersten Abschied von dem errungenen Herzen zu nehmen: da blickten beide weit in das große Eden hinein, das sich um ihr Leben aufgetan – und die helle Minute, die jetzt im Strom der Zeit vorüberfloß, spiegelte in die Ewigkeit zwei himmlische Gestalten hinauf, eine entschleierte, blaßrote, von Tränen verklärte, und eine von Liebe verherrlichte, von Hoffnung widerscheinende – und nun lasset nicht länger die Hand Seelen zeichnen, die nicht einmal das glänzende große Auge der Liebe abmalet...

Als die Eltern kamen: fühlt' er alle mögliche Kontraste, aber er vergab alle mögliche. Er nahm bald Abschied, um zu Hause in der Stille der Nacht den ersten betenden Blick über seinen künftigen Lebensstrom zu werfen, der sich jetzt zum Grab hinzog in Schönheitlinien, und in welchem bunte Minuten spielten wie Goldfische.

In der Nachtstille, nicht weit von seiner Wachsmumie, wollte der Glückliche niederfallen vor dem unendlichen Genius und ihm mit neuen Tränen danken für diese Nacht, für diese Freundin, deren erste Liebe er ist. Aber der Gedanke, es zu tun, ist die Tat, und o wie könnte unser gerührtes Herz, das schon vor Menschen verstummt, noch andere Worte vor dem Unendlichen finden als Tränen und Gedanken? –

– Und in dieser ergebnen Stimmung voll tiefer Ruhe, worin ich die Feder weglege, mögest du, lieber Leser, dieses Buch weglegen und auch sagen wie ich: es werden sich wohl mehr trübe Tage so beschließen wie der achtundzwanzigste Hundposttag.

Vorrede zum dritten Heftlein

(das in der ersten Auflage um ein Dutzend Bogen früher anging)

Da jetzt auch der Schalttag in die Vorrede einfällt und er noch dazu beim Anfangbuchstaben V anfängt: so können ja beide ungemein glücklich miteinander abgefertigt werden.

*

Siebenter Schalttag

Ende des Registers der Extra-Schößlinge

U V

Unempfindlichkeit der Leser – Vorrede. Es gab glückliche Zeiten, wo man von seinem Nebenwilden und Nächsten nichts zu befahren hatte, als totgeschlagen zu werden – wo nur der Hagel der Knutenmeister der Haut war, anstatt daß jetzt der Passatwind des Visitenfächers für uns eine Windsbraut ist und der kühle Atem über die Teetasse hinüber ein Seewind – wo man weniger am Kummer des andern Anteil nahm als an seinem Fraße – wo die Damen die Herren in Bärenhäuten mit nichts verwundeten (mit Blicken, Reizen, Locken am allerwenigsten), mit nichts als mit Keulen, und wo sie sich zwar so gut wie heute und morgen des Herzens eines ehrlichen Mannes bemächtigten, aber doch nur so, daß sie den Inhaber desselben vorher auf einen Altar hinstreckten und ordentlich abschlachteten, eh' sie ihm den Himmelglobus aus dem Brustgehäuse ausschnitten. – –

Um diese Zeiten sind wir nun alle gebracht; in den jetzigen siehts schlecht aus. Beim Himmel, man hat ja nicht viel weniger als alles vonnöten, um glücklich, und nicht viel mehr als nichts, um unglücklich zu sein – zu jenem braucht man eine Sonne, zu diesem ein Sonnenstäubchen! – Gut wären wir daran und große Zimmer in allen Lustschlössern hätten wir innen, wenn es uns vom Schicksal bescheret wäre, daß wir etwan so viele Foltern erlitten, wie die Juristen haben, nämlich drei – nicht mehr Plagen, als die Ägypter trugen, nämlich sieben – nicht mehr Verfolgungen, als die ersten Christen ausstanden, nämlich zehn. Aber auf solche Glück-Ziehungen sieht ein Mann von Verstand gar nicht auf; wenigstens verspricht sich solcher Treffer einer nicht, der sich wie ich hinsetzt und erwägt unsre Kolibrimägen – unsere weiche Raupenhaut – unsere selber klingende Ohren – unsere Selberzünder von Augen – und unsere culs de Paris, die nicht von einem umgestülpten Rosenblatt, sondern schon vom Schatten eines Dornes gestochen werden – und unsere feine Hautfarbe, die ohne einen Mondschirm im Mondlicht schwarz würde.... Und doch hab' ich in diese Rechnung unserer Leiden – weil ich mit Fleiß darauf aus bin, sie kleiner zu machen – noch ganz andere, ganz verdammte Posten nicht gebracht, sondern z. B. den Reichtum völlig ausgelassen, dieses Schmerzengeld so vieler tausend Schrammen und Splitterungen der Brust, und überhaupt Millionen Seelenwunden, die unser durchlöchertes Ich ganz durchsichtig machen würden, wär' es nicht zum Glück ganz vom Kopf bis zum Fuß in englisches Taftpflaster gekleidet.... Aber ich ließ alles dergleichen weg, weil ich wußte, es wäre doch so gut wie nichts, wenn ichs gegen ein ganz anderes Fegfeuer und Gewitter hielte, in das vorzüglich wir Mannspersonen geworfen werden, wenn wir so unglücklich sind, daß wir uns selber kielholen – nämlich uns verlieben, welches meines wenigen Erachtens ein geringer Vorgeschmack der Hölle ist, so wie des Himmels. Die beste Peereß in diesem Fache schreib' an mich und kouvertier' es postfrei an die Verlaghandlung in Berlin und nenne sich mir, wenn sie fähig war, ihren armen Pastor fido nicht zu schinden und zu spießen, noch mit Zwickelurteln zu verfolgen, noch ihm mit den Druckmaschinen der Hände sein Herz voll Quetschwunden, mit der Fächer-Bastonade seinen Kopf voll Fissuren, mit den Augen die Brust voll Brandblasen zu machen und ihm wie dem Rauchtabak mit Tränen eine Beize zu geben.... Wenigstens komm' ich selber gegenwärtig gerade aus einem solchen Zucht- und Hatzhaus her und seh' erbärmlich aus in meiner Haut, als hätt' ich eine skalpierte um mich geschlagen.

Wir wollen nichts weiter davon reden. Meine Absicht bei diesem allen ist, den Leser standhaft zu machen, weil ein ganz neues Regengestirn, das ich gar nicht namhaft gemacht, für ihn heraufsteigt, um ihn einzuschneien. Das tobet ärger als alles vorige. Ich meine so: ein Reichsbürger kann schon mit allem zu Rande sein – seine Kasse und seine Feinde können schon gestürzt und seine Arbeiten vom Publikum oder vom Kollegium recht gut aufgenommen – seine Fristgesuche bewilligt sein und die Quinquennells seiner Schuldner abgeschlagen worden – seine jüngste Tochter, die, wie die älteste des Bruders des französischen Königs, Mademoiselle heißet, kann schon die Blattern überstanden haben und die Verlobung nachher: es hilft ihm wenig, das Ärgste, eine ganze Gehenna erwartet ihn noch – im Bücherbrett; denn dort können die schönen Geister, er habe immer schon alle bittere Salze des Geschicks hinuntergeschluckt, unter dem Namen Romanen-Manna ein hartes Tränenbrot ihm vorgeschnitten haben, das ich für meine Person weder backen noch käuen möchte – wahrlich sie können (in einer andern Metapher) Totenmärsche und Trauerkantaten für ihn gesetzt und bereitgelegt haben, die ihn ganz niederwerfen und ihm *warm* machen, daß ihm die Augen übergehen.

Und zum Unglück zeichnen sich gerade warmblütige und weichhäutige herrliche Männer am wenigsten durch standhaftes mäßigendes Ertragen der poetischen Leiden aus, die ihnen die Schreiber zuschicken. Ich kann daher dieses dritte Heft, das zu leicht rühret, unmöglich ohne alle Vorrede als eine Widerlage lassen, wenn ich nicht selber Ursache sein will, daß unschuldige Menschen bei den besten Auftritten dieses Hefts weinen und mit leiden. Solche zu weiche Menschen, denen die Natur die ästhetische Apathie gegen große Leidensfälle in Tragödien und Romanen versagt hat, sollten sich – sie müßten denn fett sein; denn Fetten tut der Kummer gut wie Hungerkur und Höllenstein – diese sollten sich durch Philosophie kalt machen und bewaffnen gegen den tragischen Dichter; sie sollten sich unter dem Lesen eines großen Jammers trösten und sagen: »Wie lange dauert ein solches gedrucktes Unglück? – Wie bald ist ein Buch und Leben hinaus – Morgen denkst du doch anders – Der unglückliche Zustand, in den ich durch Shakespeare hier gebracht werde, existiert ja nur in meiner Vorstellung, und der Schmerz darüber ist ja, nach den Stoikern, nur Täuschung – Man muß, sagt Epiktet im Handbuch, das nicht bejammern, was nicht in unserem Willen liegt, und hier die traurige Szene von Klopstock ist ja ein äußeres Ding, das du nicht ändern kannst – Willst du dich von einem Nordamerikaner, vom Halloren, vom Pöbel, vom Cretin aus Gex beschämen lassen, der diese ganze Szene aus Goethes Tasso still und gelassen aushielte, ohne ein Auge naß zu machen?« –

Ich beteur' es den Lesern, daß ich hier nur gegen ihre Weiber und Schwestern zu Felde liege: denn unter den Lesern fehlten standhafte Zuschauer ästhetischer Leiden niemals ganz und noch weniger als selber unter dem Pöbel, und ich möchte am wenigsten den Schein haben, als stritt' ich dem größern Teile der Geschäftleute, der Rezensenten, Kriminalisten und Holländer große Gelassenheit unter dem Lesen überflorter trüber Szenen ab, die ich und andre in die Presse gaben. Ich berede mich vielmehr gern, daß – wenn jemals Hoffnung dazu war – es gerade jetzt ist, wo der Deutsche jenen belgischen Stoizismus, jene edle Unempfindlichkeit anzunehmen verspricht, die ihn so ziert und durch die er gegen Melpomenens Dolch schuß- und stichfest wird und in Dantes Hölle, wie Christus in der wahren, ohne Leiden ist. Wir hatten zwar nie die Empfindlichkeit der Franzosen, und ihr Racine wäre immer für uns ein kurzweiliger Rat gewesen; aber jetzo sind wir, wenns ein Verfasser nicht gar zu kraus macht und nicht gar zu viele Schlachtfelder und Kelche mit Mäusegift und Rabensteine vorschiebt – denn das greift uns an –, sondern wenn er nur so halb aufgeräumt – ich seh' ihn ordentlich reiten – auf einem Trauerpferde dahersetzt und mit der einen Hand eine Totenglocke schüttelt und mit der andern einen Leichenmarschalls-Stab Wehe schwenkt, oder wenn er vollends nur die unsichtbaren zugequollenen Stichwunden der zärtern feinern Seele vorzeichnet, da sind wir jetzo schon imstande, unsere lustige Laune zu behaupten und zu zeigen, was der Deutsche erträgt. Leute von geringerer Kraft *schlafen* wenigstens, damit sie bei einer Goetheschen *Iphi-*

genie nicht *leiden*, weil der Schlaf Leidende aufrichtet; oder wir vergessen solche Elegien gar, weil wir nach Platner kein Gedächtnis für Schmerzen haben, und weil die Vergessenheit – wie ein Fürst schrieb – das einzige Heilmittel der Schmerzen ist, oder der Himmel schenkt uns, wie nach Leid Freude, nach einer Messiade (wovon uns eine gute Travestierung anzuwünschen wäre) eine blumauerische Parodie, worüber wir die vorige Epopöe leicht vergessen können.

W

Weiber. Ihr holden weichen Frühlingblumen und Engel-Absenker neben uns harten Winterkohlstrünken, ich habe ja schon im vorigen Buchstaben eurer gedacht und eurer Weichheit im Gegensatz der deutschen *Strengflüssigkeit*! Was soll ich weiter sagen, als daß ihr, sobald ihr gut seid, es im höchsten Grad seid, und daß ihr und das englische Zinn einerlei Stempel habt – nämlich die Figur eines Engels? –

X siehe I K S – Y siehe I – Z siehe T S

Tz

Spitz. Der arme Spitz will so gut in Vorreden unter Extra-Schößlinge wie sein Herr und kömmt gerade recht mit dem 29sten Kapitel. Ich kann stundenlang mit Spitzhunden reden, wie Yorick mit Eseln. Ich will jetzt den Götterboten auf die Hinterfüße stellen und an den vordern halten, damit er mir aufgerichtet zuhört. – – – »Steh, leichte Bestie! – Ich rede nur mit dir über etwas, damit ich dich in die dritte Vorrede setzen kann. Es verdient, Spitz, bemerkt zu werden, daß du ein Schelm bist wie Menschen und gleich ihnen nicht *gerade*, sondern *gekrümmt* und niedergebückt verbleiben willst, bloß um recht zu fressen; du und sie wollen wie Pharokarten durch *Beugen* und *Krümmen* gewinnen, wie die gemeinen Engländer ihre schlechten Silbermünzen *krümmen*, damit sie nicht für weniger ausgegeben werden, nämlich zwei für eine. – Du hast falsche Augen, aber du handelst doch gut. – Die Rezensenten, ungeduldiges Vieh, sagen, wenn sie an deiner Stelle wären, sie würden das biographische Bauzeug fleißiger zutragen, damit die Lebensbeschreibung aus wäre, eh' es schneiet – Setze ihnen nicht entgegen, daß ichs wie *Baronius* machen könnte, der seine Annalen ohne Bart angefangen und mit einem grauen ausgemacht – Das können ihm nur Rezensenten (ich aber nicht) nachtun, die Zeit haben zu feilen und die ein Werk *unbärtig* anfangen können am Rasiertage, und erst drei Tage darauf vollenden, wenn sie eingeseift sind. – – Fall nur nieder, Hofmann, und friß; du bist wenigstens nicht ohne allen Verstand und gibst doch mehr auf das Haranguieren acht als ein Dauphin-Fötus und wedelst doch, aber der Fötus nicht – Ich habe nun mit ganz andern Leuten zu sprechen, und die wenigsten wedeln, Spitz!«

Jean Paul.

29. Hundposttag

Bekehrung – Billetdoux der Uhr – Florhut

Des Morgens ging Klotilde nach ihrer Pappelinsel ab, und mittags Viktor nach seinem pontinischen Sumpf – beide mit einer Entfernung zufrieden, die sie würdig machte, eine Vereinigung zu genießen.

Das erste, was der Hofmedikus in Flachsenfingen vornahm, war – daß er nachsann oder vielmehr nachempfand. Der Mensch ist der Doppelspat der Zeit, der alle Szenen zweimal nebeneinander zeigt. Die Erinnerung fing in ihrem Spiegel noch einmal den Mondschein der letzten Nacht und die Engel auf, die darin schwebten, und kehrte den Spiegel mit diesem Schimmer, mit dieser Perspektive meinem Viktor zu. Er überdachte Klotildens bisheriges Betragen, aus dem er – und ich hoffe, mein Leser – die Züge der reinsten Liebe, die nur mit einem Auge aus dem Schleier blickt, neben den Zügen einer entschiedenen Herrschaft der weiblichen Gefühle über die weiblichen Wünsche entdeckte. Sie kömmt den ersten Mai aus Maienthal mit einem weinenden Herzen, das, von einer Toten abgerissen, offen noch fortblutet. – Der Schüler Emanuels begegnet ihr, und sie eilet wieder zum Grabe zurück, um dort mit den Tränen der Trauer ihre erste Liebe auszulöschen. – Aber Emanuel teilet dieser Liebe sein heiliges Feuer mit durch die seinige, durch sein Lob des Geliebten, durch den offnen Brief voll keimender Liebe, den dieser am Geburtfeste des 4ten Maies an ihn geschrieben. – Sie kehrt ungeheilet gegen die Zeit seiner nahen Abreise zurück. – Aber ihr guter Emanuel drückt freundschaftlich-grausam das Bild, das ihr das Herz zu enge macht, tiefer in die Wunden desselben hinein, indem er ihr Viktors Leben in Maienthal und dessen Geständnis berichtet, daß er sie liebe. – Viktor schweigt vor ihr, aber sie glaubt, er tu' es, weil er von seinem Vater keine Erlaubnis habe, mit ihr über Flamins Verwandtschaft zu reden. – Er geht an den Hof und scheint sie zu vergessen, ja er legt ihr die Ketten des Hofamts um, die doch, wie er weiß, ihre Seele blutig drücken. – Ihre Eltern nötigen ihr, um sie auszuforschen oder um ihrem geheimen Werber Matthieu mit ihrer weiblichen Verschleierung zu schmeicheln, durch eine tyrannische Frage das unglückliche Nein ab, das ihren Bruder täuscht und ihren Freund entfernt – Viktor weicht an ihrem Festabende aus dem Garten, ohne sie anzureden, besucht darauf ihre Eltern wieder und ist ganz erkaltet. – Nun hört sie nichts mehr von ihm als höchstens Berichte seiner höfischen Freuden und seiner Besuche bei Joachimen – – – Ja, du Gute, so mußten ja im Kampfe mit Wünschen und mit Sorgen, im kranken Lechzen nach der geliebten Seele alle deine Freuden einschlafen und deine Hoffnungen aussterben und deine unschuldigen Wangen erblassen. – – Da nun Viktor so diese trübe Vergangenheit durchdachte und sich erinnerte, wie ihr im Schauspielhause, wo er ihr seine Wissenschaft um ihre Verschwisterung zeigte, die letzte Blüte der Wange, der letzte Zweig der Hoffnung wegbrach, weil sie sein bisheriges Schweigen für ein von seinem Vater befohlnes halten konnte – und da alle diese Züge in eine Himmelkönigin zusammenliefen, vor welcher das Niederknien leichter als das Umarmen ist – und da er weiter bedachte, daß dieses edle, von einem Emanuel verschönerte und eines Emanuels würdige Herz sich doch mit allen seinen Himmeln dem wankelmütigen Herzen des Schülers ergab – und daß der Guten nicht einmal dieser bescheidne Wunsch gelang, weil das Schicksal die Blüte ihrer Liebe wie die einer Rosenstaude aufschob durch Verpflanzung, durch Setzen in Schatten, durch Beschneiden der Knospen im *Frühjahr* und *Herbst* – und da er sah, daß gleichwohl diese Edle mit dem Finger auf dem Munde, mit der Hand auf dem trüben Herzen, ohne einen Wink ihres Grams geschieden wäre nach Maienthal, und daß die moralische *Kälte* diese Blume, wie die physische andere Blumen, *erhob*, aber ihr dadurch die Wurzeln des Lebens abriß – und da endlich sein Traum am dritten Osterfeiertag, wo ihm vorkam, als säh' er sie auf einem lichten Nebel singend aus der Erde steigen, wie eine große Regenwolke vorüberging, und der Traum mit ihren erblaßten Farben vor seiner schmachtenden Seele stille stand, und eine Stimme aus dem Traum ihn fragte: »Wirst du sie lange lieben, da sich Engel nach ihr sehnen und sie aus dem Kummer heben und dir nichts lassen als das Grab des zu lang verkannten Herzens?« – – da alle diese Gedanken glühend und aneinandergereihet wie Hügelketten von roten Abendwolken um seine Seele zogen: so wurde sein Herz wie ein Altar durch ein vom Himmel fallendes Opferfeuer bedeckt, und alle seine erdigen Lüste, alle seine Flecken vergingen in diesem Feuer – kurz, er beschloß, sich zu bessern, um durch Tugend würdig zu sein einer Tugendhaften.

Er bekehrte sich den 3ten April 1793 gegen Abend, als der Mond – und die *Erde* – unter seinen Füßen im *Nadir* waren. – Der Leser kann über diesen Chronometer gelacht haben; aber jeder Mensch, an dem die Tugend etwas Höheres ist als ein zufälliger *Wasserast* und Holztrieb, muß die Stunde sagen können, worin jene die Hamadryade seines Innern wurde – welches die Theologen Bekehrung und die Herrnhuter Durchbruch nennen. Wie soll die Zeit nicht unsre geistigen Empfindungen abmarken, da ja bloß diese jene abstecken?

Es gibt – oder kommt – in jedem mehr solarischen als planetarischen Menschen eine hohe Stunde, wo sich sein Herz unter gewaltsamen Bewegungen und schmerzlichen Losreißungen endlich durch eine *Erhebung* plötzlich umwendet gegen die Tugend, in jenem unbegreiflichen Übergang, wie der ist, wenn sich der Mensch von einem Glaubenssystem auf einmal zum andern, oder vom höchsten Punkte des Grolls schnell zu einer zerschmelzenden Vergebung aller Fehler hinüberhebt – jene hohe Stunde, die Geburtstunde des tugendhaften Lebens, ist auch die süßeste desselben, weil dem Menschen ist, als wäre ihm der drückende Körper abgenommen, weil er die Wonne genießet, *keine Widersprüche* in sich zu fühlen, weil alle seine Ketten fallen, *weil er nichts mehr fürchtet* im schauerlich-erhabnen All. – Der Anblick ist groß, wenn der Engel im Menschen geboren wird, wenn alsdann am Horizont der Erde die zweite Welt aufsteigt und wenn die ganze Sonnenwärme der Tugend auf das Herz nicht mehr durch Wolken fällt. –

Aber der arme Mensch, der gebundne, in Blut versunkne, von Fleisch umfaßte Mensch empfindet bald den Unterschied zwischen seinen Entzückungen und seinen Kräften; er, der das gelobte Land erkämpfen wollte, da ihm die Trauben desselben entgegenkamen, stockt, wenn er gegen dessen Riesen ziehen soll (gegen die Leidenschaften). Gleichwohl verwerf' ich nicht einmal die Übertreibung jenes Enthusiasmus; der Mensch muß wie Gebäude in die *Höhe geschraubt* werden, damit er umgebauet werde; ein Syllogismus gräbt die Blutströme unserer Begierden nicht ab. Es ist sonderbar, daß der Teufel in uns allein das Recht haben soll, das Blut, die Nerven, die Getränke, die Leidenschaften zu seinen Kriegsoperationen und für seine Reichskasse zu verwenden, der Engel aber nicht...

Indessen ists so: die Menschen sind lasterhaft, weil sie die Tugend für zu schwer ansehen, und sie werden es wieder, weil sie sie für zu leicht hielten. Nicht die Vernunft (d. h. das Gewissen) macht uns gut, sie ist der ausgestreckte hölzerne Arm am Wege der Tugend; aber dieser Arm kann uns weder hintragen noch hindrängen – die Vernunft hat die gesetzgebende, nicht die ausübende Gewalt. Die Kraft, diese Befehle zu lieben, die noch größere, sich ihnen zu ergeben, ist ein zweites Gewissen neben dem ersten; und wie Kant nicht das mit Dinte anzeichnen kann, was den Menschen schlimm macht, so ist auch das nicht darzustellen, was sein Herz über dem moralischen Kote aufrecht erhält oder aus diesem emporzieht.

Wer erklärt es, wenn es Menschen gibt, die von Jugend auf ein gewisses Gefühl von Ehre entweder besitzen oder entbehren – im weiblichen Geschlecht ist diese Abteilung noch schroffer und wichtiger –, wenn es Menschen gibt, die von Jugend auf eine gewisse Sehnsucht nach dem Überirdischen, nach der Religion, nach dem Edleren im Menschen (und nach Systemen, die dieses Edlere besiegeln und nicht bestreiten) entweder empfinden oder ewig entraten? – – (Bei Kindern ist warmes Gefühl für die Religion oft ein Zeichen des Genies.) Der Mensch wird nicht gut (obwohl besser), weil er sich bekehrt, sondern er bekehrt sich, weil er gut ist.

Wäre die Tugend nichts wie Stoizismus: so wäre sie ein bloßes Kind der Vernunft, deren Pflegetochter sie höchstens ist. Der Stoizismus stellt die Tugend so nützlich, so vernünftig dar, daß sie nichts weiter ist als ein Schluß; man hat bei ihr nichts zu überwinden als Irrtümer. Da sie (nach ihm) nicht das höchste, sondern das einzige Gut ist; da alle Begierden nach ihm auf ein leeres Nichts losgehen: so ist Tugend kein Verdienst, sondern eine Notwendigkeit. Z. B. wenn es nichts Hassenswertes gibt: so ist der Sieg über den Zorn und die Liebe gegen den Feind nicht schwerer oder verdienstlicher als die gegen den Freund, sondern einerlei.

Was hat denn der Stoiker der Tugend nach seiner Meinung aufzuopfern als Vexiergüter, Luftschlösser und Fieberbilder? – Gleichwohl tut der Stoizismus der Tugend, wie die Kritik dem Genie, negative Dienste; die stoische *Erkältung* treibt keinen Frühling heraus, aber sie richtet die Insekten hin, die ihn zernagen; der stoische Winter nimmt, wie der physische, die *Pest* hinweg, eh' die wärmern Monate kommen, die neues *Leben* reichen....

Obgleich Viktor sagte: »Du Teure, kein Herz kann rein, still, zart und groß genug für deines sein, aber das schwache, das du erduldest, wird an deinem sich heiligen und kömmt gebessert zu dir«: so war doch nicht die bloße Liebe die Quelle seiner Tugend, sondern umgekehrt konnte nur Tugend sich durch eine solche Liebe offenbaren. Aber auch ohne das wird eine halb eigennützige Sinnänderung durch Handeln zur uneigennützigen, wie die Liebe, die von der Schönheit des Gesichts anfängt, sich zuletzt in Liebe für Schönheit der Seele veredelt.

Die Absonderung von Klotilden gab ihm durch den Gedanken Freude, daß er während derselben die eifersüchtigen Irrtümer ihres Bruders schone. Die *Gesamtliebe* rückte jetzt der Freundschaft gegen die bessern Weiber zu, und der Toleranz gegen die schlimmern. Er hob seine satirische Intoleranz – die aber nicht halb so groß war wie die junger schriftstellerischer Spaßvögel – durch eigne Toleranzmandate auf. Er las Gullivers letzte Reise ins Pferdeland als Rezept gegen Lügen, wenn man an den Hof geht. Sein Kubach und Schatzkästlein und sein collegium pietatis bestand aus drei unähnlichen Bänden: Kant, Jacobi und Epiktet.

Ich wollt' aber, er machte sich nicht lächerlich. Von einem Manne, der neun Monate am Hofe gewesen, war man schon zu erwarten berechtigt, daß er sich anders benehmen und gegen jene Gleichheit der Stände und der Laster nicht verstoßen werde, da die Menschen die Sünden am besten gemeinschaftlich verüben, wie in den schweizerischen Kirchen die Zuhörer gemeinschaftlich husten müssen oder die Rekruten eines Transports zugleich pissen. Wenigstens sucht der Mann von Lebensart seine Liebe gegen seine Religion so gut zu verbergen wie die gegen seine Frau. – Ich komme wieder zur Historie:

Viktor beschloß nun, lauter Besuche zu machen, die ihn ärgerten und dem Nächsten gefielen. Der nächste war eine außerordentliche Steuer von Besuch bei der Fürstin (denn seine tägliche Prinzessinsteuer bei ihr hörte nun auf). Freilich wurde die dicke Stunden-Uhr des alten Zeidler Linds jede Minute ein Wecker, der ihm seine vorigen tollkühnen Scherze, seinen Uhr-Einschluß- und Liebebrief an Agnola vorhielt. Ich kann mich der Sorge nicht erwehren, daß die Leser ausglitschen und sichs nicht träumen lassen, mit welchem Herzen Sebastian zur Fürstin ging: o! mit einem voll stummer Abbitten und – Lossprechungen, mit einer ausgedehnten Brust voll stolzer Zuversicht und doch voll teilnehmender Milde. Woher kam das? – Aus der schönen Seele kam es, die jetzt, von fremder *Liebe* ausgesöhnt und ausgefüllt, nichts mehr wünschen konnte als *Freundschaft*, und die nun zu glücklich war, um nicht versöhnlich zu sein. Aber er fand zwei kalte raffinierte Gesichter bei ihr, denen ebenso schwer abzubitten als zu vergeben ist – nämlich ihr eignes und das des Grafen von O aus Kussewitz, bei welchem ihre Übergabe geschehen war. Viktor errötete; der Graf schien ihn gar nicht zu kennen – sie wurden einander nicht vorgestellt – sprachen aber zusammen so teilnehmend, als wenn sie es wären (zumal da es keinen Unterschied machte) – und so ging man mit kühlen Gefühlen und mit der größten Gleichgültigkeit gegen eigne und fremde Anonymität hofmäßig auseinander. Bloß Viktor ängstigte sich nachher mit Zweifeln, ob er nicht früher als Agnola den unbekannten Grafen einen Grafen genannt.

Übrigens fand er erst jetzt, seitdem er Klotilden liebte, die Scheidewand zwischen *Liebe* und *Freundschaft* mit Weibern recht *sichtbar* und dick: vorher konnt' er durch die Scheidewand gut hindurchsehen. Eine Frau kann sich keinen festern und reinern Freund erwählen als den Liebhaber einer andern.

Viktor mußte nun auch, und noch dringender, zu Joachimen gehen. Der böse Geist, der im Menschen allzeit wie die jüngsten Räte zuerst stimmt, machte die Motion: »er solle Joachimen den kleinen Irrwahn, daß er sie liebe, lassen« – als dies nicht durchging, nahm der Filou eine andere Stimme an und schlug damit vor: »er sollte sie für ihre bisherige Zweideutigkeit durch die deutlichsten Zeichen seines Hasses strafen«. – Aber er ging willig dem guten Geiste nach, der ihn an der Hand führte und unterweges sagte: »Gehe jetzt zu ihr – ziehe dich von ihr ohne ihre Schmerzen los – deine Hand gleite allmählich aus ihrer und räume einen Finger nach dem andern, wie es Mädchen mit ihrer physischen machen, und stelle dich weder als ihren Feind noch als ihren Liebhaber an.« Er ging ohne allen Eigennutz hin; denn letzter wäre eher gewesen, zu Hause zu bleiben und die Vergangenheit und Zukunft zu genießen und durchzublättern, oder auch aus dem Hause zu gehen nach St. Lüne, um sich zu Agathen neben den Florhut Klotildens, den sie studierte, zu setzen.

Um aber seinem Besuche nicht zu vieles Gewicht in den Augen Joachimens zu lassen, nahm er sich vor, sie um die Prospekte von Maienthal, die in ihrem Zimmer hingen, anzugehen auf einige Wochen. O Maienthal, wie viel hast du, wenn schon dein Schattenriß so glücklich macht! – Aber sein Besuch lief sonderbar ab. Er wünschte unterweges, in ihrem Toilettenzimmer wäre der feine Narr und der wohlriechende und mehr Zeug – es war nichts da. Sie nahm ihn mit einer sorglosen Lustigkeit auf, als wäre sie die Kolombine und der Medikus der Pickelhering. Er wollte aber bloß das allmähliche Abschwächen oder diminuendo seiner moralischen Dissonanzen ausführen; daher wurd' er durch das ewige Hinsehen auf seinen Notenpult und auf die Partitur seiner innern Harmonie etwas steif und ungelenk in seinem Spiel. Weiber unterscheiden leicht Kälte der Vernunft (schon am Mangel der Übertreibung) von Kälte der Laune. Jetzt verlangte er die Prospekte. Joachime wurde nicht kälter, sondern warm, d.h. ernsthaft, und hob in der hohlen Hand ihre Uhr empor und sagte, darauf blikkend: »Ich geb' Ihnen so viele Minuten Frist, als Sie Tage weggeblieben sind, um das Wegbleiben zu entschuldigen.« – Viktor nahm ohne Verlegenheit – wie jeder, der nur nach *einem* entweder guten oder bösen Grundsatz handelt – die Bestimm-Frist an und hob die montre à regulateur unter dem Spiegel aus, um nicht von Joachimen betrogen zu werden. Diese verdammte Uhr der Fürstin grinste ihn überall an, wie eine Druckkugel und Pulvermine unter seinen Füßen. Er zog sie auf, um dieses nürnbergische *Ei* (wie man sonst die Uhren nannte) aufzumachen und endlich einmal nachzusehen, ob die Lieberklärung, d. h. das punctum saliens der Liebe oder der Amor – der nach Plato auch aus einem Ei auskam –, noch darin sei. »Ich weiß schon,« sagt' er zu sich, »es ist längst heraus, aber ich probier's nur.«

Es wäre überhaupt die Frage gewesen, obs dieselbe Uhr war, da die in Tostatos Bude keine Brillanten hatte – wenn nicht aus dieser Pandorabüchse, sobald er sie am Fenster aufgeschlossen hatte, hervorgeflattert wäre ein dünnes Blättchen, halb so groß wie ein Schmetterlingflügel, so lang wie ein Tulpenstaubfaden. – Die kleine Folie nahm vor jedem Lüftchen die Flucht. – – Joachime fing das Ding – las das Ding – fand die Lieberklärung noch darauf – hielt sie für eine, die er *ihr* selber eben mache, um seine Abwesenheit auszusöhnen, und die er der Uhr Witzes halber (er konnte auf ihre Herz-Gestalt anspielen) einverleiben wollen...

Jeder kann denken, wie ihm bei der Sache war. – Recht wohl wär' ihm dabei gewesen, wenn er hätte entsetzlich lügen dürfen oder wenn er nur wenigstens den wenigen Hof-Leuten hätte nachschlagen dürfen, die unter die 28 Pfund Blut, die ihren Körper wässern, nicht 28 ehrliche Bluttropfen – ein einziger kann, wie ein liquor probatorius, in der übrigen Masse verdammte Niederschläge nachlassen – geschüttet haben. Aber seine Seele ekelte der neue Köder zur Lüge. Der Leser kann gar noch nicht wissen, daß Viktor fehlschoß, – daß er nämlich (wegen der Entlegenheit von Joachimens Argwohn) auf diesen gar nicht kam, sondern auf den nähern, Joachime habe jetzt seinen ganzen närrischen Streich gegen die Fürstin heraus. Er war niemals fähig, einen fremden

Leichnam als Schild den Pfeilschüssen gegen seinen eignen vorzuhalten – eine Sitte auf dem Hof-Moria, die nicht wie die alttestamentliche einen *Isaak* mit einem *Widder* löset, sondern einen Widder mit einem Isaak, – er war heute am wenigsten fähig, die Fürstin preiszugeben, um sich zu retten; aber auch nicht einmal das vermocht' er, Joachimen preiszugeben, um jene zu retten, d. h. den Teufelzettel zu einem Süßbriefchen an Joachimen umzumünzen. Der Satan schrie sich in ihm heiser, um ihn nur so weit zu bringen, daß er wenigstens durch schweigende Gebärde löge und die ihrige rechtfertigte, worin der Schein immer mehr abnahm, als glaubte sie es an eine fremde Dame gerichtet.

Er sagte ihr frei heraus, was er sei – ein Narr. Er erzählte den ganzen Handel in Kussewitz. Er schloß damit, es sei ein Glück für ihn, daß die Fürstin das tolle Einschiebsel der Uhr gar nicht aufgestöbert habe.... Da er nun dieses eintönig vorsang ohne eine einzige Schmeichelei, aus der etwan eine neue verbesserte Auflage des Einschiebsels zu machen gewesen wäre: so war er so glücklich, bei seinem Abschiede die belehrte Joachime in einem Zustand zu hinterlassen, der sich nach solchen magnetischen Handhabungen bei gebildeten Weibern in einer schönen stolzen *Erhebung* und bei ungebildeten in den Versuchen äußert, an den Mann die bildende letzte *Hand* gerade so zu legen, wie sie die griechischen Künstler an ihre Modelle legten – – nämlich mit den *Nägeln* der letzten Hand. Viktor zog mit zweierlei sehr verschiedenen Prospekten ab, mit denen der Zukunft und mit den maienthalischen. –

Sie behielt das Blättchen. Aber nicht die Furcht, sondern das herbe Gefühl, daß seine bisherigen Torheiten sich bloß in einem fremden Herzen mit einer fehlgeschlagnen Hoffnung endeten, floß mit einigen bittern Tropfen in die süße verjüngende Empfindung, daß er auf seine Kosten recht gehandelt habe. Eine Rührung, eine Träne ist ein Schwur vor dem Himmel, gut zu werden; – aber eine einzige Aufopferung stählet dich mehr als fünf Bußtränen und zehn Bußpredigten.

Ich habe nicht den Mut, es zu erraten, warum die Fürstin die Uhr mit dem Einschlusse, den sie (schon nach dem Gespräch mit

Tostato) gelesen haben muß, Joachimen in die Hände gegeben; aber für die argwöhnischen Spitzbuben, deren ich im Kapitel ihres Augenverbandes und Kusses gedacht, ist das ein Fund; das Geschenk der Uhr bestätigt sie ganz in ihrem spitzbübischen Glaubensatz; denn sie können – ich setze mich vergeblich dagegen – das Geschenk für ein Zeichen der italienischen Rache ausgeben, die Agnola an der Nebenbuhlerin Joachime, der sie Viktors Widerstand zuschreiben mußte, dadurch habe nehmen wollen, daß sie ihr seine anderweitigen Lieberklärungen mitgeteilt.

Viktor nahm sich, indem er zu Hause die größten physischen Schritte machte, vor, ähnliche politische zu tun und geradezu dem Fürsten zu bekennen: »Es ist nicht viel über neun Monate, daß ich Höchstderoselben Braut mit einer schmalen Lieberklärung behelligt habe, die sie gar noch nicht kann gelesen haben und die nun aus einer Hand in die andre geht.« Aber jetzo war die Eröffnung der Uhrbrieftasche nicht tulich: Jenner war durch die Entfernung Klotildens ein wenig verdrüßlich; Viktor war seit einiger Zeit auch weniger um ihn als sonst, wie doch ein rechtschaffener Günstling nicht sollte, da z. B. der berühmte Graf von Brühl wie eine Mutter von Morgen bis Mitternacht seinen Herrn umwachte. Jenner schien in dieser Einsamkeit mehr an seine Kinder zu denken, und Viktor konnte ihm keine Nachrichten vom Lord erteilen. Die Hauptsache war vollends seine Frühlingkränklichkeit, die ihn wieder zum gläubigen Jünger des Doktor Kuhlpeppers und des Podagra machte. Dieser Doktor-Rumpf unter einem Doktorhute, dessen Gehirnfibern zu Baßsaiten gezwirnt waren, versteigerte seine Einfältigkeiten bloß durch die ernsthafte Schwerfälligkeit, womit er ihrer los wurde, über den Preis; von gewissen Personen, z. B. von Ärzten, von Finanz-Rechnern, von ökonomischen Geschäftträgern, fodern sogar Leute von feinen Sitten steife und halten sich an eine Zipfelperücke lieber als an einen Haarbeutel von Schnallengröße oder an einen Tituskopf. Sebastian kam den Leuten viel zu spaßhaft vor, als daß sie hätten denken können, er habe was gelernt. Im Punkte der Ärzte – wie in jedem Hauptpunkte des Vermögens oder des Lebens – denket der vornehmste Pöbel wie der niedrigste und schätzet Männer und Schoßhunde nach äußerer zottiger Wildnis. Noch dazu hatte Viktor den Fehler, sich und die Ärzte in den Verdacht der Ruhmsucht zu bringen, indem er sie geradezu lobte: z. B. »sie wären bei ihrem Matrosen- und Toten-Pressen eine Art Seelenverkäufer für die andre Welt und dienten den guten Engeln, die den Kern ohne die Körperschale begehrten, um ihn weiter zu stecken, zu Nußknackern; – wie oft heben wir nicht« (fuhr er fort) »die gefährlichsten *Krankheitversetzungen* durch eine leichte *Krankenversetzung*! Ich könnte mich auf die refugiés *aus* dieser Welt berufen, ob unser Streu- und Dintenfaß (das Geräte unserer Rezepte) nicht die Säemaschine und Gießkanne der menschlichen Wintersaat waren; aber die Hinterbliebnen sollen reden und antworten, ob sie nicht die Pfründen, die Regimenter, die Lehngüter, die Ordenbänder, die ihnen zugefallen, unsern Rezepten und Uriasbriefen zu verdanken haben, und ob sie und sogar Könige im *Trocknen* säßen ohne unsere häufigen *Abzuggräben* im Kirchhof. – Und doch, dünkt mich, ist unser Ruhm im Heilen und Beleben ebenso groß, wo nicht größer: dieser Ruhm – so wie die Sterblichkeitlisten, worauf er sich stützt – ist seit vielen Jahrhunderten der *nämliche geblieben*, unsre Theorien, Spezifika, Einsichten mochten sich *ändern*, wie sie wollten.«..

Den Fürsten machten solche Satiren recht lustig und – ungläubig. Doktor Kuhlpepper hingegen hielt auf seine Würde und würde gegen einen Satirikus, der vom langsamen Dezimieren der Ärzte gesprochen hätte, seinen Degen gezogen und ihn durch ein schnelleres vollständig widerlegt haben. Ich rate jedem, der in der Welt etwas werden will (nämlich etwas anders), bei den Männern auszusehen wie ein Leichenbitter – bei den Weibern wie ein Gevatterbitter. – Der Fürst hielt sich im siechen Frühjahr aus zwei Gründen wieder vom Zipperlein besessen, erstlich weil ich noch keinen Nerven-Schwächling gekannt habe, der sich eine Krankheit, die ich ihm im Sommer ausgeredet hatte, nicht im nächsten kränklichen Winter wieder in den Kopf gesetzt hätte – zweitens weil Jenner nachgerechnet, daß er oft genug vor Damen auf die *Knie* gefallen war, um das Anbeten daran noch als *Gonagra* oder Kniegicht zu spüren.

So stands, als ein kleiner Zufall unsern Viktor wieder glücklich machte. Ich muß nur vorher sagen, daß er ohnehin gar nicht unglücklich war; denn ein Liebhaber bekümmert sich um nichts, um einen Hof gar nicht; er hat Amors Binde um und verzeiht gern der Fortuna und der Justiz die ihrigen. Und das moralische Osterfeuer lösete – so wie Aberglaube dem physischen eine eigne Kraft beimisset – alles Eis, womit man Viktors Blut andämmte, in Freuden-Lymphe auf; der Osterwind – der nach den Wetterpropheten bis zu Pfingsten fortwehet – setzte seine alten Freudenblumen in Bewegung und säete aus ihnen den Samenstaub künftiger weiter; der Schnee zerging auf dem aus dem Winterschlafe erwachenden heißen Frühling, und die ersten Blumen und die tausend Knospen gaben allen Herzen Kräfte und Hoffnungen und Liebe. O wenn Viktor draußen dem grünenden Steige nachsah, der ihn mit frischen Saftfarben mitten aus der Grummetsteppe (denn im Frühling grünen die Fußwege zuerst) in das maienthalische Eden locken und tragen wollte; und wenn er dann glühend und dürstend umkehrte und in das gezeichnete Maienthal einlief, in die entlehnten Prospekte, und da jeden Farbenberg erstieg und jeden punktierten Garten umzingelte mit seinen Fingern und Phantasien: so dachte er selber nicht, daß ein kleiner Zufall ihn noch froher machen könnte. – Und doch machte ers ihn.

Es ist nicht wohlgetan von mir, daß ich das – und das hab' ich mir in dieser Lebensbeschreibung so sehr angewöhnt – immer einen Zufall nenne, was ein naher Blut-Urenkel voriger Kapitel ist und was ja kommen muß. Denn der *Florhut* – das war der Zufall – mußte ja kommen, weil er bestellt war. Es war aber das – Urbild selber. In so schmaler Zeit wäre ohnehin von der flinkesten Putz-Bauherrin kein Hut zu machen gewesen; aber Sebastian hätt' es doch nicht bedacht, wenn ihn nicht Puderspuren und aufgegangne Spitzen-Gitter gezwungen hätten, den alten Hut von einem neuen zu unterscheiden. Kurz: Klotilde hatte ihn Agathen, die es ihr nicht verschweigen konnte, für wen sie das Nachbild davon nehme, *vor* dem *dritten* Ostertage gegeben zum Abkopieren, und *nach* dem besagten Tage ihr geschrieben, ihr die Kopie zu schicken und dem Medikus das Urbild für das Nachbild (wie bei der Wachsstatue) anzuhängen. – Und warum wohl? – O das fühlte ihr Freund in süßer Rührung nach: es dauerte sie, daß sie einem scheuen zärtlichen Herzen nichts geben konnte, keinen Laut, keinen Blick, keine Freude, kein Andenken des schönsten Abends, als bloß den herbstlichen Nachflor desselben, als nachgenähte Seidenblumen dieser Freudenblume, den Taftschatten eines Taftschattens.... Nein, sie bezwang sich, um dem stummen Liebling wenigstens mehr als die Kopie des Schattens zu geben. – O vor wem das liebevolle zugedrückte Herz eines guten Weibes aufginge: wie viel bekämpfte Zärtlichkeit, verhüllte Aufopferungen und stumme Tugenden würd' er darin ruhen sehen!

– Man muß nur dem deutschen Reichstage und seinen Querbänken kein Geheimnis daraus machen, daß Viktor den neunten *Kurhut*, oder gar den achten und letzten, nicht annehmen will, wenn er dafür den *Florhut* abstehen soll.... Was können, sagte er, die plumpesten dicksten Kronen, die man mir auf meinen Reisen vorgezeigt, in der einen Schale wiegen – gesetzt man würfe auch noch einige Tiaren und Dogemützen mit Bügeln und päpstliche Hüte zu den Kronen hinein –, wenn auf der andern Klotildens Florhut zieht? Da der Leser ebensoviel Verstand hat wie ich selber: so entscheid' er hierauf. – Dieser Hut gab ihm ein unaussprechliches Sehnen nach Maienthal und war für ihn ein Dedikationkupfer, das ihm (wie durch eine investitura per pileum) Klotilden erst schenkte; er blieb vor dieser Krone als Kronerbe – jede Minute zog seinen Kronwagen – mit zwei großen Freudentropfen stehen, die das glückliche Auge nicht faßte, und sagte, langsam den Kopf wiegend: »Nein, das gütige Schicksal gibt mir zu viel – Ach wie kann ich diese Seele vom Himmel verdienen? – Ich werde bloß zu ihr sagen: ›Ich bin dein!‹ und spät einmal: ›Du bist mein!‹« Und als gar seine Phantasie hinter dem Flor-Gegitter die zwei großen Augen aufschloß, die sonst darunter die Tränen eines zurückgestoßenen Herzens verborgen hatten, und als er die entrückte Stimme wieder hinter diesem Sprachgitter aus Schattenfäden reden ließ: so konnt' er sich nicht mehr halten, sondern er schrieb – damit er nach Maienthal dürfe – dem Hute gegenüber den ersten

Brief an sie, den ich morgen abends gewiß mit der Post erhalten werde vom Hunde. –

Ich glaube, ich hab' es gar noch nicht gesagt, daß Agathe ihm den Hut auslieferte und daß sie ihn – es ist gegen das Ende des Aprils – auf den 4ten Mai zum Geburttag des Vaters einlud. Viktor dachte an den melancholischen 4ten Mai vom Jahre 92 und wurde noch sehnsüchtiger nach der entrissenen Freundin.

Eh' ich das Kapitel schließe, will ich nur den jüngern Klotilden, den Vize-Klotilden, den Kebs-Klotilden und den Gegen-Klotilden, die mich und meine Kapitel auf dem Schoße haben, das noch sagen: seid kalt! Ihr könnt die weibliche Tugend-Kälte gar nicht zu weit treiben, ihr müßtet ihr denn gar keine Grenzen stecken. – Ich will euretwegen diese Lehre in weise Sprüche und witzige Sentenzen kleiden, damit sie besser auf Fächer und in Stammbücher geht.

Die Liebe muß wie der Aurikelsame auf Schnee gesäet werden, beide wärmen sich durch das Eis schon durch und gehen dann desto frischer auf – Ihr müsset euch nie zu einem bloßen Geschenke machen, sondern zu einem Frauenzimmerdank der Ritter – Ihr erhaltet und verdient gerade so viel Achtung, als ihr fodert, und ihr könnt, ihr mögt *legiert* sein, wie ihr wollt euren Münzstempel oder Prägstock aus der Tasche ziehen und euch damit prägen zu einem Damend'or für den einen Herrn und zu einem elenden Fettmännchen für den andern – Ein Wüstling zeigt in einer Gesellschaft wie ein Luftreinigkeitmesser durch die *verschiedenen* Grade seiner Kühnheit die verschiedenen Grade des weiblichen Verdienstes an, aber in umgekehrtem Verhältnis....

Sogar wenns nicht zum weiblichen Ehrenpunkte gehörte, müßte mans doch begehren, um nur eine Mühe mehr zu haben – weil mein Geschlecht hierüber völlig so denkt wie ich, der ich aus keinem Eidams-Werbehaus eine Tochter verlange, wo nicht wenigstens die Eltern etwas wider mich haben; – und es kann hiemit bekannt werden (ich lasse es deshalb nicht in die Zeitung setzen), daß ich mir von Eltern, die aus ihrem Versteigersaal voll Töchter, aus ihrem Liebes-Inokulationhospital eine oder die andre abstehen wollen, und denen ein Berghauptmann, Gerichthalter,

Musikmeister und Lebensbeschreiber – das mögen meine wenigen Ämter sein – keine zu verächtliche Partie ist, daß ich, sag' ich, von diesen Eltern erwarte, daß sie (wenn ihnen die Sache ein Ernst ist) mir wenigstens das Haus verbieten oder den häufigen Briefwechsel: – das frischet Schwiegersöhne an.

30. Hundposttag

Briefe

Hätt' ich oder ein anderer hinter einem Busch oder in einem Hohlwege aufgepasset und wären wir zu rechter Zeit vorgebrochen: so hätten wir die zwei ineinandergesiegelten Briefe, die Viktor nach Maienthal schickte, dem Boten abnehmen können, der kein Deutsch verstand, nämlich seinem italienischen Bedienten. Der Brief an Emanuel war der Umschlag des Briefes an Klotilde – die Freundschaft ist immer das Umschlagtuch der Liebe. Vom Umschlage will ich nur einen Auszug und einen Ausschnitt geben, eh' ich den Brief an Klotilden ganz mitteile. Er bat seinen Emanuel, dieses nur für eine Briefdecke zu nehmen und die Inlage Klotilden allein zu übergeben – er sagt' es ihm ohne weitere Erklärung, er hänge nicht von seinen Wünschen, sondern von Blumenketten ab, die ihn zurückzögen von den andern Blumenketten in Maienthal, und eine vielfache Umschnürung mit Girlanden *könne* man nicht durchbrechen, weil man nicht *wolle* – er war absichtlich über sein neues Verhältnis mit Klotilden undeutlich, weil er ihre Erlaubnis zum Gegenteil nicht voraussetzen durfte – er bat scherzhaft seinen Freund, seine Freundin zu bitten, daß sie ihm befehle, nach Flachsenfingen zu reisen, damit sie einander zu sehen bekämen – (ich komm' aus dem Perioden, wenn ich die Absicht dieser Wendung zeige) – er strich in seinem Kopfe die Frage wieder aus: ob Klotilde noch des Arztes bedürfe? bloß weil er einer für sie im doppelten Sinne war, und fragte nur, ob sie genesen sei – Endlich schloß er so:

»Und so flatter' ich denn mit ziemlich abgestäubten Schmetterlingschwingen im unabsehlichen Tempel, der für unser Phalänen-

Auge in kleinere zerfällt und dessen Säulen-Laubwerk wir für die Säulen selber halten und dessen Pfeilerreihen durch ihre Größe unsichtbar werden, da flattert der Menschenzweifalter auf und nieder – zerstößet sich an Fenstern – rudert durch staubige Gespinste – schlägt seine Flügel endlich um eine hohle Blume – und der große Orgelton der ewigen Harmonie wirft ihn bloß mit einem *stummen* auf- und niedergehenden Sturme umher, der zu groß ist für ein Menschenohr. –

Ach ich kenne jetzo das Leben! Wäre nicht der Mensch sogar in seinen Begierden und Wünschen so systematisch – ging' er nicht überall auf Zuründungen sowohl seiner Arkadien als des Reichs der Wahrheit aus: so könnt' er glücklich sein und mutig genug zur Weisheit – Aber eine Spiegelwand seines *Systems*, ein lebendiger Zaun seines *Paradieses*, die ihn beide nicht ins Unendliche *sehen* oder *laufen* lassen, sprengen ihn sofort auf die entgegengesetzte Seite zurück, die ihn mit neuen Geländern empfängt und ihn neuen Schranken zuwirft.... Jetzt, da ich so verschiedene Zustände durchlaufen, leidenschaftliche, weise, tolle, ästhetische, stoische; da ich sehe, daß der vollkommenste entweder meine irdischen Wurzeln in der Erde oder meine Zweige im Äther verbiegt und einklemmt und daß er, wenn ers auch nicht täte, doch über keine Stunde dauern könnte, geschweige ein Leben lang; – da ich also klar einsehe, daß wir ein Bruch, aber keine Einheit sind und daß alles Rechnen und Verkleinern am Bruche nur Annähern zwischen Zähler und Nenner ist, ein Verwandeln des $^{1000}/_{1001}$ in $^{10000}/_{10001}$: so sag' ich : ›Meinetwegen! die Weisheit sei also für mich *Auffinden* und *Ertragen* bloß der *kleinsten* Lücke im Wissen, Freuen und Tun.‹ Ich lasse mich daher nicht mehr irremachen, und meinen Nachbar auch nicht mehr, durch die gewöhnlichste Täuschung, daß der Mensch jede Veränderung an sich – jede Verbesserung ohnehin, aber auch sogar jede Verschlimmerung – für größer ansieht, als sie hinterher ist.

– Genug! aber seit dieser Bemerkung – o noch mehr, seit das hohe Schicksal mir Freuden gab, *damit* ich sie verdiente – ist neues Morgenlicht auf meinen Schattensteig gefallen, und ich habe nun Mut, mich zu bessern.... Der klare Strom der Zeit geht über einen hinabgelagerten Blumenboden schöner Stunden, auf welchem ich einmal stand und zu dem ich ganz hinunterschauen kann – o wenn sich diese Eden-Aue wieder aufwärts hebt und ich kann an deiner Hand darauf treten und neben dir niederknien und dankend bald zum Morgenhimmel, bald über die wehenden Blumenfelder dieses Lebens blicken: dann sink' ich stumm an dich zurück und umfasse dankbar deine Brust und sage: ›O mein Emanuel, durch dich verdien' ichs ja erst.‹ – Ja, ich sag' es heute, geliebter Lehrer, und bleibe du recht lange neben deinem Schüler auf der Erde, so lange, bis er würdig ist, dich zu begleiten aus ihr.« –

*

So lang auch dieses Schreiben war, so liebte Viktor seinen Lehrer doch zu sehr – und haßte die fürstliche Unart, Menschen zu Werkzeugen zu machen, zu sehr –, als daß ers ihm nicht geradezu hätte sagen sollen, daß dieser Brief – nicht sowohl seine Entstehung als – seinen Geburttag dem Briefe an seine Geliebte verdanke. Hier ist der an Klotilde, in den er mit folgenden Worten seine Bitte, sie zu sehen, bringt:

»Wenn ich wüßte, daß ich die geliebte Seele, die jetzo neben dem hohen Emanuel, neben dem Frühling und unter ihren schönen Gedanken glücklich sein wird, nur einen Augenblick durch dieses Blatt beklemmte oder störte: o recht gerne opferte ich diese selige Stunde auf, um sie vielleicht zu verdienen. Aber nein, ewige Freundin, Ihr weiches Herz begehrt mein Schweigen nicht! Ach der Mensch muß so oft Kälte und Kummer verbergen, warum noch gar Liebe und Freude? – Und ich würd' es auch heute nicht können.

O wenn ein Erdenmensch in einem Traum durch das Elysium gegangen, wenn große unbekannte Blumen über ihn zusammengeschlagen wären, wenn ein Seliger ihm eine von diesen Blumen gereicht hätte mit den Worten: ›Diese erinnere dich, wenn du erwachst, daß du nicht geträumt!‹ wie würde er schmachten nach dem elysischen Lande, sooft er die Blume ansähe. – Unvergeßliche! Sie haben in der Schimmernacht, wo mein Herz zweimal erlag, aber nur einmal vor Schmerz, einem Menschen ein Eden gegeben, das hinausreicht über sein Leben; aber mir war bisher, als würd' ich wacher aus der zurückgehenden Traumnacht – Siehe! da behielt ich aus dem paradiesischen Traum eine Blume[1], die Sie mir gelassen haben, damit ich unaussprechlich glücklich bliebe – und damit meine Sehnsucht so groß würde wie meine Seligkeit. Warum zieht dieser Flor alle heißen Tränen tief aus meinem Herzen herauf, warum seh' ich hinter diesem gewebten Gegitter die Augen aufgehen, die so weit von mir sind und die mein Inneres so wehmütig bewegen? O nichts befriedigt die liebende Seele, als was sie mit der geliebten teilt – darum schau' ich den Frühling mit so süßem Wallen an; denn sie genießet ihn auch, sag' ich – darum gefällst du mir so, du lieber Mond und Abendstern; denn du umspinnst mit deinen Silberfäden auch ihre Schatten und ihre Maiblumen – darum vertief' ich mich so gern in jedes schattierte Tal Ihres Eldorados[2]; denn ich denke: in den vergrößerten Schatten, in den duftenden Blüten dieser Bilder wandelt sie jetzt, und die Mondsichel wendet die Blitze der Sonne gemildert auf ihr Auge zurück. Wenn ich dann zu freudig werde, wenn der *Abendregen* der Erinnerung auf die heißen Wangen fällt, wenn sich meine Entzückung auf einem einzigen bebenden langen Dreiklang des Klaviers auf- und niederwiegt: dann tut dem taumelnden Herzen das Zittern und Schweigen und die unendliche Liebe zu weh, dann sehn' ich mich nur nach dem kleinsten Laut, womit ich der Geliebten meines Herzens sagen darf, wie ich *sie liebe*, wie ich *sie* ehre, daß ich für *sie* leben will, daß ich für *sie* sterben will. – – O mein Traum, mein Traum tritt mir jetzt wie eine Träne ans Herz! In der Nacht des dritten Ostertags träumte mir: ich und Emanuel ständen in einer dunkeln Nachtgegend. Eine große Sense am westlichen Horizont warf widerscheinende laufende Blitze auf die hohen Fluren, die sogleich vertrockneten und erblichen. Wenn aber ein Blitz in unser Auge flatterte: so zog sich unser Herz süß zergehend empor in der Brust, und unsere Körper wurden leichter zum Wegschweben. ›Es ist die Sense der Zeit,‹ sagte Emanuel,

[1] Den Florhut.
[2] Die Prospekte von Maienthal.

›aber von was hat sie wohl den Widerschein?‹ – Wir schaueten nach Morgen, und dort hing weit in der Ferne und hoch in der Luft ein weites dunkelglühendes Land aus Duft, das zuweilen blitzte. ›Ist das nicht die Ewigkeit?‹ sagte Emanuel. – Da sanken vor uns lichte Schneeperlen wie Funken nieder; – wir blickten auf, und drei goldgrüne Paradiesvögel wiegten sich oben und zogen unaufhörlich in einem kleinen Kreis hintereinander umher, und die fallenden Perlen waren aus ihren Augen oder ihre Augen selber. – Hoch über ihnen stand der Vollmond im Blauen, aber auf der Erde war doch kein Licht, sondern ein blauer Schatten; denn das Himmelblau war eine große blaue Wolke, bloß an einer Stelle vom Monde geöffnet, der nur auf die drei Paradiesvögel und unten auf eine helle, von uns abgekehrte Gestalt Schimmer niedergoß – *Sie* waren diese Gestalt und wendeten Ihr Angesicht bloß gegen Morgen, gegen die hängende Landschaft, als ob Sie etwas da sogleich erblicken würden. Die Paradiesvögel säeten die Perlen häufiger in Ihre Augen: ›Es sind die Tränen, die unsere Freundin weinen muß‹, sagte Emanuel; auch fielen sie dann aus Ihren Augen, aber lichter und blieben glimmend auf dem Blumenboden stehen. Das Blau auf der Erde wurde plötzlich heller als das Blau am Himmel, und eine schiefe Höhle, deren Mündung gegen die Ewigkeit aufklaffte, wühlte sich rückwärts durch die Erde gegen Abend bis nach Amerika hinab, wo unten die Sonne in die Öffnung schien – und ein Strom von Abendröte, so breit wie ein Grab, schoß aufwärts aus der Erde und legte sich mit seinem Abendscheine an das ferne Duftland der nebeligen Ewigkeit wie dünne Flammen an. Da zitterten Ihre Arme ausgebreitet, da zitterten Ihre Lieder voll sehnsüchtiger Wonne, da konnten wir und Sie die erleuchtete Ewigkeit ganz sehen. Aber sie wechselte schillernd unter dem Sehen, wir konnten das nicht denken und behalten, was wir sahen, es waren unfaßliche Gestalten und Farbenspiele, sie schienen nahe, schienen fern, schienen mitten in unseren Gedanken zu sein. – Wölkchen, aus der Erde aufziehend, schwebten um die glühende Ewigkeit, und jedes hob einen auf ihm stehenden singenden Menschen hinauf zu dieser Lichtinsel, die sich gegen die Erde spaltete, bloß mit einer unabsehlichen

Reihe von weißen Bäumen, aus Licht und Schnee gegossen und statt Blüten Purpurblumen treibend – Und wir sahen unsere drei Schatten erhaben an dem lichtweißen Hain, hinübergeworfen, liegen, und auf Klotildens Schatten hingen die Purpurblumen wie Kränze nieder; ein Engel umflog den holden Schatten und lächelte ihn zärtlich an und berührte an ihm die Stelle des Herzens – Da erbebtest du plötzlich, Klotilde, und wandtest dich um gegen uns, schöner als der Engel in der Ewigkeit, dein ganzer Boden glimmte unter den gefallnen Tränen und wurde durchsichtig – Und als deine niedersinkenden Perlen jetzt den Boden in eine aufdringende Wolke auflöseten: reichtest du uns eilig die Hand und sagtest: ›Die Wolke hebt, wir sehen uns wieder.‹ – Ach mein zerflossenes Herz faßte sein Blut nicht mehr, ich kniete nieder, aber ich konnte nichts sagen, ich wollte meine Seele in einen einzigen Laut zerschmelzen, aber die gebundne Zunge vermochte keinen, und ich starrte die aufsteigende Unsterbliche an mit unendlicher und trostloser Liebe – Ach, dacht' ich, das Leben ist ein Traum; aber ich könnte ihrs vielleicht sagen, wie ich sie liebe, wär' ich nur erwacht.

Dann erwacht' ich – O Klotilde, kann es der Mensch sagen, wie sehr er liebt?

H.«

*

Sein Charakter und der Inhalt dieses Traums schließen den Argwohn der Erdichtung aus. – Übrigens wenn ihm auch Klotilde den eingehüllten Wunsch, sie in Maienthal zu sehen, versagt: so muß sie es doch auf einem Blättchen und mit drei Zeilen tun, die er dann tausendmal lesen kann und die das Bilder- und Siegelkabinett, worin schon Hut und Prospekte liegen, um ein Ansehnliches bereichern. Inzwischen stand er in seinem schönen Alpental zwischen zwei hohen Bergen, auf deren jedem sich der Stoff zu einer Schneelauwine regte – vielleicht ist schon oben eine im erquetschenden Gange, und er kann sie noch nicht sehen. – Die erste Lauwine, die sein geringster Laut über ihn herunterwerfen kann, ist sein tolles Verhältnis mit seiner höfischen Bekanntschaft. Er kann sich rühmen, sie sämtlich aufgebracht zu haben: die Fürstin, Joachimen, Matthieu. Aber auch ohne das muß schon irgendein Konduktor – bloß weil er nicht auf dem gemeinschaftlichen Isolierschemel des Thrones mit steht – mit einem verjüngten Blitze in seine Finger oder Augen einschlagen; in Kollegien und an Höfen bleibt ohne Verbindung keiner aufrecht, es ist da wie auf den Galeeren, wo alle Sklaven ihre Ruder zugleich bewegen müssen, wenn keiner die Schneide der Kette empfinden soll. Aber Viktor sagte zu sich: »Sei kein Kind! sei kein umgekehrter Fuchs, der saure Trauben, bloß weil er sie nicht mehr erspringen kann, für süß ausgibt! Ich schmeichle mir, du kannst höfische Herzen entraten, die wie ihre Gerichte über einem Wärmbecken voll flimmernden Weingeist erst aufgewärmt werden müssen. – Beim Himmel, ein Mensch wird doch essen können, wenn auch das, was er anspießet, nicht von einem Gardesoldaten aus der Küche geholt, dann einem Pagen eingehändigt, dann von einem Kammerherrn oder sonstigen Ordonnanzkavalier aufgetragen worden ist. – Nur meinen Vater wenns nicht verschlägt!« Das wars eben; am Sohne war nichts zu fällen, sondern am Vater[1], für den man den Wald- und Opferhammer wahrscheinlich so lang aufgehoben schweben lässet, bis er mit seinem Kopfe darunterstehet, der ohne seine Zurückkunft nicht zu haben ist.

Aber ein Pastor fido fragt den Henker nach der ersten Schneelauwine. Auf den Harmonikaglocken seiner Phantasie hören die äußern Übelklänge des Schicksals, wie das Wagen-Gerolle des Pflasters auf einem Saitenbezuge, in sanft auffliegendem Ertönen auf. Bei ihm war, wie bei den Astrologen, der April, gleich meinem Buche dem Abendsterne, d.h. der Venus geweihet.

Hingegen die andere Schneelauwine lag schon im voraus auf seiner Brust – der mögliche Bruch mit Klotildens Bruder. Einen Eifersüchtigen bekehren die zwölf Apostel und die zwölf kleinen Propheten nicht; – wenn er am Sonntage kuriert ist: so wird er am Montage wieder krank, am Dienstage raset er, und am Mittwoche könnt ihr ihn wieder losbinden, er ist matt und klug und – – passet nur auf. Der eifersüchtige Krebs auf der Brust ist nie

[1] Weil die Hofleute auch hierin den ersten Christen gleichen, die nur solche Statuen zerschlugen, die an *Gottes* Statt Anbetung empfangen hatten.

ganz zu schneiden, wenn ich großen Heilkünstlern glauben soll. – Dasmal war noch dazu etwas Wahres dran; auch schaffet es der Eifersüchtige zeitig bei; Eifersucht erzwingt Untreue, und das gequälte Weib will, soviel an ihr ist, den Mann nicht in *Irrtum* lassen. Ich kann mir die Mühe nicht machen (sondern der Leser), in meiner Lebensbeschreibung meinem Helden alle kleinen Fugen und *F-Löcher* nachzuzählen, wodurch er bisher seinen Flamin in sein verliebtes Herz sehen und *hören* lassen: diese Astlöcher sind desto größer, da er *vor* dem *dritten* Ostertag eben darum unvorsichtiger war, weil er unschuldiger war, oder vielmehr unglücklicher.

Dazu kam, daß Flamin – der den teuern Evangelisten Matthäus täglich aufrichtiger und *offner* fand (wie ein ausgeschossenes *Zündloch*) – seinen treuen Bastian täglich für hinterlistiger und undurchsichtiger ansah. Ich wollt', der Regierrat wäre gescheuter: aber dichte Seelen, wie Viktors seine, die mehre Kräfte und eben darum mehre Seiten haben, scheinen freilich weniger *porös* zu sein, so wie vollötige Schriftsteller weniger deutlich – ein Mensch, der euch alle seine ineinanderschillernden Farben seines Herzens mit Offenheit aufdeckt, verliert dadurch den Ruhm der Offenheit – einer, der wie Viktor fremde Kniffe aus Laune sammelt und vormacht, scheint sie nachzumachen – ein veränderlicher, ein ironischer, ein feiner Mensch ist in eingeschränkten Augen ein falscher Dieb von Haus aus. – Auch sprang Viktor, wenns ohne Lärm anging, langen Erwähnungen Klotildens, d.h. langen Verstellungen, aus dem Wege; und eben diese Flucht vor Hinterlist, eben seine jetzige größere Menschenfreundlichkeit gegen Flamin verschatteten gerade seine edle Gestalt; und über den verdrehenden Argwohn tröstete ihn nichts als die süße Betrachtung, daß er dem Bruder seiner Geliebten und seines Herzens zu Gefallen den schönsten Tagen in Maienthal den Rücken zukehre.

31. Hundposttag

Klotildens Brief – der Nachtbote – Risse und Schnitte im Bande der Freundschaft

Ich wollt' es in die Literaturzeitung rücken lassen, ich hätte *Herrnschmidts* osculologia zu meinen (gelehrten) Arbeiten vonnöten – Nämlich zu diesem Kapitel: ich wollte daraus sehen, wie man zu Herrnschmidts Zeiten mit den Weibern umging. Zu Jean Pauls Zeiten geht man schlecht mit ihnen um, in Romanen nämlich. Bloß der Engländer kann vortreffliche Weiber porträtieren. Den meisten deutschen Roman-Formern schlagen die Weiber zu Männern um, die Koketten zu H–, die Statuen zu Klumpen, die Blumenstücke zu Küchenstücken. Daß die Schuld mehr an den Malern als an den Urbildern liege, wissen nicht nur die Urbilder selber, sondern auch der Berghauptmann schon daraus, weil die Romanleserinnen alle noch romantischer sind als die Romanheldinnen, noch feiner und zurückhaltender. Der Berghauptmann tut hier – ohne die Absicht zu haben, daß ihn acht vornehme Weiber in Mainz, wie den Weiber- und Meistersänger Heinrich Frauenlob, zu Grabe tragen – einen gedruckten Eidschwur (d.h. Schwurschwur), daß er die meisten seiner Zeitgenossinnen besser antraf, als sie der gute offne, aber leere rohe Kopf des Verfassers des Alcibiades und Nordenschilds zeichnen kann. In der Tat, wenn die Weiber nicht den Männern alles verziehen, sogar den Autoribus (und zwar täglich siebenzigmal, und sie reichen den andern Backen dar, wenn der eine durch Küssen beleidigt worden): so könnt' es kein Bücherverleiher erklären, wie Menschen, deren Kopf doch schwerer, deren Zirbeldrüse kleiner ist, und die sechs Knorpelringe der Luftröhre mehr haben – nämlich 20 überhaupt, wahrscheinlich zum Mehr-Reden –, deren Brustbein kürzer und deren Brustknochen weicher sind als bei den Männern, wie doch solche Menschen weiblichen Geschlechts noch die Magd oder den Kerl in eine Lesebibliothek mit dem Auftrag schicken können: »Einen Ritterroman für meine Mademoiselle!« Meine *Feder*-Kollegen – in Rücksicht der Weiber bin ich nach der Bergsprache bloß von der *Feder*, nicht von *Feuer* noch von *Leder* – werden zur Erziehung der Leserinnen, wie nach Lessing die Juden zur Erziehung der Völker, nur darum gewählt, weil sie roher sind als die Zöglinge.

Jede Frau ist feiner als ihr Stand. Sie gewinnt mehr durch die Bildung als der Mann. Die weiblichen Engel (aber auch die weiblichen Teufel) halten sich nur in den höchsten feinsten Menschen-Schubfächern auf; es sind Schmetterlinge, an denen der Samt-Fittisch zwischen zwei rohen Mannsfingern zum nackten häutigen Lappen wird – es sind Tulpen, deren Farbenblätter ein einziger Griff des Schicksals zu einem schmutzigen Leder ausdrückt. – –

Ich bringe dies alles vor, damit Herr Kotzebue und der freche Poetenwinkel in Jena[1] und das ganze romantische Schiffvolk es meiner Klotilde nicht übelnehmen, daß sie ihr eignes Geschlecht als das besagte Volk nachahmt, um so mehr, da sie vorschützen kann, sie habe dieses noch nicht gelesen.

Durch Agathen kam sehr bald eine von Emanuel überschriebene Antwort Klotildens an, die innen gesandten-mäßig besiegelt, geometrisch beschnitten und kalligraphisch geschrieben war, weil Frauenzimmer alle Dinge, die *sinnliche* Aufmerksamkeit verlangen, besser betreiben als wir, und weil sie – denn kaum vier aus meiner Bekanntschaft brauch' ich auszunehmen – gerade im Gegensatz der Männer desto schöner schreiben, je besser sie denken. Lavater sagt, der schönste Maler gebiert die schönsten Gemälde, und ich sage, schöne Hände schreiben eine schöne Hand.

Klotildens Brief stellet sich mit einer Lusthecke und einem lebendigen Zaun voll Blüten unserem Doktor in den Steig und lässet ihn nicht nach Maienthal. Denn er heißet so:

»Würdigster Freund!

Kein Mädchen ist vielleicht so glücklich als eine Dichterin; und ich glaube, hier in diesem aufgeschmückten Tale wird man zuletzt beides. Sie sind überall glücklich, da Sie sogar an einem Hofe ein Dichter sein können, wie mir Ihre schöne poetische Epistel be-

1. Nämlich in den Jahren der Lucinde, der Herders Feinde etc.

weiset. Aber die Phantasie malet gern aus Schminkdosen – das wahre Maienthal kann der Ihrigen nicht soviel geben, als Sie in die drei Landschaft-Blätter desselben zu legen wissen. Sooft ich und Sie einerlei durch Dichtung ersetzen müssen: so ist bloß bei Ihnen der Ersatz größer als das Opfer.

Wenn ich Ihnen das Vergnügen, Herrn Emanuel zu sehen, durch Überreden hätte verschaffen können: so hätt' ichs gern getan; aber ich war zuletzt aus Gewissenhaftigkeit nicht beredt genug, um ihn zu einer Reise zu Ihnen zu bringen, die seine sieche Brust der Gefahr des Verblutens aussetzte. Sehen Sie ihn für einen Frühling an, den man alle Jahre neun Monate lang erwarten muß.

Ach die Besorgnis für meinen unvergeßlichen und unersetzlichen Lehrer wirft einen Schatten über den jetzigen ganzen Frühling, wie ein Grabmal über einen Blumengarten. Ich habe niemals einen Frühling so gern und so freudig angesehen wie diesen – ich kann oft noch bei Mondschein an die Bäche hinausgehen und eine Blume aufsuchen, die vor dem fließenden Spiegel zittert und um welche ein Mond oben und einer unten schimmert, und ich stelle mir das Blumenfest in Morgenland vor, bei dem man (wie man sagt) nachts um jede Gartenblume einen Spiegel und zwei Lichter setzt. Aber doch kann ich nicht zum Blumenflor meines Lehrers hinüberblicken, ohne zu weich zu werden, da ich denken muß: wer weiß, ob seine Tulpen nicht länger stehen als seine zerknickte Gestalt. Hat denn die ganze Arzneikunst kein Mittel, das seine Hoffnung zu sterben vereitelt? – Ich glaube, er stimmt mich nach und nach in seinen melancholischen Ton, womit ich mich vor einem andern als dem Freunde Emanuels lächerlich machen würde; aber eine stille verborgene Freude bricht auch gern in Schwermut aus; ›nur in der kalten, nicht in der schönen Jahrzeit unsers Schicksals‹, sagten Sie einmal, ›tun die warmen Tropfen weh, die aus den Augen auf die Seele fallen, so wie man bloß im Winter die Blumen nicht *warm begießen* darf.‹ Und warum sollt' ich Ihrer offenherzigen Seele nicht alle Schwächen der meinigen offenbaren? Dieses Zimmer, worin meine Giulia ihr schönes Leben endigte, dieser Spiegel sogar, der mir, als ich mich vor Schmerz von ihrem Sterben wegkehrte, meine erblassende Schwester noch einmal zeigte, die Fenster, aus denen mein Auge so oft des Tages auf einen traurigen dornenvollen Rosenstrauch und auf einen ewig geschlossenen Hügel kommen muß, alles das darf ja wohl meinem Herzen einige Seufzer mehr geben, als eine Glückliche sonst haben soll. Ich weiß nicht, sagten Sie oder Emanuel es: ›Der Gedanke des Todes muß nur unser Besserungmittel, aber nicht unser Endzweck sein; wenn in das Herz wie in die Herzblätter einer Blume die Grabeserde fällt, so zerstöret sie, anstatt zu befruchten‹; aber auf mein Laub hat wohl das Schicksal und Giulia schon einige Erde geworfen. – Und ich trage sie gern, da ich seit Ihrer Freundschaft nun zu einem Herzen flüchten kann, vor dem ich meines öffnen darf, um ihm darin alle Kümmernisse, alle Seufzer, alle Zweifel, alle Fragen einer gedrückten Seele zu zeigen. O ich danke dem Allgütigen, daß er mir so viel, als er mir in meinem *Lehrer* zu entziehen drohet, schon voraus in seinem *Freunde* wiedergibt – meine Freundschaft wird unserm Emanuel nachreichen bis in die andre Welt und seinen Liebling begleiten durch diese; und sollte einmal auf uns beide der gemeinschaftliche Schlag seines Todes fallen, so würden wir unsere vereinigten Tränen geduldiger vergießen, und ich würde vielleicht sagen: ach, sein Freund hat mehr verloren als seine Freundin!

Klotilde.«

*

Das Schlagen meines fremden Herzens misset mir das Schlagen des glücklichern ab. Aber eh' ich erzähle, was Viktors Freude über diesen Brief anfangs störte und dann verdoppelte, sei es mir erlaubt, zwei gute Bemerkungen zu machen. Die erste ist: die vergrößerte Empfindsamkeit ist in einer stolzen Brust (wie Klotildens), die sonst die Seufzer zurückholte und nur weibliche Satiren über uns Herren ausschickte, das schönste Zeichen, daß ihr Herz im Sonnenschein der Liebe zergehe. Denn diese kehret die Weiber um; sie macht aus einer Kolumbine eine Youngin, aus einer Ordentlichen eine Unordentliche, aus einer Feinen eine Offenherzige, aus einer Putzmacherin und Putzträgerin eine Philosophin und *wieder umgekehrt*. – Und du, liebe Philippine, prüfe die zweite Bemerkung, da du jetzo so gut bist wie dein eigner

Bruder: ist nicht das Verhehlen der Liebe das schönste Entdecken derselben? Zeigt nicht ein Schleier – ein moralischer, mein' ich – das ganze Gesicht und ist für nichts unzugänglich als für den Wind – den moralischen, mein' ich –? Decket nicht das gläserne Gehäuse der Damenuhr das ganze darauf gefirnißte Uhrporträt am Boden auf und wendet bloß das Beschmutzen, nicht das Beschauen ab? – Und was wirst du für Bemerkungen machen, wenn ich dir diese beiden vorlese!

Der Brief stärkte zugleich Viktors Wunsch, um Klotilde zu sein, und seine Kraft, ihn aufzugeben – bis des andern Tags in der Nachttisch-Stunde ein Zufall alles änderte. Matthieu, der fast mehr Besuche bei Feinden als bei Freunden ablegte, kam vom Apotheker herauf. Er sah die Prospekte von Maienthal und den Florhut; und er da wußte, daß seine Schwester Joachime beides habe: so sagte er scherzhaft: »Ich glaube, Sie wollen sich verkleiden, oder man hat sich entkleidet.« Viktor flatterte mit einem leeren lustigen »Beides!« darüber. Er nahm nicht gern den Namen der Liebe oder eines Weibes vor einem Menschen in den Mund, der an keine Tugend glaubte, am wenigsten an weibliche, der zwar, wie andre Spinnen auf andere Musik, sich an seinem Faden auf die Liebe niederließ, der aber, wie Mäuse aus Liebe zu den Tönen, über die Saiten kroch und sie zersprengte. Viktor war ungern (vor seinem Hofleben) mit solchen philosophischen Ehrenräubern unter unbescholtenen Mädchen, weil es ihm schon wehe tat, an den Gesichtpunkt der ersten erinnert zu werden. »Von meiner Tochter«, sagt' er, »müßten sie nicht einmal das Dasein erfahren, weil sie einen Vater schon dadurch beleidigen, daß sie sich sie vorstellen.« –

Matthieu sprach von dem nächsten patriotischen Klub (den 4ten Mai am Geburttag des Pfarrers) und fragte, ob er dabei wäre. Agathe aber hatte ihn schon gestern (am vorletzten April) daran erinnert. Endlich führte Matz seine Frage vor: »ob er nicht auch zu Pfingsten von der Partie sei? – Er habe mit dem Regierrate (Flamin), der dazu immer Ferien brauche, eine kleine Lustreise abgekartet nach *Großkussewitz* zum Grafen von O – Er habe da zu tun, noch einige Quartiere des Hofstaats den Kussewitzern zu bezahlen und den Grafen von O zu einem gütlichen Vergleich über das neuliche Mißverständnis umzustimmen, daher er den Juristen mithaben müsse – Vielleicht seien die Engländer bei diesem Kongresse – das Reisekorps könne dann so große Vergnügungen haben wie ein corps diplomatique, nachdem es vorher ebensolche Geschäfte gehabt. Der Graf von O liebe überhaupt Engländer sehr, ob er gleich nicht gern Engländer reite – denn er hab' es sehr bedauert, daß er neulich mit dem Herrn Hofmedikus bei der Fürstin gesprochen, ohne ihn zu kennen.« Sebastian hatte seine lange stumme Aufmerksamkeit mit einem kalten »Nein!« beschlossen, weil die Ausdünstung dieser falschen fliegenden Katze mit einem ätzenden Gift sein unbeschirmtes Herz überzog. »Was hab' ich« (dacht' er unter jener Einladung) »diesem Menschen getan, daß er mich ewig verfolgt – daß er mit einem Messer, dessen eine Seite vergiftet ist oder beide, meinen Jugendfreund unter unsern doppelten Schmerzen von meiner Seele schneidet – daß er seine Minier-Höhlen bis an fremde Orte fortführt, um mich in allen Stellungen über seinem Pulver zu haben!« Viktor mußte nämlich nach allem besorgen, daß die Pfingst-Reise eine Entdeckreise sei, worauf Joachime dem Bruder, wie Ritter Michaelis den Morgenlandfahrern, Fragen über die Uhrbriefsache, über Tostato u. s. w. mitgebe, um wohl gar beim Fürsten eine Anklage daraus zu bilden. Er hielt das Untere seiner Karte, d. h. seines *tugendhaften Schmerzens*, so, daß es Matthieu nicht ganz sehen konnte, um ihm eine *boshafte Freude* zu entziehen. Dieser, der nicht eine Spitzenmaske, sondern eine eiserne und noch dazu eine mit einem Halse trug, hatte oft eine solche Kälte, daß man seinen wütigen Zorn nicht begriff und umgekehrt – aber jene hatte er im Lager, diesen in dem Gefechte gegen den Feind. Wenn ihn jemand sogleich aufbrachte, so wars ein gutes Zeichen und bedeutete, daß er nichts gegen ihn im Schilde führe.

Nach dem Abmarsch des Evangelisten – als er sich auszankte, daß er ihn den Florhut finden lassen, den er überhaupt mehr verschlossen hätte, wäre Flamin öfter gekommen – sah er sich nach Klotildens Schattenriß um, damit der reizende Schatte sein Zürnen kühle. Er war nicht anzutreffen: seine erste Hypothese war, Matz hab' ihn still gestohlen, um so mehr da er ihn geschnitten.

Hat er den Schattenriß wirklich eingesteckt: so wäre der Evangelist – denn mir wurde wie bekanntlich gleich beim Anfange dieser Geschichte die Silhouette übermacht – gar mein korrespondierendes Mitglied Knef, und er schickte mir die Avisfregatte, den Spitzhund, zu. – Toll ists, daß mich der Korrespondent durch solche Nachrichten selber auf den Argwohn bringt.

Indem Viktor den lieben Florhut als den Ersatz des Bildes in die Hand nahm und träumend besah: so schlugen am Hute ganz neue frische Blumen für seine Seele aus. »Wie,« sagt' er zu sich, »muß ich denn gerade den Schattenriß anschauen? Kann ich nicht das – Urbild selber dazu wählen?« Kurz der Hut wurde ein Glücktopf, aus dem er eine frohe Stunde zog, nämlich den Vorsatz, auf Pfingsten zu verreisen, aber nach – Maienthal. Er hielt sich ernstlich vor, daß ihm und Klotilden die zu weit getriebene Schonung eines eifersüchtigen Bruders, dessen irre Hoffnungen ja keine Schwester zu stärken verpflichtet sei, noch dazu durch die menschenfeindlichen Eingebungen Matthieus erschweret und vereitelt werde – daß also ihr Absondern so wenig erleichtere, als ihr Besuchen verbreche – daß es indessen schön sei, den Bruder zu schonen und bloß in seine Abwesenheit einen verdächtigen Ausflug zu verlegen, bis ihm einmal die heruntergezogne Binde in der Ungetreuen die Schwester entdecke und im Nebenbuhler den schonenden Freund – und daß es immer besser sei, sie in Maienthal als bei ihrer Zurückkunft in seiner Nähe zu sprechen – und daß der über seine Abstammung belehrte Bruder ihm einmal doch bloß vorrücken könne, er habe ihm keine Täuschungen genommen als höchstens unangenehme. – O die Liebe und die Tugend haben ein nacktes Gewissen und entschuldigen ihre himmlischen Freuden länger und mehr als andere ihre höllischen!

Als Viktor noch dazu daran dachte, daß den Tagen der Liebe so bald das Laub und die Blüten abfallen, und daß Emanuel und selber Klotilde zwei hart ans Ufer des Grabes gerückte Blumen sind, deren lose nackte Wurzeln schon erstorben hinunterhängen: so war sein Entschluß befestigt, und er schrieb an Emanuel die Nachricht seiner Ankunft zu Pfingsten, um Klotilden durch keinen Überfall zu erzürnen und um ihr noch dazu die Gelegenhei eines Verbotes zu lassen. Seine Wendung war die: »Wenn es ein sokratischer Genius erlaube (d.h. Klotilde), der ihm immer sage was er *nicht* tun solle: so komm' er zu Pfingsten, da ohnehin die Stadt da veröde, da Flamin auf 4, 5 Tage nach Kussewitz reise« etc.

Als er den Brief fertig hatte: fiel ihm ein, daß er gerade heute an diesem 29. April vor einem Jahre die ganze Nacht gereiset sei, um mit dem ersten Mai am Morgen durch den Nebel ins Pfarrhaus zu treten. »Ich kann ja wieder die schwüle Zephyr-Nacht nicht unter dem Deckbette, sondern unter den Sternen verbringen. – Ich kann in einem fort ins Abendrot nach Maienthals Bergen schauen. – Ich kann ja lieber den halben Weg darauf zugehen – oder gar den ganzen. – Ich kann mich auf einen Berg stellen und ins Dörfchen schauen – Wahrlich ich kann dann mein Billet hier irgendeinem Maienthaler inkognito einhändigen und wieder Reißaus nehmen noch vor tags « –

Um sieben Uhr nachts ging er wie das Meer von Osten nach Westen. Orion, Kastor und Andromeda blinken in Westen nicht weit vom Abendrot über den Gefilden der Geliebten und werden wie diese bald aus einem Himmel in den andern untergehen. Das von lauter Hoffnungen erschütterte Herz, seine *erhitzten* Gehirnkammern, an denen das mit *sympathetischer* Dinte gezeichnete Maienthal immer lichter und farbiger vortrat, dieses innere, fast schmerzliche Brausen der Freude raubte ihm anfangs das Vermögen, den in griechischer Schönheit aufgebaueten Frühlingtempel in eine stille helle Seele aufzufassen. Die Natur und die Kunst werden nur mit einem reinen Auge, aus welchem die beiden Arten von Tränen weggewischet sind, am besten genossen.

Aber endlich überdeckte das ausgebreitete *Nachtstück* seine heißen *Fieberbilder*, und der Himmel drang mit seinen Lichtern und die Erde mit ihren Schatten in sein erweitertes Herz. Die Nacht war ohne Mondlicht, aber ohne Wolken. Der Tempel der Natur war wie ein christlicher erhaben verdunkelt. Viktor konnte sich aus den Laufgräben langer Täler, aus Wälder-Finsternissen und aus dem schillernden Nebel der Wiesen nicht eher erheben als in der Mitternachtstunde, wo er einen Berg wie einen Thron bestieg und sich da auf den Rücken legte, um die Augen in den Himmel unterzutauchen und sich abzukühlen vom Träumen und Laufen. Das hereinhängende Himmelblau schien ihm eine dünne blaue Wolke, ein in blaue Dünste zerschlagnes Meer zu sein, und eine Sonne um die andre teilte mit ihren langen Strahlen diese blaue Flut ein wenig auseinander. Der Arkturus, der dem liegenden Menschen gegenüberstand, stieg schon von der Zinne des Himmels herab, und drei große Sternbilder, der Luchs, der Stier, der große Bär, zogen weit voraus unter das Abendtor. – Diese nähern Sonnen wurden von entrückten Milchstraßen mit einem Hof umschwommen, und tausend große, in die Ewigkeit geworfne Himmel standen in unserm Himmel als weiße spannenlange Düfte als lichte Schneeflocken aus der Unermeßlichkeit, als silberne Kreise aus Reif. – Und die Schichten aneinandergerückter Sonnen, die erst vor dem tausendäugigen Auge der Kunst den Nebelschleier fallen lassen, spielten, wie Streife *unserer* Sonnenstäubchen, im glühenden, durch das Unermeßliche brennenden Sonnenstrahl des Ewigen. – Und der Widerschein seines durchglühten Thrones lag hell auf allen Sonnen –

– Plötzlich stellen sich nähere zerschmolzene Lichtwölkchen, nähere Nebel, aufgeflogen aus Tau, unter der Versilberung, tief herab vor die Sonnen, und der Silberblick des Himmels läuft mit zertragenen dunkeln Flocken an. – – Viktor begreifet die überirdische Entzündung nicht und richtet sich bezaubert empor..... und siehe, der gute verwandte nahe Mond, der sechste Weltteil unserer kleinen Erde, war still und ohne das Freudengeschrei des Morgens *neben* der Triumphpforte der Sonne hereingetreten in die Nacht seiner Mutter-Erde mit seinem *halben Tage.*

Und als jetzt die Schatten von allen Bergen rannen und durch die aufgedeckten Landschaften nur in Bächen zwischen Bäumen zogen und als der Mond dem ganzen dunkeln Frühling in der Mitternacht einen kleinen Morgen gab: so faßte Viktor nicht nächtlich-melancholisch, sondern morgendlich-verjüngt den großen runden Spielraum der jährlichen Schöpfung in sein erwachtes Auge, in seine erwachte Seele, und er überschauete den Frühling unter dem innern Freudengeschrei mitten in der weiten Verstummung, unter dem Gefühle der Unsterblichkeit im Kreise des Schlafes. – –

Auch die Erde, nicht nur der Himmel, macht den Menschen groß!

Ziehet in meine Seele und in meine Worte, ihr Mai-Gefühle, die ihr in der Brust meines Viktors schluget, da er über die knospende schwellende Erde sah, von Sonnen über seinem Haupte bedeckt, von grünendem Leben umstrickt, das von Gipfeln zu Wurzeln, von Bergen zu Furchen reichte, und von einem zweiten Frühling unter seinen Füßen getragen, da er sich hinter der durchbrochenen Erdrinde die Sonne mit einem Glanztage unter Amerika stehend dachte. – Steige höher, Mond, damit er den quellenden, geschwollenen, dunkel-grünen Frühling leichter sehe, der mit kleinen blassen Spitzen aus der Erde dringt, bis er sich herausgehoben voll glühender Blumen, voll wogender Bäume – damit er die Ebenen erblicke, die unter fetten Blättern liegen und auf deren grünem Wege das Auge von den aufgerichteten Blumen, an welchen die gespaltenen Reize des Lichtes wachsen und sich befestigen, zu den in Blüten zerspringenden Büschen und zu den langsamen Bäumen aufsteigt, deren gleißende Knospen in den Frühlingwinden auf- und niederschwanken – – Viktor war in Träume gesunken, als auf einmal das kalte Anwehen der Lenzluft, die jetzo mehr mit kleinen Wolken als mit Blumen spielen konnte, und das Rauschen der Frühlingbäche, die neben ihm von allen Bergen und über jedes dunklere Grün wegschossen, ihn erweckte und berührte. – Da war der Mond ungesehen gestiegen, und alle Quellen glommen, und die Maiblumen traten weißblühend aus dem Grün, und um die regen Wasserpflanzen hüpften Silberpunkte. Da hob sich sein wonneschwerer Blick, um zu Gott zu kommen, von der Erde auf und von den grünenden Rändern der Bäche und stieg auf die herumgebognen Wälder, aus denen die eisernen Funken- und Dampf-Säulen[1] über die Gipfel sprangen, und zog auf die weißen Berge, wo der Winter in Wolken schläft; – – aber als der heilige Blick in dem Sternen-Himmel war und zu Gott aufsehen wollte, der die Nacht und den Frühling und die Seele geschaffen

[1] Von den Eisen- und Kohlenhütten.

hat: so fiel er mit zurücksinkendem Flügel und weinend und fromm und demütig und selig zurück.... Seine schwere Seele konnte nur sagen: Er ist! –

Aber sein Herz sog sich voll Leben an der unendlichen, quellenden, wehenden Welt um ihn, über ihm, unter ihm, worin Kraft an Kraft, Blüte an Blüte reicht, und deren Lebensquellen von einer Erde in die andere sprützen, und deren leere Räume nur die Steige der feinern Kräfte und der Aufenthalt der kleinern sind – die ganze unermeßliche Welt stand vor ihm, deren ausgespannter Wasserfall, in Düfte und Ströme, in Milchstraßen und Herzen zersprungen, zwischen den *zwei* Donnern des Gipfels und des Abgrunds reißend, gestirnt, geflammt herabfährt aus einer vergangnen Ewigkeit und niederspringt in eine künftige – und wenn Gott auf den Wasserfall sieht, so malt sich der Zirkel der Ewigkeit als Regenbogen auf ihn, und der Strom verrückt den schwebenden Zirkel nicht....

Der selige Sterbliche stand auf und wandelte im Gefühle der Unsterblichkeit durch das um ihn pulsierende Frühlingleben weiter; und er dachte, daß der Mensch mitten unter den Beispielen der Unvergänglichkeit den Unterschied zwischen seinem Schlaf und Wachen irrig zum Unterschied zwischen Sein und Nichtsein zerdehne. Jetzo war seinen kräftigen strotzenden Gefühlen jedes Getöse willkommen, das Schlagen der Eisenhämmer in den Wäldern, das Rauschen der Lenzwasser und der Lenzwinde und das aufprasselnde Rebhuhn. –

Um drei Uhr morgens sah er Maienthal liegen. Er trat auf den von fünf einzelnen Tannenbäumen gehobnen Berg, auf dem man durchs ganze Dorf und wieder hinüber zum andern Berge schauen kann, wo die Trauerbirke seinen Emanuel beschattet. Die überwachsene Zelle des letzten konnt' er nicht erblicken; aber am Stifte, wo seine Freundin träumte, schimmerten alle Fenster im ausfunkelnden Mondlicht. In seiner Brust war noch der Rausch der Nacht und auf seinem Angesicht das Brennen der Träume – aber das Tal zog ihn in die Erde heraus und gab seinen Freudenblumen bloß einen *festern* Boden; und der Morgenwind kühlte seinen Atem und der Tau seine Wangen ab. Die Tränen stiegen in seine Augen, als sie auf die weißverhangnen Fenster fielen, hinter denen eine schöne, eine weise, eine geliebte und eine liebende Seele ihre unschuldigen Morgenträume vollendete. Ach, es träume dir, Klotilde, von deinem Freunde, daß er dir nahe ist, daß er seine überströmenden Augen auf deine Zelle wendet und daß er verschwindet, wenn du erscheinst, und daß er doch seliger werde von Minute zu Minute – ach er träumt ja auch, und wenn die Sonne aufgeht, ist das geliebte Tal wie dein Traum mit dem Sternenhimmel versunken. – O die Berge, die Wälder, hinter denen eine geliebte Seele wohnt, die Mauern, die sie umschließen, schauen den Menschen mit einem rührenden Zauber an und hangen vor ihm wie holde Vorhänge der Zukunft und Vergangenheit.

Der Berg führte ihm das Bild des Malers vor, der sonst hier gewesen war, um Klotildens Reize gleichsam wie ein goldnes Zeitalter nur aus der Ferne abzuzeichnen und näher zu ziehen – und dieses führte sein Auge wieder in die Tage ihrer frühern Jugend und ihres stillen frommen Lebens im Stift, und es schmerzte ihn, daß eine Zeit sonst gewesen und verloren war, in der er sie nicht lieben können. Da er sich umsah und sich dachte, auf allen diesen Steigen, neben diesen Bächen, unter diesen Bäumen ist sie gegangen: so wurde ihm die ganze Gegend heilig und lebendig, und jeder darüber hinziehende Vogel schien seine Freundin zu suchen und zu lieben wie er.

Aber nun wachte mit jedem Stern, der oben im Himmel zurücksank, unten auf der Erde eine Blume und ein Vogel auf – der Weg von der Nacht zum Tage wurde schon mit Halbfarben belegt – kleine Nebel stiegen an der Küste des Tages auf – und Viktor war noch auf dem Berge. Seine Besorgnis, daß sich die weiße Fensterhülle rege und ihn zeige, war so groß wie sein Wunsch, daß die Besorgnis immer größer werde! Zuweilen wankte ein Vorhang, aber keiner ging auf. – Auf einmal wecken die Vogelkehlen eine Zauberflöte an dem Fuße seines Berges, und der stille Julius kam der Sonne, die ihm nicht mehr leuchtete, mit seinen Morgentönen entgegen. Da entschleierte sich plötzlich Klotildens Fenster, und ihre schönen hellen Augen nahmen den erfrischten Morgen in die fromme Seele auf. Viktor trat, der Entfernung ungeachtet, von Gesträuch hinter Gesträuch; aber die Flucht vor den geliebten Augen führte ihn der Flöte näher; er wollte jedoch ebensowenig vor Emanuel, den er in der Nachbarschaft des Blinden glaubte, erscheinen als vor Klotilden. Als ihn nur noch einige Gebüsche von den Tönen schieden, erblickte er auf dem Berge seinen Freund Emanuel unter der Trauerbirke. Nun eilt' er froh und zitternd zu Julius herab und fand ihn mit dem Lilienangesicht, schön wie den jüngern Bruder eines Engels, umflogen und umsungen von Vögeln, an einer Birke lehnen: »Welche Gestalten, welche Herzen«, dacht' er, »schmücken dieses Paradies!« Wie hätt' er sich an einem solchen Morgen, an einem so heiligen Orte, gegen einen so guten Jüngling verstellen und ihm etwa mit der nachgemachten Stimme seines italienischen Bedienten den Brief an Emanuel übergeben können? – Nein, das konnt' er nicht; er sagte mit leiser Stimme, um ihn nicht zu erschrecken: »Lieber Julius, ich bins!« – Dann sank er langsam an den zarten Menschen und umarmte an *einer* Brust – drei Herzen; und reichte ihm den Brief mit den Worten: »Gib ihn deinem Emanuel!« und floh mit dem wärmsten Druck der lieben Hand den Berg tiefer hinab und davon. –

Gerade um diese Stunde an diesem Tage vor einem Jahr verschwand auch Giulia aus Maienthal und nahm nichts von dem schönen Blumenboden mit als einen – Grabhügel.

Als er jetzt hinter Staudengängen ungesehen dem Orte der Seligen entronnen war: machte seine nächtliche Erheiterung einer unbezwinglichen Wehmut Platz. Die aufgehende Sonne zog alle hellen Farben aus seinem nächtlichen Traum – »Hab' ich denn wirklich Maienthal und Julius und alle Geliebte gesehen, oder ist nur auf einer unter dem Monde schillernden Wolke ein zerflossenes Schattenspiel vorübergeronnen?« sagt' er – und der Tag brütete die frische Nachtluft seiner Seele zu einem schwülen Flattern des Südwinds an. Anstatt daß der Mensch sonst, wie Raguel, in der Mitternacht Gräber aushauet und in der Morgensonne sie wieder verschüttet, kehrte heute Sebastian es um. –

Eigentlich war es nicht ganz so: sondern das schnelle Vorspringen und Einsinken der geliebten Gestalten, die vergrößerte Sehnsucht darnach, der rührende Abstich des Morgen-Getümmels mit der Nacht-Pause, des Sonnenfeuers mit dem Mond-Dämmern und die mit der Ermüdung der Phantasie und des Körpers verknüpfte träumende Ermattung der Schlaflosigkeit, alle diese Dinge drückten aus dem Herzen und Tränendrüsen unsers Nachtwandlers unwillkürliche, süße Tränen aus, die keinen Gegenstand betrafen, die weder vor Freude noch vor Kummer flossen, sondern vor Sehnsucht.

Auf einmal ließ der schöne nebellose erste Maitag das Andenken an den vorjährigen, wo er, wie ein Frühling und homerischer Gott, im Nebel ankam, vorübergehen – und der gute Mensch schauete mit den Tautropfen in den Augen die Tautropfen in den Blumen an und sagte unaussprechlich gerührt: »Ach vor einem Jahre kam ich so glücklich, wurde so unglücklich, und bin wieder so glücklich – o ihr fliehenden, spielenden, nachtönenden, zitternden Jahre des Menschen!« – und das Feiertag-Geläute aus allen Dörfern (es war Philippi Jakobi) setzte mit dem sanften Beben eines Echo alle seine Trauersaiten in ein weiteres Zittern.

»O vor einem Jahre« (tönten ihn die Glocken an) »begleiteten wir Giulia wie dich aus Maienthal heraus.« Dann zog vor der Sonne, die am Himmel ihre weißen Blüten aufschlug, der warme Gedanke sein Herz auseinander: »Vor einem Jahre, an diesem Morgen, ging dir dein Flamin entgegen und vergoß an deiner glühenden Brust so viele Freudentränen – und am Ende des heutigen Tages zog er dich wieder an sein Herz und sagte gleichsam ahnend: ›Vergiß mich nicht, verrat mich nicht, und wenn du mich verlassen willst, so laß mich mit dir untergehen!‹ –

»O du Treuer,« (sagten alle seine Gedanken) »wie tröstet es mich heute, daß ich einmal alle meine Wünsche gern den deinen aufgeopfert habe, um dir getreu zu bleiben[1] – Nein, ich kann ihm nichts verbergen, ich gehe jetzt zu ihm.« – Er ging gerade zu Flamin, um (wiewohl ohne Meineid gegen den Lord und mit Schonung der Eifersucht) es zu bekennen, daß er auf Pfingsten nach Maienthal verreise. Sein auseinandergegangnes Herz bedurfte ein

[1] Es war, als er in der Laube mit seinem Vater für Klotildens Verbindung mit Flamin sprach – und als er sich vorsetzte, *vor* derselben sogar ihre Freundschaft zu entbehren.

entgegenweinendes Auge so sehr – sein feines Ehrgefühl verschmähte es so sehr, eine fremde Reise zur spanischen Wand der eignen zu machen – seiner erneuerten Liebe tat das kleinste Verhehlen vor seinem Freunde so weh – Matthieu war aus diesem himmelblauen Eden unter der Gehirnschale so gänzlich verstoßen – daß er, je länger er dachte und lief, desto mehr aufschließen wollte. Er wollt' es nämlich seinem Flamin sogar entdecken, daß er heute nachts die Einladkarte eigenhändig an den Blinden abgereicht: durch eine Täuschung wurde ihm die künftige Pfingstreise durch die heutige zulässiger, und diesen eignen Gesichtspunkt sah er für einen fremden an.

Aber so weit trieb seine träumerische und *nachttrunkne* Seele ihre gefährliche Ergießung nicht, die desto mehr schaden konnte, da Flamin im Zorne auf keine Unterschiede und Rechtfertigungen mehr zu hören vermochte und sogar alte eingeräumte wieder verwarf. Denn beim Eintritt zog ein Maifrost auf Flamins Gesicht den aufbrechenden Blütenkelch seines Herzens ein wenig zusammen. Er bat Flamin mit seiner kontrastierenden Wärme des Gesichts um einen Spaziergang an diesem hellen Tage. Draußen wurde der Abstich noch schneidender, da Flamin seinen Spazierstock bis zum Knicken einstieß, Blumen köpfte, Laub abschlug, mit dem Stiefelabsatz Fußstapfen aushieb, indes Viktor in einem fort zu reden suchte, um seine Seele in der mitgebrachten Wärme zu erhalten.

Es freuet mich an ihm, daß er sein von den heutigen Entbehrungen überrinnendes Herz gerade in eines ergießen wollte, dem er die Entbehrungen schuld zu geben hatte. Endlich sagte er, um das erschwerte Geständnis nur von der Seele zu werfen, eilend: »Auf Pfingsten geh' ich nach Maienthal« – und ging fliegend zu den Worten über: »O gerade heute vor einem Jahre gingst du mir...«

Flamin unterfuhr ihn, und das Eisgesicht wurde wie ein Hekla von Flammen zerspalten: »So so! – Zu Pfingsten? – Nach Kussewitz gehst du nicht mit *uns*! – Laß mich doch einmal recht ausreden, Viktor!« – Sie blieben also stehen. Flamin streifte die Blüten und Blätter von einem Schlehenast mit blutiger Hand und blickte seinen sanften Freund nicht an, um nicht erweicht zu werden. »Heute vor einem Jahre, sagst du? Sieh, da ging ich eben abends mit dir auf die Warte, und wir versprachen uns entweder Treue oder Mord. Du schwurst mir, dich hinabzustürzen mit mir, wenn du mir alles genommen hättest, alles – oder etwan *ihre* Liebe; denn in deinem Beisein sieht sie mich kaum mehr an. – Bin ich denn beim Teufel blind? Seh' ich denn nicht, die Maschinerie mit *ihrer* und deiner Reise ist abgekartet? – Was tust du mit den Maienthaler Landschaften gerade jetzt? *Wem* gehört der Hut? – Und was soll ich mir aus allem nehmen? – Wem, wem? sags sags – O Gott! wenns wahr wäre! – Hilf mir, Viktor!« – Dem gemißhandelten, heute erschöpften Viktor standen die bittersten Tränen in den Augen, die aber Flamin, der sich durch sein eignes Sprechen erzürnte, jetzt ertragen konnte. Niemals nahm dieser in einer Ergrimmung Vorstellungen an: gleichwohl erwartete er sie und staunte über sein Rechthaben und über das fremde Verstummen und begehrte, daß man widerspräche. Er quetschte seine Hand in die Schlehenstacheln. Sein Auge brannte in das weinende hinein. Viktor bejammerte den festen Schwur vor seinem Vater und sah auf die zitternde Waage, worauf der Eid und die schonende Freundschaft sich ausglichen. Er sammelte noch einmal alle Liebe in seiner Brust und breitete die Arme auseinander und wollte mit ihnen den Sträubenden an sich ziehen und konnte doch nichts sagen als: »Ich und du sind unschuldig; aber bis mein Vater kömmt, eher kann ich mich nicht rechtfertigen.« – Flamin drückte ihn von sich ab: »Wozu das? – So wars im Gartenkonzert auch, und du warst seitdem tagtäglich bei ihr und auf Osterbällen und auf Schlitten, ohne mich – Sag lieber geradezu, willst du *sie* heiraten? – Schwör, daß du nicht willst! – O Gott, zöger' nicht – schwör schwör! – Ja ja, Matthieu! – Kannst du noch nicht? – Nu so lüg wenigstens!«

»Oh!« – sagte Viktor, und Blutströme schossen verfinsternd durch sein Gehirn und über sein Angesicht – »beleidigen darfst du mich doch nicht gar zu sehr, ich bin so gut wie du, ich bin so stolz wie du – vor Gott ist meine Seele rein« – – Aber Flamins Blut an der Schlehenstaude drückte Viktors zürnende Erhebung nieder, und er hob bloß das mitleidige Auge voll Freundschaft-Tränen in den hellern sanftern Himmel. – »Nur die Heirat verschwörst du doch nicht? – Gut, gut, du hast mich erwürgt – mein Herz hast du zerstampft und mein ganzes Glück – ich hatte niemand als dich, du warst mein einziger Freund, jetzo will ich ohne einen zum Teufel fahren – Du schwörst nicht? – O ich reiß' mich von dir blutig und elend und als dein Feind – wir scheiden uns – gehe nur – weg! es ist aus, ganz! – Adieu!« – Er entfloh mit dem in den Weg hauenden Stock, und sein zerrütteter Freund, zu Füßen liegend der Wahrheit, die das Flammenschwert gegen den Meineid aufhebt, und in Tränen sterbend vor der Freundschaft, die auf das weiche Herz den schmelzenden Blick voll Bitten wirft, Viktor, sag' ich, rief dem fliehenden Geliebten im Sterben nach: »Lebe wohl, mein teurer Flamin! mein unvergeßlicher Freund! ich war dir wohl treu! – Aber ein Schwur liegt zwischen uns – Hörst du mich noch? – eile nicht so! – Flamin, hörst du mich? ich liebe dich noch, wir finden uns wieder, und komm, wann du willst.«... Er rief stärker, obwohl mit erstickten gedämpften Tönen nach: »Redliche, teure, teure Seele, ich habe dich sehr geliebt und noch und noch – sei nur recht glücklich – Flamin, Flamin, mein Herz bricht, da du mein Feind wirst.« – Flamin sah sich nicht mehr um, aber seine Hand war, wie es schien, an seinen Augen. Der Jugendfreund schwand aus seinen Augen wie eine Jugend, und Viktor sank *unglücklich* nieder unter dem schönsten Himmel, mit dem Bewußtsein der Unschuld, mit allen Gefühlen der Freundschaft! – O die Tugend selber gibt keinen Trost, wenn du einen Freund verloren hast, und das männliche Herz, das die *Freundschaft* durchstochen hat, blutet tödlich fort, und aller Wundbalsam der *Liebe* stillet es nicht! –

32. Hundposttag

Physiognomie Viktors und Flamins – Siedpunkt der Freundschaft – prächtige Hoffnungen für uns

Wer hätt' es von Cicero gedacht (wenn ers nicht gelesen hätte), daß ein so bejahrter gescheiter Mann sich in seiner Johannis-Insel hinsetzen und *Anfänge*, Eingänge, präexistierende Keime im voraus auf den Kauf verfertigen würde? Inzwischen hatte der Mann den Vorteil, daß er, wenn er einen Torso über irgend etwas schrieb, die Wahl unter den fertig liegenden Köpfen hatte, wovon er einen dem Rumpfe nach der Korpuskularphilosophie aufschrauben konnte. – Von mir, an dem nichts Gesetztes ist, kanns nicht wundernehmen, daß ich auf meinem molukkischen Fraskati ganze Zaspeln von Anfängen im voraus geweifet und gezwirnt habe. Wenn nachher der Spitz einen Hundtag bringt: hab' ich ihn schon angefangen und stoße nur den historischen Rest gar an die Einleitung. – Eben gegenwärtigen Anfang hab' ich für heute erlesen.

Anfangs aber wollt' ich freilich diesen nehmen:

Mich quälet bei meinem ganzen Buche nichts als die Angst, wie es werde übersetzt werden. Diese Angst ist keinem Autor zu verdenken, wenn man sieht, wie die Franzosen die Deutschen und die Deutschen die Alten übersetzen. Im Grunde ists wahrlich so viel, als werde man exponiert von den untern Klassen und den Lehrern derselben. Ich kann jene Leser und diese Klassen in Rücksicht ihrer Seelenkost, die durch so viele Zwischenglieder vorher geht, mit-nichts vergleichen als mit den armen Leuten in Lappland. Wenn da die Reichen sich in dem Trinkzimmer mit einem Likör, der aus dem teuern Fliegenschwamm gesotten wird, berauschen: so lauert an der Haustüre das arme Volk, bis ein bemittelter Lappe herauskömmt und p–ss–t; das vertierte Getränk, die *Vulgata* von gebranntem Wasser, kömmt dann den armen Teufeln zugute.

Aber diesen Anfang heb' ich mir auf für den Vorbericht zu einer Übersetzung.

Es gehört zu den schönen Gaukeleien und Naturspielen des Zufalls, deren es recht viele gibt, daß ich dieses Buch gerade in der Philippi-Jakobi-Nacht 1793 anfing, wo Viktor die Hexen-Fahrt zum maienthalischen Blocksberg unter die Zauberer und Zauberinnen vornahm und wo er 1792 aus Göttingen anlangte.

Ich kann nicht schreiben: »der Leser kann sichs leicht vorstellen, wie Viktor die ersten Maitage verlebte oder vertrauerte«; denn er kann sichs schwer vorstellen. Vielleicht wir alle hielten die Bande, die ihn mit Flamin verschlangen, für dünne wenige Fibern oder unempfindliche Gewohnheitflechsen; es sind aber weiche Nerven und feste Muskeln das Bindwerk ihrer Seelen. Er selber wußte nicht, wie sehr er ihn liebe, als da er damit aufhören sollte. In diesen gemeinschaftlichen Irrtum fallen wir alle, Held, Leser und Schreiber, aus *einem* Grunde: wenn man einem Freunde, den man schon lange liebte, lange Zeit keinen Beweis der Liebe geben konnte, aus Mangel der Gelegenheit: so quälet man sich mit dem Vorwurfe, man erkalte gegen ihn. Aber dieser Vorwurf selber ist der schönste Beweis der Liebe. Bei Viktor trat noch mehr zusammen, ihn selber zu bereden, er werde ein kälterer Freund. Die Vesperturniere um Klotilde, diese Disputationen pro loco, taten ohnehin das Ihrige; aber immer kränkte er sich mit der Selbstrezension, daß er zuweilen seinem Freunde kleine Opfer abgeschlagen, z.B. seinetwegen Versäumung einer Lustpartie, das Wegbleiben aus gewissen zu vornehmen Häusern, die Flamin haßte. Aber in der Freundschaft sind große Opfer leichter als kleine – man opfert ihr oft lieber das Leben als eine Stunde, lieber ein Stück Vermögen als eine kleine unangenehme Unart, so wie euch manche Leute lieber einen Wechsel schenken als ein so großes *leeres* Papier. Die Ursache ist: große Aufopferungen macht die Begeisterung, kleine aber die Vernunft. Flamin, der selber niemals kleine machte, foderte sie vom andern mit Hitze, weil er sie für große nahm. Viktor hatte sich hierüber weniger vorzurücken; aber Klotilde beschämte ihn, deren längste und kürzeste Tage wie bei den meisten ihres Geschlechts lauter Opfertage waren. – Auch wurde seine natürliche Delikatesse, die jetzo durch sein Hofleben den Zusatz der künstlichen gewonnen hatte, tiefer als sonst von seines Freundes Ecken verletzt. – Die feinen Leute geben ihrem innern Menschen (wie ihrem äußern) durch Mandelkleien und Nachthandschuhe weiche Hände, bloß um das Untere der Karten besser zu fühlen, um niedliche halbe Damen-Ohrfeigen zu geben, aber nicht, wie die Wundärzte, um damit Wunden zu handhaben.

Zum Unglück schrieb ihm dieser Wahn der Erkältung ein äußeres freundliches Bestreben vor, Wärme bei Flamin zu zeigen. Da nun der Regierrat nicht bedachte, daß auch das *Gezwungne* ebensooft von *Aufrichtigkeit* entstehen könne als das Ungezwungne von Falschheit: so hatte der Teufel immer mehr sein Bestia-Spiel (wo eine Freundschaft der hohe Einsatz war), bis solcher am Hexentage es gar gewann.

Aber am 4ten Mai soll er alles wieder verlieren, denk' ich. Denn Viktor, dessen Herz bei der geringsten Bewegung wieder den Verband durchblutete, nahm sich vor, nicht nur am 4ten Mai dem Wiegenfeste des Hofkaplans in St. Lüne beizuwohnen, sondern auch einen Geburttag der erneuerten Freundschaft mit Flamin zu begehen. Er wollte gern den ersten, zweiten, zehnten Schritt tun, wenn nur jener stehen bliebe und keinen zurück täte. Denn er kann ihn nicht vergessen, er kann die aufgedrungne Entbehrung nicht verwinden, so leicht ihm sonst die freiwillige wurde. Er drückt alle Abende Flamins schönes Bild, das gemacht war aus seiner Liebe für ihn, aus seiner unbestechlichen Rechtschaffenheit, seinem Felsen-Mut, seiner Liebe zum Staat, seinen Talenten, sogar aus seinem Aufbrausen, das aus dem doppelten Gefühl des Unrechts und der eignen Unschuld entstand, dieses warme Bild drückte er an das aufgerissene Herz, und wenn er ihn am Morgen in das Kollegium gehen sah, so liefen ihm die Augen über, und er pries den Bedienten glücklich, der ihm die Akten nachtrug. Wenn der 4te Mai des großen Versöhntages mit dem Sühnopfer nicht so nahe wäre: so würde er die kleine Julia an sich angewöhnen müssen als einen dritten Stand zwischen den zwei andern, als einen Leitton zwischen Widertönen. Bloß die Hoffnung des Maies setzte seinen Gedanken statt der Nesseln-Brennspitzen wenigstens Rosenstacheln an. – Der Jugendfreund, lieber Leser, der Schulfreund wird nie vergessen, denn er hat etwas von einem Bruder an sich; – wenn du in den Schulhof des Lebens trittst, welches eine Schnepfenthaler Erziehanstalt ist, eine berlinische Realschule, ein breslauisches Elisabethanum, ein scheerauisches Marianum: so begegnen dir die Freunde zuerst, und eure Jugendfreundschaft ist der Frühgottesdienst des Lebens.

Viktor wußte Flamins Versöhnlichkeit gewiß voraus, er sah ihn sogar schon öfter am Fenster stehen und zum Erker hinüberschielen, aus dem ein freundliches, um alle Mißdeutungen des Ehrenpunktes unbekümmertes Auge frei und gerade zum Senior schauete; – aber dies nahm doch seine weiche Sehnsucht nicht weg, sondern sie wurde vermehrt durch die Wiedererblickung des so schönen betrauerten geliebten Angesichts. Flamin hatte eine große männliche Gestalt, seine ineinander- und zurückgedrängte schmale Stirn war der Horst des Muts, seine durchsichtigen blauen Augen – welche seine Schwester Klotilde auch hatte und die sich recht gut mit einer feurigen Seele vertragen, wie ja auch die alten Deutschen und das Landvolk beides haben – waren von einem denkenden Geiste entzündet, seine gepreßten und eben darum dunkelröteren übervollen Lippen waren in die menschenfreundliche Erhebung zum Kusse befestigt; bloß die Nase war nicht fein genug, sondern juristisch oder deutsch gebildet. Die Nase großer Juristen sieht meines Erachtens zuweilen so elend aus wie die Nase der Justiz selber, wenn ihr biegsamer Stoff sich unter zu langen Drehfingern zieht. Nicht zu erklären ists, beiläufig, warum die Gesichter großer Theologen – sie müßten denn noch etwas anderes Großes sein – etwas von der typographischen Pracht der Cansteinischen Bibeln an sich haben. Viktors Gesicht hingegen hatte am wenigstens unter allen, weder jene burschikosen Trivial-Züge mancher Juristen, noch das Mattgold mancher Theologen; seine Nase lief, ihre Schneide und ihren Wurzel-Einschnitt abgezogen, griechisch-gerade nieder, der Winkel der geschlossenen dünnen Lippen war (falls er nicht gerade lachte) ein spitziger von $1'''''$ und bildete mit der scharfen Nase das Ordenzeichen und Ordenkreuz, das oft satirische Leute tragen; – seine weite Stirne wölbte sich zu einem hellen und geräumigen Chor einer geistigen

Rotunda, worin eine *sokratische* gleich beleuchtete Seele wohnt, obgleich weder diese Helle noch jene Stirn sich mit *angeborner* milder Festigkeit, wenn auch mit *erworbener* gatten; – seine Phantasie, dieser große Gewinn, hatte wie mehrmals gar keine Lotteriedevise auf seinem Gesicht; – seine Achataugen aus Neapel verkündigten und suchten ein liebendes Herz; – sein weißes, weiches Gesicht kontrastierte, wie Hof mit Krieg, gegen Flamins braunes, elastisches, den zwei Glutwangen als Grund dienendes Angesicht. – Übrigens war Flamins Seele ein Spiegel, der unter der Sonne nur mit einem einzigen Punkte flammte; an Viktors seiner aber waren mehre Kräfte zu schimmernden Facetten ausgeschliffen. Klotilde hatte mit ihrem Bruder dieses ganze Feuerzeug und diese Schwefelminen des Temperaments gemein; aber ihre Vernunft deckte alles zu. Der reißende Blutstrom, der sich bei ihm von Felsen zu Felsen schlug, zog bei ihr schon still und glatt durch Blumenwiesen.

Ich säh' es gern, er erneuerte wieder mit dem Regierrat den Vertrag der Freundschaft: ich würde dann seine Pfingst-Reise nach Maienthal zu beschreiben bekommen, die vielleicht das Septleva und das Beste wird, wozu es noch der menschliche Verstand gebracht hat. Aus diesem Septleva wird aber nichts, wenn sie nicht wieder Friede machen; neben jede Blume in Maienthal, neben jede Entzückung würde sich dem Freunde die abgegrämte Gestalt des Freundes stellen und fragen: »Kannst du so glücklich sein, da ichs so wenig bin?« –

Gescheiter wär' es, beide wären Mönche oder Hofleute; dann wäre ihnen zuzumuten, daß sie, da die Freundschaft die *Ehe* der Seelen ist, enthaltsam im *Zölibate* der Seelen verblieben...

Eben beim Schlusse des Kapitels bringt der Hund das neue, und ich flechte beide gar ineinander und fahre fort:

Ohne sonderliche Ärgernis über das Ausbleiben der Antwort aus Maienthal ging Viktor den 4ten Mai einsam nach St. Lüne und mit jedem Schritte, um den er näher kam, wurde seine Seele weicher und versöhnlicher. – Als er ankam: – –

Es gibt in jedem Hause Tage, die in der Litanei vergessen wurden – verdammte, verteufelte, verhenkerte Tage – wo alles gekreuzt geht und die Quere – wo alles keift und knurrt und mit dem Schwanze wedelt – wo die Kinder und der Hund nicht Muck! sagen dürfen und der Erb-, Lehn- und Gerichtsherr des Hauses alle Türen zuwirft und die Haus-Herrin das Schnarrkorpus-Register des Moralisierens[1] zieht und den Silberton der Teller und Schlüsselbunde anschlägt – wo man lauter alte Schäden aufstöbert, alle Waldfrevel der Mäuse und Motten, die zerknickten Sonnenschirm- und Fächerstäbe und daß das Schießpulver und der wohlriechende Puder und das Kavalierpapier dumpfig geworden und daß der Wurstschlitten ausgesessen ist zu einem hölzernen Esel und daß der Hund und das Kanapee im Hären begriffen sind – wo alles zu spät kömmt, alles verbrät, alles überkocht und die Kammerdonna die Stecknadeln ins Fleisch der Frau wie in eine Puppe treibt – und wo man, wenn man sich bei dieser hundföttischen *Krankheit ohne Materie* genugsam ereifert hat ohne Ursache, sich zufrieden gibt wieder ohne Ursache – –

Als Viktor anlandete in der Pfarre: hört' er den Geburthelden des Tages, den Pfarrer, in seiner Studierstube dozieren und schreien. Eymann goß seinen heiligen Geist in die langen Ohren seiner Katechumenen aus, in die keine feurigen Zungen zu bringen waren. Er handhabte eine Dunsin aus einer Einöde (einem einzigen Hause im Walde) und wollte vor ihr den Unterschied des Löse- und des Bindeschlüssels aufklären. Es war aber nicht zu machen: der Kaplan und Wiedergeborne hatte schon eine halbe Stunde über die Schulzeit mit dem Aufklären zugebracht; die Dunsin vergriff sich immer in den Schlüsseln, als wäre sie eine – *Weltdame.* Der Kaplan hatte seinen Kopf darauf gesetzt auf die Erhellung des ihrigen – er stellte ihr alles vor, was Eisenholz und Eisensteine gerührt hätte, sein heutiges Wiegenfest, die allgemeinversalzene Lust, die halbe Überschuß-Stunde, um sie zu überreden, daß sie den Unterschied begriffe – sie tats nicht, sie sah' ihn nicht ein – er ließ sich zu Bitten herab und sagte: »Schatz, Lamm, Bestie, Beichttochter, faß es, fleh' ich – mache deinem

[1] Die meisten Weiber sind nicht eher Galgenpatres (eigentlich: Galgenmatres) und Kasernenpredigerinnen, als bis sie teufelstoll sind, wie Sterne die meisten Einfälle hatte, wenn er nicht wohl war.

Seelenhirten die Freude und repetier' ihm den außerordentlichen Unterschied zwischen Bind- und Löseschlüssel – mein' ichs denn nicht redlich mit dir? – Aber mein Pfarramt fodert es von mir, daß ich dich nicht wie ein Vieh, ohne einen Schlüssel zu kennen, weglasse. – Ermanne dich nur und sprich mir nur Wort für Wort nach, teuer-erkaufte Christen-Bestie.« – Das tat sie endlich, und da sie fertig war, sagt' er freudig: »So gefällst du deinem Lehrer, und merk ferner auf.« – Draußen rekapitulierte sie es wieder, und sie hatte alles gut gefasset, ausgenommen, daß sie statt der Bind- und Löseschlüssel allemal vernommen hatte Bind- und Löseschüsseln. –

Die Drillinge wollten erbärmlicherweise erst nach dem Essen kommen – Die Seele der roten Appel dampfte eben darum ein Wildprets-Fümet aus und roch wie angebrannte Milchsuppe und klagte, sie behielte alle Arbeit allein auf dem Hals, und als Agathe ihr beispringen wollte, sagte sie: »Ich kann es, Gott sei Dank! so gut machen wie du!« – Der Regierrat war angelangt, aber leider wieder auf die Felder hinausgelaufen bis zum Essen – Agathens Gesicht war wie ein Felsenkeller von der Kälte ihres Bruders gegen Viktor ausgeschlagen – Nur die Pfarrerin war die Pfarrerin, nicht bloß *ein* Vaterland, sondern *ein* Liebeatem reihete ihr Herz an sein Herz, und es war ihr unmöglich, auf ihn zu zürnen. Sie liebte ein Mädchen, wenn ers lobte; wäre sie ohne Mann gewesen: so würde sie entweder Liebebrief-Stellerin oder Brief-Trägerin für ihn geworden sein. – So lieben Weiber: ohne Maß! Oft hassen sie auch so. – Dazu setzet nun mein Korrespondent noch, daß er aus dem Baddorfe einen ganzen Zeugenrotul zum Beweise ausziehen könnte, daß die Pfarrerin nicht bloß allemal, sondern auch am heutigen Ventos- und Pluvios-Tage es mit ungeschminkter Fassung einer Christin auszuhalten und zu erleben vermochte, wenn eine etwas fallen ließ, eine Tasse oder ein Wort. Zu so etwas – zur Apathie gegen einen gegenwärtigen gänzlichen Verlust eines Suppen-, eines Spülnapfes, eines Fruchttellers – ist vielleicht ebensoviel Gesundheit als Vernunft vonnöten.

– Endlich trat abends der Hofjunker ein und sagte, Flamin sei noch im Garten. Viktor nahm es auf, als sei es ihm gesagt, und ging hinaus und trug sein beklommenes Herz einem andern bangen entgegen. Flamin fand er in einer überlaubten Ecke hinaufstarrend mit den Augen zum Wachsbilde des verstoßenen Geliebten; Viktors Herz ging wie zwischen Tränen schwer in der übervollen Brust. Flamins Gesicht war nicht mit dem Panzer des Zorns, sondern mit dem Leichenschleier des Kummers bedeckt. Denn hier auf dem Vorgrund einer hellen warmen Jugend, gleichsam auf dem klassischen Boden der vorigen unersetzlichen Liebe, wurde er zu weich und zu warm – auf dem Dorfe widerrief er die Härte der Stadt – und was noch mehr war, lauter Freunde seines Freundes, lauter liebevolle Lobreden auf den verschmähten Liebling drängten und wärmten sein verarmtes Herz, und er konnte ihn hier noch leichter entschuldigen als entbehren. Viktor bewillkommte ihn mit der sanften Stimme eines gedrückten Herzens, aber dieser sagte alle Gedanken und Worte nur halb. Viktor schauete tief in die Seele, die um die Freundschaft trauerte; denn nur ein Herz sieht ein Herz; so sieht nur der große Mann große Männer, wie man Berge nur auf Bergen erblickt. Er hielt es daher für kein Zeichen des Grolls, da Flamin langsam von ihm wegging; aber er mußte, so einsam da gelassen, seine Augen von der geweihten Erde des Gartens, wo ihre Freundschaft sonst die Blüten geöffnet hatte, und von der Opferlaube, wo er bei seinem Vater für Klotildens und Flamins Verknüpfung gesprochen, und von der hohen Warte, dem Tabor der freundschaftlichen Verklärung, von allen diesen Begräbnisstätten einer schönern Zeit mußt' er die Augen abwenden, um die ärmere zu ertragen. Allein das, was er nicht anschauen wollte, stellte er sich desto heller vor.

Jetzo dehnte die Gebet- und Abendglocke ihre melancholischen Bebungen aus bis an die Herzen der Menschen – die vergangnen Zeiten schickten die Töne, und die Abendklagen sanken wie heiße Bitten in die getrennten Freunde: »O söhnet euch aus und gehet zusammen! Ist denn das Leben so lang, daß die Menschen zürnen dürfen, sind denn der gute Seelen so viele, daß sie einander fliehen können? O diese Töne zogen um viele Aschen-Leichen, um manches erstarrte Herz voll Liebe, um manchen geschlossenen Mund voll Grimm, o Vergängliche, liebet, liebet euch!« – Viktor ging willig (denn er weinte) dem Freunde nach und fand ihn am Beete stehen, worauf Eymann dessen Namens-F in Kohlrabipflanzen grünen ließ, und er schwieg, weil er wußte, daß zu allen *sympathetischen* Kuren *geschwiegen* werden muß. O eine solche schweigende Stunde, wo Freunde wie Fremdlinge nebeneinander stehen und mit dem Verstummen das alte Ergießen vergleichen, hat zu viele Herzstiche und tausend erdrückte Tränen und statt der Worte die Seufzer!

Viktor, so nahe am Freund, wollte, da unter dem Geläute seine schönere Seele, wie Nachtigallen unter Konzerten, immer lauter wurde, von Minute zu Minute an dieses schöne edle Gesicht, an diese zum Versöhnkusse geründeten Lippen fallen – aber er erschrak vor der neulichen Abstoßung. Er sah jetzo, wie Flamin ins Beet immer weiter schritt und die Herzblätter der Kohlrabi langsam umtrat und auseinander quetschte; endlich merkte er, dieses Zerknirschen des grünenden Namens sei bloß die stumme Sprache der Trostlosigkeit, die sagen wollte: »Ich hasse mein gequältes Ich, und ich möcht' es zermalmen wie meinen Namen hier: für wen soll er?« – Das riß Blut aus Viktors Herzen und weggekehrte Tränen aus seinem Auge, und er nahm sanft die lang entzogne Hand, um ihn wegzuführen vom Selbermorde des Namens. Aber Flamin drehte sein zuckendes Angesicht seitwärts nach dem wächsernen Schatten seines Freundes und sah, starr abgekrümmt, hinauf. – »Bester Flamin!« sagte Viktor mit dem gerührtesten Laute und drückte die brennende Hand. Da riß sie Flamin aus seiner heraus und stieß mit den zwei Handballen die Tränentropfen in die Augen zurück – und atmete laut – und sagte erstickt: »Viktor!« – und wandte sich mit großen Tränen um und sagte noch dumpfer: »Liebe mich wieder!« – Und sie stürzten zusammen, und Viktor antwortete: »Ewig und ewig lieb' ich dich, du hast mich ja nie beleidigt«, und Flamin stammelte glühend und sterbend: »Nimm nur meine Geliebte, und bleibe mein Freund!« – Viktor konnte lange nicht reden, und ihre Wangen und ihre Tränen brannten vereinigt aneinander, bis er endlich sagen konnte: »O du! o du! du edler Mensch! Aber du irrest dich irgendwo! – Nun verlassen wir uns nicht mehr, nun wollen wir ewig so bleiben. – Ach wie unaussprechlich werden wir uns *einmal* lieben, wenn mein Vater kömmt!«

Hier holte sie die vielleicht um beide besorgte Pfarrerin ab, und Flamin ehrte sie, was er selten tat, in seiner Erweichung mit einer kindlichen Umarmung; und aus vier verweinten Augen las sie entzückt die Erneuerung ihres unvergänglichen Bundes.

Nichts beweget den Menschen mehr als der Anblick einer Versöhnung, unsere Schwächen werden nicht zu kostbar durch die Stunden ihrer Vergebung erkauft, und der Engel, der keinen Zorn empfände, müßte den Menschen beneiden, der ihn überwindet. – Wenn du vergibst, so ist der Mensch, der in dein Herz Wunden macht, der Seewurm, der die Muschelschale zerlöchert, welche die Öffnungen mit *Perlen* verschließet.

Diese Aussöhnung zog gleichsam eine mit dem Glück nach sich – der Brumaire-Abend wurde zu einem Floréal-Abend – die Drillinge aßen vom gebratnen Ruhm der Appel nach – der Pfarrer hatte mit keinen Schlüsseln weiter zu tun als mit Löseschlüsseln, den geistigen Musikschlüsseln – und das Geburtfest war zu einem Bundfeste aufgeblühet, zu einem Oppositionklub, wo sich alles, aber in einem höhern Sinne als Quäker und Kaufleute, *Freund* nannte. Die Drillinge hielten altbritische Reden, die nur freie Menschen verstehen konnten. Viktor wunderte sich über die allgemeine Freimütigkeit vor einer so gestachelten Schmeiß-Mouche, wie Matthieu war – aber die Engländer fragten nach nichts. Der Pfarrer schickte Herzgebete ab und sagte: »er seines Orts nehme wenig Notiz davon und bitte nur leiser zu haranguieren, damit er nicht in den Ruf käme, als ob er pietistische Konventikel in seiner Pfarre zuließe; inzwischen steif' er sich ganz auf den Herrn Hofmedikus und Herrn Hofjunker, die ihn gegen Fiskalate gewißlich decken würden; sonst würd' er Frau und Sohn nicht mit dreinsprechen lassen.« Die Pfarrerin zog die Erinnerungen an ihr freies Vaterland den besten Verleumdungen und Moden vor. Viktor mußte heute sein Versprechen halten, seine republikanische Orthodoxie außer Zweifel zu setzen; und da er solches vor unsern Ohren gab, wollen wir auch mit sehen, wie er es hält und ob er ein Alt-Brite ist.

Er ahmte meistens den Stil nach, den er zuletzt gelesen oder – wie heute – gehört hatte; daher sprach er in Sentenzen wie der eine brennend-kalte Engländer.

»Kein Staat ist frei, als der sich liebt; das Maß der Vaterlandliebe ist das Maß der Freiheit. Was ist denn nun diese Freiheit? Die Geschichte ist der La Morgue-Platz[1], wo jeder die toten Verwandten seines Herzens sucht: fragt die großen Toten aus Sparta, Athen und Rom, was Freiheit ist! Ihre ewigen Festtage – ihre Spiele – ihre ewigen Kriege – ihre steten Opfer des Vermögens und Lebens – ihre Verachtung des Reichtums, des Handels und der Handwerker können den kameralistischen Landesflor nicht zum Ziel der Freiheit machen. Aber der konsequente Despot muß den sinnlichen Wohlstand seiner Neger-Pflanzung betreiben. Der Druck und die Milde, die Ungerechtigkeit und die Tugend eines Einzelnen machen so wenig den Unterschied zwischen sklavischer und freier Regierform aus, daß Rom eine Sklavin war unter den Antoninen, und eine Freie unter dem Sulla[2]. – Nicht jeder Bund, sondern der Zweck des Bundes, nicht das Vereinigen unter gemeinschaftliche Gesetze, sondern der Inhalt derselben geben der Seele die Flügel des Patriotismus; denn sonst wäre jede Hansa, jeder Handelsbund ein pythagorischer und zeugte Sparter. Das, wofür der Mensch Blut und Güter gibt, muß etwas Höheres als beides sein; – eignes Leben und Vermögen zu beschützen, hat der Gute nicht so viel Tapferkeit, als er hat, wenn er für fremdes kämpft; – die Mutter wagt nichts für sich und alles für das Kind – kurz nur für das Edlere in sich, für die Tugend, öffnet der Mensch seine Adern und opfert seinen Geist; nur nennt der christliche Märtyrer diese Tugend *Glauben*, der wilde *Ehre*, der republikanische *Freiheit*. – Nehmt zehn Menschen, sperrt sie in zehn verschiedene Inseln: keiner wird den andern (ich habe keine Weltbürger genommen), wenn er ihm auf seinem Kahn begegnet, lieben oder beschützen, sondern ihn bloß wie ein unschuldiges un-

[1] Ein vergitterter Platz in Paris, wo man die in der Nacht gefundenen Toten ausstellet, damit jeder Verwandte den seinigen aussuche.

[2] Groß ist die Seele, die wie er unter lauter Feinden aller Gewalt entsagt – größer ist das Volk, vor dem mans tun durfte. Ein anderes wäre den Läusen Sullas zuvorgekommen.

gebildetes Tier unbeschädigt vorüberfahren lassen. Werft sie aber sämtlich auf *eine* Insel[1]: so werden sie gegenseitige Bedingungen des Beisammenlebens, des Unterstützens u.s.w., d.h. Gesetze machen – jetzo haben sie öftern Genuß und Gebrauch des Rechts, folglich ihrer Persönlichkeit, die sie von bloßen Mitteln unterscheidet, folglich ihrer Freiheit. Vorher auf ihren zehn Inseln waren sie mehr *ungebunden* als *frei*. Je mehr die Gegenstände ihrer Gesetze sich veredeln, desto mehr sehen sie, daß das Gesetz den innern Menschen mehr angehe als der Schutthaufen, den es beschirmt, das Recht mehr als das Eigentum, und daß der edle Mensch seine Güter, seine Gerechtsame, sein Leben verfechte, nicht wegen ihrer Wichtigkeit, sondern wegen seiner Würde. – Ich will die Sache von einer andern Seite beschauen, um den Satz zu verteidigen, womit ich die Rede anfing. Wenn ein Volk seine Verfassung hasset: so geht der Zweck seiner Verfassung, d.h. seine Vereinigung, verloren. Liebe der Verfassung und Liebe für seine Mitbürger als Mitbürger ist eins. Ich hole so aus: wären alle Menschen weise und gut, so wären sie alle einander ähnlich, folglich gewogen. Da das nicht ist: so ersetzt die Natur diese Güte durch Ähnlichkeiten der Triebe, durch Gemeinschaft des Zwecks, durch Beisammenleben u.s.w. und hält durch diese Bänder – der ehelichen, der Geschwister- und der Freundesliebe – unsere glatten schlüpferigen Herzen zusammen in verschiedenen Entfernungen. So erzieht sie unser Herz zur höhern Wärme. Der Staat gibt ihm eine noch größere, denn der Bürger liebt schon mehr den Menschen im Bürger als der Bruder ihn im Bruder, der Vater im Sohn. Vaterlandliebe ist nichts als eine eingeschränkte Weltbürgerliebe; und die höhere Menschenliebe ist des Weisen große Vaterlandliebe für die ganze Erde. In meinen jüngern Jahren war mir oft die Menge der Menschen schmerzlich, weil ich mich unvermögend fühlte, 1000 Millionen auf einmal zu lieben; aber das Herz des Menschen nimmt mehr in sich als sein Kopf, und der bessere Mensch müßte sich verachten, dessen Arme nur um einen einzigen Planeten reichten.«...

[1] Viktor nahm zu seinem Bunde zehn Personen, vielleicht weil gerade so viele zu einem Tumulte gehören. Hommel rhapsod. observat. CCXXV.

– Jetzo setz' ich wie in einer Komödie nur die Namen der Spieler vor die Anmerkungen. Der kalt-philosophische *Balthasar*: »Daher muß die ganze Erde einmal ein einziger Staat werden, eine Universalrepublik; die Philosophie muß Kriege, Menschenhäß, kurz alle mögliche Widersprüche mit der Moral so lange gutheißen, als es noch zwei Staaten gibt. Es muß einmal einen Nationalkonvent der Menschheit geben; die Reiche sind die Munizipalitäten.«

Matthieu: »Jetzt leben wir also erst im 11ten Oktober und ein wenig im 4ten August.«

Viktor: »Wir sehen, gleich dem David, den salomonischen Tempel nur in Träumen und die Stifthütte im Wachen; aber *die* Philosophie wäre jämmerlich, die von den Menschen nichts foderte, als was diese bisher ohne Philosophie leisteten. Wir müssen die Wirklichkeit dem Ideal, aber nicht dieses jener anpassen.«

Der heiß-philosophische *Melchior*: »Die meisten jetzigen Bewegungen sind nur Griffe, die ein unter dem Gehirnbohrer Schlafender nach der blutigen Gehirnhaut tut. – Aber die fallende Stalaktite der Regentschaft tropfet endlich mit der steigenden Stalagmite des Volkes zur Säule zusammen.«

Flamin: »Setzen aber nicht Sparter Heloten voraus, Römer und Deutsche Sklaven, und Europäer Neger? – Muß sich nicht immer das Glück des Ganzen auf einzelne Opfer gründen, so wie ein Stand sich dem Ackerbau widmen muß, damit ein anderer dem Wissen obliege?«

Kato der Ältere: »Dann spei' ich aufs Ganze, wenn ich das Opfer bin, und verachte mich, wenn ich das Ganze bin.«

Balthasar: »Besser ists, das Ganze leidet freiwillig eines einzigen Gliedes wegen, als daß dieses wider seine gerechte Stimme für das Ganze leide.«

Matthieu: »Fiat justitia et pereat mundus.«

Viktor: »Auf deutsch: das größte physische Übel muß man vorziehen dem kleinsten moralischen, der kleinsten Ungerechtigkeit.«

Melchior: »Durch die physische, von der Natur gemachte Ungleichheit der Menschen wird irgendeine politische so wenig entschuldigt als durch Pest der Mord, durch Mißwachs das Kornjudentum. Sondern umgekehrt muß eben die politische Gleichheit das Ersatzmittel der physischen sein. Im despotischen Staat kann die Aufklärung wie das Wohlleben an Innengehalt größer sein, aber im freien ist sie an Außengehalt größer und unter alle verteilt. Denn Freiheit und Aufklärung erzeugen einander wechselseitig.«

Viktor: »Wie Unglaube und Despotie. Ihre Behauptung zeigt den Völkern zwei Wege, einen langsamern, aber gerechtern, und einen, der beides nicht ist. – Die wilden Eingriffe ins *Zifferblattrad* der Zeit, das tausend kleine Räder drehen, verrücken es mehr, als sie es beschleunigen, oft brechen sie ihm Zähne ab[1]: hänge dich ans *Gewicht* des Uhrwerks, das alle Räder treibt; d.h. sei weise und tugendhaft, dann bist du groß und unschuldig zugleich und bauest an der Stadt Gottes, ohne den Mörtel des Bluts und ohne die Quader der Totenköpfe.« –

Hier wird diese politische Predigt ausgeläutet, unter welcher Viktor seiner sokratischen Haltung und Mäßigung ungeachtet doch diese wilden Köpfe zu Freunden des seinigen machte. Dem einzigen Matthieu war nur um Spott zu tun, auf den er jeden Ernst zurückführte, anstatt es umzukehren. Er hatte in einem eigentümlichen Grade jene Unverschämtheit von Stand, gewisse Torheiten zugleich zu begehen und zu verspotten, gewisse Toren zugleich zu suchen und zu verachten und gewisse Weise zugleich zu meiden und zu loben. Wo er nur konnte, bewarf er den gutmütigen Fürsten von Flachsenfingen mit satirischen Distelköpfen und zeigte eine Feindseligkeit gegen den Ehemann, die sonst das Zeichen einer zu großen Freundschaft gegen die Frau ist. – So sagte er heute in Beziehung auf Jenners oder Januars Neigungen, die mit seinem *Monats*- und *Heiligen*-Namen abstechen: »Für den heiligen Januarius in Puzzolo[2] war ein Fisch der Doktor Kuhlpepper.« –

[1] Denn es gibt keine großen Begebenheiten aus kleinen Ursachen, sondern nur große aus 1000000 kleinen Ursachen, wovon man immer die letzte für die Mutter der großen Geburt ausgibt. Ist denn das Zündpulver die Ladung des Geschosses?

[2] Für diese Statue konnte nämlich kein Bildhauer eine zweite Nase machen, die paßte – denn die erste war abgebrochen –; endlich nach 400 Jahren fand ein Kind in einem großen Fische die marmorne, welche anlag. Labats Reisen 5ter Teil.

Ich gesteh' es, ich habe unter dem ganzen Klub wieder den närrischen Gedanken gehabt, den ich mir schon oft, so toll er ist, nicht aus dem Kopfe schlagen konnte – denn er wird freilich ein wenig dadurch bestätigt, daß ich wie ein Atheist nicht weiß, wo ich her bin, und daß ich mit meinem französischen Namen Jean Paul durch die wunderbarsten Zufälle an ein deutsches Schreibepult getrieben wurde, auf dem ich einmal der Welt jene weitläuftig berichten will – wie gesagt, ich halt' es selber für eine Narrheit, wenn ich mir zuweilen einbilde, es sei möglich, daß ich etwan – da in der orientalischen Geschichte die Beispiele davon tausendweise da sind – gar ein unbenannter Knäsensohn oder Schachsohn oder etwas Ähnliches wäre, das für den Thron gebildet werde und dem man nur seine edle Geburt verstecke, um es besser zu erziehen. So etwas nur zu überlegen, ist schon Tollheit; aber so viel ist doch richtig, daß aus der Universalhistorie die Beispiele nicht auszukratzen sind, wo mancher bis in sein 28stes Jahr – ich bin um zwei Jahr älter – nicht ein Wort davon wußte, daß ein asiatischer oder anderer Thron auf ihn warte, wovon er nachher, wenn er darauf kam, prächtig herunter regierte. Setze man aber, ich würde aus einem Jean ohne Land ein Johann mit Land, so ging' ich sofort aufs Billard und sagte jedem, wen er vor sich hätte. Wäre einer von meinen Landskindern mit da und stieße: so würd' ich ihn dort sofort regieren – und eine Landstochter ohne Bedenken – Ich würde mit Bedacht verfahren und nur mit Subjekten aus meiner Billard-Gespannschaft die wichtigern Ämter besetzen, weil der Regent den kennen muß, den er voziert, welches er beim Spiel bekanntlich am ersten vermag. – Ich würde meinen Landsassen und allen durch ein Generalreglement auf alle Zeiten strenge befehlen, glücklich und wohlhabend zu sein, und wer arm würde, den setzte ich zur Strafe auf halben Sold; denn ich denke, wenn ich die Armut so nachdrücklich untersagte, so würd' es zuletzt so viel sein, als regierten Saturn und ich miteinander. – Ich würde in meinem Staate nicht, wie ein Sultan in seinem Harem, physische Stumme und Zwerge begehren, sondern nach Gelegenheit moralische – Ich gesteh' es, ich hätte eine eigne Vorliebe für Genies und stellte bei allen, sogar beim elendesten Posten die größten Köpfe an. – Ich würde mich vor nichts fürchten (Feinde ausgenommen) als vor der Kopfwassersucht, vor der ein gekröntes Haupt oder ein infuliertes in Ängsten sein muß, wenn es wie ich in dem Doktor Ludwig oder auch in Tissot von den Nerven gelesen hat, daß dergleichen durch starke *Binden* um den Kopf am ersten entstehe, welches ich noch mehr von meiner Krone befahre, zumal wenn der Kopf, der hineingetrieben wird, *dick* ist und sie *eng*...

Wir kommen wieder zur Geschichte. Den andern Tag kehrten Viktor und Flamin, in den schönen, neu angezognen Schlingen des freundschaftlichen Bundes, nach Flachsenfingen zurück. Jetzo konnte Viktor durch Maienthals Himmelpforte eingehen, wenn Klotilde sie nicht verriegelte. Alles kam auf Emanuels Antwort an. Die Mailüfte wehten, die Maiblumen dufteten, die Maibäume rauschten. O wie fachte dieses Wehen die Sehnsucht an, alle diese Seligkeiten in Maienthal zu genießen und das Einlaßblatt zum schönsten Konzertsaal der Natur vom Freunde zu bekommen. Es kam keines; denn es war schon – gekommen durch den Zeidler *Lind* aus Kussewitz, der als Feudal-Postillon vom Grafen O an Matthieu gesendet worden und den Weg über Maienthal genommen hatte. Es war von Emanuel:

»Horion!

Komm eher, Geliebter! Eil in unser Edental, das ein Gartensaal der Natur mit grünenden Wänden zwischen lauter Gängen ist, die aus dem Himmel in den Himmel laufen..Die blumigen lichten Stunden rücken vor dem Auge des Menschen vorüber wie die Sterne vor dem Sehrohre des Himmelmessers. Blütenschlingen aus Jelängerjelieber sind dir gelegt und mit Düften zugedeckt; und wenn du darin gefangen bist, fassen die aufwallenden Düfte dich mit einer Wolke ein, und unbekannte Arme dringen durch die Wolke und ziehen dich an drei Herzen voll Liebe! Ich habe schon Maiblumen aus dem Walde ausgehoben und neben mich gepflanzt – deine Stadt ist ja auch ein Wald um dich stille Maiblume. Ich habe schon zwei Balsaminen und fünf Sommerlevkojen versetzt; aber meine erste versetzte Balsamine war Klotilde. Du siehst, der Frühling streckt sich mit seinen üppigen treibenden Säften auch durch meine aufknospende Seele, und der Mai spaltet an ihr, wie ich jetzt an den Nelken, alle Knospen auf. – Erscheine, erscheine, eh ich wieder trübe werde, und sage dann deinem Julius, wer der Engel war, der ihm den Brief an mich gereicht.

Emanuel.«

*

Julius hatte wahrscheinlich dabei wieder an jenen andern Brief gedacht, den ihm ein bis jetzt unbekannter Engel zum Aufsiegeln auf diese Pfingsten gegeben – Aber was gehen mich hier Engel und Briefe an? Kurier-schreiben will ich jetzt, damit ich das 32ste Kapitel hinausgemacht habe, eh der Hund mit seinem 33sten Pfingstkapitel auftritt, das nicht bloß, weil es 32 Kapitel-Ahnen hat, sondern wegen der wahrscheinlichen Ausgießung eines freudigen heiligen Geistes darin, oder wegen eines ganzen Taubenflugs von heiligen Geistern, und wegen der historischen Gemälde darin – und wegen meiner eignen Anstrengung – ein Kapitel (glaubt man) werden muß, dergleichen in jeder dionysischen Periode kaum ein halbes und in jeder konstantinopolitanischen ein ganzes kann geschrieben werden – Der Pfingst-Hundtag kann lang ausfallen, aber gut und göttlich – Philippine wird den Bruder rütteln und sagen (sie schmeichelt gern): »Paul! Paulus war *auch* im dritten Himmel, aber *so* hat er ihn nicht beschrieben in seinen Briefen an die Römer!« – Ich wollte selber, ich könnte meinen 33sten Hundtag lesen, bevor ich ihn gemacht...

Das Viele, was ich noch mit Wenigem und mit der bisherigen Eile herzuwerfen habe, ist laut den Kürbis-Akten das: Viktor freuete sich ebenso wie ich auf die Pfingst-Evangelien. Sein Gewissen setzte seinem Genusse nicht das dünnste Speisegeländer, nicht den niedrigsten Weidstein weiter in den Weg, und er konnte wie eine unschuldige Freude zur geliebten Klotilde gehen und sagen: nimm mich an. Er tat jetzt die Abschied- und Krankenbesuche bei Hofe regelmäßig ab und schor sich um kein Wort voll Höllenstein und um kein Auge voll Basiliskengift. Er verdoppelte die schönern Besuche bei Flamin, um dessen edle Versöhnung mit einer wärmern Freundschaft zu belohnen, und er drückte auf die vergangne Geschichte und auf den Gegenstand der Eifersucht das Sekretinsiegel des schonenden Schweigens. Seine Träume stellten zwar bei ihrem Theater voll Schattenspielen und Lufterscheinungen Klotildens Gestalt nicht an (gerade die geliebtesten Gesichter versaget der Traum), aber indem sie ihn in die alten dunkeln Regenmonate führten, wo er wieder unglücklich und ohne Liebe und ohne die teuerste Seele war, so gaben sie ihm durch die niedergeregnete Nacht einen hellern Tag, und die verdoppelte Wehmut wurde zur verdoppelten Liebe – Und wenn er am Morgen nach solchen Träumen vom vergangnen Traum durch den Maien-Reif neben den üppigen Freudentropfen der Weinreben und unter dem Morgenwind, der ihn mehr trug als kühlte, hinaustrat, um die festen westlichen Wälder, die mit einem grünen Vorhang die Opernbühne seiner Hoffnung verhingen, wie teure Reliquien mit den sehnenden Augen zu betasten – – Ein Rezensent, der sich an meine Stelle setzt, kann mir unmöglich bei dieser Kürze der Zeit und auf meiner Extrapostkutsche des Phöbuswagen (jetzt in den kürzern Tagen) zumuten, dem langen Vorsatze seinen *Nachsatz* zu geben.

Sogar der steilrechte Klimax des Barometers und das waagrechte Strömen des Ostwindes faßten die Segel seiner Hoffnung an und zogen ihn in das stille Meer der Pfingst-Zukunft und in den Kalender von 1793, um zu sehen, ob der Mond zu Pfingsten voll wäre – Beim Himmel, er wirds wenigstens halb, welches noch viel besser ist, weil man ihn sogleich bei der Hand mitten am Himmel hat, wenn man seinen Abend anfangen will...

Ich hab's doch durch außerordentliches Rennen dahin gebracht, daß ich mit dem 32sten Hundposttage fertig bin, eh Spitz mit seinem Freudenpokal am Halse über das indische Meer gesetzt ist – Und da ich ohnehin nach der capitulatio perpetua mit dem Leser (bei der bekanntlich die Fürsten- und Städtebank ins Gras beißet) jetzt einen Schalttag machen muß: so will ich dazu die Vakanz des Hundes verwenden; aber ich flehe alle meine *Tagwähler* und Kunden, die bisher am Springstabe des Zeigefingers über die Schalttage weggesetzt sind, ernsthaft an, es bei diesem nicht zu tun, erstlich weil ich erbötig bin, mich erschießen zu lassen, wenn ich in diesem Schalttage mein obwohl unter mehren Regierungen bestätigtes Schalttags-Privilegium, die witzigsten und tiefsinnigsten Sachen vortragen zu dürfen, nur im geringsten exerziere – und zweitens weil der Hund schon am Schalttage in den Hafen laufen und mir Fakta bringen kann, die ich nicht im 33sten Hundtage auftische, sondern schon am – VIII. *Schalttage* oder an der VIII. *Sansculotide.*

– Der Inhalt davon ist, gleich der Gegenwart, ein toller Vorbericht von der Zukunft. –

Ich muß sagen, wenn erstlich *Bellarmin* (der katholische Vorfechter und Kontradiktor) behauptet, jeder Mensch sei sein eigner Erlöser – woraus meines Erachtens folgt, daß er auch seine eigne Eva und Schlange für seinen antiken Adam ist – wennn zweitens die Feder eines außerordentlich guten Autors eine Lichtputze der Wahrheit ist, so wie umgekehrt dem Herrn von Moser im Gefängnis die Lichtputze die Feder war – wenn drittens der Despotismus statt der lebendigen Baumstämme zuletzt (denn er sägt in die Welt hinein wie blind) den Thron-Sägebock selber zersägen kann – ferner muß ich sagen, wenn viertens jede Handlung (sogar die schlimmsten) wie Christus zwei unähnliche Geschlechtregister hat – wenn vollends fünftens ein und der andere Rezensent sein kritisches Auge, womit er alles besieht, nicht auf dem Scheitel-Wirbel trägt (wie etwan Muhammeds Selige, um die *Schönheiten* nicht zu sehen), noch wie Argus hinten und vornen, sondern wirklich vornen gleich unter dem Magen über dem Gedärm mitten im Nabel, wenn dieser Mann noch dazu kein anderes Herz besitzt als das leinene, das die Nähterin unten im Winkel des Hemdjabots einflickt und das auf der Herzgrube aufliegt, die man gescheuter die Magengrube nennen sollte – endlich muß ich sagen (wenigstens kann ichs), wenn sechstens wahrer Zusammenhang, strenge Paragraphen-*Verkettung* vielleicht die größte Zierde und Seele der *ungebundnen* Rede ist, die aber einem *gebundnen* Klaviere gleicht, und wenn daher der Verstand, wie eine epische Handlung, am Ende der (rhetorischen und der Zeit-) Periode anfangen muß, weil sonst gar keiner dawäre:..

– Es wird aber auch keiner mehr kommen. – Aber jene vier Punkte sehen wie die *Hasenfährte* im Schnee aus. – Kurz: der Spitzhund, unser biographischer Handlanger und Spediteur, liegt schon unter dem Tische und hat einige elysische Felder und Himmelreiche abgeladen. – Da ich ohnehin im obigen nicht ganz wußte, was ich haben wollte (ich will nicht gesund vor dem Publikum sitzen, wenn ichs gewußt): so erwies mir der Hund einen wahren Liebedienst, daß er dem Perioden den Nachsatz-Schwanz sozusagen gar abbiß. Es war ohnehin mein Plan, bloß so lange Hasensprünge zu machen in einem ellenlangen Perioden, bis der Hund mir die Angst über die Zweifelhaftigkeit der Pfingstreise benommen hätte. – Überhaupt wollt' ich nie Worte und Gedanken miteinander aufwenden, sondern *diese* sparen, wenn ich *jene* vertat; Peuzer schrieb längst an die Regensburger und Wetzlarer: viele Gedanken brauchen einen kleinen Wortfluß, aber je größer der Bach ist, desto kleiner kann das Mühlrad sein. – Einen rechtschaffenen Rezensenten kränkt ein lakonisches Buch auch schon darum (nicht bloß weil das Publikum es nicht versteht), weil ein Deutscher ja an den Juristen und Theologen die besten Muster vor sich hat, weitschweifig zu schreiben, und zwar mit einer Weitläuftigkeit, die vielleicht – denn der Gedanke ist die Seele, das Wort der Leib – unter den *Worten* jene höhere Freundschaft der Menschen stiftet, die nach Aristoteles darin besteht, daß *eine* Seele (*ein* Gedanke) in mehrern Körpern (Worten) zugleich wohnet. –

– Ich hebe Viktors Vigilie, den heiligen Abend vor Pfingsten, jetzt an. Es war schon Sonnabend – der Wind ging (wie die Wissenschaften) von Morgen – das Quecksilber sprang in der Barometerröhre (wie heute in meinen Nervenröhren) fast oben hinaus. – Flamin war friedlich von seinem Freunde am Freitage geschieden und kehrte vor fünf Tagen nicht zurück. – Viktor will morgen, am ersten Pfingsttag, vor der Sonne aufbrechen, um am dritten wieder zurückzukommen, wenn sie in Amerika aussteigt. – (Ich wollt', er bliebe länger.) – Es ist ein schöner *blauer Montag* in der Seele (jeder blaue Tag ist einer) und eine schöne Dispensation von der Trauerzeit des Lebens, wenn man (wie mein Held) das Glück hat, an einem heiligen Abend, unter dem Gebetläuten, und wenn der Mond schon über die Häuser herauf ist, vor den Aussichten in die schönsten Pfingsttage und in die schönsten Pfingstgesichter, ruhig und schuldlos in Zeusels Erker zu sitzen, alle Voressen der Hoffnung anzuschneiden, alle Vorsteckrosen und Anzeigen des schönsten Morgens zu sammeln und unter den lärmenden Budenvorspielen des Festes den zweiten Teil der *Mumien* gerade in den Freudensektoren zu lesen, wo ich meinen und Gustavs Einzug in das himmlische Jerusalem zu Lilienbad abzeichne. – – Alles das hatte, wie gesagt, der Held....

Aber als er, der zwischen seiner Pfingstreise und jener Badreise im Buche so viele Verwandtschaft ausfand, endlich mit seiner bewegten Seele an die Zerstörung jenes Jerusalems kam: so sagte er mit dem ersten traurigen Seufzer für heute: »O du gutes Schicksal, ein solches Schlachtmesser lege nie am Herzen meiner Klotilde an: ach ich stürbe, wenn sie so unglücklich würde wie Beate.« – Und er dachte weiter nach, wie die roten Morgenwolken der Hoffnung nur schwebender erhöhter Regen sind und wie oft der Schmerz der bittere Kern der Entzückung ist, gleich dem goldnen Reichsapfel des deutschen Kaisers, der zwar 3 Mark und 3 Lot schwer ist, aber innen mit Erde ausgefüllet...

Beim Himmel! wir versalzen uns da alle mit Nachtgedanken den heiligen Abend ohne Not, und es weiß keiner von uns, warum er so seufzet. – Ich habe ja das ganze Pfingstfest schon kopeilich vor mir, und es steht kein einziges Unglück darin, es müßte denn Viktor noch einen vierten Pfingsttag als Nachsommer anstoßen, und in diesem müßte es etwas absetzen. Ich gestehe es, ich bin gern ästhetischer frère terrible und setze der Welt, die in meine unsichtbare Mutter-Loge sich hineinlieset, gern den Degen auf die Brust und dergleichen Streiche mehr – das kömmt aber davon, weil man in der Jugend Werthers Leiden lieset und besitzt, von welchen man, wie ein Meßpriester, ein unblutiges Opfer veranstaltet, ehe man die Akademie bezieht. Ja wenn ich noch heute einen Roman verfaßte: so würd' ich – da der blauröckige Werther an jedem jungen Amoroso und Autor einen Quasichristus hat, der am Karfreitage eine ähnliche Dornenkrone aufsetzt und an ein Kreuz steigt – es auch wieder so machen....

– Aber es ist Zeit, daß ich mein Maienthal öffne und jeden einlasse. Ich will nur nicht länger verheimlichen, daß ich gesonnen bin, dieses ganze Paphos und Rittergut an den Leser gar zu verschenken, wie Ludwig XI. die Grafschaft Boulogne der heiligen Maria zuwarf. Ich gedenke dadurch vielleicht über andere Schriftsteller, die ihren Lesern nur ihre Kiele bescheren, ebenso weit vorzustechen als der König über den alten Lipsius, der der Maria nur seine silberne Feder vermachte. Anfangs wollt' ich dieses Elysium mit seinen dreimähtigen Wiesen und Nadelhölzern selber behalten, weil ich im Grunde ein armer Teufel bin und wirklich nicht mehr einzunehmen habe als ein Prinz von Württemberg sonst, nämlich 90 fl. rhn. Apanage und 10 fl. zu einem Ehrenkleide, und weil ich mir auf die mir von Gott und Rechts wegen zuständigen zwei Quadratmeilen Landes – denn soviel wirft die ganze Erde bei ihrer gleichen Zerschlagung nach einem guten Teilplane auf den Mann aus – wahrlich so wenig Rechnung mache, daß ich die zwei Meilen an jeden gern um einen elenden Schaf-Pferch hingeben will. – Und was mich am meisten zurückzog, diese Schenkung unter den Lebendigen mit meinem Maienthal zu machen, war die Sorge, daß ich ein Feudum Leuten, Lesern, Landboten, Knäsen zuwende, die tausendmal größere Woiwodschaften und Schatullgüter innenhaben und die man aufbringt, wenn man sie der Maria ähnlich macht, die aus einer Himmels-*Königin* eine Gräfin von Boulogne wurde, oder dem römischen Kaiser, der zugleich am Kröntage ein Mitglied des Marienstifts zu Aachen werden muß. –

Aber was können denn alle ihre Majorate – ihre Deutschmeistereien – ihre Afterlehn – und ihre patrimonia Petri (eine Anspielung auf *mein* patrimonium *Pauli*) – und ihre großväterlichen Güter und alles ihr auf das Erdenschiff geladne Schiffgut, kurz ihre europäischen Besitzungen auf der Erde, was können, sag' ich, diese Holländereien für Produkte liefern, die vor den maienthalischen nur von weitem beständen? Und wachsen auf ihren Kronengütern himmelblaue Tage, Abende voll seliger Tränen, Nächte voll großer Gedanken? – Nein, Maienthal trägt höhere Blumen, als die das Vieh abreißet, schönere Hesperiden-Äpfel, als die Obstkammern bewahren, überirdische Schätze auf unterirdischen, Eden-Kompetenzstücke, wie Klotilde und Emanuel sind, und alles, was unsre Träume malen und unsre Freudentränen begießen. –

– Und eben dies entschuldigt mich, wenn ich das maienthalische Freuden-Tafelgut tausend Mitwerbern abschlage, wenn ich als dessen Lehnprobst mit diesem schwäbischen Schupflehn nicht belehnen kann solche Leute, die auch zu keinem eigentlichen Feudum taugen, moralische Blinde, Lahme, Minderjährige, Verschnittene etc. – Und hier muß ich mir viele Feinde machen, wenn ich aus den Vasallen und Mitbelehnten, denen man das Maienthal mit allen seinen poetischen Nutznießungen zu Lehn gibt, namentlich alte Salbader ausstoße, die den *Rittersprung* der Phantasie nicht mehr tun können – 47 Scheerauer und 103 Flachsenfinger, deren Herzen so kalt sind wie ihre Kniescheiben oder wie Hundschnauzen – die größten Minister und andere Große, an denen wie an *großen* gebratnen Fleischklumpen bloß die Mitte noch roh ist, nämlich das Herz – $^1/_2$ Billion Ökonomen, Juristen, Kammer- und Finanzräte und Plus-, d.h. Minusmacher, in denen die Seele, wie an Adam der Leib, aus einem Erdenkloße geknetet worden, die einen Herzbeutel haben, aber kein Herz, Gehirnhäute ohne Gehirn, Pfiffigkeit ohne Philosophie, die statt des Buchs der Natur nur ihre Manualakten und Steuerbücher lesen – endlich die, die nicht Feuer genug haben, um vor dem Feuer der Liebe, der Dichtkunst, der Religion zu entbrennen, die statt weinen greinen sagen, statt dichten reimen, statt empfinden rasen....

Bin ich denn toll, daß ich mich hier so erbose, als wenn ich nicht auf der andern Seite das schönste Leser-Kollegium, das ich zum primus adquirens des maienthalischen Männer- und Kunkellehns erhebe, vor mir hätte; eine mystische moralische Person, die es einsieht, daß der Nutzen nur eine niedrigere Schönheit und die Schönheit ein höherer Nutzen ist? – Es ist allen Empfindungen eigen (aber nicht den Einsichten), daß man sie nur allein zu haben glaubt. So hält jeder Jüngling seine Liebe für eine außerordentliche Himmelerscheinung, die nur einmal in der Welt sei, wie der Stern der Liebe, der Abendstern, oft einem Kometen gleichsieht.

Aber es wird nicht lauter Flachsenfinger und Holländer geben, die auf die Alpen steigen, weniger um große Gedanken und *Erhebungen*, als um *Sedes*[1] zu haben, oder zu Schiffe gehen, nicht um auf das erhabne Meer den Blick des Dichters zu werfen, sondern um die Schwindsucht zu verfahren... Sondern es wird überall in jedem Marktfleck, auf jeder Insel schöne Seelen geben, die der Natur am Busen ruhen – die die Träume der Liebe achten, wenn auch sie selber aus ihren eignen wach geworden – die mit rauhen Menschen umpanzert sind, vor denen sie ihre Idyllenphantasien über das zweite Leben und ihre Tränen über das erste verhüllen müssen – die schönere Tage geben, als sie empfangen – diesem ganzen schönen Bunde mach' ich das verschenkte Feudum von Maienthal, wovon schon so viel Redens war, endlich auf und gehe als beleihender Lehnhof mit einigen Freunden und Freundinnen und meiner Schwester vorn an der Spitze voran hinein.

Nachschrift oder eigenhändige Dispensationbulle. Der Berghauptmann kann nicht leugnen, daß der S.T. Verfasser dieser Lebensbeschreibung dadurch, daß der Hund faul ist, und daß diese Posttage voluminöser sind, und daß er in diesem Kapitel gar zwei in eines zusammengeschmolzen hat, hinlänglich bei denen entschuldigt ist, die das Recht haben, ihn zu fragen, warum er erst in der Mitte des Septembers oder Fruktidors den 32sten Posttag hinausgebracht. Vier Monate weit sitzet er noch mit seiner Beschreibung von der Geschichte ab. 1793.

J.P.

Erster Pfingsttag
(33. Hundposttag)

Polizeiordnung der Freude – Kirche – der Abend – die Blütenhöhle

Viktor war am Pfingstmorgen kaum aus seinem Schlafe, obwohl nicht aus seinen Träumen erwacht: so sagte ihm das Leisereden aller seiner Gedanken, die elysische Stille durch sein ganzes Herz,

[1] Nach Scheuchzer sind Alpen die beste Arznei gegen Verstopfung.

daß heute seine *Sabbatwochen* angehen. Ohne *Vorwürfe* und *Vorsätze* eines Fehltritts, ohne einen Seufzer seines Gewissens ging er unschuldig der Freude und der Liebe entgegen. Je zärter und weicher eine Blume der Freude ist, desto reiner muß die Hand sein, die sie abbricht, und nur tierische Weide verträgt den Schmutz; so wie diejenigen, die den Kaisertee abpflücken, sich vorher alle grobe Kost versagen, um das gewürzhafte Laub unbesudelt abzunehmen. – Viktor hatte draußen kaum Morgenröte genug, um auf seiner breiten Stundenuhr vom Zeidler Lind die erste Stunde seines Sabbats zu sehen; aber diese Uhr, der Schrittzähler auf dem so schönen Lebenswege des Bienenvaters, und der Frühgottesdienst der Natur, der in Stille besteht, machten seinen Vorsatz fester, sein jetziges Leben dem zweiten nach dem Tode als einen stillen, kühlen, gestirnten Frühlingmorgen vorauszuschicken.

»Bei euch schwör' ich« – sagt' er, als nach und nach immer mehr Lerchen aus ihrem Tau mit Singen in die Morgen-Hora stiegen – »ich will, sogar in der Freude, gelassen bleiben ganze dreißig Jahre lang in einem fort, wenigstens drei ganze Pfingsttage – ich will ein Universität- und Hausfreund, aber nicht ein Wertherscher Liebhaber der Freude sein – Handelt nicht der Mensch, als müßte sein Lebensteig eine Brücke zusammengeschobener Honigwaben sein, durch die er mottenartig sich durchzukäuen habe, als wären seine Hände nur zwei Zuckerzangen der Lust? – Ich will wieder meinen Freuden und meinen Schmerzen den Scherz als einen Zaum anlegen. Die warmen Tränen der Melancholie, besonders die der Entzückung, eine Art heißer Dämpfe, die stärker treiben und zersetzen als Schießpulver und papinische Maschinen, will ich wohl noch vergießen, aber vorher ein wenig kühlen. – Und wenn ich Klotilde nicht jeden Vormittag ansichtig werde: so will ich bloß sagen: ein Mensch kann nicht immer im dritten Himmel sein, er muß auch zuweilen im ersten übernachten.« – – Er hat vielleicht mehr Recht als Kraft; aber es ist wahr, die Gesundheit des Herzens entfernet sich gleich weit von hysterischen Zuckungen und von phlegmatischer Erstarrung, und die Entzückung grenzet näher an den Schmerz als die Ruhe. Aber keine

Ruhe und Kälte ist etwas wert als die *erworbene* – der Mensch muß der Leidenschaften zugleich *fähig* und *mächtig* sein. Die *Überströmungen* des Willens gleichen denen der *Flüsse*, die alle *Brunnen* eine Zeitlang verunreinigen; nehmet ihr aber die Flüsse weg, so sind die Brunnen auch fort. –

Das Morgenrot deckte eine ferne Sonne nach der andern zu; und als endlich die nahe aufgegangen war oder vielmehr die Natur: so konnte Viktor – sehen und lesen und mein Werk (die bekannten *Mumien*) aus der Tasche ziehen. Ein Buch war für ihn in der treibenden freien Natur eine *Gartenschere* seiner üppig aufschießenden Träume und Freuden. Dieser mit einem ganzen Frühling prangende Morgen, dieses Schimmern auf allen Bächen, dieses Summen aus Blüten in Blüten, dieses hängende blaue Meer, worüber die Sonne wie ein Bucentauro schiffte, um auf den Meergrund der Erde den Vermählungring zu werfen, eine solche Gegenwart würde neben einer solchen Zukunft schon in der dritten Stunde ihm die Kraft genommen haben, seiner neuen Staatverfassung zufolge über seine Wonne zu regieren und immer soviel Ruhe zu bewahren, als zur *Mitteltinte* zwischen einem entzückten und einem trüben Tage nötig ist – ich sage, er würde das nicht vermocht haben ohne seinen Lebensbeschreiber, ich meine, wenn er nicht mein Buch vorgenommen hätte, in dessen zweiten Teile er noch den Schulmeister *Wutz* zu lesen hatte. Aber dieses gelehrte Werk setzte – getrau' ich mir ohne Eigendünkel zu schmeicheln – seiner Entzückung die ordentlichen Grenzen. Denn so – indem er lesend ging (wie andere, z.B. Rousseau und ich, lesend essen und bald aus dem Teller, bald aus dem Buche einen Bissen nehmen) – indem er dem Leben des Schulmeisters so lange zuschauete, bis ein neues Tal aufging oder ein neues Wäldchen – indem er bald diesem abgedruckten Kantor, bald einem lebenden zuhorchte, vor dessen Pfingstliedern er vorbeiging: so konnte er seine Ideen bei allen ihren Rondos und Rösselsprüngen in einer solchen schönen Ballordnung und Kirchenzucht erhalten, daß er so glücklich war als der gelesene Wutz. Ich schrie ihm noch dazu in einem fort aus meinen Mumien zu, gescheit zu sein und auf mein Schulmeisterlein als einen Flügelmann der Freudenhandgriffe achtzugeben und jeden Tag, jede Stunde *auszukernen.* »Ich bin ohnehin verdammt,« (sagt' er) »wenn ichs nicht tue: ist denn nicht, du guter Gott, schon das Gefühl des Daseins ein *stehendes* Vergnügen und der erste süße Imbiß nach jedem Erwachen?« – Er dachte zwar daran, daß die Kultur uns Brillen gebe und dafür die Zungenwärzchen nehme und uns die Freuden durch bessere Definitionen derselben vergüte (so wie der Seidenwurm als Raupe *Geschmack*, aber keine *Augen*, und als Schmetterling Augen ohne jenen hat), er gestand sich zwar zu, er habe zu viel Verstand, um soviel Vergnügen zu haben wie der Auenthaler Schulmann Wutz, und er philosophiere dazu zu tief; aber er bestand auch darauf: »eine höhere Weisheit müsse doch (weil sonst der Allweise der Allunglückliche sein müßte) wieder aus dem schwülen Hörsaal-Parterre den Weg in ein Blumenparterre finden. Hohe Menschen tragen wie die Berge den süßesten Honig.«...

Ob er gleich schon im letzten Dorfe, gleichsam der Vorstadt von Maienthal, ausläuten hörte: so erzürnte er sich doch nicht über die Verspätung des Eintritts. Ja um sich selber zu zeigen, er sei der Philosoph Sokrates, schritt er mit Fleiß träger fort und libierte nicht wie der Athener den Freudenbecher, sondern füllte ihn gar noch nicht. »Werde immer«, sagt' er zu einem aus Lilien-Samenstaub zusammengelaufenen Wölkchen, »vor mir früher über die *Guten* geweht, du Wolkensäule vor dem gelobten Land! – Und dein kleiner Schatten silhouettiere ihnen den festern, der träger nachkömmt und den das Himmelblau später einsaugt!« – Und eh' ihn der herumgekrümmte Fußsteig vor das mit Blumen behangne Tor des Tals stellte, worin die geliebte Wiege und Baumschule seiner schönen dreitägigen Zukunft stand: so hielt ihn noch eine zugeknöpfte Distel auf, um deren versiegelte Honiggefäße ein weißer Schmetterling seine dritte Parallele zog – und die musivischen Disteln auf Le Bauts Diele traten vor ihm ins Leben und zeigten ihm die Stacheln der Vergangenheit; da fand er es jetzt unbegreiflich, wie er seine Schmerzen ertragen können, und leichter, den Freudenhimmel zu tragen.....

Er zog Linds Uhr heraus, um die Geburtstunde seiner Honig- und Flitterzeit zu wissen – gerade um 11 Uhr trat er vor das nette

Dorf, vor das Treibhaus seines Himmels, vor die Pflanzstadt seiner Hoffnung, vor Eden.... Ach das säuselnde, in Lauben verwachsene Dörfchen schien alle seine blühenden Zweige als Arme um ihn zu legen und ihn an sich zu stricken; es war grün und weiß und rot – nicht angestrichen, sondern überlaubt und überblüht. Und als er unter dem Ausläuten – um sich die Umarmung seines Emanuels geizig aufzusparen, und um den maienthalischen Kirchengesang mit einem von der Natur geöffneten Herzen zu beschleichen – in das lange saubere Dörfchen sich stahl und den Freundschaftzoll auf eine Minute bei Emanuels Hause umfuhr: so war ihm, als wenn sein stillfrohes Herz sich in den stillen Gassen mit den Vögeln auf den die Fensterscheiben vergitternden Kirschenzweigen wiegte und mit den Bienen in den Kirschenblüten schwankte. »Komm nur herein,« (schien alles zu sagen) »du guter Mensch, wir sind alle glücklich, und du sollst es auch werden.« – Er trat an die blanke Kirche, deren blendende Übertünchung dem Himmelblau durch den Abstich ein erhabenes Dunkel zuwarf, und sein pochendes Herz zitterte glücklich mit der wogenden Orgel darin und mit der vor dem Kirchtore raschelnden eingerammten Birke und mit dem trocknen, vom Morgenwind gebeugten Maienbaum mitten im Dorfe....

»Aber«, sagt mein Leser, »konnte denn sein Auge so lange die schönern Prospekte und sein Herz die geliebtere Schönheit entraten und statt der Abtei nur die Kirche aufsuchen?« – O er sah zu allererst nach jener, und sein Auge lief zitternd um alle Fenster seines Sonnentempels; aber da er daran alle offen und leer und alle Vorhänge aufgezogen antraf: so vermutete er, daß die schönen Konklavistinnen desselben und darunter die Konklavistin seiner Brust da wären, wo er sie suchte – – und fand: im Tempel. Er stieg unter dem Heruntertraben der Kirchgänger ungehört hinauf in die außen leer scheinende adelige Frontloge, dieses Blumengestell der Stift-Nonnen. Es war heute nichts darin als entfallne Birkenblätter; denn die sämtlichen Nonnen und die Äbtissin und Klotilde standen – unten in der Kirche und faßten den Altar mit einem Chor von singenden Engeln ein und empfingen daran das Abendmahl. – Mit einem Freudenschauer blickte er die Königin seines Himmels an, die so teuer Geliebte und so Unverdiente, den glänzenden Engel, der seine Hülle aus Erdenschnee mit der himmlischen Wärme zu Tränen zerschmilzt, um bald unsichtbar zu werden. – – Sein Geist bog sich, als sie kniete: »Himmelfrieden trinke« (sagt' er) »aus dem Ordenkelch des großen Menschen, unter dessen Gedanken keine Wolke und kein Seufzer war – o der Gedanke, den du jetzo mit so fester Andacht anschauest, müsse immer leuchtender und unbeweglich wie eine Sonne werden und immer ein warmes Abendlicht über die müde Seele werfen!« – Dieser Engel im Trauerkleide zog in seinem Innern durch eine Totenauferweckung alle Tugenden seines Lebens und alle Fehler desselben herauf und gab jenen einen Himmel und diesen ihre Hölle; daher war er jetzt zu heilig, um eine Heilige zu stören durch seine Erscheinung, wenn anders ihr ruhendes, nur in fromme Rührungen eingesenktes Auge, das nicht einmal auf die nähern frommen Schönheiten zur Höhenmessung der Taille fiel, sich bis zu ihm hätte versteigen können. Die Birke am ersten Fenster der Empor nahm er als belaubten Fächer vor; – dieser grüne, an seinen Wangen spielende Schleier bedeckte seine Aufmerksamkeit und seine Freudentränen vor der ganzen Kirche. Der Ort, wo er so glücklich war, schien, nach einer Glas-Inschrift zu urteilen, sonst der gewöhnliche Stand Klotildens gewesen zu sein; denn Giulias ihrer war darneben, wie ich gewiß weiß, weil auf dem Logenfenster ein von einem Kranz umfaßtes G und K eingeschnitten war mit den Worten von Giulia: »So vereinen uns die Blumen des Lebens und der Zirkel der Ewigkeit.«...

Viktor schlich ungesehen und früh sich aus dieser Bilderblinde weggestellter Göttinnen fort und trug das von der Liebe gefüllte Herz an die offne Brust der Freundschaft – an Emanuel. Er sah schon dessen Stifthütte im Tempel der Natur – als seine Entzückung aufgeschoben wurde durch eine frühere. Julius lag im blühenden Grase, von dessen Wellen bespült, und hielt einen Kirschenzweig voll offner Honigkelche in der Hand, um die Bienen an sich zu ziehen und sich an ihrem summenden Schweben über den Blüten zu belustigen. Viktor umschlang ihn und vergaß in der Entzückung, seinen Namen zu nennen – »Bist du mein Engel?« sagte er. – »Ich bin nur dein Viktor!« – »O komm, o komm!« sagte der Blinde, wie ein Wohllaut bebend, und zog den Freund zu Emanuels Haus; aber er führte ihn, hinter der Wolke seiner Augen, den längern Weg und drehte sich noch dazu bei jedem vierten Schritte um zu einer erneuerten Umschlingung.

Als sie ans Wasserrad kamen, das seine Gießkannen laut auf die Blumensaaten ausschüttete und dessen zersplitterte Blitze an den Fenstern und an der Stubendecke Emanuels flatterten: so sagte der Blinde: »Umfasse mich noch einmal recht sehr.« – Aber unter dem Getöse der Regengüsse und unter der Betäubung der Liebe wurden sie von andern Armen als den ihrigen zusammengedrückt, und die zwei jungen Herzen wurden an ein drittes angereiht, und der Indier schauete wie ein Gott der Liebe zwischen sie und sagte: »O ihr guten Jünglinge, bleibet immer so und weinet fort in eurer seligen Liebe! – Sei gesegnet, mein Horion, sei willkommen im großen Frühling um uns her!« – Und als Emanuel und Viktor aneinandersanken, so war es, als ob alle Blumenbeete sich vor Wonne niederbögen, als ob alle Wogen lichter flammten unter darüberfliegenden überirdischen Blitzen, als ob die Zephyre von Seufzern der Liebe anschwöllen, als ob höhere Wesen im freudigen Übermaße flüstern müßten: o, ihr guten Menschen, ihr liebet ja wie wir! –

Ein Arm aus einem Paradiesesflusse trug diese liebende Dreieinigkeit hebend in die übergrünten Zimmer, und hier sah erst Viktor, daß der Frühling auf Dahores Wangen war und der Sommer in seinen Augen, so wie zwölf Wonnemonate in seinem Herzen. Die weißen Trauerrosen auf seinen Wangen, die immer als *Mauerkronen* des Todes dem Johannistage entgegenzublühen schienen, waren den roten gewichen – kurz Emanuels Gestalt gab die Hoffnung, daß er über seinen Tod ein falscher Prophet gewesen sei. – –

In diesem wehenden Zimmer, dessen goldne Wandleisten Lindenäste und dessen Prachttapeten Lindenblättern waren, und über dessen Tür als Türgemälde der Widerschein und die Nebensonnen des schimmernden Wasserrades zitterten, in diesem vom

Freudenmeere der Natur umbrauseten Eiland von Zimmer, durch dessen offne Fenster die Zephyre Schmetterlinge und Bienen über die Fensterblumen in die Linden warfen, gingen meinem Helden, dem noch dazu das Mittaggeläute wie ein Geläute zu einem Friedenfeste der Erde vorkam, die Blumen der Freude, worin er watete, bis an das Herz. – Emanuels Poesie klang ihm in dieser epischen Berauschung wie Prose; er war gleichsam eingesunken in ein Blumengebüsch und erblickte oben darüber einen genesenen Unsterblichen, der die Blütenüberhüllung auseinanderbog – und noch höher eine ewige Pfingstsonne im endlosen Blau – und näher das Sprießen des Blumenlaubes und das Bienengewimmel darüber – und eine goldne Morgenröte als Einfassunggewächs rund um die ganze bunte rauchende Waldung geschlungen....

– Beim Himmel! nur in einer *unfigürlichen* solchen Blumenholzung zu liegen, wäre schon etwas – geschweige gar in einer *metaphorischen*! – Viktor war fromm aus Freude, aus Überfüllung still, aus Dankbarkeit genügsam. Der Anblick des gemeinschaftlichen Lehrers gab zwar Klotildens Bilde wärmere Farben und seiner Seele höhere Flammen, aber seinen Wünschen keine Unersättlichkeit und keine Ungeduld.

Emanuel sprach sogleich von dieser geliebten Schülerin; gar nicht als ob Klotilde ihm den dritten Osterfeiertag klar erzählt oder als ob Emanuel ihn erraten hätte, sondern dieser unschuldige Mensch wußte nur den Unterschied zwischen Liebe und Freundschaft nicht, und er hätte so gut von sich als von Viktor gesagt, er liebe sie. Und eben diese kindliche Unbefangenheit, die einer offnen weiblichen Herzenskammer keine Durchganggerechtigkeit, keine Breschen ablauerte, sondern die eignen entblößte, und die keine Geständnisse erangelte, keine verargte, keine benutzte, diese mußte mit dem gordischen Nervenknoten der Sympathie die scheueste weibliche Seele an eine so offne männliche binden. Ja, ich glaube, Klotilde hätte ihre Liebe leichter ihrem Lehrer als ihrem Geliebten bekannt. – Da ihm dieser Emanuel nun erzählte, wie er ihr alle Szenen seines vorigen Hierseins vorgemalet habe – und alle seine Entzückungen – und sein Geständnis der Freundschaft für sie – wie er ihr seine Briefe vorgelesen und wie der zweite (jener trostlose in der Nacht des Stamitzischen Konzerts) so viele Tränen in ihre Augen getrieben – und da Viktor sah, wie sehr sein Freund ihre Liebe wie einen zugehenden Tulpenkelch auseinandergehaucht habe: so fachte dieses seine Liebe für sie, seine Freundschaft für ihn bis zur Andacht an, und er küßte selig verlegen den Blinden. Aus dieser verdoppelten Liebe erklärt' er sich jetzt Klotildens leichte Einwilligung in seine Pfingstreise.

Er hätt' es für einen Engels- und Petrus-Abfall von der Freundschaft gehalten, bei Emanuel nicht geradezu anzufragen, wann er diese Geliebte – der Tugend sehen dürfe. »Jetzt!« sagte dieser, der ungeachtet seiner indischen achtenden Milde gegen die Weiber die Nasenringe, Bindeschlüssel und Dämpfer unserer Harams-Dezenz nicht kannte. Aber Viktor handelte anders und dachte doch ebenso. Er hatte schon im Auslande gefragt: »Warum läßt man die elende Reichspolizeiordnung für Mädchen stehen, daß sie z. B. nicht einzeln, sondern immer wie Nürnberger Juden unter dem Meßgeleite einer Alten oder wie die Mönche paarweise auswandeln müssen? Nicht etwan als ob mich dies beschwerte, wenn ich einen Roman spielte, aber doch, wenn ich einen schriebe, wo ich mich an das weibliche Marschreglement auf Kosten des kunstrichterlichen halten und ein Geleite von Auxiliar-Weibern durchs ganze Buch mit mir zum Verhack meiner Heldin herumschleppen würde. Müßt' ich nicht, wenn ich sie nur über die Haustüre hinaushaben wollte, mit einer Kronwache von Siegelbewahrerinnen neben ihr herziehen? Wär' ich nicht durch diese verdammte Mitbelehnschaft und Kompagniehandlung mit der Tugend – es fehlte an einer Proprehandlung – genötigt, meiner Heldin wider alle Wahrscheinlichkeit Freundinnen aufzuheften? Ich würd' es zwar einem spanischen Mädchen verdenken, wenn sie mir ihren Fuß, und einem türkischen, wenn sie ihr Gesicht vorwiese, und einem deutschen, wenn es *allein* zum besten Jüngling ginge; aber eben weil die tollsten *blauen Gesetze*, die doch blauer Dunst an blauen Montagen werden, zum wahren Sittengesetze für sie werden: so ärger' ich mich über die jämmerliche Kleinherzigkeit und wünsche nichts verboten zu sehen als das – Walzen und Fallen.«... Er hat hier vielleicht Satire in petto; denn ernsthaft davon zu sprechen, hat diese Heils-Ordnung, daß sich Mädchen bei uns allemal wie Gesuche bei Fürsten in Duplikaten einreichen müssen, offenbar die Absicht, sie alle aneinander zu gewöhnen, weil sie ihre Freundschaft haben müssen zu Besuchen – zweitens sollen Geschwister einander aus den Haaren kommen, weil sie nicht wissen, wenn sie einander bedürfen zu *Rückbürgen* ihrer Tugend und zu Sekundawechseln der Liebe – drittens geben diese Menschensatzungen der weiblichen Tugend durch den *kleinen* Sitten-*Dienst* (weil große Versuchungen zu selten sind) tägliches Religion-Exerzitium und höhere Wichtigkeit und verhalten sich wie die Talmudischen Artikel zur Bibel, wiewohl ein rechter Jude lieber gegen die Bibel als den Talmud verstößt – viertes verdanken wir diesen symbolischen Büchern des Wohlstandes die frühere Bildung des weiblichen Scharfsinns, dem wir leider keine andern Gelegenheiten der Aufmerksamkeit verschaffen, als die der Schwur auf jene Bücher gibt.

Viktor tadelte und befolgte zugleich, wie ein gutes Mädchen, die weiblichen Ordenregeln; der Hof hatte ihn beherzter, aber auch feiner gemacht, und unter den Weibern wurd' er wie jeder mit dem Linienblatt des Zeremoniells versöhnt. Daher wollt' er erst am zweiten Pfingsttage sein ordentliches Gesandtenauffahren bei der Äbtissin abtun, da heute alles zu spät war und er überdies in die schönen frommen Bewegungen drüben nicht wie ein Haarstern fahren wollte. Und seine Zufriedenheit sagte ihm ja auch, wie wenig die *Nachbarschaft* eines geliebten Herzens verschieden ist von der *Gegenwart* desselben, die ohnehin nichts ist als bloß eine nähere *Nachbarschaft.*

Inzwischen überwand er sich doch so weit, daß er mit seinen Zwillingbrüdern des Herzens – hinausging ins Kolosseum der Natur, ob er gleich sich nicht verbarg, draußen werd' er den Schrecken haben, Klotilden zu begegnen. Und Emanuel verringerte diese Sorge schlecht, da er ihm gestand, sie sei bisher alle Tage mit ihrem verwundeten Leben um die Teiche wie um magnetische Heil-Wannen und durch die Flur wie durch Feldapotheken gegangen. – Eilet endlich hinaus, ihr drei guten Menschen, ins Jubiläum des Frühlings, das die Erde jährlich zum Andenken der Schöpfung begeht. Eilet, eh' die Minuten auf eurem Leben, wie die breiten Wellen auf den zwei Bächen, jetzo noch fliehend und schillernd und tönend, zerspringen und auslöschen an einer Trauerweide – eilet, eh' die Blumen eurer Tage und die Blumen der Wiese von dem Abende überzogen werden, wo sie statt der Lebens- und Feuerluft nur giftige verhauchen – und genießet den ersten Pfingsttag, eh' er verrinnt!

– Und er ist verronnen, und ein Sommer liegt heute schon wie ein Grab auf ihm; aber die drei lieben Menschen haben geeilt und ihn genossen, eh' er sich entfärbte.... Sie wandelten unter die aus allen Gesträuchen fliegenden Zephyre hinein, welche die Säemaschinen der Blumen sind – sie traten vor die fünf Taschenspiegel der Sonne, vor die Teiche, da die Flüsse Pfeilerspiegel sind und die bunten Ufer die Spiegeltische – sie sahen, wie die Natur gleich Christus ihre Wunder verbirgt, aber sie sahen auch die Brautfackel des vermählenden Maies, die Sonne, und eine Hochzeitkammer in jedem singenden Gipfel und ein Brautbett in jedem Blumenkelch – sie, die Hochzeitgäste der Erde, schlugen die Biene nicht weg, die um sie honigtrunken taumelte, und trieben die ätzende Mutter nicht auf, vor der der junge Vogel mit zitternden Flügeln zerfloß – und als sie auf alle Erdenstufen des ewigen Tempels, dessen Säulen Milchstraßen sind, gestiegen waren: so sank die Sonne, wie die Gedanken des Menschen, einer andern Welt entgegen....

Der Springbrunnen im *Garten des Endes*[1], der mitten auf dem Abhange des südlichen Berges sich emporrichtet und hoch über den Berg wegschimmert, trug schon auf seiner kristallnen dünnen Säule einen von der Abendsonne zu einem Rubin umgegossenen Schaft, und diese glimmende aufgeblätterte Rose zog sich wie andere entschlafende Blumen schon zu einer roten Spitze ein – und die hängenden Marschsäulen der Mücken im letzten Strahle schienen zu sagen: morgen wird es wieder schön, geht zurück, ach ihr spielt doch länger in der Sonne als wir. –

[1] So hieß der Park der Abtei, den der Lord Horion in seinem romantischen Geschmack anfangen, aber nicht vollenden lassen, weil er auf die Insel der Vereinigung fiel. Ich webe die Beschreibung davon nur stückweise in die Begebenheiten ein..

Sie gingen zurück; aber als Viktor im Abend die fünf hohen weißen Säulen am westlichen Ende des geliebten Gartens blinken sah: wurde sein erhöhtes Herz sehnsüchtig und beklommen, und er wehrte ihm nicht, zu seufzen: »Gute Klotilde! ach ich möchte wohl dich heute noch sehen, mein Herz ist voll Freudentränen über diesen heiligen Tag, und ich möchte es wohl ausschütten vor dir.« – Und als der ganze Park der Abtei sich stolz neben den Abendhimmel stellte und in ihre Herzen trat: sagte auf einmal Emanuel – der sich immer gleich blieb, sogar in seinen Entzückungen –: »Ich will es der Äbtissin schon heute sagen, damit Klotilde sich auf morgen freut«, und er trennte sich.... Schöner Mensch! der du in vier Wochen aus diesem Blumenfrühling zu gehen hoffst in die Sterne über dir – du denkst mehr die Unsterblichkeit als den Tod, dich hat keine drohende Rechtgläubigkeit, sondern die indische Blumenlehre erzogen, darum bist du so selig; du bist ohne Zorn, wie jeder Sterbende, und ohne Gier und ohne Angst; in deiner Seele, wie am Pole, wenn jeden Morgen die schwüle Sonne ausbleibt, geht der *Mond* der *zweiten* Welt den ganzen Tag, die ganze Nacht nicht unter! –

Viktor führte allein den Blinden nach Haus, und beide schwiegen und umarmten sich mit Brudertränen hinter jeder Verhüllung und fragten einander weder um die Ursachen der Umarmung noch der Tränen. Da sie durchs stille Dorf waren und dem Park der Abtei vorbeikamen: sah Viktor seinen Emanuel aus der letzten Laube in das blendende Kloster treten. Es war ihm, als kennte ihn schon jede darin, als müßt' er sich verstecken. Der Garten der Begeisterung sollte in dem Tale nur das Blumenbeet in einer Wiese sein und nicht durch grelle Schranken an der Natur zurückprallen, sondern sanft wie ein Traum ins Wachen durch blühende, belaubte Grenzen in sie überhängen und überfließen durch Hopfengärten, durch grüne, dicht zusammengerückte Zäune um Fruchtfelder und durch versäete Kindergärtchen. Eine weite Kastanien-Säulenreihe, von zwei Bächen in Silber gefasset, schloß sich frei und weit gegen die fünf von Blüten durchbrochenen Teiche auf. Der nördliche Berg richtete sich dem Parke gegenüber wie eine Terrasse empor und führte das Eden scheinbar über ungesehene Täler fort.

Viktor wich jedem aufgehenden Fenster des Klosters durch die Kastanien aus, unter die er seinen Blinden führte und hinter denen er näher und doch unbeobachtet beobachten konnte. Auf dem aus grünenden Dachlatten verwachsenen Wetterdach der Allee lag der Abend, wie ein Herbst, mit rotem durchfallenden Schimmer. Er ging trotz der Gefahr der Ertappung bis in die Mitte, wo die Allee in zwei Arme zerspringt; aber hier wählte er den rechten Arm der belaubten Halle, der sich mit ihm vom Kloster wegbog, so wie von einer Nachtigall, die mitten im Garten aus einer geheiligten Dornhecke ihre Jungen und ihre Töne aussandte. Der Baumgang tat ihm durch die sanften Entfernungen von den Bravourarien der gefiederten Primadonna die Dienste eines Dämpfers und Lautenzugs – leise wurd' er von den Krümmungen, die die allmähliche Verdunkelung und Verengerung der Allee verbargen, fortgezogen zwischen den nachfliegenden Tönen der Nachtigall, zwischen den dünner durch die Blätter tropfenden Abendstrahlen, zwischen den zwei Bächen, die jetzt *innerhalb* der Kastaniengasse dahinschlüpften. – Die Bäche gingen enger aneinander und ließen nur für die Liebe Raum. – Der Portikus senkte sich tiefer herein. – Die zerstreuten Blumen der zwei Ufer drängten sich zusammen und gingen in Gesträuche über. – Die Gesträuche verwuchsen zur Gartenwand und berührten sich anfangs in lose und durchsichtig zuhängenden Gipfeln und endlich in finster zusammengestrickten. – Und die Allee und der unter ihr aufgewachsene Laubengang grünten ineinander hinein, um mit ihren zusammenfallenden Blütenhüllen nur eine einzige Nacht zu machen. – Dann versperrte in der grünen Dämmerung ein Jelängerjeliebergespinst und Blütengeniste die Laube, aber fünf aufsteigende Stufen lockten zum Zerreißen des blühenden Vorhangs an. Und wenn man ihn zerteilte: sank man in ein Blütengeklüft, in eine enge durchwachsene Gruft, gleichsam in einen vergrößerten Blumenkelch. In dieser delphischen Höhle der Träume war der Polster aus hohem Grase gemacht und die Arme des Sitzes aus Blütenzweigen und die Rückenlehne aus gedrängten Blumen und die Luft aus dem Hauche von stäubendem Zwergobst. Dieses Blumen-Allerheiligste wurde nur von Bienen und Träumen bewohnt, nur von weißen Blüten erhellt, es hatte statt des Abendrots nur den Purpur der Nachtviole, statt des Himmelblaues nur den Azur der Holunderblüte, und der Selige darin wurde nur von Bienenflügeln und von den um ihn versammelten fünf Mündungen der Bäche in den Schlummer eingesungen, in welchem die ferne Nachtigall die *Harmonika-* und *Abendglocken* des Traumes anschlug....

– Und da heute Viktor neben dem Blinden die fünf Stufen betrat und die aus Blüten gewobene Tapetentür des Himmels auseinandertat: siehe! da – o der Selige diesseits des Todes! – ruhte darin eine Heilige mit weinenden Augen, in Philomelens verklungne Klagen untergesunken... Du, Klotilde, warst es und dachtest an *ihn* mit weicherer Seele und mit größerer Liebe – und er an dich mit der erwiderten! O wenn zwei liebende Menschen einander in der *nämlichen* Rührung begegnen: dann erst achten sie das menschliche Herz und seine Liebe und sein Glück! – Decke, Klotilde, mit keiner Blüte die Tränen zu, unter denen deine Wangen erröten, weil sie nur vor der Einsamkeit niederfallen sollten! Zittere, aber nur vor Freude, wie die Sonne zittert, wenn sie aus einer Wolke am Horizont herausrückt! Schlage dein von Blumen verhangnes Auge noch nicht nieder, das zum erstenmal so ruhig geöffnet und mit einem solchen Strom der Liebe an den Menschen sinkt, der dein schönes Herz verdient, und der alle deine Tugenden mit seinen belohnt!.... Viktor wurde vom Blitze der Freude getroffen und mußte im süßen Lächeln der Entzükkung erstarren, da die Geliebte hinter dem Blumengewölk wie ein Mond hinter einem in voller Blüte stehenden Eden aufging und in der weiblichen Verklärung der Liebe einem in ein Gebet zerfloßnen Engel glich.

Der Blinde wußte noch nichts vom dritten Beglückten. Sie bewegte süßverwirrt die Hand nach einem zu dünnen Zweige, um sich von der tiefen Grasbank aufzuheben; dem Geliebten war, als reiche ihm aus den Wolken des zweiten Lebens diese Hand ein zweites Herz, und er zog die Hand zu sich an und sank mit seinem stummen überfließenden Angesicht durch die Blüten auf ihre klopfenden Adern nieder. Aber kaum hatte Klotilde *beide* stammelnd willkommen geheißen unter dem Heraustreten aus dem grünen Klosett: so erschien ihnen der Engel – Emanuel, der aus dem Kloster geeilet war, um die Freundin aufzusuchen. Er sagte nichts, aber er sah beide mit einer namenlosen Wonne an, um zu finden, ob sie sich recht freueten, und gleichsam um zu fragen: »Seid ihr denn jetzt nicht recht glücklich, ihr Guten, liebt ihr euch denn nicht unaussprechlich?« – – O, zum Mitleiden gehört nur ein Mensch, aber zur Mitfreude ein Engel; es gibt nichts Schöneres als den glänzenden Christuskopf, auf welchem das Weglegen der Mosisdecke den stillen frohen Anteil an fremden unbescholtenen Freuden, an fremder reiner Liebe zeigt; und es ist ebenso göttlich (oder noch mehr), einer fremden Liebe mit einem stumm-glückwünschenden Herzen zuzuschauen, als sie selber zu haben.... Emanuel, dein größeres Lob wird in verwandten Seelen aufbehalten, aber auf keinem Papier! –

Auf dem Kreuzwege der Allee teilte sich der schöne Bund auseinander, und der linke Zweig derselben führte Klotilde neben der Nachtigall vorbei in die Wohnung der sanften Herzen zurück. Viktor kam, von der vergrößerten Liebe für drei Menschen zugleich aufgelöset, in den dunkeln, nur von untergehenden Sternen erleuchteten Zimmern Emanuels an und fand da einen gedeckten Tisch, den die feine Äbtissin dem Gaste oder dem Wirte gesendet hatte (weil Emanuel abends nur Obst genoß). Man will alles mit der Geliebten teilen, sogar die Küche. Emanuel zündete nach Ostern kein Licht mehr an. Im Helldunkel, aus Mondsilber und Lindengrün zusammengegossen, blühte das selige Kleeblatt unter dem Abendstern. Viktor machte heute durch seine ärztlichen Schilderungen der Nachtkälte den siechen Freund abtrünnig von den Nachtwandlungen und ging nur allein mit dem Blinden noch hinaus an die Schlafstätte der verstummten Natur... Selig ist der Abend, der der Vorhof eines seligen Morgens ist. Der Maifrost hatte die Sterne vom warmen Dunsthauch gereinigt und das Blau des Halbhimmels vertieft, um eine schöne Nacht zum Bürgen eines schönen Tages zu machen. Alles schwieg ums Dörfchen, ausgenommen die Nachtigall im Garten und die rauschenden Maikäfer, diese Herolde eines hellen Tages. – Und als

Viktor nach Hause ging mit einem emporgeseufzeten Dank für diese Pfingststunden, von denen jede der andern die Zuckerstreubüchse gab, um die engen Minuten eines stillen Menschen zu versüßen; als er vorbeiging vor den gedämpften Beichtliedern, die hier ein zwölfjähriger Mensch, der morgen das Abendmahl nahm, dort einer neben seiner Mutter sang; und als endlich ein verhauchtes Abendlied aus der Abtei, das gleichsam auf einem einzigen Lautenton fortschwamm, den schönen Tag mit einem Schwanengesang zu Ende führte, und da vom sanften Tage nichts mehr übrig war als dessen Nachhall im Herzen des Glücklichen und im Abendliede des Klosters, als dessen Widerschein in der ziehenden Abendröte am Himmel und in dem befriedigten, noch lächelnden Angesicht des schlafenden Emanuels: so sahen in Viktor die stummen Freuden wie Gebete aus, die ungestörten Tränen wie überlaufende Tropfen aus dem Freudenkelch, seine Stille wie eine gute Tat und sein ganzes Herz wie die warme Freudenzähre eines höhern Genius.

Viktor führte den blinden Geliebten leise an seine Lagerstelle, wo der Traum seine zerrütteten Augen herstellte und ihnen die kleinen Landschaften seiner Kindheit mit Morgenfarben heller um sie stellte. – Er selber legte sich unentkleidet, dem tief herabgerückten Monde gegenüber, auf die Baustelle unserer schönern Luftschlösser, auf den Resonanzboden der Kindheit, wo der Morgentraum den geheiligten Menschen aus der Wüste des Tages auf den Berg Mosis führt und ihn schauen läßt in das dunkle gelobte Land der Ewigkeit.....

Der erste Pfingsttag, lieber Leser, hat in diesem Wonne-Dreiklang verhallt; aber in diesen drei hohen Festen von Freude wird, wie bei denen im Kalender, das zweite noch schöner, und das dritte am schönsten. Ich werde mit dem Steigen meiner Feder durch diese drei Himmel gar nicht eilen – ja wenn ich gewiß wissen könnte, daß die handelnden Personen in dieser Geschichte mein Werk nie zu sehen bekämen, ich würde (zur Grenzenverrückung dieses Edens) gar manches dazumachen, was, näher besehen, nicht historisch wahr wäre. –

Zweiter Pfingsttag
(34. Hundposttag)

Der Morgen – die Äbtissin – der Wasserspiegel – stummer Injurienprozeß – der Regen und der offne Himmel

Um zwei Uhr zog der Morgenwind lauter und kühler durch Viktors offnes Zimmer und rüttelte schon Tautropfen von geglättetem Laub, das nahe Blätter-Geflüster wirbelte sich durch seine Ohren in seine Träume. Die Lerche fuhr als Ouvertüre des Tages hoch ins Himmelgrau hinauf und läutete das Trommetenfest des Morgens ein. Dieser Wecker wurde durch sein Träumen zum umherfliegenden Nachhall, das sich mit dem Morgen vermischte; unter dem sanften Einfallen des nachbarlichen Getönes schloß er langsam die Augen auf und träumte weiter und tat sie wieder zu und erwachte mehr, und der Schlaf fuhr nicht wie ein dickes Leichentuch aus Nacht hinweg, sondern wallete wie ein Schleier aus Morgenduft empor, und seine Seele schloß sich, ohne eine einzige Bewegung mit dem Körper zu machen, mit dem stillen Erwachen eines Blumenkelchs vor dem Morgen auseinander....

– Jetzt bin ich schon wieder im Sieden und Flammen – und doch nehm' ich mir, sooft ich eintunke, vor, die Kunstrichter zu gewinnen und mit meiner Feder zu schreiben wie mit einem Eiszapfen. Aber es ist mir unmöglich – erstlich weil ich in die Jahre komme. Bei den meisten Menschen hört zwar wie bei den Vögeln das Singen mit der Liebe auf; aber bei denen, die ihren Kopf zu einem Treibhaus ihrer Ideen machen, geben die Jahre, d.h. die Exerziertage darin, der Phantasie wie den *Leidenschaften* einen höhern Wuchs. Dichter gleichen dem Glase, das im Alter bei dem Zerfallen bunte Farben annnimmt. – Aber zweitens, wenn ich auch erst in meinem zwanzigsten Jahre blühete: so könnt' ich doch jetzo nicht frostig schreiben, maßen der Winter vor der Tür ist. Rousseau sagt, im Stockhause brächte er das beste Gedicht auf die Freiheit heraus – daher die staatsgefangenen Franzosen sonst bessere Prosa darüber schrieben als die freiern Briten – daher dichtete Milton im Winter. Ich nahm oft im Sommer meine Schreibtafel hinaus und wollte ihn an dieses Silhouettenbrett anpressen und dann abschatten; aber die Phantasie kann nur Vergangenheit und Zukunft unter ihr Kopierpapier legen, und jede Gegenwart schränkt ihre Schöpfung ein – so wie das von Rosen destillierte Wasser nach den alten Naturforschern gerade zur Zeit der Rosenblüte seine Kraft einbüßet. Daher mußt' ich allemal warten, bis ich untreu wurde, eh' ich mit meinem Reißzeug an die Liebe gehen konnte.... Hingegen ein Mensch, der jetzt auf einer molukkischen Insel gegen den Nachsommer hin den Frühling grundiert und auszeichnet, muß ihn aus den vorigen Gründen und noch aus dem neuen, weil der fliegende Sommer der sehnen-erregende Nachklang und die Silberhochzeit des Frühlings ist, mit viel zu hellen Saftfarben den Galerieinspektoren einhändigen. –

Die bunt ausgenähete Beschreibung von Viktors Aufenthalt in Maienthal kann so lang werden wie die von Voltairens seinem in Paris, mit deren Ehrensolde der magere Spaßvogel den Mietzins seiner chambres garnies hätte bestreiten können. Denn eben hat der Hund gar einen vierten Pfingsttag abgeliefert und die trinomische Wurzel der Freudenpotenz zu einer quadrinomischen ausgebreitet. Da in dieser Freuden-Quadruplik wiederum kein Jammer steht, kein Mord, keine Landplage, sondern nichts als Gutes: so fang' ich freudig die übrigen Bilder dieses Frühlings in meiner dunkeln Kammer auf und schwebe nicht in der Angst, daß ich meinen Helden (Knef hat mir alle Pfingsttage übermacht und sendet nur ein kleines Ergänzblatt gar nach), wie etwan meinen *Gustav*, aus dem zusammengestürzten Schutt seines Lust- und Sommerhauses zu ziehen habe. –

Emanuel tat vormittags sein Schreibtagwerk in seinen astronomischen Tabellen ab, um den ganzen Nachmittag mit seinem Gaste bei der Äbtissin zu verbringen; auch trug er ihm eine kleine Mitarbeiterstelle bei seinen Blumen an, nämlich die Rosmarinblüten auszupflücken und über das Nelkengestell den Sonnenschirm zu spannen. Bei Emanuel hingen auch in der prosaischen Ruhe des Tages immer die Flügel noch weit unter den Halbflügeldecken hervor. Viktor hielt die Bitten seines Lehrers für

Geschenke. Da er draußen am Rosmarin abblattete: so öffnete die aufgehende Sonne das Ventile des Windes, und dann fingen, von ihm angeweht, alle Register der großen Wesen-Orgel zu gehen an, und vor seinem Ohre wogte der Tremulant der Bäche, schrie das Flötenwerk der Vögel und brauste das zweiunddreißigfüßige Pedalregister der Waldungen. Ein eingepfarrter kleiner Kopf um den andern, der seine zwölf Jahre samt ebensoviel Herkules-Arbeiten des Gedächtnisses zum heiligen Abendmahl trug, schlich hinter dem Vater mit einem Kranz-Knauf und überhaupt mit Goldflittern gestickt und aufgesteift vor ihm vorüber. Welchen schönen zweiten Pfingsttag, der sonst voll Regenwolken ist, habt ihr Kleinen jetzt! – Viktor gönnte recht gern der Grandezza des Dorfes, d. h. den Vollspännern und dem Schulmeisters-Sohne, den Haarformer und Zopfprediger Meuseler, der am zweiten Pfingsttag die benachbarten Dörfer frisierte, und der mit seinem Puder-Weihwedel die letzte Pfingstausgießung auf die kleinen Köpfe betrieb, die der Pfarrer schon sechs Wochen eingefeuchtet hatte. Viktors Herz schlug vor Freude, als wenn er ein Kind mit darunter hätte oder eins wäre, als die bunte gepuderte Wesenkette mit hüpfenden Flittern, mit hochstämmigen Blumensträußern, mit schwarzgleißenden geistlichen Musenalmanachs, vor dem Kommando- und Hirtenstab ihrer zwei Konsuln, singend und besungen und eingeläutet und angeblasen durchs Kirchen-Siegtor einzog. – Ach! Kindern steht die Freude noch schöner wie uns, so wie ein unglückliches, ein bettelndes, dem das Schicksal das erste Kindergärtchen zertritt, und vor dessen Augen beim ersten Aufschlagen ins Sein nichts hängt als schwarzes ungestaltetes Morgengewölk, unser Herz betrübter macht als der Vater desselben neben ihm. –

»Beeret jede Minute eures ersten Triumphtages ab, ihr guten Kinder, und ich wollte, die Predigt würde recht lang, damit ihr den schönen Anzug länger anbehieltet!« sagte Viktor und sah sich nach dem Kloster um, dessen Fenster voll unkenntlicher Zuschauerinnen waren; er setzte sich vor, bei der Rückkehr der Kinder-Prozession sich unter den Fenstern das mit dem schönsten Inhalt auszusuchen durch ein Taschenperspektiv. – Gehe nur, menschenfreundlicher Mensch, der die schönen Seelen liebt wie die schöne Natur und die kalten erträgt wie die Wintergegend, und der sich nie rächt, gehe nur an den Bächen auf und ab, weil da der Fußsteig der Fischer ist, und weil du auf deinen dichterischen Ringrennen keinem Bauern nur einen Zwieselwagen voll Heu, wie ihn die Kinder aus Haselruten flechten, niedertreten willst! Fülle den Zwischenraum zwischen dem ersten und dem dritten Himmel, wo du mittags nicht mit Abraham, sondern mit deiner Klotilde am Tische der Äbtissin sitzest, mit einem zweiten, nämlich mit dem Umarmen der ganzen Natur, die nie holder in die Seele hineinschauet, als wenn auf ihr nicht weit von der Seele eine – Geliebte wohnt! –

Ein Wandelgang zwischen zwei zusammenblitzenden Bächen und zwischen ihren lackierten, von Schaumwürmern beschneieten Weiden überzog das ganze Innere bis auf jeden Winkel einer dunkeln Träne mit Morgenglanz. – Noch dazu schauete Viktor immer über die Wiese hinauf zu Emanuels offnem Fenster und ließ sich ein Lächeln von ihm wie eine laufende Welle voll Licht herunterwehen. – Noch dazu blieb er nicht da, sondern ging zweimal hinauf und störte ihn mitten in seinem Schreiben durch ein kindliches Umfassen. – Noch dazu legt' er seinen Augen Meilenstiefel an und lief über die ganze, sich hier bäumende, dort sich bückende, hier leuchtende, dort schattende Landschaft, um eine Post- und Reisekarte zu den schönsten Stellen für die Nachmittag-Spaziergänge mit Klotilden schon hier voraus aufzunehmen und zu leimen, weil nachmittags die Entzückungen vielleicht die Wahl der Entzückungen verfälschen! – Und so schuf die Natur in seinem Geiste ihren Morgen und ihren Frühling noch einmal aus dem Erdenkloß des ersten Frühlings, d.h. aus der heißen Sonne, aus dem kühlen Bache, aus dem Schmetterling, den der Mai aus der Hülse schälte, aus den bunten Mücken, welche die gebärende Erde aus dem Larvensamen wie fliegende Blümchen hervortrieb. – Da schloß er unter dem Spatzen- und Schwalbengetobe im Dorfe und unter dem Feldgeschrei der Lerchen und vor den blendenden Wellen der Bäche die Augen zu und ließ seine Seele in das klingende Meer und in das vom Augenlid gemalte Helldunkel untertauchen; aber dann wäre sein Herz erdrückt worden von der Schöpfungflut, die über dasselbe ging aus allen Röhren und Betten und Mündungen des Lebens um ihn, aus dem verstrickten Geäder des Lebensstroms, der zugleich durch Blumenrinnen, durch Baumgossen, durch weiße Mückenadern, durch rote Blutröhren und durch Menschennerven schießt.... er wäre Freuden-ohnmächtig ertrunken im tiefen weiten Lebens-Ozean, den Lebensströme durchkreuzen und nachfüllen, hätt' er nicht wie jener Ertrunkne ein Glockengeläute in die Wellen hinunter gehört....

Kurz – die Kirche war aus, und er mußte hinter einen Blätter-Jagdschirm gehen, um, wenn die kleinen Abendmahls-Panisten aus der nachorgelnden Kirche und unter dem nachtrompetenden Turm vorbeizögen, dann mit dem Taschenperspektiv zuzuschauen, *wer* zuschaue aus dem Kloster. Klotildens Angesicht schwebte, wie durch Magie vorgerufen aus der zweiten Welt, dicht am Glase, und er konnte unvertrieben seine Schmetterlingflügel um diese Blume schlagen; er konnte frei in ihre großen Augen wie in zwei mit Tauglanz gefüllte Blumenkelche sinken. Er sah nie einen so reinen Schnee des Augapfels um die blaue Himmelöffnung, die weit in die schönere Seele ging; und wenn sie das Auge in den Garten niederschlug, stand das große verhüllende Augenlid mit seinen zitternden Wimpern ebenso schön darüber wie eine Lilie über einer Quelle. Die *Liebe* fängt sich, wie das *Zeichnen* und der keimende *Mensch*, beim *Auge* an. – Da die Kinder vorüber waren: so wandte Klotilde ihr Angesicht langsam und frei gegen Emanuels Laubhütte und schauete mit dem weiten sehnsüchtigen Blicke der Liebe herüber....

Und mit einer solchen Liebe, die wie ein Herz in seinem Ich pochte, kam Viktor samt seinen zwei Freunden droben im Kloster an. Die Äbtissin (ihr Name wird mir gar nicht berichtet, nicht einmal ein falscher) empfing ihn mit einem hohen Air, das ihr Stand nicht gegeben, sondern gemildert hatte. Ihre Seele wurde gekrönt geboren. Die ** Fürstin, deren Oberhofmeisterin sie war, spielte zuweilen gern das Kind (Kinder erwidern es umgekehrt und repräsentieren ihre Repräsentanten): aber ob sie gleich einen dreißigjährigen Stolz besaß, so fiel sie doch ihrem Steckenpferd in den Zügel, sobald die monarchische Oberhofmeisterin erschien, die im ganzen Lande (die Schwanen ausgenommen) den Kopf am meisten zurückbog. Eine Frau wie diese, deren Blicke Throninsignien und deren Worte mandata sacrae caesareae majestatis propria waren, hatte aus den Händen der Natur selber die Huldigungmünze und das Throngerüste, um ihren Reichsapfel gegen die Schönheitäpfel junger Mädchen abzuwägen – eine solche konnte die Klotilden beherrschen und formen. Ihre Seele war von drei Meistern gemalt: der Hintergrund von der Welt – der Vorgrund von der Kirche – der Mittelgrund von der Tugend. Ihre aszetischen Bestandteile setzten sie auf eine sonderbare Weise in einige Wahl-Verwandtschaft mit Emanuels indischen. –

Ich kenne nichts Rührenders und Schöneres als die weibliche Verbeugung aus jener tiefen Achtung, mit der gute Mädchen ihre Liebe allein zu sagen wagen. – Glücklicher Viktor! deine Klotilde empfing dich mit so vieler Achtung wie ihren Lehrer. Nur die Kokette wird durch die Liebe befehlhaberischer (ein kieselsteinernes Juristenwort!); aber die Stolze wird dadurch bescheiden und sanft. – Nie aß er froher als in diesem hellen Lustschloß, vor dessen offnen Fenstern ein blauer Horizont und näher brausende und mit Musik besetzte Alleen ruhten, als in dieser geputzten Orangerie aufblühender Mädchen, anstatt daß ein Gymnasium eine Menagerie ist, und ein Schwesternhaus eine Voliere. – Viktor, der Weiber noch besser zu lenken verstand als Männer, war im arbeitenden Ameisenhaufen dieser lebhaften Mädchen so gesund wie in einem Ameisenbad und war ein zweiter Bienenvater Wildau, der sich aus dem Immenschwarm bald einen Bart zusammensetzte, bald einen Muff. Es gehört mehr männlicher Verstand zu einer gewissen feinen Galanterie, als die haben, die sie in ihren Satiren mit der faden vermengen; so wie nur Gebirge den süßesten Honig darbieten. Der Ernst muß den Scherz grundieren, die Achtung und das Wohlwollen das Lob. Viktor konnte leichter vor zwei als vor 32 weiblichen Augen in Verlegenheit geraten, welche letzte übrigens der gröbste Donatschnitzer und Germanismus in der weiblichen Grammatik ist. Er hatt' es längst gelernt, die *flüchtigen* Salze des weiblichen Witzes mit den *fixen* des männlichen zu binden, so wie die Kunst, in großen Zirkeln jede Seele, jede Raupe auf das rechte Nährblatt zu setzen.

Für ihn, der einmal gesagt: »Ich wollte, ich hätte wenigstens viermal des Jahrs mit Damen zu konversieren, bei denen man so viel Tournure anbringen müßte, daß man gar nicht wüßte, was man wollte, und die fein bis zum Unsinn wären« – für ihn war eine hohe Dame wie die Äbtissin, die man *seit* dem Niederlegen ihres Oberhofmeistertums ein klein, klein wenig mit einer Preziösen verwechseln konnte, ein wahres Labsal; denn er konnte ihr doch die physiognomischen Fragmente vom Hofe mit tausend Wendungen, d. h. ein Vollgesicht durch *fünf* Punkte vorzeichnen. Aber er hatte dabei die noch edlere Absicht, seine anbetende Aufmerksamkeit, sein zuweilen in Gestalt einer Träne ins Auge tretendes Herz von seiner geliebten Klotilde wegzurufen, um ihr eine ganz andere Aufmerksamkeit zu ersparen als die seinige. Auf eine sonderbare Weise zog immer gerade sein satirisches Gefühl seinen ernsten Gefühlen, seiner erweichten Seele die Mosis-Decke ab – er schämte sich nämlich keiner Träne, bloß weil er wußte, daß ihn seine Laune gegen den Verdacht der Übertreibung und gegen den Spötter beschützen könnte; so wie wieder umgekehrt sein schillernder Witz unter Tränen, wie Phosphor unter Wasser, sein Licht aufbehielt und nährte. –

Zum Glück machte jetzt Emanuel, der mitten unter dem Essen in den Garten gegangen war, da er wiederkam, den Antrag eines Spazierganges. Denn in seiner Seele standen nur große Ideen noch vom Leben übrig, wie vom alten Ägypten nur Tempel, keine Häuser nachblieben; und seine Unwissenheit in kleinen *Dingen* muß kleinen *Dingern* lächerlich sein. – Die Äbtissin hatte Klotilde als Unterkönigin der feurigen Nonnen neben sich auf den Thron genommen. Viktor stellte mit seiner einzigen Person das kurmärkische Pupillenkollegium unter diesen flatternden Grazien vor. Klotilde übergab den Blinden gerade einem ganzen Tauben-Fluge der lebhaftesten Wegweiserinnen, weil sie alle um das Bootmanns- und Zeigefinger-Amt beim Blinden warben; sie liebten ihn alle wegen seiner himmlischen Schönheit, aber (da er die ihrige nicht sah) nur so, wie sie einen schönen Knaben von fünf Jahren herzen.... Zu einer andern Zeit würde Viktor sich gewiß umgesehen und fein angespielet haben, daß die *Schönheit* die *Blindheit* führe; aber heute sah er sich nur um aus andern Gründen.

– Endlich war die Insel der Seligen, die schon durch den Nebel seiner Kinderträume weit, weit vorgeschimmert hatte, jetzo der Boden unter seinen Füßen, und er machte die Entdeckreisen durch seinen Himmel – er und Klotilde schwiegen einige Minuten, weil ihre Herzen sanft vor Freude zu wallen anfingen, daß sie endlich allein nebeneinander und vor der großen Esplanade des Frühlings standen. Unter dem seligen Lächeln, dem stummen Buchstaben der Wonne, und unter zitternden Atemzügen, dieser heiligen Sankritsprache der Liebe, waren sie schon am ersten Teiche, über dessen Kristallspiegel sich eine Brücke wie vergoldetes Laubwerk schlängelt. – Sie stockten in der Mitte dieser glatten Mond- und Spiegelscheibe geblendet, weil der Sonnenschirm nicht gegen zwei Sonnen auf einmal, die im Wasser dazu gerechnet, dekken konnte; sie kehrten sich halb um und suchten mit den Blicken im malenden Wasser das tiefere Himmelblau und zwei stille beglückte Gestalten auf, die einander mit ihren feuchten Augen anblickten. O sein Auge ruhte warm in ihrem widergestrahlten, wie die Sonne in der unterirdischen Sonne, und sein zitternder Blick wurde das lange Beben und Aushalten eines einzigen Tons; denn die im Wasser wohnende Göttin sank mit ihren Augen seiner Seele entgegen, weil sie die verdoppelte Entfernung seiner Gestalt benutzen wollte, die sich auf 10 Fuß belief. – Um endlich das übermächtige Entzücken zu *schließen*, führt' er seine Augen weg von dieser Glasmalerei und richtete sie (d.h. er *verdoppelte* es bloß) an das Urbild selber; und das Ineinanderrinnen der Blicke, das Zusammenzittern der Seelen warf in den engen Augenblick die Gefilde eines langen Himmels. – Und sie sahen, daß sie sich gefunden hatten und daß sie sich geliebt hatten und daß sie sich verdienten. Unter dem Weitergehen konnte Viktor nur sagen: »O möchten Sie so unaussprechlich glücklich sein wie ich heute.« – Und sie antwortete leise, wie ein unter weiche blätterlose Blüten verhauchter Zephyr so leise: »Ich bin es wohl.«.... Ach ich habe mir oft es vorgemalt, wenn wir uns alle einander so liebten wie zwei Liebende, wenn die Bewegungen aller Seelen, wie bei diesen, *gebundne* Noten wären, wenn die Natur uns allen zugleich den Nachklang ihres bis über die Sterne reichenden Saitenbezuges ablockte, anstatt daß sie nur ein liebendes Paar wie ein Doppelklavier bewegt – dann würden wir sehen, daß ein Menschenherz voll Liebe ein unermeßliches Eden einschlösse, und daß die Gottheit selber eine Welt erschuf, um eine zu lieben. – Aber ich will wieder so schreiben, wie Klotilde sprach, die den dichterischen Geist nur durch Taten, nicht durch Worte offenbarte, gleich Schauspielern, die den Reim und das Silbenmaß ihres Dichters im Sprechen zu umgehen wissen.

Das Dorf oder das Wirtshaus vielmehr gab ihrer Himmelleiter eine *vierte* Sprosse, den vierten Pfingsttag. – Der Engländer Kato der Ältere fuhr heraus, der aus Kussewitz mit einem wandernden Orchester Prager Virtuosen von seiner Gesellschaft weggelaufen war, um das Maienthal auch zu sehen. Er konnte nie in seinem Leben auf etwas warten. Er sagte zu Viktor, morgen komm' er zu ihm, heute beschau' er die besäeten Prospekte, und er passe mit der Ouvertüre der Prager nur auf das Ausläuten der Vesperpredigt. Endlich sagt' er ihm, daß Flamin und Matthieu übermorgen verreiseten und wieder zurückgingen nach Kussewitz und folglich da länger verweilten, als sie gewollt. Diese Gegenwart des Engländes und die spätere Zurückkehr des Eifersüchtigen machte auf einmal den letzten Willen in Viktor fest, auch den vierten Pfingsttag als die vierte Saite auf dieses Freuden-Tetrachord aufzuziehen. Und da an diesem vierten Tage gerade das durch alle Heftlein dieses Buchs laufende Rätsel mit dem Engel in die Entzifferkanzlei der Zeit getragen wird, weil Julius den Brief desselben Klotilden zum Vorlesen übergibt: so konnt' er sich weismachen, er bleibe bloß deshalb, und zu sich sagen: »Wundershalber sollte mans doch abwarten, was es mit dem Engel für eine Bewandtnis habe.« – Guter Held! du vermengst jeden Engel mit deinem, und ich wüßte nicht, warum nicht!...

Jetzo lief ein Wolkenschatten über sie, gleichsam als Vorläufer eines dunklern, der ihre Seelen suchte. Denn Viktor, der vor einem schönen Herzen niemals seines versperren konnte, der in der Heiligung der Liebe alle Verstellung verschmähte, erzählte Klotilden mit jener Herzlichkeit, die sich so leicht mit Feinheit vermählen läßt, die Ursachen von Matthieus Reise, nämlich seine eigne kleine Torheit in Kussewitz, wo er der Fürstin das geschriebene billet doux mitgab. Er hätt' ihr auch ohnedas diese Eröffnung machen müssen, um der fremden eines Anklägers vorzubauen. Aber er setzte bei Klotilde voreilig die Zeitrechnung seiner kleinen Jahrbücher voraus und merkte nicht an, daß er das Billet geschrieben, *eh'* er wußte, daß Klotilde nicht Flamins *Geliebte*, sondern nur dessen *Schwester* sei[1]. Sie schwieg lange. Er befürchtete diese Pantomime des Zürnens; und wagt' es nicht, sich davon zu überzeugen durch einen Blick in ihr Angesicht. Endlich bat sie ihn an ihrem Lieblings-Grünplatz, wo in der größten Vertiefung des Tals grüner Schatten seine gemalten Zweige im Sonnen- und Wasserscheine wiegt, da bat sie ihn weder mit kalter noch stolzer Stimme, sondern mit einer fast gerührten, sie ein wenig auf ihrer Lieblings-Grasbank, deren Seitenlehnen große Blumen waren, ausruhen zu lassen. Als er vor ihr stand: so erblickte er erschrocken in ihrem beseelten Angesicht – nicht einen mit der Höflichkeit ringenden Groll, sondern – den rührenden Kampf gegen das Schicksal, das ihr den Liebling ihrer Seele verdunkelte, den uneigennützigen Schmerz über die geschlossene Narbe, die sie aus seiner Tugend wegwünschte. Ihr war, ihm war, als wenn das vorige Jahr sich wieder erhöbe von seinem Totenkissen aus Freudenblumen, die es beiden ertreten hatte; sie waren recht traurig, Klotilde war kaum ihrer Augen mächtig und Viktor kaum seiner Zunge – bis diesem endlich das Mißverständnis einleuchtete. Er sagte ihr daher leise und auf englisch: »hätte sein Vater ihm alle seine Eröffnungen früher gemacht, so hätt' er ihm mehr als einen Kampf, mehr als eine trübe Stunde und zuerst die vorige Torheit erspart.«

In der höhern Liebe ist der Zorn nur Trauer über den Gegen-

[1] Denn erst als er von Kussewitz zurückkam, erfuhr er auf der Insel von seinem Vater die Verwandtschaft Klotildens.

stand. Klotilde setzte gleichwohl die Sonnenfinsternis ihrer schönen Mienen fort – aber es kam nicht von Fortdauer des vorigen Seufzers, noch von dem gewöhnlichen Unvermögen, eine ausgesöhnte Seele sogleich in ein zürnendes Gesicht zu übertragen, sondern die Unzufriedenheit mit ihrer eignen Voreiligkeit sah allemal wie eine mit einer fremden aus. Daher stand sie auf, um ihm ihren Arm und gleichsam das nahe liegende Herz wieder zu geben. Viktor erlaubte sich den Bruch des doppelstimmigen Schweigens nicht. – Emanuel kam nach, und da sagte Klotilde bewegt, als wenn sie erst aufs vorige antwortete: »Ach ich bin meinem Bruder nur zu sehr verwandt von der Seite meiner Fehler.« – Meinte sie Flamins Eifersucht oder Argwohn oder wahrscheinlicher sein Temperament? – Viktor wandte sich zu ihr, um sie gleichsam für das um Verzeihung zu bitten, was *sie* gesagt – und ihre Augen sagten: »o ich hätte dich nicht verkennen sollen« – und seine sagten: »ich hätte dich, auch ungekannt, nie verleugnen sollen« – und ihre Herzen machten Frieden, und der Ölzweig wand zwischen den alten Blumen der Freude ihre Seelen aneinander.

Emanuel führte sie, als ihr leitendes Gestirn, auf seine lieben Berge, diese Frontlogen der Erde – nur von seinem Berg mit der Trauerbirke wehrte er sie aus unbekannten Gründen freundlich ab –; und sein leichtes Aufsteigen gab ihnen die Freude über die Genesung seines Atems. Endlich kamen sie auf den Thron der Gegend, auf den Berg, wo Viktor am Morgen nach der durchreisten Nacht über Maienthal geschauet hatte. O wie zog sich die lebendige Ebene Gottes, der Vorgrund einer Sonne und eines Edens, in so unbändigen, grünenden, atmenden, wehenden Massen dahin! Wie hing der Himmel voll Berge aus Duft, voll Eisfelder aus Licht! Und sein sanfter Morgenwind schlich sich aus dem mit Wolkenflor verhangnen Morgentor und spielte mit Himmel und Erde, mit dem gelben Blümchen und mit der breiten Wolke darüber, mit der Augenwimper unter einer Träne und mit durchwühlten Kornfluren! – Wie wird das Auge so groß, wenn gejagte Nachtstücke der Wolkenschatten den hellen Sonnenschein der Erde durchschneiden, wie wird das Herz so groß, wenn der Morgenwind die geflügelten Schatten bald über Berge schleudert, bald in Glanzteiche, bald in gebückte Saaten! – Aber rund auf die Wälder hatten sich stille Eisberge aus Wolken gelagert. – – Ach dieses mit Tag und Nacht gefleckte Gefilde, dieser Wall aus Nebelgletschern stellte ja Viktors Herz in den alten Traum zurück, wo er Klotilde auf einem Eisberg mit ausgebreiteten Armen sah! – Ach auf dieser über den südlichen Berg reichenden Felsenspitze konnte er die *Insel der Vereinigung* dunkel mit ihren Gipfeln und mit ihrem weißen Tempel liegen sehen, und das trinkende Herz taumelte voll vom gemischten Trank aus Sehnsucht und Wehmut und Liebe. –

Dann sagt' er es ihr gern, daß er an jenem Morgen sie hier gesehen habe, wo er dem Blinden das Blättchen an Emanuel gegeben, und daß er sich doch ihren Besuch versaget – – gib ihm nur, Klotilde, den großen warmen Blick voll Dank für sein Schonen deines Bruders, für sein edles Lieben und für sein Überschleiern dieses Liebens! Sie sah ihn an, und als ihr Auge warm von einer Träne wurde, neigte sich der Himmel auf einem Sonnenwölkchen zu ihnen nieder und berührte die verwandten Menschen mit heißen herunterflatternden Tropfen. – O du gute Erde, du gute Natur! Du sympathisierst öfter (und allemal) mit guten Menschen als oft gute Menschen selber! – Vor ihn trat der Traum, wo Klotildens Tränen den Fußboden in ein hebendes Wölkchen zerteilten....

Aber der heranziehende Abend und die kleinen herunterrollenden zerrissenen Perlenschnüre von Regentropfen riefen die schönen Menschen in die Zimmer zurück. Die Mädchen, die mit dem Blinden nicht einmal den Berg ganz erklettert hatten, kehrten schon um und gingen voraus. Emanuel entfernte sich auf seinen Trauerberg, um dort seine Blumen dem Regen aufzudecken. Als unsere zwei liebenden Menschen unten im rauchenden Tale ankamen: wie himmlisch wurde der Abend und die Erde! – Am großen Abendhimmel über ihnen bewegten sich Tulpenbeete von rotem Gewölke, zwischen denen blaue Streifen wie dunkle Bäche liefen. – Hinter ihnen standen unter der Sonne Berge wie Vesuve in Flammen und die Waldung wie ein feuriger Busch, und das über die Blumen laufende Steppenfeuer ergriff die Wolkenschatten. –

Und alle Lerchen hingen mit ihren Ripienstimmen der Natur nahe am roten Deckenstücke des Abends, und jeder tiefere Sonnenstrahl hielt eine summende Wesenkette von Mücken. – Und in der Schäferei am Berge liefen rufend hundert Mütter an hundert Kinder zusammen, und jedes Schaf eilte lärmend an sein durstiges niederkniendes Lamm. – –

Großer Abend! nur im Tal Tempe blühest du noch und verwelkest nicht; aber in wenig Minuten, Leser, brechen erst alle seine Blüten prächtig auf! –

Klotilde und Viktor gingen enger und wärmer aneinandergedrückt unter dem schmalen Sonnenschirm, der *beide* gegen den flüchtigen Regen einbauete. Und mit Herzen, die immer stärker schlugen und statt des Blutes gleichsam andächtige Freuden-Tränen umtrieben, erreichten sie den Park; die warmen Töne der Nachtigall zogen ihnen daraus entgegen; die abgewehten Töne des musikalischen Gefolges, womit der Engländer jetzt über die Berge ging, flossen ihnen wie Blumendüfte nach. – – Aber siehe, als die Erde noch die Vergoldung im Feuer der Sonne trug, als noch der Abendspringbrunnen wie eine Fackel oben brannte, als in einem großen Eichenbaum des Gartens, in welchem bunte Glaskugeln statt der Früchte eingeimpfet waren, zwanzig rote Sonnen aus den Blättern funkelten – da floß eine erwärmte Wolke auseinander und tropfte ganz in das Abendfeuer und auf die glimmende Wassersäule....

Die den Bäumen näheren Nonnen flogen unter das Laub; aber Klotilde, die den langsamen Gang schöner und tugendhafter für eine weibliche Seele fand, ging ohne Eil der nachbarlichen »Abendlaube« zu, die über den Garten erhoben, ihr dichtes Blätterwerk nirgends auftut als vor der untergehenden Sonne. – Nein, es war ein Engel, es war Klotildens Schwester, Giulia, die auf der zarten Wolke ruhte und durch sie ihre Freudentränen fallen ließ, um ihre Freundin, deren Arm in des Geliebten seinem wie in einem Verbande lag, in die glimmende Laube zu drängen, wo zwei selige Herzen am seligsten werden sollten. Klotilde verweilte noch unter dem Perlen- und Goldsand-Regen und glich den stillen Tauben um sie her, die auf allen Dächern ihre reinen Flügel wie bunte

Regenschirme auseinanderschlugen und dem Bade unterhielten – und vor dem Eintritte zog Viktor sie zurück, der wonnebeklommen sagte: »Du Allgütiger!« und auf Emanuels Laube hinblickte, auf welcher die Paradieses-Pforte, aus musivischen Steinen aufgeführt, der Regenbogen, sich anfing und sich durch den Himmel hinüberwölbte über die Abendlaube und mit dem himmlischen Zauberkreis die drei liebenden Seelen einfaßte.

Und als sie in die dunkle Laube traten, die nur eine kleine Öffnung gegen die durch den Regen hereinbrennende Sonne hatte: lag vor der Öffnung das Abendgefilde mit den wankenden Feuersäulen, zwischen denen der goldne Fluß der zerschmolzenen Sonne schlug, und mit den Auen, die bis an die Blumen in einem Meer von Lichtkügelchen standen. – Und herabgefallene Regenbogen lagen mit ihren Trümmern auf den Blütenbäumen. – Und kleine Lüftchen wehten das Lauffeuer in den Wiesenblumen an und warfen Funken aus den Blüten. – Und das Menschenherz wurde von den Wonneströmen fortgezogen und schwamm brennend in seinen eignen Tränen. –

Wie eine Verklärte schauete Klotilde in die Sonne, und ihr Angesicht wurde erhaben zugleich von der Sonne und von ihrer Seele. Und ihr Freund störte die schöne Seele nicht; aber er nahm das weiße Tuch aus ihrer Hand und trocknete die aus der Laube tropfenden Farbenkörner, mit Blumenstaub umzogen, sanft hinweg, und sie gab ihm freiwillig ihre Hand. Als sie ihre Augen voll Tränen auf ihn wandte: ließ er die Tränen stehen; aber sie nahm sie selber hinweg und schauete ihn mit einer Liebe an, über welche bald die alten zogen, und sagte mit einem Lächeln, das selig weiterfloß: »Mein ganzes Herz ist unaussprechlich gerührt; vergeben Sie ihm, teuerster Freund, heute alles, worin es bisher dem Ihrigen nicht ähnlich war!«...

– Siehe da wurde die warme Wolke in den Garten gleichsam wie ein ganzer Paradiesesfluß niedergeschüttet, und auf den Strömen flossen spielende Engel herab.... und als die Wonne nicht mehr weinen und die Liebe nicht mehr stammeln konnte, und als die Vögel jauchzeten und die Nachtigall durch den Regen schmetterte, und als der Himmel freudig-weinend mit Wolkenarmen an die Erde fiel: ja, dann zitterten zwei begeisterte Seelen zusammen und ruheten ohne Atem aneinander mit den zuckenden Lippen und Wange an Wange gepresset im glühenden zitternden Schauer – dann quollen endlich, wie Lebensblut aus dem geschwollnen Herzen, große Wonnetränen aus den liebenden Augen in die geliebten über. – Das Herz maß die Ewigkeit seines Himmels mit großen wonne-schweren Schlägen – die ganze Sichtbarkeit, die Sonne selber war dahingesunken, und nur zwei Seelen schlugen aneinander einsam in der ausgeleerten dämmernden Unermeßlichkeit, geblendet vom Tränenschimmer und vom Sonnenglanz, übertäubt vom Himmelbrausen und vom Echo der Philomele und erhalten von Gott im Ersterben aus Wonne.

Klotilde bog sich ab, um die Augen abzutrocknen; und ihr stummer Liebling sank um und kniete vor ihr und drückte sein Angesicht auf ihre Hand und stammelte: »O du Herz aus meinem Herzen, o du ewig, ewig Geliebte – ach könnt' ich für dich bluten, für dich untergehen –« Plötzlich stand er, wie von einer unermeßlichen Begeisterung gehoben, auf und sagte leiser, sie anschauend: »Klotilde! dich, Gott und die Tugend lieb' ich ewig.«

Sie drückte seine Hand und sagte leise: »O wie konnten die Menschen und das Schicksal ein solches Herz verwunden? Aber meines, Viktor,« (sagte sie noch leiser) »wird ihm nie mehr unrecht tun.« – – Sie traten aus der Laube – der Himmel hatte sich wie ihr Herz erschöpft in Freudentränen und war bloß heiter – die Sonne war zugleich mit der großen Minute untergegangen. Viktor ging *langsam*, als wenn er vor einem weiten Elysium vorbeiginge, das empfangne Eden auf seinem Herzen tragend, heim in Dahores stille Wohnung. Dahore sank, sitzend eingeschlummert, sanft hinüber und herüber, und Viktor, ob er gleich gern sein Herz an einer zweiten ähnlichen Brust auspochen lassen wollte, versagte sich es doch – und lehnte sich langsam an den wankenden Lehrer. Er hielt recht lange das schlummernde Haupt an seiner brausenden Brust. Sein Freudengewitter kühlte sich ab zum heitern Himmel, und die erquickten Freudenblumen schlossen die Duft-Kelche der Erinnerung auf. Dahore schlug die Arme um seinen Liebling, und dann erst wurde er wach: denn es hatte ihm geträumt, er umarme ihn, und als er aufwachte, war er froh, daß es ihm nicht bloß geträumt hatte.

Genug! – Und ihr, ihr Menschen, die ich liebe, ruht aus an der Erinnerung oder an der Hoffnung, wenn ihr wie ich diese kleinen Blätter aus den Händen legt!

Dritter Pfingsttag
oder 35. Hundposttag
oder Burgunder-Kapitel

Der Engländer – Wiesenball – selige Nacht – die Blütenhöhle

Bei den Menschen wie bei den Geizigen schlägt es immer nur Viertel zur frohen Stunde, aber gleich einer schlechten Uhr schlägt es die Schäferstunde unserer Hoffnung nie aus. Aber in Rücksicht der Pfingsttage ist das grundfalsch – sie sind prächtig, und wie man sonst die Ausgießung des Heiligen Geistes in alten Kirchen durch das Herunterwerfen der Blumen vorstellte: so bilden wir sie in Maienthal durch das Auswerfen figürlicher ab. Ich habe daher gar eine Flasche Burgunder aufgesiegelt und neben die Dintenflasche gestellt, um erstlich durch mein größeres Feuer in diesem Kapitel die Natur- und Kunstrichter auf meine Seite zu bringen, die leichter den Stab über Autoren als eine Lanze mit Autoren brechen – und um zweitens überhaupt den Wein zu trinken, welches schon an sich Endzwecks und Teleologie genug ist. Ein wahres Schlaraffenland und Himmelreich hätten wir, wenn auch der Leser bei solchen Kapiteln etwas Spirituöses zu sich nähme. Betrinkt sich der Autor allein, so geht der halbe Eindruck zum Henker; und es ist ein Unglück, daß die Rezensenten nichts zu leben und zu trinken haben; sie könnten sonst mir als einem Stern zur *Brechung* durch ihren *Dunstkreis* dienen und mich *höher* und *breiter* zeigen, als ich stände.

Viktor war kaum ins nasse Gras des Morgens gelaufen, als er den Engländer mit dem Kopfe unter den Gießkannen des Wasserrades aufjagte. Er vergab diesem Kato dem Ältern gern alle seine Sonderbarkeiten und das Idiotikon seiner tollen Natur und seinen

Kometen-Gang; denn er war in seinem achtzehnten Jahr selber ein solcher Schwanzstern gewesen und sah diesen für eine auf sich geschlagene Kometenmedaille an. Obgleich der Brite Sonderbarkeit *suchte*: so wußte Viktor aus eigner Erfahrung, daß es nicht aus Eitelkeit (man kann, wenn man will, aus allen Handlungen, sogar aus den unschuldigsten, Eitelkeit ausziehen, wie aus allen Körpern *Luft*), sondern aus Laune geschah, für welche der Genuß einer exzentrischen Rolle, man mag sie *lesen* oder *spielen*, ebenso viele Reize hat wie für das Gefühl der Freiheit und der innern Kraft. Eitle erliegen dem Lächerlichen, dem der Sonderling trotzt; und jene hassen, diese suchen ihre Ebenbilder. Das einzige, was Viktor ihm verübelte, war, daß er andern kleine Schonungen bloß darum nicht erwies, weil er auch keine begehrte; und eben dieser vom Humor unzertrennliche Krieg mit allen kleinen Schwächen und Erwartungen der Menschen hatte dem menschenliebenden Viktor diese exzentrische Bahn verleidet. Das Unglück macht daher leichter Sonderlinge als das Glück.

Ihm gab die Freude über die Schilderungen, die ihm Kato von Flamins ähnlichen Himmelfahrten und Freudenfeuern machte, den Gedanken ein, seine Quaterne schöner Tage durch etwas anders zu verdienen als durch seine vorigen trüben – nämlich dadurch, daß er auch fremde seinen ähnlich machte. Kurz er redete es mit dem ältern Kato ab – dems recht lieb war –, die Prager zu etwas zu verwenden, nämlich abends in der Kühle damit den maienthalischen Kindern einen Wiesen-Ball zu geben. Was hatten beide dazu nötig, als – was sie sogleich taten – in die Tasche und in die Börse zu greifen und dem Nachtwächter loci mehr zu geben, als das Heu seiner großen Wiese zu Johannis wert sein konnte, die heute zu einem Tanzsaal ausgemähet werden mußte? Der Mann gab sie ohnehin mit tausend Freuden her, weil sein Sohn heute – Hochzeit hatte. Die zwanzig Maienbäume, die Kato in den Saal pflanzen wollte, standen schon als Autochthonen einverleibt darin. Und als sie noch bei den Eltern des saubern Dorfes – sonst aber gleicht der arme Ackerbauer dem Schweine, das nach Älian dessen Ackern erfand – die jungen Tanz-Hälften mit der größten Ernsthaftigkeit – denn Bauern und Damen finden sich nicht in Sonderbarkeiten – zusammengebettelt und gepresset hatten: so war alles richtig.

Das befreundete Trio fand am Mittagtische der Äbtissin den gestrigen Tag. Viktor war überall sogleich zu Hause, er blieb nicht Gast, damit der andre nicht Wirt bliebe. Man findet sonst Mädchen selten so wieder, als man sie verließ, so wie ihr Empfang allemal wärmer oder kälter ist als ihr Briefchen vorher; aber in Klotildens zergehenden Zügen kündigte ein unendlicher Zauber die Erinnerung von gestern an, wo sie aus zwei Gründen ihr Herz allen seinen auf dem Altar der Natur und der Tugend geheiligten Flammen überlassen hatte. Erstlich war sie gestern wärmer, weil sie vorher kälter gewesen im kleinen Zank, den bloß ihr Gesicht über die Kussewitzer Uhr-Sache gehabt; nichts macht die Liebe süßer und zärter als ein kleines Keifen und Frieren vorher, so wie die Weintrauben durch einen Frost vor der Lese dünnere Schalen und bessern Most gewinnen. Zweitens betragen sich in einem hohen Grade der Rührung und Liebe die besten Mädchen gerade so wie die – guten.

Ich habe erst drei Kaffeetassen Burgunder zu mir genommen, weil ich zur Karnation und Rötelzeichnung des Nachmittags vielleicht nicht mehr brauche – aber o Himmel, die Nacht! – Meine Schuld ists nicht, wenn es der Nachwelt nicht zu Ohren kömmt, daß die meisten nachmittags der Hitze wegen aus dem Garten blieben. Aber sie sahen aus den Zimmern die Wiese, den Zimmerplatz eines schönen Abends, wo die Kinder schon im voraus herumliefen, das Gras hinaustrugen und mit Hornisten auf Bierhebern das Trommetenfest eröffneten. Es würde zu geringfügig sein, wenn ichs anmerken wollte, daß mehre Jungen durch geschossene rote Kappen oder Kronen tot hingestreckt wurden, weil sie Hasen vorstellten, der Mützen-Schütze Jäger und die übrigen Windhunde; man kanns aber metaphorisch nehmen, und dann wirds satirisch und erheblich genug.

Die Freude zarter Menschen ist *verschämt*, sie zeigen lieber ihre Wunden als ihre Entzückungen, weil sie beide nicht zu verdienen glauben, oder sie zeigen beide hinter dem Schleier einer Träne. Viktor war so und sah in jeder Freude seufzend nach *Westen*, ich weiß nicht, ob er an den Untergang der Sterne und der Menschen dachte oder an die Schwarzen, deren Ketten bis in unsere Halbkugel heraufklirren, oder an nähere Weiße, für die man die zersprengten wieder lötet mit Blut – – Aber dieses Schauen nach seiner *Kiblah* zwang ihn, seine Entzückung zu *verdienen.* Die gestrige und heutige war so groß, daß er gerührt zum Genius der Erde sagte: »So groß kann meine schwache Tugend nicht werden.« – Es half ihm nichts, daß er sich selber vor seinem Gewissen herauszustreichen suchte und diesem vorstellte, wie viel schöne Minuten und frohe Pulsschläge er hier in diesem *Seifersdorfer Tal* austeile an seine Freunde und an seine Freundin, die durch ihn genese, und an die Kinder, die er jetzt schon springen sehe und abends noch mehr – es fruchtete beim Gewissen etwas, aber doch nicht genug, als er es fragte, ob er denn vor der Sphärenmusik dieser Tage die Ohren zuhalten sollte; ob er nicht seine Leidenschaften überwunden habe und ob nicht der größere Spielraum und die größere Tätigkeit eines Menschen bloß in der größern Zahl besiegter Leidenschaften bestehe, so daß also eine Hofdame, ja sogar ein König keinen kleinern Wirkkreis innenhabe als der nützlichste Bürger; und ob nicht der Mensch wie sehr kleine Kinder bloß in die Erdenschule gesendet worden, um *stille* sein zu lernen – aber der eucharistische Religionkrieg des alten und neuen Adams hörte bloß durch eine Entzückung auf, nämlich durch die Entschließung, sobald ihm sein Vater die Hand- und Beinschellen des Hofes abnehme, mehr zu kurieren als der Stadt- und Landphysikus und alles umsonst und meistens bei Armen. – –

Nur auf ein Wort, Leser! Tugend kann nicht der Glückseligkeit *würdig* machen, sondern nur *würdiger*, weil schon das Dasein uns wie bei den nicht-moralischen Tieren ein Recht an Freude gibt – weil Tugend und Freude inkommensurable Größen sind und man nicht weiß, wird ein seliges Jahrhundert durch ein tugendhaftes Jahrzehend oder dieses durch jenes verdient – weil die Jahre der Freude vor den Jahren der Tugend laufen, so daß der Tugendhafte statt der Zukunft erst die Vergangenheit, statt des Himmels erst die Erde zu verdienen hätte.

Der Nachmittag lief wie eine lichte Quelle über bunte Kleinigkeiten wie über Goldsand hinüber, über kleine Freuden und über große Hoffnungen, über zarte Aufmerksamkeiten und über den Blumenstaub wohlwollender Feinheiten, der das beste Heftpulver der Herzen ist. Viktor fühlte, daß eine Geliebte, die viel Verstand hat, der Liebe einen eignen *pikanten* Geschmack mitteile; sie selber fühlte, daß das Herz, das man mit weichen bekleideten Händen und nicht mit rohen Griffen abgepflückt, sich besser erhalte, so wie sich Borsdorfer Äpfel länger halten, die man nur mit Handschuhen abgenommen. Obgleich nach meinen Tabellen die Liebe gerade am Tage nach dem ersten Kusse am höchsten, nämlich auf 112° Fahrenheit oder 10° de l'Isle steht: so war doch mit Viktors Liebe zugleich seine Ehrfurcht gestiegen – o *die* Liebe erhebt, worin die Gunstbezeugungen nicht kühner, sondern blöder machen! –

Unser Freund fühlte, wie glücklich in der Freude das *Ansichhalten* mache, und wie sehr der schäumende Freuden-Pokal durch einige Messerspitzen hineingeworfnes Temperierpulver sich aufhelle und veredle. Nach einem Nachmittag, wo die ganzen Stunden reizend waren, ohne daß man einzelne außerordentliche Minuten hätte herausheben können – wie die Fasanenfedern nicht einzeln, sondern in ganzen Büschen glänzen –, nach diesem Nachmittag zog alles in den Garten, aber Emanuel zuerst. Der Indier vertrug wie Grasmücken keine Zimmer und schwieg darin oder las nur, und zwar bloß – was mich nicht wundert – die Trauerspiele Shakespeares....

Unter dem großen Abendhimmel, den keine Wolke einschränkte, taten sich die Seelen wie Nachtviolen auf. Emanuel war der Cicerone und Galerieinspektor dieses malerischen Gartens. Er führte seinen Freund und die andern zu seinem kleinen Blumengärtchen, das am höchsten im Park lag. Der Park lief nämlich den Berg hinab mit *fünf* gleichsam aus diesem schubladenweise herausgezognen Absätzen und Stockwerken. Diese fünf Ebenen, diese eingehauenen grünenden Stufen, hielten ebensoviel verschiedene Gärten, Baum- und Staudengärten etc., empor – daher wurde durch jeden neuen Standpunkt, wie durch einen Umwandel-Spiegel, aus dem alten Garten ein neuer zusammengerückt. Den abschüssigen Park faßten auf beiden Seiten zwei Schlangengänge hoher, wankender, brennender Blumen wie zwei hinunterwehende Treppengeländer ein, und hinter jeder Blumen-Schlangenlinie ringelte sich oben vom Berge silbernes Geäder mit hellem, dünnen, auf- und niederspringenden Gewässer herab[1], das in der Abendsonne eine in aufrechten Windungen daliegende Goldschlange oder Ichor-Schlagader wurde. Auf der obersten letzten Terrasse standen einander die *Abend*- und die *Morgenlaube* als die Pole des Gartens gegenüber, und der *Abendspringbrunnen* glimmte über jener und der *Morgenspringbrunnen* über dieser empor, und beide sahen zu einander wie Mond und Sonne herüber.

Und gerade an dem Abendbrunnen hatte Emanuel seinen Zwischengarten. Denn er liebte als Indier physische Blumen wie poetische, und ihm war im Dezember ein Blumenbuch eine gewiegte Blumenau, und ein Nelkenblätterkatalog war für ihn die Hülse und Chrysalide des Sommers. Er führte seine Geliebten auf der blumigen Region des Berges durch die unschuldigen Blumen hindurch, die wie gute Mädchen weder Sonne noch Erdreich zum eignen Leben dem fremden nehmen – vor der Goldquaste der Tulpe vorbei – vor den Miniaturfarben des Vergißmeinnicht – vor den bunten Glocken, die auch wie die *lauten* in den Gießlöchern der Erde gegossen werden – vor den Ohrrosen des Augusts, nämlich den Rosen – vor dem Kato, der nicht der lustige Engländer, sondern eine ungeflammte Aurikel ist, die bei Herrn Klefeker in Hamburg zu haben – vor der geliebten Agathe, die an die andere in St. Lüne erinnerte und die eine schöne Schlüsselblume ist....

Endlich kamen sie an die Abendlaube und an Emanuels Blumen, nämlich an schneeweiße Hyazinthen, in deren Verschattung der durchstrahlte Abendspringbrunnen eine bleiche Röte tuschte. O wie schön, wie schön wehte da die Wärme der Abendsonne herüber und die Kühle des Abendwindes! – Aber warum sinket,

[1] Man hielt den in Bogen auf- und niedergehenden Silberfaden für *eine* herunterrieselnde Quelle; aber die Bogen mehrer schief-springender Springbrunnen waren in solche Entfernungen gestellt, daß der eine den andern fortsetzte.

Klotilde, dein Auge und dein Haupt hier so traurig gegen die Blumen zu? Ists, weil die Wassersäule erlischt, weil die Sonne untergeht? – Nein, sondern weil die weißen Hyazinthen in der Blumistensprache *Julia* heißen – o weil der Gottesacker herübersieht, dessen hohe wankende Grasblumen mit ihren Wurzeln über zwei geliebten Augen stehen, über den Augen der blassen Hyazinthe Giulia, die das heutige Fest nicht erlebt. – – Aber Klotilde verbarg sich, um nichts zu stören.

Das ausfunkelnde Gold der Wassersäule und die zurückschlagende Abendlohe an allen Fenstern zogen die Augen zur Sonne, die unter ihre Bühne sank. – Aber ein rollendes Feuerrad des Allegro, womit die Harmonisten auf der Wiese die weichende Sonne begleiteten, nahm die Augen zu den Ohren herab, und unten auf der eingehüllten Wiese stieg ein neues Theater der Freude mit neuen Schauspielern empor.... Zwei Rosen waren in den Himmel gepflanzt, die rote, die Sonne, die über der zweiten Halbkugel ihre Blüten auftat, und die weiße, der Mond, der in unsere niederhing; aber Sonnengold und Lunasilber und Abendschlacken wurden noch von einem rauchenden Zauberdufte eingesogen, und man konnte noch nicht die Schatten vom silbernen Grunde des Mondlichts absondern, und niederflatternde Blüten wurden noch mit Nachtschmetterlingen vermengt.

Die Glücklichen gingen durch die Kastanienallee hinab zu den jüngern Glücklichen, zu den Kindern, die, kühner durch die Gegenwart ihrer Mütter, zwanzig Freiheitbäume in veränderlichen Gruppen umzingelten und umkreiseten und nur auf tiefere Schatten warteten, um schneller zu tanzen. Der Engländer wurde von Klotilde wie ein Freund ihrer zwei Freunde empfangen. Das Brautpaar, dem die Wiese als Erbschaft gehörte, hatte die eigne Musik gegen diese vertauscht, und das Bundfest desselben rückte in seiner Feier unserem Helden den heitern Tag näher, wo er, er auch seine Klotilde Braut nennen durfte; aber er hatte nicht den Mut, sein errötendes Gesicht gegen diese zu wenden, weil er dachte, sie denke dasselbe und sei auch rot. Nur ein Liebender kann mit der Begeisterung eines Brautpaars sympathisieren; und nie stiegen schönere Wünsche für eines auf als für dieses in zwei

Seelen voll Liebe. Eine vierjährige Schwester der Braut drückte sich an Klotilden an – jene war die kleine Luna dieser Venus bei ihren Spaziergängen – und diese entlud gern ihre Liebe in die kleine Hand, die der ihrigen den Vorzug vor einem Mittänzer ließ.

Der Mond gab jetzo durch den Widerschein der Sonne, womit er dieses Kinderparadies versilberte, der Freude hellere Farben, und unter dem vertieften Schatten der Maienbäume wuchs der kindliche Mut. Alles war beglückt – alles fesselnlos – alles friedlich – kein giftiges Auge warf Blitze – keine einzige Härte störte das metrische Leben – in melodischer Fortschreitung klangen die Minuten im Silbertone vorüber und verfingen und hielten sich in dem ausschlagenden Rosendickicht der Abendröte auf. – Der laue flatternde Äther des Frühlings sog an den Blüten sich voll Düfte und trug sie wie Honig in die Brust des Menschen. – Und als die Pulse voller schlugen, spielten stumme kühlende Blitze um die Nebel des Horizonts, und der Mond zog Lebenluft[1] aus den Blättern, um auf ihr den abgezognen Geist ihrer Kelche gesünder zuzuführen.

Viktor und der Engländer und Emanuel und Klotilde nebst einigen von ihren Freundinnen standen unten wie gebende Götter der Freude neben den Kindern und wurden durch den Genuß der fremden Labung trunken. Unser Freund hatte eine zu heilige Liebe, um sie (zumal so vielen Fremden und dem Engländer) zu zeigen, und legte dem unbändigen tanzenden Herzen Zügel an. In der edeln Liebe ist das Opfer – und wäre sie es selber – so angenehm wie der Genuß; aber noch leichter wird es neben einem Emanuel, der – das ist das schimmernde Ordenkreuz der höhern Menschen – gerade in der Freude seine Augen zu dem höhern Leben aufhebt und zur Wahrheit. Diesesmal verdoppelte noch dazu das Gefühl seiner steigenden Gesundheit sein Schmachten nach dem geweissagten Verscheiden. Sein verherrlichtes Angesicht, seine überirdischen Wünsche und sein stilles Ergeben waren gleichsam der zweite höhere Mondenschein, der in den dunklern fiel; und er störte das wachsende Elysium gar nicht, da

[1] Im Mondschein sondern die Pflanzen Feuer- oder Lebenluft ab.

er z.B. sagte: »Der Sterbliche hält sich hier für ewig, weil das Menschengeschlecht ewig ist; aber der fortgestoßene Tropfe wird mit dem unversiegenden Strome verwechselt; und keimten nicht immer neue Menschen nach, so würde jeder die Flüchtigkeit seiner Lebenterzie tiefer empfinden« – oder da er sagte: »Wenn der Mensch nicht unsterblich wird, so wird es auch kein höheres Wesen, und die Schlüsse sind dieselben; dann brennte der stehende Gott aus dem kämpfenden und erlöschenden Sein einsam heraus, gleich der Sonne, die, wenn es keinen Erdendunstkreis gäbe, aus einem schwarzen Himmel lodern und die gewölbte Nacht durchschneiden, aber nicht erhellen würde« – oder da er sagte: »Der Gang des Menschengeschlechts zur heiligen Stadt Gottes gleicht dem Gange einiger Pilgrime, die nach Jerusalem wallfahrten und allemal nach drei Schritten vorwärts wieder einen rückwärts tun.« – Oder endlich da er auf seines Viktors Bemerkung, daß die Besserung nur die groben Fehler, nicht die feinen Gewissenbisse aufhebe, und daß ein Heiliger so viel Klagen von seinem Gewissen erhalte als der Schlimme, da er darauf sagte: »Unsere *Entfernung* von der Tugend findet man, wie die von der Sonne, durch genauere Berechnungen bloß *größer*; aber die Sonne fließet doch, aller veränderlichen Rechnungen ungeachtet, immer mit *derselben* Wärme in unser Angesicht.« –

Plötzlich lief der Engländer zu den Spielern und foderte – um die Sprünge und Läufer seiner Ideen in Musik gesetzt zu sehen – von ihnen das beste Adagio und eilte in das »*Florgezelt*« oben hinauf, das der Lord Horion aus eisernen Bögen und einem darüber gespannten schwarzen Doppelflor erbauen ließ, um für seine damals erkrankenden Augen den Sonnenschein in Mondschein umzusetzen. Da jedes Herz bei der ersten Berührung vom Adagio in selige Tränen zergehen mußte: so zerlegte die Wonne, die sich zu verhüllen suchte, den ruhenden Kreis, und alle flossen auseinander, um (jeder unter seiner eignen Überlaubung) ungesehen zu lächeln und ungehört zu seufzen – wie Kurgäste eines Gesundbrunnen zerteilte, begegnete, entfernte man sich in zufälligen Richtungen.

Der schöne Blinde ruhte oben nicht weit von der Nachtigall

gleichsam an der Quelle der harmonischen Ströme, und Klotilde blickt' ihn trauernd an, sooft sie an ihm vorüberging, und dachte: »Arme verschattete Seele, die Seufzer der Musik dehnen dein sehnsüchtiges Herz aus, und du siehst nie, wen du liebst und wer dich liebt.« – Emanuel ging einsam den langen Weg zu seinem Berge mit der Trauerbirke hinauf und zurück. – Viktor irrte den ganzen Garten hindurch: er kam vor verhüllten Obelisken, Säulen und Würfeln vorüber, die den Platz steinerner Faunen besser besetzten; – er trat in die dunkle, nur von der Abendröte schattierte Abendlaube, wo er gestern zu glücklich war für einen Sterblichen und zu weich für einen Unsterblichen; – er drängte sich durch einen Ring von Büschen, aus denen ein strahlendes Springwasser vorragte, und schloß geblendet die Augen zu, als er darin in künstlich belaubten Pfeilerspiegeln einen mit Mondsilber gesättigten Wasserbogen in zurückweichenden Erbleichungen millionenmal aufgewölbt und aus weißen Regenbögen in Mondsicheln und endlich in Schatten zurückgeführt erblickte. – –

O wie oft hatt' er nicht in seinen Kinderträumen, in seinen Landschaftgemälden, die er sich von den Tagen des Paradieses entwarf, diese Nacht gesehen und kaum gewünscht, weil er sie auf der rauhen Erde nie zu erleben hoffte; und jetzo stand diese Eden-Nacht mit allen um sie hängenden Blüten und Sternen ausgeschaffen vor ihm! – Und wer von uns hat nicht in irgendeiner zauberisch beleuchteten Stelle seiner Phantasie und seiner Hoffnung ein ebenso großes Nachtstück einer künftigen Lenznacht aufgestellt, wo er wie in dieser *mit allen Freunden* auf einmal (nicht immer allein) glücklich ist – wo wie in dieser die Nacht nur als ein Schleier durchsichtig über den Tag geworfen ist – wo der rote Gürtel, den die Sonne beim Einsteigen ins Meer abgelegt, bis an den Morgen auf dem Rand der Erde schimmernd liegen bleibt – wo die langen Seelentöne der Nachtigall laut durch das auseinanderrinnende Adagio ziehen und sich aus dem Echo erheben – wo wir lauter befreundeten Seelen begegnen und sie trunken anblicken und durch das Lächeln fragen: o du bist doch auch so glücklich wie ich? und wo das fremde Lächeln es bejahet – eine Nacht, o Gott, wo du unser Herz voll und doch ruhig gemacht, wo wir weder *zweifeln* noch *zürnen* noch *fürchten*, wo alle deine Kinder an deiner Brust in deinen Armen ruhen und die Hände ihrer Geschwister halten und nur mit halb geschlossenen Augen schlummern, um sich anzulächeln? – – Ach da der Seufzer, womit ich dieses schreibe und ihr es leset, uns daran erinnert, wie selten solche Frühlingnächte auf unsere Erde fallen: so verübelt es mir nicht, daß ich das schwelgerische Gemälde *dieser* Nacht nur langsam vollführe, damit ich einmal in meinen alten Tagen mich an der gemalten Stunde der jetzigen Begeisterung erquicke und etwan sagen könne: ach du wußtest es damals wohl, daß du niemals eine solche Nacht erleben würdest, darum warst du so weitläuftig. Und was anders als versteinerte Blüten eines Klima, das auf dieser Erde nicht ist, graben wir aus unserer Phantasie aus, so wie man in unserm Norden versteinerte Palmbäume aus der Erde holt.....

Viktor ging zum stillen Julius an der Nachtigallenhecke und legte ihm Nachtviolen in die Hand und küßte ihn auf das verhangne Auge, das nicht sehen, aber doch weinen konnte vor Freude – und die benachbarte Nachtigall hielt nicht innen unter dem Kuß. Er kam den Garten hinauf, als Emanuel herunterkam; neben dem Morgenspringbrunnen sahen sie einander an, und Emanuels Angesicht leuchtete im Widerschein der Wellen, als wenn er vor dem Engel des Todes stände und zerflösse, um zu sterben, und er sagte: »Der Unendliche drückt uns heute an sich – warum kann ich nicht weinen, da ich so glücklich bin?« – Und als sie wieder auseinander waren, rief er seinen Viktor zurück und sagte: »Schau, wie blühendrot der Abend gegen Morgen zieht wie ein Sterbender, als wenn ihn die Töne fortrückten – schau, die Sterne hängen wie Blüten aus der Ewigkeit in unsere Erde herein – schau die große Tiefe – wie viel Frühlinge grünen heute auf so viel tausend darin ziehenden Erden.« –

Die Mädchen hatten sich nach kurzen Gängen bald auf die Grasbänke der Terrassen paarweise oder in der Zahl der Grazien niedergesetzt. Klotilde, die allein gewandelt war, tat es endlich auch und setzte sich zu einer einsamen Freundin auf der vierten Terrasse, neben den bunten Sonnen-Regenbogen aus Blumen, hinter welchem der Mond-Regenbogen aus Wasser blinkte. Diese Freundin rief den kommenden Viktor zum Schiedrichter eines tugendhaften Zwistes herbei: »Wir haben gestritten,« sagte die Freundin, »was süßer für gute Menschen sei, wenn sie vergeben, oder wenn ihnen vergeben wird. Ich behaupte durchaus, vergeben ist süßer.« – »Und mir kommt es vor,« (sagte Klotilde mit einer gerührten Stimme, die alle liebreiche Gedanken ihres schonenden Herzens, alle ihre dankenden Erinnerungen an ihre letzte Entzweiung mit Viktor und an sein schönes Vergeben entdeckte) »es sei schöner, Vergebung zu erhalten, weil die Liebe gegen die verzeihende Seele du·ch die eigne Demut *reiner* und durch die fremde Güte *größer* wird.« Etwas Lieblicheres wurde wohl unserm Viktor nie gesagt. Seine Rührung und sein Dank machten ihm das Entscheiden schwer; aber Klotilde half seinen Träumen durch die Wendung ein oder ab: »Ich habe meine gute Charlotte schon an *vorgestern* erinnert, aber sie bleibt dabei.« Sie meinte den Beicht- und Abendmahltag, wo die schönen Herzen alle von einander Vergebung baten und bekamen. Viktor antwortete endlich zugleich wahr und beziehend und fein: »Sie setzen beide, glaub' ich, unmögliche Fälle: kein Mensch hat ganz unrecht und keiner ganz recht; und wer vergibt, dem wird zugleich vergeben, und umgekehrt – so teilen zwei Menschen, die sich versöhnen, immer die Freude der Verzeihung und die Freude der *reinern* und *größern* Liebe miteinander.« –

Viktor ging, um eine Rührung zu verbergen, durch die er eine fremde zu sehr erhöhte. Aber auf seinen nahen und fernen Wegen zwischen Tönen und Blüten hielten in ihm Gefühle an, die seine Liebe verdoppelten und verherrlichten: er fühlte, daß der *stärkste* Ausdruck der Liebe nicht so fest und innig in die Seele greife als der *feinste*. Allein als er vor der Sonnenuhr vorüberging, die mit einem Maßstabe aus Schatten uns andern Schatten ihre engen glücklichen Inseln zuzählte, und als ihm der Mond auf der Waage mit seiner innenstehenden Schattenzunge die letzten Minuten dieser frohen Stunde vorwog, weil er nach Mitternacht hin zeigte, gleichsam als wenn er schriebe: es ist sogleich vorüber: so trat der Engländer allein langsam und niederblickend aus dem Florgewebe und ging unter die Töne, um sie wegzuführen mit dem ganzen Himmel um sie. Viktor, der im stillen Meer der tiefsten Freude nicht mehr nach Gegenden steuerte, sondern zufrieden darauf taumelte und ruhte und in der Zukunft nichts begehrte als die Gegenwart, wandelte jetzo nur auf den langen Terrassen hin und her, anstatt den Garten auf- und abzusteigen – er stand gerade auf der obersten, auf der Blumenterrasse, an dem Morgenspringbrunnen, und sah den dämmernden Weg hinüber zum blinkenden Abendbrunnen, und der Schnee des Mondes lag tiefer und weißer gefallen die glückselige Ebene hinab, und dieses blühende Zuckerfeld kam seinem träumenden Herzen wie eine in diese Erde hineinreichende Landspitze der Insel der Seligen vor, und er sah ja lauter selige Menschen auf diesem Zaubergefilde gehen, ruhen, tanzen, hier einsam, dort in Paaren, dort in Gruppen, und unschuldige Menschen, stille Kinder, sanfte tugendhafte Mädchen, und er schauete zum gestirnten Himmel auf, und sein Auge voll Tränen sagte zum Allgütigen: o gib auch meinem guten Vater und meinem guten Flamin eine solche Nacht – – als er plötzlich die Töne wie abgewehet vernahm und den Briten mit den Kindern ziehen sah, und das Schwanenlied eines Maestoso wurde vorausgetragen vor der entfliehenden Jugend....

Viktor ging oben mit den wegschwimmenden Tönen, und die Sterne schienen mitzuschwimmen und die Gegend mitzugehen – auf einmal stockt er am Ende der Blumenterrasse vor den Ebenbildern Giulias, den weißen Hyazinthen, vor der Freundin Giulias, vor – Klotilde.... Augenblick! der nur in der Ewigkeit wiederholt wird, schimmere nicht zu stark, damit ich es ertragen kann, bewege mein Herz nicht zu sehr, damit es dich beschreiben kann! – Ach beweg' es nur wie die zwei Herzen, denen du erschienst; du begegnest uns allen nicht mehr.... Und Klotilde und Viktor standen unschuldig vor Gott, und Gott sagte: weint und liebt wie in der zweiten Welt bei mir! – Und sie schaueten sich sprachlos an in der Verklärung der Nacht, in der Verklärung der Liebe, in der Verklärung der Rührung, und Wonnezähren deckten die Augen zu und hinter den erleuchteten Tränen stiegen um sie verklärte Welten aus der dunkeln Erde auf und der Abendspringbrunnen legte sich glimmend wie eine Milchstraße über sie herüber und der Sternenhimmel schlug funkelnd über sie zusammen und das entweichende Vertönen spülte die aufgehobnen Seelen vom Erdenufer los.... Siehe! da trieb ein kleines Wehen die entfliegenden Laute heißer und näher an ihr Herz, und sie nahmen ihre Tränen von den Augen; und als sie umherschaueten in der Gegenwart: so bewegte das melodische Wehen alle Blüten im Garten, und die große Nacht, die mit Riesengliedern im Mondschein auf der Erde schlief, regte vor Wonne ihre Kränze aus abgeschatteten Gipfeln und die zwei Menschen lächelten zitternd zugleich und schlugen miteinander die Augen nieder und hoben sie miteinander auf und wußtens nicht. Und Viktor konnte endlich sagen: »O ! möge das edelste Herz, das ich kenne, so unaussprechlich selig sein wie ich und noch seliger! So viel hab' ich nicht verdient.« – Und Koltilde sagte in einem sanften Tone: »Ich bin den ganzen Abend meistens allein geblieben, bloß um vor Freude zu weinen, aber er ist zu schön für mich und die Zukunft.« ... Die umkehrenden Gespielinnen kamen den Garten herauf, und beide mußten auseinander scheiden; und als Viktor noch mit erstickten Lauten sagte: »Ruhe wohl, du edle Seele – solche Freudentränen müssen immer in deinen Augen stehen, solches melodische Getöne müsse immer um deine Tage rinnen – Ruhe wohl, du himmlische Seele«; und als ein Blick voll neuer Liebe und ein Auge voll neuer Tränen ihm dankte; und als er sich tief, tief bückte vor der Heiligen, Stillen, Bescheidnen und aus Ehrfurcht nicht einmal ihre Hand küßte: so umarmte in der Unsichtbarkeit ihr Genius seinen Genius vor Entzücken, daß ihre zwei Kinder so glücklich waren und so tugendhaft. – –

O wie wohl tat jetzt seiner überschütteten Seele sein geliebter Dahore, dem er unter den lauten Kastanien nachkam, und an den er mit allen seinen Tränen der Wonne, mit allen seinen Liebkosungen des trunknen Herzens fallen durfte: »Mein Emanuel, ruhe sanft! Ich bleibe heute Nacht unter diesem guten warmen Himmel um uns her.« – »Bleibe nur, Guter,« (sagte Emanuel) »eine solche Nacht zieht durch keinen Frühling mehr.... Hörst du,« (fuhr er fort, als die in die Unermeßlichkeit entrückten Töne gleichsam wie Abendsterne des untergegangnen Glanzes, wie Herbststimmen des wegziehenden Sommergesangs in die sehnsüchtige Seele hineinriefen) »hörst du das schöne Vertönen? Siehe, ebenso töne am längsten Tage meine Seele aus, ebenso liege dein Herz an meinem, und so sage wie heute: ruhe wohl!«...

Dem letzten Geliebten entsunken, schwankte Viktor im gemischten Zwielicht der wehmütigen Begeisterung zurück durch die vom Mondlicht durchbrochne, gleichsam von Strahlen tropfende Allee, um in der Blütenhöhle, wo er zuerst Klotilde hier gefunden, das träumende Haupt an ein Kopfkissen von Blütenkelchen anzulehnen... Und als er langsam und allein und mit elysischen Erinnerungen und Hoffnungen durch den in die Allee gewachsenen Laubengang zwischen den einwiegenden Bächen hinwankte: so schwammen noch niedrige Wogen des weggetragnen Getönes in die Phantasie mehr als in die Ohren, und nur die Nachtigall regierte laut über die beseelte Nacht. Da sank unnennbar beglückt und wonneschwer der letzte Mensch dieser Nacht von den fünf Stufen seines himmlischen Bettes durch die Zweig-Vergitterung in das dunkle Blüten-Dickicht hinein. – – Betauete Sprossen fielen kühlend an seine entzündete Stirne, er legte die zwei Arme ausgestreckt auf zwei Armlehnen von Zwergbäumen und schloß entzückt die heißen Augenlider zu, und das Forttönen der Nachtigall und der fünf Quellen um ihn wehten ihn einige Strecken weit in den dämmernden Wahnsinn des Traumes hinüber – aber die in Freuden-Jubel hinausschreiende Nachtigall schlug durch seinen Traum, und als er die Augen, in halbe Träume verschlagen, auftat, schoß der Blitz des Mondes durch das weiße Gesträuch – – dennoch, von den vorigen Szenen befriedigt, lächelte er nur halb außer sich und überhüllte das Auge wieder und ließ sich ganz in den harmonischen Schlummer hinunter... nur einige gebrochne Laute sang er noch in sich... nur einigemal regte er noch die liegenden Arme zu Umfassungen... und nur im Ersterben des Schlummers und der Wonne stammelte er *einmal* noch dunkel: Geliebte!...

Und so schön, großer Allgütiger, laß uns andere Menschen in der letzten Nacht entschlafen wie Viktor in *dieser*, und laß es auch unser letztes Wort sein: Geliebte! –

Vierter und letzter Pfingsttag
(36. Hundposttag)

Hyazinthe – die Stimme vom Vater Emanuels – Brief vom Engel – Flöte auf dem Grab – zweite Nachtigall – Abschied – Geistererscheinung

Eben ist der Anhang zum vierten Freudentage eingelaufen. – Ich komme nach dem Seufzer, womit man gewöhnlich am Tage nach den Festtagen sagt, daß man sie begrabe, wieder vor das blühende Bette meines Freundes und öffne den grünenden Vorhang; gegen neun Uhr erst zog ihn eine nah an seinen Händen schlagende Grasmücke mühsam aus einem tiefen Traummeer. Aber die Schattenfiguren, die der Hohlspiegel des Traums in der Luft aufgerichtet hatte, waren alle vergessen; nur die Tränen, die sie ihm ausgepresset, standen noch in seinen Augen, und er entsann sich nicht mehr, warum er sie vergossen hatte. Es war heute Quatember, der wie andere Wetter- und Mondveränderungen unser Traum-Echo lauter und vielsilbiger macht. – In einer sonderbaren Erweichung schlug er die Augen auf vor der weißen Dämmerung des Apfelblüten-Überhangs, vor dem Wirrwarr des grünen Gespinstes – sein Hand jagte die Grasmücke durch das Gebüsch – es war schwül um diesen Schatten, die Baumgipfel waren stumm und alle Blumen gerade – Bienen bogen sich von Sandkörnchen herab in die Quellen um ihn und schlurften Wasser – von den Weiden tropften weiße Flocken, und alle Riechfläschchen der Blüten und die Rauchgefäße der Blumen übergossen seine Schlafstätte mit einem süßen schwülen Dunst...

Er führt seine rechte Hand ans nasse Auge und erblickt darin mit Erstaunen eine weiße Hyazinthe, die ihm jemand heute mußte hineingelegt haben... Er verfiel auf Klotilde; und sie wars auch gewesen. Vor einer halben Stunde trat sie an dieses Blumen-Bette – ließ sogleich das Gesträuch leise wieder zusammenschlagen –

zog es aber doch wieder auseinander, weil sie die Tränen des vergessenen Traums über das Angesicht des glühenden Schläfers rinnen sah – ihre ganze Seele wurde nun ein weicher segnender Blick der Liebe, und sie konnte sich nicht enthalten, das Denkmal ihres Morgenbesuchs, die Blume, in die Hand zu legen – und eilte dann leise in ihr Zimmer zurück.

Er trat eilig in den leuchtenden Tag, um die Geberin einzuholen, deren Morgengabe er leider aus Besorgnis der Zerstörung so wenig wie sie ans Herz anpressen durfte. O wie tat es ihm wehe, als er im Freien vor dem herrnhutischen Gottesacker der *heimgegangnen* Himmelnacht, vor dem ruhenden Garten, stand und als er auf die kahlen ausgemähten eingetretenen Tanztennen und auf die verstummte Nachtigallenstaude blickte und auf die Berge, woran die Kinder weideten, vom gestrigen Schmucke entkleidet! Da erschien der vergessene Traum wieder und sagte: weine noch einmal, denn das Rosenfest deines Lebens beschließet sich heute, und der letzte von den *vier* Flüssen des Paradieses trocknet in wenig Stunden gänzlich aus! – »O ihr schönen Tage,« sagte Viktor, »ihr verdient es, daß ich euch verlasse mit einer Erweichung ohne Maß und mit Tränen ohne Zahl!« – Er floh aus dem zu harten Taglicht in die Zelle aus Flor, damit sie den hellen Vorgrund des Tages zu einem dämmernden Hintergrund ummalte, mit dem gestrigen Mondschein überdeckt; und unter diesem Leichenschleier der erblichenen Nacht setzte er sich vor, dem verarmenden Herzen heute seine letzte Freude ganz im Übermaß zu gönnen, nämlich sein Sehnen. Er trat aus dem Flor, aber der nächtliche Mondschein wich nicht von der Flur; er schaute auf in den blauen Himmel, der uns mit *einer* langen Flamme betastet, aber die verhüllten Sterne der Winternacht schickten herausquellende kleine Strahlen an die verdunkelte Seele; er sagte sich zwar: »Der Eisberg, auf dem bisher meine Vernunft halbe Bergpredigten abgelegt, ist unter der Freudenglut zu einem Maulwurfhügel eingelaufen«, aber er setzte hinzu: »Heute frag' ich nach nichts.«

Er kam zu Emanuel mit nassen Augen. Dieser sagte ihm, daß sich das erste Glied der gestrigen Blumenkette, nämlich der Brite mit seinen Leuten, schon in der Nacht abgelöset habe. Aber je länger er Emanuel ansah und an morgen dachte – denn morgen lehnt auch er vor tags die Gartentüre dieses Paradieses leise hinter sich zu, und heute nachmittags nimmt er von der Äbtissin und abends von der Geliebten Abschied, um diese nicht im Ablesen der bekannten Engels-Epistel zu hemmen –, desto drückender waren seine Augen gespannt, und er ging lieber mit einem sich selber vollblutenden Herzen hinaus ins Freie und führte den Blinden mit, der nichts erriet, nichts erblickte und vor dem man ohnehin wie vor einem Kinde gern sein Innerstes entkleidete.

Aber diesesmal war Julius in derselben Erweichung, weil er den ganzen Morgen den Engel in seiner dämmernden Seele spielen und fliegen sehen. Die Sehnsucht nach dem Engel brütete sein ruhendes Herz zum Pochen an, und er sagte mit einem ungewöhnlichen Schmerz: »Wenn ich nur sehen könnte, nur etwas, nur meinen Vater oder dich!« Die überstäubten Erinnerungen an seine Kindheit wurden aufgeschüttelt; und aus dieser in Wolken stehenden Zeit trat besonders *ein* Tag heraus vor ihn, morgenhell, blau und voll Gesang, und trug drei Gestalten auf seinem Nebelboden, Julius' eigne und die der zwei Kinder, von denen er sich vor ihrer Einschiffung nach Deutschland geschieden hatte – es entflossen ihm Tropfen, ohne daß er es merkte, da er gerade diesem Viktor, der das Folgende getan hatte, das Küssen und Umhängen und Nachrufen des einen Kindes malte, das ihn am meisten liebte und immer trug. »Und ich denke,« fuhr er fort, »jeder, den ich gern höre, habe das Gesicht dieses guten Kindes und auch *du*. Oft wenn ich einsam diese Gestalt in meinem Dunkeln anschaue und warme Tropfen auf den Lippen spüre und in eine schmachtende schlummernde Wonne falle: mein' ich, es quelle Blut aus meinen Lippen, und mein Herz siedet – aber mein Vater sagt, wenn dann meine Augen plötzlich aufgetan würden und ich sähe meinen Engel an oder das gute Kind oder einen schönen Menschen, dann würde ich sterben müssen vor Liebe.« – – »O Julius, Julius,« (rief sein Viktor) »wie edel ist dein Herz! Das gute Kind, das du so liebst, wird bald mein Vater an dich legen, es wird :h so küssen, so lieben, so drücken wie ich jetzt.« –

Er führte ihn zum Essen zurück; er selber aber blieb bis nachmittags unter dem Himmel, und sein Herz legte stille Trauer an unter Bäumen voll Bienen, neben Gesträuchen voll ätzenden Vögeln, auf allen bisherigen Spaziergängen und Sonnenwegen dieses sterbenden Festes – und es standen alle Kinderstunden aus dem Winterschlafe des Gedächtnisses auf und berührten sein Herz, aber es zerfloß. – O wenn uns weit entlegne Minuten mit ihrem Glokkenspiel antönen, so fallen große Tropfen aus der weichen Seele, wie das nähere Herüberklingen ferner Glocken Regen bedeutet. Ich verdenke dir nichts, Viktor – du bist doch nur *weich*, aber nicht *weichlich* – so gut dir dein Biograph deine Erweichung nachzuschreiben und dein Leser sie nachzufühlen vermag, ohne die festen Muskeln des Herzens abzuspannen, ebensogut vermagst du es auch, und nur ein Mann, der bittere Tränen erpressen kann, wird süße verhöhnen und keine selber vergießen.

Endlich ging Viktor zur letzten Freude, in den Garten des Endes, um mit sanften Tränen in der Abtei von allen Freundinnen abzuscheiden. Ein sonderbarer Vorfall verschob es ein wenig: denn indem er von Emanuel wegging, stieß ihm Julius auf, der aus dem Garten kam und ihm sagte: »wenn er zu Emanuel wolle, er sei im Garten.« – Sie erhoben einen freundschaftlichen Streit, weil jeder ihn gerade jetzo gesprochen haben wollte. Viktor ging mit ihm zu Emanuel zurück, und hier erzählte Julius seinem Lehrer jedes Wort des vorgeblichen Gartengesprächs mit ihm: »z. B. über Viktor, über Klotilde, über seinen heutigen Abschied, über die bisherigen frohen Tage.«

Während der Erzählung wurde Emanuels Angesicht glänzend, als wenn Mondschimmer davon niederflösse – und anstatt dem geliebten Kinde die Unmöglichkeit seiner Erscheinung im Garten vorzustellen, räumte er ihm die Erscheinung ein und sagte entzückt: »Ich werde sterben! – Es war mein abgeschiedener Vater – seine Stimme klingt wie meine – er verhieß mir in seinem Sterben, aus der zweiten Welt in diese zu kommen, eh' ich von hinnen ginge. – Ach ihr Geliebten drüben über den Gräbern, ihr denkt also noch an mich – o! du guter Vater, dringe jetzt mit deinem tödlichen Glanze vor mich heran und löse mich an deinem Munde auf!« –

Er wurde noch mehr darin befestigt, weil Julius dazu erzählte, die Gestalt habe sich von ihm den Brief des Engels reichen lassen, ihn aber nach einem kleinen Lispeln wieder zurückgegeben. Das Siegel war unbeschädigt. Emanuels freudiger Enthusiasmus über diese Telegraphen des Todes setzte unzufriedene Schlüsse aus seiner bisherigen Gesundheit voraus. Viktor lehnte sich nie gegen die erhabnen Irrtümer seines Lehrers auf; so stellte er z. B. niemals die Gründe, die er hatte und die ich im nächsten Schalttage anzeigen will, dem unschuldigen Wahn entgegen: »aus dem Traume und aus der Unabhängigkeit des Ich vom Körper könne man auf die künftige nach dem Tode schließen – im Traume stäube sich der innere Demant ab und sauge Licht aus einer schönern Sonne ein.« – Viktor erschrak darüber, aber aus andern Gründen: Julius nahm beide an den Ort der Unterredung mit, der in der verfinsterten Allee neben der Blütenhöhle war. Niemand war da, nichts erschien, Blätter lispelten, aber keine Geister, es war der Ort der Seligkeit, aber der irdischen. –

Viktor ging in den andern, in die Abtei. Klotilde war nicht droben, sondern im verschlungnen Labyrinth des Parks, wahrscheinlich um dem Inhaber vom Engels-Briefe, Julius, die Gelegenheit des Vorlesens zu erleichtern. Er nahm, als die Sonne gerade den Fensterscheiben gegenüber brannte, von der guten Äbtissin mit jener feinen gerührten Höflichkeit Abschied, auf die sich in ihrem Stande der höchste Enthusiasmus einschränkt. Die feine Äbtissin sagte ihm: »der Besuch sei so kurz, daß er unverzeihlich wäre, wenn nicht Viktor es dadurch gutmachte, daß er ihren zweiten Frühling-Gast (Klotilden) überredete, den ihrigen zu verlängern; denn auch diese verlasse sie bald.« – Er schied mit einer gerührten Achtung von ihr: denn sein weiches Herz wußte ebensogut hinter der Spitzenmaske der Feinheit und Welt als hinter der Leder-Kruste der Roheit das fremde weiche auszufühlen.

Als er freilich in den Garten eilte: stiegen die Tränen seines Herzens höher und wärmer – und ihm war, als müßte er den im Angesichte der Sonne aufgehenden Mond umschließen, da er dachte: »Ach wenn deine bleiche Flocke heute lichter droben hängt, wenn du allein niederschauest, bin ich geschieden von meiner Schäferwelt oder scheide noch.« – Und unten ruhte neben der Nachtigallenhecke sein Julius, der helle Tränenströme vergoß – denn dieser ganze Abend wimmelt von immer größern Meerwundern des Zufalls – er eilt zu ihm herab, der Brief des sogenannten Engels ist geöffnet in seiner Hand, Viktor sagt leise: »Julius, warum weinest du so?« – »O Gott,« sagte dieser gebrochen, »führe mich unter eine Laube!« – Er leitete ihn zur überflorten. Julius sagte darin: »Recht, hier brennt die Sonne nicht!« und schlug den rechten Arm um Viktor und gab ihm den Brief und legte den Arm herum bis an sein Herz und sagte: »Du guter Mensch! sage mir, wenn die Sonne nieder ist, und lies mir noch einmal den Brief des Engels vor!«

Viktor fing an: »Klotilde!« – »An wen ist er?« sagt' er. – »An mich!« (sagte Julius) »und Klotilde hat mir ihn schon vorgelesen; aber ich konnte sie wegen ihrem Weinen nicht verstehen, und ich war auch zu betrübt. – Ich werde vor Kummer sterben, du gute *Giulia*, warum hast du mir es nicht vor deinem Tode gesagt? – Die Tote hat ihn geschrieben, lies nur!« – Er las:

»Klotilde!

Ich hülle meine errötenden Wangen in den Leichenschleier. Mein Geheimnis ruht in meinem Herzen verborgen und wird mit ihm unter den Leichenstein gelegt. Aber nach einem Jahre wird es aus dem zerfallenen Herzen dringen – o dann bleib' es ewig in deinem, Klotilde! – und ewig in deinem, Julius! – Julius, war nicht oft eine schweigende Gestalt um dich, die sich deinen Engel nannte? Legte sie nicht einmal, als die Totenglocke ein blühendes Mädchen einläutete, eine weiße Hyazinthe in deine Hand und sagte: ›Engel pflücken solche *weiße* Blumen‹? Nahm nicht einmal eine stumme Gestalt deine Hand und trocknete sich damit ihre Tränen ab und konnt' es nicht sagen, warum sie weine? Sagte nicht einmal eine leise Stimme: ›Lebe wohl, ich werde dir nicht mehr erscheinen, ich gehe in den Himmel zurück‹? Diese Gestalt war ich, o Julius; denn ich habe dich geliebt und bis in den Tod. Siehe! hier steh' ich am Ufer der zweiten Welt, aber ich schaue nicht hinüber in ihre unendlichen Gefilde, sondern ich kehre mein Angesicht noch sinkend nach dir zurück, nach dir, und mein Auge bricht an deinem Bilde. – Jetzo hab' ich dir alles gesagt. – Nun komm, stillender Tod, drücke langsam die weiße Hyazinthe nieder und teile bald das Herz auseinander, damit Julius darin die verschlossene Liebe sehe. – Ach wirst denn du eine Tote in deine Seele nehmen? Wirst du weinen, wenn du dieses lesen hörest? Ach wenn mein zugedeckter, eingesunkner Staub dich nicht mehr berühren kann, wird mein entfernter Geist von deinem geliebt werden? – Aber ich beschwöre dich, o Unvergeßlicher, geh an dem Tage, wo dir dieses Tränenblatt vorgelesen wird, da gehe, wenn die Sonne untergeht, hinauf zu meinem Grabe und bringe dem bleichen Angesicht darunter, das der alte Hügel schon entzweidrückt, und dem zerronnenen Herzen, das für nichts mehr schlagen kann, da bringe der Armen, die dich so sehr geliebt und die deinetwegen sich unter die Erde gehüllet, dein Totenopfer – bring ihr auf deiner Flöte die Töne meines geliebten Liedes: ›Das Grab ist tief und stille.‹ – Sing es leise nach, Klotilde, und besuch mich auch. – Ach arme Giulia, richte deine Seele auf und erliege jetzt nicht, da du deinen Julius dir an deinem Grabe denkest! – Wenn du da das Totenopfer bringst, so wird zwar mein Geist schon höher stehen; ich werde ein Jahr jenseits der Erde gelebet haben, ich werde die Erde schon vergessen haben – aber doch, aber o Gott, wenn du die Töne über meinem Grabe ins Elysium dringen ließest, dann würd' ich niedersinken und heiße Tränen vergießen und die Arme ausbreiten und rufen: ja! hier in der Ewigkeit lieb' ich ihn noch – es geh' ihm wohl auf der Erde, sein weiches Herz ruhe weich und lange auf dem Leben drunten. – Nein, nicht lange! Komm herauf, Sterblicher, zu den Unsterblichen, damit dein Auge genese und die Freundin erblicke, die für dich gestorben ist!

Giulia.«

»Ich will gehen,« – sagte Julius stockend, aber mit Zuckungen im Gesicht – »wenn auch die Sonne nicht hinab ist: mein Vater soll mich bis zum Untergange trösten, damit mein Herz nicht so heftig an die Brust anschlägt, wenn ich am Grabe stehe und das Totenopfer bringe.« – – Laß mich nichts sagen, Leser, von der Beklemmung, womit ich weitergehe – noch von dieser zu weichen Giulia, die wie eine Morgensonnenuhr vor dem Mittage im Schatten und Kühlen war, die wie eine Taube die Flügel dem Regen und Weinen auseinanderfaltete – noch von ihren Seelen-Schwestern, die im zweiten Lebens-Jahrzehend das Gerippe des Todes ganz mit Blumen überhängen, daß sie seine Glieder nicht sehen können, und die ihren weißen Arm bloß auf einen Myrtenzweig der Liebe stützen wie auf einen Aderlaßstock und ruhig dem Verbluten seiner zerschnittenen Adern zuschauen! –

Ich hätte nicht einmal dieses gesagt, wenn nicht Viktor es gedacht hätte, dessen Herz ein unendlicher Gram und eine unendliche Liebe tödlich auseinanderzogen; denn ach wie weit war nicht seine unersetzliche Klotilde schon auf dem Wege, ihrer Freundin nachzukommen und das ungeliebte Herz in der Erde zu verbergen, wie man im Froste Nelken niederlegt!

Die Sonne stieg tiefer – der Mond stieg höher – Viktor sah Klotilden wie eine Heilige, wie einen ätherisch verkörperten Engel in einer gegen Abend geöffneten Nische ruhen – das kleine, gestern genannte Mädchen spielte auf ihrem Schoß mit einer neuen Puppe – ihm war, als seh' er sie gen Himmel schweben – und als sie ihre großen Augenlider aus den Tränen für die geschiedne Freundin, deren Geheimnis sie längst erraten und verborgen hatte, gegen den aufhob, der sie heute durch seinen Abschied vermehrte; und als sie auch sein Angesicht in Rührung zerschmolzen sah: so erdrückten die gleichen Trauergedanken in beiden sogar die ersten Laute des Empfangs, und beide wandten ihr Gesicht ab, weil sie über die Trennung weinten. – – »Haben Sie« (sagte Klotilde, wenigstens mit einer gefaßten Stimme) »eben mit Julius gesprochen?« – Viktor antwortete nicht, aber seine Augen sagten Ja, indem sie bloß heftiger strömten und sie unverwandt anschaueten. Sie schlug sie tief nieder, mit einem kleinen Erröten für Giulia. Das kleine Kind hielt die über die großen Tropfen herüberfallenden Augenlider für schläfrig und zog der Puppe das schmale, mit Heu gepolsterte Kopfkissen weg, breitete es Klotilden hin und sagte unschuldig: »Da leg dich drauf und schlaf ein!« Es schauerte ihren Freund, da sie antwortete: »Heute nicht, Liebe, auf Kissen mit Heu schlafen nur die Toten.« Es schauerte ihn, da er auf ihrem bewegten Herzen eine schneeweiße Federnelke, in deren Mitte ein großer dunkelroter Punkt wie ein blutiger Tropfen ist, erzittern sah. Die fürchterliche Nelke schien ihm die Lilie zu sein, die der Aberglaube sonst im Chorstuhle des Priesters antraf, dessen Sterben prophezeiet werden sollte.

Sie heftete schmerzlich ihren Blick auf die tiefe Sonne und den Gottesacker, hinter dem diese in den Maitagen wie ein Mensch unterging. »Verlassen Sie diese Aussicht, Teuerste,« (sagt' er, wiewohl ohne Hoffnung des Gehorsams) – »eine zarte Hülle wird von einer zarten Seele am leichtesten zerstört. – Ihre Tränen tun Ihnen zu wehe.« Aber sie erwiderte: »Schon lange nicht mehr – nur in frühern Jahren brannten mir davon die Augenhöhlen, und der Kopf wurde betäubt.« – Plötzlich als der Gedanke an die bewölkte Perspektive ihrer verweinten Tage ihm das Herz aus dem Busen wand, erstarb das Sonnenlicht auf ihren Wangen – Tränenströme brachen gewaltsam aus ihren Augen – er wandte sich um – drüben auf dem Gottesacker sank der Verhüllte auf dem Hügel der Verhüllten nieder – die Sonne war schon unter die Erde, aber die Flöte hatte noch keine Stimme, der Schmerz hatte nur Seufzer und keine Töne.... Endlich richtete der schöne Blinde sich unter zuckenden Schmerzen empor zum Totenopfer, und die Flötenklagen stiegen von dem festen Grabe *auf* in das Abendrot – drei Herzen zergingen wie die Töne, wie das vierte eingesunkne. Aber Klotilde riß sich gewaltsam aus dem stummen Jammer auf und sang zu dem Totenopfer leise das himmlische Lied, um das die Verstorbne sie gebeten hatte und das ich mit unaussprechlicher Rührung gebe:

Das Grab ist tief und stille
Und schauderhaft sein Rand;
Es deckt mit schwarzer Hülle
Ein unbekanntes Land.

Das Lied der Nachtigallen
Tönt nicht in seinen Schoß;

Der Freundschaft Rosen fallen
Nur auf des Hügels Moos.

Verlaßne Bräute ringen
Umsonst die Hände wund;
Der Waisen Klagen dringen
Nicht in der Tiefe Grund.

Doch sonst an keinem Orte
Wohnt die ersehnte Ruh';
Nur durch die dunkle Pforte
Geht man der Heimat zu.

O Salis! in diesem *Doch* sind alle unsere verwehten Seufzer, alle unsere vertrockneten Tränen und heben das steigende Herz aus seinen Wurzeln und Adern, und es will sterben!

Die Stimme der edeln Sängerin unterlag der Wehmut, aber sie sang doch die letzte der Strophen dieses Sphären-Liedes, obwohl leiser in der schmerzhaften Überwältigung:

Das arme Herz, hienieden
Von manchem Sturm bewegt,
Erlangt den wahren Frieden
Nur, wo es nicht mehr schlägt.

Ihre Stimme brach, wie ein Auge bricht oder ein Herz.... Ihr Freund hüllte sein Haupt in die Blätter der Laube – das ganze Erdenleben zog wie eine Klage vorüber. – Klotildens schwere Vergangenheit, Klotildens düstere Zukunft rückten zusammen vor seinem Auge und warfen im Dunkeln den Leichenschleier über diesen Engel und zogen sie verhüllet in das Grab zur Schwester.... Er hatte sogar den Abschied vergessen... er hatte nicht den Mut, die große Szene um sich anzuschauen und die Gebeugte neben sich....

Er hörte die Kleine gehen und sagen: »Ich hole dir ein größeres Kissen unter den Kopf.«

Klotilde stand auf und faßte seine Hand – er kehrte sich wieder um in die Erde – und sie schauete ihn an mit einem verweinten, aber zärtlichen Auge, dessen Tropfen zu rein waren für diese schmutzige Welt; aber in diesem großen Auge stand etwas gleichsam wie die fürchterliche Frage: »Lieben wir uns nicht vergeblich für diese Welt?« – Und ihr schlagendes Herz erschütterte die blutige Nelke. – Der Mond und der Abendstern glimmten einsam wie eine Vergangenheit im Himmel. – Julius ruhte stumm und niedergedrückt mit umschließenden Armen auf dem eingesunknen Hügel, der auf den Staub seines zersplitterten Paradieses gewälzet war. –

Die Töne der Nachtigall schlugen jetzo gleich hohen Wellen an die Nacht – da ermannte er sich, um ihr Lebewohl zu sagen....

Leser! erhebe deinen Geist zu keiner Entzückung, denn sie wird bald in einem Krampf erstarren – aber ich erhebe meine Seele dazu, weil sogar das tödliche Niederstürzen an der Pforte des Paradieses schön ist unter dem Weggehen daraus!

Dem ersten Rufe der vertrauten Nachtigall antwortete plötzlich noch höher eine neue hergeflatterte, von dicken Blüten gedämpfte Nachtigall, die immer unter dem Singen flog und jetzt aus der Blütenhöhle ihr melodisches Schmachten ziehen ließ. Die beiden Menschen, die das Scheiden verschoben und fürchteten, irrten betäubt der gehenden Nachtigall nach und waren auf dem Wege zur seligen Blütenhöhle; sie wußten nicht, daß sie allein waren; denn in ihrem Herzen war Gott; vor ihrem Auge schimmerte die ganze zweite Welt voll auferstandner Seelen. Endlich erholte sich Klotilde, kehrte um vor der Nachtigall und gab das traurige Zeichen der Trennung. – Viktor stand am Ufer seiner bisherigen glückseligen Insel – alles, alles war nun vorüber – er blieb stehen, nahm ihre zwei Hände, konnte sie noch nicht anschauen vor Schmerz, bog sich mit Tränen nieder, richtete sich auf, als er leise reden konnte: »Lebe wohl – mehr kann mein schweres Herz nicht – recht wohl lebe, viel besser als ich – weine nicht so oft wie sonst, damit du mich nicht etwan verlassen mußt. – Denn ich ginge dann auch.« – Lauter und feierlicher fuhr er fort: »Denn wir können nicht mehr geschieden werden – hier unter der Ewigkeit reich' ich dir mein Herz – und wenn es dich vergisset: so zerquetsch' es ein Schmerz, der über die zwei Welten reicht«... (Leiser und zärtlicher) »Weine morgen nicht, Engel

– und die Vorsehung gebe dir Ruhe.« – Wie ein Verklärter an eine Verklärte neigte er sich zurückgezogen an ihren heiligen Mund und nahm in einem leisen andächtigen Kusse, in dem die schwebenden Seelen nur von ferne mit aufgeschlagnen Flügeln zitternd einander entgegenwehen, mit leiser Berührung von den zerflossenen weichenden Lippen die Versieglung ihrer reinen Liebe, die Wiederholung seines bisherigen Edens und ihr Herz und sein Alles – – –

– Aber hier wende die sanftere Seele, die die Donnerschläge des Schicksals zu sehr erschüttern, ihr Auge von dem gelben großen Blitze weg, der plötzlich durch das stille Eden fährt! –

*

»Schurke!« – schrie der herausstürzende Flamin mit sprühenden Blicken, mit schneeweißen Wangen, mit wie Mähnen herunterhängenden Locken, mit zwei Taschenpistolen in den Händen – »Da nimm, nimm, Blut will ich« und stieß ihm das Mordgewehr entgegen – Viktor drängte Klotilden weg und sagte: »Unschuldige! vermehre deine Schmerzen nicht!« – Flamin rief in neuer Entflammung: »Blut! – Treuloser, nimm, schieß!« *Matthieu* fiel ihm in den *rechten* Arm, aber der linke drang bebend dem Viktor das Geschoß auf. – Viktor riß es zu sich, weil die Mündung um Klotilden herumwankte. – »Du bist ja mein Bruder«, rief die Gemarterte, bloß durch Todesangst vom Tode der Ohnmacht weggequält. – Flamin warf mit beiden Armen alles von sich und sagte gräßlich-leise langgedehnt in wütender Erschöpfung: »Blut! – Tod!« – Klotilde sank um – Viktor blickte auf sie und sprach gegen ihn: »Feuer' nur, hier ist mein Leben!« – Flamin schrie laut: »Du zuerst!« – Viktor schoß, hob den Arm weit empor, um in die Luft zu schießen, und der zersplitterte Gipfel wurde von seiner Kugel heruntergestürzt. – Klotilde wachte auf – Emanuel flog her – warf sich an seines Schülers Herz – seiner seit Jahren zum ersten Male von Leidenschaft auseinandergerissenen Brust quoll das sieche Blut aus – Flamin schleuderte stolz seine Pistole weg und sagte zu Matthieu: »Komm! es ist der Mühe nicht wert« und ging mit ihm davon.

Als Klotilde Emanuels Blut auf ihres Geliebten Kleidern sah, hielt sie ihn für getroffen und legte ihr Tuch auf das Blut und sagte: »Ach das haben Sie nicht um mich verdient.« – Emanuel atmete wieder durch sein Blut hindurch, niemand konnte weiter sprechen, niemand überlegen, jeder fürchtete sich, zu trösten, die tödlich zermalmten Herzen schieden mit verbissenem Weh auseinander; bloß Viktor, den das gräßliche Wort »Schurke« bei jeder Erinnerung wie ein Dolch durchstieß, sagte noch zur Schwester: »Ich lieb' ihn nicht mehr, aber er ist unglücklicher als wir, ach er hat alles verloren und nichts behalten als einen Teufel.«

Nämlich Matthieu. Dieser hatte heute die Stimme Emanuels, die mit Julius gesprochen und die Dahore für des Vaters seine gehalten, und nachher die Stimme der Nachtigall, der Viktor nachgegangen, nachgemacht, um den Regierungrat durch seine eigne Ohren und Augen von Viktors Liebe gegen Klotilden zu überführen.

Viktor führte den schwachen Lehrer in die indische Hütte. Er fühlte jetzo nach so vielen auflösenden Tagen seine Nerven durch dieses Ungewitter gekühlt und gestählt; der Seelenschmerz und die Aufopferung hatten sein Blut, wie engere versperrende Wege die Ströme, schneller und heftiger gemacht, und die Liebe zu Klotilden war männlicher und kühner durch den Gedanken geworden, daß er sie nun ganz verdiene. Nichts gibts außer Großmut und Sanftmut Schöneres als das Bündnis derselben.

Emanuel war nichts weiter als matt und setzte sich, da der Abend schwül auf allen brütete, mit Viktor auf die Grasbank seines Hauses, um mit der zuckenden Brust aufrecht zu bleiben, und eine sanfte Freude glänzte in seinen Mienen über jeden gefallnen Bluttropfen, weil jeder ein rotes Siegel auf seine Hoffnung zu sterben war. Aber als Viktor das müde Haupt des guten Mannes an seinen Busen nahm und ihn darauf entschlummern ließ: so wurde ihm im stillen Abend wieder weh, und sein Herz schmerzte ihn erst. Er dachte sich es einsam, wie sich drüben heiße Schwerter durch die schuldlose blutende Seele zischend ziehen würden – er fühlte, wie nun das zweisilbige, zweischneidige Zornwort Flamins durch das ganze Band ihrer Freundschaft geschnitten – er stellte sich das neben ihm blühende Theater der schönen Tage verödet vor und das Vorüberwehen der Freuden, die uns nur wie Schmetterlinge in weiten Kreisen umspielen, indes der Nervenwurm des Grams sich tief in unsere Nerven einbeißet. Endlich lehnt' er sich weinend an den schlummernden Vater und drückte ihn leise und sagte: »Ach ohne Freundschaft und Liebe könnt' ich die Erde nicht ertragen.« – Und endlich wurde auch seine zersetzte und versiegte Seele vom schweren Körper in den dicken Schlaf gedrückt und hinabgezogen.

*

Leser! der letzte Augenblick in Maienthal ist der größte – erhebe deine Seele durch Schauder und steige auf Gräber wie auf hohe Gebirge, um hinüberzusehen in die andere Welt!

Um Mitternacht, wo die Phantasie die verhüllten Toten aus den Särgen zieht und sie aufgerichtet in die Nacht um sich stellt und aus der zweiten Welt unbekannte Gestalten zu uns verschlägt – so wie unkenntliche Leichname aus Amerika an die Küsten der alten Welt antrieben und ihr die neue verkündigten –, in der Geisterstunde schlug Viktor die Augen auf, aber unaussprechlich heiter. Ein vergessener Traum hatte die heutige Vergangenheit mit allem ihrem Getöse und Gewölke weit hinabgesenkt; – der lichte Mond stand oben in der blauen Verfinsterung wie die silberne Spalte und quellenhelle Mündung, aus der der Lichtstrom der andern Welt in unsere bricht und in ätherischem Dufte niedersinkt. – »Wie ist alles so still und so licht!« sagte Viktor. »Ist diese dämmernde Gegend nicht aus meinem Traume übrig geblieben, ist das nicht die magische Vorstadt der überirdischen Stadt Gottes?« – Eine vorübereilende Stimme sagte: »Tod! ich bin schon begraben.«

Emanuel öffnete darüber die Augen, warf sie durch das Laubwerk in den über das Dörfchen erhöhten Kirchhof und sagte mit einer Zuckung seines ganzen Wesens: »Horion, wach auf, Giulia hat die Ewigkeit verlassen und steht auf ihrem Grabe.« – Viktor blickte fieberhaft hinauf; und in einem schneidenden Eisschauer wurden alle warmen Gedanken und Nerven des Lebens hart und starr, da er oben am Grabe eine weiße verschleierte Gestalt ruhen sah. Emanuel riß sich und seinen Schüler auf und sagte: »Wir wollen hinauf auf das Theater der Geister: vielleicht ergreift die Tote meine Seele und nimmt sie mit.«... Fürchterlich schwiegen die Gegenden um ihren Weg... die Menschen fahren aus dem Fußboden wie stumme Knechte, wie Maschinen zur Bedienung, und fallen wieder hinunter, wenn sie abgeleeret sind.... Das Menschengeschlecht zieht wie ein fliegender Sommer durch den Sonnenschein, und das betauete Gewebe hängt sich flatternd an zwei Welten an, und in der Nacht vergehts.... So dachten beide Menschen auf der Wallfahrt zur Toten, sie wunderten sich über ihre eigne schwere Verkörperung und über das Geräusch ihrer Tritte. – Emanuel knüpfte seinen Blick auf die verschleierte Gestalt, die jetzt niederkniete; er dachte, sie höre seine Gedanken und fliege zu seinem Herzen durch das Mondlicht herüber....

Die Brust der zwei Menschen hob sich gleichsam unter zwei Leichensteinen auf und nieder, da sie die übergrasten langen Stufen zum Kirchhof aufstiegen und das schwere Tor, das mit verwitterten, weggewaschenen Auferstandenen angemalet war, berührten und aufdrehten. Das warme Erdenblut friert ein und das weiche Gehirn gerinnt zu einem einzigen Schreckenbilde, wenn von der Ewigkeit und von der Pforte der Geisterwelt die große Wolke wegrückt; Emanuel rief auf der Bühne der Toten wie außer sich: »Schauderhafter Geist, ich bin ein Geist wie du, du stehst auch unter Gott, willst du mich töten: so töte mich durch keinen Schauer, durch keine zermalmende Gestalt, sondern lächle wie die Menschen und drehe still mein Herz ab.« – Da stand die verhüllte Gestalt auf und kam – Emanuel griff wild nach seinem Freund, hüllte sich in das Angesicht desselben und sagte angedrückt: »An dir sterb' ich, an deinem warmen Herzen – o lebe glücklich, wenn du nicht mit mir erkaltest, ach! ziehe mit!«...

»Ach, Klotilde!« – sagte Viktor; denn sie war die Gestalt. Sie war stumm wie das Geisterreich, denn die besuchte Tote umklammerte noch ihr Herz; aber sie war groß wie ein Geist daraus: denn der ätherische Lichtnebel des Mondes, der Stand auf Toten, der Blick in die Ewigkeit, die hohe Nacht und die Trauer erhoben ihre Seele, und man vergaß fast, daß sie weinte. – Emanuel hielt seine Flügel noch ausgebreitet über die Szene und schauete erhaben über die Gräber: »Wie alles hier schläft und ruht auf dem großen grünen Totenbette! Ich möchte darauf erliegen – Sprach jetzo nichts? – Die Gedanken der Menschen sind Worte der Geister. – Wir sind schleichende Nachtvögel im dämmernden Dunstkreis, wir sind stumme Nachtwandler, die in diese Höhlen fallen, wenn sie erwachen – Ihr Toten! verstäubet nicht so stumm, ihr Geister, die ihr aus euren begrabnen Herzen zieht, flattert nicht so durchsichtig um uns! – – O der Mensch wäre auf der Erde eitel und Asche und Spielwerk und Dunst, wenn er nicht fühlte, daß ers wäre – – o Gott, dieses Gefühl ist unsere Unsterblichkeit!« – –

Klotilde, um ihn von dieser verheerenden Begeisterung herabzuziehen, nahm ihn bei der Hand und sagte: »Leben Sie wohl, Verehrungswürdiger, ich nehme heute noch Abschied, weil ich morgen aus Maienthal gehe – leben Sie glücklich – glücklich, bis wir uns wiedersehen; mein Herz vergisset Ihre Größe nie, aber ich sehe Sie bald wieder.«... Ihre Wehmut über den Gedanken an sein geweissagtes Sterben, ihre Furcht eines ewigen Abschieds erdrückten die andern Worte, denn sie wollte mehr sagen und wärmer danken. Emanuel sagte: »Wir sehen uns nicht wieder, Klotilde; denn ich sterb' in vier Wochen.« – »O Gott! nein!« sagte Klotilde mit dem innigsten heißesten Tone. – »Mein guter Emanuel,« sagte Viktor, »quäle diese Gequälte nicht. – Fasse dich, Gemarterte! unser Freund bleibt gewiß bei uns.« – Hier hob Emanuel sein Auge in den Himmel und sagte mit einem Blick, in dem eine Welt war: »Ewiger! könntest du mich bisher so getäuscht haben? – Nein, nein, am längsten Tage ziehen mich deine Sterne auf, und deine Erde kühlt mein Herz. – Und dich, du gute Klotilde, du Seele vom Himmel, dich seh' ich also heute gewiß, bei Gott! zum letztenmal mit deinen schönen Wangen und in deiner Erdengestalt – ich segne dich und sage dir Lebewohl, aber schwer und trübe, weil ich noch so viele Tage leben soll ohne dich. Ziehe sanft umweht durchs Leben, halte dein Herz hoch über den bunten Dunst der Erde und über ihre Wetterwolken – du hörst mich ja nicht, du bitter-weinendes Angesicht, Gott gieße Trost in deine

Seele, scheide froher! – Dein Freund ist bei mir, wann ich von hinnen gehe.« – Hier faßte Viktor die Hände der wankenden verweinten Gestalt, die sich vergeblich die Tränen abstreifte, um den Lehrer noch einmal zu sehen und in die Seele zu drücken; und als Viktor ohne Besinnung rief: »Giulia! Selige! mildere das Weh deiner Freundin in dieser Stunde, halte dieses brechende Herz«, so sagte Emanuel, unbeschreiblich zärtlich beide anblickend: »Ich segne euch ein wie ein Vater, heiliges Seelen-Paar! Nie verlasset, nie vergesset einander! – O ihr seligen Geister hier über dem glimmenden Moder der zerstückten Särge, gebet diesen zwei Herzen Frieden und Glück, und wenn ich einmal gestorben bin, will ich um eure Seelen schweben und sie beruhigen. Und du, Ewiger unter deinen Sternen, mache diese zwei Menschen so glücklich wie mich – o nimm ihnen nichts, nichts auf der Erde als das Leben. – Gute Nacht, Klotilde!«....

– Die Pfingsttage sind vorüber! –

Und dir, gutes Schicksal, dank' ich, daß du mir die Gesundheit zur Freude gereicht, ein solches flüchtiges goldnes Zeitalter abzuschatten, da mein schwaches, so ungleich schlagendes Herz nicht verdient, solche Entzückungen nachzumalen. – Und dir, mein lieber Leser, möge das Pfingstfest irgendeinen Brandsonntag oder eine Marterwoche deines Lebens versüßet haben! –

Ende des dritten Heftleins

Viertes Heftlein

Vierte Vorrede

oder abgedrungene Antikritik gegen eine oder die andere Rezension, die mir etwan nicht gefallen sollte

Gute Romanenschreiber erschaffen aus Dinten- und Druckerschwärze einen neuen entsetzlichen Tyrannen, geben ihm entweder in Italien oder im Orient einen Thron – und dann treten sie (ungleich den Kindern, die vor der Gestalt entlaufen, die sie gezeichnet haben) beherzt vor den gemalten gekrönten Wüterich und sagen ihm die herrlichsten, aber die kühnsten Wahrheiten in das Angesicht, die den freien Mann verraten, und die wohl kein gebückter Dikasteriant vor seinem Regenten wiederholt. Solche Waghälse erinnern mich so oft an zwei Abcschützen, als ich bei einem Tore im Habergäßchen in Hof vorbeigehe, auf dem ein gemalter Löwe sich und seine Mähne aufbäumt und den Schwanz und die Zunge ringelt und hebt. Denn einer der gedachten Abcschützen sagte unter meinem Vorüberlaufen zum andern: »Hör, ich fass' ihn doch am Schwanz an, ich fürchte mich gar nicht.« Aber der andere Schütz, der viel dreister dachte, bestieg kalt einen Eckstein und sagte: »Ich erst, Herr, ich fahr' ihm gleich *so* in den Rachen!« –

Es ist dieselbe Kühnheit, womit oft ein Autor auf dem Papier, außer dem gedachten grausamen König der Tiere, auch das kritische *Katzengeschlecht* angreift – das Linné zur königlichen Linie der Löwen zählt –, indem er Richterstühle so kalt und kühn, als wärens gemalte Thronen, erschüttert und so *im Allgemeinen* Journale durch seine Vorreden schilt und fällt. Das kann ein Schriftsteller von Kraft. Ich meines Orts bin hierin vielleicht so vermessen wie einer und male mir ausdrücklich folgende Rezensenten-Katze hin, um frei und ungebunden mit ihr anzubinden und an ihr zu zeigen, was Mut tut.

Erstlich muß der Rezensent, der mir vorwerfen wird, ich wäre zwei ganze Schalttage schuldig – den nach dem 40sten und den nach dem 44sten Hundposttag –, diese zweite Ausgabe gar nicht angesehen haben; die beiden Vorreden, womit ich sie bereichert habe, die erste und diese, gelten bei allen Verständigen für wahre Schalttage.

Zweitens hält mein Rezensent sich (künftig) über meine Schonung meiner Manier auf. Er höre aber jetzt den Philosophen (nämlich mich): Manier ist an und für sich weiter nichts als folgendes: das ästhetische Ideal und Intregal wird, wie jedes, nur von einer unendlichen Kraft erreicht, wir aber mit unserer endlichen kommen ihm unaufhörlich *näher*, nicht einmal *nah*; Manier ist also, wie es der Philosoph nimmt, ein endlicher Spiegel der Unendlichkeit, oder der Ausdruck des Verhältnisses, in welchem jede Temperatur und Saitenzahl irgendeiner gegebenen Äolsharfe mit der Partitur der unendlichen Sphärenmusik steht, der sie nachzuklingen hat. Jedes Gewebe menschlicher Kräfte gibt nur eine Manier, und höhere Geister würden in Homer und Goethe wenigstens die *menschliche* finden; ja die höhere Engel-Hierarchie fände die niedere manieriert, der Seraph den Engel der Gemeine. Da ich aber nicht einmal ein gewöhnlicher Engel bin – geschweige ein Seraph –: so würde ein anderer Rezensent als der, der mich beurteilen wird, sogleich von vorne vorausgesetzt haben, daß ich eine Manier haben würde. – Und diese hab' ich offenbar. – Aber noch mehr: da der *Grad* und das *Verhältnis* unserer Kräfte sich von Jahr zu Jahr verwandelt – und mithin auch die Frucht und der Ertrag derselben, die Manier –: so wirft leider gewöhnlich die Manier des funfzigsten Jahrs sich zum Korrektor der Manier des fünfundzwanzigsten auf; oder vielmehr, es geht eine heterogene Einkindschaft von Kindern zweier Ehen vor, bei welcher beide verlieren. Ein solches Simultan-Hysteronproteron ist noch ärger, als wenn man die griechischen Statuen aus dem einen Winkelmannschen Kunstzeitalter nach den Statuen aus einem andern behacken und zuschleifen wollte. Gieße lieber ein reines flüssiges Werk in deine jetzige Form, und treibe nicht erst das gegossene erhartete darein! – Gesetzt auch, ich würde künftig klüger und anders, niemals würd' ich den Greis auf den Jüngling pfropfen.

Der Mensch hält sich im Konzertsaal des Universums, wenn

nicht für den Solospieler, doch für ein *Instrument* darin – anstatt für einen einzigen *Ton* –, wie denn der Fürst sich für ein Oberons- oder doch Parforcehorn ansieht – der Poet für ein Haberrohr – der Autor für ein Setzinstrument[1] – der Papst für das Orgelwerk – die Schöne für Bestelmeiers Handstahlharmonika oder für eine Wachtelpfeife – mein Rezensent für eine Stimmpfeife – und ich mich selber für Mälzels großes Panharmonikon. Aber wir alle sind nur *Töne*, wie in Potemkins Orchester jede der 60 metallenen Flöten nur einen Ton angab. Daher bin ich über jede Individualität, über jede Manier als über einen neuen Halbton in der Kirchenmusik der Wesen froh.

Drittens weiß ich nichts, woraus ich meines künftigen Rezensenten Verlegenheit um sündige Materie zum Tadeln besser sehen kann, als dieses, daß er sich an solche jämmerliche Kleinigkeiten hält – in Zukunft –, wie folgende augenscheinlich sind, daß ich z.B. diese Vorrede beigefügt, daß ich das Werklein in vier Hefte auseinandergebunden und durch dieses vierte Heft einem frühern Besitzer und Bücherwurm den Bogenwurm[2] der alten Ausgabe ganz unbrauchbar gemacht. Aus dergleichen Proben und Sprüchen, womit mir ein solcher spartischer Ephorus Emerepes die *vierte* und höchste Saite nehmen will, die ich auf meiner Geige voll steigender Quinten aufziehe, mache sich der geneigte Leser einen Begriff, wie es mit dem Ganzen der Rezension aussehen mag. Ich schäme mich fortzufahren.

Viertens find' ich überall, wenn ein Autor sich in der Vorrede mit einem leichten Tadel, den er doch selber kaum glaubt, belegt, daß alsdann die Kritiker diesen Tadel sogleich akzeptieren und verdoppeln, wie die Römer einen Selbermörder, dem die Tat verunglückte, nachher ordentlich hinrichteten. Schlägt der gewitzigte Autor die Sache in ein anderes Fach und belegt sich vornen mit einigem Lob – und nicht mit scheinbarem –: so wird dieses gar nicht akzeptiert, geschweige verdoppelt. Da mag der Teufel Vorredner sein! –

[1] So heißet ein Klavier, das alles aufnotiert, was es vortönt.

[2] So heißet der unten auf jedem Bogen abgekürzt wiederkommende Titel des Buchs.

Inzwischen scheint er auch nur Rezensent zu sein und weniger ein schlauer als ein grober Gast. Viele und wirklich auffallende Unhöflichkeiten vergeb' ich aber meinem künftigen Rezensenten gern, indes ich einem gallischen oder britischen nichts verziehe, weil er weiß, wie man mit Leuten umgeht. – Ich spiele ihm selber in der Antikritik nicht sonderlich höflich mit und ziehe nicht, wie der Landmann vor höhern Blitzen, die Mütze vor seinen ab. Die Richter sagen nach der Spezial-Rezension ohnehin zum Inkulpaten Du. Ein gelinder (kritischer) Winter ist ungesund für den, den er betrifft. Übrigens lauer' ich bloß darauf, daß ich berühmt werde und Lorbeerblätter aufhabe: dann werd' ich so gut wie andre Zeitgenossen, die jetzt Lorbeerbäume aufgesetzt, nicht leiden, daß man mich tadelt; und wenige werden sichs unterfangen, so wie auch auf Gemälde, die mit *Lorbeeröl* bestrichen worden, keine Fliegen fallen.

Fünftens und letztens. Es ist bekannt, daß die verstorbene Schriftstellerin *Ehrmann* den Advokaten Ehrmann, als er eines ihrer Werke in der Straßburger Zeitung mit vielen Beifall aufgenommen und angezeigt, der Rezension wegen geheiratet hat. Will es der Redakteur eines Journals heimlich so karten, daß eine Mitarbeiterin desselben meine zweite Auflage des Hesperus (oder Venussterns) mit dem Beifalle aufnimmt und bekannt macht, den die erste ihrer Reize wegen allgemein erhält; und will er mir nur einen Wink über das Geschlecht meines Rezensenten zuspielen – wobei aber darauf gesehen werden muß, daß die kritische Person sich noch im besten blühenden Alter eines Rezensenten überhaupt befinde, worin man das Feuer des Abend- oder Venussternes noch leicht empfinden und mitteilen und günstig rezensieren kann, um so mehr, da schon in der Physik nur grünes Holz ein Leiter der elektrischen Flamme ist, dürres aber ein Nichtleiter –, will der Redakteur alles dieses besorgen und abtun: so macht sich der Verfasser dieser Antikritik mit seiner Namenunterschrift anheischig, der Mitarbeiterin sogleich nach Empfang der Rezension aufzuwarten und solche mit den gewöhnlichen Zeremonien zu heiraten.

Hof im Voigtland, den 8. Jun. 1797.

Jean Paul Fr. Richter.

Neunter Schalttag

Viktors Aufsatz über das Verhältnis des Ich zu den Organen

Viktor war ebensosehr dem ausschließenden Geschmack in der Philosophie als in der Dichtkunst feind. In allen Systemen – selber der Ketzer des Epiphanius und Walchs – drückt sich die Gestalt der Wahrheit, wie im Tierreich die menschliche, wiewohl in immer kühnern Zügen ab. Kein Mensch kann eigentlichen Unsinn glauben, obwohl ihn sagen. Sonderbar ists, daß gerade die *konsequenten* Systeme, ohne das Atomen-Klinamen des Gefühls, am weitesten auseinanderlaufen. Die Systeme werfen, wie die Leidenschaften, nur im Fokalabstande den hellsten Lichtpunkt auf den Gegenstand; – wie jämmerlich läuft z. B. die große Theorie von der Selberbeherrschung aus dem *Christentum* in den *Stoizismus* – dann in den *Mystizismus* – dann in den *Monachismus* über, und der Strom sickert endlich ausgedehnt im *Fohismus* ein, wie der Rhein im Sand! – Die kantische Theorie hat mit allen folgerechten Systemen diese *Versandung*, und mit den unkonsequenten jenes Gefühls-Klinamen[1] gemein, das die vertrocknenden Arme wieder zu einer labenden Quelle zusammenführt. Die zwei Hände der reinen Vernunft, die einander in der Antinomie zerkratzten und schlugen, legt die praktische friedlich zusammen und drückt sie gefaltet ans Herz und sagt: hier ist ein Gott, ein Ich und eine Unsterblichkeit! – –

Viktor befruchtete seine Seele vorher durch die große Natur oder durch Dichter, und dann erst erwartete er das Aufgehen eines Systems. Er fand (nicht erfand) die Wahrheit durch Aufflug, Umherschauen und Überschauen, nicht durch Eindringen, mikroskopisches Besichtigen und syllogistisches Herumkriechen von einer Silbe des Buchs der Natur zur andern, *wodurch man*

[1] Das Orientieren durch die praktische Vernunft.

zwar dessen Wörter, aber nicht den Sinn derselben bekömmt. Jenes Kriechen und Betasten gehört, sagt' er, nicht zum *Finden*, sondern zum *Prüfen* und Bestätigen der Wahrheit; wozu er sich allezeit von Bayle Schulstunden geben ließ: denn niemand lehrt die Wahrheit weniger finden und besser prüfen als Scharfsinn oder Bayle, der ihr Münzwardein, aber nicht ihr Bergmann ist.

*

Der Aufsatz

Schrieb' ich ihn in Göttingen: so könnt' ich ihn in Paragraphen und gründlicher machen, weil mich die Flachsenfinger nicht störten. Indessen muß er doch hier geschrieben werden, damit ich an mir selber einen Schirmherrn und Anwalt gegen die Hofjunker habe, die meinen Geist in meinen Körper verwandeln wollen.

Das Gehirn und die Nerven sind der wahre Leib unsers Ich; die übrige Einfassung ist nur der Leib jenes Leibes, die nährende und schirmende Borke jenes zarten Marks. – Und da alle Veränderungen der Welt uns nur als Veränderungen jenes Markes erscheinen: so ist die Mark- und Bleikugel mit ihren Streifen die eigentliche Weltkugel der Seele. Der umgekehrte Nervenbaum entsprießet aus dem geschwollnen Fötus-Gehirn wie aus einem Kerne, dem es auch ähnlich sieht, und steigt mit Sinnen-Ästen als Rückenmarkstamm empor bis zum zergliederten Gipfel des Pferdeschweifs. Dieses markige Gewächs ist auf den Adernbaum wie eine zehrende parasitische Pflanze geimpft. Und wie jeder Zweig ein kleinerer Baum ist, so sind – denn das alles ist nicht Ähnlichkeit des Witzes, sondern der Natur – die Nervenknoten vierte Gehirnkammern im kleinen. Die Nerven-*Enden* blättern sich ausgebildet auf der Netzhaut, auf der Schneiderischen Haut, in der Geschmackknospe etc. zu *Blüten* auf. Daher wird z. B. nicht mit dem Fortsatze des Sehnervens gesehen, sondern mit seiner zarten Staubfäden-Zerfaserung; denn die große wankende Gemäldegalerie auf der Netzhaut kann unmöglich durch eine Bewegung des Nervengeists (oder was man nehmen will – denn auf Bewegung läuft es doch hinaus) sich zurückschieben ins Gehirn, wobei noch dazu die zwei Galerien der zwei Augen durch die zwei Zinken des Sehenervens durchrücken und in dessen Stiel zu *einem* Gemälde zusammenfallen müßten.

Folglich muß das Bild im Auge, Ohre etc., wenn es zu etwas dienen soll, vorn an der Spitze des Nervens empfunden werden – mit *einem* Wort, es ist noch närrischer, die Seele in den Zwinger der vierten Gehirnkammer, d.h. in einen Porus dieses Knollengewächses zu sperren, als es wäre, wenn einer, der, wie ich, ein beseelendes Ich in die Blume setzt, dasselbe ins Erdstockwerk des dumpfen Kerns heftete. Lieber wollt' ich die Seele doch in das feinste Honiggefäß der Sinnen, in die Augen, verlegen als ins unempfindlichere Gehirn, wenn ich nicht überhaupt glaubte, daß sie wie eine Hamadryade jedes Nervenästchen dieser Tierpflanze bewohne und wärme und rege. Der unterbundene oder durchschnittene Nerve bringt zwar keine Empfindung mehr zu, aber nicht wegen unterbrochenem Zusammenhang mit der Seele und ihrer Wohn-Gehirnkammer, sondern weil ihm der nährende Lebensgeist abgeschnitten ist; denn die Nerven brauchen wie alle feinere Organisationen so sehr *fortdauernden* Kost-Zuguß, daß der stockende Herz- und Arterienschlag in *einer* Minute alle ihre Kräfte aufhebt.

Ich gehe weiter und sage – um zwei Irrtümern zu widersprechen – vorher heraus: die Organe empfinden nicht, sondern werden empfunden; zweitens die Organe sind nicht die Bedingung alle Empfindung überhaupt, sondern nur einer gewissen.

Das letzte zuerst: da das Organ (d.h. seine Veränderung), das so gut ein Körper ist als irgendein grober Gegenstand, dessen seine jenes an die Seele legt, dennoch von dem geistigen Wesen unmittelbar und ohne ein *zweites Organ* empfunden wird: so müssen alle körperliche Wesen dem geistigen so gut Empfindungen geben als die Nerven, und eine unverkörperte Seele ist nur darum nicht möglich, weil sie im Falle des abgelöseten Körpers alsdann das ganze materielle Universum als einen plumpern trüge.

Meine erste Behauptung war: man sollte nicht sagen *empfin-*

dende Organisation, sondern *empfundene*. Die Nerven empfinden nicht den Gegenstand, sondern verändern nur den Ort, wo er empfunden wird, und ihre Veränderungen und die des Gehirns sind nur *Gegenstände* des Empfindens, nicht *Werkzeuge* desselben oder gar es selber. Aber warum? –

Ich habe mehr als ein Darum. Ein Körper ist nur der Bewegung fähig, ob sie gleich freilich nur der Schein der gedachten Zusammensetzung und das Resultat der in einfache Teile verhüllten Kräfte ist. Die Saite, die Luft, die Gehörknöchelchen, die Gehörnerven erzittern; aber die Erzitterung der letzten erkläret so wenig das Empfinden eines Tons, als das Erzittern der Saite es könnte, wenn die Seele an diese gekettet wäre. So ist trotz aller *Bilder* im Auge und Gehirn das *Ersehen* derselben doch noch ungetan und unerklärt; oder ist wohl darum, weil die Sinne *Spiegel* voll Bilder sind, etwan das geistige *Auge* entbehrlich oder ersetzt? Und setzt die Veränderung des Nervens nicht eine zweite in einem zweiten Wesen voraus, wenn sie soll bemerkt werden? Oder stellet sich in diesem Wesen wieder eine Bewegung die Bewegung vor?

Dieses bringt mich aufs Gehirn. Dieser größte und gröbste Nerve – der Resonanzboden aller andern – hält der Seele die Schattenrisse derer Bilder vor, die von den andern zugeführt wurden. Im ganzen, glaub' ich, dient das Gehirn mehr den Muskelnerven, den Glieder-Zügeln, die da in der Hand der Seele zusammenlaufen, und mehr allen überhaupt als nährende Wurzel; aber weniger dient es als Reißzeug der malenden Seele. Da unsere meisten Vorstellungen auf grundierende Gesichtbilder aufgetragen sind: so denken wir wahrscheinlich mehr mit dem Sehnerven als mit dem Gehirn. Warum bemerkte Bonnet, daß tiefes Denken die Augen und scharfes Sehen das Gehirn ermüde? Warum stumpfen gewisse Ausschweifungen zugleich das Gedächtnis und die Augen ab? Die außerhalb des Auges gaukelnden Fieberbilder der Kranken und der lebhaften Menschen wie Kardan, der im Dunkeln sah, was er feurig dachte, erklären sich aus meiner Vermutung.

Über das Gehirn hat man zwei Irrtümer; aber der Himmel bewahre meine Freunde nur vor dem einen. Denn vor dem andern kann sie *Reimarus* bewahren, der recht erwiesen hat, daß das Gehirn keine Äolsharfe mit zitternden Fibern, noch eine dunkle Kammer mit geschobnen Bildern ist, noch eine Spielwelle mit Stiften für jede Idee, die der Geist umdreht, um an sich seine Ideen ab- und vorzuorgeln. Ist nun nicht einmal die vorherbestimmte *Harmonie* des Gehirns und des Geistes oder das *Akkompagnement* beider begreiflich: so ist die *Identität* derselben gar unmöglich; und eben vor diesem Irrtum hat eben der oben gedachte Himmel meine Freunde zu bewahren. Der Materialist muß erstlich alles das aufstellen, was Reimarus umgestoßen hat; er muß im Gehirnbrei die Millionen Bilderkabinetter von 70 Jahren versteinern und doch wieder wie Eidophysika beweglich machen und die gemischten Karten-Bilder an jede Terzie austeilen; er muß darauf sehen, daß diese *beseelten* tanzenden Bilder in Reih und Glied gezwungen werden. Und dann geht doch seine Not erst recht an; denn nun muß er – wenn wir ihm auch zugeben, daß die Bilder sich selber sehen, die Gedanken sich selber denken, daß jede Vorstellung alle andere und sogar das Ich, wie eine Monade das All, dunkel nachspiegle, und daß sonach jede Idee eine ganze Seele sei – nun muß er (sagen wir) erst einen Generalissimus herschaffen, der dieses unermeßliche flüchtige Ideenheer kommandiere und stelle, einen Setzer, der das Ideen-Buch nach einem unbekannten Manuskripte setze und, wenn Träume, Fieber, Leidenschaften alle Schriftkästen ineinandergeschüttet haben, alle Buchstaben wieder alphabetisch lege. Diese regelnde Einheit und Kraft – ohne welche die *Symmetrie des Mikrokosmus so wenig wie des Makrokosmus*, *der vorgestellten Welt so wenig wie der wirklichen* zu erklären steht – nennen wir eben einen Geist. Freilich ist durch diese unbekannte Kraft weder die Entstehung noch die Folge der Ideen *vermittelt* und erklärt; aber bei der bekannten der Materie, bei der Bewegkraft, ists nicht bloß unbegreiflich, sondern gar unmöglich; und Leibniz kann leichter die Bewegung aus dunkeln Vorstellungen erklären, als der Materialist Vorstellungen aus Bewegungen. *Dort* ist die *Bewegung* nur Schein und existiert nur im zweiten betrachtenden Wesen, aber *hier* wäre die Vorstellung Schein und existierte im zweiten – *vorstellenden* Wesen.

Ich habe oft mit Weltleuten, die gut beobachten und elend

schließen, mich gezankt, weil sie bei der kleinsten Abhängigkeit der Seele vom Körper – z. B. im Alter, Trunke etc. – die eine zum bloßen Repetierwerk des andern machten; ja ich habe sogar gesagt, kein Tanzmeister sei so dumm, daß er so schlösse: »Weil ich in bleiernen Schuhen plump, in hölzernen flinker und in seidnen am besten tanze: so seh' ich wohl, daß die Schuhe mich mit besondern Springfedern aufschnellen; und da ich kaum mit bleiernen Schuhen aufkann, so brächt' ichs barfuß nicht zu einem einzigen Pas.« Die Seele ist der Tanzmeister, der Körper der Schuh.

Wir fassen keine Einwirkung weder von Körpern auf Körper noch von Monaden auf Monaden; mithin eine von Organen auf das Ich noch minder. Dieses wissen wir, daß die Kohäsion und Gütergemeinschaft zwischen Leib und Seele immer einerlei oder höchstens in den Zeiten größer ist, wo sie andere kleiner vermuten; denn der größte Tiefsinn, die heiligsten Empfindungen, der höchste Aufschwung der Phantasie bedürfen gerade das wächserne Flugwerk des Körpers am meisten, wie auch seine darauf kommende Ermattung es verbürgt; je unkörperlicher der Gegenstand der Ideen ist, desto mehr körperliche Hand- und Spanndienste sind zu dessen Festhaltung vonnöten, und höchstens in die Zeiten der dummen Sinnlichkeit, der geistigen Abspannung, des dunkeln Blödsinns müßte man die Zeiten der Loskettung vom Körper fallen lassen. Sogar die moralische Kraft, womit wir aufschießende üppige Triebe des Leibes niedertreten, arbeitet mit körperlichem Brech- und Handwerkzeug; und die Seele bietet hier bloß das Gehirn gegen den Magen auf. – Dazu kömmt, daß die Grenzen und die Hindernisse einer solchen Losfesselung und Ankettung ebensowenig anzugeben wären als die Ursachen derselben. Noch weniger können, wie einige meinen, im Traume die Bande der Seele schlaffer und länger werden. Der Schlaf ist die Ruhe der Nerven, nicht des ganzen Körpers. Die unwillkürlichen Muskeln, der Magen, das Herz arbeiten darin fort, nicht viel weniger als im wachenden *Liegen*. Nur die Nerven und das Gehirn, d. h. das Denken und Empfinden stocken. Daher erquickt der Schlummer reitende und fahrende Menschen, die also mit nichts als den Nerven ruhen. Daher werden Nervenschwache, die jede

Ruhe abmattet, vom traumlosen Schlaf erfrischt. Beiläufig: ohne die Theorie der Desorganisation, die negative und positive Nerven-Elektrizität annimmt, sind die Meteore des Schlafes unerklärlich – z. B. unerklärlich ist dann, warum gerade Opium, Wein, Manipulieren, Tierheit, Kindheit, Plethora, nahrhafte Kost, Gerüche auf der einen Seite Schlaf befördern; und doch Tortur, Ermattung, Alter, Mäßigkeit, Gehirndruck, Winter, Blutverlust, Furcht, Gram, Phlegma, Fett, geistige Abspannung ihn auf der andern auch erregen. – – Höchstens im tiefen Schlafe, wo der Nervenkörper ruht, könnte man die Seele vom Irdischen losgekettet denken; im Traum hingegen eher enger angeschlossen, weil der Traum so gut wie das tiefe Denken, das wie er die fünf Sinnenpforten abschließt, ja kein Schlafen ist. Daher zehren Träume die Nerven aus, zu deren innern Überspannungen jene noch äußere Eindrücke gesellen. Daher verleiht der Morgen dem Gehirn und dem Traum gleiche Belebung. Daher geht dem schlafende Tiere – ausgenommen dem weichlichen zahmen Hund – das ungesunde Träumen ab. Daher gibt schon Aristoteles ungewöhnliche Träume für Vorläufer des Krankenwärters aus. Daher hab' ich jetzt geträumt genug und der Leser geschlafen genug. –

37. Hundposttag

Der Amoroso am Hofe – Präliminarrezesse der Hochzeit – Rettung des höflichen Krümmens

Am Morgen nach jener großen Nacht nahm Viktor von dieser geweihten Graberde seiner schönsten Tage mit unverhüllten Tränen Abschied. Er sah sich oft um nach diesen Ruinen seines Palmyra, bis nichts davon übrig stand als der Bergrücken als Brandmauer. »Wenn du nach vier Wochen wieder hieher gehest,« dachte er, »so ists nur, um dem Todesengel zuzusehen, wie er deinen Emanuel auf den Altar und unter das Opfermesser legt.« Er sagte sichs, wie teuer er dieses Laubhüttenfest durch den Tod eines Freundes bezahle; und wie dieser ohne einen solchen Ersatz einen ebenso großen Verlust erleide. Denn er fühlte, daß das fürchterliche Wort »Schurke« als eine ewige Felsenwand zwischen ihre auseinandergeteilten Seelen nun getreten sei. – Er stellte sich zwar vor und recht gern, was den vergangnen Freund lossprach, besonders die Verhetzung durch Matthieu und Flamins Zuhorchen, als er Klotilden ewige Liebe zuschwor; ja er verfiel sogar darauf, daß der Evangelist den armen Flamin vielleicht besondere (die vom Apotheker vorgeschlagnen) Beweggründe einer Liebe, durch deren Gegenstand die Gunst des Fürsten festzumachen war, weit im Hintergrunde sehen lassen – aber sein *Gefühl* sagte ihm unaufhörlich: »Er hätte doch nicht *glauben* sollen! – Ach hättest du mich doch« (sagte er gerührt bei der Erblickung der Stadt) »mit Kugeln oder mit andern Schmähungen durchbohrt, damit ich dir hätte leicht vergeben können! – Aber gerade mit diesem fortfressenden Giftlaute!« – Er hat recht; die Beleidigung der Ehre wird darum nicht kleiner, weil sie der andere aus voller Überzeugung des Rechts begeht. Denn die Überzeugung ist eben die Beleidigung; und die Ehre eines Freundes ist etwas so Großes, daß die Zweifel an ihr fast nur durch eigenes Geständnis entstehen dürfen. Aber so werden aus kleinen Verhehlungen leicht Trennungen, wie aus *Nebeln* im März *Gewitter* im Julius. Nur eine vollendete edle Seele vermag es, den geprüften Freund nicht mehr zu prüfen – zu glauben, wenn die Feinde des Freundes leugnen – zu erröten wie über einen unreinen Gedanken, wenn ein stummer verfliegender Argwohn das holde Bild beschmutzt – und wenn endlich die Zweifel nicht mehr zu bezwingen sind, diese noch lange aus den Handlungen fortzuweisen, um lieber in eine kameralistische Unvorsichtigkeit zu fallen als in die schwere Sünde gegen den heiligen Geist im Menschen. Dieses feste Vertrauen ist leichter zu verdienen als zu haben.

Im lärmenden Hammer- und Mühlenwerk der Stadt war ihm wie in einer öden Waldung. An zarte Seelen verwöhnt, kamen ihm die städtischen alle so stachlicht und ungeschliffen vor; denn die Liebe hatte wie die Tragödie seine Leidenschaften gereinigt, indem sie solche erregte. Alles hing so verfallen, so verraset zum Einbrechen herüber, indes die reinen Spiegelwände in Maienthal fest und glänzend aufstiegen. Denn die Liebe ist das einzige, was das Herz des Menschen bis an den Rand vollgießet, wiewohl mit einem bald einsinkenden Nektar-Schaume; sie allein fasset ein Gedicht von etlichen tausend Minuten ab ohne den klirrenden R-Buchstaben, wie der Dominikaner Cardone über sie ein ebenso großes Gedicht unter dem Namen: L'R sbandita ohne ein einziges R verfertigte – daher ist sie wie die Krebse in den Monaten ohne R am schönsten.

Das erste, was er in Flachsenfingen zu machen hatte, war ein Brief an Klotilde. Denn da nun der Evangelist Matthieu aller Wahrscheinlichkeit nach in alle Welt ausgehen und das Evangelium vom Schuß-Zweikampf der beiden Freunde allen Völkern predigen wird: so war nichts anders für den heiligen Ruf seiner Geliebten zu tun, als sie in eine Braut zu verwandeln durch eine öffentlich erklärte Verlobung. Flamins neues Ereifern konnte gegen Klotildens Rechtfertigung in keine Betrachtung kommen. Der Ausruf »Du bist mein Bruder«, den die Konvulsionen der Angst Klotilden entrissen hatten, war natürlich für Flamin unbegreiflich und ohne Wirkung geblieben; für den lauernden Matz aber war er ein herrlicher Kernspruch und ein dictum probans seines Lehrgebäudes von ihrer Verschwisterung geworden. – Im Briefe also ging Viktor seine Freundin um die stumme Erlaubnis zu seinem Werben an; er überließ es ihr schweigend, die uneigennützigsten Beweggründe seiner Bitte zu erraten. –

Er erschien jetzt auf dem Kriegschauplatz der Seelen, von dem man selten eine genaue Karte erwischt, am Hofe: – seinem mit Paradiesen angefüllten Herzen kamen sogar die Zimmer vor wie Glaskästen einer ausgebälgten Voliere, die man mit Streuglanz, Konchylien und Blumen übersäet, und die lebendigen Stücke der Zimmer wie getrocknetes, mit Arsenik oder Holz ausgestopftes Gevögel; durch die Schlangen war Draht geführt, wie durch die Schwänze der großen Tiere, und die Baumläufer am Thron standen auf Draht. – – So sehr wurde er bloß durch das Pfingstfest der Gegenfüßler von uns, die wir bei kälterm Blute das Erhabene und Edle eines Hofs leicht bemerken. – Das Neueste, was er da hörte, war, daß der Fürst in Gesellschaft der Fürstin zum Gesundbrunnen in St. Lüne abreise, um die gichtbrüchigen Füße, wie jene die Augen, heil zu baden. Viktor war wirklich nicht ganz tolerant, da er bei sich dachte: »Wenn ihrs nicht besser haben wollt, so geht meinetwegen zum T–.« Das Paulinum war für ihn ein Schlachthaus und jedes Vorzimmer eine Marterkammer; der Fürst behandelte ihn nicht höfisch-höflich, sondern kalt, welches ihm desto weher tat, da es bewies, er habe ihn geliebt – die Fürstin stolzer – bloß Matthieu, der mit Leuten am liebsten sprach, die ihn tödlich haßten, hatte ein Gesicht voll Sonnenschein. Von diesem und von seiner Schwester und einigen Ungenannten hatt' er leichtes Schlangengift der Persiflage über seinen Zweikampf einzunehmen und zu verwinden, das wohl der Magen wie anderes Schlangengift verdaut, das aber, in Wunden gesprützt, das Lebensblut auflöset. – – Gerät denn nicht sogar mein Korrespondent in Eifer und schickt mir seinen Eifer durch meinen capsarius[1], den Spitzhund, zu und sagt: »Es bleibe doch einer einmal kalt, der warm ist, nämlich verliebt, und den noch nicht der Tod kalt gemacht, er verbleib' es, sag' ich, vor dem stechenden Lächeln einer Hof-Schwesterschaft über seine empfindsame Liebe, zumal vor solchen höhern Damen, die Gottheiten sind, auf deren cyprischem Altar allemal (wie bei den Skythen) der *Fremde* geopfert wird, und denen (wie die Gallier von ihren Göttern glaubten) Übeltäter, Roués, Orleans die liebsten Opfer sind! – Oder er höre sich, wenn er auch das hinnimmt, gelassen von einem Evangelisten über seine Liebe persiflieren, der darin folgende Grundsätze erfindet und einkleidet: ›La décence ajoute aux plaisirs de l'indécence: la vertu est le sel de l'amour; mais n'en prénez pas trop. – J'aime dans les femmes les accès de colère, de douleur, de joie, de peur: il y a toujours dans leur sang *bouillant* quelque chose qui est favorable aux hommes. – C'est là oú la finesse demeure courte, qu'il faut de l'enthousiasme. – Les femmes s'étonnent rarement d'être crues faibles; c'est du contraire qu'elles s'étonnent un peu. – L'amour pardonne toujours à l'amour, rarement à la raison.‹ – Glücklich sind« (seufzet Knef) »Widersacher, die einander prügeln dürfen.«

[1] So hieß der römische Sklave, der den Kindern die Schulbücher nachtrug.

Der Evangelist warf einen beizenden Tropfen auf Viktors Herznerven, da er, trotz seiner Wissenschaft um Flamins adelige Abstammung, ihn damit aufzog, »daß er wie ein neufranzösischer Äquilibrist der Freiheit sich mit Bürgerlichen – zwar nicht vermähle, aber doch – schieße«. Und es ging ihm durch die Seele, seinen ausgestohlnen Freund so sehr an Freunden verarmt zu sehen, daß dieser Matthieu der letzte und der Stammhalter war, der sich nicht einmal vor Viktor die Mühe gab, in den höhern Zirkeln die Rolle eines Freundes von Flamin zu nehmen und fortzuspielen. Einem guten Menschen wird das weiche Herz gleichsam in eine Quetschform eingeschraubt, wenn er vor Leuten stehen muß (wie hier Viktor vor so vielen), die ihn hassen und beleidigen – anfangs ist er heiter und kalt und freuet sich, daß er sich nichts darum schiert – aber er rüstet sich unwissend mit immer mehr Verachtung, um der Beleidigung etwas entgegenzustellen – endlich meldet sich der Anwachs der Verachtung durch das unbehagliche Gefühl der entfliehenden Liebe und des eindringenden Hasses an, und das bittere Scheidewasser ergreift und zerfrißt sein eignes Gefäß, das Herz. – Dann werden die Schmerzen so groß, daß er die alte Menschenliebe, die das warme Element seiner Seele war, wieder in Strömen in den Busen rinnen läßt. Bei Viktor kam noch etwas zur Erbitterung – seine Erweichung; man ist nie kälter als nach großer Wärme, so wie Wasser nach dem Kochen eine größere Kälte annimmt, als es vorher hatte. Liebe, Rausch und zuweilen die aus dem Anblick der Natur getrunkne Begeisterung machen uns gegen unsere Lieblinge zu gut, und gegen unsere Gegenfüßler zu hart. Als nun Viktor in dieser bittern Laune neben einem Spieltisch zusah und über die ganze Assemblee sich innerliche Vorlesungen hielt, lectures upon heads[1], wo er sich statt der Köpfe aus Pappendeckel bloß mit dickern behalf: so fiel durch die Erinnerung an die stille Menschenbildung, womit Klotilde sich in eben diese Menschen ihren Eltern zu Liebe bequemet hatte, der ganze Eispanzer, der sich um sein Herz wie um eine Blume gelegt hatte, zerflossen herab, und sein erwärmtes Herz sagte mit der

[1] So nannte Steevens sein satirisches Kollegienlesen über Köpfe aus Pappendeckel, dem halb London zulief.

ersten heutigen Freude: »Warum hass' ich denn diese ebenso gequälten als quälenden Gestalten so hart? Sind sie nur meinetwegen? Haben sie nicht auch ihr Ich? Müssen sie sich mit diesem mangelhaften, gepeinigten Selbst nicht durch die ganze Ewigkeit schleppen? Wird nicht jeder von irgendeiner fremden Seele noch geliebt? Warum willst denn du nur Stoff zum Abscheu an ihnen sehen und aus jeder Miene, aus jedem Laute Säure ziehen? – Nein, *ich will die Menschen bloß lieben, weil sie Menschen sind.*« – Jawohl! die Freundschaft kann Vorzüge begehren, aber die Menschenliebe bloß Menschengestalt. Daher haben wir eben alle eine so kalte, eine so wechselnde Menschenliebe, weil wir den *Wert* der Menschen mit ihrem *Recht* vermengen und nichts an ihnen lieben wollen als Tugenden.

Unserm Viktor wurde so leicht wie nach einem Gewitter; das Bitterste, womit uns Beleidigungen angreifen, ist, daß sie uns zu hassen nötigen. Auf der andern Seite fühlte er jetzo, wie unrein unser für Tugend ausgegebener Widerstand gegen Schlimme sei, und wie sauer es selber einer edeln Seele werde, Feinde zu bekämpfen, ohne sie anzufeinden; denn dieses ist noch schwerer, als sie zu beglücken und zu beschützen, ohne sie zu lieben.

So strichen einige Wochen unter seinen erzwungnen Landungen am feindlichen Hofe vorüber – denn die Bitte seines Vaters beherrschte sein Herz – und unter vergeblichen Hoffnungen auf Klotildens Entscheidung und unter tränendem Zurücksehnen in die innehaltenden Tage der Liebe und in die *verheerten* Tage der Freundschaft. Klotildens Schweigen willigte aber eben in seine Ankunft ein; doch meldete er ihr durch einen zweiten Brief noch zum Überfluß den Tag derselben. Übrigens wurde ihm – so an den Thron wie an eine Säule zum Geißeln gebunden, so aus allen Gegenständen seiner Liebe herausgeschleudert, so auf nichts geheftet als auf eine von weitem donnernde Zukunft, in der sein Emanuel nach vierzehn Tagen unter die Erde einsinkt und seine Klotilde in tausend Schmerzen – die Gegenwart schwül und eng. Um ihn ging ein unreifes Gewitter herum, und wie an den Tag- und Nachtgleichen ruhten die Wolken unbeweglich wie ein großer Nebel über ihm, und das verborgne Arbeiten im hohen Gewölke des Schicksals hatte noch nicht das Zusammenfließen in Tränen entschieden oder das Zerteilen in Blau.

Endlich ging er nach St. Lüne... Wahrlich nur wehmütig-beglückt! O! konnt' er auf den Lüner Fußsteig blicken oder auf das Pfarrhaus, das die Bühnen der begrabnen Freundschaft bedeckte, ohne das Auge überfließend abzuwenden, ohne daran zu denken, wie viel eitler das Lieben als das Leben der Menschen sei, wie das Schicksal gerade die wärmsten Herzen zur Zerstörung der besten anwende (so wie man nur *Brennspiegel* zum Einäschern der *Edelsteine* gebraucht), und wie manche stille Brust nichts ist als der gesunkne Sarg eines erblaßten geliebten Bildes? – Es ist ein namenloses Gefühl, einen Freund lieben zu wollen aus Erinnerung und ihn fliehen zu müssen aus Ehre: Viktor *wünschte*, er *dürfte* seinem betörten Liebling vergeben; aber vergeblich: das arsenikalische Wort, das mich in seinem Namen schmerzt, blieb trotz aller, aller versüßenden Säfte, mit denen ers einwickelte, doch unaufgelöset und fressend und tödlich in seiner Seele liegen. Guter Flamin! ein Fremder könnte dich lieben, ich z.B., aber dein Jugendfreund nicht mehr!

Viktor schritt zögernd vor dem Bilder- und Musiksaal seiner nachgespielten und nachgetönten Kindheit vorbei, vor dem Pfarrhaus, desgleichen vor der scheuernden Apollonia, die er gern tiefer grüßte, als sein Stand zuließ, und vor dem alten Mops, der sich in keinen Familienzwist einmengte, sondern ihn freimütig mit dem Schwanz invitierte. – Nicht sein Stolz hielt ihn ab, die (vorgeblichen) Eltern seines Widersachers zu besuchen, sondern die Ängstlichkeit tats, die ihn besorgen ließ, die guten Menschen würden sich vielleicht vor ihm im verlegenen Kampfe zwischen Höflichkeit, zwischen alter Liebe und neuem Groll abquälen. Aber er beschloß, durch einen Brief an die edelmütige Pfarrfrau seine Liebe zu befriedigen und ihre Empfindlichkeit.

Dann trat er vor seine Geliebte! – Ich hab' es vor-vorgestern unter dem Lesen der deutsch-französischen Geschichte, wo bekanntlich auch der gekrönte Name Klotilde regiert, an den verdoppelten Schlägen meines Herzens gemerkt, wie mir erst sein würde, wenn ich diese Klotilde, die ich seit drei Vierteljahren gelobt habe, vollends gar sähe; denn daß Knef so wie der Hund keine Spitzbuben sind, und daß die ganze Historie nicht bloß vorgefallen ist, sondern auch noch vorfällt, erseh' ich aus hundert Zügen, die wohl keine Phantasie erfinden kann. Würde der Biograph der Heldin ansichtig: dann entstände nichts als ein neues Heft und ein neuer – Held, welcher ich wäre....

Sie war krank; jener Abend war wie ein Stoßvogel auf ihr Herz gefahren und hatte die blutigen Krallen noch nicht herausgezogen. Ihre Seele schien nur der Engel zu sein, der die entseelte Hülle eines Frommen hütet. Der Kammerherr begegnete dem Hofmedikus, als ob er von keinem Duellieren wisse. Was sonst Mütter tun, tat der Vater: er vergab jedem, der von Stande war und der die Tochter wollte. Der Antrag, den ihm Viktor endlich machte, frappierte ihn nur, weil er bisher gedacht hatte, dieser verschieb' ihn bloß wegen der Ungewißheit über Klotildens Erbschaft und Verwandtschaft. Seine Antwort bestand in unendlichem Vergnügen, in unendlicher Ehre etc. und andern Unendlichkeiten; denn bei ihm war alles eine; daher auch Platner mit Recht behauptet, der Mensch könne im Grunde bloß das Endliche nicht denken. Le Baut hätte die Tochter hergegeben, wenn er auch nicht gewollt hätte; er konnte ins Gesicht nichts abschlagen, nicht einmal eine Tochter. Auch konnte keiner kommen und um Klotilden ansuchen, der nicht in irgendeines seiner Projekte (seine vier Gehirnkammern lagen bis an die Decke davon voll) hineingepasset hätte. Natürlicherweise war ihm also ein Schwiegersohn jetzt am meisten erwünscht, da ihm etwan die Tochter gar mit Tod abgehen könnte, ohne daß er sie noch zu einem Springstab und Hebebaum seines Leibes gebraucht hätte – und da ihm zweitens das Duell-Gerede das Herz anfraß; nicht als ob er nicht durch gesunde *wurmförmige* Bewegungen die *härtesten* Dinge *verdauet* hätte, sondern weil er, wie gebildete Menschen ohne Ehre, bei kleinen Beleidigungen gern mit Lärmkanonen und Feuertrommeln erschien, um sich das Recht zu erschleichen, bei vollständigen, aber ergiebigen und mit Silberadern durchzognen Entehrungen mausestill dazuliegen. Das einzige, was der Kammerherr nicht gern sah, was er aber sogleich dadurch hob, daß er dem Hofmedikus das Wort (über die Tochter) gab, das war, daß er vorher das nämliche Wort (ingeheim) unserem Matz gegeben hatte. Da ihm der bald wiederkommende Lord mehr schaden und helfen konnte als der Minister: so brach er gern das alte Wort, um das neueste zu halten; denn nicht bloß den *letzten* Willen, sondern auch *jeden* kann der Mensch ändern, wie er will, und wenn er ein Mann von Wort ist, so wird er gern ganz entgegengesetzte Versprechungen tun, um sich zum Halten zu nötigen. Wenn das lügende Betragen des Kammerherrn nach solchen Entschuldigungen noch eine braucht: so hat er die für sich, daß er gewiß hoffte, Klotilde werde, wenn er sein Ja gegeben, Nein antworten und statt seiner wagen und – büßen. Wenigstens schützte er diese Hoffnung bei seiner zornigen Gemahlin vor und verwies sie auf Klotildens ehemaliges Nein, das unserem Viktor so schwere Stunden aufgelegt, und auf ihre Unveränderlichkeit. Ich wünschte, man hätte nachher sein Gesicht in der Verfassung versteinern oder in Gips abgießen können, in die es durch die Nachricht von Klotildens Ja geriet. Was konnte die Schwiegermutter, die Kammerherrin, die immer die Waffenträgerin und Liguistin des Evangelisten war, weiter dabei machen als ein freundliches Gesicht und die Bemerkung: niemand ist schwerer zu regieren als ein Ehemann, den jeder regiert.

Die Formalien der Verlobung selber warteten auf die Zurückkehr des Lords und auf andere Verhältnisse. – Lasset mich nichts sagen von der durch so viele Leiden veredelten Liebe dieses Paars. Wenn mit der Liebe sich gar die Menschenliebe noch vermählt (welches mancher gar nicht verstehen wird); – wenn im Atem der Liebe alle andere Reize des Herzens schöner werden, alle feine Gefühle noch feiner, jede Flamme für das Erhabne noch höher, wie in der Feuer- und Lebenluft jeder Funke ein Blitz und jedes Johanniswürmchen eine Flamme wird; – wenn beide Menschen einander selten mit den Augen, und oft mit den Gedanken begegnen; – wenn Viktor ein Herz fast zu behalten scheuet, dem er soviel kostet, soviel dunkle Tage, soviel Sorgen und fast einen Bruder; – und wenn Klotilde eben dieses zarte Scheuen errät und *ihn* für *ihre* Leiden belohnt: dann ists unmöglich, *vielen* Menschen den Umriß einer solchen Ätherflamme, geschweige die Farben derselben zu geben; für *wenige* ists unnötig.

Gegen eine geliebte Person fängt in jedem neuen Verhältnis, worein sie kömmt, die Liebe wieder von vornen und mit neuen Flammen an, z.B. wenn wir sie in einem andern Hause – oder unter neuen Personen finden – oder als Reisende – oder als Hauswirtin – oder als Blumengärtnerin – oder als Tänzerin – oder (das wirkt am meisten) als *Verlobte*. Das war Viktors Fall; denn von der Stunde an, wo der Wunsch der Neigung sich zu einem Gebot der Pflicht erhebt, und wo die teuere Seele sich und alle ihre Hoffnungen und den Zügel ihrer ganzen Zukunft in die geliebten Hände liefert, muß es in jedem guten Männerherzen rufen: »Nun hat sie niemand auf der Erde mehr als dich – nun sei sie dir heilig, o! nun schone und bewahre und belohne die liebe Seele, die an dich glaubt!« – Viktor wurde von diesem Verhältnis noch durch den Nebenumstand unaussprechlich gerührt, daß eben diese Klotilde, diese feste stolze Ball- und Himmelkönigin, die mit so vielen Kräften und so unabhängig über die männlichen Schlingen und unter den männlichen Lorbeerkränzen wegging, nun durch die Verlobung ihre Independenzakte mit sanftem Lächeln in Viktors Hände gibt und jetzo nichts mehr wünscht, als zu lieben und geliebt zu werden; für dieses holde Beugen einer so großen Gestalt wußte Viktor kein Opfer, keine Wunde, keine Gabe, die ihm groß genug geschienen hätte, es zu bezahlen. – So muß man lieben; und jedes neue Recht und Opfer, das den gemeinen Menschen erkältet, macht den guten wärmer und zarter.

Obgleich Viktor durch die Rechte seiner neuen Verwandtschaft ein mehr einheimisches und bequemes Leben unter seinen Schwiegereltern fand: so tat es ihm doch wehe, daß er täglich die unvergeßlichen Pfarrleute in ihrem Garten sehen mußte, und doch durch das eiserne Stabgeländer des vorigen Duells und der jetzigen Verlobung von ihren Herzen abgelöset blieb. Daher mußt' er auch die Briten und ihren fortwährenden Klub entbehren. Le Baut fand es aber vorsichtig: »denn man wisse von sicherer Hand, es seien Jakobiner und verkappte Franzosen.« –

Aber Klotildens Seele konnte den erratenen tiefen Schmerz

ihrer Freundin, der Pfarrerin, nicht länger tragen; sie bestellte sie durch ein Blättchen zu einem Spaziergange. An der Warte trafen sich beide; und Viktor sah mit innerster Rührung, wie Klotilde sogleich die Hand seiner ältesten Freundin nahm und sie auf dem ganzen Weg nicht mehr aus ihrer gab.

Klotilde kam wieder mit einem froh erhelleten Angesicht und mit Augen, die sehr geweinet hatten, und mit himmlischen Zügen, in denen eine unnennbare, nicht sowohl heißere als weichere Liebe glänzte. Erst spät war sie ihrer Rührungen mächtig genug, um Viktor *etwas* von der Unterredung mitzuteilen: denn ich glaube zu erraten, daß es nicht *alles* war. Die Pfarrerin – erzählte Klotilde – empfing sie mit einer Miene voll drückender Schmerzen, aber weder mit Kälte noch Verdacht. Beide konnten anfangs gar nichts als weinen und sprachen nicht; Klotilde war noch mehr erweicht, und ihre Tränen flossen noch fort, als sie anfing, ihre Verlobung zu erzählen. Sie legte die Hand ihrer Freundin auf ihr Herz und sagte: »Jetzo wird unsere Freundschaft hart geprüft. Ich glaube an die Ihrige fort – glauben Sie an meine. – O bleibe, teure Freundin, nur diesesmal fest! Schwere Geheimnisse, über die ich kein Recht und wenig Aufschluß habe, bringen uns alle diesen grausamen Mißverständnissen so nahe. Nur diesesmal vertrauen Sie fest, daß ich und Sie so wenig *unser Verhältnis* gegeneinander ändern wie unsern Charakter.« – Hier sah die Pfarrerin sie mit einem großen Blicke, in dem noch die alte Liebe für Viktor nachglimmte, an und umarmte sie denn auf einmal mit trocknen Augen und mit diesen Worten: »Ja, ich vertraue auf Sie, tun Sie, was Sie wollen, und blieb' ich zuletzt die einzige Seele.« – Der letzte Zusatz hätte zu einer andern Zeit Klotilden beleidigt; ach jetzt konnt' ers nicht; o sie war froh, daß sie etwas zu verzeihen hatte.

Nach der Erzählung sagte sie ihrem Freunde, sie unternehme vielleicht, falls die Unsichtbarkeit und das Schweigen des Lords noch länger dauere, lieber die mühsame Reise zu ihrer und Flamins Mutter nach London, um diese als die Auflösung aller dieser gefährlichen Rätsel nach Deutschland zu bereden. – Ach konnte Viktors aufopferndes Herz eine Einwendung gegen fremde Aufopferungen machen? – Nein! sein Kummer wurde verdoppelt, aber auch seine Achtung und Liebe.

In dieser Lage kam an Klotilde ein kleiner Brief von Emanuel:

»Gestern abends kam mein Julius mit einem Korb voll Gartenerde zu mir und bat mich um Blumentöpfe und um Hyazinthen, weil er für beide die Erde bringe. Er hatte den Boden für seine Blumen von dem Hügel deiner Giulia geholt. – – Ich nahm sein weiß- und rotblühendes Angesicht, das der Federnelke mit dem roten Punkte gleicht, an meine Brust und sagte: ›Ach, wer wartet die Blumen des Menschen, wenn er vorüber ist?‹ Und ich meinte auch ihn mit seiner zarten Blüte, in welche der Schmerz nie seinen schweren Regen werfe! – O Viktor und Klotilde, wenn mich die Lilien der Erde betäuben und in den letzten Schlummer legen, so nehmet meinen blinden Julius auf, und diese Seele voll Liebe werde durch liebende Seelen behütet!

Klotilde! ich bitte oder wünsche jetzo von dir etwas, was du mir wohl schwerlich geben kannst. Ach komme am *längsten Tage* nach Maienthal, du schöne Seele! Kann es dein Herz nicht ertragen? Hast du nicht deine Giulia bis an das *blinde* Tor des Grabes begleitet und da ihre Seele auffliegen sehen und ihren Körper niederfallen! O wenn du und dein Freund in der letzten Stunde, wo das Leben seine schillernden Pfauenspiegel zusammenfaltet und sie farbenlos und schwer in das Grab einsenkt, bei mir blieben als die zwei ersten Engel der künftigen Welt! – Denn in der Minute, wo die ganze Erde wie eine Rinde vom Herzen abbricht, hängt das nackte Herz fester an Herzen und will sich erwärmen gegen den Tod, und wenn alle Bande der Erde abreißen, so blühen die Blumenketten der Liebe fort. O Klotilde! wie himmlisch schlösse sich vor deiner elysischen Gestalt mein Leben! Ich würde schon entfesselt auf den Flügeln der Ewigkeit um dich schweben, um dich anzublicken, und ich würde, wenn ich mit der ätherischen Hand nicht deine Tränen nehmen könnte, dein schweres Herz mit einer fremden Entzückung trösten! Ja, und wenn der Mensch im Vorhof der zweiten Welt erblindete, so würde deine Gestalt wie ein nachleuchtendes Sonnenbild vor meinen geschlossenen

Augen bleiben! – O Klotilde, wenn du kämest! Ach, du kommst wohl nicht; und nur der Ewige, der die Stunden des zweiten Lebens zählet, weiß, wenn ich dich wiedersehe auf der zweiten Erde und wie groß auf ihr die Schmerzen der Sehnsucht sind. Und so lebe denn wohl und ziehe, hohe Seele, deine Bahn unter den Wolken hindurch – wenn ich deinen Freund erblicke, wirst du rührend vor mir stehen – und wenn ich an seinem Herzen sterbe, werd' ich für dich beten und zu Gott sagen: gib mir sie wieder, wenn auf ihrem Haupte der Blumenkranz der Erde groß genug ist – oder die Dornenkrone zu groß! – Klotilde, ändre dich nie, und dann frag' ich das Verhängnis nicht: wie lange wird sie drunten lächeln, wie lange wird sie drunten weinen? Ändre dich nie!

Emanuel.«

*

Sie fielen beide einander sanft ans Herz und schwiegen über ihre Gedanken; Emanuels Liebe verherrlichte die ihrige, und Viktor achtete seinen Freund und seine Freundin zu groß, um diese zu trösten. Er fragte sie gar nicht, wie sie Emanuels Bitten beantworte; er wußte, daß sie es versagen müsse, weil sonst ihr Herz neben dem geliebten bräche.

Da er endlich von ihr und St. Lüne schied, und da sie daran denken mußte, daß er in wenigen Tagen nach Maienthal gehe – und da in ihren und seinen Augen Tränen standen, die mehr als *einen* Schmerz bezeichneten, und die nicht der Mensch abtrocknet, sondern der Tod oder Gott: – so schauete Viktor sie unter dem Abschiede mit der stummen Frage an: »Sag' ich unserem Geliebten nichts?« – Klotildens Seele blieb unter Lasten am meisten aufrecht, und sie erschien nie größer als hinter Tränen, wie die Sterne am Himmel voll Regen lichter und größer herankommen; sie sah gen Himmel, gleichsam fragend: »Könntest du, Allgütiger, uns so tief zerschlagen?« – dann wog sie gepresset den schweren Schmerz – dann fand sie ihn zu groß für die Sprache – und zu groß für ihre Kraft – und sie glaubt' ihn nicht mehr und sagte doppelsinnig mit nassen Augen und mit doppelsinnigem Lächeln: »Nein, Viktor, wir sehen uns ja alle einmal wieder!«

Viktor ging nicht lange vorher fort, eh' die zwei gekrönten

Badgäste mit einigem Gefolge ankamen. – Ich bemerk' es mit ebenso wenigem Groll, als Viktor dabei empfand, daß Agathe, ungeachtet des mütterlichen Beispiels, ganz, erstlich von Viktor, d.h. vom Antipoden und Antichrist ihres geliebten Bruders, abfiel; zweitens von Klotilden noch mehr.

– Es kann kund werden, daß ich den vorigen Brief Emanuels bloß darum in der ersten Auflage unterdrückte – denn in meinen Händen hatt' ich ihn frühe genug, so gut wie viele andere Dokumente dieser Historie, die gleichwohl (aus Gründen) niemals publizieret werden –, weil ich besorgte, er rühre; eine weiche Seele findet ohnehin zu viele Schmerzen in diesem Band! – Allein eben darum wollen wir nichts aus der ersten Ausgabe weggeben, was scherzt, und ich fahre demnach fort:

Wir Leser wollen wie Viktor uns vom Kammerherrn beurlauben, der mit seinen halbaufrechten Augenbraunen – bei der Nasenwurzel neigen sie einander sich in Gestalt des mathematischen Wurzelzeichens zu – mit wahrer verbindlicher Höflichkeit sich von uns trennt. Ich weiß, wenn wir fort sind, läßt er uns Gerechtigkeit widerfahren und macht zuviel aus uns; denn er verleumdet nie, weder aus Bosheit noch Leichtsinn, und wen er verleumdet, den hat er die ernsthafte Absicht zu stürzen, weil er lieber unglücklich als schwarz macht. – Als ich ihn sich so bücken sah gegen uns: verfertigte ich in Gedanken eine halbe Satire auf ihn, wovon das Wahre und Ernsthafte das sein mag: daß die Menschen wirklich dazu erschaffen sind, sich so krumm zu machen, wie der spiritus asper ist. Ich baue eben nicht darauf viel, daß Geometer geschrieben haben, wenn die Götter eine Gestalt annähmen, so müßt' es die vollkommenste, die eines Zirkels sein; ich könnte zwar daraus folgern, ein krummer Rücken sei wenigstens eine Annäherung zur Göttergestalt, weils ein Bogen aus einem Zirkel sei – aber ich mag nicht; denn das Physische ist Kinderei dabei und nur insofern von Belang, als es das innere Krümmen und Kriechen der Seele teils anzeigt, teils (z.B. durch Verengerung der Brust) befördert. Sogar am Hofe würde man das äußere Krümmen erlassen, wenn man gewiß wissen könnte, daß das edlere, innere der Denkart da wäre, ohne das Zeichen; denn da nach Kant Unterwürfigkeit und Niederschlagung unsers Eigendünkels die Foderung der reinern und der christlichen Moral ist: so muß einer, der gar keine moralischen Vorzüge hat, mit dem Selberbewußtsein davon noch tiefer nieder als zur Demut, die schon der Tugendhafte hat, er muß zu dem sinken, was ich ein edles Kriechen nenne. Ich gestehe, ich verachte die Übung nicht, die darin die kleinen Regeln der Lebensart gewähren, die ja ohnehin nichts sein soll als die Tugend in Kleinigkeiten, die Regeln nämlich, daß man sich bückt, wenn man widerspricht – wenn man lobt – wenn man eine Beleidigung erfährt – wenn man eine antut – wenn man den andern bückt – wenn man gerade eben des Teufels werden möchte. Aber gut ists, daß eine solche Tugend der Krümmung ihre eigenen Exerzierplätze hat und nicht vom Zufall abhängt. Am Hofe würde ein Mensch mit *geradem* Leibe und Geiste als höfisch-tot ausgeschossen werden, wie ein Krebs mit einem *geraden* Schwanze, den nur ein krepierter führet. Wenn sonst die Einsiedler niedrige Zellen erwählten, um nicht aufrecht zu stehen: so braucht der Weltmann dies nicht; ihn drücken die hohen Speisesäle, die Lusttempel, die Tanzsäle desto tiefer nieder, je höher sie sind. – Es wäre schlimm, wenn diese so wichtige Tugend der Niederbückung erst eine besondere geistige oder körperliche Stärke, die sich ja niemand geben kann, voraussetzte; aber gerade umgekehrt will sie nur Schwäche haben, welches bei Pferden nicht so ist, die den Schwanz nicht mehr niederbringen, wenn dessen Sehnen abgeschnitten sind. Wenn die Pharisäer Blei in den Mützen führten, um sich das Bücken zu erleichtern[1]: so tut das Blei, das man auf die Welt bringt und das im Kopfe liegt, vielleicht noch größere Dienste. Daher ists eine schöne Einrichtung, daß aus großen Seelen, denen wie langen Staturen das Bücken sauer fällt, zum Glück (aber zu ihrer Strafe) nichts wird, anstatt daß mittelmäßige, die sich nichts daraus machen, gedeihen und eine schöne Krone treiben; so sah ich oft beim Brotbacken, daß jeder mäßige Laib im Backofen sich schön erhob und wölbte,

[1] Die Pharisäer taten es – wie gewisse Juden, die auch immer gekrümmt einherzogen und darum *Krümmlinge* hießen –, um Gott, der die ganze Erde ausfüllt, ein wenig Platz zu machen. Altes und neues Judentum. 2. B. S. 47.

der große aber blieb platt und miserabel sitzen. – Wir wären aber bedauernswürdig, wenn eine Tugend, die den Wert des bürgerlichen Menschen ausmacht, die Tugend, nicht bloß wie Kinder zu werden, sondern wie Fötus, die sich im Mutterleibe zusammenstülpen, wenn diese nur an dem höchsten Orte gediehe, wie man fast denken sollte, da der Hofmann *nach* dem Falle auf seinem Landgute schon wieder aufrecht geht – anstatt daß die Schlange *vor* dem Falle und unter dem Verführen nicht kroch. – Allein in allen bürgerlichen Verhältnissen sind Erziehanstalten zu *Krümmlingen* vorhanden; überall streckt sich in der Luft bald ein geistlicher, bald ein weltlicher Arm mit Händen aus, die uns ordentlich einkrempen, und noch höher sind die allerlängsten angebracht, die über ganze Völker reichen. Der Gelehrte selber *bückt* sich am Schreibepult unter der Geburt der Zueignungen und Hofschriften und Urtel. Durch das bloße graue Alter reift sowohl der Körper zum verknöcherten Bücklinge als die Seele. Und die niedrige Geistlichkeit arbeitet sich, weil sie immer niederwärts ins Grab sieht, in die gekrümmte Stellung hinein. – Ich schließe mit dem Troste, daß Bücken Aufgeblasenheit nicht *ausschließe*, sondern *ein*; da eben der Zirkel, dessen Ausschnitt man wird, unzählig um die geschwollne Kugelfläche läuft.....

Ich würde wahrhaftig dieses Extrablatt eines überschrieben haben – so daß es also der Leser hätte überspringen können –, wenn ich nicht gewollt hätte, daß ers läse, um sich zu zerstreuen und die trüben Stunden meines Viktors leichter mit ihm auszudauern. Denn jeder Glockenschlag ist der aus einer Totenglocke gehende Totenmarsch seiner schönern gescheiterten Stunden.

Noch am Abend, da er in Flachsenfingen eintrat, kamen ihm ebenso fatale als wahrscheinliche Geschichten zu Ohren: Matz hatte dem Apotheker viel erzählt; aber dasmal pflicht' ich seinen Sagen bei.

Der Pfarrer hatte sich nämlich, sobald er die Verlobung vernommen, auf den Weg in die Stadt gemacht, um Mordtaten und Duelle seines Sohnes zu hintertreiben. Da unter dem Ankleiden nicht augenblicklich seine ganze Reiseuniform um ihn lag, so warf er seiner Familie leichte Rötelzeichnungen von den blutigen

Auftritten und Blutgerüsten hin, auf die er sich, sagt' er, Rechnung mache, da er wahrscheinlich wegen des Anziehens zu spät ankomme. Der eingeschrumpfte Stiefel, den Appel am Feuer ein wenig abgetrocknet hatte, war nicht an das Bein zu bringen – Eymann keuchte – zerrete – »es ist möglich,« sagt' er, »daß sie jetzt schon einander zu Leibe gehen«; endlich ließ er die Arme kraftlos zurückfallen und setzte sich ruhig und aufrecht fest und wartete schweigend auf Anfeuern und Anfragen. Da nichts kam, sagt' er ergrimmt: »Welcher Satan nun in meinem Hause mir den Stiefel so hat einlaufen lassen (in einen ledernen Zopf, durch ein Nadelöhr wollt' ich den Fuß treiben, aber darein nicht), der hat den Mord meines Kindes auf seiner Seele. – Ist denn kein Unglückkind da, das mir nur die Ferse mit ein wenig Schmierseife poliert?« – Unter dem Einfahren sah er Appeln noch eifrig an seinem Halbhemd platten: »Genug, Appel, recht gut!« – sagt' er – »ich knöpfe mich wahrlich nicht auf.« – Sie glitt auf der Platte, dem Schrittschuh ihrer Hand, leicht dahin. »Tochter, das Hemd! wünscht dein Vater. Das Leben deines eignen Bruders wird von dir hasardiert – es ist so viel, als gibst du ihm noch einen Gnadenstoß.« Sie fuhr auf ihrem Handschlitten nur noch einmal behend über das Ganze und reichte ihms dann gern.

Unterweges entwarf sich der Kaplan einen haltbaren Geschäftgang bei der Sache. Er wollt' ihm erstlich nichts von der Verlobung eröffnen – dann wollt' er ihm nur den Bußtext über den Maienthaler Zweikampf lesen – dann ihm die Urfehde oder den Eid, zu ruhen, abgewinnen – und erst zuletzt mit dem Bericht hervorbrechen. Unter dem Überdenken des Geschäftganges und der Gefahr lief er sich in eine immer heißere Angst hinein. So wie er sich und einen Patienten, der ein leichtes Ohrenbrausen hatte, einmal durch langes Folgern so weit hinauftrieb, daß sie beide in der nächsten Minute auf Schlagfluß und halbseitige Lähmung aufsahen: so benahm er sich durch eine malerische Behandlung der einzelnen Umstände eines *gedenklichen* Zweikampfs zuletzt so sehr alle Zweifel über einen schon *vorgegangnen*, daß er mit der festen Meinung unter dem Stadttor ankam, der Regierrat liege entweder in Ketten oder auf der Bahre. »Gott sei Dank, daß ich dich ohne Wunden sehe und ohne Ketten!« entfuhr ihm beim Eintritte; und er hätte beinahe seinen ganzen Geschäftgang verdorben, oder doch umgekehrt. Flamin bezog es auf das erste Duell: Eymann konnte desto leichter der Prozeßordnung und Aderlaßtafel seiner Maßregeln nachkommen und sich sozusagen mit dem Duelle duellieren. Der schweigende Sohn setzt' ihm nichts entgegen als – Weißbier. Unter der Anschaffung hatte der Pfarrer an allen Stöcken den Knopf gezogen, um zu sehen, ob es keine Stockdegen wären. Ein Pistolenfeuerzeug blieb ihm von weitem verdächtig. Eine nahe Doppelflinte an der Wand entzog ihm mit dem auf ihn gerichteten – Schafte viel von seinem Mut. Flamin entschuldigte seine Sprachlosigkeit mit der juristischen Überfüllung und Überfracht seines Kopfs und zeigte auf den Stoß Kriminalakten vor ihm. Als er ihm einen Erzählauszug daraus geben mußte und als natürlich die Schlachtwörter Kerker, Blutschuld, Richtschwert wie ein zischender Kugelregen um Eymanns Ohren schweiften: so streckte sich die Angst, die er durch die schnellere Dusche des Weißbiers reizte, so gewaltig in ihm aus, daß die Doppelflinte in die Kammer gehangen werden mußte: »Ich habe«, sagt' er, »nichts davon, wenn sie losbrennt und zerspringt und mir das Flintenschloß ins Gesicht sprengt, oder wenn der Schaft mich gar umbringt!« Jetzt fing er gerührt und trunken zugleich zu weinen und zu ermahnen an: daß ein Mensch an die fünfte Bitte im Vaterunser denken müsse – daß ein Landgeistlicher mit schlechtem Erfolge seinem geistlichen Schafstall Versöhnung predige, wenn er seinen Sohn in der Stadt habe, der unter der Predigt sich schießet – und daß Flamin nie sagen solle, er sei sein Sohn gewesen, wenn er in einem Duelle entweder umkomme oder umbringe. – Bei nichts fuhr in Flamin der Sturmwind seines Zorns so leicht aus der Höhle als bei einer kläglichen Stimme und bei langen Religionedikten: »Um Gottes willen,« schrie Flamin, »lassen Sie es nun genug sein – Gott soll mich strafen, in alle Ewigkeit will ich verloren sein, ich schwör's Ihnen, rühr' ich *ihn* nur noch an.« Dieser entfahrne Eid war herrlicher Lederzucker und weiches Gefrornes für den heißen Hofkaplan, der aus Vergessen seines Geschäftganges jetzo in der Meinung stand, die Verlobung sei dem Regierrate schon ganz gut bekannt: »Meinst du nicht, Sohn,« (sagt' er froh) »daß ein solcher Schwur einen besorgten Vater wie Spatregen erfrischt und letzt, zumal da ich mich seit *ihrer* Verlobung mit *ihm* gar nichts Bessers zu versehen hatte als Mord und Totschlag? Hab' ich recht oder nicht?« – Flamin hob durch eine einzige Frage die Decke von diesem mörderischen gewaffneten Gespenste seines Herzens ab – und nun hörte er seinen Vater nicht mehr; bleich, voll Krämpfe saß er still da – die Lehne des Stuhls knarrte unter seinem Druck – die Uhrkette wickelte und schnürte er um seine Finger und riß sie ab und klemmte das Trumm wieder um den wunden Finger und zerbröckelte es – in seinen gläsernen Augen standen zwei dicke feste kalte Tropfen – sein Herz kroch leer und entkräftet vor einer nahen gräßlichen *Todeskälte* zusammen, die allemal, wenn eine Freundschaft in unserer Brust gemordet wird, dem brennenden Grimme darüber vorausgeht. – Ach welchen von uns dauert die unglückliche verlassene Seele nicht? – Eymann schied getäuscht und hielt diese Ruhe für bloße Ruhe und die erstickte gebrochne Stimme für Rührung.

Und in dieser blutigen Lage fand ihn Matthieu, der eben gekommen war, um dem Regierrate (aus einem Handbriefchen der Kammerherrin) Viktors Sieg über sie alle, gleichsam mit 24 blasenden Postillons, zu melden. Dieser setzte nun erst den Eisberg in einen Vulkan um und machte, daß Flamin in eingesperrtem Grimm gern einen Weltteil an dem andern zersplittert hätte.

Viktor hörte jetzt einige Tage nichts. Flamin sperrte sich ein. Matthieu besuchte ihn oft, aber nicht des Apothekers Haus. Das gekrönte Paar reisete endlich ins St. Lüner Bad.

So blieb alles bis an den Morgen, wo Viktor vom Apotheker Abschied nahm, um nach Maienthal vor den Vorhang einer schweren Szene zu gehen. Hier konnte sich der Apotheker das Vergnügen nicht versagen, dem Hofmedikus seines zu nehmen, indem er die (wahrscheinlich falsche) Botschaft brachte, der Hofjunker habe den Kammerherrn gefordert wegen des über Klotilden gebrochnen Versprechens. Wenig oder nichts ist an der Botschaft schon darum, weil der Apotheker nur sein Eigenlob loshusten und in das Lob Viktors verkleiden wollte, daß dieser mit so unendlicher Feinheit seine neulichen Winke, den Evangelisten zu untergraben, zu vollführen gewußt. Die Winke waren, wie man sich erinnert, die zwei Vorschläge, der Liebhaber der Fürstin und der Ehemann Klotildens zu werden, um den Fürsten zu gewinnen und, wie ein Schwein die Klapperschlange, so Matzen ohne Schaden zu verschlucken. Man muß der von einem Wurmstock von Schmerzen angenagten Seele Viktors vergeben, daß er aufbrauste und mit einem Auge voll tiefster Verachtung Zeuseln anfuhr: »Ich weiß nicht, wer verdiente, solche Vorschläge anzuhören – wenns nicht einer ist, der sie machen kann.«

Der Korrespondent hört traurig und kurz mit den Worten auf: »Abends kam Viktor spät und mit geschwollnen Augen in Maienthal an, um zu sehen, ob am andern Tage der schönste Lehrer und der größte Freund verwelke.« – – Wir können uns alle denken, wie die Umarmung eines Geliebten wenige Schritte von seinem Grabe sein mußte. Der Freund, der uns sein Sterben drohet, greift schmerzhaft unsere Seele an, auch wenn wir es bezweifeln. Wir können uns alle das nasse Auge denken, das Viktor über die noch blühende Stätte seines verwelkten Rosenfests geworfen. – Was ihn tröstet, ist die Unwahrscheinlichkeit des prophezeiten Sterbens, da Emanuel sich wie sonst befindet, und da der Selbermord noch unmöglicher bei diesem frommen Geiste ist, der den Selbermörder schon längst mit dem Hummer verglich, der die eine Schere, die er selber mit der andern aus Stumpfsinn zerknirscht und kneipt, nicht herauszieht, sondern absprengt. – Möge mir der Leser zur Beschreibung des längsten Tages[1], die ich einsam unter der erhebenden Stille der Nacht machen werde, ein Herz wie des Indiers mitbringen, das gleich alten Tempeln stumm und dunkel, aber weit und voll heiliger Bilder ist!

[1] So nennte Emanuel immer den Johannistag, obwohl nicht ganz astronomisch-richtig.

38. Hundposttag

Die erhabene Vormitternacht – die selige Nachmitternacht – der sanfte Abend

Heute übergeb' ich Emanuels längsten Tag, der nun erloschen und abgekühlt unter den Tagen der Ewigkeit liegt, mit bleichen Abrissen den Phantasien der Menschen. Meine Hand zittert und mein Auge brennt vor den Szenen, die in Leichenschleiern um mich treten und so nahe an mir die Schleier aufheben. – – Ich schließe mich diese Nacht ein – ich höre nichts als meine Gedanken – ich sehe nichts als die Nachtsonnen, die über den Himmel ziehen – ich vergesse die Schwächen und die Flecken meines Herzens, damit ich den Mut erhalte, mich zu erheben, als wär' ich gut, als wohnt' ich auf der Höhe, wo um den großen Menschen wie Sternbilder nichts als Gott, Ewigkeit und Tugend liegen. Aber ich sage zu denen, die besser sind – zum stillen großen Herzen, das seine Pflichten *vermehrt*, indem es sie *erfüllt*, und das sich beim *Wachstum seines Gewissens* täglich bloß mit größern Verdiensten befriedigt – zu den hohen Menschen, welche die Hand des Todes warm gedrückt haben, die ihn, wenn er auf Morgenauen herumgeht, friedlich fragen können: »Suchest du mich heute?« – zur lechzenden Seele, die sich unter dem *Zypressenbaum* kühlet – zu den Menschen mit Tränen, mit Träumen, mit Flügeln, zu allen diesen sag' ich: »Verwandte meines Emanuels, euer Bruder streckt nach euch seine Hand durch die kürzeste Nacht aus, ergreifet sie, er will von euch Abschied nehmen!«

Die erhabene Vormitternacht

Viktor stand aus seinen Träumen, in denen er nichts als Gräber und Trauergerüste für seinen Freund gesehen hatte, wehmütig auf; aber er faßte beim Morgengruß geheime Hoffnungen, da er ihn ohne Fieber, ohne Beklemmungen, ohne Änderungen in seinen angeblichen Todesmorgen treten sah. Ihm war bloß vor dem Eindruck bange, den die getäuschte Hoffnung des Scheidens auf das schon halb aus dem irdischen Boden gerissene und von Erde entblößte Herz des Geliebten machen würde. Dieser hingegen hielt noch seine Träume fest, denen sogar seine nächtlichen Nahrung gaben; und er sah sehnend in das ungestirnte Blau und berechnete den langen Weg bis zur zwölften Nachtstunde, wo aus dem Himmel die Sterne und der Tod mit seinem dunkeln unermeßlichen Mantel, in dem er uns durch sein kaltes Reich trägt, vordringen würden. Sein Herz lag in einer süßen Mittagruhe, die zum Teil vom körperlichen Ermatten und vom schönen Tag herkam. Eine innere Windstille, die nirgends so groß und so magisch ist als in Seelen, an denen Wirbelorkane hin und her gerissen haben, überdeckte sein ganzes Wesen mit einer sehnsüchtigen Wonne, die in andern Augen als seinen in Tränentropfen zerflossen wäre.

O Ruhe, du sanftes Wort! – Herbstflor aus Eden! Mondschein des Geistes! Ruhe der Seele, wann hältst du unser Haupt, daß es still liege, und unser Herz, daß es nicht klopfe? Ach eh' jenes bleich und dieses starr ist, so kommst du oft und gehst du oft, und nur unten bei dem Schlafe und bei dem Tode bleibest du, indes oben die Stürme die Menschen mit den *größten Flügeln* gleich Paradiesvögeln am meisten umherwerfen!

Emanuels Ruhe, womit er die Gastrolle des Lebens bis aufs letzte Merkwort ausspielte, womit er alles einpackte – zurechtstellte – anbefahl – verabschiedete, trieb im gequälten Freunde Tränen und Stürme zusammen. Sein Herz war zwar vom Schicksal über einem steinichten Weg wund geschleift, aber die Entzündungen desselben kühlte jetzt der Gedanke des Todes sanft ab; doch konnt' er es – beim größten Unglauben an Emanuels Tod – nicht aushalten, es zu hören, wie ihm Emanuel den blinden Julius, dem man diesen Tod verbarg, von weitem mit den leisen Worten übergab: »Hab' ihn lieb wie ich, versorge, beschirme den Armen, bis du ihn dem Lord Horion übergeben kannst.« Seine bebenden Hände konnten kaum ein Paket an diesen Lord annehmen, das ihm der Freund mit zärtlichen Augen und mit den Worten reichte: »Wenn diese Siegel geöffnet werden, so haben meine Eide aufgehört, und du erfährst alles.« Denn sein zartes Gewissen verstattete ihm nur den *Inhalt*, nicht das *Dasein* von Geheimnissen zu verbergen. – Es wird uns nicht wundern, da Viktors Adern eine Wunde um die andere empfingen, daß er, um nicht durch Wallungen ihr Bluten zu vermehren, den Flötenspieler bat, heute nicht zu spielen; Musik hätte an diesem Tag über sein zerflossenes Herz zu viele Gewalt gehabt.

Den Morgen verbrachten sie in Abschiedbesuchen bei alten Steigen, Lauben und Anhöhen; aber Emanuel machte hier nicht die grelle, tobende Gewaltrolle des fünften Akts; er schlug auf einer Erde, wo der Tod graset, keinen unphilosophischen Lärmen darüber auf, daß er die Blumen und die Saaten nicht mähen und das grüne Obst nicht gelben werde sehen; sondern mit einem höhern Entzücken, das sich jenseits des Erden-Lenzes noch schönere versprach, machte er sich von jeder Blume los, ging er durch jedes Laub-Gewinde und Schatten-Nachtstück hindurch, zog er seine gleichsam in der Erde liegende verklärte Gestalt aus jedem Spiegelteiche, und eine liebevollere Aufmerksamkeit auf die Natur zeigte an, daß er heute nachts dem näher zu kommen hoffte, der sie geschaffen. Er versuchte und Viktor vermied von allem diesen zu reden. »Nur nicht zum letzten Male!« sagte dieser. »Nicht?« (sagte Emanuel) – »Geschieht nicht alles nur einmal und zum letzten Male? – Scheidet uns nicht der Herbst und die Zeit so gut wie der Tod von allem? – Trennt sich nicht alles von uns, wenn wir uns auch nicht von ihm trennen? – Die Zeit ist nichts als ein Tod mit sanftern dünnern Sicheln; jede Minute ist der Herbst der vergangenen, und die *zweite* Welt wird der Frühling einer *dritten* sein. – – Ach wenn ich einmal wieder aus der Blumenfläche einer zweiten weiche, und wenn ich am himmlischen Sterbetag das Zwielicht von der Erinnerung zweier Leben sehe – – o in der Zukunft ruht eine Anlage zur unendlichen Wonne so gut wie zur Qual; warum schauert der Mensch nur vor dieser?« – Viktor bestritt die künftige Erinnerung. »Ohne Erinnerung« (sagte Emanuel) »gibts kein Leben, nur Dasein, keine Jahre, nur Terzien – kein Ich, nur Vorstellungen desselben – Ein Wesen zerfährt in so viel Millionen Wesen, als es Gedanken hat – Erinnerung ist bloß Bewußtsein der gegenwärtigen Existenz.« – Auch der Dichter philosophiert, wenigstens für Dichtung und gegen Philosophie. – Viktor dachte: »Du Guter! mir, nicht dir macht' ich diese Einwürfe.«

Es war gegen Mittag: der Himmel war rein, aber schwül; die Blumen meldeten das Zusammenziehen der Blitze durch ihr Verschließen an; alle Auen waren Rauchaltäre, und Düfte gingen als Propheten der Gewitterwolken voraus. Mit der *physischen* Gewittermaterie häufte sich in Viktor die *moralische* an – er dachte daran, daß oft ein heißer Tag den Schwindsüchtigen das Leben nehme; – er verwechselte zuweilen die *Bitterkeit* des Abschieds mit der *Wahrscheinlichkeit* desselben; denn der von der *Luftperspektive* der Furcht betrogne Mensch findet ein Schreckenbild desto *näher*, je *größer* es ist; – er weinte, wenn er bloß daran dachte, daß er weinen könnte; aber gleichwohl würde die Vernunft die Oberhand über die Gefühle behalten haben, hätte nicht beide folgender Zufall betäubt.

In Maienthal wohnte ein Wahnsinniger, den man bloß das tolle Totengebein hieß. Aus drei Gründen wurd' er so genannt: erstlich weil er ein Knochenpräparat von Magerheit war; zweitens weil er die fixe Idee herumtrug, der Tod setze ihm nach und woll' ihn an der linken Hand, die er deswegen verdeckte, ergreifen und wegziehen; drittens weil er vorgab, er seh' es denen, die bald sterben würden, am Gesichte an, über welches sich alsdann schon die Einschnitte und Abszesse der Verwesung ausbreiteten. In Moritz' Erfahrungseelenkunde[1] ist ein ähnlicher Mensch beschrieben, der auch imstande sein soll, die Vorposten des Todes und seine zerreibende Hand auf Gesichtern vorauszusehen, die andern glatt und rot vorkommen, indes er sie mit dem Höllenstein der Verwesung ausgestrichen erblicket. – Dieses Totengebein wars, das in der Nacht des vierten Pfingsttages, als Klotilde auf dem Kirchhof war, ausrief: »Tod! ich bin schon begraben.« – Viktor und Emanuel gingen unter dem Geläute der zwölften Stunde nach Hause und vor einem Hügel vorüber, woran das Totengebein beklemmt saß; es bohrte sich die linke Hand, wornach der Tod griff, tief unter die Achsel: »Brrr!« (sagt' es schüttelnd zu Emanuel) »Er hat dich, aber nicht mich! Lauter Moder hängt an dir 'runter! Die Augen sind weg! Brr!«

Die Worte der Wahnsinnigen sind dem Menschen, der an der

[1] Im zweiten Stück des 2ten Bandes.

Pforte der unsichtbaren Welt horcht, merkwürdiger als die des Weisen, so wie er aufmerksamer den Schlafenden als den Wachenden, den Kranken als den Gesunden zuhört. Viktors Blut erstarrte unter dem eiskalten Griff in sein warmes Leben. Das tolle Gebein rannte fort, die linke Hand mit der rechten verbauend. Viktor nahm seines Freundes *linke*, blickte zur *warmen* Sonne auf und suchte sich zu verbergen und zu erwärmen und konnte nichts sagen. Unten am tiefblauen Himmel rauchten kleine Nebel auf, die Keime eines Abendgewitters; und in der schwülen Luft flog nichts als Gewürm.

Emanuel war stiller und fast ängstlich, aber es war nicht die Bangigkeit der Furcht, sondern jene Bangigkeit der Erwartung, mit der wir allemal auf die Falten und Bewegungen des Vorhangs großer Szenen blicken. Die stechende Sonne erhielt das Paar zu Hause. Dem vom schwülen Dunstkreis gedrückten Emanuel wurde fast der letzte Nachmittag zu lange. Aber sein Freund sah in diesem Dunstgewölbe immer ein moderndes Angesicht hängen, das sich in das geliebte frische einzuarbeiten schien, und immer hört' er das tolle Totengebein in seine Ohren sagen: »Seine Augen sind 'raus!«

In der schwülen Stille, wo die Sonne die Miniergänge des Donners grub und lud, und wo die zwei Freunde vor den Ohren des blinden Julius nur mit Blicken von der heutigen Zukunft reden durften, stand gegen 4 Uhr ein fächelnder Abendwind auf, der alle hängende Flügel und Häupter erfrischte. Emanuel ließ diese kühlen Wogen herein, die einwiegend und beruhigend über die gebückten Blumen am Fenster liefen und an den schwankenden Falten der Vorhänge niederflossen und verirrt durch das duftende Laubwerk des Zimmers plätscherten. Da kam eine unendliche Stille, eine auflösende Wonne, ein unaussprechliches Sehnen in Emanuels Herz. Seine Kindheitfreuden – die Züge seiner Mutter – die Bilder indischer Gefilde – alle geliebte verstäubte Gestalten – der ganze gleitende Widerschein des Jugendmorgens floß vor ihm glimmend vorüber – eine wehmütige Sehnsucht nach seinem Vaterland, nach seinen gestorbnen Menschen dehnte seinen Busen mit süßen Beklemmungen aus. Dieses immergrüne Palmenlaub der Jugenderinnerung legte er als kühlendes Kraut um seine und Horions Stirne, und den ganzen ersten Kreis seines Daseins trug er aus dem indischen Eden in dieses enge Gehäuse vor seine zwei letzten Geliebten herüber. Aber da er so die Asche der Freuden-Phönixe auf dem Altar der Abendsonne aufhäufte – da er so am Ausgange über alle hintereinander liegende elysische Felder seines Lebens hinübersah – da vor ihm die ganze Erde und das Leben, mit Morgentau und Morgenrot überzogen, sich in den dämmernden Spielplatz des Menschen verwandelten: so war er seiner Rührung und seines zerschmolznen Herzens nicht mehr mächtig, sondern im seligen Zittern, im bebenden Dank gegen den Ewigen bat er den Blinden, die Flöte zu nehmen und ihm das *Lied der Entzückung*, das er sich allemal am Morgen des neuen Jahrs und seines Geburttages spielen ließ, als Echo des austönenden Lebens nachzusenden.

Julius nahm die Flöte. Horion ging hinaus unter einen *laut* rauschenden Baum und sah in die tiefere Abendsonne. Emanuel stellte sich am wehenden Fenster dem Purpurstrom des Abendlichtes entgegen, und das Lied der Entzückung fing an und floß in Strömen in sein Herz und um die eingesunkne Sonne.

Und da die Sphären-Laute von der Sonne auszuwallen schienen, die in der Abendröte wie ein Schwan, in Melodien aufgelöset, in Goldrauch und in Freudentau vor Gott aus Entzücken starb – und da vor Emanuel alle Blumen, womit die ewige Güte unser Herz bedeckt, und alle Wonnegefilde, durch die ihre sanfte Hand den ungewissen Menschen führt, wie Engel vorüberflogen – und da er die künftigen Himmel näherrücken sah, in die der Weg des Lebens geht – und da er sah diese unendlichen Arme alle wunde Herzen decken, über alle Jahrtausende reichen, alle Welten tragen und ihn, ihn kleinen Erdensohn doch auch: o da konnte er unmöglich das volle Herz mehr halten, es brach ihm vor Dank, und aus seinen Augen fielen wieder die ersten – Tränen nach langen langen Jahren. Diese heilige Tropfen verwischte er nicht; in ihnen zerlief die Abendröte in ein loderndes Meer; die Flöte verhallete; Viktor fand die schimmernden Augen noch; Emanuel sagte: »O sieh, ich weine vor Freude über meinen Schöpfer.« – – Dann gab es unter den erhobnen Menschen, an dieser heiligen Stätte keine Worte mehr – der Tod hatte seine Gestalt verloren – eine erhabne Trauer betäubte die Schmerzen der Trennung – die Sonne, mit Erde bedeckt, berührte mit ihren aufgerichteten Strahlen den Himmel und die Nacht und den Boden der Wolken – die Erde schimmerte magisch wie eine Traum-Landschaft, und doch war es leicht, aus ihr zu weichen, denn den Himmel bedeckten die andern Traum-Landschaften.

Die Erden der Nacht (die Planeten) traten schon auf, die Sonnen der Nacht (die Fixsterne) gingen schon nach ihnen hervor, der Mond hatte schon das südöstliche Gewitter um sich gehüllt: als Emanuel sah, daß es Zeit sei, die Szenen des Tals zu endigen und auf sein Tabor zu gehen, um dem Tod das Flügelkleid seiner Seele zu geben. Stockend bat er seinen Viktor, ein wenig vorauszugehen, damit er nicht das Trennen vom Blinden sähe und sich etwan durch eine Teilnahme verriete; denn bei dem Blinden hatte Viktor die Reise in die andre Welt nur für eine auf dieser ausgegeben. Er stellte sich unglücklich hinaus vor die verstummten schwülen Gefilde, in denen einmal die Paradieses-Ströme seiner Liebe gegangen waren, auf denen er einmal an Klotildens Seite schönere Abende gesehen hatte; auf der Erde war Totenstille wie in einer Kirche nachts, bloß den Himmel umbrausete ein auf die Erde gekrümmtes Bleigewölk, und der Tod schien von Wolke zu Wolke zu gehen und sie zur Schlacht zu ordnen.

Endlich hört' er Julius' Weinen. Emanuel floh heraus, aber in seinen Augen hingen schwerere Tropfen, als seine vorigen waren. Und da der verlassene Blinde sein dunkles Haupt unter der Haustür von seinen Freunden wegdrehte, entweder weil er ihren Weg nicht wußte oder weil er horchen wollte, welchen sie nähmen, so konnte Viktor dem Gebeugten, der in einer doppelten Nacht wohnte, kaum vor inniger Wehmut zurückrufen: er komme nach zwölf Uhr wieder.

In dem kahlen Abendgruß: »Gute Nacht, schlaft wohl«, den Emanuel gab und bekam, war mehr Tränenstoff als in ganzen Elegien und Abschiedreden: so sehr sind die Worte nur die Inschriften auf unsern Stunden und die Ripienstimmen und die Bezifferung unserer Grundnoten.

Sobald Emanuel vor den Nachthimmel, vor den daran angeketteten Orkan und vor seinen Totenberg trat: so hoben Engel seine erweichte Seele wieder – er sah den Tod vom Himmel steigen und auf seinem Grabe den Freiheitbaum aufrichten – er sah die freundlichen Sterne näherkommen, und es waren die himmlischen Augen seiner Freunde und aller seligen Wesen. Viktor durfte seine dichterischen Hoffnungen durch keine Gründe stören; vielmehr wurd' er selber von Stunde zu Stunde tiefer in den Glauben an seinen Tod hineingezogen; wenigstens fürchtete er, daß der heutige Entzückung-Sturm die mürbe Wohnung dieses schönen Herzens und seiner Seufzer zertrennen und daß der Tod so lange um die edle Seele schleichen würde, bis er sie an ihren Flügeln, wenn sie in Wonne sie aufrichtete, vom Leben pflücken könnte, wie Kinder den Schmetterling so lang umgehen, bis er auf seiner Blume die Schwingen aneinandergefaltet in die räuberischen Finger erhebt.

Emanuel verschob durch Umwege das Ersteigen des Berges, um seinen gebrochnen Freund, dessen Augen nicht mehr trocken wurden, von einer Sonne in die andre zu heben, damit er in dieser hohen Stellung aus Lichtern herunterblickte auf diese Schattenerde und darauf den befreundeten Leichnam vor Kleinheit kaum bemerkte. »Darum« (sagt' er) »wird ja diese Erde alle Tage verfinstert, wie Käfige der Vögel, damit wir im Dunkeln leichter die höheren Melodien fassen. – Gedanken, die der Tag zu einem dunkeln Rauch und Nebel macht, stehen in der Nacht als Flammen und Lichter um uns, wie die Säule, die über dem Vesuv schwebt, am Tage eine Wolkensäule scheint und in der Nacht eine Feuersäule ist.« Viktor merkte die Absicht zu trösten und wurde desto untröstlicher und schwieg immer.

Sie gingen nicht an der Seite des Berges zur Trauerbirke hinauf, sondern an seinem langsam aufsteigenden Rücken. Sie übersahen das Theater der Nacht, über welches der Mond und das Gewitter verhüllet heraufrückten. Emanuel stand still und sagte: »O blick hinauf und sieh die ewig funkelnden Morgenauen, die um den

Thron des Ewigen liegen! – Hätte aus dem Himmel nie ein Stern geschienen, nur dann würde sich der Mensch ängstlich in den letzten Schlaf auf einer wie ein Leichengewölbe überbauten dunkeln Erde ohne Öffnung legen.« Vor den Augen, die sich an Sonnen hefteten, schweiften blinkende Johanniswürmchen, und eine Fledermaus zischte nach einem grauen Nachtschmetterling – drei Johannisfeuer, vom Aberglauben angeschürt, zogen drei ferne Hügel aus der Nacht – alles Leben schlief unter seinem Blatt, unter seinem Zweig, näher an seiner Mutter, und in den herumgestreueten Träumen waren Gewitter – Fische taumelten wie Leichen auf der Wasserfläche als Vorboten des Donners.

Plötzlich fing Emanuel mit einer unpassenden, nicht genug bezwungnen Stimme an: »Wahrlich wir würden gefaßter neben dem Genius stehen, der die letzten Schlummerkörner auf die Augen unsrer Lieben fallen läßt, wenn sie nachher nicht in Kirchengewölben, in Kirchhöfen, sondern auf Auen ausschliefen, unter dem Himmel, oder als Mumien in Zimmern.... Jetzt, mein Geliebter,« (sie hörten schon das Wehen der Trauerbirke) »herrsche also über deine Phantasie; du wirst neben der Birke meine Ruhehöhle offen sehen – ich habe sie seit vier Wochen mit Blumen ausgesäet und überkleidet, die jetzt meistens blühen – du legst mich morgen ohne alles *andre* so in meinem *Schlafkleide* unter die Blumen – und deck es morgen zu – gib aber nicht, du Guter, meinem kleinen Blumenstück solche harte Namen wie andre Menschen – morgen, sag' ich; heute geh sogleich heim zu *deinem* Julius, wenn ich....« (gestorben bin, wollt' er sagen, konnt' aber die weiche Umschreibung vor Rührung nicht finden.) –

Ach das gebrochne Auge riß Horion mit einem Seufzer heraus aus der kalten offnen Grotte seines Geliebten, und er konnte nicht hinabsehn zu dem Blumenflor darin. Er schluchzete laut und sah aus Tränen zergangen in Emanuels Angesicht, um zu sehen, ob er lebe oder sterbe. Zwei Johanniswürmchen durchkreuzten einander in glimmendem Bogen über dem Grabe, sie senkten sich daneben hin und löschten aus, denn ihr Licht vergeht mit ihrer Bewegung.

In Viktors Wunden griff jetzt der Donner mit seinem ersten Schlag – den östlichen Horizont deckte ein zerfließender Blitz, und die Flamme lief über die Alpengebirge – die Gewitterstange auf dem Pulverturm schimmerte, seine Gewitterstürmer erklangen, die Irrwische spielten um den Turm, und mitten in der Luft rückte ein schwebender Lichtpunkt fürchterlich auf ihn zu.

In Maienthal wurde elf Uhr ausgerufen – um zwölf Uhr glaubte Emanuel dahin zu sein. – Endlich fiel Emanuel, selber vom fremden Kummer übermannt, an seinen Freund und sagte: »Was hast du mir noch zu sagen, mein Geliebter, mein unaussprechlich teurer Freund? – Meine Stunden sind dahin – unser Lebewohl kömmt – sage deines und störe dann mein Sterben nicht. – Sei still, wenn der Tod den Berg heraufsteigt, und jammere nicht nach, wenn er mich erhebt. – Was hast du mir noch zu sagen, mein ewig Geliebter?« – »Nichts mehr, du Engel des Himmels! ich kann auch nicht«, sagte der verblutete Mensch und legte das gedrückte Haupt mit Tränenströmen auf Emanuels Schulter.

»Nun so brich dein Herz von meinem ab und lebe wohl – sei glücklich, sei gut, sei groß – ich habe dich sehr geliebt, ich werde dich noch einmal lieben und dann unendlich – Guter! Treuer! Sterblicher wie ich! Unsterblicher wie ich!«

Die Gewitterstürmer läuteten heftiger – der schwebende Lichtpunkt trat an den Pulverturm – alle eingehüllten Wolken-Vulkane tobten nebeneinander und warfen ihre Flammen zusammen, und die Donner gingen wie Sturmglocken zwischen ihnen – die beiden Menschen lagen aneinander dicht, stumm, keuchend, drükkend, zitternd vor dem letzten Wort.

»O sprich noch einmal, mein Horion, und nimm Abschied von deinem Freund – sage nur zu mir: Ruhe wohl! und lasse den Sterbenden.«

Horion sagte: »Ruhe wohl!« und ließ ihn. Seine Tränen hörten auf, und seine Seufzer verstummten. Der Donner schwieg fürchterlich. Die Natur ordnete stumm ihr Chaos im Gewitter. Kein Blitz schimmerte durch das Trauergerüste am Himmel. Bloß das Totengeläute der Gewitterstürmer sprach noch fort, und der Lichtpunkt rückte noch fort.

Unter der weiten Stille lag der Schlaf, die Träume und eines Freundes trostloses Herz.

In dieser Ewigkeit-Stille trat Emanuel ohne eine fremde Hand an die hohe Pforte, die schwarz hinaufsteigt über die Zeit.

Die Stille ist die Sprache der Geisterwelt, der Sternenhimmel ihr Sprachgitter – aber hinter dem Sternengitter erschien jetzt kein Geist, und Gott nicht.

Es kam die Minute, wo der Mensch seinen Körper ansieht und dann sein Ich und dann schaudert. – Das Ich steht allein neben seinem Schatten – ein Schaumglobus von Wesen zittert, knistert und wird niedriger, und man hört die Bläschen verschwinden und ist eines.

Emanuel schaute hinein in die Ewigkeit, sie sah wie eine lange Nacht aus.

Er sah um sich, ob er keinen Schatten werfe – ein Schatten wirft keinen Schatten.

Ach ein Stummer legt den Menschen in die Wiege, ein Stummer drückt ihn ins Grab. – Wenn er eine Freude hat, sieht es aus, als lachte ein Schlafender – wenn er jammert und weint, sieht es wie das Weinen im Schlafe. – Wir blicken alle zum Himmel auf und bitten um Trost; aber droben im unendlichen Blau ist keine Stimme für unser Herz – nichts erscheint, nichts tröstet uns, nichts antwortet uns. –

Und so sterben wir....

– O Allgütiger! wir sterben froher; allein der arme Emanuel kämpfte in der stillen Finsternis mit grimmigen Gedanken, die er so lange nicht gesehen hatte und die nach seinem erbleichenden Angesicht krallten. Aber diese Larven rennen davon, wenn ein freundliches Bruderangesicht vor dich tritt und dich umarmt. – Horion richtete sich auf und erwärmte den Gebeugten durch einen stummen Abschied wieder. Ein Sturmwind stürzte sich aus dem klaren Westen in die stumme arbeitende Hölle und jagte alle Blitze und alle Donner heraus. Siehe da flog aus dem zurückgewehten Gewölke der lichte Mond wie ein Engel des Friedens in das unbesudelte Blaue heraus – da *unterschied sich im Lichte Emanuel von seinem Schatten* – da beschien der Mond einen Regenbogen aus blassen Farbenkörnern, der in *Südosten* (der Pforte nach *Ostindien*) durch die dunklen Flutsäulen drang und sich über die

Alpen bog – da sah Emanuel die vorige Himmelleiter wieder über die Erdennacht gelehnt – da kam die Entzückung ohne Maß, und er rief mit ausgebreiteten Armen: »Ach dort in *Morgen*, in Morgen, über die Straße nach dem *Vaterland*, da schimmert der Triumphbogen, da öffnet sich die Ehrenpforte, da ziehen die Sterbenden hindurch«...

Und da es jetzt zwölf Uhr schlug: so breitete er seine Hände verzückt gegen den Himmel, der blau war über dem Berge, und gegen den Mond, der heiter neben dem Gewitter ruhte, und rief brechend mit seligen Tränen: »Habe Dank, Ewiger, für mein erstes Leben, für alle meine Freuden, für diese schöne Erde.« –

Um Maienthal zogen Julius' Flötentöne, und er sah auf die Erde nieder.

»Und bleibe du gesegnet, du gute Erde, du gutes Mutterland, blühet, ihr Gefilde Hindostans, lebe wohl, du schimmerndes Maienthal mit deinen Blumen und mit deinen Menschen – und ihr Brüder alle, kommt mir nach einem langen Lächeln selig nach. Jetzt, o Ewiger, nimm mich hinauf und tröste die *zwei* Bleibenden.«

Die Todesengel standen auf allen Wolken und zogen ihre blitzenden Schwerter aus den Nächten – ein Donner schlug hinter dem andern, wie wenn aufgeworfen würde eine Gefängnistür des Erdenlebens nach der andern.

Der schreckliche Lichtpunkt hatte sich verkrochen aus der Mitte der Luft in den Pulverturm.

Die Todesstunde war schon vorüber und doch das Leben noch nicht.

Emanuel zitterte sehnend und bange, weil er noch kein Sterben fühlte – bewegte die Hände, als wenn er sie jemand geben wollte – starrte in die Blitze, als wenn er sie auf sich ziehen wollte....

»Tod! fasse mich,« rief er außer sich – »ihr gestorbnen Freunde! o Vater! o Mutter! brecht ab mein Herz, nehmet mich – ich kann, ich kann nicht mehr leben.« – –

Da fuhr ins Gewitter eine lodernde rasselnde Weltkugel hinauf, und der Pulverturm zerschoß wie eine auseinandergesprengte Hölle. –

Der Knall warf den flammenden Emanuel erblaßt in sein Blumengrab; der ganze donnernde Osten zitterte; der Mond und der Regenbogen wurden zugehüllt....

Die selige Nachmitternacht

Viktor regte, sinnlos darniedergeworfen, endlich den Arm und tastete damit an das kalte Angesicht, aus dem heute das tolle Totengebein diese Nacht gelesen hatte und das aus dem Grabe ragte, gen Himmel gekehrt. Er warf sich darüber und drückte seins an das bleiche. Eh' noch seine Tränen durch den harten Schmerz sich durchgerissen hatten: trugen die Wolken ihre Sturmfässer und ihre Leichenfackeln zurück, und durchsichtige Schaumflocken überflossen weichend den Mond und senkten sich endlich über das ganze Tal und über das stille Paar in tausend warmen Tropfen nieder, die den Menschen so leicht an seine erinnern. Der von einem der drei Engländer aufgesprengte Pulverturm hatte das Seetreffen der brennenden Wolken zertrennt.

Das zerstückte Gewitter hatte sich in kleinen Wolken herumgezogen und stand über der Mitternachtröte in Nordosten, als die kalte Betäubung die beiden Menschen noch zusammenheftete; endlich kam von oben herab eine heiße Hand zwischen ihre Angesichter, und eine furchtsame Stimme fragte: »Schlafet ihr?«

»O Julius,« (sagte Horion) »komm ins Grab, dein Emanuel ist gestorben«....

Ich mag die grausamen Minuten nicht zählen, die zwei Unglückliche liegen ließen mit dem Stachelgürtel des Jammers an einen Erblaßten gebunden. Aber schönere kamen, die vorher jedes Wölkchen aus dem Himmel drückten und den angelaufnen Mond abwischten und dann die heißen Augen öffneten vor der gereinigten abgekühlten Silbernacht.

»Ach er ist wohl nur ohnmächtig?« sagte Viktor sehr spät. Sie richteten sich seufzend auf. Sie zogen müde den Geliebten aus dem Grabe. Sie wollten ihn in seine Wohnung hinuntertragen, um da die *Sonnenwende* dieser schönen Seele wie der Johannissonne wieder zu erzwingen. Mit den dünnen Kräften, die ihnen der Gram noch übrig gelassen, und mit dem wenigen Licht, das noch in zwei nasse Augen kam, rangen sie sich mit dem zerknickten Engel, indes zwei arbeitende Schatten neben ihnen fürchterlich einen dritten im Schimmer trugen, vom Berge in die Wiesen herunter. Hier ging Viktor allein ins Dorf, um vielleicht einen tröstlichern als einen Leichenwagen zu besorgen. Der Blinde hielt sich an einen Birkenbaum, Emanuel schlief wie die andern Blumen, und auf ihnen, vor dem Monde... Aber Julius hörte plötzlich den Toten reden und ihn durch das Gras streifen; und er rannte, von Entsetzen verfolget, davon....

. – Genius der Träume! der du durch den neblichten Schlaf der Sterblichen trittst und vor der einsamen, in einen Leichnam gesperrten Seele die glücklichen Inseln der Kindheit heraufziehest, o der du darin unsern verwesten Freunden wieder Wangenblüte gibst und unserm armen wahnsinnigen Herzen vergangne Himmel zeigst und Eden-Widerschein und rinnende Auen auf Wolken! – Magischer Genius! tritt in diese heilige Nacht vor einen Menschen, der nicht schläft, und wende deinen *überflorten* Spiegel auf mein offnes Auge, damit ich darin die elysische Lichtwelt, die mit unserm *Erdschatten* kämpfet, in der doppelten Verfinsterung als eine blasse Luna sehe[1] und male! – –

Die entzückte Stimme des Toten rief: »Sei gegrüßet, du stilles Elysium! o du schimmerndes Land der Ruhe! nimm den neuen Schatten auf – ach wie glimmst du sanft – wie wehest du sanft – wie ruhest du sanft«....

Emanuels Augen waren aufgegangen; aber in seinem Gehirn brannte der elysische Wahnsinn, er sei gestorben und erwache in der zweiten Welt. O du Überseliger! dich umfing ja auch ein blinkendes Eden – ach dieses Schimmern, dieses Wehen, dieses Duften, dieses Ruhen war zu schön für eine Erde. Der Mond überwebte mir Silberfäden wie mit fliegendem Sommergespinste das Nacht-Grün – von Blatt zu Blatt, von Bäumen zu Bäumen reichte die Funkendecke des überstrahlten Regens – über allen Wassern wankten flimmernde Nebelbänke – ein leises Wehen warf trop-

[1] Die Sonne wird in ihrer Verfinsterung durch den Mond von uns im beflorten Spiegel angeschaut.

fende Edelsteine von den Zweigen in die Silberflüsse – die Bäume und die Berge stiegen wie Riesen in die Nacht – der ewige Himmel stand über den fallenden Funken, über den eilenden Düften, über den spielenden Blättern, er allein unveränderlich, mit festen Sonnen, mit dem ewigen Welten-Bogen, groß, kühl, licht und blau. – So glimmte, so duftete, so lispelte, so zauberte niemals ein Tal....

Emanuel umarmte den funkelnden Boden und rief aus der brennenden, der Wonne erliegenden, stockenden Brust: »Ach ist es denn wahr? halt' ich dich wirklich, mein Vaterland? – Ja, in solchen Gefilden der Ruhe werden die Wunden geheilt, die Tränen gestillt, keine Seufzer gefodert, keine Sünden begangen, da zerfließet ja das kleine Menschenherz vor zu voller Wonne und erschafft sich wieder, um wieder zu zerfließen...... So hab' ich dich längst gedacht, seliges, magisches, blendendes Land, das an meine Erde grenzt... O! liebe Erde, wo bist du wohl?«

Er hob das trunkne Auge in den mit Sternen betaueten Himmel und sah den erniedrigten Mond gelb und matt in Süden hängen; diesen hielt er für die Erde, aus der ihn der Tod in dieses Elysium getragen habe. Hier zerging seine Stimme in Rührung über den geliebten ersten Garten seines Lebens, und er redete die oben über die Sterne fliehende Erde an:

»Kugel der Tränen! Wohnung der Träume! Land voll Schatten und Flecken! – Ach auf deinen breiten Schattenflecken[1] werden jetzt die guten Menschen beben und untersinken!:.. Ein Ring aus Nebeln[2] umkreiset dich, und sie sehen das Elysium nicht..... Ach wie still trägst du durch den seligen stillen Himmel dein Schlachtgeschrei – deine Stürme – deine Gräber; deine Dunstkugel schließet wie ein Sarg alle Klagstimmen um dich ein, und du rinnest mit überdeckten Gebeugten bloß als eine blasse stille Kugel über das Elysium hinüber!...

– Ach ihr Teuern, mein Horion! mein Julius! ihr seid noch droben im Gewitter, ihr deckt meinen Leichnam zu, ihr blickt weinend gen Himmel und könnt das Elysium nicht sehen... O! daß ihr durch das nasse Gewölk des Lebens schon durch wäret –

[1] Unsere Erdmeere sehen in der Ferne wie die Flecken des Mondes aus.
[2] Der Mondhof.

aber vielleicht hab' ich schon lange geschlafen und gewacht, vielleicht geht die Zeit auf der Erde anders als in der Ewigkeit – Ach daß ihr hernieder kämet in die stillen Gefilde!« Er sah im magischen vergrößernden Schimmer zwei Gestalten gehen. »O wer ists?« rief er, entgegenfliegend. »O Vater! o Mutter! seid ihr hier?« – Aber da er näher kam: sank er in vier andre Arme und stammelte: »Selig, selig sind wir jetzt, mein Horion! mein Julius!« – Endlich sagt' er: »Wo sind meine Eltern und meine Brüder und Klotilde und die drei Brahminen? Wissen sie nicht, daß ihr *Dahore* in Elysium ist?«

Viktor sah trostlos dem wahnsinnigen Entzücken seines Geliebten zu und sagte weder Ja noch Nein. Dieser schauete himmlisch-lächelnd und liebe-strömend in Julius' Angesicht und sagte: »Blick mich an, du hast mich auf der Erde nicht gesehen.« – »Du weißt ja, daß ich blind bin, mein Emanuel!« sagte der Blinde. Hier floh der Wahnsinnige mit wegzuckenden Augen und mit einem Seufzer gegen den Mond von den Freunden hinweg und sagte leise zu sich: »Die zwei Gestalten sind nur Schattenträume aus der Erde – ich will sie nicht ansehen, damit sie zerfließen. – So reichet also der Schatten- und der Traumkummer der Erde bis ins Eden herüber. Ich bin wohl noch im Totentraum, denn die Gegend hier sieht wie die Gegenden in meinen Lebensträumen aus – oder ist dieses nur der Vorhof des Himmels, weil ich meine Eltern nicht finde«.... Er sah gegen die hohen Sterne: »Wo steh' ich jetzt unter euch? Neue Himmel liegen an neuen Himmeln. – – Ach sehnet man sich hier denn auch?«

Er seufzete, und wunderte sich, daß er seufzete. Er lehnte sich an den perlenden Blumenhügel, gekehrt mit dem Rücken gegen die geliebten Schatten, und mit den Augen gegen das anglimmende Morgenrot, und suchte und träumte – aber endlich deckte die Morgenkühle die suchenden, geblendeten, brennenden Augen, die heute bald auf Schreckgestalten, bald in Wonnemeere gefallen waren, mit leisem Schlummer und mit ähnlichen Träumen zu.... »*Ruhe sanft*, du müder Mensch!« sagte sein Freund; aber der Schläfer erglühte mit dem Horizont, und der alte Wahnsinn spielte in ihm weiter....

Ein Traum und der Morgen legten für ihn ein noch höheres Elysium an.

Ihm träumte, Gott werde von seinem Sonnenthrone steigen und in Gestalt eines unsichtbaren unendlichen Zephyr-Wehens über das Elysium gehen.

Der erste Morgen des Sommers häufte um ihn den Brautschmuck der Erde – er durchzog die Gefilde mit Perlenbänken von Tau und warf über die wühlenden Bäche das Zitter- und Glanzgold des herabgeschwommenen Morgenrots und legte den Büschen das Armgeschmeide von brennenden Tropfen an. – Aber erst als er alle Blumen auseinandergespalten – alle freudigzitternde Vögel in den Glanzhimmel gestreuet – in alle Gipfel Singstimmen gehüllt – als er den verwelkten Mond unter die Erde versenkt und die Sonne wie einen Götterthron über aufgeblühte Wolkenkränze aufgerichtet und über alle Gärten und um alle Wälder ineinandergewundne Regenbogen von Tau gehangen hatte – und als der Selige träumend stammelte: »Allgütiger, Allgütiger, erscheine im Elysium!« – da weckte ihn der langsam fließende Morgenwind und führte ihn in die tausendstimmigen Jubelchöre der Schöpfung hinein und ließ ihn erblindend ins brausende flammende Elysium taumeln. – – –

O siehe! jetzo überfloß ein unermeßliches Atmen kühlend, regend, lispelnd das ganze entbrannte Paradies und die kleinen Blumen bogen sich schweigend nieder und die grünen Ähren walleten säuselnd zusammen und die erhabnen Bäume zitterten und brausten – aber nur die große Brust des Menschen trank den unendlichen Atem in Strömen ein, und Emanuels Herz zerfloß, eh' es sagen konnte: »Das bist du, Alliebender!«

– Du, der du mich hier liesest, leugne Gott nicht, wenn du in den Morgen trittst oder unter den Sternenhimmel, oder wenn du gut oder wenn du glücklich bist! –

– Aber, unglücklicher Emanuel!

Du sahest fünf spielenden Trauermänteln zu und hieltest die schönen Schmetterlinge für selige Psychen. – Du hörtest hinter deinem Hügel in die Erde hauen, als mache man ein Grab. – Du sahest deinen guten Blinden an und sagtest doch: »Schatten!

weiche...... Fürchte dich vor Gott, der vorüberging, und verschwinde!« – Aber du sagtest vorher noch etwas, was ich heute nicht enthülle –

– Mein Herz zittert vor der künftigen Zeile! –

Heulend vor Schmerz, grinsend vor freudiger Wut, sprang das tolle Totengebein in die selige Ebene hinter dem Hügel hervor und trug in seiner Rechten eine abgehauene blutige Hand und schüttelte aus dem linken Stumpfe, dem sein Wahnsinn sie abgehacket hatte, rieselnde Blutbögen und drückte mit dem rechten Arme ein Grabscheit an sich, um die Hand zu begraben, und schrie jubelnd und greinend: »Der Tod erschnappte mich daran, ich hab' sie aber abgezwickt – und wenn er das Grab der Faust sieht, ist er so dumm und denkt, ich lieg' drin... Ach! du da! Leg dich doch in den Sarg zu Bett; er hat dir die Augen ausgebohrt und das Maul mit Moder beklebt...... Brr!«

»O Allgütiger, du hast mich verdammt!« stammelte Emanuel; aus seiner zermalmten Lunge riß sich das gejagte Blut, und der Trostlose schwankte sterbend auf die vollgebluteten Blumen seines verlornen Himmels nieder....

So nimmt ein Tag dem andern den Himmel, und eh' der beraubte Mensch dort in das letzte Paradies eintritt, hat er hier zu viele verloren! – Ach eine von Wunden geöffnete Brust tragen wir in jede Frühlingluft dieses Lebens und in den Äther des zweiten; und sie muß erst zugeschlossen werden, eh' sie sich füllen kann!...

Der sanfte Abend

Gegen Mittag macht' er die müden Augen auf, aber bloß um sie ins Grab fallen zu lassen, das der Tod neben ihm unter seinem Schlafe aufgeschlossen hatte. Jedoch der eine Wahnsinnige war der Arzneigott des andern gewesen; sein Traum vom Elysium war ausgeträumt, kurz *vorher*, eh' er erfüllet zu werden schien, und er war wieder vernünftig. Viktor sah aus allen Zeichen, daß wenigstens gegen Sonnenuntergang der Tod mit seinem Obstpflücker diese weiße Frucht von ihrem Gipfel brechen werde; aber er sah es ruhiger als gestern. Da er schon die Proberolle der

Trostlosigkeit gemacht hatte, so sägten die Werkzeuge des Grams keinen neuen Riß ins Herz, sondern gingen nur im alten blutig hin und her. Wer einen im Sarg Erwachten nach Jahren zum zweitenmal hineinträgt, trauert schwerlich so heftig wie das erstemal.

Mit welchen veränderten Augen erwachte Emanuel in der Abendstube, wo er gestern die ersten Tränen vor Freude vergossen hatte! Seine Seele hatte, wie der traurige Baum von Goa, am Tage das nächtliche Gedränge von Blüten fallen lassen; seinem erkalteten Haupte kehrte die Erde nicht mehr die Auen-Seite der Dichtkunst zu, sondern die lichte der kalten Vernunft. Er gestand jetzt, daß er die edlern Teile seines innern Menschen auf Kosten der niedern vollblütig gemacht – daß seine Todes-Hoffnung zu groß gewesen, wie seine dichterischen Flügelfedern – daß er die Erde nicht aus der Erde, sondern zu sehr aus dem Jupiter betrachtet, auf dessen Sternwarte sie zu einem Feuerfunken einkriechen mußte, und daß er also die Erde verloren, ohne doch den Jupiter dafür zu bekommen. Vergeblich widersprach ihm Viktor mit dem wahren Satze, daß der höhere Mensch, gleich den Malern mit Wasserfarben, allezeit sein Lebensstück mit dem *Hintergrunde* und mit dem *Himmel* anfange, welchen Ölmaler und niedere Menschen zuletzt machen; seine Antwort war die Klage, daß er leider nicht fortgemalet bis zum Vorgrunde. Endlich warf er sich auch vor, daß er zu viele Umstände bei einer so kleinen Trennung gemacht, als der Tod wenigstens für den, der gehe, sei, da die andern Trennungen auf der Erde doch *länger*, *herber* und *doppelseitig* wären.

Sie kamen dadurch auf die *Erkennungen* jenseits *dieses* Theaters. Viktor sagte, er könne Vermutungen über die Erde hinaus nicht so verschreien wie mancher Weise; denn wir müßten doch über die Erde hinaus vermuten und denken, wir möchten bejahen oder verneinen. »Ohne die Fortdauer der Erinnerung« (sagte er) »ist mir die Fortdauer meines Ich so viel wie die eines fremden, d. h. keine; sobald ich mein jetziges Ich vergesse, so könnte ja jedes fremde statt meiner unsterblich sein. Auch folgt der Untergang meiner Erinnerung nicht aus der irdischen Abhängigkeit von meinem Körper; denn diese Abhängigkeit haben alle geistige Kräfte mit ihr gemein, und es müßte dann aus dieser Abhängigkeit auch der Untergang der andern folgen; und was bliebe denn noch zur Unsterblichkeit übrig?« – Emanuel sagte: der Gedanke der Wiedererkennung, so viel er auch Sinnliches voraussetze, sei so süß und hinreißend, daß, wenn sich die Menschen *gewiß* davon machen könnten, keiner eine Stunde hier würde zögern wollen, besonders wenn man den Himmels-Gedanken ausmalte, alle große und edle Menschen auf einmal zu finden. »Ich habe mir oft« (sagt' er) »die künftige Erinnerung nach Ähnlichkeit der jetzigen ausgebildet und mußte immer vor Entzückung aufhören, wenn ich mir dachte, wie in jener Erinnerung die Erde zu einer dunkeln Morgen-Aue und unser Leben zu einem weit entrückten, mit Mondschein erhellten Tag eingehen werde. – O wenn wir schon vor dem Bilde einiger Kinderjahre zerfließen, wie sanft wird uns einmal das Bild *aller* Kinderjahre anblicken.« – Viktor wehrte diese tödlichen Entzückungen ab, und nachdem er zum Übergange gesagt: »*Eine* Verbindung muß in jedem Fall diese Erde mit der zweiten haben«, kam er auf etwas anders, das ihm in dieser Nacht so aufgefallen war ....

....

Ich verhüll' es heute noch, was Viktor fragte und was Emanuel entdeckte; die neue Perspektive würde unser Auge zu lange vom großen Kranken abziehen.

Der Blinde hielt ängstlich die heiße Hand desselben in einem fort, um den geliebten Vater nicht zu verlieren; und wenn ihm Emanuel lange sanften Trost über seinen Tod, gleichsam kühle Blätter um die entzündeten Schläfe herumgelegt hatte: so sagte er nichts als innigst flehend: »Ach Vater, wenn ich dich nur gesehen hätte, nur *einmal*!« –

Emanuel schien gefaßt zu sein; aber er täuschte sich; seine jetzige Gleichgültigkeit gegen die Erde war im Grunde schneidender als die nächtliche, die bloß ein anderer, mit den Zaubertränken der Phantasie vermischter Genuß des Lebens war. In seine Reue über seinen dichterischen Selbermord schien sich fast Freude über die Folgen zu mengen. Daher sagte er mit einem rührend-gewissen Blicke: »heute gegen Abend werd' er gewiß gehen und seine zwei letzten und besten Freunde nicht mehr mit diesen Verzögerungen des Abschiedes quälen. – Der Genius der Welten werde ihm seine letzten Fehler vergeben und auf die *hiesige* Entfernung von ihm, die ihm zu lange wurde, dort keine zweite folgen lassen.«

Je länger er sprach, desto mehr rückte das alte Blüten-Eden wieder in seine matte Seele ein. – Jetzt tat er eine sonderbare herzzerschneidende Bitte an seine Freunde. Da bekanntlich das Gehör den Sterbenden am längsten bleibt, indes schon alle andere Sinnen sich gegen die Erde zugeschlossen haben: so sagte Emanuel zu Viktor: »Sobald du siehest, daß es sich mit mir ändern will, so gib deinem Julius die Flöte, und du! spiele mir dann das alte *Lied der Entzückung*, damit ich an den Tönen sterbe, wie ich schon oft wünschte, und spiele es auch noch einige Minuten nach dem Ende fort.«

Er dachte nun darüber nach, wie schön um seine letzten Gedanken Töne ziehen würden, wie Vogelgesang um die untergehende Sonne; und in seinem erloschenen Geiste flogen wieder die alten Funken auf: »Ach ich werde selig von hinnen ziehen. – O meine Seele konnte in dieser Nacht schon diesem Erdboden einen überirdischen Schmuck anlegen und ihn für Eden halten: ach erst wenn der Boden schöner und die Seele größer ist...«

Er wurde wieder ohnmächtig, aber der Puls schlug noch leise. – Und hier in diesem Hinbrüten war es, wo er von der Erde als letzte Gabe den schauderhaft-süßen Traum empfing, in welchen der Körper die Gefühle seiner Kränklichkeit mischte und den er nach seiner Wiederbelebung mit einem neuen Nachträumen erzählte. Es ist der letzte sanfte Dreiklang unsers Körpers mit unserer weichenden Seele, daß er ihr noch in seiner Auflösung (wie wir von Ohnmächtigen, von Scheintoten unter dem Wasser etc. wissen) süße Spiele und Träume zuführt. –

Traum Emanuels, daß alle Seelen *eine* Wonne vernichte

Er ruhte verklärt in einem durchsichtigen farbicht-dunkeln Tulpenkelch, der ihn hin- und herwiegte, weil ein sanftes Erdbeben die Tulpenlaube auf der gebognen Stütze zu taumeln zwang. Die

Blume stand in einem magnetischen Meer, das den Seligen immer stärker zog; endlich drückte er, hinausgesogen, sie nieder und sank als eine Tauperle aus dem umgebognen Kelche heraus...

Welch eine Farben-Welt! Ein Flockengewimmel von Äthergestalten wie seine stand schwebend über einer weiten Insel, um welche ein rundes Geländer von großen Blumen aufgeblättert spielte – mitten über den Himmel der Insel flogen Abendsonnen hinter Abendsonnen – tiefer neben ihnen liefen weiße Monde – nahe am Horizont kreiseten Sterne – und sooft eine Sonne oder ein Mond hinunterflog, schaueten sie himmlisch wie Engelaugen durch die großen Blumen am Ufer hindurch. Die Sonnen wurden von den Monden durch Regenbogen geschieden, und alle Sterne liefen zwischen zwei Regenbogen und stickten silbern die bunte Ringkugel des Himmels. Übereinander stiegen hinauf bunte Wolken, in denen ein Kern von Gold, von Silber, von Edelsteinen brannte – von Schmetterlingflügeln waren Staubwolken abgestreift, die wie fliegende Farben den Boden überhüllten, und aus dem Gewölke blitzten reißende Lichtflüsse, die sich alle ineinander verschlangen...

Und in diesem Farben-Getümmel ging eine süße Stimme umher und sagte überall: *Vergehet süßer am Lichte.*

Aber die Seelen erblindeten nur und vergingen noch nicht.

Da überfielen Abendwinde und Morgenwinde und Mittagwinde miteinander die Aue und wehten die hell-blauen und goldgrünen Wolken nieder, die aus Blumenduft entstanden waren, und falteten den Blumenring am Horizonte auf und trieben den süßen Rauch an die Herzen der Seligen. Der Blütennebel schlang sie in sich ein, das Herz wurde in die dunkeln Düfte wie in ein Gefühl aus der tiefsten Kindheit eingetaucht und wollte, vom heißen Blumendunste überflossen, darin auseinandertropfen. – Jetzo kam die unbekannte Stimme näher und lispelte sanft: *Vergehet süßer am Duft.*

Aber die Seelen taumelten nur und vergingen noch nicht.

Tief in der Ewigkeit aus der Mitternacht bog sich auf und nieder ein einziger Ton – ein zweiter stand in Morgen auf – ein dritter in Abend – endlich tönte aus der Ferne der ganze Himmel, und die Töne überströmten die Insel und ergriffen die erweichten Seelen... Als die Töne auf der Insel waren, weinten alle Menschen vor Wonne und Sehnsucht... Dann liefen plötzlich die Sonnen noch schneller, dann stiegen die Töne noch höher und verloren sich wirbelnd in eine schneidende, unendliche Höhe – ach dann gingen alle Wunden der Menschen wieder auf und wärmten sanft mit dem rinnenden Blute jede Brust, die in ihrer Wehmut erstarb – ach dann kam ja alles fliehend vor uns, was wir hier geliebet haben, alles, was wir hier verloren haben, jede teure Stunde, jedes beweinte Gefild', jeder geliebte Mensch, jede Träne und jeder Wunsch. – – Und als die höchsten Töne verstummten und wieder einschnitten und länger verstummten und tiefer einschnitten: so zitterten Harmonikaglocken unter den Menschen, die auf ihnen standen, damit das einschneidende Schwirren jeden Bebenden zerlegte. – Und eine hohe Gestalt, um die ein dunkles Wölkchen zog, trat auf in einem weißen Schleier und sagte melodisch: *Vergehet süßer an Tönen.*

Ach! sie wären vergangen und gern vergangen an der Wehmut der Melodie, wenn jedes Herz das Herz, nach dem es schmachtete, an seiner Brust gehalten hätte; aber jeder weinte noch einsam ohne seinen Geliebten fort.

Endlich schlug die Gestalt den weißen Schleier auf, und der *Engel des Endes* stand vor den Menschen. Das Wölkchen, das um ihn ging, war die *Zeit* – sobald er das Wölkchen ergriffe, so würde ers zerdrücken, und die Zeit und die Menschen wären vernichtet.

Als der Engel des Endes sich entschleiert hatte: lächelte er die Menschen unbeschreiblich lieblich an, um ihr Herz durch Wonne und durch das Lächeln zu zertreiben. Und ein sanftes Licht fiel aus seinen Augen auf alle Gestalten, und jeder sah die Seele vor sich stehen, die er am meisten liebte – und als sie einander vor Liebe sterbend anschaueten und aufgelöset dem Engel nachlächelten: griff er nach dem nahen Wölkchen – aber er erreichte es nicht.

Plötzlich sah jeder neben sich noch einmal Sich – das zweite Ich zitterte durchsichtig neben dem ersten, und beide lächelten sich zerstörend an und wurden miteinander höher – das Herz, das im Menschen bebte, hing noch einmal bebend im zweiten Ich und sah sich darin sterben. – –

O da mußte jeder von seinem Ich zu seinem Geliebten wegfliehen und, ergriffen von Schauder und Liebe, die Arme um fremde teure Menschen winden. – Und der Engel des Endes öffnete die Arme weit und drückte das ganze Menschengeschlecht in *eine* Umarmung zusammen. – Da glimmt, duftet, tönt die ganze Au – da stocken die Sonnen, aber die Insel wirbelt sich selber um die Sonnen – die zwei gespaltnen Ich rinnen ineinander ein – die liebenden Seelen fallen aneinander wie Schneeflocken – die Flocken werden zur Wolke – die Wolke schmilzt zur dunkeln Träne. –

Die große Wonneträne, aus uns allen gemacht, schwimmt durchsichtiger und durchsichtiger in der Ewigkeit. –

Endlich sagte leise der Engel des Endes: *Sie sind am süßesten vergangen an ihren Geliebten.* –

Und er zerdrückte weinend das Wölkchen der Zeit. –

*

In Emanuels Augen glänzten die Fieberbilder des Todes, mit denen sich jeder Schlaf, sogar der letzte, anfängt. Sein Geist hing wiegend in seinen schlaffen Nerven, von sanften Lüften angeweht; denn er war schon in jener zersetzenden Nerven-Entzückung der Ohnmächtigen, der Gebärenden, der Verbluteten, der Sterbenden. Aber seine ausgeleerte Brust stieg leichter auf, sein ziehender Geist dehnte den Lebensfaden dünner aus.

Viktor würde den Trost der dumpfen Betäubung genossen haben, womit übereinander gehäufte Schmerzen uns zusammendrücken, wenn er nicht dem armen Blinden jede Minute diese Schmerzen, d. h. alle Zurüstungen des Todes, hätte sagen müssen. Ach der Blinde besorgte vielleicht, seinem Lehrer zu spät mit dem Liede der Entzückung nachzurufen.

Es kam der Abend. Emanuel wurde stiller und sein Auge starrer, und es schien die Phantasien seines arbeitenden Gehirns in der Stube zu sehen, bis der Goldstreif der vorgesunknen Abendsonne, den ein Spiegel auf ihn richtete, gleichsam wie ein Blitz durch seine Traumwelt fuhr. Leise, aber mit anderer Stimme sagte er: »*In die Sonne!*« – Sie verstanden ihn und rückten sein Bette und sein Haupt dem schönen Abendregen der Abendsonne, dem er sonst so oft sein weiches Herz aufgeschlossen hatte, entgegen. Viktor erschrak, als er sah, daß seine Augen der Sonne ungeblendet und unbeweglich offenstanden.

Es war erhaben-still um drei zerrüttete Menschen; bloß ein Abendlüftchen flatterte in den Lindenblättern des Zimmers, und eine Biene zog um die Lindenblüten; aber draußen außerhalb dem Theater der Beängstigung ruhete ein seliger Abend auf den rot übersonnten Fluren unter freudigen, flatternden, singenden, trunknen Wesen.

Emanuel schauete still in die Sonne, die tiefer in die Erde drang; er krallte nicht am Deckbette wie andre, sondern hob seine Arme empor wie zu einem Fluge oder zu einer Umarmung. Viktor nahm seine geliebten Hände, aber sie hingen ohne Druck in seine nieder. Und als die Sonne wie eine lodernde Welt am Gerichtstage untersank in einer aufschießenden letzten Lohe: so blieb der Stille mit kalten Augen an der leeren Stelle der Sonne und merkte den Untergang nicht; und Viktor sah plötzlich wechselnde Blitze der Todessense gelb über das unverrückte Antlitz gehen. – Da gab er zerrüttet dem Julius die Flöte und sagte gebrochen: »Spiele das Lied der Entzückung, jetzt stirbt er.« –

Und Julius preßte mit strömenden verfinsterten Augen den schluchzenden Atem in die Flöte und erhob seine Seufzer zu himmlischen Tönen, um die entrinnende Seele unter ihrer Auswurzelung mit dem Nachklange der ersten Welt, mit dem Vorklange der zweiten Welt zu verhüllen und zu betäuben. –

Und als unter dem Liede ein seliges Lächeln über einen unbekannten Traum das erkaltende Gesicht verklärte – und als bloß eine Zuckung der Hand die Hand des trostlosen Freundes drückte, und bloß die Zuckung mit dem Augenlid winkte und weiter hinab die blassen Lippen öffnete und verging – und als die Abendröte die bleiche Gestalt bedeckte – – siehe da trat der Tod, kalt gegen die Erde und unsern Jammer, eisern, aufgerichtet und stumm, durch den schönen Abend unter die Lindenblüte hin zur überdeckten Seele im beruhigten Leichnam und reichte die verhüllte Seele mit unermeßlichem Arm von der Erde durch unbekannte Welten hindurch in deine ewige warme väterliche Hand, die uns geschaffen hat – in das Elysium, für das du uns gebildet hast – unter die Verwandten unsers Herzens – in das Land der Ruhe, der Tugend und des Lichts....

Julius stockte aus Schmerz, und Viktor sagte: »Spiele das Lied der Entzückung fort, er ist erst gestorben.« – Unter den Tönen drückte Viktor dem Geliebten die Augen zu und sagte mit einem Herzen über der Erde: »Nun schließet euch zu – der Geist ist über der Erde, dem ihr das Licht gegeben – du blasse geheiligte Gestalt, du geheiligtes Herz, der Engel in dir ist ausgezogen, und du fällst in die Erde zurück.« – Und hier umschlang er noch einmal die leere kalte Hülle und drückte das Herz, das ja nicht mehr schlug, ihn nicht mehr kannte, an sein heißes an; denn die Flötentöne rissen seine bleichen Wunden zu weit auseinander. – O es ist gut, daß bei dem Menschen, wenn er im grimmigen Weh zu festem Eis erstarrt, keine Töne sind: die weichen Töne leckten aus der durchbohrten Brust alles traurige Blut, und der Mensch würde an seinen Qualen sterben, weil er vermöchte, seine Qualen auszudrücken....

– Hier falle mein Vorhang vor alle diese Szenen des Todes, vor Emanuels Grab und vor Horions Schmerz! – Ich und du, mein Leser, wollen nun aus dem fremden Sterbezimmer gehen, um in nähere zu schauen, wo wir selber erliegen, oder wo unsere Teuersten erlagen. Wir wollen in jenen Zimmern unser Totenbette erblicken, aber unser Auge falle nicht nieder; – die Flamme der Liebe und der Tugend lodert aufwärts über die Verwesungen – wir sehen um das Totenbette eine Bahre als Ruhebank, auf die alle Lasten abgelegt sind und das auseinandergedrückte Herz auch – wir sehen um das Totenbette eine große unbekannte Gestalt, die vom *Ebenbilde* Gottes den Erden-*Rahmen* bricht. – Aber wenn das Herz groß wird neben unserem Ruheort, so wird es weich neben dem fremden. – Wenn du, mein Leser, und wenn ich jetzt mit dieser bewegten Seele in die Zimmer blicken, wo wir die ewigen Wunden der Erde empfingen, so werden uns die blassen Gestalten, die darin ihre Totenaugen noch einmal gegen uns aufheben, zu sehr erschüttern und verwunden. – Ach, das dürft ihr auch, ihr geliebten Stummen – was haben wir euch denn noch zu geben als eine Träne, die uns schmerzet, als einen Seufzer, der uns beklemmt? Ach wenn der Trauerflor auf unserm Angesicht so bald zerreißet wie der Leichenschleier auf eurem – wenn der Grabmarmor mit eurem Namen sich auf eurer Leiche umkehren muß, um eine neue mit ihrem neuen Namen zu bedecken – o! wenn wir alle die ewige Liebe, das ewige Erinnern so leicht vergessen, das wir euch in eurer letzten Stunde versprochen haben: – ach so ist ja in diesen brausenden Tagen des Lebens eine stille Stunde wie diese heilig und schön, wo wir uns gleichsam an die eingefallnen Gräber mit den Ohren niederlegen und tief aus der Erde, obwohl jeden Tag dunkler, die Stimmen, die wir kennen, rufen hören: »Vergesset uns nicht – vergiß mich nicht, mein Sohn – mein Freund – meine Geliebte, vergiß mich nicht!«

Nein, wir wollen euch auch nicht vergessen. Und wenn es uns immerhin zu wehe tut: so rufe doch jeder von uns in dieser Minute die teuersten Gestalten aus ihren Ruhestätten vor sich und schaue die verwesten Züge, die wieder geöffneten Augen voll Liebe, die so lange geschlossen waren, und das teure aufgedeckte Angesicht recht lange an, bis ihm die alten Erinnerungen an die schönen Tage ihrer Liebe das Herz zerbrechen, und er nicht mehr weinen kann.

39. Hundposttag

Große Entdeckung – neue Trennungen

Ich will jetzt enthüllen, was ich im vorigen Kapitel verbarg. – Da Emanuel an jenem elysischen Morgen des Wahnsinns zu Julius gesagt hatte: »Schatten! weiche!« so fuhr er fort: »Gaukle den blinden *Sohn* meines Horions (des Lords) nicht nach, der mich noch für seinen Vater hält – fürchte dich vor Gott, der vorüberging, und verschwinde!« – Und zu Viktor wandte er sich: »Schatten! wenn du nicht weißt, wer du bist, und deinen Vater Eymann nicht kennst: so falle wieder auf die Erde hinab und in den Schatten hinein, den dort mein Viktor wirft.« – – Und da Viktor am andern Tag den Sterbenden auf diese Worte führte: so fragte er beklommen: »Ach hab' ichs denn nicht im Wahnsinn gesagt, als ich wähnte, im Lande jenseits der Erden-Eide zu sein?« und er kehrte stumm das erschrockene Angesicht gegen die Wand....

Er hat es also im Wahnsinn des Todes herausgesagt, daß Julius der Sohn des Lords und Viktor der Sohn des Pfarrers Eymann ist.... Aber welche helle weite Beleuchtung gibt nicht dieser Vollmond unserer ganzen Geschichte, auf die bisher nur eine Mondsichel schien! –

Ich gesteh' es, schon beim ersten Kapitel fiel es mir auf, daß Viktor ein Arzt war: jetzt ists erklärt; denn der medizinische Doktorhut war die beste Montgolfiere und das Wünschhütlein für einen bürgerlichen Legaten des Lords, um damit leichter um den Thron zu schweben und auf den mürben Jenner einzuwirken; auch konnte Viktor nach seiner künftigen Devalvation und nach dem Verlust des Federhuts am besten in den medizinischen sein tägliches bürgerliches Brot einsammeln – sah der Lord. Das war *ein* Grund, warum dieser jenen für seinen Sohn ausgab. Ein anderer ist: Viktor war der Rolle beim Fürsten durch seine Laune, Gewandtheit, Gefälligkeit u.s.w. am meisten gewachsen, wozu noch die empfehlende Ähnlichkeit trat, die er mit dem fünften, bis jetzt noch verlornen Sohne, den Jenner so liebte, in allem, das Alter ausgenommen, besaß. Da nur ein Leibarzt der Günstling sein sollte: so konnte der Lord keinen von den fürstlichen Söhnen dazu nehmen, weil diese Juristen werden mußten, um in die künftigen Ämter einzupassen. – Seinen eignen Sohn Julius konnt' er nicht brauchen, weil er blind war – beiläufig! der Lord war auch einmal blind und vermehret also die Beispiele der von Vater auf Sohn forterbenden Blindheit durch seines –; aber auch ohne die Blindheit konnt' er wegen seiner uneigennützigen Delikatesse unmöglich seinen Sohn die Vorteile der fürstlichen Gunst erbeuten lassen, indes er die eignen Söhne Jenners von ihnen entfernte. –

Du guter Mann ohne Hoffnung! wenn ich jetzt deine dichterische Erziehung des Blinden mit deinen kalten Grundsätzen vergleiche, wenn ich berechne, wie du – abgestorben den lyrischen Freuden – verhärtet für die Tränen des Enthusiasmus – gleichwohl die mit Augenlidern verhangne dunkle Seele deines Julius von seinem Lehrer füllen lässest mit dichterischen Blumenstücken – mit Tauwolken der Rührung – und mit dem Nebelstern des zweiten Lebens: so vermehret es ebensosehr meine Schmerzen als meine Hochachtung, daß du nichts auf der Erde findest, was du an dein ausgehungertes Herz drücken kannst, und daß du dein auf leeren Tränendrüsen verwelktes Auge kalt aufhebst gegen den Himmel und auch da nichts siehest als ein wüstes ödes Blau! –

Diese schmerzliche Betrachtung machte Viktor noch früher als ich. – Aber zur Geschichte! Die vergangne zog tausend Stacheln durch sein Herz. Wir kennen jetzt unsern sonst frohen Sebastian nicht mehr – er hat vier Menschen verloren, gleichsam um die vier Pfingsttage damit abzuzahlen: Emanuel ist verschwunden, Flamin ist ein Feind geworden, der Lord ein Fremder und Klotilde – eine Fremde. Denn er sagte zu sich: »Jetzt, da sie so weit über mich gerückt ist, will ich der Leidenden, der ich schon so viel genommen, nicht gar alles kosten, nicht gar die Liebe ihres Vaters und ihren Stand – ich will nicht auf ihre in der Unwissenheit meiner Verhältnisse geschenkte Liebe dringen. – Nein, ich will gern meine Seele von der teuersten ablösen unter tausend Wunden meiner Brust und mich dann einsam hinlegen und zu Tod bluten.« – *Jetzt* wurd' ihm dieser Vorsatz leicht; denn nach dem Tode eines Freundes nehmen wir ein neues schweres Unglück gern auf unsere Brust, es soll sie eindrücken, denn wir wollen sterben.

Doch hatte das Schicksal in seinen zwei Armen noch zwei Geliebte gelassen: seinen Julius und seine Mutter. In jenem liebt' er so viele schöne Beziehungen; sogar das war eine, die es macht, daß man allzeit den liebt, mit dem man verwechselt wurde; und er wollte Vaterstelle bei jenem vertreten wie der Lord bei ihm, um diesem edlen Manne nicht sowohl zu danken als nachzueifern. Und noch heißer umfing er mit seiner Seele die vortreffliche Pfarrerin, der schon bisher sein Herz in der sanften Wärme eines Sohnes entgegengeschlagen hatte. Ach wie wohl hätte es der kindlichen Brust, von welcher der bisherige Vater weggestoßen war, in ihrem Sehnen getan, ans mütterliche Herz gedrückt zu werden und von der Mutter die Worte zu hören: »Guter Sohn, warum kömmst du so unglücklich und so spät zu mir?« Aber er durfte nicht, weil er sonst den Schwur, die Abkunft Flamins unter der Decke des Geheimnisses zu lassen, gebrochen hätte.

Er sperrte sich vier Tage mit dem Blinden ins Sterbhaus ein – er sah niemand – besuchte das trauernde Kloster nicht, wo aus allen schönen Augen ähnliche Tränen flossen – tat Verzicht auf den duftenden Park und auf den blauen Himmel – und ließ den Blumenflor dem Verstorbenen nachwelken. – Er tröstete den verlassenen Blinden, und den ganzen Tag ruhten sie aneinander geschlungen und malten sich weinend ihren Lehrer und seine Lehren und die lichten Stunden ihrer Kindheit vor. Endlich am vierten Tage führte er den Blinden auf immer aus dem schönen Maienthal – die Abendglocke sandte ihnen weit das Totengeläute eines ganzen eingesargten Lebens nach – Julius weinte laut – aber Viktor hatte nur ein feuchtes Auge und tröstete nicht sich, sondern den Blinden; denn seine Seele war jetzo anders, als man erraten wird: seine Seele war erhöht über dieses Abend-Leben, sein Verstorbner hielt sie wie ein Genius hoch empor über die Wolken und über die Spiele einer kleinen Zeit. Viktor stand auf dem hohen Gebirg, wo man am Begräbnis-Tage eines Freundes steht, unten am Gebirge ging das Totenmeer des Abgrunds weit hin[1] und sog an einem ausgedehnten zitternden Nebel, der sich auf dem Meere aufrichtete – und auf dem Nebel waren bunte Städte gefärbt, und schwankende Landschaften hingen in ihm, und die kleinen Völker mit roten Wangen liefen auf den Landschaften aus Duft – und alles, Völker und Städte, tropften wie Tränen hinab ins saugende Meer – – bloß am Horizont war unten im düstern Nebel ein angeglommener Saum wie Morgenglut: denn eine Sonne steigt hinter der Dämmerung auf, und dann ist der Nebel vergangen, und eine neue grüne feste Welt liegt in die Unermeßlichkeit hinein. – –

[1] Anspielungen auf den mit abgebildeten Ländern und Inseln erfüllten Nebel, den man am Morgen vom Ätna herunter sieht.

Er wollte die ganze Nacht gehen, aber er wurde durch etwas Fürchterliches im nächsten Dorfe, das Obermaienthal heißet, angehalten. Er erkannte in der Wagenremise des Gasthofs den Wagen des Kammerherrn am Wappen. Er ließ den Blinden auf einer steinernen Bank an der Türe nieder, wo dieser dem Geräusche des Heu-Abladens zuhorchte. Viktor bekam im Hause auf seine Frage die Nachricht: »es wären zwei Damen droben, die eine kenne man nicht« (er entdeckte aber im ersten Abriß ihres Anzugs sogleich die Pfarrerin) – »die andere sei oft hier durchpassiert, es sei die Tochter des Obrist-Kammerherrn und habe Ganz-Trauer an, weil ihr Vater vor einigen Tagen totgeschossen worden im Duell mit dem Regierrat Flamin, und beide reiseten, wie ihre Leuten sagten, nach England.«

Er schrie vergeblich, halb in Blut und Qual erstickend: »Es ist unmöglich, mit dem Hofjunker von Schleunes meint ihr.« Aber es war doch so – Flamin war im Gefängnis – Matthieu außer Landes – Le Baut schon unter der Erde.... Fodert aber die Geschichte dieses Mordes jetzo nicht! – Viktor zog langsam die Uhr des glücklichen Zeidlers heraus und sah starr den Zeiger froher Stunden an, der schon einige Tage unaufgezogen stockte; in ihm riet etwas der wilden Verzweiflung an, er sollte sie gegen den steinernen Boden schleudern und schmettern. Aber drei Lauten-Hauche der Flöte, mit der der Blinde eine schönere wärmere Vergangenheit vor die erstarrte Seele zog, löseten sein gerinnendes Herz in ein nasses Auge auf, und er hob es überfließend empor und sagte bloß: »Vergib mirs, Allgütiger – ach ich will gern nur weinen!« – Wenn die Schmerzen in uns zu reißend werden: so knirscht etwas in uns gegen das Schicksal, und das Herz ballet sich gleichsam zur Wehre ergrimmt zusammen – aber diese Stärke ist Lästerung. O! es ist schöner gegen dich, Allgütiger, mit dem entzweigepreßten Herzen hinzurinnen und zur Träne zu werden und so lange zu lieben und zu schweigen, bis man stirbt!

Die bekannten Flötentönen drangen in Klotildens dicke Regenwolke des Grams – sie zitterte ans Fenster – sie sah den Blinden – aber sie ging schnell zurück und hüllte ihr Herz tiefer in die kalte Wolke – denn jetzo wußte sie alles: der Blinde war der

Todesbote, daß ihr großer Freund die Erde und die Trostlosen verlassen habe. »Mein Lehrer ist auch tot«, sagte sie zur Begleiterin; und als Viktor um eine Unterredung bitten ließ: konnte sie nur sprachlos mit dem Kopfe nicken. – Dann bat sie die Pfarrerin, in ein anderes Zimmer zu treten, weil ihr der Anblick Viktors aus vielen Gründen drückend sein mußte. Viktor stieg die Treppe gleichsam zu einem Blutgerüst hinauf, auf dem ihm das Schicksal sein Herz herausnehmen werde, nämlich die gute Klotilde, von der er heute sowohl durch ihre Reise als durch seinen Vorsatz, sie zu entbehren, abgeschieden wurde. Als er aufmachte und die Bekümmerte erblickte, bleich und müde an die Wand gelehnt; und als beide einander mit niedergesunknen Händen in die rotgeweinten Augen sahen und bebten in dem düstern Zwischenraum zwischen dem Anblick und dem ersten Wort wie in der schrecklichen Zeit zwischen dem Feuer eines großen Geschosses und zwischen der Ankunft der Kugel, und da endlich Klotilde leise fragte: »Es ist alles wahr?« und er sagte: »Alles!« – so legte sie ihr schönes Haupt langsam um gegen die Wand und wiederholte in einem fort, aber leise-klagend, mit den sanften gedämpften Trauertönen des ermüdeten Jammers die Worte: »Ach! mein guter Lehrer, mein unvergeßlicher Freund! – Ach du großer Geist! du schöne Himmelseele, warum zogest du so bald meiner Giulia nach! – – O, teuerster Freund, zürnen Sie nicht, ich wünschte jetzo bloß zu sein, wo mein Vater ist, im stillen Grabe.« – – Viktor fing bebend die Frage an: »Hat ihn Flamin....« – aber er konnte nicht dazusetzen: »umgebracht«: denn sie richtete das Haupt empor und blickte ihn an mit einem schwellenden, mit einem arbeitenden unsäglichen Schmerz, und dieser Schmerz war ihr Ja. – –

Sie wollte, von der Tränenverblutung erschlafft und zuckend unter den Erinnerungen, die wie Gehirnbohrer die Seele betasteten, endlich an der Wand zusammensinken; aber Viktor faßte sie mit unaussprechlichem Mitleid auf und erhielt sie aufgerichtet an seiner Brust und sagte: »Komm, unschuldiger Engel, komm an mein Herz und weine dich aus daran – wir sind unglücklich, aber unschuldig – o ruhe aus, du gequältes Haupt, ruhe sanft unter meinen Tränen.« – – Aber im höchsten Weh fing allezeit eine

Bergluft um ihn zu flattern an, ihm war, als richtete ein Hebeisen die eingebrochne Hirnschale auf, als zöge Lebenluft durch die angebohrte, innen modernde Brust hinein; es war ihm darum so, weil ihm das Leben der Menschen klein wurde, der Tod groß und die Erde zu Staub. »Schlafe, Gequälte« – sagt' er zu Klotilde, die welkend an ihm lehnte – »verschlafe das Weh – das Leben ist ein Schlaf, ein gedrückter heißer Schlaf, Vampyren sitzen auf ihm, Regen und Winde fallen auf uns Schlafende, und wir greifen vergeblich aus zum Erwachen – – o das Leben ist ein langer, langer Seufzer vor dem Ausgehen des Atems. – O daß aber die elende Lufterscheinung gerade diese gute Seele, gerade dich, dich so quälen darf!« – »Ach,« sagte Klotilde, »wenn doch die zu traurige Flöte aufhörte! Mein Herz zerspringt vor Qual«; aber ihr Freund riß grausam alle Quellen ihrer Tränen weiter auf und goß seine in die ihrigen und malte ihr die Vergangenheit ab: »Vor vier Wochen war es anders, da gingen die Flötentöne über ein schöneres Land durch die glücklichen Klagen der Nachtigall hindurch in unsere Herzen, die damals so froh waren – am ersten Pfingsttage fand ich dich, als die Nachtigall schlug – am zweiten sank ich vor Wonne und Hochachtung vor dir nieder, als der Regen um uns glänzte – am dritten ging oben an der Abendfontäne ein weiter Himmel auf, und ich sah einen einzigen Engel glänzend und lächelnd darin stehen. – – Unsere drei Tage waren Träume von schönen Blumen, denn Träume von Blumen bedeuten Jammer.« – Er hatte bisher seine weiche Seele gegen dieses grausame Gemälde verhärtet; aber als er gar mit gepreßter Stimme dazugefügt hatte: »Damals lebte unser Emanuel noch und besuchte abends sein offnes Grab....«: so mußte sein Herz zerreißen, und alle Tränen quollen über das tief hineingedrückte Schwert wie blutige Tropfen heraus, und er sagte, sie heftiger an sich fassend: »O komm, wir wollen weinen ohne Maß: wir wollen uns nicht trösten. Wir sind nicht lange mehr beisammen: o ich möchte mich jetzt zerrütten durch Kummer. – Erhabner Dahore! schau diese Sterbende an und ihre Tränen um dich und vergilt ihre Trauer und gib der müden Seele einmal Ruhe und deinen Frieden und alles, was den Menschen fehlt!«

Die zwei Seelen sanken verschlungen hin in eine einzige Träne, und die Stille der Trauer heiligte den Augenblick – und mehr lasset mich mit dem beklommenen Atem nicht davon sagen.

– Wie erwachend zog sie ihr Haupt von seinem Herzen und nahm mit einem entkräfteten Lächeln seine Hand – denn sie liebte ihn aller Unglück-Zufälle ungeachtet unaussprechlich und war eben auf dem Wege nach Maienthal, um ihn noch einmal zu erblicken – und sagte: »Ich gehe nach England zu meiner Mutter, um den Lord auszufinden und zu erbitten, daß er früher komme und sich ins Mittel schlage und fremde Schmerzen und meine endige.« – Ihr Stocken, das ihr Blick ausfüllte, entdeckte ihm soviel, als es der unglücklichen Pfarrfrau verschwieg, die im Nebenzimmer vieles hören konnte – was sie verdeckte, war, daß sie bei dem Lord die Beschleunigung der Entdeckung, daß Flamin der Sohn des Fürsten sei, betreiben wollte. Außerdem rückte dieser Weg ihre Augen von so vielen Bildern des Grames, so wie ihre Ohren von so manchem Mißgetön des Gespöttes hinweg. Freilich war die Absicht, auf dem Kutschkissen und auf dem Schiffe die Bewegung wie eine Eisentinktur einzunehmen, nur ihr Vorwand bei Hofe gewesen, wo man ehrerbietige Unwahrheiten nicht bloß vergibt, sondern auch verlangt.

Viktor verhieß ihr, in dunkler Ahnung seiner Kraft und Uneigennützigkeit – denn der Unglückliche opfert freigebiger und leichter als der Glückliche auf –: »er wolle wie eine *Schwester* für ihn sorgen.« – Ihre Augen trugen einander ihre Geheimnisse und *eben* darum ihre Liebe vor, und Klotilde floß von weinender Liebe über, erstlich der Reise wegen (weil für ihr Geschlecht eine Reise der Seltenheit wegen etwas Wichtiges ist), zweitens des Kummers wegen, da die Liebe ein weibliches Herz in ganzer Trauer wärmer macht als eins in halber, wie Brennspiegel schwarz gefärbte Dinge stärker erhitzen als weiße.

Gerade heute, wo sie ihm mit so viel erneuter Liebe in die Augen blickte, sollt' er von ihr abgerissen werden. Er verschonte sie zwar mit der Entdeckung seiner Geburt und seiner ewigen Trennung, um an ihr zerrissenes Herz nicht neue ziehende Qualen zu hängen; aber er wollte diese letzte Minute seiner schönen Liebe, diese Nachlese und diesen Nachflor seines Lebens ganz abernten. Ach er wollte sie anschauen wie nie – er wollte ihr die Hand drükken heftig wie nie – er wollte ihr ein Lebewohl sagen wie ein Sterbender – – Denn es ist alles, rief unaufhörlich sein Innerstes, zum letzten, letzten Male! – Nur küssen wollt' er sie nicht: eine scheue Ehrfurcht, der Gedanke an die ausgespielte Liebhaberrolle verbot es ihm, von ihrer Unwissenheit einen eigennützigen Gebrauch zu machen. Aber als er den letzten Blick der Liebe auf sie richten wollte: so schlug das Schicksal alle die geschliffnen Waffen, die bisher in seine Nerven gedrungen waren, noch einmal in die blutenden Öffnungen, wie man in die Wunden der Ermordeten die alten Instrumente wieder hält, um zu sehen, obs dieselben sind – – ach es waren dieselben – das Zimmer benebelte gleichsam ein Lichterdampf – die Flötentöne erstickten im innern Brausen – er mußte sie ansehen und konnte doch nicht vor Wasser – er mußte sie lange, fassend ansehen, weil er ihr schönes Angesicht als ein Schattenbild des Schatten-Edens auf ewig niederlegen wollte in seine Seele – – Endlich konnt' ers, mit tausend Schmerzen blickte er ihr betväntes Angesicht, durch das die Tugend wie ein Herz schlug, ergreifend an und schattete es ab in seiner öden Seele bis auf jede Linie, bis auf jeden Tropfen – So viel nahm er mit von ihr, mehr nicht; ihr ließ er alles, sein Herz und seine Freude – Ach weiche Klotilde! wenn du es erraten hättest! - Das Schluchzen *seiner* Mutter riß ihn ans Nebenzimmer, er stieß die Tür auf, rief zertrümmert der weggekehrten Mutter zu: »Teuerste! Beim Allmächtigen, Ihr *Sohn* ist kein Mörder und kein Verlorner« – und drückte die ihm hinter dem Rücken gegebne Hand sinnlos zusammen.

Seht dem düstern Augenblicke, meine Freunde, jetzo nicht zu, wo er zum letzten Male Klotildens Hand nimmt und sein Herz von ihrem spaltet und doch nur sagt: »Reise glücklich, Klotilde, lebe ruhig, Klotilde, werde froh, Klotilde!«

– Und weit vom Dorfe fiel er neben dem Blinden auf die Knie mit einem stummen Gebet für das trauernde Herz, das er nun zum leztenmal verloren hatte. –

Erst morgens um 4 Uhr kam er ohne Müdigkeit und ohne Tränen und ohne Gedanken in Flachsenfingen mit dem Blinden an.

40. Hundposttag

Das mörderische Duell – Rettung der Duelle – Gefängnisse als Tempel betrachtet – Hiobsklagen des Pfarrers – Sagen meiner biographischen Vorzeit, Kartoffelnstecken

Indem ich in den 40sten Tag mit der Anmerkung einschreiten will: »Die Historie des Duells ist noch voll Banal-Chiffern und ein wahrer unbezifferter Generalbaß« – langt ein Stück vom 43sten an und beziffert den Baß oder punktiert die hebräischen Konsonanten. Diesem jungen Vorlauf aus dem 43sten Kapitel hat man es zu danken, daß ich die Schuß-Historie mit froherem Mut erzählen kann.

Man wird es nicht erraten, wer über Klotildens Verlobung am meisten aufkochte – der Evangelist nämlich. Ihn verdroß die kühne Treulosigkeit des Kammerherrn, über dessen Höflichkeit er bisher durch Grobheit regiert hatte, darum so sehr, weil eine menschliche Mixtur von Kraftlosigkeit und Schmeichelei, wie Le Baut, uns unsäglich erbittert, wenn sie von Schmeicheleien zu Beleidigungen übergeht. Noch mehr hetzte ihn, der Flamin aufhetzte, die Witwe des Kammerherrn auf und schürte in sein Elementarfeuer sanftes Öl und einige Zündruten nach; sie haßte Klotilden, weil diese geliebt wurde, und unsern Helden, weil er nicht, wie der Evangelist, die Stiefmutter über die Stieftochter erhob. Eine Frau, die für einen Mann in den Tod gegangen ist, d.h. in einen kurzen Schlaf (welches der Tod für Fromme ist), nämlich in eine Ohnmacht – wie eben die Frau Witwe im 8ten Posttage –, darf schon diesen Mann hassen, wenn er sich nicht lieben lässet. Der Evangelist, der bisher Klotildens und Viktors Liebe nur für die zufällige Galanterie einer Minute gehalten und der die flüchtige Verbindung mit seiner Schwester Joachime auch für keine längere angesehen hatte, war teufelstoll über den Fehlschuß im ersten Falle und über den Königschuß im zweiten; und er beschloß, sich und seine Schwester, die er mehr als seinen Vater liebte, an jedem zu rächen.

Joachime war noch dazu bitter gegen Viktor erzürnt, da sie

sich und ihre Liebe zum bloßen Deckmantel der seinigen gegen Klotilden bisher gemißbraucht glaubte. Ich habe oben berichtet, daß Matthieu nach dem Besuche Eymanns den seinen bei Flamin machte. Als ihm der Rat die Unterredung mit dem Pfarrer und seinen Haupteid eröffnet hatte: faßte sich Matz und wälzete viel auf den Kammerherrn: »dieser sei ein kleiner Filou und ein großer Hofmann – er habe vielleicht mehr als der Liebhaber Klotildens Badreise nach Maienthal vermittelt – er, und nicht so sehr Viktor, suche aus der Tochter ein Nachtgarn des fürstlichen Herzens und einen gradus ad Parnassum des Hofes zu machen.« Flamin war ordentlich froh, daß seine Rachbegierde noch einen andern Gegenstand bekam als den, dessen Fehde er seinem Vater abgeschworen hatte. Indessen verbarg er dem Rate (um unparteiisch zu sein) doch nicht, daß der Apotheker überall aus Erbitterung gegen Sebastian aussagte, dieser habe den Plan dieser Heirat als eines Erhöh-Mittels bloß von ihm, von Zeuseln. Flamin griff bei solchen Knochen-Zersplitterungen der Brust nur zur Stahlkur des Degens, zum Bleiwasser der Kugeln und zum Brenneisen des Säbels; und da ihn das Duell mit dem adeligen Viktor verwöhnt hatte, wollt' ers in der ersten Hitze dem Dreiknöpfler Le Baut auch vorschlagen, als Matz den turnierunfähigen Roturier auslachte. Flamin vermaledeite in vergeblichem Grimm seinen Ahnen-Defekt, der ihn hinderte, sich erschießen zu lassen von einem Ahnen-Begüterten; ja er wäre – da er schnell anglühte und doch langsam erkaltete – fähig gewesen, bloß eines adeligen Schimpfwortes wegen (wie schon einmal einer tat) Soldat zu werden, dann Offizier und Edelmann, bloß um nachher den stift- und schußfähigen Injurianten vor seine Pistolenmündung zu laden.

Aber der treue Matthieu – dessen fleckige Seele sich vor jedem anders drehte, der Sonne gleich, die nach Ferguson sich ihrer Flecken wegen um sich wendet, um allen Planeten gleiches Licht zu schenken – wußte zu raten; er sagte, er wolle in seinem eignen Namen den Kammerherrn fodern, und zwar auf ein vermummtes Duell, und dann könne in der Verkappung Flamin seine Rolle nehmen, indes er selber unter dem Namen des dritten Engländers dabei wäre und die zwei andern als Sekundanten.

Flamin wurde durch Schnelligkeit übermannt; aber nun fehlte es wieder an etwas, das noch weniger als der Adel zu einem Fechterspiel zu entraten ist – an einer guten ordentlichen Beleidigung. Matthieu war zwar mit Vergnügen bereit, dem Manne eine anzutun, die zu einem Duelle hinlänglich befugte; aber der Mann mit dem kammerherrlichen Dietrich ließ befahren, er werde sie vergeben – und niemand käme zum Schuß. – Recht glücklicherweise entsann sich der Evangelist, daß er ja selber schon eine von ihm erhalten habe, die er nur nützlich und redlich zu verwenden brauche: »Le Baut hab' ihm ja vor *drei* Jahren die Tochter so gut wie versprochen; und so gleichgültig dieser Meineid an sich sei, so behalt' er doch als Vorwand zur Züchtigung für einen größern Fehler seinen guten Wert.«... So nimmt auf einer schmutzigen Zunge die Wahrheit die Gestalt der Lüge an, sobald sich die Lüge nicht in die der Wahrheit kleiden kann. Und Flamin ahnete nicht, daß sein angeblicher Brautführer nichts sei als sein wahrer sabinischer Räuber derselben.

Ich bin in Angst, man denke, daß Matthieu einem Kammerherrn, zumal einem, bei dem Versprechen und Halten die weitläuftigsten Vettern waren, die Machtvollkommenheit zu lügen mehr abspreche als einem Hofjunker, und daß er vergesse, wie man überhaupt über den Strom des Hofs und Lebens wie über jeden physischen nie gerade hinübergelange, sondern die Quere und schief. Aber der Schlimme *verachtet* den Schlimmen noch mehr, als er den Guten *hasset*. Noch dazu handelte er so nicht bloß aus Leidenschaft, sondern auch aus Vernunft: wurde Flamin totgemacht, so mußte er von Agnola, die jetzt immer mehr die Fürstin des Fürsten wurde, und für die natürlicherweise ein Nachflor von Jenners und des Lords vorigen Sämereien ein Distel-Gehege war, das Schießgeld und Meßgeschenk empfangen und eine höhere Stelle auf der Meritentafel des Hofs; – ferner konnte dann der Lord nicht mehr zum Tor hereinrollen und hinterbringen: »Ew. Durchlaucht Sohn ist zu haben und am Leben.« – Wurde der Kammerherr erlegt, so wars auch nicht zu verachten; dieser vorige Kostgänger und Prezist der fürstlichen Krone war doch zum Teufel, und der Lord mußte sich wenigstens schämen, durch sein Schweigen den Regierrat in das mörderische Verhältnis mit einem Manne verflochten zu haben, dem er in jedem Falle öffentlich die Verehrung eines Sohnes abzutragen hatte. Matthieu konnte nicht verlieren – noch dazu konnte er seine Wissenschaft um Flamins Abkunft verstecken oder aufdecken, wie es etwa not tat.

Da gar die Engländer die Sekundanten sein konnten: so sagte Flamin Ja; aber Le Baut sagte Nein, als er das Manifest und Kriegsinstrument von Matzen erhielt; des Todes war er fast schon über ein Todes-Rezept ohne das Ingredienz der Kugel. Ich werde einen Hofmann nie so verkleinern, daß ich vorgebe, er lehne einen solchen Kartoffelnkrieg aus Tugend ab oder aus Feigherzigkeit – solche Menschen zittern gewiß nicht vor dem Tode, sondern bloß vor einer Ungnade –; aber eben die letzte, die Le Baut vom Minister und Fürsten besorgte, schreckte ihn ab. Er hielt daher auf feinem Papier und mit feinen Wendungen, die den Streusand überschimmerten, Matzen die vorige Freundschaft vor und verbindliche Abmahnungen von diesem auffallenden »Gozsurthel« und erklärte sich überhaupt bereitwillig, gern alles zu leisten, was seine Ehre – beleidigte, falls er nur nicht durch das Lusttreffen gegen das Duellmandat verstoßen müßte. Aber er mußte – Matthieu schrieb zurück, er verbürge sich für das Geheimnis so wie für das Schweigen der Sekundanten, und er schlage ihm zum Überfluß vor, sich einander in der Nacht und in Masken die Drachen-Pechkugeln zu insinuieren; »übrigens bleib' er auch in Zukunft sein Freund und besuch' ihn, denn nur die Ehre fodere ihm diesen Schritt ab.«... Und dem Kammerherrn auch; – denn diese Leute verschlucken wohl große, aber nicht kleine Beleidigungen, so wie die von tollen Hunden Gebissenen zwar feste Sachen, aber keine flüssigen hinunterbringen – und damit ist in meinen Augen ein Hofmann wie Le Baut genugsam entschuldigt, wenn er sich stellt, als wär' er ein redlicher Mann oder als ginge er von denen sehr ab, die das ganze Jahr ihre Ehre zum Pfand einsetzen und das Pfand – wie Reichspfandschaften oder wie lebendige Pfänder der Liebe – nie einlösen.

Auf den Abend, wo Viktor in Maienthal trauernd eintraf, war

alles festgesetzt – das Kriegstheater war zwischen St. Lüne und der Stadt.

Extrablatt zur Rettung der Duelle

Ich glaube, der Staat begünstigt die Duelle, um der Vermehrung des Adels Grenzen zu stecken, wie eben darum Titus die Juden einander fodern ließ. Da in Kanzleien immerfort Edelleute gemacht werden, aber keine Bürgerliche – da noch dazu allemal ein Bürgerlicher darangewendet und eingerissen werden muß, eh' die Reichskanzlei einen Edelmann auf seiner Baustätte aufführen kann – da die stehenden Armeen und die Krönungen zugleich zunehmen und folglich die Bauten Adeliger mit: so würde der Staat sicher eher zu viel als zu wenig Edelleute (wie doch nicht ist) besitzen, wäre ihnen nicht gegenseitiges Erschießen oder Erstechen verstattet. In Rücksicht der kleinen Fürsten, die in der Kanzlei-Bäckerei gemacht werden, wäre weiter nichts zu wünschen, als daß zugleich auch Untertanen – ein oder ein paar Rudel mit jedem Fürsten – mit abfielen von der Drehscheibe; so wie ich überhaupt auch nicht weiß, warum die Reichskanzlei nur Poeten machen will, da sie doch ebensogut Geschichtschreiber, Publizisten, Biographen, Rezensenten von ihrer Salpeterwand abkratzen könnte. – Man wende mir nicht ein, am Hofe schieße man sich selten; hier hat die Natur selber auf eine andere Art wohltätige Grenzen der Hofleute gesteckt, etwan so wie bei den Hamstern, bei denen *Bechstein* die weise Absicht ihrer Entvölkerung darin findet, daß sie, so boshaft bissig sie auch sonst das Ihrige verfechten, gleichwohl ihre Brut nicht zum Ihrigen rechnen, sondern sie gern fahren lassen. Auch dürfte Doktor Fenk mehr Recht haben, der ihre Partei nimmt und sagt, er gebe zu, sie nützten nichts den wichtigern Gliedern des Staats, dem Lehr-, dem Bauernstande etc., aber doch viel den kleinern unnützen Gliedern, den Meßhelfern des Magens und des Luxus, den Mätressen, der Lakaienschaft etc., und ein Unparteiischer müsse sie mit den Brennesseln vergleichen, auf denen sich, da sie für Menschen und große Tiere wenig Nutzen haben, die meisten Insekten beköstigen.

Ende dieses rettenden Extrablattes

Flamins Seele arbeitete sich den ganzen Tag in Bildern der Rache ab. In einem solchen Sieden des Bluts wurden ihm moralische Leberflecken zu Beinschwarz, die Druckfehler des Staats kamen ihm wie Donatschnitzer vor, die peccata splendida des Regierkollegiums wie schwarze Laster. Heute sah er noch dazu den Fürsten immer vor Augen, den er in den Klubs der Drillinge und noch mehr in Hinsicht auf Klotilden tödlich haßte. Er verschmähte das belastete Leben, und in dieser Hitze, worin alle Materien seines Innern in einem einzigen Fluß zerlassen waren, suchte die innere Lava einen Ausbruch in irgendeinem Wagstück. Seine heutige Ergrimmung war am Ende eine Tochter der Tugend, aber die Tochter wuchs der Mutter über den Kopf. Die Drillinge, die, obwohl nicht mit der Zunge, doch mit dem Kopfe so wild waren wie er, zündeten gar den ganzen Schwaden seiner vollen Seele an.

Endlich ritten nachts die zwei Sekundanten und Flamin und der in den dritten Engländer verlarvte Matthieu auf den Schießplatz hinaus. Flamin kämpfte entflammt mit seinem aufsteigenden dampfenden Hengst. Später trug in Kurbetten ein Schimmel den Kammerherrn daher. Stumm misset man die Mord- und Schußweite und tauschet das Geschoß. Flamin als Beleidigter bricht zuerst wie ein Sturm gegen den andern los; und auf dem schnaubenden Pferde und im Zittern des Grimms schießet er seine Kugel über das fremde – Leben hinaus. Der Kammerherr feuerte absichtlich und offenbar weit vor dem Gegner vorbei, weil die Niederlage des (vermeintlichen) Matthieu sein ganzes Hofglück mit niedergeschlagen hätte. Matthieu, bei aller Schlauheit zu jähzornig und zu kraftvoll, schon unter den Zurüstungen des Gefechtes schäumend und noch mehr ergrimmt über das Verfehlen seines Wechsel-Ziels und zu stolz, um sich vor den Engländern mit dem Geschenk seines Lebens unter einem fremden Namen und von einem so verächtlichen Widerpart beschämen zu lassen, stieß seine eigene Maske herab und Flamins seine dazu und ritt kalt auf den Kammerherrn zu und sagte, um ihn durch die Entdeckung seines ahnenlosen Gegners zu demütigen: »Sie haben sich im Stande geirrt – aber jetzt schießen *wir* uns.«... Le Baut stotterte verwirrt und beleidigt – aber Matthieu drängte sein Pferd zurück – stand – schrie – schoß mit versteinertem Arme und traf und zerstörte tödlich das kahle Leben des armen Le Baut... Blitzschnell sagte er allen: »Zum Grafen O!« und trabte – mit dem Bewußtsein der frühen, leichten Vergebung von seiten des Fürstenpaars und der Witwe – über die Grenze hinüber nach Kussewitz.

Flamin wurde ein Eisberg – dann ein Vulkan – dann eine wilde Flamme – dann ergriff er die Hände der Briten und sagte: »*Ich*, bloß ich habe den hier getötet. Mein Freund hätte nichts mit ihm gehabt. Aber da er für mich gesündigt hat: so ists Pflicht, daß ich für ihn büße. – Ich will sterben; ich gebe mich bei den Richtern für den Mörder aus, damit ich hingerichtet werde – und ihr müsset wie ich aussagen.« – Aber er entdeckte ihnen jetzt einen viel höhern Antrieb zu seiner kühnen Lüge: »Wenn ich sterbe,« sagt' er immer glühender, »so müssen sie mich auf dem Richtplatz sagen lassen, was ich will. Da will ich Flammen unter das Volk werfen, die den Thron einäschern sollen. Ich will sagen: seht, hier neben dem Richtschwert bin ich so fest und froh wie ihr, und ich habe doch nur *einen* Nichtswürdigen aus der Welt geworfen. Ihr könntet Blutigel, Wölfe und Schlangen und einen Lämmergeier zugleich fangen und einsperren – ihr könntet ein Leben voll Freiheit erbeuten, oder einen Tod voll Ruhm. Sind denn die tausend aufgerissenen Augen um mich alle starblind, die Arme alle gelähmt, daß keiner den langen Blutigel sehen und wegschleudern will, der über euch alle hinkriecht und dem der Schwanz abgeschnitten ist, damit wieder der Hofstaat und die Kollegien hinten daran saugen? Seht, ich war sonst mit dabei und sah, wie man euch schindet – und die Herren vom Hofe haben eure Häute an. Seht einmal in die Stadt: gehören die Paläste euch, oder die Hundshütten? Die langen Gärten, in denen sie zur Lust herumgehen, oder die steinigen Äcker, in denen ihr euch totbücken müsset? Ihr arbeitet wohl, aber ihr habt nichts, ihr seid nichts, ihr werdet nichts – hingegen der faulenzende tote Kammerherr da neben mir«... Niemand lächelte; aber er kam zu sich. Die Drillinge, für die der Körper und die Zeit und der Thron eine Brandmauer oder ein Ofenschirm ihrer in sich selber zurückbrennenden Freiheitlohe war, gelobten ihm gebundene Zungen, feste Herzen und tätige Hände; doch waren sie schweigend entschlossen, ihn *nach* der sprühenden Rede mit ihrem Blute zu retten und seine Unschuld zu enthüllen. Eine Folge dieses Freiheit-Dithyrambus war, daß Kato der Ältere den Tag darauf den Pulverturm bei Maienthal, der das einzige Pulvermagazin im Lande war (Kornmagazine hatte man nicht so viele), ins Gewitter aufsprengte, als er nach Kussewitz zu Matthieu ritt. –

Nun trugen sie die Lüge ins Dorf, Flamin habe die Verkappung Matthieus benutzt und in einer ähnlichen dem Kammerherrn, den er wegen Mangel an Ahnen nicht erschießen konnte, mit der Pistole das Lebenslicht ausgeputzt. Der Regierrat wurde auf einer kleinen scheinbaren Flucht inhaftiert und als eine göttliche Statue allein in jenen Tempel gesetzt, der, wie die alten Tempel, ohne Fenster und Gerätschaft war, und den die darin seßhaften Götter, wie Diogenes sein Faß, mit Inschriften versehen, und den der gemeine Mann bloß ein Gefängnis nennt. – – – Ich will aber vor allen Dingen diese und die folgenden Worte ein

Extrablatt

benennen. Die Kapelle oder das Filial eines solchen Tempels heißet man ferner ein Hundeloch. Die Priester und Sodalen dieser Pagoden sind die Stockmeister und Stadtknechte. Überhaupt sind die Zeiten nicht mehr, wo die Großen gleichgültig gegen Wahrheiten waren; jetzo suchen sie einen Mann, der wichtige gesagt hat, vielmehr auf und setzen ihm nach und machen ihn (mit mehr Recht als die Tyrier ihren Gott Herkules) in besagten Tempeln mit Kettchen und eisernen postillons d'amour fest, damit er da auf diesem Isolierschemel (Isolatorio) sein elektrisches Feuer und Licht besser beisammen behalte und anhäufe. Ist einmal ein solcher Merkur so fixiert, und hat er mit den Fixsternen außer dem Lichte auch die Unbeweglichkeit lange genug gemein gehabt: so kann man ihn, wenn mehr aus ihm geworden ist, endlich gar an den Dreifuß – so heißt der Galgen – als ein *hängendes* Siegel der Wahrheit schaffen, wo er zur ordentlichen aufgetrockneten Naturalie ausdorrt, weil er sonst als kein taugliches Exemplar in das Herbarium vivum des philosophischen Martyrologium geklebt werden kann. Ein solches Hängen ist eine würdigere und nützlichere Nachahmung der Kreuzigung Christi, als ich in so vielen katholischen Kirchen an Karfreitagen sah, und im Grunde um nichts schwächer als die, so Michelangelo nach der Sage veranstaltete, der den Menschen, der ihm zum Gekreuzigten saß, oder vielmehr hing, re vera kreuzigte. Daher sind in katholischen Ländern neben den *unblutigen* Meßopfern mehre *blutige*; denn ein solcher Quasichristus, der nicht in den dritten Himmel, aber doch in den Zitterhimmel[1] (coelum trepidationis) erhöht wird durch ein wenig Hanf, soll – deswegen erlegt man ihn – seinen Lehren durch seinen Tod die Dienste erweisen, die der höhere Kreuzestod einmal erwies. Und wahrlich die Toten predigen fort – für die Wahrheit sterben ist ein Tod nicht für das Vaterland, sondern für die Welt – die Wahrheit wird wie die Mediceische Venus in dreißig Trümmern der Nachwelt übergeben, aber diese wird sie in eine Göttin zusammenfügen – und dein Tempel, ewige Wahrheit, der jetzt halb unter der Erde steht, ausgehöhlt von den Erdbegräbnissen deiner Märtyrer, wird sich endlich über die Erde heben und eisern mit jedem Pfeiler in einem teuern Grabe stehen!

Ende!

Kato ritt dem nach Kussewitz geflüchteten Matthieu nach und legte ihm mit französischer Beredsamkeit den Plan Flamins, zu sterben, und ihren eignen, ihn zu retten, vor. Matz genehmigte alles, aber er glaubte nichts; er blieb noch außer Landes. Doch erbat er sich, es ihm nicht übelzunehmen, wenn er Flamins edle Aufopferung mit etwas vergelte, was wider ihren Plan, aber über ihre Hoffnungen wäre. Will er etwan dem Fürsten es sagen, daß sein *Sohn* in der Haft sitzt? –

In drei Minuten gehen die Leser und ich in die Apotheke zum Helden, wenn nur vorher berichtet worden ist, daß, als der leere

[1] Die alten Astronomen schalteten zwischen den Fixsternen und den Planeten einen Zitterhimmel ein, um ihm die kleinen Anomalien der letzteren schuld zu geben.

blutige Gaul des Kammerherrn und die Drillinge mit der lügenhaften Hiobspost des Mordes ans Pfarrfenster kamen, der Hofkaplan eingeseift und halb rasiert war. Er mußte daher stillsitzen und nur langsam unter dem Messer reden: »O Jammer über allen Jammer – scher' Er doch fixer zu, mein Herr Feldscher – Frau, heule für mich.« – Er schwenkte in seiner verhaltenen Pein die Hand schlotternd, um den Arm und das Kinn nicht zu erschüttern: »Um Gottes willen, kann Er mich denn nicht hurtig schinden? – Er hat einen armen Hiob unter dem Messer – es ist mein letzter Bart – man wird mich und mein Haushalten gefänglich einziehen. – Du Rabenkind, dein Vater kann deinetwegen dekolliert werden, du Kain du!« Er lief an alle Fenster: »Daß Gott erbarm'! das wird schon im ganzen Pfarrspiel ruchtbar. – Siehst du, Frau, einen solchen Satanas haben wir miteinander erzogen und geboren, du bist schuld. – Was lauscht Er denn da! Scher' Er sich einmal fort zu Seinen Kunden, Herr Feldscher, und schwärz' Er Seinen Seelenhirten nirgends an, und breit' Ers nicht aus!« – – Jetzo kam die sanfte Klotilde, niedergesenkt und mit dem Schnupftuch in der Hand, weil sie erriet, was das Herz einer untröstlichen Mutter bedürfe, nämlich zwei liebende Arme als einen Verband um die zerschmetterte Brust und tausend Balsamtropfen fremder Tränen auf das unter den Splittern schwellende Herz. Sie ging auf die Mutter mit offnen Armen zu und schloß sie darin sprachlos weinend ein. Der närrische Pfarrer fiel ihr zu Füßen und schrie: »Gnade! Gnade! wir sämtlich wußten um nichts. Ich hab' den Totschlag erst unter dem Balbieren gehört. Ich bejammre nur Dero hochseligen Herrn Vater und dessen Relikten. – Wer hätt' es vor zehn Jahren sagen sollen, gnädiges Fräulein, daß ich eine Ranke aufzöge, die meinen eignen Patronatsherrn niederschießt? Ich bin ein geschlagner Mann und meine Frau dazu. Ich kann nun aus Scham nicht mehr Senior Consistorii werden – ich darf keinen Patenbrief an Se. Durchlaucht erlassen, gesetzt auch, meine Frau kreisete auf dem Platze. – Und wenn sie meinen armen Sohn köpfen, so werd' ich vor Jammer grau in die Grube fahren.« – Als ihm Klotilde, ohne zu lächeln, mit ihrem heiligen Worte zusicherte, es gebe ein unfehlbares Mittel der Rettung – womit sie

Flamins fürstliche Abkunft meinte –: so sah der Kaplan sie mit funkelnden Augen und verblüfften Mienen an und nannte sie immer halblaut dazwischen: Himmelsengel! – Gottesengel! – Erzengel! – Aber die zwei Freundinnen zogen sich begierig in ein Kabinett zurück; und hier goß Klotilde das erste Wundwasser in die weit aufgerissene Seele der Mutter, indem sie ihr die Dazwischenkunft eines rettenden Geheimnisses beteuerte und verbürgte und mit ihr deswegen die Reise nach London abredete. – Diese Entfernung wurde ihr zum Teil noch durch ihr Mißverhältnis mit der Kammerherrin abgedrungen, deren letzter Windenschmied samt allen Hebemaschinen ihres gesunknen Schicksals nun mit ihrem Manne begraben worden, und welche, da sie alle Schuld auf Klotildens Betragen schob, diesen trauernden Geist durch ein absichtliches Übermaß eigner Trauer noch mehr zu kränken suchte. Da die Le Baut übrigens nichts so lieb hatte als Gebetbücher und Freigeister: so ersetzte sie jetzo sich diese durch jene.

Einige meiner Leser werden mir schon vorgeflogen sein und in den Erker Viktors hineingeschauet haben, um seinen von vier Wänden versteckten Gram zu finden – fürchterlich steht die Einsamkeit vor ihm und faltet ihm ein großes schwarzes Gemälde mit zwei frischen Gräbern auf; in einem großen Grabe liegt die verlorne Freundschaft, im andern die verlorne Hoffnung. Ach er wünscht das dritte, worein auch er sich verlöre. Er hatte die erhabne Stimmung *Hamlets*. Der verhüllte Julius kam ihm wie ein zuckender Toter vor. Er mied ganz den Hof; denn sein Selbgefühl war viel zu bescheiden und stolz, um mit dem gestohlnen Adel und den erschlichenen Rechten eines Lords-Sohnes ein flüchtiges Gepränge zu treiben. Auch setzte sich an seinem Herzen eine kleine Frostbeule durch den Gedanken an, daß der Lord, nach der Unart aller Staatsleute und Staatsmaschinenmeister, die Menschen zu handhaben nur wie Körper, nicht wie Geister, nur wie Karyatiden, nicht wie Mietleute des Staatsgebäudes, kurz bloß wie Tänzerinnen von Golkonda[1], die sich zum Lastvieh eines einzigen

[1] Neun Tänzerinnen verstricken sich zu einem Elefanten für den König, eine macht den Rüssel, viere die Beine, viere den Rumpf. *Historie aller Reisen.* 10. Band.

Reiters mit ihren Gliedern zusammenschlingen und verschränken – daß der Lord, sag' ich, diese sonst erhabene Seele, auch seinen Viktor zu sehr zum Arbeitzeuge seiner Tugend verbrauchet hatte. Aber er vergabs dem Mann, dem er doch nichts vorzuwerfen hatte, als daß er nur die Gütigkeiten eines Vaters gehabt, ohne die Rechte desselben.

Da Viktor niemand den Hof mehr machte: so wollte natürlich der Apotheker ihm auch keinen mehr machen. Jener lächelte dazu und dachte: »So sollte jeder gute Hofmann handeln und, wie ein geschickter Fährmann in seinem Boote, allemal die Seite verlassen, die *sinkt*, und auf die andere übertreten.« Zeusel trat über zum begünstigten Brunnendoktor Kuhlpepper, dessen Einsichten man die Heilung Jenners zuschrieb, die vom Sommer herkam, und er legte sich hin, um mit seiner kleinen Schlangenzunge die Füße zu lecken, in deren Ferse er vorher mit seinem Giftgebiß gestochen hatte – aber Grobiane vergeben nie; Kuhlpepper verachtete den »Neunundneunziger« und der Neunundneunziger wieder meinen Hofmedikus, wiewohl er ihn aus Furcht – wie der Fürst aus Gemächlichkeit – weder vor den Kopf noch aus dem Hause zu stoßen wagte.

Armer Viktor! der Unglückliche braucht Tätigkeit, wie der Glückliche Ruhe; und doch mußtest du gebunden in die Zukunft wie in ein ausgedehntes herantreibendes Gewitter schauen. – Du konntest sie weder verdrängen noch lenken noch beschleunigen und hattest nicht einmal den Trost, dem Schmerze die Waffen zu schmieden und wie Simson den Krampf der Qual durch Erschütterungen der Säulen auszulassen und – auszulöschen! – Er konnte nicht einmal für den gefangenen Liebling etwas tun, den er in einen noch größern Jammer getrieben; denn Flamins Leiden führten wieder die *Freundschaft* für ihn in seinen Busen ein, obwohl verkappt in den Domino der *Menschenliebe*. Er mußt' es erwarten, aber er konnt' es nicht erraten, ob der Lord komme oder lebe – welches beides durch dessen Schweigen und durch die Unsichtbarkeit des fünften Fürstensohnes wenig für sich hatte. – Zuletzt stand er in Furcht vor dem – Schlaf, zumal dem nachmittäglichen; denn der Schlummer legt zwar seine Sommernacht über unsere Gegenwart wie über eine Zukunft, er zieht zwei Augenlider wie den ersten Verband über die Wunden des Menschen und deckt mit einem kleinen Traume ein Schlachtfeld zu; aber wenn er wieder weggeht mit seinem Mantel, so fallen die *hungrigen* Schmerzen desto heißer auf den nackten Menschen los, unter Strichen fährt er aus dem ruhigern Traume empor, und die Vernunft muß die ausgesetzte Kur, den vergessenen Trost von vorn anfangen. – Und doch – du gutes Schicksal! – zeigtest du unserem Viktor noch einen abendrötlichen Streif an seinem weiten Nachthimmel; es war die Hoffnung, von Klotilden, die sein Herz nicht mehr die Seinige nennen durfte, vielleicht einen Brief aus London zu erhalten....

Ich wollte dieses Kapitel erstlich mit der Nachricht schließen, daß die Kapitel in immer weiterm Zeitraume und in kleinerem Format einlaufen – welches das Ende der Historie bezeichnet –, und nachher mit der Bitte, es nicht übelzunehmen, daß die Leute darin immer romantischer spielen und spekulieren; das Unglück macht romantisch, nicht der Biograph.

Aber ich schließe gar nicht – eben der letztern Bitte wegen –, sondern frische lieber im Kopf des Lesers das Bild des alten lustigen Viktors ein wenig auf, den er sich kaum mehr wird denken können. Es ist ein ungemein glücklicher Zufall, daß mir der Hund am dritten Hundposttage eines und das andere Faktum eingeliefert, das ich damals gar ausgelassen habe. Deswegen kann ichs jetzo unvermutet hinterbringen. Es muß ordentlich mir und dem Leser das größte Vergnügen machen, wenn mein Schilderei – sie war damals schon ganz fertig – hier auf diesem Blatte aufgehangen wird.

Der Hiatus des dritten Kapitels, worin ich Viktors Ankunft aus Göttingen im Pfarrhaus male, lautet, vollgemacht, also:

Der Kaplan hatte das Eigne mancher Leute, daß er mitten im Freuden- und Visiten-Chor an seine winzigsten Geschäfte dachte, z.B. am Hochzeittage an seine Maulwurffallen. Heute schnitt er in der Gesindestube – während der Lord dem Hofmedikus die geheime Anleitung erteilte – die Säekartoffeln entzwei. Er konnte den Schnitt dieser Früchte wenigen anvertrauen, weil er wußte, wie selten ein Mensch Stereometrie des Auges genug besaß, um eine Kartoffel in zwei gleiche Kegel- oder Kugelschnitte zu zerfällen. Er hätte lieber die Säezeit versessen, als einen Keimglobus in ungleiche Sektores zerlegt, und sagte: »Nur Ordnung will ich haben.« – Es kann meinen Helden verschatten, wenn es auskommt – und durch den Druck muß es ja – und wenn es zumal Nürnberger Patriziern und Leuten in Ämtern und reichsgerichtlichen membris zu Ohren gelangt, daß Viktor nachmittags hinter dem Kaplan und Appeln einen Ehrenzug auf den Krautacker hielt und daselbst das vollführte, was man in einigen Provinzen Kartoffelnstecken nennt. Man ließ ihm das Lob, daß er in ebenso symmetrischen Fernen wie der Kaplan die unterirdische Brotfrucht dem Boden einverleibe; überhaupt sannen beide der Kartoffelnallee scharf nach, und ihre Augen waren die Linienteiler der Beete. Der Kaplan hatte schon vorher dem Ackerpflug hinter einem Diopterlineal nachgesehen und nachgeholfen, damit das Feld, um welches ich und die reichsgerichtlichen membra jetzo stehen, in gleiche Prismata oder Beete ausgeschnitten wurde. Als beide abends nach Hause kamen mit großem Ernst und kleinen Wämsern: so hatt' ihn das ganze Haus lieb zum Fressen; und die Pfarrerin fragte ihn, was er in seinem Wams, wenn ihm die Kammerherrin begegnet wäre, gemacht hätte, eine Verbeugung, eine Entschuldigung oder nichts?

»O du liebes Deutschland!« (rief er und schlug die Hände zusammen) »soll sich denn das ganze Land keinen Spaß machen, als den der Hof dekretiert?« (Viktor sah hier den alten tauben Kutscher Zeusel an; denn jede humoristische Ergießung richtete er ordentlicherweise an den, der sie am wenigsten verstand; ich wills aber hier an die Patrizier und membra gerichtet wissen.) »Gibts denn, mein lieber Mann, hierzulande nichts als Galgen und Zimmerleute und Justizbeamten, ich meine so, daß also die ersten keine Axt anrühren, wenn nicht die letzten damit den ersten Hieb getan? Will Er denn alle Narrheiten wie die Moden von oben herab bekommen, wie ein Wind allemal in den obern Luftgegenden sauset, eh' er unten an unsere Fenster anpfeift? – Und wo ist denn ein Reichsabschied oder ein Vikariatkonklusum, das einem

Reichs-Deutschen verböte, närrisch zu sein? Ich hoffe, Zeusel, es soll noch eine Zeit kommen, wo Er und ich und jeder so viel Verstand hat, daß er seinen eigenen hat und seine eigene, aus seinem Fleisch und Blut gezeugte Privat-Narrheit, als Autodidaktus in jeder Toll- und Weisheit. – O ihr armen Menschen! fangt doch nach den Flügel- und Schwanzfedern der Freude unter den Gewalt-Märschen euerer Tage! O ihr Armen! Will denn kein guter Freund einen Imperialfolianten zusammenschmieren und euch dartun, daß ihr wenig Zeit habt, gleich dem Teufel in der Apokalypsis? Ach der Genuß verspricht so wenig – die Hoffnung hält so wenig – der Säe- und Pflanztage der Freude stehen im berlinischen Kalender so wenige – wenn ihr nun vollends so dumm wäret und ganze Stunden und Olympiaden voll Lust als Eingemachtes wegsetztet und aufhöbet im Keller, um, der Henker weiß wenn, darüber zu geraten über ganze eingepökelte marinierte 50, 60 Jahre – – ich sage, wenn ihr nicht an jeder Stundentraube die Minutenbeere auskeltertet wenigstens mit einigen Zitronendrückern – – – was würde denn am Ende daraus werden? ... weiter nichts als die Moral zu meiner ersten und letzten Fabel, die ich einmal vor einem Hannoveraner gemacht«...

Ich wollt', der Leser wollte sie; denn sie lautet so:

»Der dumme Hamster, heißt der Titel. Diesen brachte einmal der volle Kropf einer Taube, den er ausfraß, auf die Preisfrage, ob es nicht besser wäre, wenn er statt einzelner Körnchen lieber Tauben mit ganzen Kornmagazinen am Halse einträge. Er tats. An einem langen Sommertag inhaftierte er einen halben Taubenflug mit gefüllten Kröpfen; aber er riß keinen Kropf entzwei, sondern sparte sich hungernd alles zusammen auf Abend und Morgen, erstlich um recht viel Tauben einzufangen, zweitens um den Körner-Knaul abends durchgeweicht zu schmausen. Er schlitzte endlich abends seinen Zehend-Offizianten die Kröpfe auf, sechsen, neunen, allen – kein Körnchen war mehr da, die Inhaftaten hatten alles schon selber verdaut; und der Hamster war so dumm gewesen wie ein – Geizhals.«

So weit der dritte und der vierzigste Hundposttag – Armer Viktor!

Nachschrift. Die Geschichte hält jetzt im Monat August und der Geschichtschreiber vorn am Oktober – bloß ein Monat liegt zwischen beiden.

41. Hundposttag

Brief – zwei neue Einschnitte des Schicksals – des Lords Glaubensbekenntnis

Man schenke einem Menschen, der, gleich Pferden, in der Nähe der Nacht und der Heimat stärker läuft, den zehnten Schalttag; am Ende eines Lebens und eines Buchs macht der Mensch wenig Ausschweifungen.

Ich hab' es schon gesagt, daß nichts das Seelen- und Rückenmark mehr aus einem Menschen presset, als wenn ihm sein Unglück kein Handeln vergönnt; das Schicksal hielt unsern Viktor noch fest mit der einen Hand, um ihn wund zu schlagen mit der andern, als in diesen Trauerwochen das Schöpfrad der Zeit *zwei* neue Tränenkrüge im Herzen der Menschen einschöpfte und in die Ewigkeit hinausgoß. Erstlich kam die trübe Nachricht wie Trauergeläute an Viktors Ohr, daß sein ehemaliger Jugendfreund Flamin einen Schritt, zu dem es ohne das Überwerfen mit ihm nie gekommen wäre, wohl mit dem Tode büßen werde. Einige Tage nach den Kanikularferien – gerade als vor einem Jahre der arme Gefangne sein neues Amt mit so vielen menschenfreundlichen Hoffnungen angetreten hatte – zog jenes Gerücht wie eine Pestwolke aus den Sessionzimmern heraus. Viktor flüchtete eilig und ungläubig und doch zitternd zum Apotheker, um ihm die Widerlegung abzufragen. Dieser schlug vor ihm – eben weil er den Hofmedikus verachtete und beschämen wollte – aufrichtig alle Hof-Rapportzettel und Cercle- oder Kreis-Berichte auseinander und las ihm daraus so viel vor: es sei nicht anders. Viktor hörte, was er schon voraussetzte, daß jetzt der Fürst den Laufzaum oder das Stangengebiß seiner eignen Frau umhabe, und daß sie ihm durch Klotildens Entfernung näherkomme und mit dem *Ohr-* und *Ring*finger den in den *Nasen*ring eingefädelten Zügel bewege, als wäre sie in der Tat nichts Geringeres als seine – Mätresse, welches ein neues trauriges Beispiel ist, wie leicht in den jetzigen Zeiten eine feine Ehefrau sich die Rechte einer Kebsfrau erschleiche. Zeusel fand es natürlich, »daß sie, als die Freundin des Ministers, der, so wie sein Sohn Matthieu, der Freund des Kammerherrn gewesen, den Tod des letztern an Flamin zu rächen suche, und daß der Minister, um seine Hand besser in die Griffe der Parzenschere zu bringen und dem Regierrat den Lebensfaden entzweizuschneiden, selber die fortdauernde Entfernung seines Sohns verhänge und unterhalte, damit dieser nicht etwan den unglücklichen Liebling decke«. – Nicht ein wahres Wort war daran, das wußte Viktor besser; aber desto schlimmer; o verrät nicht alles, daß Matthieu die Fürstin durch Winke über Flamins Geburt in sein treuloses Interesse gezogen, um, wie Zauberer, in der Ferne und durch wenige Charaktere umzubringen? Würd' ihn wohl bloß die Furcht vor der Rüge der Ausfoderung so lange außer den Grenzsteinen des Landes festhalten? – Noch dazu brütete die Fürstensonne den ministerialischen Krötenlaich immer lebendiger an. Es ist wahr – und Viktor leugnete es nicht – man darf erwarten von der Fürstin, daß sie die Matthäus- oder Jakobsleiter, auf der sie das fürstliche *Herz* erstieg, da sie vorher nur an Jenners *Hand* reichte, mit der Zeit umschnellen wird mit dem Fuß, so wie der Marder sich vom schlaftrunknen Adler in die Höhe reißen läßt und ihn erst droben so lange zerhackt, bis der Träger fällt und stirbt; aber jetzt ist, glaub' ich, ihre fortdauernde Dankbarkeit gegen Schleunes schon genugsam bei Rechtschaffenen dadurch entschuldigt, daß noch mehr zu holen steht von der unvollendeten *Gabe*. Ein alter Gesetzmacher setzte auf jeden *Undank* Strafe; ich glaube, man verfällt in den nämlichen Fehler wie er, wenn man jede *Dankbarkeit* tadelt und bestraft, da oft der Eigennützigste am Hofe zu ihr seine guten Gründe haben kann.

Viktor ging trübe in sein Zimmer und sah Flamins Bild an und sagte: »O! das wolle der Himmel nicht, daß du Armer nicht mehr zu retten wärest.« Viktor konnte sich überhaupt drei Tage nach einer Beleidigung nicht mehr rächen: »Ich vergebe jedem,« sagt' er sonst, »nur Freunden und Mädchen nicht, weil ich beide zu lieb habe.« Aber welche Hand, welchen Zweig konnt' er dem sinkenden Flamin hinunterreichen ins Gefängnis? – Alles, was er vermochte, war, zum Fürsten zu gehen mit einer nackten Bitte um dessen Begnadigung. Tausend Aufopferungen unterbleiben, weil man nicht ganz gewiß ist, daß sie ihre rechten Früchte bringen. Aber Viktor ging doch; er hatte sich die goldne Regel gemacht: *für den andern auch dann zu handeln, wenn der Erfolg nicht gewiß zu hoffen ist.* Denn wollten wir erst diese Gewißheit abwarten: so würden Aufopferungen ebenso selten als unverdienstlich werden.

Er ging zum Fürsten nach langer Zeit zum erstenmal – hatte den Nachteil wider sich, eine lange Abwesenheit mit einer Bitte zu endigen – sprach mit dem Feuer des Einsamen für seinen Flamin – flehte den Fürsten um den Aufschub des Schicksals desselben an, bis der Lord wiederkehrte – erhielt die Entscheidung: »Ihr Herr Vater und ich müssen es bloß der Justiz überlassen« und wurde kalt und stolz verabschiedet.

Jetzo, gerade am 5. September dieses Jahres, wo eine große Sonnenfinsternis die Seele wie die Erde trübe und bange machte, jetzo hatte das Wasserrad des Schicksals den ersten Tränenkrug in seiner Brust gefüllt – es wälzte sich weiter, und der zweite floß über: Klotildens Brief kam den 22. September zu Herbstes-Anfang an.

»Teurer Freund!

Ihr Herr Vater war in London noch zu Anfang des Februars und hatte viel *französischen* Briefwechsel; dann ging er ab nach Deutschland, und seitdem weiß meine Mutter nichts von ihm. Das Schicksal wache über sein wichtiges Leben. An drei Eiden[1], die seine Abwesenheit unauflöslich macht, hängen viele Tränen, viele Herzen und, o Gott! ein Menschenleben. – Ich lege ein Blatt von Ihrem Herrn Vater bei, das er bei meiner Mutter geschrieben und worin eine Philosophie ist, die meinen Geist und meine Aussichten immer trüber macht. Ach, ob Sie gleich einmal sagten: weder die Furcht noch die Hoffnungen des Menschen treffen ein,

[1] Diese Eide der Verschwiegenheit hatte sich bekanntlich der Lord von Viktor, von Klotilde und von ihrer Mutter unter jenem tragischen Apparat, der besonders in weibliche Herzen so stark eingreift, ablegen lassen.

sondern immer etwas anders: so hab' ich doch das traurige Recht, meiner Bangigkeit und allen Träumen der Angst zu glauben, da ich mich bisher in nichts irrte als in der Hoffnung. – Wie ungenügsam ist der Mensch! – Aber wenn auch alles einträfe und ich zu unglücklich würde: so würd' ich doch sagen: wie könnt' ich jetzt zu unglücklich sein, wär' ich nicht einmal zu glücklich gewesen? – –

Sie werden mir es gern vergeben, daß ich über London und über den Eindruck schweige, den es auf ein so zerstreutes Herz wie meines machen konnte. Das tätige Gewühl der Freiheit und der Schimmer des Luxus und des Handels beklemmen eine kummerhafte Seele bloß und machen nicht froher, wenn man es nicht vorher ist. Sei glücklich, geliebte Vaterstadt, sagte mein Herz, sei es lange und sehr, wie ichs in dir gewesen bin in meiner Jugend! – Aber dann eil' ich lieber mit meiner Mutter auf ihr Landhaus zu, wo einmal drei gute Kinder[1] so fröhlich grünten, und da werd' ich unaussprechlich erweicht, und dann bild' ich mir ein, ich sei hier glücklicher als unter den Glücklichen. Ich bilde mir es wohl nur ein; denn wenn ich da das gesammelte Spielzeug dieser guten Kinder, ihre Exerzitienbücher und ihre engen Kleider anschaue; wenn ich mich unter drei aneinandergesäete Kirschbäume setze, die sie scherzend in dem zu engen Kindergarten eingelegt hatten; und wenn ich dann denke, auf dieser Bühne zogen sie ihre Herzen für ein glücklicheres Leben groß, als sie gewonnen, für eine höhere Tugend, als die Verhältnisse zugelassen, und für bessere Menschen, als sie gefunden haben: dann werd' ich sehr betrübt, und dann ist mir, als müßt' ich weinen und dürft' ich sagen: auch ich bin in England geboren und wurde in Maienthal von Emanuel erzogen.

Ach ich kann mein Herz nicht verbergen, wenn ich den Namen dieser großen Seele schreibe. – Er war hier oft auf einem Berge, wo eine auseinandergefallene Kirche liegt, und wo er auf eine noch nicht umgeworfene Säule stieg, um sein Auge zu den Sternen zu erheben, über denen er nun wohnt. – Ich wollte Ihnen jetzo das schreiben, was mir meine Mutter von seinem Abschied erzählte: aber es tut mir zu wehe, und ich werd' es Ihnen mündlich

[1] Viktor, Julius, Flamin.

sagen. Ich besuche diesen Berg sehr oft, weil man die ganze Ebene nach Osten hinuntersehen kann: hier hängt noch der alte Baum mit seinen Wurzeln und Zweigen in den Steinbruch hinunter, der voll zerstückter Tempelsäulen liegt; Emanuel nahm oft abends das Kind dahin, das er am meisten liebte[1] und das, wenn er auf der Säule betete, mit dem einen Arm um den Baum geschlungen, sehnsüchtig und singend über die weite Gegend hinüberblickte und sich hinauslehnte und, ohne es zu wissen, in süßer Beklommenheit über die eignen Töne und die entlegnen Gefilde weinte und über das blasse Morgenrot, das von der Abendröte zurückglimmte. Einmal, da der Lehrer das Kind fragte: ›Warum bist du so still und singest nicht mehr?‹ – gab es zur Antwort: ›Ach, ich sehne mich in die Morgenröte, ich möchte darin liegen und dadurch gehen und in die hellen Länder dahinter hineinschauen.‹ – Ich setze mich oft unter jenen Baum und lehne den Kopf an ihn und verfolge stumm die Entfernung bis an den Horizont, der vor Deutschland steht, und niemand stört mein Weinen und mein stilles Beten.

Ich war heute zum letzten Male dort, denn morgen gehen wir mit meiner Mutter, ohne die mein verwaistes Herz nicht mehr leben kann, nach Deutschland zurück zum besten Freunde der

treuesten Freundin

Kl.«

*

O du gute Seele! – –

Hart klingt jetzt das sonderbare Blatt vom Lord, das kein Brief, sondern eine kalte Schutzrede seines künftigen Betragens zu sein scheint:

»Das Leben ist ein leeres kleines Spiel. Wenn mich meine vielen Jahre nicht widerleget haben: so ist eine Widerlegung durch die wenigen übrigen weder nötig noch möglich. Ein einziger Unglücklicher wiegt alle Trunkne auf. Für uns nichtige Dinge sind nichtige Dinge gut genug; für Schläfer Träume. Darum gibt es weder in noch außer uns etwas Bewundernswertes. Die Sonne ist in der Nähe ein Erdball, ein Erdball ist bloß die öftere Wie-

[1] Sie weiß es wohl, daß es Viktor war.

derholung der Erdscholle. – Was nicht an und für sich erhaben ist, kanns durch die öftere Setzung so wenig werden als der Floh durchs Mikroskop, höchstens kleiner. Warum soll das Gewitter erhabner sein als ein elektrischer Versuch, ein Regenbogen größer als eine Seifenblase? Lös' ich eine große Schweizergegend in ihre Bestandteile auf: so hab' ich Tannennadeln, Eiszapfen, Gräser, Tropfen und Gries. – Die Zeit zergeht in Augenblicke, die Völker in Einzelwesen, das Genie in Gedanken, die Unermeßlichkeit in Punkte; es ist nichts groß. – Ein oft gedachter trigonometrischer Satz wird zum identischen, ein oft gelesener Einfall schal, eine alte Wahrheit gleichgültig. – Ich behaupte wieder: was durch Stufen groß wird, bleibt klein. Wenn die Dichtkraft, die entweder *Bilder* oder *Leidenschaften* malt, nicht in der Erfindung des alltäglichsten Bildes schon zu bewundern ist, so ist sie es nirgends. In die Stelle eines andern kann sich jeder, wie der Dichter, wenigstens in irgendeinem Grade setzen. – Die Begeisterung ist mir verhaßt, weil sie ebensogut durch Liköre als durch Phantasien entsteht, und weil man in und nach ihr am meisten sich zur *Unduldung* und zur *Wollust* neigt. – Die Größe einer erhabnen Tat besteht nicht in der Ausführung, die auf körperliche Armseligkeiten, auf Bewegen, Stehen, ausläuft, nicht im einfachen Entschluß, weil der entgegengesetzte, z. B. der, zu morden, ebensoviel Kraft bedarf als der, zu sterben, nicht in der Seltenheit, weil wir alle in uns dieselbe Tüchtigkeit dazu, nur aber nicht die Beweggründe dazu empfinden, nicht in allen diesem, sondern in unserer Prahlerei. – Wir halten unsern allerletzten Irrtum für Wahrheit, und nur den vorletzten für keine, unser Heute für fromm, und jeden künftigen Augenblick für den Kranz und Himmel der vorigen. Im Alter hat der Geist nach so vielen Arbeiten, nach so vielen Stillungen denselben Durst, dieselbe Qual. – Da alles sich verkleinert in einem höhern Auge: so müßte ein Geist oder eine Welt, um groß zu sein, es sogar dem sogenannten göttlichen Auge sein; aber dann müßt' er oder sie größer sein als Gott, weil man nie sein Ebenbild bewundert. – In meiner Jugend gab ich in einem Trauerspiel dem Helden alle jene Grundsätze und ließ ihn kurz vorher, eh' er sich den Dolch ins Herz trieb, noch sagen: ›Aber vielleicht ist der Tod erhaben; denn ich fass' ihn nicht. Und so will ich denn die Blutbögen, die aus dem Herzen aufspringen und so spielend das Menschenhaupt und Menschen-Ich in der Höhe erhalten, wie ein Springbrunnen die daraufgelegte Hohlkugel schwebend trägt, diesen Springbrunnen will ich mit dem Dolche ableiten, damit das Ich niederfalle.‹ – Ich schauderte damals über diesen Charakter: aber ich dachte nachher über ihn nach, und es wurde mein eigner!« –

*

Fürchterlicher Mensch! Dein Blut-Strahl und das Ich darüber ist vielleicht schon umgefallen, oder bricht bald darnieder. – Und eben diese schwarze Weissagung ist auch im Herzen Klotildens und Viktors – – O möchtest du, anderer gebückter Mann, den ich hier vor dem Publikum nicht nennen darf, es erraten, daß ich dich meine, daß du ebenso wie der unglückliche Lord dein eigenes Ich abfrissest gleich blutsaugenden Leichen, und daß du in der *Sternennacht* des Lebens noch einen eignen tödlichen *Nebel* um dich trägst! O der Anblick eines großmütigen Herzens, das sich bloß durch Ideen hülflos macht, und das unzugänglich und betäubt in seiner Laube aus philosophischen Giftbäumen liegt, färbt oft Tage schwarz! – Glaube nicht, daß der Lord irgendwo recht habe! Wie kann er etwas klein finden, ohn' es gegen etwas Großes zu halten? Ohne Achtung gäb' es keine Verachtung, ohne das Gefühl der Uneigennützigkeit keine Bemerkung des Eigennutzes, ohne Größe keine Kleinheit. So wenig du aus dem Schwanken der Saiten die Tränen des Adagio oder aus den Blutkügelchen und dreifachen Häuten eines schönen Gesichts deine Achtung für dasselbe erklärst: ebensowenig kannst du dein Entzücken für das *Geistige* in der Natur mit den körperlichen Fasern derselben rechtfertigen wollen, die nichts sind als die *Flöten-Ansätze* und Dis- und Fisklappen der ungespielten Harmonie. Das Erhabne wohnt nur in den Gedanken, es sei des Ewigen, der sie ausdrückt durch Buchstaben aus Welten, oder des Menschen, der sie nachlieset! –

Ich verschiebe die Widerlegung des Lords auf ein anderes Buch, obwohl dieses auch eine ist. –

42. Hundposttag

Aufopferung – Valetreden an die Erde – Memento-mori – Spaziergang – Herz von Wachs

Es gibt einen Schmerz, der sich mit einem großen Saugestachel ans Herz legt und Tränen durstig zieht – das ganze Herz rinnt und quillt und drückt zuckend die innersten Fasern zusammen, um zu einem Tränenstrom zu werden, und fühlt den Zug des Schmerzens nicht unter der tödlich-süßen Ergießung... So tödlich-süß schmerzte unsern Viktor Klotildens Brief.

Aber tödlich-bitter war der des Lords. »O dieser müd-gequälte Geist« – rief er aus – »sehnte sich ja schon auf der Insel der Vereinigung nach Toten-Ruhe – ach er ist gewiß schon aus der schwülen Erde geflohen, die ihm so klein und drückend vorkam.« War das: so waren alle Schwüre, an deren Erlassung Flamins Leben hing, ewig gemacht und dieser verloren. Wars nicht, so war wenigstens keine Zurückkehr zu hoffen, da Emanuels Tod und Geständnis, Flamins Gefangenschaft und alle bisherigen Zufälle, die der Lord alle erfahren konnte, seinen ganzen schön liniierten Plan ausgestrichen hatte. Jetzo riefs laut in Viktors Seele: »Rette den Bruder deiner Geliebten!« – Ja, es war ein Mittel dazu da; – aber der Meineid wars. Wenn er nämlich den beging, daß er dem Fürsten entdeckte, wer Flamin sei: so war er erlöset. Aber sein Gewissen sagte: Nein! – » Der Untergang einer Tugend ist ein größeres Übel als der Untergang eines Menschen – nur Sterben, aber nicht Sündigen muß sein – soll es mich noch mehr kosten, mein Wort zu brechen, als mich bisher kostete, es zu halten?«

Bekanntlich war am Tage der heurigen Tag- und Nachtgleiche, wo er die zwei Londner Blätter empfangen hatte, ein kalter schneidender regnender Sturm, aus dem nachher der Sommer gleichsam zum zweitenmal aufblühte. – Viktor grübelte weiter nach. Er zog jenen großen Tag auf der Insel der Vereinigung noch einmal mit allen Minuten vor sich und fand, daß er dem Lord durchaus geschworen hatte, immer zu schweigen, ausgenommen eine Stunde vor seinem eigenen Tode. Wir werden noch wissen, daß er sich diesen besondern Artikel damals ausbedungen, weil er einmal Flamin zugeschworen hatte, sich mit ihm von der Warte zu stürzen, wenn sie sich feindlich trennen müßten, und weil er jetzt, da ihm Klotildens Verschwisterung berichtet wurde, voraus befürchtete, es könne zu jenem Trennen und Stürzen kommen. Dann wollte er sich wenigstens die Freiheit vorbehalten, nur eine Stunde vor dem Sterben seinem Freunde zu sagen, daß er unschuldig und die Geliebte Flamins nur eine – Schwester sei.

»Also eine Stunde vor meinem Tode darf ich alles offenbaren? – O Gott! – Ja! – – Ja! – ich will sterben, damit ich reden kann!« rief er entzündet, pochend, aufgeweht, über das Leben gehoben. – Der Sturmwind schlug die Gießbäche des Himmels und die zerstäubten Eisfelder an die Fenster, und der Tag sank dunkel unter in der zusammenschlagenden Flut..... »O!« (sagte unser Freund) »wie sehn' ich mich aus diesem schwarzen Sturm des Lebens hinaus – in den stillen lichten Äther – an die feste unbewegliche Brust des Todes, die den Schlaf nicht stört....«

Wenn er dem Fürsten es entdeckte, daß Flamin sein eigner Sohn sei: so war dieser errettet, und er brauchte nur eine Stunde darauf sich – umzubringen.

Und das wollt' er gern; denn was hatt' er auf der Erde noch als – Erinnerungen? O der Erinnerungen zu viel, der Hoffnungen zu wenig! – Wen kümmert sein Fall? – die Geliebte, die ihn doch entbehret, oder ihren Bruder, den er rettet und fliehet, oder seinen guten Lord, der vielleicht schon im Erdball ruht, oder seinen Emanuel, dessen liebende Arme schon zerfallen? – »Ja bloß diesen geht mein Sterben an,« (sagt' er:) »denn er wird sich sehnen nach seinem treuen Schüler, er wird in einer Sonne die Arme öffnen und auf den Weg zur Erde niederschauen, und ich werde heraufkommen mit einer großen Wunde auf der Brust, und mein strömendes Herz wird nackt auf der Wunde liegen – o Emanuel, verschmäh mich nicht, werd' ich schreien, ich war ja unglücklich, seit du gestorben bist, nimm mich an und heile die Wunde!«

– »Siehst du meinen Vater?« sagte der blinde Julius, und sein Angesicht nahte sich einer lächelnden Entzückung. Viktor erschrak und sagte: »Ich rede mit ihm, aber ich sehe ihn nicht!« – Aber dies hemmte sein Erheben. Er war bisher der Paraklet und Krankenwärter des armen Blinden gewesen; er konnt' ihn nicht verlassen, er mußte den *Retraiteschuß* des Lebens verschieben auf Klotildens Ankunft, damit diese den Hülflosen beschirme. Ach der gute Nachtwandler und Nachtsitzer (im eigentlichen Sinn)• hatte anfangs jeden Tag seinen Viktor gebeten, ihm ins Auge zu stechen und das Licht wiederzugeben, eh' sein teuerer Vater auseinandergefallen wäre, damit er das schöne, von Würmern noch nicht untergrabene Angesicht nur einmal sähe, nur noch einmal, ja er wollte wenigstens die kalte Larve blind betasten – das hatt' er anfangs gebeten; aber in wenig Wochen hatt' er seine Arme unter dem Toten weggezogen und sie ganz (wie ein wahres Kind) mit aller seiner liebkosenden Liebe um den *immer* bei ihm zu Hause bleibenden Viktor geschlungen. Auch in der Nacht reichten sie sich aus ihren zwei nahen Betten die warmen Hände zu und gingen, so verknüpft, in die Abendländer der Träume hinein. Den kindlichen Blinden hatte sogar das fortklingende Getöse des Stadtgetümmels, das seinem Dorfe abgegangen war, getröstet....

Viktor erwartete also vorher die Ankunft Klotildens – ach, er hätt' es auch ohne den Blinden getan. – Mußt' er nicht seine gute Mutter noch einmal sehen, seine unvergeßliche Geliebte noch einmal hören? – Ich kann es übrigens nicht verheimlichen, daß ihm nicht bloß die Rettung Flamins, sondern eigentlicher Lebensekel die Hand bei seinem Todesurteil führten. Im Urteil des mörderischen Ekels standen als Entscheidgründe der Sonnenuntergang Emanuels – Viktors geläufige Nachtgedanken über unser Lukubrieren des Lebens – seine gänzliche Umstürzung seiner bürgerlichen Verhältnisse – das ähnliche vergangene oder künftige Muster des Lords – sein Lechzen nach einer Tat voll Stärke – und am meisten die Todeskälte um seine nackt gelassene Brust, die sonst von so vielen warmen Herzen zugedeckt wurde. Man kann Liebe und Freundschaft nur so lange entbehren, als man sie noch nicht genossen hat – aber sie verlieren und ohne Hoffnung verlieren, dies kann man nicht, ohne zu sterben. Seinem Gewissen macht' er den optischen Betrug und Theaterstreich vor, daß er es fragte, ob er nicht seinen Freund aus dem Wasser mit Gefahr des Lebens holen, ob er nicht vom Brette, das nur *einen* trüge, in die Wellen stürzen dürfe, um den Tod zum Kaufschilling eines andern Lebens zu machen. – Zwei sonderbare Vorstellungen versüßeten ihm seinen Todes-Entschluß am meisten.

Die erste war, daß er am Todestage (nach der Entdeckung beim Fürsten) hingehen könnte ins Gefängnis zu Flamin und seine Hand anfassen und sagen dürfte: »Komm heraus – heute sterb' ich für dich, damit ich dir beweisen kann, daß Klotilde deine Schwester war und ich dein Freund – ich lösche das schwarze Wort, das erst am Todestage vergeben werden kann, mit meinem unschuldigen Blute aus, und der Tod drückt mich wieder in deinen Arm. – O ich tu' es gern, damit ich dich nur noch einmal recht lieben und zu dir sagen kann: mein guter, teuerer, unvergeßlicher Jugendfreund!« – Dann wollt' er ihm mit tausend Tränen um den Hals fallen und ihm alles vergeben: denn *neben dem Tode und nach einer großen Tat* kann und darf der Mensch dem Menschen alles, alles verzeihen.

Die weichere Seele errät leicht die zweite Versüßung seines Todes. – Diese, daß er noch einmal zur Geliebten hingehen und es vor ihr denken, obwohl nicht sagen konnte: ich falle für dich. Denn er fühlte es jetzo doch, daß die beschlossene Scheidung durch das Leben zu schwer sei und nur eine durch Sterben leicht – o recht leicht und süß, empfand er, ists, vor der Geliebten das nasse Auge zu schließen, dann nichts mehr weiter anzusehen auf der Erde, sondern mit den hohen Flammen des Herzens und mit dem an die Brust gedrückten teuren Bilde, wie die eingesargte Mutter mit dem toten Liebling, blind an den Rand dieser Welt zu treten und sich hinabzustürzen ins stille, tiefe, dunkle, kalte Totenmeer... »Du bist«, sagt' er oft, »in mein Ich gemalt, und nichts macht dein Bild von meinem Herzen los; beide müssen, wie in Italien Mauer und Gemälde darauf, miteinander versetzet werden.« – Und da er jetzo nichts mehr nach seinem Körper zu fragen brauchte: so durft' er die Tränen, die ihn zerrütteten, absichtlich vorreizen – er wollte ordentlich etwas von seinem Leben Klotilden bringen – daher macht' er einige Tage hintereinander die

Proberolle der blutigsten Abschiedszene bis zur Erschöpfung und zeichnete seinen Schmerz mit Dinte ab und sagte zu sich, wenn ihn darüber Kopfschmerzen und Herzklopfen befielen: »So kann ich doch etwas für *sie* leiden, wenn *sie* es auch nicht weiß.« –

Hier ist ein solches Trauerblatt:

»O du Engel! Tät' es dir nur nicht zu wehe, so ging' ich zu dir und füllete vor deinen Augen mein Herz so lange mit Tränen an, mit Bildern der schönern Zeit, mit den bittersten Schmerzen, bis es zersprengt wäre und sänke – oder ich erlegte mich in deiner Gegenwart, ach es wäre süß, wenn ich mein Herz mit Blei zerschlitzte, indem es an deinem Busen lehnte, und wenn ich mein Blut und Leben an deiner Brust abrinnen ließe. – Aber o Gott! nein, nein! Sondern, Gute, lächelnd will ich zu dir gehen, wenn du wiederkömmst – lächelnd will ich vor dir weinen, als wär' es bloß vor Freude über deine Wiederkehr – nur die Federnelke mit dem roten Tropfen werd' ich von dir bitten, damit mein geschmücktes Herz unter der letzten Blume des Lebens verwese. – Ich werde wohl so nah vor dir bluten, himmlische Mörderin, wie die Leiche vor der Mörderin, aber doch nur innerlich, und jeder Bluttropfe wird bloß von einem Gedanken auf den andern fallen. – Dann endlich werd' ich lange verstummen und gehen und auf immer und nur sagen und mehr nicht: ›Denk' an mich, Geliebte, aber sei glücklicher als bisher.‹ – – Wo werd' ich dann gehen nach einer Stunde? Ich werde gehen auf dem öden stummen Wege zum giftigen Buo-Upas-Baum[1], zum einsam stehenden Tode, und dort ganz allein sterben, ganz allein. – – Die Toten sind Stumme, sie haben Glocken, und ein Stummer wird im Blauen schweben und die Totenglocke läuten... O Klotilde, Klotilde, dann ist unsere Liebe auf der Erde vorüber!«

*

Kennst du, Leser, noch die Stimme, die in seinem Innern allzeit unter dem Weinen der Musik im Tonfall der Verse erklang? Hier klingt sie wieder. – Aber sein Orkan des Entschlusses machte bald

[1] Dieser Giftbaum steht in einer kahlen Wüste, weil er alles um sich tötet, und der Missetäter reiset einsam zu seinem Gift, aber kehret selten zurück.

sanfteren Taten und Stunden Platz, so wie der Herbststurm der Tag- und Nachtgleiche sich in stille Nachsommertage auflösete. Der Gedanke: »In einigen Wochen flüchtest du unter die Erde« machte ihn zum *Freigebornen* und zum Engel. Er verzieh jedem, sogar dem Evangelisten. Er füllte seine kleine Sphäre mit einem Lebens-Nachflor von Tugenden; und widmete seine kurzen Stunden nicht süßen Phantasien, sondern dürftigen Kranken. Er untersagte sich jeden Aufwand, um seinem Julius das väterliche Vermögen ungeschmälert zu lassen. Er war weder eitel noch stolz. Er sprach freimütig über und gegen den Staat; – denn was ist so nahe neben dem Sturm- und Wetterdache des Sargdeckels wohl zu fürchten? – Aber eben weil er bloß die Liebe zum Guten und keine Leidenschaften und keine Feigheit in seinem Innern spürte: so widerstand er *sanft* und *ruhig*; denn sobald nur der Mensch für sich selber überführt ist, daß er Mut für den Notfall verwahre: so sucht er nicht mehr ihn vor andern auszukramen. Der Gedanke des Todes machte ihn sonst zu humoristischen Torheiten geneigt; jetzo aber nur zu guten Handlungen. Ihm war so wohl, ihm erschienen die Menschen und die Szenen um ihn in dem milden stillenden Abendlichte, worin er beide allemal in den *Krankheiten* seiner Kindheit erblickte. Es schien, als wollt' er (und es gelang ihm) durch diese Frömmigkeit sein Gewissen zur leserlichen Unterschrift seines eigenhändigen Todesurteils bestechen. Wie dem verewigten Emanuel kamen ihm die Menschen wie Kinder vor, das Erdenlicht wie Abendlicht, alles sanfter, alles ein wenig kleiner, er hatte keine Angst und Gier; die Erde war sein Mond: jetzt erriet er erst die Seele seines Dahore....

– Und du, mein Leser, fühlest du nicht, du würdest dich so nahe vor der Klosterpforte des Todes ebenso veredeln? Aber ich und du stehen ja schon davor; ist unser Tod nicht so gewiß als Viktors seiner, wiewohl in einem längern Zwischenraum? O wenn jeder nur gewiß glaubte, nach 50 Jahren an einem bestimmten Tage führte ihn die Natur auf ihren Richtplatz: er wär' anders; aber wir alle werfen das Bild des Todes aus unserer Seele, wie die Schlesier es am Lätare-Sonntag aus den Städten werfen. Der Gedanke und die Erwartung des Todes bessern so sehr als die Gewißheit und Wahl desselben.

Jetzo zogen die schönen blauen Nachsommertage des heurigen Oktobers auf zarten Phalänenflügeln von Spinnengeweben über den Himmel. Viktor sagte zu sich: »Schöner Erdenhimmel, ich will noch einmal unter dir wandeln! Gutes Mutterland, ich will dich noch einmal mit deinen Bergen und Wäldern überschauen und dein Bild in die unsterbliche Seele heften, eh' dein gelbes Grün mein Herz überwächset und darin einwurzelt – ich will dich sehen, St. Lüne meiner Kindheit, und meine schönen Pfingstwege und dich, du seliges Maienthal, und dich, du guter alter Bienenvater[1], und will dir deine Freudenstunden-Uhr zurückgeben – – und dann werd' ich genug gelebt haben.«

Er fragte sich: »Bin ich denn reif für die Obstkammer des Kirchhofs? – Aber ist denn irgendein Mensch reif? Ist er nicht im 90sten Jahr noch unvollendet wie im 20sten?« – Jawohl! der Tod nimmt Kinder ab und Feuerländer; der Mensch ist Sommerobst, das der Himmel brechen muß, eh' es zeitigt. Die andere Welt ist keine gleichgestellte Allee und Orangerie, sondern die Baumschule unserer hiesigen Samenschule.

Ehe Viktor mit Küssen und Weinen vom Blinden ging: beschied er abends vorher die arme Marie ins Kabinett und empfahl ihr (wie dem italienischen Bedienten) die Pflege des Blinden. Aber seine Absicht war, der zerbrochenen kraftlosen Seele die Hoffnung einiger 100 fl. – soviel durft' er schon als Erbschaft von seinem bemittelten Vater Eymann begehren – vorauszugeben und anzukündigen. Der Eigennutz dieser Erniedrigten, der andere kalt gemacht hätte, rührte gerade sein Innerstes; schon längst hatt' er gesagt: »man sollte mit keinem Menschen Mitleid haben, der philosophisch oder erhaben dächte, am wenigsten mit einem Gelehrten – bei einem solchen gingen die Wespen-Stiche des Schicksals kaum durch den Strumpf – hingegen mit der armen Pöbelseele leid' er und wein' er unendlich, die nichts Größeres kenne als die Güter der Erde, und die, ohne Grundsätze, ohne Trost, bleich, hülflos, zuckend und erstarret niederfalle vor den Ruinen ihrer

[1] Zeidler Lind in Kussewitz.

Güter.« – Es verdoppelte daher bloß sein Mitleiden, da diese Marie in sinnloser Dankbarkeit vor ihm mit abgerissenen Danksagungen – Ausrufungen – Freudengüssen – mit Rockkuß, einfältigem Lachen und Niederknien wechselte.

Als er den andern Morgen ging – zuerst auf St. Lüne – und vor dem Marienkloster vorüberkam, wo einmal die angenommene Tochter des Italieners Tostato einen sechsten Finger opfern wollte: so kam Marie aus einer Glieder-Bude[1] heraus und hatte zwei wächserne Herzen erhandelt. Viktor brachte durch langes und künstliches Fragen aus ihr heraus: sie wolle das eine, das ihres vorstelle, der heiligen Marie umhenken, weil ihres ihr nicht mehr so wehe tue und nicht so eingepresset sei wie vorige Woche. – Über das zweite wollte sie lange nicht heraus; endlich gestand sie: es sei Viktor seines, das sie der heiligen Mutter Gottes opfern wollte, weil sie dachte, es tu ihm auch recht weh', da er so bleich aussehe und so oft seufze. – – »Gib mirs, Liebe,« (sagte er zu tief bewegt) »*ich will mein Herz selber opfern.*«

»Ja,« wiederholt' er unter dem stillen Himmel draußen, »das Herz hinter der Brust will ich opfern – es ist auch von Wachs – und der Mutter Erde will ichs geben, damit es heile – heile....«

Lasset ihn immer weinen, meine Freunde, jetzo da er lächelnd die stille blasse Erde anblickt, hinauf bis zu ihren Bergen voll Duft. – Denn Weichheit der Empfindung verträgt sich gern mit Versteinerung und Passauer Kunst gegen das verletzende Geschick. – Lasset ihn immer weinen, da er diese blumenlose, gleichsam in die Seide des fliegenden Sommers sich einspinnende Erde ansieht und ihm ist, als müss' er niederfallen und die kalte Aue wie eine Mutter küssen und sagen: blühe früher wieder auf als ich, du hast mir Freuden und Blumen genug gegeben! – Das stille Auseinandergehen der Natur, auf deren Leiche die vollblühende Zeitlose gleichsam wie ein Totenkranz stand, legte durch dieses auflösende Reiben seine Kräfte sanft auseinander – er war ermüdet und gestillt – die Natur ruhte um ihn, er in ihr – die Erschöpfung floß

[1] Um mehre Kapellen (s. Schlötzers Briefwechsel T. III. Heft XVIII. 45) stehen Warenlager von wächsernen Gliedern und Tieren, die man als Ohren- und Armgehenke für Heilige kauft, damit die Urbilder genesen.

beinahe in eine süße kitzelnde Ohnmacht über – die Tränendrüse schwoll und drückte nicht mehr, eh' sie übertrat, sondern ihr Wasser lief wie Tau aus Blumen leicht und ohne Stocken nieder, wie das Blut durch seine Brust.

Er sah jetzo St. Lüne liegen, aber gleichsam entrückt von ihm, in einem Mondschein. Er ging nicht hindurch, um nicht die Wachsstatue zu erblicken, deren Leichenpredigt er gehalten und zu der er auch ein Herz aus Wachs besaß, sondern er ging außen herum: »Werde immer breiter und lauter, schöner Ort, nie umzingle dich ein Feind!« Mehr sagt' er nicht. Denn als er vor dem Kirchhof vorüberging, dacht' er: »Haben denn nicht diese auch alle von dem Orte Abschied genommen; und tu' ichs allein?« – Bloß der Zurückblick nach dem Pfarr-Schieferdach entzündete noch einen Blitz des Schmerzens durch den Gedanken an die *mütterlichen* Tränen über seinen Tod; aber er sagte sich bald den Trost, daß das an Flamin gewöhnte Mutterherz der Pfarrerin den Kummer über das Opfer heilen werde durch die Freude über den geretteten Liebling.

Er ging nun auf Maienthal zu und zog mit Fleiß seine träumenden Gedanken von dessen erhabnen Stellen ab, um (abends bei der Ankunft) desto mehr – Schmerz zu genießen. Aber nun spann sich sein Ich in ein neues Gedankengewebe ein: er überdachte das Vergnügen, ohne alle Krankennächte hell und gerade, nicht liegend, sondern aufgerichtet wie der Riese Cänäus[1] in die Erde einzusinken – er fühlte sich geschirmet gegen alle Unfälle des Lebens und gereinigt von der stets in jedem Herzen fortnagenden Furcht – alles dieses und die Freude an erfüllten Pflichten und an bezwungnen Trieben und die Lichter des blauen, gleichsam im Blumenstaube stehenden Tages klärten seinen umgerüttelten Lebensstrom so auf, daß er zuletzt länger (wenns ihm nicht sein Beschluß verböte) im hellen Strome hätte spielen wollen... So groß wird durch die Verachtung des Todes die Schönheit des Lebens – so gewiß ist jeder, der mit *kaltem Blut* sich das Leben abspricht, vermögend, es zu ertragen – so wahr rät Rousseau, vor dem Tode

[1] Die Zentauern konnten ihn nicht mit Bäumen umschlagen, sondern mußten ihn stehend in die Erde drücken. Orph. Argonaut. 168.

eine gute Tat zu unternehmen, weil man jenen dann entbehren kann.... – Als Viktor so dachte: trat das Schicksal vor ihn und fragte ihn zürnend: »Willst du sterben?« – Er antwortete: »Ja!« – da er vor Sonnenuntergang in Obermaienthal Klotildens Wagen, den er da bei der Abreise gesehen, wieder erblickte. Jetzo fiel die Todeswolke über die Gegend nieder. Er eilte vorüber – am Fenster sah er seine Mutter und die Lady, die Mutter Flamins – sein Inneres brauste – seine Augen glühten trocken – denn er wählte unter den Waffen des Todes. – Warum ging er so spät, im Dunkeln, mit einem stürmenden Innern, das alle süßen Träume verfinsterte, noch nach Maienthal? – Er wollte zu Emanuels Grabe: nicht um da zu trauern, nicht um da zu träumen; sondern um sich da eine Höhle zu suchen, nämlich die letzte. Der reißende Gram hatte ein Gemälde seines Sterbens entworfen, und er hatte den Riß gebilligt: er wollte nämlich, sobald das Verhängnis die Notwendigkeit seines Todes durch das Verschwinden seines Vaters und durch die Gefahr Flamins entschieden hätte, neben der Trauerbirke sein Grab aushöhlen, sich hineinlegen, sich darin töten und sich dann von dem blinden Julius, der nichts wissen und sehen kann, mit Erde überschütten lassen und so, verhüllt, unbekannt, namenlos aus dem Leben fliehen an die modernde Seite seines Emanuels....

Schwarze Leichenzüge von Raben flogen langsam wie Gewölk durch den sonnenlosen Himmel und senkten sich wie Gewölk in die Wälder nieder – der halbe Mond hing über der Erde – ein kleiner fremder Schatten, so groß wie ein Herz, lief fürchterlich neben ihm, er sah auf, es war der Schatten eines langsam schwebenden Geiers. – Er riß sich durch Maienthal, er sah nicht den entblätterten Garten und Dahores verschlossenes Haus, sondern lief durch die Kastanienallee der Trauerbirke entgegen. – –

Aber unter den Kastanien am Orte, wo ihn Flamin töten wollte, sah er Klotildens welke Federnelke mit dem blutigen Kelch-Tropfen liegen... Und da noch eine Lerche, die letzte Sängerin der Natur, über dem Garten zitterte und allen Frühlingen des Lebens mit zu heißen Tönen nachrief und das Herz mit einem unendlichen tödlichen Sehnen durchschnitt: so weinte mein Viktor laut hinauf, und als er oben auf dem Grabe die großen düstern Tränen abgewischt hatte, stand – Klotilde vor ihm.

Er erzitterte einmal und verstummte.... Sie kannte kaum die abgebleichte Gestalt und fragte zitternd: »*Sie* sinds? Sehen wir uns wieder?« – Seine Seele war auseinandergetrieben, und er sagte, aber in anderem Sinn: »Wir sehen uns wieder.« Sie blühte, durch die Reise genesen. Aber Blut war in ihrem Schnupftuch – es war das Blut, das Emanuel unter dem Duell in der Allee aus seinem Busen vergossen. Er starrte fragend das Blut an – sie wies auf das Grab und verhüllte ihr weinendes Auge. – Mit der Frage: »Ist Ihr Herr Vater gekommen?« wollte die Gute sanft ablenken – aber sie lenkte ihn an sein Grab – sein Auge suchte wild den Raum zur letzten kühlen Grotte des Lebens – sie hatte ihren sanften Geliebten niemals so gesehen und wollte seine Seele mildern durch stilles Erinnern an Emanuel – sie füllte die leere Stelle ihres Briefes aus und erzählte, wie gefaßt und still der Tote aus England gegangen und vorher beim Abschiede in eine außerordentlich tiefe Höhle des verfallnen Tempels alle seine ostindischen Blumen, drei Bilder, beschriebene Palmblätter und geliebte Aschensammlungen hinabgesenkt habe....

Viktor war außer sich – er stemmte seine Hand aufs taukalte nasse gelbe Grab – er weinte in einem fort und konnte die Geliebte nicht mehr sehen – er stürzte an ihren bebenden Mund und gab ihr den Abschiedkuß des Todes. Er durfte sie küssen, denn Tote haben keinen Rang. Er fühlte ihre strömenden Tränen, und eine harte Sehnsucht ergriff ihn, diese Tränen hervorzureizen; aber er konnte nur nicht reden. Er erstickte ihre Worte durch Küsse und seine durch Qual. Endlich konnte er sagen: »Lebe wohl!« Sie wand sich erschrocken los und blickte ihn an mit größern Tränen und sagte: »Wie ist Ihnen? Sie brechen mir das Herz!« – Er sagte: »Nur meines muß brechen!« und riß das Herz von Wachs heraus und quetschte es auf dem Grabe auseinander und sagte: »Ich opfre dir mein Herz, Emanuel, ich opfre dir mein Herz.« Und als Klotilde fürchtend entflohen war: konnt' er ihr nur mit erschöpften Tönen noch nachrufen: »Lebe wohl, lebe wohl!«

43. Hundposttag

Matthieus vier Pfingsttage und Jubiläum

Es ist ein Kunstgriff, daß ich wahre Spitzbuben-Szenen in den höhern Ständen vorher französisch niederschreibe und dann verdolmetsche, wie Boileau seine welken Verse vorher in Prose aufsetzte. – Da mir am 43sten Hundtage gelegen ist – weil der edle Matz darin seinen Flamin sogar mit Aufopferung seiner Tugend und des Lords zu retten sucht –: so gedenk' ich ihn aus dem Französischen, worin ich ihn geschrieben, so getreu ins Deutsche zu übersetzen, daß mein französischer Autor selber mir seinen Beifall schenken soll.

Kaum hörte Matthieu, daß Klotildens und Flamins Mutter aus London gekommen: so marschierte dieser Reineke aus seinem Fuchsbau nach Flachsenfingen, weil er sich die Ehre, Flamin zu erlösen, von niemand nehmen lassen wollte. Er griff, seines Feuers ungeachtet, dem Zufall selten vor, sondern er paßte und schob nur da oder dort nach: – wie in einem Roman, so häkeln sich im Leben tausend leise zusammengerückte Geringfügigkeiten endlich fest ineinander, und ein guter Matz zwirnet aus zertragenen Spinngeweben des Zufalls zuletzt einen ordentlichen – Seidenstrick für seinen Nebenmenschen. – Er ließ sich kühn beim Fürsten eine geheime Audienz auswirken, »weil er lieber der Strafe (wegen der Foderung zum Duell) entgegenkommen, als über einige wichtige Dinge länger schweigen wolle«. Wichtige und gefährliche waren längst bei Jenner verwandt, jetzt aber gar identisch, weil ihn die Fürstin an jedem Morgen mit einigen Strophen aus dem Buß- und Eulenliede über Aufruhr, Ankerströme und Propagandisten ansang. Sie und Schleunes bliesen in *ein* Horn, wenigstens aus ihm *eine* Melodie.

Matthieu trat ein und langte das große Wichtige hervor – die kahle Bitte um Flamins Leben. Jenner sagte ein ebenso kahles Nein; denn der Mensch ist ebenso unwillig auf den, der ihn in eine ungegründete Furcht, als auf den, der ihn in eine gegründete jagt. Matthieu wiederholte kalt sein Gesuch: »Ich bitte Ew. Durchlaucht bloß, nicht zu glauben, daß ich jemals die bloße Freundschaft für eine hinlängliche Entschuldigung einer solchen kühnen Bitte halten würde – die Pflicht eines Untertanen ist meine Entschuldigung.« – Jenner, den das unhöfliche Zurückziehen verdroß, brach es ab: »Der Schuldige kann nicht für den Schuldigen bitten.« – »Gnädigster Herr,« – sagte der Evangelist, der ihn in Furcht und Harnisch zugleich zu jagen suchte – »zu jeder andern Zeit als in der unsrigen würd' es ebenso sträflich sein, gewisse Dinge zu erraten oder zu weissagen, als sie zu beschließen – aber in unserer sind diese drei Dinge leichter. Auf den Tag, wo der Regierrat sein Leben verlieren sollte, ist ein Plan berechnet, den einige zur Erhaltung des seinigen auf Kosten des ihrigen gemacht haben.« – Der Fürst – entrüstet über die Kühnheit, die sonst nicht in der *Schneelinie*[1] der Höfe, sondern nur in der demokratischen Gleicherlinie wohnt – sagte mit dem Todesurtel, das Matz längst in sein Gesicht hineinhaben wollte: »Ich werde Ihnen morgen die Namen der Elenden abfodern lassen, die ihr Leben preisgeben wollen, um die Gerechtigkeit zu stören«..... Hier fiel dieser vor ihm nieder und sagte schnell: »Mein Name ist der erste – jetzt ists meine Pflicht, unglücklich zu werden – mein Freund hat niemanden getötet, sondern ich – er ist nicht der Sohn eines Priesters, sondern der erstgeborne Sohn des getöteten Herrn Le Baut«...

Solang' es noch Pfeilerspiegel gab, so sah nie ein so bestürztes auseinandergefahrnes Gesicht aus ihnen als heute. Jenner ließ ihn abtreten, um sich wieder zusammenzulesen.

Wir wollen jetzo in dem Vorzimmer drei Worte über den Abwesenden reden. Mir sagte einmal ein feiner Mann, er habe einmal zu einem großen Weltkenner gesagt: »der Fehler der Großen wäre, sich selber nichts zuzutrauen, und daher würden sie von jedem gelenkt«; und der Weltkenner habe geantwortet: er treff' es. – Jenner war Matzen gram, und das bloß seines satirischen und wollüstigen Gesichts wegen – aber nicht etwan seiner Laster wegen. Ich setze voraus, der Leser wird doch Höfe genug gesehen haben – auf dem Theater, wo die höheren Stände ihre Be-

[1] So heißet die von *Bouguer* bestimmte Erhebung über das Meer, auf der die Berge in allen Zonen beschneiet sind.

griffe von Landleuten und wir unsere von ihnen abholen –, um zu wissen, was man da hasset – – keine Lasterhaften, nicht einmal Tugendhafte, sondern beide liebt man wirklich (gerade wie dasige Bratschisten, Handwerker, Wetzlarer Prokuratoren, Intendanten), sobald man sie nötig hat. – –

Der Junker kam wieder vor. Jenner hatte das süße väterliche Wallen über die Neuigkeit, da er bisher alle seine Kinder verloren gegeben, gestillt; aber er begehrte jetzt den Beweis, daß Flamin der (angebliche) Sohn des Kammerherrn sei. Ums Duell kümmerte er sich gar nicht. Der Beweis war der aufrichtigen Seele leicht zu führen: die Seele berief sich geradezu auf die Mutter, die eben gerade aus London eingetroffen, um den Sohn zu retten, und auf die Schwester selber. – Die Seele hatte wieder den Vordersatz, daß beide Kenntnis davon hätten, zu erweisen: – Matthieu berief sich auf den Brief der Mutter, den er vor einigen Jahren dem blinden Lord mit der angenommenen Stimme Klotildens vorgelesen, und auf der Schwester Ausruf unter dem Duell im Maienthaler Park: »Es ist mein Bruder« – und zuletzt führt' er noch einen Hauszeugen in der Sache auf, den Nachsommer, der jetzt bald erscheinen und das Äpfel-Muttermal, das Le Bauts Sohn auf der Schulter trage, neu aufmalen werde.

Matthieu hatte zu viel Hochachtung gegen seinen Fürsten und Herrn, um den Herrn des Sohns den Vater des Sohns zu nennen. Jetzt hörte er damit auf: »er wisse nicht, aus welchen Gründen der Lord Horion bisher Flamins Abkunft verborgen habe – welche es aber auch seien, alle Entschuldigungen desselben wären auch seine, warum er selber bisher geschwiegen – um so mehr, da ihm der Beweis dieser Abstammung schwerer fallen müssen als dem Lord. – Nur jetzt durch die Ankunft der Mutter sei die *Leichtigkeit* des Beweises so groß wie die *Notwendigkeit* desselben. – Alles, was er tun können als ein Hausfreund des Kammerherrn, sei gewesen, Flamins Vertrauter zu werden, um sein Wächter zu werden.«

Dadurch wurde notwendig der Fürst auf die Materie des Duells zurückgeführt, die jener anfangs nach wenigen Winken fallen lassen. Es war sein Geschäftgang, von einer ihm wichtigen Angelegenheit bald abzubrechen, über andere Dinge ebenso lange zu sprechen, dann jene wieder vorzuholen und so das Wichtige unter ebenso große Lagen von Unwichtigem zu verpacken, wie die Buchhändler konfiszierte Bücher bogenweise unter weißes oder anderes Papier verschlichten. Auch war jetzt Flamins Unschuld am Mord für Jenner wichtiger; dieser fragte also natürlicherweise, warum er seinen Freund dem Scheine des Zweikampfes preisgegeben habe.

Matthieu sagte, es werde lange, und es sei kühn, Se. Durchlaucht um so viel Aufmerksamkeit zu flehen. Er hob an zu berichten, was – die Hundposttage bisher berichtet haben. Er log wenig. Er hinterbrachte, er habe, um Flamins Liebe für seine unbekannte Schwester Klotilde zu *brechen* – wenigsten *mehren* wollt' er sie –, ihn eifersüchtig machen wollen, aber er habe ihn mit niemand entzweien können als mit dem Liebhaber; ja, es habe nicht einmal etwas gefruchtet, daß er ihn selber den Ohrenzeugen der sehr verzeihlichen Untreue Klotildens werden lassen, sondern jener habe noch zuletzt über die Verlobung der Schwester eine Wut geäußert, die er durch nichts als durch die Vorspiegelung eines verkappten Duells mit dem Vater befriedigen können – denn um einen zweiten Kampf zwischen Vater und Sohn, den das Schweigen des Lords angezettelt, abzuwenden, hab' er ihn selber unternommen, aber leider zu unglücklich.

So weit der Edle. Die uns bekannten wahren Einschiebsel unterschlag' ich. Jenner, der nun dem Evangelisten für die Wegnahme einer Furcht gewogen wurde, in die er ihn selber gesetzt hatte, tat die natürliche Frage: »warum Flamin den Mord auf sich nehme?« – Matthieu: »Ich flüchtete sogleich, und es stand nicht bei mir, seine Unwahrheit, deren ich mich nicht versehen konnte, zu verhüten; aber es stand bei mir, sie zu widerlegen.« – Jenner: »Fahren Sie in Ihrer Freimütigkeit fort, sie ist Ihre Schutzschrift, weichen Sie nicht aus!« – Matthieu mit einer freiern Miene: »Was ich zu sagen wußte, hab' ich schon gesagt im Anfange, um ihn zu retten; und jetzt ist er gerettet.« – Jenner sann zurück, begriff nichts und bat: »Noch deutlicher!« – Matthieu mit der absichtlichen Miene eines Menschen, der Versilberungen seines Vortrags zurechtmacht: »aus Großmut würd' er für den gestorben sein (für Matzen), der für ihn gesündigt hatte, wenn ihn nicht seine Freunde retteten.« Jenner schüttelte ungläubig den Kopf. »Denn«, fuhr jener fort, »da er seinen höhern *Stand* nicht kennt, so nahm er einige *französische* Grundsätze leichter an, die ihm seinen Tod ebensosehr *erleichtert* hätten, als einige Engländer sie würden beim Volke genutzt haben, um ihn zu verhüten.« Zum Beweis führt' er den angezündeten Pulverturm nebenher an.

Jenner sah staunend ein Licht in eine dunkle Höhle gleiten und sah weit in die Höhle hinein.

Man tut dem vortrefflichen Evangelisten unrecht, wenn man denkt, es tu' ihm genug, bloß seinen Freund gerettet zu haben; sein gutes Herz war auch noch darauf aus, dem Lord eine Ehrensäule zu setzen und ihn unter die Säule als Grundstein zu legen. Er quartierte gern (wie in Hamlet) in dem Schauspiel wieder eines ein und zog zwei Theatervorhänge auf. Wir wollen uns in die erste Loge setzen. Sein bisheriges Betragen gegen den Regierrat zeigt genug, wie weit er wahre Freundschaft zu treiben fähig war, ohne andere Freunde, z. B. die Fürstin, vor den Kopf zu stoßen; denn für die letzte war der Wiederfund des verlornen Sohns des Fürsten ohne sonderlichen Nachteil, da der Sohn als jakobinischer Logenmeister und als Rebell gegen den Stief- und den Vater zugleich präsentiert wurde, und da noch dazu der Lord so entsetzlich dabei verlor. Aber weil Matthieu sich nichts dabei vorzuwerfen hatte als sein Übermaß an Menschenliebe: so suchte er diesem Übermaß durch ein entgegengesetztes in der Bosheit zu begegnen, weil Bako schreibt: Übertreibungen werden am besten durch entgegengesetzte kuriert. Nach seinen zu feurigen Begriffen von der Freundschaft konnt' er auch kein echter Freund des Lords sein, da man nach Montaigne nur *einen* echten, wie *einen* Liebhaber, haben kann, und der Lord schon einen dergleichen an Jennern aufzeigte.

Man vergönne mir, mit drei Worten kurz zu sein und angenehm: wenn die Araber 200 Namen für die Schlange haben, so sollten sie gar den 201sten dazulegen, den eines Höflings – ferner erlaube man mir zu sagen, daß ein Mann von Einfluß und Ton durch sogenannte Blutschuld ebensogut blühe als ein ganzer Staat durch elendere metallische. –

Jenner war jetzo vorbereitet, alles zu glauben, was die vorigen sonderbaren Dinge erklärte. Eine Lüge, die einen Knoten löset, ist uns glaublicher als eine, die einen knüpft. Matthieu fuhr fort: »er habe allen republikanischen concerts spirituels beigewohnt, um Maßregeln gegen Flamins Ansteckung zu nehmen; und er übertreibe die Freundschaft gegen die drei Engländer und den Lords-Sohn (Viktor) nicht, wenn er jene und diesen mehr für Arbeitzeug irgendeiner andern verborgnen Hand ansehe als für Arbeiter an einem Plane selber. – Das bestätige der bisher vom unschuldigen Flamin gemachte Mißbrauch.« – Um Viktor zu entschuldigen, sagt' er – wobei er ihn immer den Hofmedikus benamsete, so daß Jenner in dieser Verfassung an einen Hofvergifter eher dachte als an etwas anderes – um also ein vorteilhaftes Licht auf diesen zu werfen, sagt' er, selbiger liebe bloß das Vergnügen und führe nur gehorsam das aus, was sein Vater entworfen – Viktor habe sich in einen Italiener verkleidet, um die Prinzessin zu beobachten, und um es nachher dem Lord, auf dessen Befehl ers vermutlich getan, in einer geheimen Zusammenkunft auf einer Insel zu berichten. – Als Italiener hab' er der Fürstin eine Uhr überreicht, in die er ein Blättchen versteckt, worin er den höhern Rang vergessen, um dem seinigen zu schmeicheln.

Der Fürst, der seine Gemahlin mit größerer Eifersucht liebte als seine Braut, fegte mit dem schlagenden Puterhahns-Flügel den Boden und machte den Nasen-Zapfen lang und fragte stolz: wie er das wisse? – Matthieu versetzte ruhig: »von Viktor selber – denn die Fürstin wiss' es selber nicht«....

Mir verdankt es der Leser, daß er tausend Dinge besser weiß – Agnola wußte den Inhalt der Uhr gewiß recht gut; ja ich stelle mir sogar vor, sie habe, da ihr die erzürnte Joachime Viktors gerades Geständnis seines concepit hinterbrachte, Matzen oder Joachimen erlaubt, den gegenwärtigen Gebrauchzettul zu entwerfen, nach welchem hier der Eheherr das Sebastiansche billetdoux einzunehmen bekömmt. –

– »sie habe vielmehr« (fuhr er fort) »seiner Schwester lange darauf die Uhr mit dem Blättchen geschenkt – Joachime hab' es in Viktors Gegenwart herausgezogen, und der hab' es für schicklich gehalten, ihr eben dieses frei zu bekennen, was sie und er selber aus Ehrfurcht noch nicht der Fürstin entdeckt hätten. – Inzwischen sei ihm seine Schwester *darauf* ausgewichen – *worauf* er sich Klotilden genähert, vielleicht nach einer väterlichen Instruktion, um den Bruder in nähern Verhältnissen zu haben. – Aber allemal misch' er in väterliche Plane des Ehrgeizes eigne des Vergnügens und sei gutgesinnt, so wie die Engländer, die er für verkappte Franzosen halte.«

Der Fürst versteckte unter dem ganzen Vorhalten dieser artigen Schlangenpräparate seine Furcht unter Zorn; Matthieu, der die *Maske* und das *Gesicht* sah, schnitt bisher alles nach *jener* zu und machte den scheinbaren Mangel an Furcht zum Deckmantel seiner Kühnheit, sie zu erregen. – Und so ging er vom Fürsten weg in einen unbestimmten spaßhaften Arrest für den Mord; Jenner fing aber an, die Sachen und Zeugen zu untersuchen.

Vor dem Berichte des Erfolges lasset mich es gern gestehen, daß Matz, der Edle, schon lügen kann, um so mehr, da er die Wahrheit als Sparrwerk seines Lügen-Mörtels hinsetzt. Wie im polnischen Steinsalzbergwerk lässet der gute Lügner beim Untergraben immer so viele Wahrheiten zu Säulen stehen, als gegen das Einbrechen des Gewölbes nötig sind. Überhaupt ist jede Lüge ein glückliches Zeichen, daß es noch Wahrheit in der Welt gibt; denn ohne diese würde keine geglaubt und also keine versucht. Bankerutte machen dem Rechtschaffenen Freude als neue Belege des unerschöpften Religionfonds von fremder Ehrlichkeit, die vorhanden sein mußte, wenn sie sollte betrogen werden. Solange noch Krieg- und Friedentraktate schändlich gebrochen werden, so lange ist noch Hoffnung genug da, und so lange fehlt es Höfen an echter Redlichkeit nicht; denn jeder Bruch eines Vertrags setzet voraus, daß man einen gemacht hat – und gemacht könnte keiner mehr werden, wenn kein einziger mehr gehalten würde. Es ist mit den Lügen, wie mit den falschen Zähnen, die der Goldfaden nur an ein paar echte hinterbliebene schließen kann. –

Jenner fing die Münzprobationtage des Matthäischen Evangeliums an.

1) Der Pfarrer wurde vorgeladen, um in Gegenwart der landesherrlichen Hoheit zu bekennen, was er für Zusammenrottungen im Priesterhause geduldet. Der schlug in Oemlers Pastoraltheologie nach, um zu ersehen, wie sich ein Pfarrer zu benehmen habe, der gehenkt werden soll. Ohne Murren legte er jetzo den Hals vor kleinern mäßigen Unglückfällen auf den Block und unter das Beil, vor dem Rattenkönig, der durch seine Behausung sausete, vor dem Strumpfband, das unter dem Gehen langsam über die Kniescheibe abglitt, und vertauschte die *Ängstlichkeit* des Glücklichen gegen die *Angst* des Unglücklichen. Im Verhöre sagt' er, er habe an heiliger Stätte und an anderer auf die Klubs so gut als einer geschmälet und sich deswegen den Girtanner gekauft. Auf die Frage: ob Flamin sein Sohn sei? versetzte er traurig: er hoffe, seine Frau breche seine und ihre Ehe nie. – Als er wieder nach Hause kam, nahm er, um nur nicht in der Angst der Verhaftung zu sein, einen Bündel alter Predigtmanuskripte in einen Steinbruch hinein und lernte sie da auf drei bis vier Sonntage vorher auswendig.

2) An demselben Tage stattete der Minister von Schleunes (aus Gefälligkeit gegen die Fürstin) einen Besuch in Le Bauts Hause ab und teilte der Lady und Klotilden aufrichtig die laufenden Gerüchte über Flamins Abkunft mit. Beide Damen mußten glauben, Viktor habe die letzte dem Fürsten entdeckt, um den Unglücklichen zu retten. Wie hätten sie ihm nicht nachahmen sollen, da ihnen die eiserne Birn des Schwurs von der Zunge und aus dem Munde genommen war, und da man ein Geheimnis verletzen darf, wenn man sonst die Wahrheit verletzen müßte, und da die zarten Seelen sich nun so herzlich über diese offne Jubeljahrtür im Gefängnis ihres Lieblings freueten? – Mit einem Wort: der Minister brachte nichts zurück als Bekräftigungen der Hypothesen seines Sohnes.

3) An demselben Tage wurde der Kaufmann Tostato vom Grafen O über seinen Buden-Mitarbeiter und Viktor vom Pater über den Verfasser des Hirten- oder Schäferbriefes in der Uhr

erforscht und dann vernommen. Auch hier hatte Matthieu, wie zu erwarten, die Wahrheit ganz auf seiner Seite; Viktor war jetzt zu stolz, zu fromm, zu resigniert, um zu verhehlen.

4) Alle Sünden-Kerbhölzer in Kussewitz und überall griffen ineinander ein; sogar aus Viktors vorigem Mittleramt, das er sonst beim Fürsten für Agnola versah, aus seinen kleinen Unbesonnenheiten, aus seinen Satiren, aus seiner Hosen-Einkleidung der Soldatenjungen, aus seiner Reise mit dem Fürsten wurde nun lauter Zugwerk und Grundstriche einer gegen den Thron entworfenen Schlachtordnung zusammenbuchstabiert. Überhaupt wars notwendig, Jenner mußte, je mehre Sehröhre er auf diese Lufterscheinung der Lüge richtete, sie nur desto größer erblikken. –

Ich habe die Fürstin vergessen, die sich bei Jenner über das Billet sehr beleidigt und unwissend anstellte und kaum mit der Strafe zufrieden war, daß dem Helden der Hundposttage der Hof verboten wurde. – Der Hof – dir, guter Viktor! der du bald die Erde dir verbieten willst!

Jenner übersah leicht *vergangne* Beleidigungen, aber er rügte streng *zukünftige*. Und da noch dazu Matz wie eine Klapperschlange so arg klapperte, nicht um zu warnen, sondern um, wie auch die Neuern an der andern fanden, den Raub steif und scheu zu machen: so war der Lord so über alle Thronstufen aus Jenners Herzen herabgepurzelt, daß es ihm nicht einmal etwas helfen konnte, wenn er sogleich aus der Luft herausgetreten wäre. Flamin war ohne ihn gefunden. – Den drei Engländern schickte man die Erlaubnis in das Haus, nach ihrer Insel (England) abzusegeln, wenn sie wollten. Sie ließen zurücksagen, sie brauchten nur *einen* Tag, um auf ihrer Insel anzukommen, und warteten nur auf ihren Reisegefährten. Unter der Insel meinten sie aber die *Insel der Vereinigung* – und unter dem Reisegefährten den gefesselten Flamin, den sie mit bereden wollten.

Es gefällt mir, daß meinem Viktor der Hof verboten wurde. Das Hof-Verbot ist sonst eine Wohltat – diesen Namen verdient nun wohl eine Befreiung von den Hofdiensten –, die sonst nicht immer an den Würdigsten erteilt wird, sondern oft einem Teufel wie Louvois so gut als einem Apostel wie Tessin. Heißet aber das nicht einer vorzüglichen Gnade, einem Orden pour le mérite allen Wert benehmen, wenn man sie Schelmen zuwirft, da sie doch nur für den rechtschaffensten, freimütigsten, ältesten Mann am Hofe als die größte und letzte Belohnung, als ein Treff- und Spießfolgedank, als eine Ovation sollte aufgehoben bleiben? –

Im nächsten Kapitel kann man sich auf einen Lärm gefaßt machen, dergleichen man in wenig deutschen Kapiteln hört; die Lärmkanonen der Hofpartei, das Herabpoltern der Bühnen und das Umschmeißen der Stühle nach gehegtem peinlichen Gericht werd' ich bis in meine Insel herüber hören können. Der schwarzhaarige und schwarzherzige Hofjunker wird, wenn er aus dem Arreste los ist, mit seiner ironischen Miene und mit der eignen *leisen* Stimme – die Ripienstimme seines boshaftesten Hohns, wie sie bei andern die des erhabensten Enthusiasmus ist – überall herumstreichen und sagen: er wünsche, der Lord erschiene, er habe bisher in seinen Sachen nach Vermögen gearbeitet. Am Hofe ist man zuweilen erhaben durch eine vorstehende Bosheit, wie nach Burke kein Geruch erhaben ist als der allerstinkendste und kein Geschmack als der bitterste. Und ebenso verbirgt allda jeder die mitleidige Teilnahme am fallenden Günstling leicht, ähnlich dem weisen Vater, der beim *Fall* eines Kindes das mitleidige Gesicht unter ein lustiges versteckt.

Den 21. Oktober kommt Matthieu los und darf zu Flamin gehen – er hat sichs ausgebeten – und ihm die Freiheit und die Standerhöhung miteinander ansagen..... In wenig Tagen könnten die Begebenheiten und mein Protokoll derselben aus *einem* Zeit-Stundenglase rinnen, wenn der Hund ordentlich käme; aber er kommt, wenn er will.

44. Hundposttag

Die Bruderliebe – die Freundliebe – die Mutterliebe – die Liebe – –

Der Hund ist da, aber der Lord nicht – der Lärm ist klein, aber die Freude nicht – alles ist vorbereitet, aber doch unerwartet – das Laster behauptet das Schlachtfeld, aber die Tugend die elysischen Felder. – Kurz es ist recht närrisch, aber recht hübsch. –

Ich denke, das ist das letzte Kapitel dieses Buchs. Ich schaue ordentlich den Posthund – meinen pommerischen Boten[1] – der Schwanz ist sein Botenspieß – mit Rührung an, und mich ärgerts, daß er mit Adam gefallen und einen Knochen unter dem verbotenen Baum gefressen hat: denn im Paradies leuchteten die ersten Hundeltern wie Diamanten, und man konnte durch sie sehen, wie *Böhme* behauptet. – Eben darum, da der Berghauptmann bald ausgeschrieben hat, verzeih' mans ihm, daß er in diesem Kapitel der Liebe feuriger und angenehmer ist als je und überhaupt jetzo schreibt, als wär' er besessen.

Anfangs ziehen den Himmelwagen noch Trauerpferde.... Sehr früh den 21. Oktober 1793 wars, wo der Hofjunker ins Stockhaus Flamins lief aus dem eigenen und diesem darin büßenden Bruder alles verkündigte, seine Entlassung – seine Verschwisterung mit Klotilden – seine Einkindschaft ins fürstliche Haus – seine aufsteigende Laufbahn und zugleich die Amnestie des mörderischen Boten, die eigne nämlich. O wie glühte die Freude über Matthieus Lossprechung und Vorsprache und über die eigne Standerhöhung seine stockenden Adern an. Denn Flamin bestieg den höhern Stand als eine Anhöhe, um seine Wohltaten und Entwürfe weiter zu werfen; Viktor hingegen war über seinen Standes-Bankerutt froh gewesen, weil er Stille begehrte, wie jener Getöse. Viktor wollte mehr sich, jener mehr andere umbessern. Flamin stieß lebendiges Schiffvolk über den Bord ins Meer und nagelte den Staats-Bucentauro mit Rudersklaven voll, um ihn schneller gegen Winde anzutreiben. Viktor aber erlaubte

[1] Auf der Universität Paris dauert noch der Bote von Pommern fort, der jährlich nach Pommern etc. abging, um von den Eltern Briefe für die Pariser Studenten abzuholen.

sich nur *eine* Leiche zur Erleichterung des Kaperschiffs zu machen – seine eigne. Er sagte zu sich: »Wenn ich nur den Mut allezeit heilig aufbewahre, *mich selber aufzuopfern*: *dann brauch' ich keinen größern*; denn der größere opfert doch gestohlne Güter. – Das Schicksal kann Jahrhunderte und Inseln opfern, um Jahrtausende und Weltteile zu beglücken[1]; der Mensch aber nichts als sich.«

Jubelnd lief Flamin mit seinem Erlöser nach St. Lüne, um die treue Schwester in der untreuen Geliebten dankend und abbittend zu umfassen – ach als die hohe Warte in seine Augen aufstieg: so zog sich blutig und schmerzhaft wie ein Augenfell die Decke von ihnen herab, die bisher die Unschuld seines besten Freundes, Viktors, verfinstert hatte. »Ach wie wird er mich hassen! O hätt' ich ihm mehr getrauet!« seufzete er, und nichts freuete ihn mehr; denn den Schmerz eines guten Menschen, der ungerecht gewesen, auch in der Meinung der vollesten Gerechtigkeit, kann nichts trösten, nichts als viele, viele Aufopferungen. Er schlich sich seufzend nicht zur neuen Mutter, sondern sank den treuen Drillingen sanft an das unbeleidigte Herz. Die redlichen Seelen bewillkommten alle den Evangelisten als einen helfenden Freund; und diese bunte Spinne kroch mit ihren unreinen Spinnwarzen auf allen diesen edeln Gewächsen einer offenen Liebe herum; die Spinne hörte alles, sogar die Abrede, daß die Engländer den Befehl, nach der Insel abzugehen, nach dem Buchstaben nehmen und sich in die englische Insel des Lords so lange einsperren wollten, bis Flamin und die Lady mit ihnen allen in ihre größere Insel – ins Werkhaus der Freiheit – in den klassischen Boden aufgerichteter Menschen abzuschiffen imstande wären.

Denselben Morgen zog der Kaplan in seinen Steinbruch und legte sich da vor Anker, weil er vom Neuesten noch nichts wußte. Draußen versaß er die Angst, und nachts zog er wieder ein. Er ging da mit niemand um als mit seinem Körper – wie manche sich

[1] Und auch da nur in Beziehung auf Unsterblichkeit und Wiederersatz. Wir fühlen keine Ungerechtigkeit, wenn ein Wesen ein Plantagenneger, ein anderes ein Sonnenengel wird; aber ihre Schöpfung beginnt ihre Rechte, und der Ewige kann ohne Ungerechtigkeit nicht einmal mit den Schmerzen des winzigsten Wesens die Freuden aller bessern kaufen, wenn es nicht jenem wieder vergütet wird.

mit ihrer Seele, so unterhalten sich andere mit ihrem Körper – und sah von Zeit zu Zeit nicht die Natur, sondern sein Wasser an, um daraus – da dessen Farbenlosigkeit nach der Physiologie Kummer bedeutet – die Kenntnis zu schöpfen, ob er sich sehr abhärme oder nicht; wiewohl kein Protomedikus für ihn stehen wird, daß er nicht urinam chyli oder sanguinis für urinam potus wird angesehen haben. Da die Ärzte behaupten, daß Seufzer nützen, den Puls schneller und die Lungenflügel leichter machen – ein Regent kann also ganzen Ländern auf einmal nützen, wenn er sie zu seufzen nötigt –: so schrieb sich Eymann eine bestimmte Anzahl Seufzer vor, die er zum Besten seiner Lunge täglich zu holen hatte.

Denselben Morgen ging die Lady zur Pfarrerin, um ihr zu sagen, daß Flamin ein Unschuldiger, aber ihr Sohn nicht sei; und Klotilde ging mit ihr, um die Hände der zwei Töchter zu nehmen und ihnen zu sagen: ihr habt einen andern Bruder. Denn Viktor hatte seine Abkunft noch verhehlt. »O Gott!« (sagte die verarmende Pfarrerin und schloß Flamins Mutter und Schwester an die schmachtende Mutterbrust, die mit heißen Seufzerzügen einen Sohn begehrte) – »wo ist denn mein Kind? – Führen Sie meinen wahren Sohn mir zu! – Ach ich ahnete es wohl, daß mich das Duell doch ein Kind kosten würde! Er findet alles wieder, aber ich büße alles ein. – O Sie sind eine Mutter, und ich bin eine Mutter, helfen Sie mir!« – Klotilde schauete sie mit dem weinenden Wunsche des Trostes an; aber die Lady sagte: »Ihr Sohn lebt und ist auch glücklich, aber mehr kann ich nicht sagen.«

Und denselben Morgen war dieser Sohn, unser Viktor, nicht glücklich. Ihm war, bei dem Gerüchte von Flamins Loskettung und von Matthieus Dienstfertigkeit, als wenn er das Zischen und den Kugelpfiff des herabschießenden Stoßvogels vernähme, der bisher unverrückt gleichsam mit angenageltem Fittich hoch im Blauen über dem Raub geruhet hatte. – Verarget es dem Doktor nicht gar zu sehr, daß ihn die verlorne Gelegenheit kränkte, seinen Freund aus dem engen Gefängnis und sich aus dem weiten des Lebens loszumachen. Denn er hat zu viel verloren und ist zu einsam; die Menschen kommen ihm wie die Leute in dem polnischen Steinsalzbergwerk vor, die herumtappen mit einem an dem Kopf gebundnen *Licht*, das sie ein Ich nennen, vom genußlosen Blinken des Salzes umzingelt, weiß gekleidet und mit roten Binden, als wären es Aderlaßbinden. – Die Sprache seiner Bekannten ist, wie die der Sineser, einsilbig. – Er muß dem beschämenden Tag entgegenleben, wo Jenner und die Stadt die Niedrigkeit seines Standes ihm zum Betrug anrechnen. – Vor jedem Auge steht er in einem andern Lichte oder Schatten vielmehr: Matthieu hält ihn für grob, Jenner für intrigant, die Weiber für tändelnd, so wie Emanuel für fromm und Klotilde für zu warm –, denn jeder vernimmt an einem *vollstimmig* besetzten Menschen nur sein Echo. Welches Herz konnt' ihn nun noch bewegen – seines ohnehin nicht –, das Ruder im Sklavenschiff des Lebens länger zu halten? O *eines* konnt' es, ein mächtiges warmes, das mütterliche: »Stürze dich nur aus der Erde,« – sagte sein Gewissen – »dann stirbt dir deine Mutter voll Liebe nach und tritt in der zweiten Welt vor dich mit so vielen Tränen, mit allen heißen Wunden und sagt: Sohn, dieser Schmerz ist dein Werk!« – Er gehorchte und sah ein, wenn es edel ist, für eine Geliebte zu sterben, so sei es noch edler, für eine Mutter zu leben.

Daher beschloß er, noch heute abends – abends, damit die Nacht sich vor einige verwitternde Ruinen der bessern Zeit, vor einige vorüberziehende *Nachtleichen* der Erinnerung stellte – nach St. Lüne zu gehen, seine Mutter zu rufen und ihr müdes sieches Herz wenigstens mit *einer* Freudenblume zu stärken und ihr – da ihn kein Eid mehr band – zu sagen: du gibst mir jetzt zum zweitenmal das Leben. Wie wohl wurd' ihm! – Ein einziger guter Vorsatz bettet und lüftet das scharfe Siechbette eines zerrissenen Lebens.

Aber am Abende, ihr guten Bedrängten, am Abende – nicht des Lebens, sondern – des 21. Oktobers wird euch leichter und frischer werden, und die Kugel eurer Fortuna wird sich aus der Wetterseite in die Sonnenseite drehen!

Abends kam Viktor in St. Lüne an und hüllte sich in die Laube des Pfarrgartens ein, wo er Klotilden die ersten Tränen der Liebe gegeben. – Das Pfarrhaus, das Schloß, die Warte, die zwei Gärten lagen wie verfallne Ritterschlösser um ihn, aus denen alle

Freuden und Bewohner längst gezogen sind! – Alles so herbststill, so stehend um ihn – die Bienen saßen stumm auf dem Flugbrett neben hingerichteten Drohnen – sogar der Mond und ein Wölkchen standen fest nebeneinander – die Wachsmumie war mit dem starren Gesicht gegen das stille Zimmer umgewandt! – Endlich kam die Pfarrerin durch den Garten, um ins Schloß zu gehen. Er wußte, wie sehr sie ihn wieder lieben mußte, da seine Treue gegen den eifersüchtigen Flamin jetzt ans Licht gekommen war. O sie sah so müde und kränklich aus, so rotgeweint und verblutet und veraltet! Ihn dauerte es, daß er erst ein gleichgültiges Wort sagen mußte, um sie in die Laube zu rufen. Als sie hineintrat: erhob er sich und bückte sich tief und legte sich auslöschend an die teure Brust, hinter der eine Welt voll Seufzer und ein Herz voll Liebe war, und sagte: »O Mutter, ich bin dein Sohn – nimm mich auf, dein Sohn hat nichts, er liebt nichts mehr auf der ganzen weiten Erde, nichts mehr als dich – O liebe Mutter, ich habe viel verloren, bis ich dich fand. – Warum siehst du mich so an? – Wenn du mich verschmähest: so gib mir deinen Segen und laß mich entfliehen... O! ich wollte ohnehin nur deinetwegen leben bleiben.« – Sie schauete ihn, zurückgebogen, mit einem nassen Blick voll unaussprechlicher Zärtlichkeit und Trauer an und sagte: »Ists denn wahr? O Gott! wenn Sie mein Sohn wären! – Ach, gutes Kind! – ich habe dich längst geliebt wie eine Mutter. – Aber täusche mich nicht, mein Herz ist so wund!« – Der Sohn schwur.... und hier sinke der Vorhang langsam an der mütterlichen Umarmung herab, und wenn er Sohn und Mutter ganz bedeckt: so schaue ein gutes Kind in seine eigne Seele zurück und sage: hier wohnet alles, was du nicht beschreiben kannst!

Jetzt abends schlich der Kaplan vom Felde heim und durch den Garten hindurch und rief seinem neuen Sohne entgegen: »Ach! Herr Hofmedikus, ich schwinde lästerlich ein. Ich sehe ja offenbar aus wie ein Ecce homo und Fieberhafter. Es wird mir zugesetzt – ich soll eine persona miserabilis, einen souffre douleurs, einen Patropassianer abgeben.« – Da Viktor ihm berichtet hatte: »es sei alles vorüber, der Regierrat sei los und unschuldig«: so blickte Eymann fest auf die Warte und sagte: »Wahrlich droben sitzt der Rat und guckt 'rüber« und wollte hinauf zu ihm; aber Viktor hielt ihn sanft und sagte zärtlich: »Ich bin Ihr Sohn« und offenbarte ihm alles. – »Wie? – Sie? – Du? – Der Sohn eines so vornehmen Lords wäre mein Sohn? – Meinen Herrn Gevatter hätt' ich gezeugt? – Das ist unerhört, ein Bruder der Pate des andern – zwei Sebastiane hab' ich auf einmal im Hause.« – Er wurde die Pfarrerin ansichtig und fing einen Hader an – welches allemal ein Zeichen seiner Freude war. – »So, Frau? Das weißt du heute den ganzen Tag, und mich lässest du draußen im Steinbruch im Notstall sitzen, mitten im Harm, und ich läute bis nachts an der Armensünderglocke? Hättest du nicht den Kalkanten hinauslassen können zum Notifizieren? Das war recht schlecht – die Frau steckt zu Hause und trinkt Bitterwasser, in das ihr ganze Zuckerfässer und Konfektteller hineingeworfen sind – und der Mann hält sich in Steinbrüchen auf und säuft seine bittern Extrakte aus einem Brechbecher fort.« – Sie antwortete nie darauf.

Jetzt erfuhr erst Viktor von seiner Mutter, daß Flamin bloß für den Freund (Matthieu) und für das Vaterland habe sterben wollen – daß er seine eifersüchtige Ungerechtigkeit bereue und die verscherzte Freundschaft bejammere und daß sie ihn eben darum abhole, um ihn in die Hände der wahren Mutter und vor das Angesicht der gekränkten Schwester zu führen. Es war heute am Morgen menschliche Schwäche gewesen, daß das erfrorne Glied der Freundschaft, sein Herz, ein wenig kälter und unempfindlicher gegen Flamin geworden war, da er dessen Rettung aus dem Gefängnis vernahm – aber es war jetzt abends menschliche Güte, daß Flamins großer Entschluß, zu sterben, wie eine Frostsalbe seinem starren Herzen Wärme und Bewegung wiedergab. Sein Inneres regte sich gewaltsam, quoll auf, überströmte den erdrückten Groll, und das Bild des Jugendfreundes stand auf und sagte: »Viktor, gib dem Schulfreund wieder deine Hand – o er hat so viel gelitten und so edel gehandelt!« Tränen schossen ihm aus den zuckenden Augen, als er sich entschloß, auf die Warte zu gehen und zum alten Liebling zu sagen: »Es sei vergessen – komm, wir wollen miteinander zu deiner Schwester gehen.« Er ging allein auf die Warte, um ihn nachher der Lady vorzustellen. Die Pfarrerin sprang einige Minuten von Viktor ab, um seine zwei Schwestern zu benachrichtigen und zu bringen und den blinden Julius aus der Stadt führen zu lassen, damit in der goldnen Halskette der Liebe kein Gelenk abginge.

Welche Himmelleiter, in der jede Minute eine höhere Sprosse ist, steht in dieser Nacht auf der wankenden Erde, und gute Menschen steigen hintereinander hinauf! –

Unten an der Treppe des Thrones der Versöhnung arbeitete Viktors Herz gewaltsam im heißen durchwühlten Blute. Flamin sah ihn langsam hinaufsteigen; aber er kam ihm nicht entgegen, weil es ungewiß war, komme Viktor zürnend oder vergebend. Als dieser endlich oben war: so stützte Flamin sein abgekehrtes Gesicht beschämt in das Gezweig; denn er konnte dem so sehr gemißhandelten Geliebten nicht ins Auge blicken, bis er wußte, daß er ihm verziehen habe. Sie schwiegen schauerlich nebeneinander unter dem rieselnden Lindengipfel – sie errieten einander nicht ganz, und das machte das Schweigen finsterer und das Versöhnen zweifelhaft. Endlich reichte ihm Flamin, heftig atmend und mit dem ins Laub gelegten Gesicht, die zitternde Hand entgegen. Da Viktor diese stumme, um Versöhnung flehende Hand zittern sah: so tropften siedende Tränen durch sein Herz und zertrennten es, und nur aus Wehmut und liebender Schonung verschob er es, die demütige Hand zu nehmen. Aber hier kehrte sich Flamin (im falschen Argwohn) stolz, errötend und voll Tränen und voll alter Liebe um und sagte: »Ich bitte dich recht gern um Vergebung, daß ich gegen dich Engel ein Teufel war; aber dann, wenn du mir keine erteilst, so schleudere ich mich hinunter, damit mich nur der Teufel holt.« – Sonderbar! dieses Erpressen der Verzeihung zog Viktors offne Seele ein wenig zusammen; aber er umfaßte doch den freundschaftlichen Wilden und sagte mit der milden Stimme der stillen Liebe: »Aus dem Grunde der Seele hab' ich dir heute vergeben; aber geliebt hab' ich dich immer und allezeit, und in wenig Wochen würd' ich für dich gestorben sein, um dein Leben zu retten.« – Nun traten ihre Seelen nahe und unverhüllt voreinander und deckten ihr Leben auf – – und da sich beide alles erzählt und Viktor ihm eröffnet hatte, daß er an seine Stelle eingerückt und der Sohn der beraubten Mutter geworden sei: so wollte Flamin vor Reue vergehen und drückte verschämt sein Angesicht tiefer nur an Viktors Brust – und ihre Seelen feierten neuvermählt auf dem Traualtar der Warte ihre Silberhochzeit unter der Brautfackel des Mondes, und ihre Seligkeit wurde von nichts erreicht als von ihrer Freundschaft.

Sie wandelten im zärtlichen Taumel langsam in Le Bauts Garten, und der Strom der Wonne wurde immer tiefer; aber eiskalte Wellen wie vom Flusse Styx erschreckten plötzlich den sanft erwärmten Viktor, da er in die Trauerlaube kam, wo er gerade heute vor einem Jahre, am 21sten Oktober – also ist heute Klotildens Geburttag –, aus seinem zerrütteten Herzen ihr Bild gerissen hatte, und wo er wieder ankam, um es aus den alten Narben vielleicht wieder auszureißen. Denn das Senken seines Standes hatt' ihn ein wenig – stolzer gemacht und seine Liebe für Klotilden scheuer. Die Wahrheit zu sagen, so glaubt' ers selber nicht recht, daß ihr seine niedrige Abkunft unbekannt gewesen; er schloß vielmehr das Widerspiel aus dem Anteil, den sie der Lord an seinen Briefen und an allen Geheimnissen nehmen lassen – aus ihrem anfänglichen Kampf gegen ihre aufkeimende Liebe und aus dem kleinen Stolze gegen ihn am ersten Tage – aus ihrem Lobe der Mißheiraten – aus ihrer Begünstigung der Liebe Giulias gegen Julius, den sie als Lords-Sohn kannte – aus ihrer leichten Einwilligung in die Verlobung, die ja sonst ihr Vater nach der Erkennung nicht mehr zugelassen hätte – und aus andern Zügen, die man bei der zweiten Lesung dieses Werks leichter selber sammelt. Wie gesagt, diese Hoffnung, daß sie ihn allemal gekannt, widerlegte einige Einwürfe seiner Delikatesse und seiner Entsagung; und blühte heute noch höher auf unter so vielen Freuden und schönen Zufällen. – Ach! wenn er ohne alle Hoffnung gewesen wäre: so hätt' er ja mitten im Kreise so vieler Beglückten als die letzte Opferleiche niederfallen müssen! – Aber das Etwas im Menschen, das ihm allemal einen großen Verlust so wahrscheinlich und einen großen Gewinn so unwahrscheinlich vormalt, quälte, vereinigt mit wehmütigen Erinnerungen, ihn jetzo.

Er bat daher Flamin, ihn ein wenig in der Laube zu lassen und allein (da die Pfarrerin schon im Garten war) in die befreundeten Arme der gefundenen Schwester und Mutter zu eilen, und setzte dazu, er komme bald nach. Als Flamin fort war: fing Viktor immer vor Klotildens Erschütterung zu zittern an, die sich ihrer vielleicht bei der Nachricht seiner Abstammung bemeistern werde; und es drückte ihn sehr, da er dachte, daß für alle im Garten die Trauer von dem schwarz ausgeschlagnen Trauerzimmer der Erde abgenommen werde, nur für ihn wohl nicht. –

Aber da kam, von neuen Entzückungen widerscheinend, seine Mutter und trocknete ihm, eh' sie fragte, erst die Augen ab. Ihre neuen Entzückungen kamen davon her, daß Klotilde ihr, da sie seine Abkunft erzählet hatte, um den Hals gefallen und sie um Verzeihung des so langen Verhehlens, des so lange fortgesetzten Raubes des Kindes gebeten – und daß sie die Mutter an ein auf dem Spaziergang nach der Verlobung gegebenes und nun gehaltenes Versprechen erinnert hatte. Der Mutter – und ich sorge, dem Leser – war vieles entfallen, und Klotilde flog nur eilig und errötend über die Sache weg; hatte sie aber dort nicht zu ihr gesagt: »Wir ändern unser *Verhältnis* nicht«, nämlich das einer Schwägerschaft? – Die Pfarrerin beschloß den Bericht mit dem Gesuch der Lady, ihr den neuen Sohn recht schnell zu bringen. Viktor konnte vor weinendem Entzücken nichts sagen als: »Ist denn meine gute Agathe und der Blinde noch nicht da?« – Und beide standen – hinter ihm; und er verbarg das Übermaß seiner Wonne unter Liebkosungen der Schwester und des Freundes; sein weiter Leidenkelch war ja ganz mit Freudentränen vollgegossen.

Als er den schönen Weg zu den lieblichen Verbündeten antrat im gehenden Zirkel drei liebender Seelen: so kamen sie ihm alle entgegen mit glänzenden Zügen – mit schwimmenden Blicken – mit verschmerzten Erinnerungen, oder vielmehr mit genossenen, denn von den zertretenen Freudenblumen auf dem Lebenswege wehet Wohlgeruch auf die jetzige Stunde herüber, wie ziehende Heere oft aus Steppen den Wohlgeruch zerquetschter Kräuter ausschicken. Die Lady wurde von ihren zwei Kindern geführt und sagte verbindlich lächelnd: »Hier stell' ich Ihnen meine geliebten Kinder vor, setzen Sie die Freundschaft gegen sie fort, die Sie ihnen bisher gegeben haben.« – Ihr Sohn Flamin flog, gleichgültig gegen Sitte, an seinen Hals. Klotilde bückte sich tiefer, als sie vor einem Fürsten getan hätte, und in ihrem Auge schwamm die Frage der wehmütigen Liebe: »Bist du noch unglücklich? hab' ich noch dein Herz? Warum ist dein Auge benetzt, warum deine Stimme gebrochen?« – Viktor erwiderte mit ebensoviel Zärtlichkeit als Anstand, indem er sich gegen die Lady wandte: »Sie konnten an keinem schönern Tage Ihren Sohn wiederfinden als am Geburttage Ihrer Tochter.«....

Daran hatte in den bisherigen Wirbelwinden keiner gedacht. Welches frohe Chaos! Welch eine herzliche liebende Sprachverwirrung von glückwünschenden Improvisatoren! Welch ein gerührter Augendank Klotildens für ein so verbindliches Gedächtnis!

Man zog trunken durch den kühlen Garten in das Schloß. O, wenn Schwesterliebe, Kindesliebe, Mutterliebe, Geliebtenliebe und Freundschaft nebeneinander auf den Altären brennen: so tut es dem guten Menschen wohl, daß das Menschenherz so edel ist und den Stoff zu so vielen Flammen verwahrt, und daß wir Liebe und Wärme nur fühlen, wenn wir sie außer uns verteilen, so wie unser Blut uns nicht eher warm vorkömmt, als bis es, außerhalb den Adern fließend, im Freien ist. – O Liebe! wie glücklich sind wir, daß du, von einer zweiten Seele angeschauet, dich wiedererzeugst und verdoppelst, daß warme Herzen warme ziehen und schaffen wie Sonnen Planeten, die größern die kleinern und Gott alle – und daß selber der dunkle Planet nur eine kleinere, überzogene, eingehäusige Sonne ist.... Alle Seelen standen heute hoch auf ihrer Alpe und sahen – wie auf einer physischen – den *Regenbogen* des Menschenglücks als einen großen vollendeten *Zauberkreis* zwischen der Erde und der Sonne hängen. – Im Schlosse bat die Lady ihre Tochter, allein in das dunkle Zimmer der Mundharmonika zu gehen, sie woll' ihr das Angebinde des Wiegenfestes geben. Klotildens Auge nahm vom bleibenden Freund mit einem zweiten Dank für seine Seele einen zärtlichen Abschied.

Nach ihrer Entfernung gab ihm die Lady einen Wink, mit ihr

hinter den andern nachzubleiben – da sank er gern vor Klotildens Mutter, die um ihre Einwilligung in seine Liebe noch nicht gebeten war, mit den Worten auf das Knie: »Wenn Sie meine Bitte nicht erraten: so hab' ich nicht den Mut, sie anzufangen.« Sie hob ihn auf und sagte: »Bitten, die so stillschweigend geschehen, werden ebenso still erfüllt – aber jetzt kommen Sie lieber und sehen zu, womit ich meine Tochter beschenke.« – Aber er mußte erst lange die Hand benetzen und küssen, die ihm den Lindenhonig eines ganzen Lebens reichen will.

Beide gingen nun in diesem aus dem tausendjährigen Reiche herübergeschickten Abende ins dunkle Zimmer zur Tochter. Warum entflossen Klotilden Tränen vor Wonne, noch eh' die Mutter sprach? – weil sie schon alles erraten konnte. Die Mutter führte den Geliebten an die Geliebte und sagte zur Braut: »Nimm hin das Angebinde deines Festtages. Wenige Mütter sind reich genug, ein solches zu geben – aber auch wenige Töchter sind gut genug, es zu erhalten.« – Das Brautpaar wurde vom Druck der schweren Wonne, des großen stummen Dankes vor ihr niedergedrückt auf die Knie und teilte sich in die zwei wohltätigen Hände der Mutter; aber diese zog sie sanft aus fremden weg und legte den Liebenden die ihrigen ineinander und schlüpfte davon mit dem Laute: »Hieher will ich unsre Gäste bringen!« – –

– O ihr zwei endlich beglückten, nebeneinander knienden guten Seelen! wie unglücklich muß ein Mensch sein, der ohne eine Träne der Freude – oder wie glücklich einer, der ohne eine Träne der Sehnsucht euch sehen kann jetzo stumm und weinend einander in die Arme fallen – nach so vielen Losreißungen endlich verknüpft – nach so vielen Verblutungen endlich geheilt – nach tausend, tausend Seufzern doch endlich beglückt – und unaussprechlich beglückt durch Herzenunschuld und durch Seelenfrieden und durch Gott! – Nein, ich kann heute meine nassen Augen nicht von euch wenden – ich kann heute die andern guten Menschen nicht anschauen und abzeichnen – sondern ich lege meine Augen mit den *zwei* Tränen, die der Glückliche und der Unglückliche hat, fest und sanft auf meine zwei stillen Geliebten im dunkeln Zimmer, wo einmal der Hauch der Harmonikatöne ihre zwei Seelen wie Gold- und Silberblättchen aneinanderwehte. – O, da sich mein Buch jetzt endigt und meine Geliebten entweichen: so ziehe dich langsam weg, dunkles Allerheiligstes mit deinen beiden Engeln – töne lange nach, wenn du auffliehest mit deinen melodischen Seelen, wie Schwanen in der Nacht mit Flötentönen durch den Himmel ziehen. – – Aber ach, steht nicht schon hoch und weit von mir das Allerheiligste und hängt als Silberwölkchen am Horizont des Traums? – O, diese guten Menschen, dieser gute Viktor, dieser gute Emanuel, diese gute Klotilde, alle diese Lenz-Träume sind aufgestiegen, und mein Herz blickt schmerzlich auf und rufet ohne Hoffnung nach: »Träume des Frühlings, wann kommt ihr wieder?«

O warum würd' ichs tun, wenn nicht die Freude, die wir so fest an den Händen fassen, auch Träume wären, die aufsteigen? Aber diesen rufet das auf dem Grabstein zuckende, zurückgefallne jammernde Herz nicht nach: »Träume des Frühlings, wann kommt ihr wieder?« – –

Nachtrag zum 44. Hundposttag

Nichts –

Da dieser Nachtrag zu einem Posttäglein zu klein war: so wartete ich immer auf den Hund und auf neuen biographischen Pfeifenton und Teig. – Weil aber die poste aux chiens ausbleibt, so will ich nur die wenigen Katzen-Töne, die ich aus dem liebenden Konzert des vorigen Kapitels weggelassen, hier auf meine Noten setzen. Es ist lauter verdrüßliches Zeug, was ich hier noch nachzuholen habe, und eben jene Knarrtöne können wieder eine neue Lauwine herabwerfen und neuen Unfug stiften. Es ist nur dumm, daß so das Buch aus und doch nicht aus ist, da der Hund von einem – Hund ganz unerwartet weg ist, wie Schnupftabak.

Die stiefmütterliche Kammerherrin, die vom biographischen Geister- und Körperbanner seit langem aus diesen Blättern landesverwiesen ist, war bei der Ankunft der Lady aus sehr natürlicher Antipathie wegmarschiert auf ein kleines Landgut. Reise zu, du bist ohnehin meine Amancebada nicht!' – Matthieu war im vorigen Kapitel nach seiner alten Kühnheit unter lauter Widersachern seines dunkelbraunen Ich ein wenig dageblieben; und saß im Schlosse, als die glückliche Prozession aus dem Garten einzog. Er wußte noch nicht, daß der Hofmann Viktor wahrhaftig nichts ist als ein bloßer platter Pfarrsohn. Anfangs setzte er den antiken Spaß seiner Lieberklärung gegen Agathen fort und reizte den Pfarrer zu Komplimenten und Dankadressen für die Dienste an, die er allen heute erwiesen. Als er aber zu viel Gleichgültigkeit gegen seine kalte Bosheit vorfand, benahm er seiner Verachtung die Zweideutigkeit. Überhaupt war sein Herz aufrichtig und stellte sich lieber boshafter als tugendhafter an, als es war; er haßte eine Verstellung, wodurch sich mancher Höfling leicht jene Miene des Tugendhaften gibt, die am besten durch Lavaters Bemerkung zu erklären ist, daß der Zornige auf seinem Gesicht die Mienen dessen, den er hasset, bekomme.

Endlich erriet Matthieu die Geheimnisse, und der Pfarrer bestätigte sie ihm. Ein solches Wasser für seine Schneide- und Sägemühle, auf der er Menschen für sein Throngerüste zurechtschnitt, war noch nie auf ihn zugeflossen – wenn er dieses neue Falsum, diesen neuen entsetzlichen abscheulichen Betrug, den der Lord dem Fürsten gespielt, dem Fürsten vorträgt: so muß – schließet er – Jenner außer sich kommen vor Erstaunen über Lord Horions Lügen und über Matthieus Wahrheiten. – Jetzt hielt ers für Pflicht, zu lächeln zwar, aber nicht mehr schadenfroh wie Matz, sondern ordentlich verachtend, wie ein Hof-Lehnmann soll; auch fühlte er, wie sehr es unter seiner Würde sei, sich länger in dieses bürgerliche Quodlibet, ohne es doch zum Narren zu haben, mit einquirlen zu lassen. Er ging mithin – um die Neuigkeit aus seinem Säetuch in gutes Land auszuwerfen – nach einem kurzen, aber aufrichtigen Glückwunsche zur Vermählung noch dieselbe Nacht an den Hof zurück – – – und der Teufel folgte ihm als Kammermohr anständig hinterdrein.

Ich wollte, der Spitzbube täte keinen Tritt mehr in meine biographische Schreibstube und casa santa; er ist sich so vieler unmoralischer Hülfquellen bewußt, daß er ordentlich im Kraftgefühl derselben mit den Sünden spielt und immer einige mehr wagt, als er braucht; so wie er z. B. in der Maienthaler Allee mit der Stimme der Nachtigall aus bloßem Übermut Viktor und Klotilde in seine Nähe lockte, obgleich Flamin beide ohne jene Philomelenmaschinerie hätte belauschen können. Von dieser Seite wünsch' ich fast gar nicht mehr, daß der Posthund weiter kömmt; ich muß zu sehr besorgen, daß Matthieu neuen Krötenlaich und eine neue Essigmutter des Elends an die Wärme Jenners bringt, damit sie neues giftiges scharfes Unglück aushecke; denn er wird es gewiß höchsten Orts berichten, daß die drei Engländer sich in die Insel wie in eine Katakombe verstecken – daß Flamin sich ihnen zugeselle – daß Viktor bisher einen Fürsten belogen, dessen Untertan er sei – noch anderer Dinge zu geschweigen, welche die ministerialische Spionin und Kammerherrin von Le Baut mitteilt und sein so antiklubistischer Vater schwarz färbt, und die jene zeichnet und dieser koloriert. Und wenn ich bedenke, daß in dieser Lebensbeschreibung ein kleines Unglück immer die Eierschale und das Eiweiß eines großen war: so bin ich sehr geneigt zu glauben, daß der Ausdruck des Pfarrers am 21. Oktober mehr Witz als Wahrheit enthalte: »daß sie gegenwärtig alle statt des Tränenbrots den Brautkuchen der Freude anschnitten.«... Ihr guten Menschen! worin mag jetzt in dieser Minute euer Busen auf- und niedergehen, im weichen dünnen Äther der Freude oder im Gewitter-Brodem der Angst? –

Nachtrag zum Nachtrag

Ich habe hierzu, während sich die erste Auflage vergriff, einige recht interessante Umstände für die zweite erfahren. Julius umhalsete im Garten seinen Viktor recht fest und sagte: »Ich bin sehr froh, daß ich wieder da bin – ich war den ganzen Tag so allein und hörte keinen Menschen – dein italienischer Bedienter ist ganz fortgelaufen.« In Viktor stieg über diese unerklärliche Entweichung eines treuen glücklichen Dieners, wenn nicht eine Gewitterwolke, doch ein Nebel auf. Die stille Marie hatte dem Blinden die Dienste des Flüchtlings emsig getan. »Ich hätte dem Italiener gern vorher seinen Brief gegeben,« (fuhr Julius fort) »aber da hab' ich ihn noch.« Viktor besah ihn und fand voll Erstaunen die Adresse von der Hand des – Lords. Der Brief wurde einige Minuten nach des Menschen Flucht an den *Blinden* mit der Bitte abgereicht, ihn niemand als dem Welschen zu geben. Wiewohl Flamin und die Lady und die Pfarrerin versprachen, das Erbrechen des Briefes zu verantworten: so ging Viktor doch an diese Auflösung einer neuen Scharade seines Lebens ungern; denn Klotilde schwieg dazu. Hier ist die vidimierte Kopie:

»Sie haben recht. Aber reisen Sie nicht erst morgen, sondern auf der Stelle zum Mr.***. Der Ort bleibt ♄. Aber VI sind notwendig.«

Mr. konnte den Monsieur (den fünften Sohn) bedeuten. Weiter war aus diesem Wolkenzug nichts vom künftigen Wetter durch die besten Wetterpropheten zu erraten. Aber nur aus ihrer eignen bangen Wißbegierde nach der Deutung dieser Himmelzeichen können sich die Leser eine Vorstellung von der großen unsers Helden machen.

45STES ODER LETZTES KAPITEL

Knef – die Stadt Hof – Schweißfuchs – Räuber – Schlaf – Schwur – Nachtreise – Gebüsch – Ende....

Ich sage nur so viel voraus: solange man noch Dinte – wie den Johannisbeerwein – aus Federspulen verzapfte; solange noch Kiele geschnitten wurden, um Friedeninstrumente zu machen – oder verkohlet, um Krieginstrumente zu machen (denn die Kohle des Schießpulvers bereitet man aus Federn) – und noch länger vorher: so lange ist der sonderbare Vorfall gar noch nicht vorgefallen, den ich der Welt jetzo zu berichten habe. Wie gesagt, ich sage nur das voraus: der Vorfall ist leidlich.

Weil der Posthund seit dem 44sten Kapitel von diesem gelehrten Werke die Hand oder Pfote abgezogen: so wollt' ichs allein hinausmachen und nur noch ein letztes Kapitel – aber nicht dieses – als Schlußstein und Schwanengesang gar anstoßen, damit das opus einmal auf die Post und auf die Welt käme. Gute Rezensenten, dacht' ich, lässest du über den Mangel an einer Finalkadenz sich mit dem Posthunde und biographischen Leithammel so lange herumbeißen, als sie wollen..... Es war schon gegen das Ende des Oktobers und meiner Robinsonade auf der Johannisinsel, als der alte gute Freitag dieses Robinsons, mein Doktor *Fenk*, von seiner langen botanischen Alpenreise nach Scheerau heimkehrte, aber sogleich wieder in die See stach und auf meinem Johannitermeistertum ausstieg.

Wir setzten uns nieder zu zwei oder drei Gängen mit historischem Eingeschneizel (Ragout) von Reiseanekdoten. Zuletzt macht' ich ihn – wie alle Gelehrte tun – auf das aufmerksam, was ich schriebe, auf mein neuestes Opusculum, das so verdammt hoch vor uns aufgebettet stand wie ein Sternenkegel: »Es ist ganz flüchtig« (sagt' ich) »von mir gefallen, oft in der Nacht, so wie Voltaire oder die Pfauhennen im Schlafe Eier aufs Stroh herunterspringen lassen. Ich habe die Welt mit diesem Vermächtnis von vier Heftlein gern bedacht; aber das Vermächtnis wartet noch aufs letzte Kapitel – sonst wird die Hundarbeit im edeln Sinn eine im schlechten.« Er las das ganze Vermächtnis vor meinen Augen durch – welches für einen Autor eine närrisch schwüle Empfindung ist – und schwepperte oft mit den zwei Armen auf und nieder und wollte den Verfasser rot machen durch übertreibendes Lob; aber es verfing nichts; denn ein Verfasser hat sich jedes schon vorher tausendmal erteilt und ist zugleich seine eigne Fleischwaage, sein eignes Fleischgewicht und sein eignes Fleisch, weil er wie ein Tugendhafter mit seinem eignen Beifall zufrieden ist. –

»Der Held deiner Posttage« – sagt' er – »ist ein wenig nach dir selber gebosselt.« – »Das«, versetzte ich, »entscheide die Welt und der Held, wenn mich beide kennen lernen; es tuns aber alle Autores, ihr Ich steht entweder abgezeichnet *vor* dem Titelblatte oder darhinter mitten im Werke, wie der Maler Rubens und der Zeichner Ramberg fast in allen ihren Arbeiten einen Hund anbringen.«

Nun aber denke man sich mein staunendes Händezusammenschlagen, als der Doktor mir das Ländchen nannte, wo die ganze Geschichte vorging: *** heißet wirklich das Ländchen. »Ich solle nur hin,« sagt' er, »so könnt' ich das 45ste Schwanz-Kapitel aus der Quelle schöpfen. Bei seinem Durchmarsch wäre man in Flachsenfingen erst über dem 40sten Hundposttage her gewesen. Wenn ich eigne Pferde nehmen wollte (das will ich, sagt' ich, ich kaufe mir heute noch eigne): so könnt' ich vielleicht einem vornehmen Passagier nachkommen, der, wenn ihn nicht alles tröge, der Lord leibhaftig sei.« Wegen einiger Lot Teufeldreck, die Fenk unterweges nötig hatte, war er sogar bei Zeuseln in der Apotheke gewesen, dem, sagt' er, die Zahl 99 so leserlich wie dem Nummernvogel (Catalanta) die Zahl 98 anerschaffen sei.

Verdenken kann mans wahrlich keinem Autor, der nach seinem 45sten Schwanz- und Schleppen-Kapitel krebset und fischet, daß er wie unsinnig weglief – aufpackte – anschirrte – einsaß – fortjagte und so wütig zufuhr im Vorüberschießen vor Hotels, vor Landhäusern, vor Prozessionen, vor Sternen und Nächten, daß ich nicht etwan in ** Tagen, sondern schon in *** Tagen (mancher wird gar denken, ich mache Wind) in den Gasthof zum *goldnen Löwen* bestäubt, aber ungepudert hineinsprang. Besagter Gasthof liegt nämlich in der *Stadt Hof*, die ihrerseits wieder in etwas Größerem liegt, nämlich im Voigtland. Ich nenne mit Fleiß weder die Tage meiner Reise noch das Tor, wodurch ich zu Hof einschoß, damit ichs nicht neugierigen Schelmen und mouchards durch die Marschroute verrate, wie Flachsenfingen heißet. Hof konnt' ich ohne Schaden herausnennen, weil man von da aus – sobald man über die Tore hinaus ist – nach allen Punkten des Kompasses fahren kann; und so kann man da (welches recht gut ist) auch aus allen Orten ankommen, aus Mönchberg, Kotzau, Gattendorf, Sachsen, Bamberg, Böheim und aus Amerika und aus den Spitzbubeninseln und aus dem ganzen Büsching und Fabri.

Nicht weit vom goldnen Löwen (eigentlich im Habergäßchen) stand ein vornehmer Engländer und sah zu, wie seine vier rauchenden Pferde eine Medizin von $^2/_3$ gemeinem Salpeter und $^1/_3$ Roßschwefel gegen das Verschlagen einbekamen. Der Fremde – der ungefähr so viel Jahre haben mochte als dieses Buch Tage – war schwarz gekleidet, lang, ehrwürdig, reich (nach der Equipage zu urteilen) und männlich gebildet. Sein heller und fixierter Blick lag wie ein Brennpunkt zündend auf den Menschen – sein Gesicht war fein und kalt – auf seiner Stirne stand die lotrechte Sekante als der Taktstrich der Geschäfte, als Ausrufzeichen über die Mühen des Lebens – mit bleichen waagrechten Linien war dieser Taktstrich rastriert, beide Arten von Linien waren gleichsam als Zeichen in die zu hohe Stirne eingeschnitten, wie hoch das Tränenwasser der Trübsal schon an dieser Stirne, an dieser Seele aufgestiegen sei. »Ich wollte den Lord Horion« – dacht' ich – »anders geschildert haben, wenn mir dieses Gesicht eher vorgekommen wäre.« Vielleicht denkt der Leser, das war der Lord selber.

Als der Engländer mein Terzett von Schweißfüchsen erblickt hatte: ging er gerade auf mich zu und leitete ein Tauschprojekt ein und wollte meinen Fuchs gegen einen Rappen einwechseln. Er hatte die Phantasie der vornehmen Russen, mit einem ordentlichen Zento ungleichfärbiger Pferde zu fahren – so wie er die schönere Sitte der Neapolitaner hatte, ein freies lediges Pferd wie einen Hirsch neben dem Wagen hertanzen zu lassen –; daher, des Roß-Quodlibets halber, wollt' er meinen elenden Fuchs erstehen, der, die Wahrheit zu sagen, nirgends sein eignes Haar trug als hinten auf dem Bürzel. Ich sagte es ihm geradezu – um ihm keinen Argwohn eines Eigennutzes und einer Absicht zu lassen –: »meine drei Füchse sähen wie die drei Furien aus und stellten die drei Kavitäten der Anatomie ein wenig vor; bloß der Schweißgaul, den er wolle, sei herrlich gebauet, besonders um den Kopf herum, und ich verlör' ihn ungern gerade jetzt, da mir der Kopf erst recht einschlagen will.« – »So?« sagte der Brite. »Natürlich,« sagt' ich, »denn ein Pferdekopf ist das beste Mittel gegen Wanzen, und der muß nun bald, wie eine reife Pflaume, vom Gaul abfallen – den Kopf kann ich in mein Bettstroh tun.« Der Engländer lächelte nicht einmal; unter dem ganzen Handel regte er keinen Finger, keine Miene, keinen Muskel. Erst als ich selber gesagt hatte: »Wenn nur die drei Parzen so lange auf den Beinen bleiben, bis ich das 45ste Kapitel abgeholt habe auf der Achse«, so fiel es mir auf, daß er mich auf eine entfernte Art mehr zu studieren und auszufragen getrachtet als den Schweißfuchs – und ich geriet auf die Hypothese, ob er nicht gar den ganzen Roßtausch nur zum Deckmantel seiner verdächtigen Ausforschfragen gemißbraucht habe.

Der Leser lese nur weiter! – Der Engländer fuhr mit meinem Fuchs-Muskelnpräparat davon – und ich später hintennach mit dem Rappen, der so stark, schwarz und gleißend war wie der alte Adam des Menschen.

Aber ich muß erst sagen, was ich in Hof wollte: – zueignen wollt' ich. Anfangs sollte jedes dieser Heftlein einer Freundin zugeeignet werden; aber ich mußte besorgen, es würde mich gereuen, weil ich mich jeden Monat mit einer andern – mit allen auf einmal nie – zu zanken pflege. Ich möchte wissen, unter welcher geographischen Breite der Mann läge, der nicht mit seiner Freundin tausendmal öfter keifte als mit seinem Freund. Der Lebensbeschreiber mußte also aus Not – weil er zu veränderlich ist – mit seinen vier Heftlein quer aus dem goldnen Löwen über die Gasse ziehen und zu dem einzigen ins Haus gehen, gegen den er sich nicht ändert und ders auch nicht tut, und zu ihm sagen: »Hier, mein lieber guter Christian Otto, eigne ich dir wieder etwas – vier Heftlein auf einmal – hübsch wär' es, wenn du jedes wieder an die Deinigen dediziertest, dreie langen gerade zu, und deines bleibt dir auch – ich reite nun dem 45sten Kapitel nach, und du schneide und raupe indes an den 44 andern Rabatten so viel ab, als du willst.«

Und hier, mein Treuer, mußt du das letzte Kapitel auch gar haben, und ich setze nur noch dazu: »Diesen *Hesperus*, der als *Morgenstern* über meinem frischen Lebensmorgen steht, kannst du noch anschauen, wenn mein Erdentag vorüber ist; dann ist er ein stiller *Abendstern* für stille Menschen, bis auch er hinter seinem Hügel untergeht.«

Da alle Briefe an mich, wie bekannt, in der emsigen und etwas grämlichen Stadt Hof abgegeben werden; und da überhaupt viele Reisende sie passieren: so kann man mir schon den kleinen Platz zu zwei Bemerkungen vergönnen, welche die Stadt über die Stadt selber gemacht. Die Höfer bemerken nämlich alle und tadelns, daß sie sich nicht recht zusammengewöhnen können; wir sollten uns sämtlich, sagen sie, einander recht gut ausstehen können und schon dadurch des großen Montesquieu Bemerkung widerlegen, daß der Handel Völker verknüpfe und Einzelwesen zertrenne. Zweitens werfen es alle einander vor, daß sie von Jahr zu Jahr weite Düten voll Balsaminen-, Rosen-, Klee- und Liliensamen und hohe Schachteln voll herrlicher Apfelkerne (besonders Kerne von Herrenäpfeln, Violenäpfeln, Adams- und Jungfernäpfeln und holländischen Ketterlingen) in Menge antauschten und aufschütteten und in Winterhäusern aufspeicherten – – daß sie aber von diesem Gesäme wenig oder nichts versäeten oder aussteckten: »Im Alter«, sagen sie, »sollen uns gute Früchte und Blumen zupasse kommen, wenn wir aus den jetzigen recht viel Samen ziehen und ihn dann versäen.« – Einem Kandidaten (einem akademischen Stubenkameraden von mir) gaben diese zwei Bemerkungen Anlaß zu zwei recht guten Teilen in einer Nachmittagpredigt: im ersten Teile zeigte er seinen Höfern aus der Epistel, daß sie einander in der flüchtigen Lufterscheinung des Lebens nicht raufen, sondern recht lieben sollten, ohne Rücksicht auf die Nummern der Häuser – und im zweiten Pars tat er dar, sie sollten sich im kurzen abnehmenden Lichte des Lebens von Zeit zu Zeit einen und den andern Spaß machen.....

Als ich kaum einige Stunden – Tage – Wochen gefahren (denn die Wahrheit sag' ich nicht) und gegen Mitternacht in meinem Wagen bergauf in einem dicken Forste eingeschlafen war: so stürzten zwei Hände, die von hinten durch das Rückenfenster sich hereingearbeitet hatten, eine Bienenkappe über meinen Kopf, schnallten sie hurtig um den Hals mit einem Vorlegschloß, verschränkten und verdeckten meine Augen, und mich selber ergriffen, hielten und banden zehn bis zwölf andere Hände. Das Schlimmste bei so etwas ist, daß man denkt, man werde totgeschlagen und von seinen Juwelenkästchen entblößt; nun kann man aber einen Autor, der sein Buch noch nicht hinausgemacht hat, nicht ärgerlicher und verdrießlicher machen, als wenn man ihn erschlägt. Kein Mensch will in einem Plane sterben; und doch trägt jeder zu jeder Stunde des Tages zugleich aufknospende, grüne, halb reife und ganz reife Plane. Ich suchte also mein Leben mit einer Tapferkeit zu verfechten – weil mir ums 45ste Kapitel und dessen Kunstrichter zu tun war –, daß ich – ich kann es sagen – vier bis fünf Prinzenräuber leicht übermeistert hätte, wär' es nicht ein halbes Dutzend gewesen. Ich streckte das Gewehr, behauptete aber das Schlachtfeld, nämlich das Kutsch-Kissen, und merkte überhaupt, daß man den Berghauptmann nicht sowohl tot machen wollen als blind. Es wurde noch abenteuerlicher – mein eigner Kerl wurde nicht vom Throne seines Bocks gestürzt – mein Wagen blieb auf dem Wege nach Flachsenfingen – zwei Herren setzten sich zu mir hinein, die, nach ihren Mädchenhänden zu urteilen, von Stande waren – und noch sonderbarer, es boll ein Hund, der, dem Bellen nach, als Meßhelfer und Mitmeister an diesem gelehrten Werke gearbeitet hatte.

Wir soupierten und goutierten unter freiem Himmel. Hier wurde mir ein chirurgisches Ordenband auf bloßen Leib umgetan, weil ich unter den Viertelschwenkungen und Hand-Evolutionen meiner Gegenwehr unglücklicherweise mein Schulterblatt in eine Degen-Spitze getrieben hatte. Essen konnt' ich recht gut, weil das blecherne Kanarienbauer-Türchen an meiner Bienenkappe weit aufgedrehet war. O lieber Himmel! wenn das Publikum den Verfasser der Hundposttage hätte seine Eßwaren in die aufhängenden Torflügel von Blech einschieben sehen: er wäre vergangen vor Scham! – Unter dem Essen lockte ich den Hund mit dem Namen »Hofmann!« zu mir: er kam wirklich; ich fühlte ihn aus, ob an seinem Halse kein 45stes Kapitel hinge – er war leer.

Nach einem langen Wechsel von Fahren – Essen – Schweigen – Schlafen – Tagen – Nächten wurd' ich endlich in eine See gesetzt und so lange herumgefahren (oder kams von einem Schlaftrunk), bis ich schlief wie eine Ratte. Was darauf geschah: mach' ich – so wunderbar es immer ist – erst bekannt, wenn ich die Bemerkung ausgeschrieben habe, daß die große *Freude* und der große *Schmerz* die edlern Neigungen in uns beleben und verjüngen, daß aber die *Hoffnung* und noch weit mehr die *Angst* den ganzen Wurmstock elender Begierden, den Infusionslaich kleiner Gedanken anbrüten und auseinanderringeln und ins Nagen bringen – so daß also der *Teufel* und der *Engel* in uns eine ärgere

Parität ihrer zwei Religionen, als selber in Augsburg bei zwei andern ist, zu erhalten wissen, und daß jede von den zwei Religionparteien im Menschen ebensogut ihren eignen Nachtwächter, Zensor, Wirt, Zeitungschreiber besoldet als, wie gesagt, in Augsburg....

– Ich hatte die Augen noch geschlossen, als ein Lispeln, von tausend Gipfeln weitergewirbelt, mich umschwamm, das getriebene Luftmeer zog durch enge Äolsharfen und schlug daran Wellen, und die Wellen überspülten mich mit Melodien – eine hohe Bergluft, von einer vorüberschießenden Wolke herzuschlagend, fuhr wie ein Wasserstrahl kühl an meine Brust – ich öffnete die Augen und dachte, ich träumte, weil ich ohne die eiserne Maske war – ich war an die fünfte Säule auf der obersten Stufe eines griechischen Tempels gelehnt, dessen weißen Fußboden die *Gipfel* taumelnder Pappeln umzingelten – und die Gipfel von Eichen und Kastanien liefen nur wie Fruchthecken und Geländerbäume wallend um den hohen Tempel und reichten dem Menschen darin nur bis an das Herz. –

Ich muß ja diese wühlende Gipfelsaat kennen, sagt' ich – dort hängen Trauerbirken die Arme – da draußen knien Stämme vor dem Donner, der sie getroffen – flattern nicht neun Flöre und zerstäubte Springbrunnen in gefleckten Zweigen durcheinander? – und die Gewitter haben hier ihre Ableiter als fünf eiserne Zepter in die Erde gepflanzt. – Das ist doch gewiß ein Traum von der *Insel der Vereinigung*, die so oft bisher den Nebel des Schlafs mit Strahlen durchschnitten und himmlisch und ziehend meine Seele angeschimmert hat. – –

Es war aber kein Traum. Ich stand von der Stufe auf und wollte in den griechischen durchhellten Tempel, der bloß aus einem griechischen Dache und aus fünf Säulen und der ganzen um ihn gelagerten Erde bestand, eintreten, als mich acht Arme umfaßten und vier Stimmen anredeten: »Bruder! – wir sind deine Brüder.« Eh' ich sie anschauete, eh' ich sie anredete: fiel ich gern mit ausgebreiteten Armen zwischen drei Herzen, die ich nicht kannte, und vergoß Tränen an einem vierten, das ich nicht kannte, und hob endlich, nicht fragend, sondern beglückt, die Augen von den unbekannten Herzen auf in ihr Angesicht, und unter dem Anschauen sagte hinter mir mein geliebter Doktor Fenk: »Du bist der Bruder Flamins, und diese drei Engländer sind deine leiblichen Brüder.«... Die Freude zuckte durch mich wie ein Schmerz – ich drückte mich stumm an die Lippen der vier Umarmten und Umarmenden – aber ich stürzte dann an den ältern Freund und stammelte: »Guter lieber Fenk! sag mir alles! Ich bin zerrüttet und bezaubert von Dingen, die ich doch nicht fasse.«

Fenk ging lächelnd mit mir wieder zu den vier Brüdern und sagte zu ihnen: »Seht, das ist der Monsieur, euer fünfter, auf den sieben Inseln verlorner Bruder und euer Biograph dazu – nun hat er endlich sein 45stes Kapitel erwischt.« – Da wandte er sich an mich: »Du siehst doch,« (sagt' er) »daß das die Insel der Vereinigung ist – daß die Drillinge hier die drei Söhne des Fürsten sind, die unser Lord bringen wollte. – Deinetwegen, weil du schon lange von den sieben Inseln weg bist, ist er durch alle Marktflecken und um alle Inseln von Europa gefahren. Endlich schrieb ich ihm«....

»Du bist gewiß auch« (unterbrach ich ihn) »mein Korrespondent mit dem Hund gewesen.« –

»Fahr nur fort«, sagt' er.

»Und *Knef* ist der umgekehrte *Fenk* – und hast dich bei Viktor für einen Italiener, der kein Deutsch kann, ausgegeben – und ihm den ganzen Tag seine eigne Konduitenliste für den Lord abgeschrieben, und für mich im Grunde auch, um sein und mein Spion zu sein.« –

»So ists – und habe also« (sagt' er) »dem Lord auch geschrieben, dein französischer Name Jean Paul mache dich verdächtig, und da du noch dazu selber nicht weißt, wo du her bist, und dazu gerechnet dein närrisches Stück Lebensweg, der wie in einem englischen Garten nicht eine Meile lang geradeaus geht« – –

»Der Biograph«, sagt' ich, »sollte überhaupt sein eigner sein.[1]« –

»Jetzo wird mirs unbegreiflich, wie ich nur nicht gleich darauf

[1] Und ich mache hier mit Vergnügen dem Publikum zu meiner eignen Lebensbeschreibung Hoffnung, womit ich es, wenn ich nur noch einige nötige Kapitel daraus erlebt habe, unter dem Titel beschenken werde: Jean Pauls Apostelgeschichte, oder dessen Taten, Begebenheiten und Meinungen.

fallen können; denn deine Ähnlichkeit mit Sebastian, die der fünfte Sohn des Fürsten haben sollte, merktest du längst selber – und dein Stettiner-Dosenstück auf dem Schulterblatt, das die Herren da alle aufhoben, und das der Lord vorgestern selber unter deinem Verbande angesehen.«

»So, so!« (sagt' ich) »Deswegen bekam also euer Biograph die Falkenhaube, die Rückenwunde, den hübschen Rappen, und der Fremde in Hof war der Lord?« –

Kurz bei allem diesen hatte der Lord sich gar völlig überzeugt, daß ich der sei, den er so lange gesucht; denn vorher hatte er schon lange das Schreiben von Fenk durch funfzehn Hände erhalten, indem es von Hamburg oder auch aus dem Lande Hadeln nach Ziegenhain in Niederhessen lief, dann in die Herrschaft Schwabeck, dann in die Grafschaft Holzapfel, nach Schweinfurt, nach Scheer-Scheer und doch wieder zurück nach ** und nach *** und endlich nach Flachsenfingen, wo ers erst erhielt: dort, in der Insel der Vereinigung, war er lange versteckt gewesen, bis ihn das Schreiben, der endigende Oktober, der die Muttermäler gleichsam mit roter Dinte unterstrich, und am meisten die drei aus St. Lüne verwiesenen Briten, die auf der Insel ausstiegen, nach Scheerau oder vielmehr nach Hof im Voigtland abzureisen zwangen. Hier mußt' ich ihm nach einer Verabredung mit dem italienischen Bedienten, d.h. mit dem Doktor Fenk, derenwegen er mich eben aus meiner Insel dem 45sten Kapitel nachschickte und deren Wiederholung in dem vom Blinden aufgefangnen, nun entzifferten Billet vorkam, natürlich begegnen, und mein altes Gesicht, das er sofort mit einem jüngern Nachstich vom fünften Fürstensohne zusammenhielt, warf sogleich im »Habergäßchen« über alles das reichlichste Licht.

Sobald er das wußte, ließ er mich allein hinter meiner Bienen-Blechkappe und Mosis-Decke fahren und eilte voraus zum Fürsten gerade eine Minute früher, eh' es – zu spät war. Denn Matthieu hatte alles verraten; und die Drillinge wollte man eben aus der Insel, worein sie geflohen waren, und unsern Viktor aus seiner Mutter Hause, worin er schon Hof und Adel über Patienten und Wissenschaften und Braut vergessen hatte, abholen zum Verhaft, als der Lord sich bei dem Fürsten melden ließ. Der Fürst fürchtete von ihm, wie Cäsar von Cicero, überredet zu werden. Der Lord – dessen Seele ohnehin eine *petrographische* Karte erhabener Ideen war – verwirrte die Maßregeln des Fürsten durch einen kühnern Trotz, als die Maßregeln berechnet hatten. Er fing mit der Nachricht an, daß er nicht bloß *einen* Sohn dem Fürsten bringe, sondern alle, welches letzte er darum nicht versprochen habe, weil er nicht wissen können, inwiefern ihn das Schicksal vielleicht verlasse oder trage. – Er drang dem Fürsten eine lange kalte Rede auf, worin er ihm den Studienplan der fünf Söhne und ihre Entwicklung, Geschichte und Bestimmung vorlegte. Indem er die Beweise ihrer Abstammung vorauszusetzen schien, webte er sie doch in die Schlüsse aus der Abstammung künstlich ein. So sagt' er z.B., niemand habe um das wichtige Geheimnis gewußt als die Lady und Klotilde und Emanuel, dessen heilige, alles mit dem Tode beschwörenden Dokumente er ihm hier neben andern für die Kinder gebe; bloß ein gewisser Hofjunker habe während der Blindheit von fünf Geheimnissen *eines* entwendet und gemißbraucht. Der Lord zerfaserte diese Fallstrick-Seele nicht, da sie, wie er sagte, zu unbedeutend zur Genugtuung, zu schwarz gebeizet zur Strafe sei, und da er selber ohnehin bald aus diesen Gegenden auf immer komme. Kurz, er griff so mit seiner Allmacht den Fürsten an und zog so rein der Vergangenheit alle Schleier ab, daß er diesen fast zwang, statt zu verdammen oder loszusprechen, bloß abzubitten und Anklage und Mißtrauen mit Dankbarkeit zu vertauschen. Das einzige Gute, endigte Lord Horion, was der Junker getan, sei, daß er durch seine Säemaschinen des Unkrauts die große schöne Erkennung gerade auf eine Monatzeit gereift und beschleunigt habe, worin die Fruchtschnur der fünf Schultern (die Muttermale) in Blüte stehe. Der Fürst wurde trotz des fremden Eises geschmolzen, denn seine väterliche Liebe war mit neuen Schätzen bereichert. Doch mischt' er in seinen Dank diesen feinen Vorwurf wegen Viktors vorgeblichen Adel: »Ich bin voll Dankbarkeit für Sie, ob Sie mir gleich zu bald die Gelegenheit nehmen, sie zu zeigen. Bisher freuet' ich mich, daß ich wenigstens an dem Sohne beweisen konnte, wie sehr ich dem Vater, wenn nicht dankbar, doch verbunden wäre. Aber Sie kennen meinen Irrtum.« Der Lord – jetzo biegsamer durch den Sieg – versetzte: »Ich weiß nicht, ob mich gute Absichten und schlimme Verhältnisse entschuldigen; aber ich konnte nur einen Menschen für würdig halten, Ihr Leibarzt zu sein, den ich für würdig erkannte, mein Sohn zu sein.« – Der Fürst umarmte ihn aufrichtig; der Lord erwiderte es ebenso warm und sagte: am 31sten Oktober (der ist heute, und gestern sagte ers) woll' er seine redlichen Gesinnungen gegen den Fürsten auf eine Weise besiegeln, die mehr als alle Worte entscheide – –

Edler Mann! Du verzehrst nichts weiter auf der Erde als dich und bist ein Sturmvogel, durch dessen Fett ein Docht des Leuchtens gefädelt ist und den jetzo sein eignes Licht ausbrennt und verkohlt – mir ahnet, als wenn deine schöne Seele bald auf einer andern, auf einer *höhern Insel der Vereinigung* sein werde als auf dieser irdischen!

Ich schreibe dieses den 31sten Oktober vormittags um 10 Uhr auf der Insel.

*

Abends um 6 Uhr in Maienthal

Womit wird dieses Buch noch enden? – mit einer Träne oder mit einem Jauchzen? –

Der Doktor Fenk warf bis um 2 Uhr (wo der Lord erst kommen wollte) den Koch- oder Lumpen-Zucker der Laune auf unsere Minuten und Schmerzen; sein närrisches rotes Gesicht war das violette Zuckerpapier der Süßigkeit. Mein guter Viktor war mit Klotilden in Maienthal. Fenk lachte mich in einem fort aus als einen Dauphin. Er macht viel Gleichnisse, er sagt: ich bekäme erst am Ende eines Buchs und der ganzen Komödie den rechten Titel, wie man den Journalen den Haupttitel erst im letzten Heft beidruckt – oder ich avanciere, gleich einem Schachbauern, erst auf dem letzten Felde zu einem Offizier. Es ist mir aber aus der Geschichte recht gut bekannt, daß in Frankreich schon unter Ludwig XIV. das jetzige Gleichheitsystem, obwohl erst für Prinzen, da war, die der König gleichmachte, sie mochten als Mestizen oder

Kreolen oder Quarteronen[1] oder Quinteronen oder Eingeborne des Throns ans Leben ausgestiegen sein. Da man nun ebensogut in Deutschland neue Gesetze und Novellen der Reichsgesetze hervorzubringen vermag als außer den Grenzen desselben: so könnt' es ja bei meinen Lebzeiten geschehen, daß legitimierte Prinzen für thronfähig erklärt würden – wodurch ich freilich zur Regierung käme. Gut wär's für Flachsenfingen, wenns geschähe, weil ich mir vorher die besten französischen und lateinischen Werke über das Regieren kaufen und es darin so studieren will, daß ich nicht fehlen kann. Ich glaube, ich darf mir vorsetzen, das arme Menschengeschlecht, das ewig im *ersten* April lebt und das nie vom Gängelwagen steigt – bloß mehre Räder werden dem Wagen angesetzt –, ein wenig auf die Beine zu bringen durch meinen Zepter. Sonst war ein Edelmann und das Pferd eines englischen Bereiters imstande, den Hut abzuziehen, ein Pistol loszuschießen, Tabak zu rauchen, zu wissen, ob eine Jungfer in der Gesellschaft war u. s. w.; jetzt aber haben sich Pferd und Edelmann durch die Kultur so voneinander getrennt, daß es eine wahre Ehre ist, letzter zu sein, und daß es meinem Adel nichts schadet (ob ichs gleich anfangs besorgte), daß ich mehr als gemeine Kenntnisse habe. In unsern Tagen sind die adeligen Vorderpferde nicht mehr so weit wie vor hundert Jahren vor den bürgerlichen Deichselpferden am Staatswagen vorausgespannt; daher ists Pflicht, wenigstens Klugheit (auch für einen neuen Edelmann wie ich), daß er (oder ich) sich herablässet und das Gefühl seines Standes – warum soll mir das nicht so gut gelingen wie andern? – unter die Verzierung einer gefälligen leichten Lebensart versteckt, und sich überhaupt auf keine Ahnen etwas einbildet als auf die *künftigen*, deren sämtliche Verdienste ich mir nicht groß genug denken kann, weil die Erde noch blutjung und erst im Flügelkleide und, wie Polen, im polnischen Röckchen ist.

Ich komme zurück. Um 2 Uhr kam der Lord mit seinem blinden Sohn, gleichsam die Philosophie mit der Dichtkunst. Schöner, schöner Jüngling! die Unschuld hat deine Wangen gezeich-

[1] Quarteronen sind Kinder von Terzeronen, die wieder Kinder von Mulatten und Weißen sind.

net, die Liebe deine Lippen, die Schwärmerei deine Stirne. Der Lord mit der Laudons-Stirne und mit einem heute mehr als in Hof verdunkelten schattigen Gesicht, an das die Flitterwochen der Jugend und die Marterwochen des spätern Alters vermischtes Helldunkel warfen, dieser trat heute fast wärmer zu uns, obwohl mit lauter Zügen des Gefühls, daß das Leben ein Schalttag sei und daß er nur die Menschenliebe, nicht die Menschen liebe. Er sagte, wir sollten ihm und dem Hofmedikus den Gefallen tun, letzten noch heute in Maienthal zu besuchen und herzubringen, weil er hier ohne Augenzeugen noch allerlei Anordnungen für die Ankunft des Fürsten zu vollenden habe; wir sollten aber in der Nacht mit Viktor wiederkommen, weil unser Herr Vater morgen sehr frühe eintreffe. Der Blinde konnte als Blinder dableiben. Es fiel mir nicht auf, daß er dem guten verhüllten Julius verbarg, daß er sein Vater war, denn er sagte zwei- und dreideutig: »Da der Gute schon einmal den Schmerz, einen Vater zu verlieren, überstanden hat, so muß man ihn diesem Schmerze nicht zum zweiten Male aussetzen.« Aber dies fiel mir auf, daß er uns bat, ihn für das, was er bisher für Flachsenfingen tun wollen, dadurch zu belohnen, daß wirs selber täten, und ihm eidlich zu versichern, daß wir in den Staatsämtern, die wir bekommen würden, seine kosmopolitischen Wünsche, die er uns schriftlich übergab, erfüllen würden, wenigstens so lange *bis er uns wiedersähe*. Der Fürst hatt' ihm dieselbe feierliche Versicherung geben müssen. Wir sahen zu ihm hinauf wie zu einem bewölkten Kometen und schwuren mit Trauer.

Wir traten den Weg nach Maienthal an. Ein Engländer erzählte uns, daß er hinter dem Trauergebüsch – der Schlafkammer der Mutter des Blinden, der Geliebten des Lords, die unter einer schwarzen Marmorplatte ausruht – einen zweiten Marmor habe aufgestellt gesehen, den die anflatternden Flortücher überdecken sollten und doch nicht konnten. O da sah jeder von uns sich beklommen nach der Insel um, wie nach einer unterminierten Stadt, eh' sie zerrissen aufgeschleudert wird. – Aber meine Sehnsucht, Viktor und Maienthal, diesen Irr- und Blumengarten meiner wärmsten Träume, zu erblicken, übertäubte die Angst.

Endlich erstiegen wir den südlichen Berg, und das bunte Eden wuchs mit seiner Blätter-Fülle und mit dem Gewimmel seiner pulsierenden Zweige rauschend ins Tal hinab – drüben lag in Ästen wie ein Nachtigallennest Emanuels stille Hütte, in der jetzo mein Viktor war – näher an uns brauste die Kastanienallee, und oben draußen ruhte der abgemähte Kirchhof. – Mir, der ich alles dieses bisher nur im Traum der Phantasie gesehen, war jetzo wieder, als zögen Träume heran; und der undurchsichtige Boden wurde ein durchsichtiger voll Duft-Gebilde – und ich sank voll Wehmut auf den Berg.... Ich ging endlich hinab wie in ein gelobtes Land, aber meine ganze Seele wickelte ein weicher Leichenschleier ein.

– Und mein Viktor riß den Schleier weg und drückte seine warme Seele an meine, und wir schmolzen ein zu einem glühenden Punkt. – Aber ich will ihm nachher, wenn er wiederkommt aus der Abtei, noch einmal und noch wärmer an die Brust fallen und ihm dann erst meine Liebe recht sagen.... O Viktor, wie bist du so milde und so harmonisch, so veredelt und so erweicht, wie schön in der Freudenträne, wie groß in der Begeisterung! – Ach Menschenliebe, die du dem innern Menschen das griechische Profil und seinen Bewegungen Schönheitlinien und seinen Reizen Brautschmuck gibst, verdopple deine Wunder- und Heilkräfte in meiner hektischen Brust, wenn ich Toren sehe, oder Sünder, oder unähnliche Menschen, oder Feinde, oder Fremde!

Viktor, der nie die Angst eines Menschen noch größer machte, gab uns einige Beruhigung über den Lord. Er ging zu Klotilden ins Stift, um uns bei ihr und der Äbtissin anzumelden – der späte Besuch wird durch die Notwendigkeit der nächtlichen Zurückkehr entschuldigt. Bis er wiederkömmt, halt' ich mit meiner Geschichte still. Ich sah ihm nach auf seinem Wege zur Braut, und seine Hand, sein Auge und sein Mund waren voll Grüße für jeden, besonders für verschmähte Menschen, für Greise, für alte Witwen. Die Freude meines Helden wird die meinige; die Zeit arbeitet an dem schönen Tage, wo sein Herz auf immer mit dem verlobten verschmilzt, wo er, ohne ein Gelenke der entzweigeschnittenen Floh- und Affenkette des Hofes, frei durch die Natur geht, nichts ist als ein Mensch, nichts macht als Kuren statt der Cour, nichts liebt als die ganze Welt und zu glücklich ist, um beneidet zu werden. Dann will ich einmal, mein Bastian, abends im Mondschein unter Linden-Dampf und Linden-Gesumse bei dir essen und mich auf den Ballen gerade ausgepackter abgedruckter Hundposttage setzen. Übrigens bin ich – ob ich mir gleich mein eignes Ich sitzen ließ, um seines abzufärben – nur ein elender zerflossener ausgewischter Schieferabdruck von ihm, nur eine sehr freie paraphrasierte Verdolmetschung von dieser Seele; und ich finde, daß ein gebildeter Pfarrsohn im Grunde besser ist als ein ganz ungebildeter Prinz, und daß die Prinzen nicht wie die Poeten geboren werden, sondern gemacht.

Ich hoffe, ich habe so lange Materie zum Schreiben, bis er wiederkömmt. Ich habe überhaupt in dieser Lebensbeschreibung als Supernumerarkopist der Natur allezeit die Wirklichkeit abgeschrieben – z. B. bei Flamins Charakter hatt' ich einen Dragonerrittmeister im Kopf – bei Emanuels seinem dacht' ich an einen großen Toten, einen berühmten Schriftsteller, der gerade am Tage, wo ich Emanuels Traum von der Vernichtung mit süßer schauernder Trunkenheit schrieb, aus der Erde ging und halb unter sie. – Die Göttin Klotilde fügt' ich aus zwei weiblichen Engeln zusammen, und ich werde in wenig Minuten selber sehen, ob ich sie getroffen. Verdrießlich ists, daß ich aus Gewohnheit den Leuten dieses Buchs in Gesprächen die hundposttäglichen Namen gebe, da doch Flamin eigentlich ** heißet und Viktor ** und Klotilde gar **. Es wäre zu wünschen – ich hab' es nicht verschworen – ich machte die wahren Namen nach dem Tode einiger moralischer Maroden und Pestkranken dieser Hefte oder nach meinem eignen der Welt bekannt. Tu' ichs, so wird das gelehrte Europa hinter alle die Gründe kommen, die das politische schon weiß, welche den Berghauptmann abgehalten haben, in einige Partien seiner Historie (zumal über den Hof) so viel Licht einfallen zu lassen, als er wirklich hätte geben können; und ich erwarte, ob nach der Ausstellung dieser Gründe der Zeitungschreiber Y. und der Gesandtschaftsekretär Z. – die zwei größten Feinde des flachsenfingischen Hofes und meiner Person – noch behaupten werden, ich sei dumm. Ja ich bin so kühn, mich hier öffentlich auf den ** Agenten in ** zu berufen, ob ich nicht manche

Personen in der Geschichte ganz ausgelassen habe, die darin mitgehandelt hatten und die in meiner biographischen Zuckermühle als unterschlächtige Räder mit im Gange gewesen waren; noch mehr, ich gebe meinem Widersacher-Paar sogar die Erlaubnis, die weggelassenen Personagen – letzte haben einige Gewalt, zu schaden – der Welt zu nennen, wenn dieser doppelte Geier das Herz dazu hat....

Der gute Spitzius Hofmann wedelt jetzt und springt vor mir in die Höhe. Guter, fleißiger Posthund! biographische Egerie Jean Pauls! ich werde dich zur Aufmunterung, sobald ich Zeit habe, ausschinden und nett ausbälgen und mit einer Heu-Wurstfülle durchschießen, um dich in eine öffentliche Ratbibliothek als dein eignes Brustbild neben andere Gelehrte von Rang einzustellen! – Meusel ist ein billiger Mann, den ich in einem eignen Privatschreiben um einen Sitz im gelehrten Deutschland für den Spitz ansprechen will. Dieser Gelehrte wird, so gut wie ich, nicht einsehen, warum ein so fleißiger Handlanger und Kompilator und Spediteur der Gelehrsamkeit, als mein Hund ist, bloß darum ein elenderes kälteres Schicksal erleiden soll als andere gelehrte Handlanger, bloß darum, sag' ich, weil er einen Schwanz trägt, der sein Steiß-Toupet vorstellt. Bloß der setzt das arme Vieh auf der Rangliste der Gelehrten herunter.

– Ich sehe jetzo Viktor durch die Lauben des Gartens von Lichtern begleitet; ich will nur noch eiligst herwerfen, daß ich in der mit entblättertem Gesträuch vergitterten Sakristei Emanuels sitze. Eile nicht so, Sebastian, der du wegen deiner bisherigen Verwechslungen den drei oder vier Pseudo-Sebastianen in Portugal gleichst, eile nicht, damit ich nur noch zu meiner Schwester sagen kann: du geliebte Ex-Schwester, dein toller Bruder schreibt sich *von*, aber du hast nur seine Brust, nicht sein Herz verloren. Wenn ich nach Scheerau komme, will ich mich um nichts scheren und an dir unter dem Umarmen weinen und endlich sagen: es hat nichts auf sich. Mein Geist ist dein Bruder, deine Seele ist meine Schwester, und so verändere dich nicht, verschwistertes Herz.

– Der gute Viktor geht hastig. Ach Menschen, die der Schmerz oft erkältet hat, haben weder in den körperlichen noch moralischen Bewegungen die langsame Symmetrie des Glücks, so wie Leute, die im *Wasser* waten, große *weite* Schritte tun. – Armer Viktor! warum weinest du jetzo so und kannst dich gar nicht trocknen?...

*

Früh um 4 Uhr in der Insel der Vereinigung

Ach es ist lange, daß ich fragte: wird sich dieses Buch mit einer Träne schließen? – Viktor kam heute nachts um 8 Uhr mit zwei großen unbeweglichen Tränen auf dem Augenrand zurück und sagte: »Wir wollen nur ein wenig schnell auf die Insel zurückeilen; Klotilde bittet uns selber darum, sie lieber ein anderesmal zu sehen. Ein Unglück – (habe ihr geträumt) – richte sich jetzo groß und hoch wie eine Meerschlange auf und werfe sich nieder auf Menschenherzen, wie jene auf Schiffe, und drücke sie hinunter.« Sie war mit jeder Minute banger und enger geworden, wie man an einer dumpfen Stelle wird, über der noch der Blitz zielet und zischt. Was setzte dies anders voraus, als daß der Lord seiner treuen Freundin Dinge entdeckt hatte, die wir in dieser Nacht zu erleben besorgten? Und wir konnten uns alle die Sorge nicht mehr verhehlen, daß sein müder Geist vielleicht wie *Lykurg* das Siegel seiner Leiche auf seine Versicherung drücken wolle, daß wir Jenners Söhne sind, ferner auf unsern Schwur, gut zu sein, und auf den fürstlichen, meinen Brüdern zu folgen, bis er wiederkomme.

»Weine nicht so sehr, Viktor!« (sagt' ich) »es ist doch noch nicht gewiß.« Er trocknete sich still und gern die Augen ab und sagte bloß: »So wollen wir denn auf die Insel jetzo gehen – es wird schon 9 Uhr.«

Wir gingen fern, fern vor der fleckigen Trauerbirke vorüber, die ihr abgerissenes Laub der welken Hülle des großen Menschen nachwarf. Viktor konnte vor Schmerz nicht hinübersehen; aber ich blickte mit einem kalten Zittern nach ihrem Schwanken im heitern Nachthimmel. Erst seit einigen Tagen, wo Viktor glücklicher geworden war, hatte sich der Staub Emanuels gleichsam wieder in eine blasse Gestalt zusammengezogen und sich auf das Totengrün herausgestellt und die Arme weit für seinen alten Liebling aufgetan – und Viktor jammerte und schmachtete und wollte vergeblich sich sterbend an den weißen Schatten pressen.

Er lächelte schmerzlich, da er uns und sich durch die Worte zerstreuen wollte: »Der närrische Mensch duckt (bückt) sich wie ein Vogel, wenn nur das Unglück von weitem auf ihn zugeht.« Seine Tränen machten ihn zum Blinden, und ich und Flamin waren seine Führer, dennoch grüßte er in seinem Schmerze einen Nachtboten.

Ich habe nichts gesagt (denn ich kann nicht) vom Garten des Endes, von dem verblühenden Boden abgeblühter abgelaubter Freudentage.

Über die Stoppeln und über die Puppen der Nachtschmetterlinge (der Gaukler in künftigen Frühlingnächten) und über den festen unterirdischen Winterschlaf fuhren die einsamen Nachtwinde – ach der Mensch mußte wohl denken: »Lüfte, kommt ihr nicht über Gräber her, über teure, teure Gräber?« –

Ich sagte: »Wie schmal ist der blaßgrüne Zwischenraum von Erde zwischen Menschenleibern und Menschengerippen!« – Viktor sagte: »Ach die Natur ruht so viel, und warum unser Herz so wenig?«

Es war gegen Mitternacht. Der Himmel blinkte näher an der Erde, der *Schwan*, die *Leier*, der *Herkules*[1] schimmerten untergesunken durch ein anderes Himmelblau. Großer Himmel – sagte jedes Herz –, gehörest du für den Menschengeist, nimmst du ihn einmal auf, oder gleichst du nur dem Deckengemälde eines Doms, das die gemauerten Schranken verbirgt und mit Farben die Aussicht in einen Himmel auftut, der nicht ist? – Ach jede Gegenwart macht unsere Seele so klein, und nur eine Zukunft macht sie groß.

Viktor war außer sich und sagte wieder: »Ruhe! dich geben weder die Freude noch der Schmerz, sondern nur die Hoffnung. Warum ruht nicht alles in uns wie um uns?«

Da schlug der von allen Wäldern nachgelallte Knall eines Schusses durch die stille Nacht – und die Insel der Vereinigung schwamm im Nachtblau auf, und ihr weißer Tempel hing über ihr – und neben dem Trauergebüsch, das über das Zerfallen eines

[1] Der Schwan ist die Giulia, die Leier des Apollo Emanuel, der Herkules erinnerte an den Lord.

jungen Herzens hinüberwuchs, schossen gen Himmel neun schmale Flammen, die an den neun Flören aufliefen, gleichsam Freudenfeuer zu einem *Friedenfeste.*

Bleich, eilend, seufzend, schweigend berührten wir das erste Ufer der Insel. Das Wasser war vom Boden trocken eingesogen. Das schwarze Morgentor hatte sich weit aufgerissen und seine weiße Farbensonne an Bäume gelehnt und verdeckt. Viele Leichenfackeln auf weißen Gueridons knüpften sich ans Morgentor an, gingen den langen grünen Weg hinein, flimmerten über Ruinen, Sphinxe und Marmortorsos und endigten sich dunkel im Trauergebüsch.

Flatterndes Getöne der Äolsharfen wurde am Eingang von langen Tönen durchzogen. Unter dem Morgentor ruhte still der Blinde und spielte froh auf seiner Flöte – so wie eine Taube in den Donner fliegt.

Er fiel freudig an seinen Viktor und sagte: »Es ist gut, daß du kömmst; ein stiller langer Mann hat sich eine halbe Viertelstunde an mein Herz gelegt und in meine Hand geweint und mir ein Blatt an dich gegeben.«

Viktor riß das Blatt zu sich, es hieß: »Ihr alle habt geschworen, so lange meine Bitten zu erfüllen, bis ihr mich wieder hört; aber decket den schwarzen Marmor nicht auf.« – Der Lord hatt' es dem blinden Sohne gegeben. Viktor rief: »O Vater, o Vater, ich konnte dir also nichts belohnen!« und sank an die Brust des Sohns. Er wollte sich von ihr reißen, aber der Blinde umklammerte ihn und lächelte freudig unwissend in die Nacht. – Wir eilten ins Trauergebüsch – und indem darin die zwei Leichenfackeln ausbrannten, so sahen wir, daß ein zweites Grab darin ausgehöhlt war, dessen frische Erde daneben lag – daß ein schwarzer Marmor die Höhle zudeckte, und daß das schwarze Kleid des Lords ein wenig aus der Höhle vorsah, und daß er sich darin getötet hatte. – Und auf seinem schwarzen Marmor stand, wie auf dem Marmor seiner Geliebten, ein blasses Aschenherz, und unter dem Herzen stand mit weißen Buchstaben:

Es ruht

Ende des Buchs

ANHANG

Anmerkungen

»Der Theolog hasset juristische Anspielungen – der Jurist theologische – der Arzt beide – der Mathematiker alle vorigen – ich liebe sie alle; was soll man da lassen oder nehmen?« schreibt Jean Paul mit scherzhafter Ratlosigkeit in der Vorrede zur zweiten Auflage des »Hesperus« (S. 483, *23ff.*). Diese Haltung des Dichters und die aus ihr entspringende, eigenwillige Neigung seines Erzählstils zu verklausulierenden Anspielungen und »Ausschweifen«, zu abliegenden Assoziationen und Metaphern bringen es mit sich, daß man zum vollen Verständnis der Werke auf Erklärungen nicht ganz verzichten kann.

Die Anmerkungen unserer Ausgabe versuchen nicht, das dichterische Wort Jean Pauls, seine Gedankengänge oder die Bewegung seiner Sprache zu deuten und zu interpretieren. Sie versuchen auch nicht umgekehrt, in kleinlicher Weise das oft spielerisch zusammengetragene Wissen des Dichters, zumal wo er es als »eigentlich überflüssige Gelehrsamkeit« ausdrücklich zum »Vexieren« des Lesers bestimmt hat, wieder in seine Elemente und Bausteinchen zu zerlegen, sondern die Anmerkungen sollen im ganz konkreten Wortsinn dem unmittelbaren Verständnis des Textes dienen und nach Möglichkeit dem Leser alle dazu erforderlichen Hilfen an die Hand geben.

In knapper Form enthalten sie zunächst die nötigen Erklärungen ungebräuchlicher Wörter und Begriffe, vor allem der vielen Fachausdrücke aus oft recht abseitigen und versteckten Wissensgebieten, und der zahlreichen, uns heute fremd gewordenen Namen. Manche von diesen waren schon dem Zeitgenossen unbekannt: er sollte sie nach dem Wunsch des Autors gar nicht kennen, und jede Erklärung würde hier den Reiz des Spieles, das der Dichter mit seinem Publikum treibt, zerstören. Mit den meisten Namen aber verband der zeitgenössische, gebildete Leser eine zugleich feste und lebendige Vorstellung, auch wenn eine Anspielung oder ein Zitat ihm im einzelnen dunkel blieb. Daher schien dem Herausgeber in solchem Punkt häufig eine Erklärung am Platze, selbst wo sie das Textverständnis nicht direkt erleichtert. Auf Namen, die heute noch als bekannt und geläufig vorausgesetzt werden dürfen, wird jedoch nur kurz und stets nur im Zusammenhang einer bestimmten Textstelle oder Anspielung eingegangen.

Soweit es möglich oder von Nutzen war, wurden auch Nachweise der bei Jean Paul sehr häufigen Zitate aus anderen Werken und fremden Schriftstellern gegeben, bei zum Verständnis wesentlichen und nicht zu umfänglichen Stellen wird bisweilen auch der Wortlaut angeführt. Lateinische

Zitate im Text werden übersetzt, bei den französischen glaubte der Herausgeber, davon Abstand nehmen zu dürfen. Darüber hinaus wird auf Beziehungen zu anderen Werken und Autoren, auf Motivparallelen und die Übernahme von einzelnen Handlungszügen verwiesen, die besonders für die frühen Schriften entscheidend und sehr charakteristisch sind. Schließlich enthalten die Anmerkungen noch Angaben über eventuelle Erweiterungen, Einschübe und Veränderungen der späteren Auflagen gegenüber der Erstausgabe und über Konjekturen und Textverbesserungen unserer Ausgabe.

Jedem Werk ist ein kurzer Abriß über die Entstehungsgeschichte und die Geschichte der Drucke vorangestellt, der einmal das Nachwort entlasten, zum andern auf besondere Schwierigkeiten und Probleme der Textgestaltung und der Kommentierung hinweisen soll. Die Anmerkungen selbst folgen dem Text fortlaufend und sind mit Seiten- und Zeilenzahlen gekennzeichnet. Da alle Erklärungen mehrfach, bisweilen sehr häufig notwendig sind, werden sie stets nur an der ersten oder aber an der wichtigsten Stelle gegeben: einfache Worterklärungen einmal innerhalb jeder Schrift, ohne daß später nochmals auf diese Note verwiesen wird, längere Sacherklärungen nur einmal innerhalb eines Bandes. Doch erfolgt dann in jedem einzelnen Werk ein Verweis auf diese erste Anmerkung.

Für die Wort- und Namenerklärungen war der Herausgeber, da die Registerbände der Gesamtausgabe noch nicht vorliegen und da gerade für den ersten Band auch sonstige Vorarbeiten fehlen, durchwegs auf eigene, oft sehr langwierige Einzelnachforschungen angewiesen. Als Quellen wurden nach Möglichkeit Nachschlagewerke und Wörterbücher der Zeit benutzt; die Zuverlässigkeit der Angaben richtet sich daher in vielen Fällen nach der nicht immer zweifelsfreien Zuverlässigkeit dieser Quellen. In Fragen der Zitate, der Anspielungen, der Vorlagen und literarischen Parallelen konnte man sich hingegen auf die Anmerkungen der von Eduard Berend edierten Kritischen Ausgabe stützen, deren Ergebnisse weitgehend in den Kommentar mit einbezogen sind.

Herr Professor Berend stand darüber hinaus dem Herausgeber bei der mühevollen Arbeit des Kommentierens stets hilfsbereit zur Seite, für welche liebenswürdige Unterstützung ihm an dieser Stelle auf das herzlichste gedankt sei.

Norbert Miller

Die unsichtbare Loge

Plan und Vorarbeiten zur »Unsichtbaren Loge« reichen bis in die Mitte des Jahres 1790 zurück. Niedergeschrieben wurde der Roman dann nach dem Ausweis des Tagebuchs zwischen dem 15. März 1791 und dem Schalttag des folgenden Jahres. Das korrigierte und ergänzte Manuskript (aber noch ohne den »Wutz« und mutmaßlich ohne Titel) ging am 7. Juni 1792 an Karl Philipp Moritz. Dieser reagierte begeistert und vermittelte Jean Pauls Erstling an seinen Schwager Carl Matzdorff in Berlin, in dessen Buchhandlung der Roman 1793 in zwei Bänden erschien. – Eine zweite, inhaltlich kaum veränderte Auflage erlebte die »Unsichtbare Loge« erst 1822 im Verlag von Georg Reimer, Berlin. Jean Paul begnügte sich im wesentlichen mit sprachlichen Änderungen: Tilgung des Fugen-S, Eindeutschung der Fremdwörter, und mit gelegentlichen Glättungen im Wortgefüge. Auf die wenigen und geringfügigen inhaltlichen Erweiterungen wird in den Anmerkungen hingewiesen. Für die Gesamtausgabe diktierte der Dichter in seinen letzten Tagen noch eine »Entschuldigung«, ohne den Text jedoch neu durchsehen zu können.

Titel: Eine konkrete Erklärung des Titels aus der Handlung heraus versucht der Dichter in seiner »Vorrede zur zweiten Auflage« (vgl. S. 20, 15 ff.) zu geben. Der ganze Ausdruck: »die unsichtbare Loge« scheint jedoch aus der Freimaurersprache übernommen zu sein und dort etwa dem Begriff der »unsichtbaren Kirche« in der theologischen Terminologie zu entsprechen. So werden beide Formeln von J. P. im Antrittsprogramm des »Titan« nebeneinander angeführt.

Motto: freies Zitat nach dem »Witzigen Anhang« zur »Ersten Zusammenkunft mit dem angenehmen Leser« aus J. P.s zweitem satirischem Werk.

S. 15, *18 neun Jahre lang:* Nach einem frühen Romanversuch: »Abelard und Heloise« schrieb J. P. fast zehn Jahre lang nur Aufsätze und Satiren, von denen 1783 in zwei Bändchen die »Grönländischen Prozesse« und 1789 die »Auswahl aus des Teufels Papieren« im Druck erschienen. – *22 horazisches Jahrneun:* Horaz fordert in seiner Epistel: »de arte poetica« (v. 388/89): »nonumque prematur in annum / membranis intus positis« (Neun Jahre halte es unsichtbar und laß die Handschrift eingeschlossen ruhen).

S. 16, *24 im 30ten Jahre:* Goethe war beim Erscheinen der »Lehrjahre« 37 Jahre alt; Henry Fielding (1707–54) war 35 Jahre, J. J. Rousseau (1712 bis 1778) fast 50 und Samuel Richardson (1689–1761) über 51 Jahre, als ihre ersten Romane erschienen. – *25 romantisch:* hier im älteren Sinne von »romanhaft.« – *27* Georg Chr. *Lichtenberg* (1742–99): In seinem »Vorschlag zu einem orbis pictus usw.« (1780). Auch der erste Teil des Absatzes ist dieser Schrift verpflichtet.

S. 18, *17ff.* Zacharias *Werner* (1768–1823): romantischer Dramatiker, Freund E.T.A. Hoffmanns, gefördert von Iffland und Goethe, war 1810 nach einem unsteten Wanderleben zum Katholizismus übergetreten. Die beiden Dramen: »*Luther* oder die Weihe der Kraft« und »*Attila*, König der Hunnen« erschienen noch vor seinem Glaubensübertritt 1807 und 1808. – *18* Adolf *Müllner* (1774–1829): Jurist und Stückeschreiber, Hauptvertreter der sog. Schicksalsdramatik. »*König Yngurd*« erschien 1817, »*Die Albaneserin*« 1820.

S. 19, *1* Friedrich *Hoffmann:* Gemeint ist E.T.A. Hoffmann, zu dessen erstem Buch: »*Fantasiestücke in Callots Manier*« (1814) J.P. die Vorrede geschrieben hatte. Mehr aus persönlichen Gründen entfremdeten sich beide Dichter in der Folge. – *10 Tieck:* J.P. zielt auf die oft form- und zügellosen Märchenspiele und Erzählungen, wie sie Ludwig Tieck um die Jahrhundertwende liebte (»Der gestiefelte Kater«, »Prinz Zerbino« usw.)

S. 23, *1 Vorredner:* Die Einkleidung ist von Laurence Sternes »Empfindsamer Reise« (1768) beeinflußt. Dort schreibt Yorick ebenso die Vorrede in einer geschlossenen Desobligeante (einem einsitzigen Reisewagen). – *30 Schwiegervater:* Dieser Absatz ist wie die beiden Stellen S. 27, 4–12 und S. 31, 35–32, 3 dem Prolog zur »Bayrischen Kreuzerkomödie« entnommen, einer satirischen Frühschrift des Dichters. So kommt der Junggeselle des Romans in der Vorrede zu einem Schwiegervater.

S. 24, *3 offizinell:* arzneilich, heilsam. – *4* Albrecht von *Haller* (1708–77): »das Wunder seiner Zeit«, Arzt, Naturforscher, Politiker und Dichter. Sein med. Hauptwerk: »*Elementa physiologiae corporis humani*« (1759–66, dt. 8 Bände 1762–76) übte auf den jungen J.P. ungemeinen Einfluß aus. – *10 phlogistisch:* eigtl. brennbar, hier: stickig, erstickend. – *12 antimephitischer Respirator:* ein Gerät, um das Atmen in Stickluft zu ermöglichen, das 1783 von dem franz. Physiker und Aëronauten *Pilatre de Rozier* (1756–85) erfunden wurde. – *21 Phthisiker:* Schwindsüchtiger. – *24 Miasma:* Anfluggift.

S. 25, *2* Joachim Heinrich *Campe* (1746–1818): Pädagog, Sprachforscher, in seinen »Proben einiger Versuche dt. Sprachbereinigung« von 1791, Fußnote zu S. 9. – *12 Lagado:* vgl. Swift, Gullivers Reisen, 3. Teil, 5. Kap. – *29 Montgolfiere:* von den Brüdern Montgolfier 1783 konstruierter Luftballon.

S. 26, *12 Haberrohr:* seit dem 17. Jahrh. üblicher Name für Schalmei. – *35 homerischer Schlaf:* Nach dem bekannten Wort des Horaz in »de arte poetica« (v. 357f.): »et idem / indignor, quandoque bonus dormitat Homerus.« (Und ebenso verdrießt es mich, wenn einmal der treffliche Homer schläft.)

S. 27, *22 chaussure:* Fußbekleidung.

S. 28, *19* Claude Prosper Jolyot *Crébillon* d.J. (1707–77): franz. Schriftsteller, oft vorzüglicher Autor erotischer Romane (»Le sopha« 1740).

S. 29, *2 Candide:* Voltaires Erzählung (1759) als Beispiel des kurzen, unepischen Episoden-Romans. – *3* Joh. Heinr. *Voß* (1751–1826): schrieb seine Idyllen in betont schlichter, schrittweise vorgehender Erzählweise. Vgl. auch S. 127, *31*. – *7 magister sententiarum:* Lehrmeister der Entscheidungen, ein Beiname des Scholastikers Petrus Lombardus († 1160), der eine Sammlung: »Libri IV sententiarum« (Aussprüche der Heiligen) verfaßt hat. – *8 39 Artikel:* die Glaubensartikel der anglikanischen Kirche von 1563. – *8 50 Dezisionen:* Entscheidungen Justinians über ältere Rechtskontroversen aus den Jahren 529–32. – *22 Tom Jones* (1749) und *Clarissa* (1747–48): die Hauptwerke Fieldings und Richardsons. – *30* Friedr. Max. *Klinger* (1752 bis 1831): fruchtbarster Dramatiker des Sturm und Drang. Seine Dramen: »*Medea in Korinth*« und »*Medea auf dem Kaukasus*« entstanden 1787 und 1791.

S. 33, *5 darin:* auf »Jahr«, nicht auf »Schach« zu beziehen! – *5 Santa Hermandad* (heilige Bruderschaft): scherzhafte Bezeichnung der Polizei in Spanien. – *9 Strehpenik:* Im heutigen Ströbeck bei Halberstadt waren die Einwohner wegen ihres leidenschaftlichen und guten Schachspielens ehemals von allen Abgaben befreit. – *16 Kempelsche Schachmaschine:* Wolfgang von Kempelen (1734–1804) gelangte durch die Erfindung eines Schachautomaten, der als Türke gekleidet war, zu europäischem Ruhm. – *18 Konviktorist:* Freitischgänger, Tischgenosse.

S. 34, *9 deployieren:* entfalten, ausschwärmen lassen. – *14 Quaterne:* Viertreffer im Lotto, vier Gewinne von fünf möglichen in einer Reihe.

S. 36, *15* Joh. Christian *Adelung* (1732–1806): aufklärerischer Sprachforscher, hatte im »Magazin für die dt. Sprache«, 2. Bd. 1. Stück, gegen diesen Mißbrauch geschrieben. – *27 philidorisch:* wie François André Damian, gen. Philidor (1726–95), der anerkannt erste Schachspieler seiner Zeit.

S. 38, *7 Anschrot:* eigtl. Anschnitt, dann Rand und Besatz.

S. 40, *32 Prinzipalkommissarius:* seit 1663 Titel des kaiserlichen Vertreters auf dem Reichstag.

S. 41, *1 Narrheit-Journal:* das von Bertuch und Kraus edierte »Journal des Luxus und der Moden«, 1786ff. – *15 Epitomator:* Verfasser eines Werkauszugs.

S. 44, *31 Kleisterälchen:* Infusionstierchen, das in Kleister und Essig auftritt. – *33 terminus medius:* verbindendes Mittelglied eines logischen Schlusses.

S. 46, *16 Preiskurant:* Preismünze, scherzhafte Koppelung, da Kurant zunächst »gängiges« Geld, schlechteres Silbergeld bezeichnet. – *24 Knäs* (Knjas): russ. Fürstentitel.

S. 47, *11 anastomosieren:* zusammenmünden (der Adern), berühren. – *21 hogarthisches Schwanzstück:* »Tail-Piece, Finis or the end of the world« nannte der engl. Maler und Kupferstecher William Hogarth (1697–1764) seinen letzten Kupferstich.

S. 48, *1 Meibomium de cerevisiis:* Von Joh. Heinr. Meibom (1590–1655) ist ein posthumes »librum de vino et cerevisiis« (Über Wein und Biere) erschienen. – *24 Luperkalien:* urspr. ein ausgelassenes röm. Fest zu Ehren des Pan.

S. 49, *9 die sechs nicht natürlichen Dinge:* Diese werden auch in Sternes »Tristram Shandy« (IV, 19) apostrophiert.

S. 50, *1 Monturen in Kassel:* Anspielung auf den Soldatenhandel Friedrichs II. von Hessen-Kassel, der 1776–77 für den amerikanischen Krieg 12000 Soldaten nach England verkauft hatte. – *7 Mußteil:* die Hälfte der bei Erbteilung vorgefundenen Speisevorräte, welche der Witwe des Erblassers zufallen.

S. 51, *15 Hephata* (hebr.): »Tu dich auf!«, vgl. Markus 7,34f.

S. 55, *16 in:* Die Drucke setzen wohl versehentlich »an«. – *21 Schwabacher:* alter Fraktursatz. – *22* Daniel Nic. *Chodowiecki* (1726–1801): der bedeutendste deutsche Illustrator der Zeit. Er hatte auch zum erwähnten »Versuch eines orbis pictus usw.« von Lichtenberg Tafeln beigesteuert. – *24 orbis pictus:* So nannte Joh. Amos Comenius (1592–1670) sein großes Lehrbuch in Bildern, das 1658 erschien und bis weit ins 18. Jahrh. verwendet wurde.

S. 56, *4 Hofmeister:* s. o. S. 105, 19ff. – *20 Adjunktus:* Gehilfe.

S. 57, *9 Chodowiecki:* Ähnlich ruft Theodor G. v. Hippel (s. u. zu S. 134, 26) in seinen »Lebensläufen nach aufsteigender Linie« 1778, Bd. I, S. 216 Chodowiecki zu Hilfe, um eine Szene zu illustrieren. So verlangt aber auch schon Sterne nach dem Pinsel Reynolds und Fielding mehr als einmal nach der Feder seines Freundes Hogarth. Wirklich hat Chodowiecki diese Szene auf dem Frontispiz der ersten Ausgabe dargestellt, bei welcher Gelegenheit wohl erst diese Apostrophierung nachgetragen wurde.

S. 58, *27 Corbey:* Über die Lilie im Kloster zu Corvey vgl. Brüder Grimm: »Deutsche Sagen«, Nr. 264.

S. 59, *3 Robinets-Vexierbild:* Jean Baptiste Robinet (1735–68), franz. Aufklärer, nahm in seinem Hauptwerk: »De la nature« (5 Bde. 1761–68) wohl eine göttliche Ursache der Natur an, verwahrte sich jedoch gegen eine Beschreibung des göttlichen Wesens mit endlichen und menschlichen Prädikaten. So wird – nach J. P. – Robinets Gottesbild zu einem Suchbild Gottes.

S. 60, *13 Stephanus:* vgl. Ap. Gesch. 7, 55/56.

S. 65, *33 Schulpforte:* gemeint ist die 1553 gegründete Fürstenschule Schulpforta in Sachsen.

S. 69, *19 Waldhammer:* ein mit dem Signum des Besitzers versehener Hammer, mit dem die zum Fällen bestimmten Bäume vorher gezeichnet werden.

S. 70, *10 Winckelmann (von Bause):* verbreiteter Kupferstich nach dem Gemälde von Anton Maron. – *18 es geschieht aber weiter hinten:* Die Aufklärung wird dem Leser nicht mehr gegeben. – *22 Strohkranzrede:* Den Strohkranz mußten ehemals in manchen Gegenden gestrauchelte Mädchen als Schandzeichen am Hochzeitstag tragen. Später änderte sich der Brauch, und der Strohkranz wurde nun der Braut am Tag nach der Hochzeit mit einer scherzhaften Rede überreicht. – *31 zehn deutsche Kreise:* 1521 wurde das Reichsgebiet, ohne die böhmischen Lande, in zehn Kreise geteilt. Diese Kreisverfassung blieb bis 1803 in Kraft.

S. 71, *1ff. Sanktorius* usw.: In Hallers »Physiologie« (vgl. dort Bd. 8, XXX. Buch, II. Abschnitt, § 7) werden nur Bernoulli und der engl. Anatom Keill angeführt, Sanktorius und Blumenbach jedoch nicht erwähnt. Blumenbachs erste Schrift, sein »Handbuch der Naturgeschichte« erschien auch erst nach Hallers Tod. – *11 Provinzial:* Landesvorsteher eines Ordens. – *22 Statua curulis* oder triumphalis: eigtl. eine Darstellung des siegreichen Herrschers auf dem Viergespann.

S. 72, *13 Lutherum de causis matrimonii:* Luthers Schrift erschien deutsch unter dem Titel: »Über den Ehestand« zuerst 1522. – *26 Nov. 22 c. 25:* Diese Novelle im vierten Teil des Corpus juris gibt im 15. (nicht 25.) Kapitel dem Ehemann das Recht zur Scheidung, wenn seine Frau die Nacht außer Haus verbringt. – *30 Langens geistliches Recht:* Heinr. Arnold Langes »Geistliches Recht der ev.-luth. Landesherren und ihrer Untertanen«, 1786 aus dem Nachlaß des Kirchenrechtlers herausgegeben, war das angesehenste Handbuch seiner Art.

S. 73, *20 Origenes:* O. (185–254), der größte Theologe der Ostkirche, hatte sich als Jüngling in asketischem Wahn entmannt. – *31* David *Hume* (1711–76): engl. Philosoph, in seinem berühmten »Treatise of Human Nature« (1739/40).

S. 74, *7 Keil:* Gemeint ist das Buch: »Anatomy of Human Body, abridged usw.« (1698) von James Keill (1673–1719), das auch in Deutschland lange als Lehrbuch an Universitäten eingeführt war.

S. 76, *15 Silberschlag-Noachitische Arche:* Joh. Esaias Silberschlag (1716 bis 1791), Oberkonsistorialrat in Berlin, versuchte in seiner »Geogonie« von 1780 eine Rekonstruktion der biblischen Arche.

S. 77, *1 Moses' Wunder:* vgl. 2. Mose 8, 17f. – *29 nomen proprium:* Eigenname.

S. 78, *5* Christian Felix *Weiße* (1726–1801): Jugendfreund Lessings, gefälliger dramatischer Vielschreiber, machte sich durch seine Zeitschrift: »Der Kinderfreund« (1775–82) auch als Jugendschriftsteller einen Namen. – *18* Joh. Chr. Edler v. *Quistorp* (1737–95): Strafrechtsgelehrter, ließ in den Jahren 1777–80 seine »*Beiträge* zur Erläuterung verschiedener .... Rechtsmaterien aus der bürgerlichen und *peinlichen Rechtsgelahrtheit*« erscheinen.

S. 79, *32 Akzessist:* Anwärter, Beisitzer.

S. 80, *17 insinuieren:* einhändigen.

S. 82, *16 Poussierer:* Forthelfer. – *33 Sophi:* Titel des persischen Königs.

S. 84, *31 Affirmant* usw.: »Sie behaupten fest, der gleiche Körper könne, wenn er sich an zwei Orten befinde, an beiden getrennte, nicht abhängige Gestalten haben, so daß er hier sich bewege, dort nicht, hier warm sei, dort kalt, usw. hier sterbe, dort lebe, hier bald körperliche, dann gefühlsmäßige, dann geistige Beschäftigung ausübe, dort nicht.« Frei nach den »*disputationes selectae theologicae*« (1648–55) des Gisbert *Voetius*. (*Arriaga* und *Becanus* waren führende Theologen der Gegenreformation am kaiserlichen Hof in Wien.)

S. 85, *31 Wolfii lect. memorab.:* Nach Johann Wolffs »lectiones memorabiles et reconditae«, 1600.

S. 86, *1 Nuntius a und de latere:* päpstl. Gesandter erster Klasse. – *4 Amerika:* Angespielt ist im ersten Falle wohl auf die Teilung Amerikas 1493 zwischen Spanien und Portugal durch den Schiedsspruch Alexanders VI., im andern sicher auf die Lustseuche, die angeblich von dort eingeschleppt wurde. – *14* Pietro *Moskati* (1739–1824): Professor der Medizin in Padua, in seinem Buch »Von dem körperlichen wesentlichen Unterschiede zwischen der Struktur der Tiere und der Menschen«, dt. Göttingen 1771. – *21 Päpstin Johanna:* Nach einer verbreiteten Sage des 13. Jahrh. regierte nach 855 eine Frau zweieinhalb Jahre die Kirche, bis die Geburt eines Kindes sie verriet. Arnim hat den Stoff in einem Drama behandelt.

S. 90, *24 Pertinenz-Mensch:* (dazugehöriger) Rest-Mensch. – *33 Gravamina:* Beschwerden (urspr. der Reichsstände gegen die röm. Kurie). – *34 papinianische Magenmaschine:* ein von Dionys Papin 1680 konstruiertes Gerät, um Knochen zu erweichen und wieder in Gallert zu verwandeln.

S. 91, *9 insolvent:* zahlungsunfähig. – *28f. Leichenprediger:* Später wurde diese Predigt in »Dr. Fenks Leichenrede auf den höchstseligen Magen des Fürsten von Scheerau« weiter ausgeführt (1797). Schon für den Anhang zum »Titan« vorgesehen, wurde sie erst 1801 gedruckt und dann in die »Werkchen« von »Dr. Katzenbergers Badereise« (1809) mit aufgenommen.

S. 92, *14* Anton Friedr. *Büsching* (1724–93): Begründer der neueren Geographie. Seine »Neue Erdbeschreibung«, 1754 begonnen, war 1793 noch unvollendet. Der Scherz begegnet schon im 4. Heftlein der »Physiognomischen Reisen« von Musäus (s. u. zu S. 360, 34). – *17 Reichsmatrikularanschlag:* Steuer für das von den Ständen aufzubringende Truppenkontingent. – *18 Kammerzieler:* seit 1548 Steuer zur Erhaltung des Kammergerichts.

S. 93, *1 Sachsenhausen:* von Frankfurt durch den Main getrennter, damals noch selbständiger Ort. Die halb scherzhafte Animosität blieb bis heute sorgsam gewahrt. – *13 Monomotapa:* einst selbständiges afrikanisches Kaiserreich im heutigen Süd-Rhodesien, seit 1630 verfallen. Allerdings pflegte – nach Zedler – das Land nicht dem Kaiser nachzuniesen, sondern ihm dabei jedesmal herzlich Gesundheit zu wünschen. – *16 laxieren:* abführen.

S. 94, *25 Ausbruch:* edler Wein, zu dem die reifsten Beeren an den Stökken ausgebrochen werden. Damals noch auf den Ungarwein beschränkt.

S. 96, *4 Sclerotica:* Augenhornhaut.

S. 97, *9 Pistillen, Stigmen, Antheren:* Stempel, Stempelspitzen und Staubgefäße. – *17* u. *19* *Pentandria* und *Dodecandria:* die fünfte und elfte Klasse in dem neuen System Linnés. – *30* *Theresianischer Kodex:* Die »Constitutio criminalis Theresiana«, die österr. Halsgerichtsordnung von 1768, war mit Darstellungen von Folter- und Hinrichtungsszenen erläutert.

S. 98, *1* *Physiognomische Fragmente zur Beförderung der Menschenkenntnis und Menschenliebe:* So lautet der vollständige Titel dieses berühmten Werks über die Physiognomik von Joh. Kasp. Lavater (1741–1801). – *13* *Bräune:* Halsentzündung. – *21* *St. Kilda:* die nördlichste Insel der Äußeren Hebriden. In den Drucken steht fälschlich »St. Hilda«

S. 99, *21* *Isolatorium:* Gerät zu elektrischen Versuchen, um die Berührung (Rapport) mit dem Boden zu verhindern.

S. 100, *14* *Ob er verheiratet sei usw.:* Auch Tristram Shandy läßt II, 18 spöttisch offen, ob er verheiratet sei oder nicht. – *20* *Dispensatorium:* Arzneibuch für Apotheker.

S. 101, *35* *Michel-Angelos Petschaft:* Das Pariser Kunstkabinett bewahrte einen solchen Stein, der als Michelangelos Werk in hohem Ansehen stand. Vgl. die köstliche Anekdote um den Steinkenner Stosch, die J. P. im »Leben Fibels«, Kap. 20 erzählt.

S. 102, *2* *Poussiergriffel:* richtig Bossiergriffel, Bildhauerwerkzeug zur Arbeit in weichem Material. – *3* *Legestachel:* Legeröhre bei Insekten, durch die sie ihre Eier legen. – *31* *Ries:* Papiermaß, das je 20 Buch oder 480 Bogen umfaßt.

S. 103, *12* *ablaktieren:* aufpfropfen, hier verbinden. – *28* *Anfurt:* Schiffslände, Anlegeplatz.

S. 105, *20* *Ich habe mich usw.:* So beginnt Sterne das zweite Buch des »Tristram Shandy«: »Ich hab ein neues Buch angefangen, damit ich Raum genug vor mir habe, die Natur der Verlegenheiten zu erklären, in welche mein Onkel Toby ... verwickelt wurde.« – *28* *badinieren:* schäkern, tändeln.

S. 106, *34* *kantschuen:* prügeln.

S. 107, *8* *Bachs Regel:* Carl Philipp Em. Bach (1714–88), der »Berliner Bach«, schreibt im ersten Teil seines »Versuchs über die wahre Art das Klavier zu spielen« (3. Hauptstück, § 29): »Indessen kann man merken, daß die Dissonanzen insgemein stärker und die Consonanzen schwächer gespielt werden, weil jene die Leidenschaften mit Nachdruck erheben und diese solche beruhigen.« – *29f.* *Bologna:* Die älteste Universität Italiens hatte in ihrer Blütezeit als Rechtsschule höchsten Ruf (Bononia docet). Zur Zeit J. P.s florierte dort besonders der Handel mit den kleinen, nach dieser Stadt benannten Hündchen.

S. 108, *20* *Recht der toten Hand* (droit de main mort): verhaßtes Feudalrecht, das in Frankreich dem Lehensherrn das ganze Erbe eines kinderlos verstorbenen Untertanen anheimgab. In Deutschland schon im 14. Jahrh. dahin gemildert, daß ihm das beste Stück des Erbes zufiel, das er sich auswählen konnte.

S. 109, *21* *Prinz von Artois:* Charles-Philippe (1757-1836), der Bruder

Ludwigs XVI., wurde von seinem Großvater 1759 zum Grafen von Artois erhoben. Der gewandte, glänzende Hofmann überlebte die Revolution und wurde 1824 als Karl X. König von Frankreich.

S. 111, *10 Negermarketender:* Das Motiv ist dem Buch: »Erzählungen von den Sitten und Schicksalen der Negersklaven« (von I.E. Kolb) 1789 entnommen. – *15ff. Ackerbau, Handel usw.:* Zu diesen Gedanken vgl. o. S. 928, 15 ff.

S. 114, *1 Envoyé:* Gesandter, dem Range nach Stellvertreter des Ambassadeurs. – *8 Sobouroff:* Gemeint ist Alexander Suwurow, Fürst Italijski (1730–1800), der russ. Oberbefehlshaber in den Kriegen mit Polen und dem revolutionären Frankreich. – *21 Quinquennell:* Stundungsbrief auf fünf Jahre. – *28 Moloch:* sem. Gottheit, der Menschenopfer, insbesondere Kinderopfer, dargebracht wurden.

S. 116, *26 Kalenderpraktika:* Wettervorhersage.

S. 118, *1 Wilsonscher Knopfableiter:* Benjamin Wilson (1721–88), schottischer Maler und Physiker, konstruierte einen runden Blitzableiter und geriet darüber 1757 mit Benjamin Franklin in eine heftige Kontroverse, als dieser für die zweckmäßigere, spitze Form eintrat.

S. 119, *23 a parte ante:* Mit »a parte ante« und »a parte post« bezeichnet man die Teile der Ewigkeit, die vor oder hinter einem liegen.

S. 120, *20 Vierherren:* Luthers Verdeutschung des griechischen Fürstentitels: »Tetrarch« für die Könige von Israel, von denen jeweils jeder über ein Viertel von Palästina zu regieren hatte. – *25 Konfortativ:* Stärkmittel.

S. 121, *1 Plethora:* Überfüllung. – *13 Schnurren, Schnacken und Charakterzüge:* Titel einer Schrift von J. J. v. Hagen, die dieser in 3 Teilen zu Berlin 1783–86 erscheinen ließ. – *19 Behemoth:* Großtier, der biblische Name des Nilpferdes.

S. 125, *12* Joh. Matth. *Schröckh* (1733–1808): ev. Kirchenhistoriker (»Christl. Kirchengeschichte«, 45 Bde. 1768–1812) schrieb, durch Weiße (s. o. zu S. 78, 5) veranlaßt, eine »Allgemeine Weltgeschichte für Kinder«, 1779–84, der 1774 bereits ein »Lehrbuch der allg. Weltgeschichte zum Gebrauch beim ersten Unterricht der Jugend« vorausgegangen war.

S. 126, *15* Jak. Friedr. *Feddersen* (1736–88): Erbauungsschriftsteller, gab eine Fülle moralischer Kinderschriften heraus: »Beispiele der Weisheit und Tugend aus der Geschichte«, »Lehrreiche Erzählungen aus der bibl. Geschichte« usw.

S. 127, *17 19 waren:* erg. »es«. Solche Ellipsen sind bei J.P. häufig. – *31 Voß seine Idyllen:* s. o. S. 29, 3 und die Anmerkung dazu.

S. 128, *8 gescheite:* In der 2. Aufl. ist nur hier versehentlich »gescheute« unverbessert geblieben. – *16 Schwabenspiegel:* das im 13. Jahrh. kodifizierte schwäb. Landrecht.

S. 129, *10 Wildau:* s. u. zu S. 1050, 28. – *34 Anmerkung:* zielt auf die Erneuerung der klassischen Philologie vor allem durch die Arbeiten von Wolf und Friedrich Schlegel.

S. 130, *2* Joachim *Camerarius* (1500–74): Philologe und Historiker, als Humanist der geistige Nachfolger des Erasmus, schrieb eine griechisch abgefaßte »Geschichte des Schmalkaldischen Krieges«, die er selbst auch lateinisch herausgab. – *7 infulieren:* (mit dem Bischofshut) bekrönen. – *8 Hermes' Töchter:* Jak. Tim. Hermes (1738–1821), bekannt durch seine Romane: »Miss Fanny Wilkes« und »Sophiens Reise von Memel nach Sachsen« (6 Bde. 1769–73) trat häufig und entschieden für eine höhere Bildung der Frau ein. (»Für Töchter edler Herkunft« 1787). – *15 S. Marino-Felsen:* kleiner italienischer Freistaat bei Rimini. – *21f. Vossius, Lipsius, Casaubonus:* Vom älteren Vossius weiß J.P. an anderer Stelle zu berichten, er habe stets die Werke des Lukan bei sich getragen; Just Lipsius verfaßte eine Reihe von Untersuchungen zu Seneka, Isaak Casaubonus veranstaltete 1600 eine Ausgabe der Gedichte des Persius. – *23 Damokles:* Klingers Drama von 1790.

S. 131, *6* James Burnett, Lord *Monboddo* (1714–99): schottischer Rechtsgelehrter und Sprachphilosoph. Sein Hauptwerk: »Of the Origin and Progress of Language« wurde 1785 ins Deutsche übersetzt, wozu Herder eine Vorrede schrieb. – *19 Balzac:* Gemeint ist der franz. Lyriker Jean L. G. de Balzac (1597–1654), dessen großartig gebaute, rhetorische Briefe vielbewundert waren. Der Sinn der Stelle ist wohl: Ein einfacher, »klassischer« Geschmack kann bei Völkern in einen überladenen und schwülstigen, »barbarischen« Geschmack entarten. Doch ist der gedankliche Gegensatz mit nicht sehr glücklichen Beispielen belegt.

S. 132, *4* Joh. Georg *Hamann* (1730–88): philos. Schriftsteller, der »Magus des Nordens«, wie ihn Fr. K. v. Moser wegen seines dunklen, orakelhaften Stils nannte. Seine kleinen, oft nur aphoristischen Schriften (»Sokratische Denkwürdigkeiten« 1759, »Kreuzzüge des Philologen« 1762 usw.) hatten die wichtigste Anregung sowohl für Herder als auch für den Sturm und Drang gegeben. Hamann gestand selbst in einem Brief an Franz Buchholtz aus dem Jahre 1786: »Mein Gedrucktes besteht aus bloßem Text, zu dessen Verstande die Noten fehlen, die aus zufälligen auditis, visis, lectis et oblitis bestehen.« – *17 Neuner-Probe:* math. Rechenprobe, ob eine Zahl durch 9 teilbar ist, (wenn es die Quersumme ist). – *25 Devalvation:* Abwertung. – *30 Anthologen:* die griechischen Lyriker, deren Lieder und Gedichte in der spätantiken »Anthologia Graeca« gesammelt sind. J.P. hatte sie durch Herder kennengelernt. – *32 Copiam vocabulorum:* »Eine Menge (leerer) Worte«. Die Floskel ist als Antwort auf die letzte Frage des vorhergehenden Absatzes zu verstehen. – *34 gradus ad Parnassum:* Stufen zum Parnaß, s. u. zu S. 1161, 10.

S. 133, *5 Omarsche Verbrennung aller Alten:* Nach einer unverbürgten Sage soll der Kalif Omar I. bei der Einnahme von Alexandria im Jahre 642 die berühmte Bibliothek der Stadt ein zweites Mal zerstört und mit ihren Büchern sechs Monate lang die öffentlichen Bäder geheizt haben. – *14* Christian Gottl. *Heyne* (1729–1812): vor allem als Lehrer vorzüglicher, klass. Philologe. Er trat in zahlreichen seiner Reden und Schriften für den Gedanken einer formalen Bildung des Geistes durch den Umgang mit den alten Sprachen ein. – *28 Ausgabe des Shakespeares:* Die erste Gesamtübertragung der Shakespeareschen Stücke von J.J.Eschenburg (1775–83) fügte einen Anhang mit den Novellen bei, die den Stücken zugrunde liegen.

S. 134, *26 »Über die Ehe«* (1774): eine halb scherzhafte, umfangreiche Abhandlung Th. G. v. Hippels (1741–96). Ein Freund Kants und Hamanns, schrieb dieser geistvolle Erzähler in den Mußestunden, die eine glänzende juristische Laufbahn ihm gönnte, zwei große Romane in Sternes Manier: »Lebensläufe in aufsteigender Linie«, 1778, und »Kreuz- und Querzüge des Ritters A–Z«, 1793, die beide, zusammen mit dieser Frühschrift, stark auf den Stil und das Denken J. P.s eingewirkt haben.

S. 135, *21* Aug. Ludw. v. *Schlözer* (1735–1809): Historiker und Publizist. Er versuchte, vor allem in seinem Buch: »Vorstellung der Universalhistorie« (1772–73), an die Stelle der üblichen, pragmatischen Geschichtsschreibung eine synthetische zu setzen, die sich nicht um eine lineare Nachzeichnung des historischen Ablaufs bemüht, sondern die Vergangenheit in einer Zusammenschau der äußeren geschichtlichen Fakten und Vorgänge mit den wirtschaftlichen und geistigen Bewegungen begreifen will. – *23 Ähnlichkeit des Entlegenen:* Der ganze Schlußabsatz ist ein wesentlicher Schlüssel zu den Grundlagen von J. P.s Schreibweise.

S. 136, *12 dessauisches Philanthropinwäldchen:* ein Wald bei Dessau, der zu J. J. Basedows Erziehungsinstitut gehörte, s. u. zu S. 235, 5. – *19 Karolina:* die »Constitutio criminalis Carolina«, das erste deutsche Strafgesetzbuch. Es wurde 1532 durch Karl V. zum Reichsgesetz erhoben und blieb bis in die Mitte des 18. Jahrh., in Preußen bis 1806 in Geltung. – *20 Theresiana:* s. o. zu S. 97, 30. – *28 kakochymisch* (schlechtsaftig): übellaunig, verstimmt.

S. 137, *15 Poenitentiaria:* Gerichtshof der röm. Kurie, der über Ablaß und kirchliche Bußen zu befinden hatte. – *28 Parlaments-Wollensack:* Im englischen Oberhaus bestanden die Bänke aus roten Wollsäcken.

S. 138, *7 Hermes:* s. o. zu S. 130, 8. – *7* Christian Wilh. *Oemler* (1728–1802): Konsistorialrat in Jena, gab 1786–89 ein vierbändiges, übergründliches »Repertorium über Pastoraltheologie und Casuistik« heraus, das dem Pfarrer Rat und Hilfe in allen erdenklichen und unerdenklichen Situationen seines Berufes geben sollte. – *10 aquae supra coelestes:* überhimmlische Wasser (vielleicht analog zu dem Begriff: »überirdische Wasser« als Steigerung gedacht). – *11 humores peccantes:* sündige, schädliche Flüssigkeiten (nach Galens Terminologie etwa »Krankheitssäfte«). Die Herkunft der beiden Ausdrücke – vielleicht entstammen sie der zeitgenössischen theologischen und medizinischen Literatur – ist unklar, den Sinn kann man jedenfalls so umschreiben: »die überhimmlischen Tränen seiner Augen begleiteten stets die zwei Schuh tiefere Bewegung der ‚sündigen Flüßigkeit' des Bieres.« – *34 Frais- und Zentherr:* ein Gutsherr mit dem Privileg, die peinliche Gerichtsbarkeit auszuüben. – *35 Feimer:* Femerichter.

S. 141, *20* Marie Catherine d'*Au(l)noy* (um 1650–1705): franz. Dichterin, schrieb neben heroischen Romanen die Märchensammlung: »Les illustres fées« (1698), die im 18. Jahrh. unzählige Nachahmungen gefunden hat.

S. 142, *1 bureau d' esprit:* Versammlung von Schöngeistern. – *2ff. Historie:* Diese Geschichte berührt sich eng mit dem Märchen von den Sterntalern bei den Brüdern Grimm, zumal die abweichende Gestalt des Schlusses (S. 142, 6–11) eine Erweiterung der 2. Aufl. bildet.

S. 143, *19 Dephlegmation:* Wasserentziehung. – *31 Veit Weber:* Pseudonym für Leonhard Wächter (1762–1837), der durch seine mehrbändigen »Sagen der Vorzeit« (1787–98) mit ihrer biedermännisch getarnten Schlüpfrigkeit einen recht zweifelhaften Ruf besaß. – *31* August von *Kotzebue* (1761–1819): seichter, aber virtuos die Gefühlseffekte berechnender Dramatiker (»Die Kleinstädter«, »Die beiden Klingsberg«, »Menschenhaß und Reue« usw.) und Romanschreiber.

S. 144, *17 Versikel:* Bibelvers. – *21 Contes moraux:* u. a. der Titel von Marmontels Erzählungen (1761), die 1791 ins Deutsche übersetzt worden waren.

S. 145, *23 Nouvelles à la main:* Handgeschriebene Zeitungen waren schon früh üblich und besonders im 18. Jahrh. weit verbreitet, zum Teil bedingt durch die strenge Zensur. Am berühmtesten ist Melchior Grimms »Correspondance litteraire, philosophique et critique« (1753–73), an der Diderot hervorragenden Anteil hatte. Auch J. P. hatte sich früher einmal an einem »Vierzehn-Tage-Blatt« versucht. – *26 Marforio und Pasquino:* volkstümliche Namen für zwei antike Brunnenfiguren in Rom, an denen die Spottvögel ihre satirischen Verse und Pamphlete anzuheften pflegten. – *28 Journal für Deutschland:* Diese von Leop. Th. v. Goeckingk in den Jahren 1784–92 edierte aufklärerische Zeitschrift trug den genauen Titel: »Journal von und für Deutschland«.

S. 146, *26* George Louis Leclerc, Graf von *Buffon* (1707–88): franz. Naturforscher, verfaßte mit Daubenton eine umfängliche »Naturgeschichte der Tiere« (1749–83, 24 Bde.). Seine berühmte »Histoire naturelle, générale et particulière« erschien fast gleichzeitig mit 38 Bänden in Paris 1750–89.

S. 147, *8 Rappémühle:* Handmühle zum Tabakmahlen. – *16 Regale:* landesherrliches Recht.

S. 148, *12 Strazza:* Grundbuch für die ersten Eintragungen in der Buchhaltung.

S. 149, *17 Fratschlerweiber:* Trödlerinnen.

S. 150, *16 Ophir:* sagenhaftes, goldreiches Land im A. T. – *31 Idiotikon:* Wörterbuch von den Spracheigentümlichkeiten einer Mundart.

S. 151, *2 Ensoph:* mystischer Name für das höchste, göttliche Wesen in der Kabbala.

S. 152, *24ff. Friederich Georg Jacobi* (1743–1809): Dichter und Philosoph, von J. P., der mit ihm später befreundet war, zeit seines Lebens sehr hoch geachtet. Die beiden Briefromane: »*Woldemar*« und »*Eduard Allwills Briefsammlung*« erschienen 1779 und 1781, die Abhandlung: »*Über die Lehre des Spinoza*, in Briefen an Moses Mendelssohn« 1785 und »*David Hume über den Glauben*« 1787. – *37 Hamann*, s.o. zu S.132, 4 stand sein ganzes Leben gegen die Allgemeine Deutsche Bibliothek und ihren Herausgeber Friedrich Nicolai (s.u. zu S.415, 34) in einem heftigen Kampf, der von der gegnerischen Seite nicht immer mit lauteren Mitteln geführt wurde und der erst durch Hamanns Tod ein Ende fand. – *37 Mardochai:* der Pflegevater der Esther im gleichnamigen Buch des A.T., durch den der Minister *Haman* an den Galgen kommt.

S.153, *23 Ignatius-Blech:* schutzbringendes Amulett gegen Krankheit und Bezauberung. – *24 Lukas- und Agathazettel:* Sie helfen nach altem Volksglauben, wenn sie mit lateinischen Segensformeln beschrieben sind, gegen Brand und Krankheiten. – *25 auch:* Die Drucke setzen mutmaßlich fehlerhaft ein zweites »aus«. – *33ff. Anmerkung:* s.o.S.36, 5ff.

S.154, *9 Montaigne:* vgl. Essays I, 27. – *13 Ciceros Ideal:* vgl. Cicero, Laelius de amicitia XVI. – *25 der alte Shandy:* vgl. Tristram Shandy II, 19. – *34ff. Si ad illam usw.:* »Wenn zu jenem tugendhaften Leben (die Bequemlichkeit) von einem Salbfläschchen und einem Schabeisen hinzutritt, wird ein kluger Mann das Leben mit diesen Dingen lieber führen, auch wenn er aus diesem Grunde doch nicht glücklicher wird.« Der Hauptsatz, von dem die Konstruktion abhängig ist und in dem sich Cicero gegen diese stoische Meinung verwahrt, ist in der Anmerkung weggelassen. Die Stelle entstammt Ciceros Schrift: »*Über die Grenzen von Gut und Böse*« IV, 12.

S.156, *24 Abt Galiani:* Fernando Galiani (1728–87): it. Nationalökonom, Philosoph und Schöngeist, »ein Plato mit den Mienen und Gesten des Harlekin« (Diderot). Als Diplomat in Paris schrieb er seine boshaften »Dialogues des femmes«. J.P. verwechselt übrigens stets den Titel Abbé vor seinem Namen, der einen Weltgeistlichen ohne Amt bezeichnet, mit dem deutschen, nur urspr. synonymen »Abt«.

S.157, *17 Hällische Hausapotheke:* Die Arzneien, die in den Franckeschen Stiftungen zu Halle hergestellt wurden, standen bis in den Anfang des 19. Jahrh. in hohem Ansehen. Doch ist hier wohl an eine Sammlung von Rezepten und Hausmitteln der dortigen Anstalt zu denken, die auch in Joh. Gottwerth Müllers Roman: »Herr Thomas« (Bd.I, Fußnote zu S.356) erwähnt wird. – *19 presshaft:* oberdt. für bresthaft. – *20 materia medica:* s.u. zu S.301, 13. – *29 roter Faden:* diente in der Volksmedizin zur Heilung der Schwindsucht. – *32 peruvanische Rinde* oder Chinarinde: Mittel gegen das kalte Fieber. – *33 Rock à la peruviénne:* ein modisches Kleidungsstück aus geblümtem Seidenstoff.

S.158, *7 Trepan:* Schädelbohrer, »Hirnbohrer« (J.P.). – *27 Tempe-Tal:* das idyllische Tal des Penaios zwischen Ossa und Olymp in Thessalien, das vielen arkadischen Erzählungen als Schauplatz diente.

S.162, *28 Bach:* s.o. zu S.107, 8. – *28* Georg *Benda* (1722–95): Hofkapellmeister in Gotha und gefeierter Klavierist, erregte als Opernkomponist durch die Neuheit seiner Melodramen (»Ariadne auf Naxos« 1775,

»Julie und Romeo« 1776, »Medea« 1778) selbst in Italien Aufsehen. – *29 Mordanten*, eigtl. Mordenten: Pralltriller. – *29 falsche Quinten:* Im strengen mehrstimmigen Satz galten Quintenparallelen als fehlerhaft. Vgl. den Artikel: »Quinten« in Sulzers »Theorie der schönen Künste und Wissenschaften«.

S. 163, *10 spondäisch:* Nach dem Versmaß (lang-kurz) muß hier notwendig trochäisch stehen. Berend vermutet J. P. sei zu dieser Verwechslung durch Musäus (s. u. zu S. 360, 34) veranlaßt worden, der in den »Physiognomischen Reisen« wiederholt vom Spondäengang eines Pferdes spricht. – *28 Epiktet:* Der griechische Philosoph war der Sage nach durch die Grausamkeit seines Herrn an einem Bein verkrüppelt.

S. 164, *5 Lympha:* Gewebesaft. – *7 Infarktus:* Verstopfung.

S. 165, *19 Preßknechte:* s. u. zu S. 188, 30.

S. 166, *16ff. Jesuiten, Aristokraten, Voltaire:* Der Jesuitenorden wurde 1773, nachdem schon vorher einzelne Länder Verbote gegen ihn erlassen hatten, durch Papst Clemens XIV. aufgehoben. Die Aristokraten gerieten durch die französische Revolution und die Wirkung dieser revolutionären Ideen in eine bedrohliche Situation. Bei Voltaire ist wohl auf dessen mehrfache Verbannung aus Paris angespielt.

S. 167, *2 leuterieren:* svw. läutern.

S. 168, *18 Terzie:* der sechzigste Teil einer Sekunde.

S. 169, *18 Haselant:* Hasenfuß, auch Possenreißer, hier wohl synonym mit dem vorausgehenden »Faselhans«.

S. 170, *19 Großsultan:* Wegen dieses Titels s. u. zu S. 317, 26. – *20* François de Salignac de la Motte *Fénelon* (1641–1715): Prinzenerzieher und Prediger am Hofe Ludwigs XIV., dann Erzbischof von Cambray. Sein Reise- und Liebesroman: »*Les aventures de Télémaque*«, der ihn bei Hof in Ungnade fallen ließ, erschien ohne sein Wissen 1695 in Paris und wurde schnell in alle Sprachen übersetzt. Er diente allen Erziehungsromanen des Jahrhunderts zum Vorbild. – *33 Alexander dem Aristoteles:* »Aristoteles bekam von Alexander 3000 Menschen, die in 3 Weltteilen Tiere für ihn zusammentrieben«, notierte sich J. P. in seinen Exzerpten.

S. 171, *9 Bittsteller:* In dem o. zu S. 25, 2 genannten Werk S. 40.

S. 173, *3 vertieren:* übersetzen. – *4* Louis Dominique *Cartouche* (1693 bis 1721): Haupt einer Diebesbande, die einige Jahre durch ihre fast sprichwörtlichen Streiche Paris in Bann hielt. – *5* Carlo *Goldoni* (1707–93): Der italienische Dramatiker lebte seit 1762 in Paris, wo er trotz allem Ruhm und aller Verbreitung seiner Komödien in Armut starb.

S. 177, *28 Brokardika:* kurze, gedrängte Rechtsregeln, wahrscheinlich nach einer von Burkard von Mainz († 1025) hinterlassenen Sammlung von Kirchengesetzen, den sog. »regulae Brocardicae« benannt.

S. 179, *2* Claude Adrien *Helvetius* (1715–71): franz. Philosoph, erklärte sich in seinem Hauptwerk: »De l'Ésprit« (1758) entschieden und radikal für einen hedonistisch gefärbten Sensualismus, und gründete darauf wesentlich sein philosophisches System. – *21 zwei Mönche:* Nach S. 54,27 waren es drei Mönche. – *28ff.:* vgl. Nachtrag S. 1311.

S. 180, *14 Wetzlaer Tor:* Das Reichskammergericht hatte seit 1689 in Wetzlar seinen Sitz. – *17 Styliten:* Die Säulenheiligen in Ägypten, die dort bis ins späte Mittelalter nachweisbar sind, waren keine eigentliche Sekte. Als Einsiedler verbrachten sie ihr Leben büßend auf Säulen, die bis zu 15 Meter hoch waren. – *35 Stab Wehe:* vgl. Sach. 11, 7.

S. 181, *11 Morhof:* Daniel Georg Morhofs Sammelwerk: »Polyhistor« (1668–1707) hat J. P. häufig zum Exzerpieren benutzt. In den Werken des Dichters wird der erwähnte Gelehrte Fortius stets in »Fortins« verschrieben.

S. 182, *30 Ephorus:* Aufseher, in Sparta ein Amt, das dem des röm. Zensors verwandt war.

S. 185, *29 Trancheekatzen:* erhöhte Angriffswerke, um in die gedeckten Gänge des Feindes Einsicht zu gewinnen.

S. 186 *10f. damit ich in die Brust nicht steche usw.:* Der Satz lautet verständlicher umgekehrt: »damit ich nicht die Brust sehe, in die ich steche«. Zu solchen häufig vorkommenden Umstellungen vgl. etwa u. S. 703, 30 oder S. 858, 11.

S. 187, *15 peristaltische Bewegungen:* Darmbewegungen.

S. 188, *22 Malefizrat:* Richter beim Blutgericht. – *22 Fakultist:* Mitglied einer Gelehrten-Innung an den älteren Universitäten. – *30 Preßgänge:* nächtliche Streifzüge, auf denen man in England versuchte, junge Leute oder Matrosen von Handelsschiffen, die in der Hafengegend sich herumtrieben, zum Seedienst bei der Flotte zu zwingen.

S. 189, *8 Patrimonialgericht:* grundherrliches oder Erbgericht.

S. 191, *4 Steingut in ihren Köpfen:* Die sog. Krebsaugen wurden als Arznei verwendet. – *6 Daktyliothek:* Gemmensammlung. – *10 mephitisch:* stickig.

S. 193, *12f. Bendas Romeo:* s. o. zu S. 162, 28.

S. 198, *25ff. Gustavs Bild:* s. o. S. 69, 25 ff.

S. 199, *10 Baireuther Eremitage:* Dort hatte Markgraf Georg Wilhelm nach 1715 im Wald vereinzelte Hütten aus Tuffstein und Holz errichten lassen, in denen ein recht fröhliches Eremitentreiben sich abspielte. – *34 Curatores absentis:* Sachwalter in Abwesenheit, rechtliche Stellvertreter.

S. 200, *17 papillotieren:* einkräuseln.

S. 202, *24 Horeb:* Name des Sinai.

S. 205, *3 Greveplatz:* Auf ihm fanden früher in Paris die öffentlichen Hinrichtungen statt. – *3ff. Wahrhaftig Zeitungschreiber usw.:* Zu diesem Gedanken verweist Berend auf eine Stelle im ersten Kapitel von Hippels »Über die Ehe«: »Ich weiß wohl, daß alle Autoren mit der höchsten Gerichtsbarkeit, die über Hals und Hand, wie die Kunstverständigen sich ausdrükken, gehet, belehnt sind usw.« – *10 Abrégés:* Auszüge.

S. 206, *20: Patois:* (eigtl. ein bestimmter Dialekt), volkstümliche oder »gewöhnliche« Sprache. – *27* Wenzel Anton *Fürst v. Kaunitz*-Rietberg

(1711–94): Österreichs Außenminister in der Theresianischen Ära. Er war bei Erscheinen des Buchs noch im Amt.

S. 207, *12 Doktor-Grahams-Bette:* James Graham (1745–94), Quacksalber mit dubiosem Doktorgrad, hatte in seinem mondänen Haus in dem engl. Kurort Bath ein »celestial bed« aufgebaut, das gegen Unfruchtbarkeit helfen sollte.

S. 208, *27 Bileam und die Eselin:* vgl. 4. Mose 22, 22–34. – *31 kartesianischer Wirbel:* Nach der Lehre des Descartes (Principia philosophica III, 19) bewegt sich die flüssige Himmelsmaterie nach Art eines Wirbels um die Sonne.

S. 212, *19 Ambe:* Doppeltreffer im Lottospiel.

S. 216, *8 Wurzelfasern:* Die Drucke setzen »Wurzelfaser«.

S. 217, *27 meine Ruhestatt:* Es muß wohl an dieser Stelle »mein Ruhestatt« gelesen werden, da an ein Wortspiel mit dem Namen des Dorfes nicht gedacht werden kann.

S. 218, *17 Morgenland:* Dieses Wort gehört zu den auch vom Zeitempfinden mitgeprägten Lieblingsvorstellungen des Dichters. So schreibt er selbst in der zweiten Vorlesung seiner »Selberlebensbeschreibung«: »In frühester Zeit war das Wort Weltweisheit – jedoch auch ein zweites Wort Morgenland – mir wie eine offene Himmelspforte, durch welche ich hineinsah in lange lange Freudengärten.« Vgl. auch S. 614, 16ff.

S. 219, *5 Kirche von S. Adriano:* am Forum. Die heute aufgehobene Kirche war in frühchristlicher Zeit in der Kurie des alten röm. Senates errichtet worden. Sie bestand bis 1937. – *24 Scibile:* (»das Wißbare«), der Wissensstoff.

S. 224, *28 XX. Trinitatis:* Es müßte der XXIII. Trinitatis-Sektor folgen.

S. 225, *4 Empor-Stube:* Dachstube. – *36 mährische Brüder:* So nannte man die Anhänger einer bis ins 17. Jahrh. in Böhmen verbreiteten rel. Sekte, aus der mittelbar die Herrnhuter-Bewegung hervorgegangen ist.

S. 226, *21 Hiskias Sonnenuhr:* Um diesem König ein Zeichen zu geben, ließ Jesaias die Sonnenuhr im Palast 10 Stufen zurücklaufen. Vgl. 2. Kön. 20, 9–11. – *26 Mosis-Angesicht:* Als Moses vom Sinai wiederkehrte, war sein Gesicht so voll Glanz, daß niemand ihn anzublicken vermochte und er sein Haupt beim Sprechen verhüllen mußte (daher bei J. P. auch häufig die Bezeichnung »Mosis-Decke«). Vgl. 2. Mose 34, 29–35. – *28 Homannische Karten:* Die Landkarten des Kupferstechers und Geographen Joh. Bapt. Homann (1663–1724) wurden bis in J. P.s Zeit häufig nachgestochen. – *32 Pallium:* Bischofsmantel.

S. 227, *3 wie Mitglieder der Berliner Akademie:* Die Berliner Akademie der Wissenschaften hatte in Preußen ein Kalendermonopol.

S. 228, *27 Vergleich von 1705:* Die Anspielung geht vermutlich auf den »Rezeß wegen der reformierten Religions- und Gewissensfreiheit in der Pfalz«, der 1705 zwischen Kurpfalz und Preußen geschlossen wurde.

S. 231, *1 das nächste:* der Mund.

S. 235, *5 Philanthropin:* Name für Erziehungsanstalten nach dem Vorbild der Dessauer Philanthropin, die 1774 der Pädagoge Joh. Bernh. Basedow (1723–90) eingerichtet hatte.

S. 242, *16 Kanikularferien:* Hundstagsferien.

S. 243, *30 der pfiffige Phidias:* Phidias soll bei der Arbeit an seiner Statue der Athena Lemnica in deren Schild sein Bildnis eingemeißelt haben, um es für die Ewigkeit zu bewahren.

S. 244, *14 preteuse de tête:* wörtl. Kopfverleiherin. – *19 dappieren* (richtig tapieren oder toupieren): das Haar hochkämmen und in Locken drehen. – *32 Palais royal:* einst als Stadtschloß Richelieus in Paris errichtet, dann im Besitz der franz. Könige. Es stand seit den Tagen der Regentschaft durch den Herzog von Orléans in üblem Ruf; besonders seit Beginn der Revolution trieben die Dirnen in seiner Umgebung ihr Unwesen.

S. 247, *12 Plümage:* Gefieder. – *17 bekielen:* befiedern, bei Klavieren durch das Futter auf dem Saitenbelag.

S. 248, *5 Silbermannisches Klavier:* Gottfried Silbermann (1683–1753), der bedeutendste Klavierbauer des 18. Jahrh., erbaute das erste Pianoforte in unserem Sinn, das bis zur Erfindung des Hammerklaviers in Deutschland führend blieb. – *26 palingenesiert:* wiedergeboren.

S. 249, *7 Galerie zu Florenz:* die heute fast 600 Selbstbildnisse umfassende Sammlung der Uffizien, die von Kardinal Leopoldo de Medici (1616–79) gegründet wurde. – *12* Philips *Wouwermans* (1619–68): in der Zeit häufig kopierter, holl. Landschafts- und Genremaler. – *13 Salvatore Rosa* (1615 bis 1673): Maler, Stecher, Dichter und Musiker aus Neapel. Seine drohenden Bildszenarien aus schroffen Felsabstürzen und Meeresbuchten waren für die Bilderfindung und Komposition von Landschaften lange von entscheidendem Einfluß. – *14* Allart van *Everdingen* (1621–75): holl. Landschaftsmaler. Er war der Lehrer Ruysdaels, dessen knapp umgrenzte, im Vordergrund sorgsam gestaltete Landschaften er kleinmeisterlich vorbereitete.

S. 250, *3 Dissemination:* Samenverstreuung. – *8 epikurische Abblätterungen:* Epikur lehrte, daß sich alle Dinge wieder in kleinste Bestandteile auflösen, die so lange in der Luft fliegen, bis sie sich wieder zusammenballen und ein neues Ding oder Lebewesen erschaffen. – *18 veloutieren:* mit Samt bespannen. – *28 Idolo del mio cuore:* Das Lied findet sich als »Canzonetta Veneziana« in den »Oden und Liedern aus den besten dt. Dichtern« von Friedr. Wilh. Rust (1739–96), 1. Sammlung 1784, S. 35. Vermutlich weil J. P. sich über die richtige Form des Wortes nicht im klaren war, ließ er in der zweiten Auflage »cuore« wegfallen.

S. 251, *15 Aderlaßmännchen:* nackte Figuren, bei denen an allen Gliedern durch Zeichen die Stellen angegeben wurden, an denen man sich am günstigsten zur Ader lassen konnte. Sie waren bis in neueste Zeit in allen Volkskalendern üblich.

S. 252, *10 ff. Wer nicht hat usw.:* vgl. Luk. 9,58.

S. 253, *24 in jenem grünen Gewölbe:* Das Grüne Gewölbe im Westflügel des Dresdner Schlosses (1721–24 ausgestattet) barg in seinen acht Räumen die vollkommenste Preziosensammlung eines deutschen Fürsten des 18. Jahrh.

S. 256, *21* *Hornschröter:* Hirschkäfer. – *23* Felice *Fontana* (1730–1805): it. Naturforscher, machte damals durch seine zoologischen Experimente viel von sich reden.

S. 257, *3* *qui (quae) scit usw.:* »Wer zu sterben weiß, läßt sich nicht zwingen.« – *4f.* *majori animo usw.:* »Mit höherem Mute wird der Tod wiederholt, als begonnen.« Frei nach Seneka, Gespräche II, 2, 12. Der Satz wird dort auf das Ende des jüngeren Cato in Utica bezogen. Dieser durchbohrte sich beim Nahen Caesars mit dem Schwert, wurde durch seine Freunde gerettet und vollendete seine Tat, indem er die Verbände aufriß und sich die Eingeweide zerfleischte. – *9* *défaillir:* »ohnmächtig werden« und »dem Gericht fernbleiben«. J. P. setzt irrtümlich die Form »*défaillante*«.

S. 258, *3* *Mediceische Venus:* Zu diesem Wortspiel vgl. u. S. 915, 1 ff. – *6* *boue de Paris:* »Schmutz von Paris«. Man könnte an eine der damals gebräuchlichen, scherzhaften Farbbezeichnungen denken (z. B. »caca du Dauphin« usw.), vielleicht hat auch J. P. das Wort selbst in Analogie zu »cul« und »gorge de Paris« gebildet. In jedem Fall muß man den Ausdruck mit »künstlichem, d. i. geistigem Schmutz« übersetzen. – *7* *Schriftsteller:* Nach dem 6. Kap. in J. P.s »Erklärung der Holzschnitte«, wo dieser Gedanke wiederholt wird, ist Aug. Wilh. v. *Thümmel* (1738–1817) gemeint, der liebenswürdige Verfasser der »Wilhelmine« (1764), dessen »Reise in die mittäglichen Provinzen von Frankreich« damals (1791) eben zu erscheinen begann.

S. 261, *17* *Parloir:* Sprechzimmer in Klöstern. – *23* Ernst *Platner* (1744 bis 1818): Mediziner, Anthropologe und philosophischer Schriftsteller an der Leipziger Universität. Er zog durch die Vielfalt seiner philosophischen Studien und Gedanken den jungen J. P. an und war in den Leipziger Universitätsjahren 1781–84 der stärkste Anreger des Dichters. Vermutlich denkt J. P. dabei an Platners »Neue Anthropologie«, 2. Buch, 2. Hauptstück, die Abschnitte 2 und 3. – *35* *Dohnenschneit* oder Dohnenstrich: eine Bahn von verbundenen Schlingen zum Vogelfang.

S. 263, *12* Georg Ernst *Stahl* (1660–1734), der als Chemiker die lange gültige Phlogistonlehre begründete, vertrat als Arzt einen Animismus, wonach die Seele alle Teile des Körpers einzeln durchfühle und zusammenhalte. Er vertrat diese Lehre vor allem in seiner »Theoria medica vera etc.« (1707–37). – *16* *Tonus:* Spannkraft der Nerven.

S. 264, *12* *musivisch:* mosaikartig. – *33* *taillieren* und *coupieren:* mischen und abheben.

S. 266, *27* *Straßburger Uhrwerk:* In den Jahren 1547–91 entstand nach den Plänen Christian Herlins im Straßburger Münster eine gewaltige astronomische Uhr. Das alte Uhrwerk, worauf sich J. P.s Bemerkung bezieht, stockte 1793 und wurde im 19. Jahrh. neu gestaltet. – *33* *National-Versammlung:* Spielt auf die Assemblée Nationale an, die damals in Paris tagte (1791).

S. 268, *20 Ochs Apis:* Ehe der Apis-Stier, die Verkörperung des Osiris, nach seiner Auffindung in den Tempel nach Memphis gebracht wurde, hatten die ägyptischen Weiber 40 Tage lang Zutritt zu ihm. – *31 Michaelisritter aus Spaa:* Der Orden des hl. Michael wurde 1469 von Ludwig XI. von Frankreich gestiftet, stand bis zum Ende des »ancien régime« in höchstem Ansehen und wurde während der Revolution aufgehoben. In dem belgischen Badeort Spaa gaben sich auch Gauner und Beutelschneider als Mitglieder des Ordens aus, wie J. P., nach Berend, aus Weckherlins »Grauem Ungeheuer« (1785, Bd. 4, S. 179ff.) wußte. – *33* Leonhard *Euler* (1707–83): Schweizer Mathematiker, legte seine Gedanken zur Astronomie in seiner »Theoria motuum planetarum et cometarum« von 1744 nieder. – *36* Alexander Graf *Cagliostro*, eigtl. Guiseppe Balsano (1743–95): Abenteurer, Alchimist und Geisterbeschwörer. Er war allerdings seit 1789 bereits in päpstl. Haft.

S. 269, *17 Pandekten:* der Hauptbestandteil und zugleich die zweite Abteilung des römischen Rechts in der Kodifizierung durch Justinian. – *22 das eherne Meer:* Dieses gewaltige Becken im Tempel von Jerusalem wurde von 12 Rindern getragen. Vgl. 1. Kön. 7, 24–25. – *25 Mithridates* der Große (132–63 v. Chr.): König von Pontus, soll 22 Sprachen, die Sprachen aller Völker seines Riesenreiches, beherrscht haben.

S. 271, *28 tournure:* kunstvolle Einkleidung.

S. 272, *1f. Er erinnerte sich usw.:* Diesen Scherz verdankt J. P. der dritten Satire von Edward Young (s. u. zu S. 635, 11), wo von einem Zerstreuten gesagt wird: »Er macht sich einen Denkzettel, um etwas zu vergessen.« Das Wortspiel, das bei J. P. öfters wiederkehrt, wird in § 47 der »Vorschule der Ästhetik« als beispielhaft angeführt.

S. 273, *5 Rosenmädchen in Salency:* Der hl. Medardus soll zuerst in seiner Heimatstadt Salency bei Noyon das Rosenfest eingeführt haben, bei dem das schönste und klügste Mädchen mit einem Kranz aus Rosen gekrönt wurde. Schon 1774 hatte Adrien Ernest Modeste Grétry eine Oper: »La rozière de Salenci« komponiert. Durch einen Prozeß im Jahre 1776 wurde das Fest dann allgemein bekannt und fand in der Schäferwelt des späten Rokoko viel Nachfolge.

S. 275, *18 präzipitieren:* niederschlagen. – *20 Latitudinarier:* Freidenker.

S. 276, *20 Können Sie mich usw.:* Das abrupte Durchbrechen eines Selbstgespräches ist Sterne nachgebildet, der diese Technik im »Tristram Shandy« virtuos ausgebildet hat.

S. 277, *11 den sie:* Zu »sie« fehlt das Beziehungswort im vorhergehenden Satz. Entweder ist beim Schreiben oder im Druck ein Satz ausgefallen.

S. 285, *14 Ottomars Brief:* vgl. o. S. 217ff.

S. 286, *12ff. Erinnerungen:* J. P. denkt hier an seinen Jugendfreund Adam Lorenz von Oerthel, der 1786 und wie Amandus im Oktober gestorben war. Vgl. dazu Tristram Shandy VI, 25: »Doch was – was ist das gegen jenes künftige trauervolle Blatt, wo ich das samtene Leichentuch betrachte, verziert mit dem kriegerischen Ehrenzeichen deines Herrn – des ersten – des besten der geschaffenen Wesen.« So rückt Sterne auch nach der Grabschrift Yoricks zwei schwarze Trauerseiten ein (Tristram Shandy I, 12).

S. 287, *7f. aufheben, einkrümmen, fühlen:* Es fehlen die zugehörigen Hilfsverben, die man wohl mit »konnte« und »mußte« zu ergänzen hat.

S. 290, *18 inrotulieren:* (in einen Rotul, ein Aktenbündel) zusammenlegen und einrollen, d.i. die Akten für die höhere Instanz fertig machen. – *19 tockieren:* mit dickem Pinselauftrag skizzieren. – *25f. Maler und Urbilder:* Dazu merkt Förster in einer Note zur zweiten Reimerschen Gesamtausgabe von 1840 an: »Vor den Augen des Gentile Bellini ließ der türkische Sultan, um ihm einen Fehler in der von ihm gemalten Enthauptung Johannis zu beweisen, einem Christensklaven den Kopf abschlagen. Philipp Hackert hatte von der Kaiserin Katharina u.a. den Auftrag erhalten, die Verbrennung der türkischen Flotte durch die russische im Hafen von Tschesme zu malen; Graf Orlow ließ für diesen Zweck den Künstler eine russische Fregatte bei Livorno in die Luft sprengen.«

S. 291, *36 Pharao:* vgl. 2. Mose 1,15 ff.

S. 292, *6 Erbosung über den Seligen:* Hier klingt zuerst das Motiv auf, das dann im Testament van der Kabels in den »Flegeljahren« ausgeführt wurde. Vgl. Flegeljahre, Nr. 1 Bleiglanz. – *36 Reinecke:* Joh. Friedr. Reinecke (1745–87) ist gemeint. Vermutlich kannte J.P. den bedeutenden Darsteller nur aus Bildern und Schilderungen.

S. 294, *13 Liripipium:* weite, kapuzenartige Kopfbedeckung, die im Mittelalter an Universitäten üblich war. – *28 Phalänen:* Nachtfalter.

S. 297, *36 Amandus' Seele:* Alle Ausgaben lassen hier fälschlich »Gustavs Seele« stehen, obgleich Zusammenhang und Sinn eindeutig sind. Vgl. auch u. S. 396,9 und die Anmerkung. In beiden Fällen erklären sich die Versehen aus der Eile, mit der die zweite Hälfte der Arbeit in einem Zug niedergeschrieben wurde.

S. 300, *23 Blanchards-Flügel:* Nik. François Blanchard (1738–1809), franz. Aëronaut und Konstrukteur, erfand schon mit 16 Jahren ein Fluggerät und arbeitete bis zu seinem Tod an der Entwicklung des Luftballons. – *31:* vgl. Nachtrag S. 1311.

S. 301, *13 Nikolais materia medica:* Anton Nikolais »Systema materiae medicae ad praxin explicatae« (1750–52). – *22 materia peccans:* Krankheitsstoff.

S. 302, *20 Schikanedrische Truppe:* Emanuel Schikaneder (1751–1812) zog seit 1766 als Prinzipal einer angesehenen Schauspieltruppe durch Deutschland, hatte sich jedoch seit 1786 fest als Schauspieldirektor, Dichter und Schauspieler in Regensburg, später in Wien etabliert.

S. 303, *6 Nie hab' ich einen Sektor usw.:* Berend verweist zu diesem Abschnitt auf Tristram Shandy III, 28: »Ich geh' an diesen Teil meiner Geschichte mit einem so schweren und melancholischen Gemüte, worin sich nur jemals eine sympathetische Seele befunden hat. – Meine Nerven werden schlaff, indem ich's erzähle. – Bei jeder Zeile, die ich schreibe, fühl' ich, daß die Lebhaftigkeit meines Pulses sinkt usw.«, doch unterscheidet beide Stellen der ironische Tonfall Sternes und auch der sehr verschiedene Zusammenhang. – *9 unvergeßliche Novemberstunde:* die Todesvision am Abend des 15. Nov. 1790, die J. P. als entscheidend für sein ganzes Leben betrachtete.

S. 308, *34 ein König:* Ottomar denkt vermutlich an die Abdankung Kaiser Karls V.

S. 312, *28 Rota* (Romana): »römisches Rad«, der oberste Gerichtshof der päpstliche Kurie.

S. 313, *4 Jöcher:* Christian Gottlieb Jöcher gab 1750 ff. ein »Allgemeines Gelehrtenlexikon« in vier Bänden heraus, das später oft ergänzt wurde und noch heute ein unentbehrliches Nachschlagewerk darstellt. – *20 Jenaer Rezensenten:* Rezensenten von der »Jenaischen Allgemeinen Literaturzeitung«.

S. 314, *30 Pathognomik:* Lehre von den Krankheitszeichen.

S. 316, *5 Lorenzodose:* In Sternes »Empfindsamer Reise« bietet der Mönch Lorenzo, den Yorick, der Held des Buchs, sehr gekränkt hat, diesem gutmütig Tabak an, ohne der Beleidigung zu achten. Yorick tauscht daraufhin seine Tabaksdose gegen die des Mönches, um sich seiner heilsam zu erinnern, und wird Lorenzos Freund.

S. 317, *26 Sultane und Bonzen:* In Frankreich geißelte als erster Montesquieu in seinen berühmten »Lettres persanes« (1721) die einheimischen Laster in orientalischem Gewand, ihm folgten Crébillon, Diderot (»Les bijoux indiscrets« 1748) und Voltaire (»Zadig« 1749, »La princesse de Babylon« 1768 usw.). In Deutschland schrieb Chr. Martin Wieland mit dem »Goldenen Spiegel« 1772 und der »Geschichte des weisen Danischmend« vorbildliche Erzählungen dieses Genres. – *28 Pasquino:* s. o. zu S. 145,26.

S. 319, *15 erhabenes Lied:* aus der erwähnten Sammlung von Rust (S. 30); s. o. zu S. 250,28. Der Text ist Herders »Volksliedern« entnommen (Nr. 29: »Das Lied vom Bache«).

S. 322, *14 Stell dich ein:* vgl. in der zu S. 25, 2 angeführten Schrift S. 38.

S. 323, *28* Bernard *Connor* (1660–98): engl. Arzt von Weltruf, erregte durch sein großes Werk: »Evangelium medici seu *medicina mystica* usw.«, 1697, in welchem er die Wunder der Bibel, auch die Auferstehung von den Toten, medizinisch zu erklären versuchte, großes Aufsehen und noch größeren Anstoß. – *33 Gerhard:* Johannes Gerhardus (1582–1637), Professor der Theologie in Jena, schrieb 9 Bände »Loci communes theologici«, Jena 1610 ff.

S. 324, *7 Äsop, Pope, Scarron usw.:* Die Namen setzt erst die zweite Auflage ein, da während der Arbeit am Roman Lichtenberg noch lebte. – *7* Paul *Scarron* (1610–60): franz. Dichter, schrieb Lieder, Stücke und Burlesken. Scarron ist bedeutend durch seinen »Roman comique«, berühmter als erster Gatte der Maintenon. – *19 Curtius-Sturz:* Auf dem röm. Forum klaffte in sehr früher Zeit ein Schlund, dem verderbliche Dämpfe entstiegen. Um ein Orakel zu lösen, das Rom erst dann Befreiung versprochen hatte, wenn es seinen besten Besitz geopfert habe, stürzte sich der junge Krieger M. Curtius mit Roß und Waffen in den Abgrund, der sich über ihm schloß.

S. 325, *11 Origenes:* s.o. zu S. 73,20.

S. 326, *1 Dekokt:* Absud. – *3 Rosenmädchen:* s.o. zu S. 273,5.

S. 327, *14 Idylle von Fontenelle:* Bernard Le Bovier Fontenelle (1657 bis 1757), dessen »Dialogues des morts« (1683), dessen geistvolle Abhandlungen und Elogen zu den großen Zeugnissen der franz. Sprache gehören, schrieb 1688 ein schmales Bändchen »Poesies pastorales«.

S. 328, *26 Lovelace:* der Verführer in Richardsons »Clarissa«. – *26 Chevalier:* Gemeint ist der Vicomte de Valmont, der Held in den »Gefährlichen Liebschaften« des Choderlos de Laclos von 1782.

S. 329, *9ff. Lovelace hingegen usw.:* Zum folgenden vgl. Clarissa, Bd. V, besonders die Briefe 7 und 35–37.

S. 330, *36 be-Sitzen:* Die ungewöhnliche Schreibweise ist mit Absicht gewählt, um die wörtliche Verwendung des Ausdrucks sinnfällig zu machen.

S. 331, *2 traganten:* Tragant ist eine Art Gummilösung, die auf Malpapier aufgetragen wird.

S. 332, *6 Assekuranzbrief:* Versicherungsbrief. – *9 Penny-Post:* die Stadtpost in London.

S. 334, *32 Brieftauben:* Nach der antiken Mythologie wird der Wagen der Venus von Tauben gezogen.

S. 338, *31 Plenipotentiar:* bevollmächtigter Gesandter. – *32 missi regii:* königliche Boten.

S. 339, *4 Schmaußens Corpus:* Joh. Jak. Schmauß (1690–1757), Rechtsgelehrter und Publizist, gab in zwei großen Sammlungen das »Corpus juris civilis« 1722 und das »Corpus juris gentium« 1730 heraus. – *6 Modejournal:* s.o. zu S. 41,1.

S. 340, *19–20 Wieviel besser usw..* Die beiden hier eingeschobenen Zeilen gehören offenbar in einen anderen Zusammenhang.

S. 342, *14 Olla Potrida:* »fauliger Topf«, ein spanisches Nationalgericht aus Gemüse und Fleisch, hier svw. Potpourri oder Allerlei. – *24 Saillie:* witziger Einfall.

S. 347, *36 limbus infantum:* Aufenthalt der ungetauft gestorbenen Kinder, ein Ort ohne Freude und ohne Leid, der wie das Fegefeuer zwischen Himmel und Hölle gedacht ist.

S. 348, *32*–349, *9* Zusatz der 2. Aufl., um den Fall Gustavs genügend zu rechtfertigen.

S. 351, *9 Bologna mit der Freiheit:* Bologna war seit dem späten 15. Jahrh. vom Kirchenstaat abhängig. – *9 Legende:* Umschrift auf Münzen.

S. 352, *17 Inhäsivprotestation:* Beharrungserklärung. – *20 Jakob:* vgl. 1. Mose 32, 25ff. – *33 in meine Stube:* vgl. o. S. 314, 1ff.

S. 354, *25 wie der Wilde usw..* Das Gleichnis ist Montesquieus »Esprit des lois«, V. 13 entnommen.

S. 360, *32 Herzpolype:* Fleischgewächs am Herz. – *34 Musäus:* Joh.

Karl Aug. Musäus (1735–87), Romancier und Satiriker, schrieb mehrere Romane in der Nachfolge Fieldings und Sternes, darunter die vier Hefte »Physiognomische Reisen« (1778–79) gegen Lavater, die J.P. sehr häufig zitiert und benutzt. Die folgende Geschichte ist den »Nachgelassenen Schriften des verstorbenen Professor Musäus« entnommen, die Kotzebue 1791 herausgab. Vgl. dort S.21 und 95ff. Dort auch mehrere der erwähnten Gedichte zum Geburtstag seiner Frau.

S.362,*1 Exzeptionsschrift:* Verantwortungsschrift.

S.364,*18ff. Neununddreißigster Sektor usw.:* Das Motiv der Erkrankung, das den Autor am Fortführen seiner Geschichte hindert, taucht bei Sterne auf und ruft dort die Reise nach Frankreich im VI. Teil hervor, von der ähnlich auch Thümmel und vor ihm Hippel beeinflußt sind. Aufgenommen und an die Grenze getrieben wird dieses Spiel J.P.s in Brentanos Roman: »Godwi« (1801). – *26* Joh. Georg *Ritter von Zimmermann* (1728–95): medizinische Zelebrität. Seine Abhandlung: »Über die Einsamkeit« (1784 in endgültiger Form) hatte ihm früh literarischen Ruhm eingebracht. Er lebte als Leibarzt des engl. Königs in Hannover. – *27 Richter:* Das Wortspiel mit Aug. Gottl. Richter (1742–1812) und seinen »Anfangsgründen der *Wundarzneikunst*« (7 Bde. 1782–1804) ist erst ein Zusatz der zweiten Aufl. Die erste verschwieg bekanntlich noch J.P.s wahren Namen.

S.365,*23 Lohbeet:* mit geriebener Baumrinde gefüllter Treibkasten.

S.366,*12 Semiotik:* Lehre von dem Anzeichen der Krankheit, ein Teil der Diagnose.

S.367,*5ff. Schwester:* Ähnlich tritt in Hippels »Lebensläufen« (s.o. zu S.134,26) im 4. Teil, S.542, für den kranken Erzähler seine Gattin ein. – *11* Joh. Leop. *Avenbrügger* (1722–1809): Wiener Arzt, wurde schon 1754 auf die Schallunterschiede beim Klopfen an die Brustwand aufmerksam und veröffentlichte 1761 seine Abhandlung: »Inventum novum ex percussione thoracis humani, ut signo, abstrusos interni pectoris morbos detegendi«, in der er zeigte, daß ein schwacher oder dumpfer Ton auf Krankheiten der Lunge hindeute. Erst nach 1808 hat sich diese Erkenntnis weiter durchgesetzt.

S.368,*7 heureusement:* Wie Dr. Fenk benutzte auch der Dichter dieses Wort gern zur Federprobe.

S.370,*11 Audienza* (span. audiencia): Name für Gerichtshöfe in Spanien, die den alten franz. Parlamenten vergleichbar waren, dann auch für den Richter an einem solchen Amt. – 21 *Thümmel* (s.o. zu S.258,7): Er schildert in seiner »Reise in die mittägl. Provinzen von Frankreich« einen Hypochonder, der durch eine Fahrt sich von seinen Einbildungen kuriert. – *27ff. Willis, Posidonius, Aetius, Glaser:* Das Anhäufen und Vermengen bekannter und unbekannter Ärztenamen, auch der Gegenstand selbst erinnern hier stark an die Untersuchung des alten Shandy über den Sitz des Verstandes. Vgl. Tristram Shandy II, 20.

S.371, *6 Oktapla:* Achtsprachenbibel, hier etwas gezwungen auf die acht Bände von Hallers »Physiologie« umgedeutet. – *29 Favorit-Krankheit:*

Der Einfall, der im »Hesperus« wieder begegnet (s. u. zu S. 730,7*ff.*), stammt vermutlich aus Fieldings »Tom Jones« II, 13.

S. 373, *3* Johann *Kaempf* (1726–87): praktizierte mit einer *Klistiermaschine* und von ihm erdachten Pflanzenklistieren gegen Krankheiten des Unterleibes, vor allem gegen die Hypochondrie und gab eine Anzahl beschreibender Schriften darüber heraus.

S. 374,*3 Fohismus:* s. u. zu S. 1099, 15. – *4 multum, non multa:* »Viel, nicht vielerlei.« Schon bei Plinius, Briefe V, 6, als Sprichwort zitiert.

S. 375, *4 in integrum restituieren:* unversehrt wiederherstellen.

S. 376, *23* Samuel *Heinecke* (1727–90): Begründer des Taubstummenwesens, trat gegen das herkömmliche Buchstabieren im Grundunterricht und für eine Lautmethode ein.

S. 377, *1 Dissenters* (»Andersdenkende«): Personen und Gruppen in England, die außerhalb der anglikanischen Kirche stehen. – *22 leidtragende Kanzeln:* s. o. S. 110, 1 ff.

S. 379, *17 Blonden:* Spitzen aus heller Seide.

S. 383, *10 Bethesda:* Das Wasser dieses Teiches machte nach Joh. 5, 4, wenn es von einem Engel bewegt wurde, »jeden gesund, gleichviel an welcher Krankheit er litt«. – *19 Plinius:* vgl. Plinius' d. Ä. »Naturgeschichte«, VIII, 16, 14. – *23 Josaphats-Tal:* Tal des Kidron, östl. von Jerusalem. In ihm versammeln sich am Jüngsten Tag die Menschen zum Gericht. – *25 Baquet:* Zuber.

S. 386, *23 Medea:* Zu dem gefeierten Melodram Georg Bendas (s. o. zu S. 162, 28) hatte Fr. W. Gotter, der zu Goethes erstem Weimarer Kreis gehörte, einen dürren und unergiebigen Text verfertigt. – *29* Gotth. Friedr. *Bürger* (1753–1816): damals Prediger in Großenhayn, gab 1789–94 vier Bände mit Predigten heraus. »Was J. P. an den recht unbedeutenden Predigten so angezogen hat, ist mir unklar; vielleicht bestand irgendeine persönliche Beziehung.« (Berend.)

S. 389, *31* François *de Tott* (1730–93): franz. Reisender, schrieb »Mémoires sur les Turcs et les Tartares« (1784).

S. 390, *19 Freuden:* in beiden Ausgaben verdruckt: »Freunde.«

S. 391, *32 Concert spirituel:* urspr. ein geistliches Konzert, das in der Karwoche an die Stelle der üblichen Theateraufführungen trat, dann ein Konzert in kleinem Rahmen.

S. 392, *18 Kabinettprediger der Töpfe:* Melanchthon soll sich in seiner Jugend an Töpfen im Predigen geübt haben.

S. 393, *16 nach Keißler:* Joh. Georg Keyßler (1693–1743), Reiseschriftsteller, aus dessen »Neuesten Reisen durch Teutschland ... die Schweiz, Italien usw.« (1740) sich J. P. viele Notizen gemacht hatte.

S. 396, *9 Vierter Freuden-Sektor:* Es fehlt die laufende Überschrift. – *10 Fenks:* In den Drucken steht versehentlich »Hoppedizels«. Vgl. o. zu S. 297, 36. – *13 Schröckh:* s. o. zu S. 125, 12. Er gab 1767–91 in acht Bänden eine umfängliche »Allgemeine Biographie« heraus.

S. 400, *9 Epiktets Lampe:* Lukian erzählt von einem reichen Mann, der aus dem Nachlaß des Philosophen dessen tönerne Lampe für teures Geld erworben habe, in der Meinung, damit auch seine Gelehrsamkeit zu erwerben. – *13 Quadrupel-Allianz:* Viererbündnis. Im 18. Jahrh. verstand man darunter vorwiegend jenen Vertrag zwischen Frankreich, England, Österreich und Holland von 1718, der dem Regenten im Falle eines Ablebens des jungen Königs die franz. Krone sichern sollte.

S. 403, *2 Menschenfreuden:* Chr. Friedr. *Sintenis* (1750–1826), Verfasser von religiösen Romanen und Traktaten, schrieb 1778 »Menschenfreuden aus meinem Garten in Zerbst«. – *32 Bartolus:* Die Anspielung ist unklar. Gemeint ist jedenfalls Bartolo v. Sassoferrato (1314–57), Professor der Rechte in Padua, der bedeutendste Jurist des Mittelalters in Italien.

S. 407, *15 der Weltweise:* Dafür steht in der Erstausgabe noch der Name Joh. Christian Wolffs, auf dessen Ideenlehre sich die Stelle bezieht.

S. 408, *28 Lautenzug:* ein Dämpfregister an der Orgel und am Cembalo. – *36 f. wie in Gras umkleidete Blumen:* Zum Verständnis dieser Stelle vgl. »Hesperus« S. 579, 8 f.: »und in der Nacht sehen die Blumen selber wie Gras aus.«

S. 409, *7 Otaheiti* (oder Tahiti): eine der Gesellschaftsinseln. Die Kenntnis dieser Insel und der Bräuche ihrer Einwohner verdankt J. P. im wesentlichen J. Georg Forsters »Reise um die Welt« (s. u. zu S. 427, 30). Otaheiti wird häufig erwähnt und bezeichnet bei J. P. ein Eldorado oder Paradies nach Rousseauschem Geschmack.

S. 415, *34* Christoph Friedr. *Nicolai* (1733–1811): Publizist, Popularphilosoph und Romancier, ein Freund Lessings und Mendelssohns, war als Herausgeber der »Allgemeinen Deutschen Bibliothek« durch Jahrzehnte der Gesetzgeber der Berliner Aufklärung. – *35 Schmalkaldische Artikel:* die von Luther 1534 abgefaßten Glaubensartikel, die der Schmalkaldische Bund auf dem Konzil von Mantua vertreten sollte; sie wurden aber erst sehr viel später und in abgeschwächter Form wirksam.

S. 418, *9 ich hab' es dem Leser auch gesagt:* vgl. o. S. 64, 22 ff. – *19 V–zka:* Gemeint ist »Venzka«, das Gut der Familie v. Spangenberg, auf dem J. P. als Lehrer in Töpen öfters geweilt hatte.

S. 419, *6 gewisse Bemerkung von Ottomar:* vgl. o. S. 407, 28 ff.

S. 420, *11 Sechsfinger:* vgl. o. S. 293, 36. Das Motiv übernahm J. P. später in den »Hesperus« (vgl. o. S. 629, 19) und wollte ursprünglich sogar beide Romane durch diese Gestalt miteinander verbinden.

Schulmeisterlein Wutz

Jean Paul nennt als Entstehungszeit der Idylle den Dezember 1790. Dagegen läßt Eduard Berend es auf Grund der Briefe als sicher erscheinen, daß die Erzählung erst nach den Skizzen des »Fälbel« und des »Freudel« geschrieben wurde, in der ersten Hälfte Februar 1791 (vgl. in der hist.-krit. Ausg., 1. Abt. die Einleitung zu Bd. 2, S. XLVIII f.). Nachdem die Arbeit vom

Dichter im März des Jahres vorläufig abgeschlossen worden war, überarbeitete er die Idylle noch einmal im Oktober des Jahres, wobei die erste Fassung wesentlich erweitert wurde, und entschloß sich damals offenbar auch, die Erzählung mit der »Unsichtbaren Loge« locker zu verknüpfen. Doch stellte er noch in seinem Begleitbrief an Karl Philipp Moritz (vom 6. Juli 1792) diesem anheim, ob die Idylle dem Roman »beigeleimt« werden solle oder nicht. – Für die Neuauflage 1822 ist auch das »Schulmeisterlein Wutz« nur stilistisch überarbeitet worden. Selbst die alte Schreibweise des Namens »Wuz«, die J.P.s Gepflogenheiten in dieser Zeit ganz fremd war – er schreibt in den Briefen stets »Wutz« –, ist dabei versehentlich unverbessert geblieben. Dem Beispiel der Kritischen Ausgabe folgend, haben wir diese Änderung überall durchgeführt.

S.422,*16 Christian:* Georg Christian Otto (1763–1828) ist gemeint, mit dem den Dichter seit seiner Schulzeit eine lebenslange, innige Freundschaft verband. Otto stand auch durch Jahrzehnte dem Dichter beratend und anregend in seiner Arbeit zur Seite.

S.423,*17* Gottlieb *Cober* (1682–1717): Prediger und Erbauungsschriftsteller, gab 1711 einen »Aufrichtigen *Cabinettprediger* usw.« heraus, von dessen Beliebtheit mehrere Neuauflagen zeugen.

S.424,*5 Déshabillé:* svw. Negligé. – *9 palingenesieren:* wiedererzeugen.

S.425,*5 Loretto-Häuschen:* Das Geburtshaus der Maria in Nazareth wurde der Sage nach 1295 von Engeln nach Loreto in Italien gebracht. Dort wird die »casa santa«, eingebaut in einen gewaltigen Dom, noch heute verehrt. – *7 Rousseauische Spaziergänge:* Rousseaus Spätwerk: »Rêveries d'un promeneur solitaire« wurde 1782 aus seinem Nachlaß veröffentlicht. – *19 Lavaters Fragmente:* In den »Physiognomischen Fragmenten« (s.o. zu S.98,1f.) waren in 21 Kupferstichen die Lebensabschnitte von Mann und Frau jeweils von 10 zu 10 Jahren dargestellt. – *19 Comenii orbis pictus:* Auf Tafel 36 dieses Buches (s.o. zu S.55,24) waren die sieben Alter des Menschen als Stufen einer Pyramide dargestellt.

S.426,*5 physiognomische Fragmente von Lavater:* Ihr erster Band erschien 1778. – *10 dem Schweizer:* Die Erstausgabe hat dafür »den Schweizer«. – *19 Federscher Traktat:* Joh. Georg Heinr. Feder: »Über Raum und Causalität. Zur Prüfung der Kantischen Philosophie«, eine Streitschrift gegen Kant (1782). – *26 Ballei:* Teilgebiet einer Ritterordensprovinz.

S.427,*8 Friedr. Nicolai:* s.o. zu S.415,34. – *11 auf einmal:* Das stimmt nicht ganz, denn *Sturms »Betrachtungen* über die Werke Gottes im Reiche der Natur und der Vorsehung« erschienen in neuer, *verbesserter Auflage* bereits 1775–76, *Schillers »Räuber«* und *Kants »Kritik der reinen Vernunft«* erst 1781. – *16 Cookische Reise:* Gedacht ist wohl auch hier an Forsters »Reise um die Welt« (s.u. zu S.427,30), nicht an den von Hawksworth verfaßten Reisebericht der Expedition Cooks. – *29 vorherbestimmte Harmonie:* Die erste Auflage setzt noch den geläufigen Terminus: »prästabilierte Harmonie«. – *30* Joh. Georg *Forster* (1754–94): Naturforscher und Schriftsteller, begleitete seinen Vater J. R. Forster auf Cooks zweiter Weltumseglung und gab mit ihm zusammen einen umfangreichen Bericht darüber heraus (»Observations from a voyage round the World.« 1777 dt.: »J. R. Forsters Reise um die Welt in den Jahren 1772–75«, ersch. 1778–80). Die Unruhen der Revolution trieben ihn als Mainzer Abgeordneten nach Paris wo er elend zugrunde ging. – *30* Patrick *Brydone* (1741–1818): engl. Reisender, schrieb »A tour through Sicily and Malta« (1773). – *30* Jakob-Jonas *Björnstahl* (1730–79): schwedischer Orientalist, dessen »Reise nach Frankreich, Italien ... der Türkei und Griechenland« 1780–83 ins Deutsche übersetzt wurde.

S. 428, *7 Rousseaus »Bekenntnisse«:* Sie erschienen in den Jahren 1781–88. *19 Dionysius-Ohr:* Ein von dem Tyrannen Dionysius von Sizilien errichtetes Gefängnis, das, wie ein Trichter zugespitzt, ihn die Klagen seiner Gefangenen hören ließ. – *26 Annulus platonis:* »Annulus platonis oder physikalisch chymische Erklärung der Natur usw.« Unter diesem Titel wurde 1781 eine Neuauflage der »Aurea catena Homeri« veranstaltet, einer alchimistischen Schrift des Herward v. Forchenhamm, die 1723 zuerst gedruckt worden war. – *28 Gyges-Ring:* unsichtbar machender Ring, mit dessen Hilfe sich nach Herodot der Hirte Gyges zum Herrscher Lydiens aufschwang.

S. 429, *1 thorax, caudex, pulexque:* die unregelmäßigen Substantive der dritten lat. Deklinationsklasse auf x, die männlichen Geschlechtes sind. – *25 Philanthropin:* s. o. zu S. 235, 5. – *28 Guardian:* Vorsteher eines Franziskanerklosters. – *30 Kruditäten:* unverdauliche Speisen. – *32* Bassiano *Carminati* (1750–1830): Prof. der Therapeutik in Pavia, untersuchte die ärztlichen Verwendungsmöglichkeiten des Magensaftes in seinen »Ricerche sulla natura e sugli usi del succo gastrico in medicina ed in chirurgia« (1785). – *33 supernumerär:* überzählig, überschüssig.

S. 430, *1 peristaltische Bewegungen:* Darmbewegungen. – *5 Kazik:* Stammeshäuptling bei den südamerik. Indianern.

S. 431, *19 Wutzische Kunst, stets fröhlich zu sein:* »Ars semper gaudendi« heißt ein gelehrsames theologisches Werk von Alfonso de Sarasa (1664–67), und im Anschluß daran nannte Joh. Peter Uz einen Traktat von 1760 »Versuch über die Kunst, stets fröhlich zu sein«. Beide Werke zitiert J. P. ihres Titels wegen zu Anfang seines unvollendet gebliebenen »Freudenbüchleins«.

S. 432, *3 Joditz:* In dem kleinen Dorf bei Hof im Voigtland verbrachte J. P. einen Teil seiner eigenen Kinderzeit. – *19 Regeldetri:* Dreisatz in der Mathematik.

S. 433, *18 Lustrum:* Zeitspanne von fünf Jahren. – *34 Werthers Freuden:* »Freuden des jungen Werthers. Leiden und Freuden Werthers, des Mannes« nannte Friedr. Nicolai 1775 seine ebenso schwache, wie bissige Parodie auf Goethes Roman.

S. 434, *17 Kappfenster:* kleines vorspringendes Dachfenster. – *23 Tempe-Tal:* s. o. zu S. 158, 27.

S. 435, *7 Ripienist:* Musiker oder Sänger, der nur die Füllstimme auszufüllen hat. – *13f. Johanna-Therese-Charlotte usw.:* Charlotte und Mariane heißen die Geliebten Werthers und Siegwarts, Clarissa und Heloise die Heldinnen in den gleichnamigen Romanen von Richardson und Rousseau. Über die Herkunft der ersten beiden Namen ist mir nichts bekannt. – *17*–437, *4 Potentaten:* Die Geschichte mit den Potentaten und den Pfefferkuchen wurde erst bei der Überarbeitung eingeschoben. – *33 vorige Kaiserin:* Kaiserin Elisabeth (1709–62).

S. 436, *1f. Streich- und Streckteich:* Teiche zur Erzeugung und ungefährdeten Aufzucht der Fischbrut. – *29 schottischer Meister:* maitre écossais, der höchste Grad in der Freimaurerei.

S. 437, *13 Revision des Schulwesens:* J.H. Campe (s.o. zu S. 25, 2) gab 1785–91 in 16 Bdn. eine »Revision des gesamten Schul- und Erziehungswesens« heraus, ein Werk, an dem J.P. selbstverständlich keinen Anteil hatte. – *14* Friedr. *Gedike* (1754–1803): Pädagoge aus der Schule Basedows. Er stammte selbst aus sehr ärmlichen Verhältnissen und wuchs fast ohne Erziehung und Bildung auf. – *21 Scibile:* Wissensstoff.

S. 438, *1 Kallipädie:* die Kunst, Kinder schön zu erziehen.

S. 439, *13 Symbolum Athanasii:* ein angeblich von dem Kirchenlehrer Athanasius verfaßtes Glaubensbekenntnis, das die Lehre von der Dreieinigkeit und der Menschwerdung Christi formuliert. – *36 Langens geistliches Recht:* s.o. zu S. 72, *30*.

S. 440, *36 Messiade:* Von Klopstocks »Messias« erschienen nach einer langen Pause die letzten fünf Gesänge (nicht drei) im Jahre 1773.

S. 441, *17 Römer:* Auf dem Frankfurter Römer, dem Rathausplatz der Stadt, stand eine Reihe bekannter Gasthöfe.

S. 442, *6 Nößel:* Maßeinheit, etwa $^1/_8$ Liter. – *33:* vgl. Nachtrag S. 1311.

S. 445, *21ff. O wie schön ist Gottes Erde:* die letzte Strophe von L.G. Höltys »Aufmunterung zur Freude« von 1777. Eigentlich lautet die erste, von J.P. ganz gegen den Rhythmus wiedergegebene Zeile: »Wie wunderschön ist Gottes Erde.«

S. 446, *9 metaphysischer Esel:* der sog. Esel des Buridan. Nach diesem spätmittelalterlichen Gleichnis verhungert ein Esel, der zwischen zwei gleich große Heubündel gestellt wird, weil er sich für keines von beiden entscheiden kann. Die Geschichte findet sich nicht in den Schriften des franz. Scholastikers Buridan, dem sie zugeschrieben wird. Sie wurde vielmehr wohl von seinen Gegnern erfunden, um seine Willenslehre zu verspotten.

S. 447, *14 papillotieren:* einkräuseln. – *22 Schulz von Paris:* Friedr. Schulz »Über Paris und die Pariser«, 2 Bde. 1791. Die Stelle findet sich in Bd. 1, S. 397ff. – *28 sponseln* oder spannseln: (ein Weidetier an den Vorderfüßen) fesseln. – *28 Chignon:* Haarzopf. – *32 Fragezeichen:* Hier fällt J.P., wie es ihm vor allem im zweiten Teil der Erzählung noch mehrfach unterläuft, aus seiner Rolle als Erzähler heraus.

S. 448, *4 Alpheus* (Alphios): der größte Fluß im Peloponnes.

S. 449, *20 Schiff und Geschirr:* ein tautologischer Ausdruck für Geschirr, hier svw. die Gesamtheit der Toilettengegenstände. – *31 ff. Schmetterling:* Zu dieser Geschichte vgl. die Szene im Tristram Shandy (I, 18), wo der gutmütige Onkel Toby eine Fliege, die ihn lange umsumst und geärgert hat, ebenso zum Fenster hinausfliegen läßt.

S. 452, *6 Sponsalien:* Ehevertrag. – *14 Kirchenagende:* Kirchenhandbuch.

S. 455, *7 Semiotik:* s. o. zu S. 366, 12. – *16 Rudera:* Überbleibsel. – *27 Antikentempel:* In Sanssouci hatte Friedrich der Große 1765 durch Karl v. Gontard für seine kleine Sammlung den sog. »Antikentempel« errichten lassen; in Dresden waren die Antiken und die große Sammlung von Abgüssen seit 1786 neu im Zwinger untergebracht. – *32 gemaltes Jesuskind:* auf Corregios berühmtem Bilde der »Heiligen Nacht«, das sich seit 1746 in der Dresdener Galerie befindet, geht alle Helligkeit in Strahlen von der Krippe aus.

S. 456, *24 Band und Kreole:* Die erste Ausgabe setzt deutlicher: »der Übergang, das Band und der Kreole.« – *35 Alltags-Kleider:* vgl. o. S. 287, 24 ff.

S. 457, *6 König von Preußen:* Friedrich II.

Ausläuten oder Sieben letzte Worte

Der Schlußabschnitt wurde zugleich mit der Idylle am 6. Juli an Moritz geschickt. Jean Paul schrieb dazu in seinem Begleitbrief: »Ich werde selten eine Stunde haben, wo mein Herz so hoch schlug, wo mir fast alle Sinnen so vergingen, wie in der Geburtsstunde jener Sieben Worte.« Der Titel ist deutlich in Analogie zu den Sieben letzten Worten Christi am Kreuz gesetzt.

S. 463, *10 Medea:* Als Medea mit Jason und dem goldenen Vlies aus Kolchis floh, schlachtete sie, um den verfolgenden Schiffen ihres Vaters Aietes zu entkommen, ihren Bruder und streute seine Glieder auf der Bahn ihres Schiffes ins Meer. – *19 Pikesche* oder Pekesche: nach Husarenart geschnittener, studentischer Rock.

S. 464, *6 Junius mit der Sense:* Schon seit dem Mittelalter werden Juni und Juli in der Ikonographie mit der Sense dargestellt als dem Zeichen der Monatstätigkeit.

S. 467, *10 zwei Menschen:* J. P. denkt an seine beiden früh verstorbenen Jugendfreunde Adam Lorenz v. Oerthel und Johann Bernhard Herrmann.

Hesperus

Zur Entstehungszeit des Romans vermerkt das sog. »Vaterblatt«, in dem Jean Paul über seine Werke Buch zu führen pflegte: »Hesperus den 21. Sept. 1792 – 21. Juni 1794 (1 Jahr, 9 Monate).« Wir können jedoch die Vorarbeiten sehr viel weiter zurückverfolgen, der Plan selbst tauchte vermutlich schon während der Arbeit an der »Unsichtbaren Loge« auf und bildet wohl auch den Hauptgrund, warum der Dichter in so ungewöhnlicher Weise diesen Roman abbrach. So schreibt Jean Paul bei der Übersendung der noch nicht zum Druck fertigen »Loge« an seinen Freund Christian Otto (Brief v. 27. Febr. 1972): »Übrigens ist dieses Pack ein corpus vile, an dem ich das Romanenmachen lernte; ich habe jetzt etwas bessers im Kopfe!« Wir haben also unter der erwähnten Notiz des »Vaterblattes« nur die Zeit der eigentlichen Niederschrift zu verstehen. Der »Hesperus« erschien dann in drei Heftlein in Karl Matzdorffs Buchhandlung in Berlin zum Sommer 1795, wobei der Druck, ob er gleich durch den ganzen Winter gedauert hatte, doch nur sehr nachlässig ausgeführt war. – Der unvorhergesehene, gewaltige Erfolg des Buches machte schon bald eine zweite Auflage notwendig. Von kleineren Arbeiten zunächst aufgehalten, unterzog Jean Paul den Roman im Frühjahr 1797 einer durchgreifenden Umarbeitung, wobei er die Hauptsorgfalt der äußeren Handlung zuwandte: die undurchsichtigen und verworrenen Geschehnisse der Vorgeschichte wurden breiter dargestellt und nach Möglichkeit sorgsamer motiviert, die Handlungsfäden deutlicher aufgezeigt und sinnfälliger aufeinander bezogen. An vielen Stellen wurde schließlich auch die Charakteristik der Personen durch Einzelzüge oder eingeschobene Szenen verstärkt. Da Jean Paul selbst im Roman häufig auf solche Umarbeitungen und Veränderungen anspielt, werden in den Anmerkungen wichtige Einschübe und, wo es zum Verständnis notwendig schien, auch einzelne kleinere Veränderungen verzeichnet. Als »zweite, verbesserte und vermehrte Auflage« erschien die Neubearbeitung, nunmehr in vier (statt drei) Heftlein abgeteilt, 1798 ebenfalls bei Matzdorff. – Dann dauerte es bis 1819, ehe Reimer die dritte und letzte Auflage, die zu Lebzeiten des Dichters erschien, veranstalten konnte. Jean Paul begnügte sich, wie in der zweiten Auflage der »Unsichtbaren Loge« mit freilich sehr eingehenden, stilistischen und sprachlichen Änderungen, die den Gepflogenheiten seiner Spätzeit entsprachen: Tilgung des Fugen-S, weitgehende Eindeutschung der Fremdwörter, Milderungen und Glättungen im Ausdruck (vgl. dazu S. 475 ff.). Inhaltlich hat er nur gelegentlich Versehen richtiggestellt oder veraltete Anspielungen getilgt.

Motto: Das Zitat ist in gekürzter Form dem gleichen Abschnitt der »Teufelspapiere« entnommen wie schon das Motto zur »Unsichtbaren Loge«. Die Originaldrucke fügen einen Seitenverweis bei (S. 115), der in unserer Ausgabe entfällt.

S. 475, *15 Campe:* s. o. zu S. 25, 2. – *15* Karl Wilh. *Kolbe* (1766–1835): Radierer, Schriftsteller und Sprachforscher. Seine Schrift: »Über den Wortreichtum der deutschen und französischen Sprache« (2 Bde. 1804–06) wurde von J. P. sehr geschätzt. – *29 sämtliche Werke:* Statt dessen muß in der Anmerkung stehen: »Aus meinem Leben«. Das Zitat findet sich bei der Charakteristik des Straßburger Historikers Schoepflin im 11. Buch von »Dichtung und Wahrheit«.

S. 476, *1* Ernst Moritz *Arndt* (1769–1860): die publizistische Hauptkraft der deutschnationalen Bewegung während und nach der Franzosenherrschaft. Er zeigte sich in den Schriften dieser Zeit von einem oft sehr einseitigen Nationalstolz. J. P. war überdies durch die derben Angriffe Arndts in dessen »Briefen an seine Freunde« (1810) verärgert, in welchen er den Dichter exemplarisch für die Verweichlichung und Inzucht des Gefühls in der deutschen Literatur verantwortlich machte. – *15 deutsche Gesellschaft:* Die »Berlinische Gesellschaft für deutsche Sprache« (gegr. 1814) hatte J. P. 1816 zum auswärtigen Mitglied ernannt. – *21 Humboldt:* Bezieht sich wohl auf dessen frühe Schrift: »Ansichten der Natur« (2 Bde. 1808). – *29 Wilhelmi:* Berend vermutet unter diesem Namen Gottfried Tobias Wilhelm, dessen 1792 ff. veröffentlichte »Unterhaltungen aus der Naturgeschichte« von J. P. ausgiebig exzerpiert wurden. – *30* Lorenz *Oken*, eigentlich Ockenfuß (1779–1851): der Begründer der neueren Naturphilosophie, von 1807 bis 1819 Prof. in Jena. 1813 erschien sein »Lehrbuch der Naturwissenschaft«.

S. 477, *22 Morgenblattbriefe:* In Cottas »Morgenblatt« veröffentlichte J. P. 1818 zwölf Briefe »Über die deutschen Doppelwörter«, in denen er sich unter dem Einfluß des Sprachapostels Wolke lebhaft für die Tilgung des Fugen-S einsetzte. Dem Wunsch nach Prüfung seiner Argumente kam u. a. Jakob Grimm nach, der in einem längeren Aufsatz 1819 J. P.s Beweisführung ablehnte und an vielen Stellen widerlegte.

S. 478, *6* Ernst *Wagner* (1769–1812): Romanschriftsteller. J. P. schätzte und förderte ihn als den Verfasser von »Willibalds Ansichten des Lebens«, die 1806 in zwei Teilen gedruckt wurden. – *6* F. H. Freiherr de la *Motte-Fouqué* (1777–1843), der Dichter der »Undine«, war mit seinen zahlreichen Ritterromanen damals der fast am meisten gelesene Romantiker. – *10 erhaben ruhig:* vgl. etwa o. S. 698, 7. – *16 Werner und Müllner:* s. o. S. 18, 16 ff. und die betreffenden Anmerkungen. – *35 Goethe:* vgl. Faust I, Vers 911.

S. 480, *7 dienender Bruder* (frère servant): verrichtet in den Freimaurerlogen die niederen Dienste, ohne eigentliches Mitglied zu sein. – *8 Meister vom schottischen Stuhl:* s. o. zu S. 436, 29.

S. 483, *17 Druckfehler:* Die Druckfehler sind in der zweiten Auflage leider zum großen Teil und entgegen dem Versprechen unverbessert geblieben.

S. 485, *20 aphroditographische Fragmente:* »Aphr. Fragmente zur genauern Kenntnis des Planeten Venus« ist der Titel einer astronomischen Schrift von Joh. Hier. Schröder (1796). – *27 Terzie:* der sechzigste Teil einer Sekunde. – *34 Asteriskus:* Sternchen (sonst übertragen verwendet für das Anmerkungszeichen).

S. 487, *7 Prosektor:* In der Anatomie der Gehilfe des Chirurgen, der die Leichen zur Sektion vorbereitet.

S. 489, *7 Homoiomerien:* Nach der Meinung des Anaxagoras kleine Urbestandteile der Materie, die den Dingen gleichartig sind und diese aus sich bilden. So setzt sich etwa das Wasser aus unzähligen kleinen, aber in sich und zum Ganzen gleichartigen Grundteilen zusammen. – *15 fünfte Bitte:* »Und vergib uns unsere Schuld.«

S. 490, *18 Deukalion und Pyrrha:* Sie schufen nach der Sintflut ein neues Menschengeschlecht, indem sie die Steine der Erde über ihre Schulter warfen. – *22 Cherson:* Das ehemalige taurische Cherson, die Hauptstadt der Krim, war in byzantinischer Zeit eine wichtige Handelsstation auf dem Wege von Rußland nach Byzanz.

S. 491, *11. Hundposttag:* Nur die erste Auflage schreibt »1. Hundposttag«, die folgenden lassen die »1« vielleicht mit Absicht weg, da es zu Beginn des Kapitels noch ungewiß ist, ob der Biograph weiterschreiben wird. Ähnlich nennt J. P. auch das letzte Kapitel nicht mehr »Hundposttag«. Vgl. o. S. 1217, 20 und die Anmerkung dazu.

S. 492, *5* Giovanni Battista *Riccioli* (1598–1671): Lehrer für Astronomie am Jesuitenkollegium in Bologna, führte die noch heute übliche Benennung der Mondkrater nach berühmten Astronomen ein. Sein Hauptwerk: »Almagestum novum« erschien 1651. – *12 Häresiarch:* Erzketzer.

S. 493, *6 Tostato:* Nach der ersten Auflage täuscht Viktor die Pfarrersleute durch einen Brief, erst die zweite, in der dieser Absatz stark erweitert ist, führt den Italiener Tostato hier bereits als Boten Viktors in die Handlung ein. Die Änderung begründet J. P. selbst im Text. – *6 Auerbachs-Hof:* berühmter Gasthof in Leipzig. – *22 Plutos-Helm:* Pluto bekam von den Giganten als Dank für ihre Befreiung eine Kappe, die ihn wie in einer Wolke verhüllte. – *25 Gygesring:* s. o. zu S. 428, 28.

S. 494, *27 Ordenzunge:* Teilgebiet eines Ritterordens. – *29 Swift:* vgl. dazu »Vorschule der Ästhetik«, § 32. J. P. huldigt dieser Sitte selbst in seiner satirischen »Erklärung der Holzschnitte« (1797) und im »Leben Fibels« (1811).

S. 495, *14* Henri Louis Cain, genannt *Lekain* (1728–78): bedeutender franz. Schauspieler, vor allem ausgezeichnet als Darsteller des Affektes in Tragödien. – *15 alte griechische Komödie:* die politische Komödie des Aristophanes und Kratinos als Gegensatz zum »neuen« Charakterlustspiel des Menander.

S. 496, *24 Kontroversist:* Gegner, Widerpart.

S. 497, *20 Mordanten*, eigtl. Mordenten: Pralltriller. – *23 Trauerpferd:* ein mit einer schwarzen Schabracke bedecktes Pferd, das bei fürstlichen Begräbnissen im Trauerzug mitgeführt wird.

S. 499, *12 Brüderunität:* Name der Herrnhutischen Glaubensgemeinde.

S. 500, *35 Prima Plana:* Chargen einer Kompanie, die nicht in Reih und Glied stehen müssen.

S. 502, *4 Ohnehosen:* Eindeutschung von »Sansculottes«, wie die aufrührerischen Proletarier während der franz. Revolution verächtlich von den Adligen genannt wurden, weil sie nicht die culottes (Kniehosen) der

Standespersonen trugen, sondern offene, lange Hosen. – *9 Reduktion:* Verminderung, hier Abdankung.

S. 505, *8 Montgolfiers-Kugeln:* Die beiden Brüder Montgolfier konstruierten 1783 den ersten tragfähigen Flugballon. – *8 Belidors-Druckkugeln:* Bernard Forêt de Bélidor (1693–1761): franz. General und Ballistiker, erfand 1756 die sog. globes de compression, Druckminen von einer damals ungeahnten und verheerenden Wirkung.

S. 506, *5 St. Johannis:* Zum folgenden vgl. o. S. 146, 10ff. und S. 400, 5 ff. – *7 Strazza:* s. o. zu S. 148, 12. – *26 Teidor-Insel:* vgl. ebenfalls S. 400, 5 ff.

S. 507, *13 Berghauptmann:* Vorsteher eines Bergamtes.

S. 508, *3* Edward *Gibbon* (1737–94): der bedeutendste engl. Geschichtsschreiber des 18. Jahrh. Sein gewaltiges Werk: »The decline and fall of the Roman Empire«, das den Niedergang Roms von den Friedenskaisern bis zum Fall von Konstantinopel behandelte, wurde 1787 abgeschlossen und galt als der absolute Gipfelpunkt der neueren Geschichtsschreibung. – *3* Justus *Möser* (1720–94): Staatsmann und Publizist, besaß durch seine sehr gründliche, obgleich unvollendete »Osnabrücker Geschichte« (2. Aufl. 1780) auch als Historiker einen Namen.

S. 509, *23 Voltaires Karl und Peter:* J. P. denkt an die beiden fast romanhaften Abhandlungen: »Histoire de Charles XII.« (1737) und »Histoire de la Russie sous Pierre le Grand« (1759–63), möglicherweise auch nur an die erste.

S. 511, *8* und *9 Kothurn und Sokkus:* der hohe und niedere Schuh als Kennzeichen für Tragödie und Komödie, ein alter Topos für Lachen und Weinen. – *16* Karl Wilh. *Ramler* (1725–98): Freund Lessings und Nicolais, Dichter und Essayist. Er gab 1785 zwei Bändchen: »*Salomon Geßners auserlesene Idyllen*« heraus, worin er die zierliche, filigrane Prosa des Schweizers in schwerfällige Hexameter übertragen hatte. – *27 Lohkasten:* s. o. zu S. 365, 23. – *29 Hamadryade:* Baumnymphe.

S. 512, *13 paphischer Hain:* s. u. zu S. 1027, 3. – *17ff. 2. Hundposttag:* Dieses Kapitel wurde für die zweite Auflage vielfach erweitert und die Reihenfolge der Erzählung verändert, in dem Bemühen, zugleich die verworrene Vorgeschichte aufzuhellen und den dürren, knapp gedrängten Bericht motivierend zu lockern. Völlig neu eingeschoben wurde dabei einmal die Erzählung von der Gemahlin des Lords und von seiner Erblindung bei ihrem Tode (S. 513, 27–514, 13, ebenso alle späteren Bezugnahmen darauf), zum andern das psychologisch glänzend kontrastierende Gespräch zwischen dem Lord und Viktor (S. 520, 10–20). – *19f. Eingang:* Diese Stelle ahmt den Anfang von Hippels »Lebensläufen in aufsteigender Linie« nach. Zugleich erinnert sie an das Fragespiel zu Beginn von Diderots Roman: »Jaques le fataliste et son maitre« (franz. erst 1796), der 1792 bei Mylius in dt. Übersetzung (aus einer Abschrift des Manuskripts) erschien. – *25 don gratuit:* freiwillige Abgabe, die in vielen Ländern als Pflichtsteuer eingeführt war. – *30 Titus:* J. P. bringt hier das bekannte Wort des Titus:

»Diem perdidi« (Ich habe einen Tag verloren) mit der Tatsache in Verbindung, daß ein Weltreisender, der nach Osten um die Erde fährt, einen Tag verliert oder richtiger einspart.

S. 513, *4 sieben Inseln*: Gemeint sind wohl die Sept Isles am Golf von St. Malo. – *7f. Prinz v. Wallis, Brasilien und Asturien:* die Titel der Thronfolger in England, Portugal und Spanien. Die erste Auflage spricht noch von einem Prinzen von Kalabrien (dem neapolitanischen Thronfolger), ein Titel, der offenbar dem »Monsieur« zugedacht war. Darum ist in den beiden folgenden Auflagen an dieser Stelle und S. 515, 16 statt »Asturier« versehentlich »Kalabrier« stehengeblieben. Der Krit. Ausgabe folgend haben wir dieses Versehen an beiden Stellen berichtigt. – *6 Monsieur:* Mit diesem Titel wurde der Bruder des franz. Königs angeredet. – *31 der Alte vom Berge:* So übersetzten die Kreuzfahrer den Titel Scheich el Dschebel (Gebieter des Berges), den das Oberhaupt der Assassinen führte.

S. 514, *17 Kreuz- und Querzüge:* Anspielung auf Th. G. v. Hippels (s. o. zu S. 134, 26) Roman: »Kreuz- und Querzüge des Ritters A–Z«. – *19 Namenvetter:* vielleicht der engl. Astrologe und Arzt Nicolas Culpepper (1616 bis 1654). – *30 conscientia dubia:* zweifelhaftes Gewissen.

S. 515, *13 wie Kotzebue:* August v. Kotzebue (s. o. zu S. 143, 31) ging 1790 aus Kummer über den Tod seiner Gemahlin nach Paris und beschrieb die Reise ein Jahr später in seinem Buch: »Meine Flucht nach Paris im Wintermonat 1790.«

S. 516, *3 Mauerkrone:* eine Krone aus Gold oder Metall, die dem Ritter oder Söldner überreicht wurde, der als erster die Wälle einer feindlichen Stadt im Sturm erstiegen hatte. – *3 Joujou de Normandie:* Rollrädchen, um 1790 und neuerdings wieder in Mode gekommenes Ballspiel. – *14 wie Cicero verlangt:* in »Laelius de amicitia«, XVI. Vgl. o. S. 154, 13.

S. 517, *31 Weisel:* Anführer, besonders Bienenkönigin.

S. 518, *12 Uriasbriefe:* Urias, dem Gemahl der Bathseba, wurde auf Davids Befehl ein Brief mitgegeben, der die Weisung enthielt, den Überbringer im Kampf an die gefährlichste Stelle zu stellen; dort wurde er dann auch erschlagen. Vgl. 2. Sam. 11.

S. 519, *19 Otaheiter:* s. o. zu S. 409, 7. Die Erzählung von dem Namenstausch der Otaheiter wird auch im »Siebenkäs« Kap. 2 (Bd. II unserer Ausgabe S. 167, 5) erzählt. Sie beruht auf einer Bemerkung im VIII. Hauptstück von Forsters Buch.

S. 520, *9 Pulververschwörung:* Anschlag von katholischen Fanatikern, Jakob I. und das Unterhaus bei der Parlamentseröffnung 1605 in die Luft zu sprengen.

S. 521, *6 Royalbogen:* sehr großer Bogen Papier.

S. 522, *11 Samielwind:* Samum, der heiße afrikanische Sandsturm. – *14 conjunctio concessiva:* einräumende Partikel.

S. 523, *12 Epiktets Handbüchlein:* Das »Enchiridion«, das ein Schüler des

Epiktet, Arrianus, nach dessen Lehrvorträgen zusammenstellte, gehörte zu den wesentlichen philosophischen Eindrücken des junger J.P. – *28 Pandekten:* s.o. zu S.269,*17*.

S.524,*15 Psalter* (ndt. salter) Vordermagen von Wiederkäuern. – *26* und *27 Podagra und Chiragra:* Fuß- und Handgicht.

S.525,*23 musivisch:* mosaikartig.

S.526,*22 Lady Maire:* Analogiebildung zu der alten Form Lord Maire (Bürgermeister von London).

S.527,*16 dictum probans:* Beweissatz. – *17 Pasquino:* Name eines sagenhaften röm. Schneiders, der seine bissigen Spottverse auf einer später nach ihm benannten antiken Figur (s.o. zu S.145,26) anzuschlagen pflegte. – *17 magister sententiarum:* s.o. zu S.29,7. – *18 Lästergeschichte:* Eindeutschung von »chronique scandaleuse«. Die zweite Auflage schreibt noch »skandalöse Chronik«.

S.528,*11 almanac royal:* Im Hofkalender wurden Namen, Rang und Adresse der zum Hof gehörigen Standespersonen und ihrer Gefolgsleute verzeichnet. – *35 allgemeine Welthistorie* s.u. zu S.638,18.

S.529,*1 Gravamina:* s.o. zu S.90,33. – *15 Regensburger Ansagzettel:* Die Langsamkeit des Geschäftsganges auf dem Regensburger Reichstag war so sprichwörtlich wie die vor dem Wetzlarer Kammergericht.

S.530,*34 Quinterne:* Haupttreffer, alle fünf möglichen Gewinnzahlen im Lotto.

S.531,*3 Ambe:* s.o. zu S.212,19. – *4 die Periode:* Berend macht hier auf das Wortspiel aufmerksam, daß sich »die Periode« gleichzeitig bezieht auf »die zweite Liebesperiode und auf den abgebrochenen Satz, obgleich J.P. das Wort in der letzten Bedeutung sonst männlich gebraucht«.

S.532,*31 sieben Weihen:* die sieben Weihegrade bei der Priesterweihe.

S.536,*18 Flamin:* Das folgende Porträt Klotildens stand in der ersten Ausgabe erst nach S.541,32. – *24 von:* möglicherweise Druckfehler für »vor«.

S.538,*7 Pastor fido* (der getreue Schäfer): Liebhaber, urspr. der Titel von Guarinis berühmtem Schäferspiel: »Il pastor fido« (1585). – *18 Respekt- oder Respittage:* Fristtage, die nach dem Verfall eines Wechsels noch gewährt werden. – *18 Doppel-Uso:* doppelte Wechselfrist.

S.541,*16 Exordium:* Einleitung.

S.542,*9 Omai* (richtig O-Mai): ein Tahitier, den Cook von seiner Reise mit nach England brachte, der dort zwei Jahre lebte und großes Aufsehen erregte. Vgl. Forster in der Vorrede zur »Reise um die Welt in den Jahren 1772–74«. – *9 Li-Bu:* Königssohn von den Pelew-Inseln, der von Kapitän Wilson 1783 ebenfalls nach London gebracht wurde, dort aber schnell starb. Über ihn berichtet G.Keate in »Nachrichten von den Pelew-Inseln«, dtsch. von Forster 1789.

S.543,*16 Fontenelle:* s.o. zu S.327,14. – *16 Crébillon:* s.o. zu S.28,19. – *16* Pierre Carlais de *Marivaux* (1688–1763): schrieb noch vor Richardson zwei bedeutende empfindsame Romane: »La vie de Marianne« (1731–36) und »Le paysan parvenu« (1735), die auf die englische Romankunst stark eingewirkt haben, und eine Menge geistreicher und graziöser Komödien.

S. 544, *5 Pillory:* Pranger. – *10 Makarius* der Große (um 300–390): ägyptischer Einsiedler, unter dessen Namen sich 50 Homilien, theologische und mystische Traktate, erhalten haben. Diese seine Lehre fand in einigen russischen Sekten Verbreitung, während sie im Westen bald abgelehnt wurde. – *19 Aristoteles:* Vgl. Poetik II. – *24 Luperkalien:* s. o. zu S. 48, 24. – *28 Ordalien:* Gottesurteile im Mittelalter.

S. 546, *17 Fontenelle:* Gemeint ist Fontenelles Schrift: »Les entretiens sur la pluralité des mondes« (1686).

S. 547, *18 homiletisch:* kanzelrednerisch. – *27 Goethes moralisches Puppenspiel:* »Das Jahrmarktsfest in Plundersweilen«, eine satirische Posse des jungen Goethe von 1773.

S. 548, *6 hogarthisches Schwanzstück:* s. o. zu S. 47, 21. – *11 Blumauers Äneis:* Aloys Blumauer (1775–98), Wiener Literat der Aufklärung, nach 1781 längere Zeit Zensor in Wien, verfertigte 1783–86 eine plumpe Travestie der Äneis: »Abenteuer des frommen Helden Aeneas.« – *11* Julian Offray de *La Mettrie* (1709–51): franz. Philosoph (»L'Homme machine« 1743) und glänzender Satiriker. Eine Radierung von Schmitt zeigt ihn darum als Demokrit, den lachenden Philosophen, mit einem breit zum Lachen verzogenen Mund. Das Bild übernahm Lavater in seine »Physiognomik«, auf die sich J. P. vermutlich bezieht. – *13 Vademecum:* Die Titelblätter des Berliner Vademecums (s. u. zu S. 905, 8) waren mit einem lachenden Gesicht geschmückt.

S. 551, *16 wie der Areopag:* Vor dem athenischen Areopag war das rhetorische Ausschmücken der Rede untersagt.

S. 552, *26 musikalischer Armsessel:* Die Nachricht über diesen wirklich existierenden Stuhl »entnahm J. P. einem Aufsatz über das fürstliche Lustschloß Esterhaz in Ungarn in der Literatur- und Theaterzeitung, 1782, S. 51« (Berend).

S. 553, *9 Meister vom Stuhl:* der höchste Grad innerhalb einer Freimaurerloge.

S. 555, *29 Narrenschiff voll romantischer Originalromane:* Im »Narrenschiff« des Sebastian Brant von 1494 werden die Narren und Torheiten der Zeit unter dem Bild einer Schiffsreise versammelt, und zugleich heftig und derb gegeißelt. Über J. P.s Stellung zu den romantischen Originalromanen s. o. S. 17, 12 ff. und die betreffenden Anmerkungen.

S. 556, *8 Maupertuis' Halbsonnen:* Pierre Louis de Maupertuis (1698 bis 1759), franz. Physiker, trat gegen die Cartesianer für die Auffassung Newtons von der Gravitationslehre ein. Er vertrat seine sehr eigenwillige Theorie von den »Halbsonnen« in einer umfangreichen Abhandlung: »Discours sur la figure des astres« von 1732. – *20 Subsidienvertrag:* Hilfeleistungsvertrag.

S. 557, *17 das Garn weiß sieden:* ein Brauch in J. P.s Heimat und in der benachbarten Oberpfalz.

S. 559, *30 Cansteinische Bibel:* Bibel aus der von Karl Hildebrand von Canstein 1710 gegründeten Halleschen Bibelanstalt, die viel zur Verbreitung der Heiligen Schrift unter das Volk beitrug.

S. 560, *2 Seilerische Bibel-Chresthomathie:* »Die heilige Schrift des alten Testaments im Auszug samt dem ganzen neuen Testament... mit Anmerkungen von G. Friedr. Seiler«, Erlangen 1781. Schon in den »Teufelspapieren« hatte J. P. gegen den von ihm wenig geschätzten Bayreuther Konsistorialrat und Erlanger Theologieprofessor vom Leder gezogen. – *7 Lautens:* J. P. folgt hier wie öfters der Abneigung des dilettantischen Sprachforschers Wolke, dessen Marotten er in seiner Spätzeit häufig annahm, gegen den Umlaut. – *9 Kennikottisten:* Der engl. Theologe Benjamin Kennicott (1718–83) veranstaltete mit einer großen Schar von Mitarbeitern in den Jahren 1776–80 eine Ausgabe des Alten Testamentes mit den Varianten. Doch gelang es ihm nicht, die gesuchte Urgestalt des Textes überzeugend herzustellen, so daß er viel Tadel, Ablehnung und Spott erfahren mußte.

S. 561, *5 portugiesische Israeliten:* Anspielung auf die noch zu J. P.s Zeit währenden Judenverfolgungen durch die Inquisition. – *12 Christinens verlegte Krone:* Christine von Schweden dankte 1654 zugunsten ihres Vetters Gustav von Zweibrücken ab und zog sich nach Rom zurück. – *23 orbis pictus:* s. o. zu S. 55, 24. – *32 Melanchthon:* s. o. zu S. 392, 18.

S. 565, *3 Fußgeburt:* Geburt, bei welcher das Kind mit den Beinen zuerst auf die Welt kommt. – *10 Basselisse:* tiefkettig gewebter Wandteppich.

S. 566, *18 beneficiis juris usw.:* »Rechtswohltaten – der unversehrten Wiederherstellung – der Ausnahme höchster und allerhöchster Verletzung – der Entschuldigung – Lossprechung usw.« – *23 Renunziationsakte:* Verzichterklärung, besonders die Akte, mit der Philipp V. von Spanien das Erbrecht an Frankreich abtrat. – *25 Mediateur:* Mittler, Schiedsrichter. – *25 Austrägalgericht:* ein Gerichtshof, oft von den Parteien selbst gestellt, der über Streitigkeiten zwischen den Reichsständen in erster Instanz zu entscheiden hatte.

S. 568, *2 in den Weinen:* Der Sinn der Stelle ist unklar. Vermutlich ist »in den Weinen« ein Lesefehler des Setzers, den J. P. in allen drei Ausgaben unverbessert gelassen hat. – *5 Rändelmaschine:* dient zum Prägen des gezackten Randes bei Münzen. – *16 Arndts Paradiesgärtlein:* die Gebetsammlung: »Das Paradiesgärtlein voll christlicher Tugenden« (1616) des Erbauungsschriftstellers Johann Arndt (1555–1621). – *27–35 Lob des Gartens:* Einschub der zweiten Auflage.

S. 571, *2 Erhebung von 45°:* Die Szene erinnert an Tristram Shandy II, 17 und VIII, 25.

S. 572, *22 Tetragrammaton:* Namenszug Gottes, da er in vielen Sprachen aus vier Buchstaben besteht. – *25 Diebs-Daumen:* Daumen, die man von Leichen am Galgen abschnitt, sollen zauberische Kräfte besitzen. – *30 Habakuks Engel:* Nach Daniel 14,33–39 trägt ein Engel den Propheten Habakuk zu Daniel nach Babylon, damit er diesen in der Löwengrube mit Essen stärke. – *31 Novelle:* hier im Sinne von Neuigkeit.

S. 573, *24 Ripienstimme:* Füllstimme.

S. 575, *25 subhastieren:* an den Meistbietenden versteigern.

S. 576, *23 Pandekten in Florenz:* Seit 1406 befindet sich eine unversehrte Handschrift der Digesten (lat. Name für Pandekten) des Justinian aus dem 6. Jahrh. in Florenz. – *24 Wiener heiliger Leib:* berühmte Reliquien in einigen Kirchen Wiens, deren Berührung wundertätige Heilung bewirken soll.

S. 578, *2 Rikoschetschüsse:* Prallschüsse, bei denen die Kugeln, wie flache Kiesel auf der Wasseroberfläche, mehrfach aufschlagen, um die feindlichen Geschütze auf den Bastionen außer Gefecht zu setzen. – *11 Schwabacher:* alte Frakturschrift. – *18ff.* Vgl. dazu o. S. 423, 29ff. In beiden Fällen wirken persönliche Erfahrungen und Gewohnheiten nach. – *28 Blonden:* Spitzen. – *35 wie Gulliver:* vgl. Gullivers Reisen Teil I, Kap. 2.

S. 579, *21f. Bendas Romeo:* s.o. zu S. 162, 28. Die Worte gehören noch zum Rezitativ der Arie.

S. 583, *30 Palladium:* Kultbild der Athene, an dessen Besitz die Eroberung von Troja geknüpft war, dann überhaupt svw. schützendes Heiligtum.

S. 584, *2 Dehortatorium:* Abmahnungsschreiben. – *12 Audienza:* s.o. zu S. 370, 11.

S. 585, *5 Bettzopf:* Lederriemen über dem Bett, um das Aufstehen zu erleichtern.

S. 588, *10 Profeßhaus:* In ihm wohnen die Mitglieder des Jesuitenordens, welche bereits Profeß abgelegt haben, d.h. im Besitz der höheren Weihen sind.

S. 590, *11 sinesische Schatten:* die Figuren beim Schattenspiel. – *13 Stoa und Portikus:* Wandelhalle und Vorplatz. – *35 Geiferfleckchen:* Lätzchen für Kinder.

S. 591, *14 Mosis-Glanz:* s.o. zu S. 226, 26. – *33 magnetische Sensen:* Eisenstangen können durch langes Hämmern magnetisch gemacht werden. – *36 Großavanturhandel:* Handel à la grosse aventure (engl. Respondentia) nennt man im Seerecht das Geldleihen eines Kaufmanns auf Waren, die er verschifft, unter der Bedingung, bei Löschung der Waren das Geld wieder zurückzuzahlen, im Falle des Verlustes aber nicht.

S. 592, *8 Spiralwürste von Lausewenzel:* Tabakrollen aus einer schlechten Tabaksorte. – *19 Plutarchin:* Plutarch stellt in seinen Lebensbeschreibungen jeweils die Vita eines Griechen und eines Römers gegenüber, die er dann in einem dritten Teil vergleicht.

S. 593, *13 Kammerzieler:* Steuer für das Reichskammergericht. – *13 Karitativsubsidien:* Wohlfahrtszuwendungen.

S. 594, *13 grossièretés:* Widerwärtigkeiten. – *27 gorge und cul de Paris:* »Unterziehbusen und Unterziehsteiß« nennt J.P. selbst beide Gerätschaften wenig vorher (s.o. S. 547, *23*). – *31 Kaperbrief:* Regierungsvollmacht zur Freibeuterei. – *36 Hieron. cont. Jov. L. 2:* die zwei Bücher der Streitschriften des Hieronymus gegen den freigeistigen Theologen Jovinian von 393.

S. 595, *13 Zeit des Psalmbetens:* die nächtlichen Stunden der Versuchung. Pierre Bayle (1647–1706) erzählt an der betreffenden Stelle seines »Dictionnaire historique et critique« (zuerst 1695–97) von dem irischen Mönch Aldhelm, der nächtlicherweise oft vom Teufel in Gestalt eines buhlerischen Weibes in Versuchung geführt wurde, er habe seine Tugend bewahrt, indem er laut den Psalm betete.

S. 596, *20 Fungiten:* Schwammkorallen, pilzartige Versteinerungen. – *21 strombi:* versteinerte Flügelschnecken. – *26* Petrus *Camper* (1722–89): bedeutender Forscher der vergleichenden Anatomie, wies in einer Preisschrift aus dem Jahre 1779 die anatomischen Unterschiede zwischen Mensch und Orang-Utang nach.

S. 597, *34 postiche-Tod:* Aftertod.

S. 599, *23 travestierte Äneis:* s.o. zu S. 548, 11. – *26 chambres ardentes:* zwei Gerichtshöfe im alten Frankreich, die für Giftmord und Ketzerei den Feuertod zu verhängen hatten, dann auch der Name der gefürchteten Sondergerichte La Regnies unter Ludwig XIV. aus den Jahren 1677–80, in denen die Giftmorde der Voisin untersucht wurden. – *32 Hoffurier:* Hofbedienter, der die Befehle des Hofmarschalls auszuführen hat. – *34 Essigälchen:* kleines Infusionstier, das im Essig auftritt.

S. 600, *3 Roturier:* Mann von niederem Stand.

S. 601, *21* Philipp Jakob *Spener* (1655–1705): evang. Theologe, der Begründer des Pietismus. Ihm wurde von seiner Jugend an ein ernstes und gesetztes Wesen nachgerühmt. – *21 Kato:* Von Cato dem Jüngeren weiß Plutarch zu berichten, er habe bereits als Kind selten gelächelt, nie gelacht.

S. 603, *26 Ichor:* Blut der Götter.

S. 604, *35 Note:* Diese Anmerkung des Dichters zieht Emanuels Traum so eng in die eigene Erlebnissphäre, daß die Anmerkung zunächst weder Emanuel noch J.P. ohne weiteres zuzuordnen ist.

S. 606, *18 Styliten:* s.o. zu S. 180, 18. – *25 ganz anders:* Die ersten beiden Auflagen schreiben umgekehrt »so wie«. Durch diese Sinnverkehrung der letzten Auflage geht nun allerdings der stilistische Aufbau der Stelle verloren.

S. 608, *18 scholastischer Esel:* s.o. zu S. 446, 9.

S. 609, *20f. privilegium de non appellando:* das durch die Goldene Bulle den Kurfürsten gewährte Recht, daß von ihrem obersten Gerichtshof aus nicht weiter appelliert werden darf.

S. 610, *11 Petermännchen:* eine Fischart, die den Makrelen verwandt ist. Zur Geschichte selbst vgl. Matth. 17, 27. – *12 Stater:* größtes Silberstück der attischen Währung.

S. 611, *22 servitus oneris ferendi:* das Recht, sein Haus auf ein Nachbargebäude zu stützen. – *23 servitus projiciendi:* das Recht, sein Haus auf benachbartes Grundstück überragen zu lassen. – *28 Friedrich der Antimachiavellist:* Berend zitiert aus dem 18. Kap. des »Antimachiavell« die Sätze: »J'avoue d'ailleurs qu'il y a des nécessités fâcheuses, où un prince ne sauroit s'empêcher de rompre ses traités et ses alliances; mais il doit.... en venir jamais à ces extrémités, sans que le salut de ses peuples et une grande nécessité l'y obligent«.

S. 612,*1f. Vertrag von 1715:* Im Mai 1715 schlossen die Urkantone, Luzern u.a. mit Frankreich den sog. »Trükli-Bund«, einen Vertrag, der Ludwig XIV. zum Schiedsrichter in allen inneren Streitigkeiten der Eidgenossenschaft bestellte. – *27 Herr Herkommen:* J.P. notierte sich in seinen Exzerpten aus Bielfelds »Staatsrecht« III die Anekdote: »Ein franz. Schriftsteller hielt das Reichsherkommen, auf das man sich in öffentlichen Urkunden immer beruft, für einen großen Gelehrten im Staatsrechte, der Herr Herkommen hieße usw.« Der Name findet sich auch im ersten Heft der »Physiognomischen Reisen« von Musäus (vgl. dort S. 46 der 2. Aufl.). – *28 acta sanctorum:* die von den Bollandisten (Jesuiten in Holland) herausgegebene Sammlung von Lebensbeschreibungen der Heiligen.

S. 613,*7ff.* Der Schlußabsatz und der Hieb auf Humes Seelenlehre sind fast identisch mit einer Stelle der Strohkranzrede in der »Unsichtbaren Loge« (vgl. o. S. 71 ff. und 73,30ff.).

S. 617,*14 Rädertier* (vorticella rotatoria): eine Gattung der Infusionstierchen.

S. 620,*14 Provisor:* Apothekergehilfe. – *27 enfants perdus:* verlorene Kinder nannte man das mit Arkebusen bewaffnete Fußvolk, das im Sturm vor der ersten Schlachtreihe vorauslief und darum als verloren galt. – *30 Leibnizisches Monaden-Mahl:* Es ist an das bekannte Bemühen des Philosophen zu denken, seine Monadenlehre mit der Lehre von der Transsubstantiation in Einklang zu bringen. Berend verweist noch auf eine von Fr. H. Jacobi überlieferte Anekdote (»Über die Lehre des Spinoza«, S. 46f.), »daß Leibniz einmal beim Kaffeetrinken geäußert habe, es möchten wohl in der Tasse heißen Kaffees, die er gerade zu sich nehme, Monaden sein, die einst als vernünftige, menschliche Seelen leben würden«. J.P. hatte sich diese Stelle in seinen Exzerpten notiert.

S. 621,*3 mephitisch:* stickig, erstickend. – *14 Benefiz-Komödie:* Schauspielaufführung zugunsten eines Mitwirkenden. – *15 Gays Bettleroper:* John Gay (1685–1732): engl. Dichter und Essayist, schrieb 1728 die Parodie: »The Beggars Opera«, die einer der größten Theatererfolge in England wurde.

S. 622,*4 Rotes Haus:* lange Zeit ein vornehmer Gasthof in Frankfurt.

S. 623,*21 seinem:* Man erwartet statt dessen die Form »seinen«, doch ist der Dativ, der in allen Ausgaben steht, vielleicht vom lateinischen »ponere« beeinflußt, kommt doch auch sonst im Werk des Dichters der Dativ bei »stellen« gelegentlich vor.

S. 624, *5 Prinzipalkommissarius:* s. o. zu S. 40, 32. – *11 oszillieren:* schwingen, schleudern. – *12 Rezensenten:* So heißt es im Tristram Shandy IV, 13: »Holla! – guter Freund Lastträger! Da hat Er drei Groschen – geh Er doch nach jenem Buchladen, und hol Er mir einen handfesten Kritiker her. Ich will gerne einem jeden von ihnen einen Gulden geben, der mir mit seinen kritischen Seilen und Winden helfen will, meinen Vater und meinen Onkel Toby die Treppe herunter und zu Bette bringen.« – *14 Maskopeibrüder:* Teilhaber einer Handelsgesellschaft. – *15 homerischer Schläfer* (Die Originaldrucke setzen fälschlich »Schäfer«): s. o. zu S. 26, 35. – *17 Dr. Grahams-Bette:* s. o. zu S. 207, 12. – *17 von:* Die Drucke setzen dafür versehentlich »vor«.

S. 625, *23 Barrieren-Traktat:* Grenzwehrvertrag, besonders der Vertrag, der zwischen Österreich und Holland 1715 geschlossen wurde. – *30 Rezeß:* Vergleich zwischen dem Landesherrn und den Ständen.

S. 626, *23 Shakespeare:* In »Antonius und Kleopatra« heißt es V, 2, 81 f.: »Sein Antlitz war ein Himmel; ausgeschmückt / Mit Sonn' und Mond, die ihre Bahn durchrollen, / Dem kleinen O, der Erde, Licht verleihn.« – *24* James *Bruce* (1730–94): engl. Reisender. Sein Hauptwerk: »Travels to discover the sources of the Nile« wurde 1790–92 ins Deutsche übersetzt.

S. 627, *4 Agioteur:* Börsenspekulant. – *22 Langische Kolloquia:* bezieht sich auf das verbreitete Schulbuch: »Colloquia scholastica latina captui tironum accomodata« (1713 u. ö.) von Joachim Lange (1670–1744).

S. 628, *20 Newton, Linné, Swift:* Newton und Linné wurden gegen Ende ihres Lebens durch Krankheit und Alter auch geistig hinfällig, der alternde Swift verfiel bekanntlich in Trübsinn. – *33ff. Pfingstprogramm:* Meist zu Ostern oder Pfingsten erschienen an Schulen und Universitäten sog. Programme, kleinere wissenschaftliche Beiträge von Angehörigen der Anstalt enthaltend. Eine Schrift mit dem Titel: *»de Chalifis verborum studiosis«* (Über die schriftgelehrten Kalifen) war jedoch nicht nachweisbar.

S. 629, *13 supranumerar:* überzählig. – *19 Sechsfinger:* Ursprünglich sollte durch diese Gestalt die Handlung des »Hesperus« mit der »Unsichtbaren Loge« verbunden werden (vgl. o. S. 293, 36 und S. 420, 11). – *25 Sabbaterweg:* eine Strecke von 1000 Schritten, über die hinaus sich der gläubige Jude am Sabbat nicht vom Hause entfernen darf.

S. 630, *11 Kästner:* der Göttinger Mathematiker und Gelegenheitsdichter Abraham Gotthelf Kästner (1719–1800). – *19 Vetturin:* Lohnkutscher.

S. 631, *12 Systole und Diastole:* das Zusammen- und Auseinanderziehen der Herzmuskeln.

S. 633, *10f. Reinhold:* Karl Leonhard R. (1758–1825) trat schon 1786 in »Briefen über die Kantische Philosophie« für Kants Lehre ein, schrieb 1789 »Über die bisherigen Schicksale der Kantischen Philosophie« und galt als einer ihrer besten Kenner. – *17* Joh. Aug. Ephraim *Goeze* (1731–93): Theologe und Naturforscher. Er gab 1782 den »Versuch einer Naturgeschichte der Eingeweidewürmer tierischer Körper« heraus.

S. 634, *3 Lese-Esel:* schmales Polstergestell, auf dem man rittlings zu lesen pflegte. – *6 arkebusieren:* erschießen. – *22 Klaviermeister:* vgl. o. S. 107, 27 ff. – *26 Scientia media:* hier »Wissenschaft«. Eigtl. bezeichnet dieser theol. Begriff das ruhende, inaktive Vorherwissen Gottes. Durch ihn versuchten die Jesuiten Molina und Fonseca den Gegensatz zwischen menschlicher Gedankenfreiheit und göttlicher Entscheidung aufzuheben. – *31 Krön-Prozeß in Frankfurt:* wohl die Krönung Josephs II. zum römischen König im Jahre 1764, nicht die zeitlich näherliegende Krönung Franz' II. von 1792. – *32 Yorick:* Der Zug findet sich nicht bei Sterne selbst, sondern in dem ihm fälschlich zugeschriebenen »Koran« von Richard Griffith (im 15. Kap.).

S. 635, *1 Türspan:* Span und Halm gehörten bis weit ins 17. Jahrh. als Rechtssymbole zur gesetzmäßigen Übergabe eines Hauses. – *3ff. investitura per zonam usw.:* Einsetzung durch den Gürtel – durch den Ring – durch den weltlichen Stab. – *11* Edward *Young* (1683–1765): engl. Dichter. Sein lyrisches Hauptwerk: »The complaint, or *night-thoughts* on life, death and immortality« (1742–45) formulierte am schärfsten die Gedanken der Weltflucht im 18. Jahrh. und wirkte damit über die Empfindsamkeit hinaus bis zum Weltschmerz der Spätromantik. – *12 Gravamina:* Wohl »Der sämtlichen Evangelisch-Lutherischen und Reformierten im H. R. Reich Neue Religionsgravamina usw.«, Frankfurt 1720 ff., 6 Folio-Bde. – *12 dritter Band von Siegwart:* Joh. Mart. Millers empfindsamer Roman: »Siegwart. Eine Klostergeschichte« wurde in der zweiten Auflage von 1777 in drei Bände abgeteilt. Im Schlußband läßt der Dichter den Helden auf dem Grab seiner geliebten Mariane verscheiden. – *14f. Home und Beattie:* Gedacht ist an das 7. Kap. in Homes Werk: »The elements of criticism« und an John Beatties (1735–1803) Abhandlung: »On laughter and ludicrous composition« von 1776. – *22 Benefiz-Komödie:* Vorbild war die Übergabe der Prinzessin Karoline von Parma an die Gesandten des Prinzen Maximilian von Sachsen, die Anfang Mai 1792 in Hof vor sich gegangen war. Die Einkleidung dieser Erzählung in Akte erinnert an eine ähnliche Szene in Hippels Roman: »Kreuz- und Querzüge des Ritters A–Z« (vgl. dort § 23), der freilich erst 1793 – also während der Arbeit am »Hesperus« – erschienen war. Die Anspielung auf den Titel (S. 514, 17) und eine Parallelstelle in einem Brief vom 27. Juni 1793 deuten jedoch darauf hin, daß J. P. das Buch unmittelbar nach seinem Erscheinen gelesen hat. – *31 Illum baculum usw.:* Jenen Stab, auf den er sich stützte, zum Zeichen der Übergabe. – *32* Charles *du Fresne du Cange* (1610–88): schuf in jahrzehntelanger Arbeit ein noch heute unentbehrliches »*Glossarium* ad scriptores mediae et infimae Latinitatis«, das zuerst 1678 erschien.

S. 636, *30 Platner* (s. o. zu S. 261, 23): in seiner »Neuen Anthropologie« Bd. I, § 876.

S. 638, *18 englische Allgemeine Weltgeschichte:* »An universal History from the earliest account of time to the present, compiled from original authors«, London 1736–63. Aus den 23 umfangreichen Foliobänden wurden verschiedentlich Übersetzungen ins Deutsche vorgenommen.

S. 639, *7 curator absentis:* rechtlicher Stellvertreter. – *14 Bassa:* türkischer Fürstentitel.

S. 640, *4f. parere scire usw.:* Gehorchen und Wissen gereicht einer Herrschaft zu gleichem Ruhm. – *6 servi pro nullis habentur:* Sklaven sind für nichts zu achten. – *20 Harmodios und Aristogiton:* athenische Tyrannenmörder, die den Hipparch, den Sohn des Peisistratos erdolchten.

S. 641, *31 magister legens:* Magister, der das Recht hat, an der Universität Vorlesungen zu halten.

S. 642, *9 Schlagschatz:* eine Münzsteuer, um entweder die Kosten der Prägung zu decken, oder um das Recht der Prägung zu erwerben. – *35 Platner:* vgl. »Neue Anthropologie«, Bd. I, § 802.

S. 644, *24 Abendmahl:* Berend vermutet eine Anspielung auf Cosimo Rosellis Fresko in der Sixtinischen Kapelle. – *27* Joseph *Addison* (1672 bis 1719): einflußreicher Schriftsteller der engl. Aufklärung. Er gab mit seinem Freunde Georg Steele die ästhetisch-moralischen Wochenschriften: »The Tatler«, »The Spectator« und »The Guardian« heraus. – *28* Johann Georg *Sulzer* (1720–79): Schweizer Ästhetiker und Philosoph schreibt im Artikel: »Scherz« seiner »Allgemeinen Theorie der schönen Künste« (Neue Aufl. 1794, Teil 4, S. 271): »Die vorzüglichsten Scherze sind diejenigen, in deren Charakter viel Ernst und große Gründlichkeit liegt, und die deswegen zu wichtigen Arbeiten aufgelegt sind. Der nüchterne, zu den größten Geschäften tüchtige Cicero, konnte mit Recht über den unwitzigen Antonius, der sein Leben in Schwelgerei und lustigen Gesellschaften zugebracht hatte, spotten.« – *32 Pater Merzische Kontroverspredigt:* Der Jesuitenpater Aloys Merz (1727–92) war einer der fruchtbarsten und schlagfertigsten katholischen Polemiker seiner Zeit. In zahlreichen Flugschriften und Streitpredigten wandte er sich gleichermaßen gegen die Protestanten und die josephinische Aufklärung in Wien.

S. 645, *10 tratto di corda:* Seilzug, mit dem in Italien bei der Folterung die Glieder zerdehnt wurden. – *22 Regensburger Reichstag:* s. o. zu S. 529, 15. – *25 Dunsin:* Törin.

S. 646, *25 Moloch:* s. o. zu S. 114, 28.

S. 647, *6 römischer Gott:* Im alten Rom war es verboten, den Namen des Stadtgenius auszusprechen, damit nicht auch die Feinde zu ihm beten könnten. – *33 Barriereallianz:* s. o. zu S. 625, 23.

S. 648, *26 Dreifaltigkeitsring:* besteht aus drei geschweiften Ringen, die ineinander verschlungen sind.

S. 649, *2 Stundenuhr:* Uhr mit einem einfachen Werk, die nur die ganzen Stunden anzuzeigen vermag. – *6 Lorenzo-Dose:* s. o. zu S. 316, 5. – *7 Ignatiusblech:* s. o. zu S. 153, 23. – *7 Saulische Stunden:* Stunden des Trübsinns (nach 1. Sam. 16, 14). – *16 Thesesbilder:* große, oft über einen Meter hohe Kupferstiche, die in Bayern und besonders in Augsburg sehr verbreitet waren. Mit ihnen illustrierten die Mönche in komplizierten Allegorien die Thesen und Themen ihrer Schuldisputationen. Vgl. Nicolais »Beschreibung einer Reise durch Deutschland und die Schweiz« (3. Aufl. 1788–96), Bd. VIII S. 85 ff. – *19 Bunklischer Reformator:* Anspielung auf den aufklärerischen Roman: »The life of John Buncle Esq.« (1756–66), der in der Übersetzung von Pistorius 1778, die von Nicolai propagiert worden war, zwischen Nicolai und Wieland eine heftige Auseinandersetzung ausgelöst hatte.

S. 650, *28 Wahlverwandtschaften:* Goethes Roman erschien bekanntlich erst 1809. An Stelle der beiden angeführten Werke setzten die ersten zwei Auflagen »Goethe und Salis«. – *30 Kants Prolegomena:* die »Prolegomena zu jeder künftigen Methaphysik« von 1783 sind gemeint.

S. 651, *9 Simultan- und Tuttiliebe:* So in den beiden ersten Auflagen. – *16 Samm- oder Zugleichliebe:* So beansprucht Sterne im »Tristram Shandy« (I, 21) das Benennungsrecht für ein neues, von ihm erfundenes Argument der Rhetorik. – *32 noch viel öfter:* »noch« stellt eine Textkonjektur der Krit. Ausgabe dar, da die dritte Auflage sinnwidrig das einfache »öfter« der beiden vorhergehenden durch ein »nicht viel« erweitert.

S. 653, *16 Strohkranzrede:* s. o. zu S. 70, 22. – *21* John de *Mandeville* (1300–72?): engl. Arzt und Reisender. Seine lateinische Reisebeschreibung über die Sitten und Völker des Fernen Ostens erwies sich als literarische Fälschung. Die Geschichte findet sich jedoch nicht bei Mandeville, sondern in Plutarchs moralischen Schriften (dt. von Kaltwasser, 1. Bd. 1783, S. 156). Das Motiv von dem Einfrieren der Töne im hohen Norden begegnet schon bei Rabelais, Gargantua und Pantagruel IV, 55 und 56, und kehrt in der Geschichte des Freiherrn von Münchhausen wieder. Vgl. Bürgers »Münchhausen«, 5. Kap. – *36 Zirkulieröfen:* Bei ihnen wird zur Verstärkung der Wärme das Feuer durch gewundene Gänge geführt.

S. 654, *2 Bruder Redner:* ein Grad der Freimaurerei.

S. 655, *4 »Nach Großkussewitz usw.«:* vgl. dazu o. S. 276, 20 und die Anmerkung. – *9 a parte ante:* s. o. zu S. 119, 23.

S. 656, *16 ablaktieren:* aufpfropfen.

S. 660, *5 begriff nichts:* Danach folgen in der ersten Auflage sogleich knapp referierend die weiteren Enthüllungen. Auch sonst ist das Kapitel in Einzelzügen verändert und erweitert worden.

S. 661, *14 Semperfreie* (urspr.: sendbar Freie): »der höchsten Art von Freiheit teilhaftig« (Grimm).

S. 664, *28 Midas' Barbier:* die bekannte Sage vom Barbier des Königs Midas, der als einziger das Geheimnis von dessen Eselsohren kannte. Da er bei seinem Leben das Geheimnis nicht preisgeben durfte, es aber auch nicht für sich behalten konnte, vertraute er es dem Schilfrohr an.

S. 665, *5 Gracians homme de cour:* Gemeint ist Baldassar Gracians (1601 bis 1658) Schrift über den Weltmann: »El Discreto« (1646), die in einer franz. Übersetzung von 1684 verbreitet war. – *6 Rochefoucaults Maximen:* Die »Reflexions ou sentences et maximes morales« des Herzogs von Larochefoucault (1613–80). – *21 Die erste Gefälligkeit usw.:* Der Satz ist in der zweiten und dritten Auflage ausgefallen. Es lag wohl ein Druckversehen vor, bedingt durch den gleichen Anfang des nächsten Satzes mit »die«. – *30 den er mit jener besonnenen Höflichkeit usw.:* Wiederholung von S. 660, 22f., die durch die erwähnten Umstellungen veranlaßt wurde.

S. 666, 22f. *Man soll die Stimmen wägen und nicht zählen:* Dieser Satz, dem wir gewöhnlich die Fassung Schillers aus dem »Demetrius« (I, 1) zugrunde legen, der aber auch bei Wieland und Lichtenberg begegnet, war schon im Altertum sprichwörtlich.

S. 667, *4 Atonie:* Erschlaffung.

S. 670, *22 Verben in μι:* Die griechischen Verben dieser Konjugation fallen aus dem gewöhnlichen Konjugierschema *(Paradigma)* heraus.

S. 672, *23 Lautenzug:* Dämpfregister an der Orgel.

S. 674, *18* William *Penn* (1644–1718): engl. Quäker, wanderte 1682 nach Amerika aus und gründete für die Anhänger seiner Sekte in den Kolonien den nach ihm benannten Staat Pennsylvania.

S. 678, *21 der heute in den Spiegel der Insel seine Gestalt geworfen:* Zusatz der zweiten Auflage. Nach den Vorarbeiten wohnt Emanuel der Begegnung bei und kommt darum erst so spät zurück.

S. 685, *9 Aristides:* Joseph Müller nimmt eine Verwechslung mit Alkibiades an, nach dessen bekanntem Ausspruch, er sei stets nur in der Gegenwart des Sokrates gut gewesen. Doch verweist Berend zu Recht auf die Stelle in den »Teufels Papieren«: »Wem es nicht bekannt ist, wie sehr Aristides' Kenntnisse durch die Stubenkameradschaft und noch mehr durch die Berührung des Sokrates gewonnen: der kann den Theages des Plato unmöglich gelesen haben.« So steht auch in den ersten beiden Auflagen für Aristides der Name des Theages. Man muß das Mißverständnis weckende »bloß wenn« darum als ein »durch die bloße Gegenwart« verstehen. – *15 Thesesbilder* s. o. zu S. 649, 16. – *15 rationes decidendi:* Entscheidungsgründe. – *15 sententiae magistrales:* Lehrsprüche.

S. 587, *5 nach Lambert:* Joh. Heinr. Lambert (1728–77), von J. P. mäßig geschätzter Physiker und Philosoph, in seinen »Kosmologischen Briefen über die Einrichtung des Weltbaus«, 1761.

S. 691, *14 Tristrams Werke:* Gemeint sind Sternes Werke.

S. 692, *34 Anmerkung:* vgl. o. S. 605, 16f.

S. 694, *18 seine meisten männlichen Verwandten:* Der Gedanke dient als Grundmotiv in der Erzählung vom »Quintus Fixlein« und taucht auch sonst gelegentlich wieder auf. – *26 Widerspruch in adjecto:* im Zusatz (z. B. trokkenes Wasser).

S. 703, *3 regula falsi:* »Regel des Falschen« (erg. Ausgangspunktes). Mathem. Rechnungsverfahren zum Lösen von Gleichungen. Man setzt eine ungenaue (»falsche)« Lösung und kommt durch schrittweises Verbessern des Fehlers zum richtigen Ergebnis. – *30 so stand sein Auge usw.:*

Man erwartet umgekehrt: »so stand in seinem Auge eine unverrückte Träne usw.« Vgl. darüber o. zu S. 186, 10f.

S. 704, *9 Schließquadrätchen:* bei den Buchdruckern der vierte Teil eines Quadrates, mit dem man die Zeilen ausschließt. – *31ff. Anmerkung:* Die Anmerkung wurde bis »Wunder« in der zweiten Auflage eingefügt, der Schluß ist ein Zusatz der dritten.

S. 707, *3* Jean *Janin* de Combe-Blanche (1731–99): franz. Augenoperateur von Ruf, dessen »Mémoires et observations.... sur l'oeil et les maladies, qui affectent cet organe« (1772) von *Selle* ins Deutsche übersetzt wurde (2. Aufl. 1788). – *8 Meibomische Drüsen* (glandulae tarsales): die von dem Arzt Heinr. Meibom (1638–1700) zuerst 1666 beschriebenen, in die Augenlidknorpel eingelagerten Talgdrüsen. – *18 Petit:* Von den zahlreichen Ärzten dieses Namens kommt hier nur der älteste, François-Pourfour du Petit (1664–1741), in Betracht, der durch zahlreiche Untersuchungen zur Anatomie des Sehorgans bemerkenswert ist. J.P. denkt wohl an seine Schrift: »Differentes manieres de connaitre la grandeur de chambre de l'humeur aqueuse dans les yeux de l'homme« von 1727.

S. 708, *18 Labarum:* die röm. Kriegsfahne mit dem Kreuzzeichen, die unter den späteren Kaisern seit Konstantin eingeführt war. – *30 apokalyptischer Engel:* vgl. Apok. 19, 10. – *32 Engel mit Weltreichen:* vgl. die Erzählung von der Versuchung Christi bei Matth. 4, 8–10.

S. 709, *4 Philanthropistenwäldchen:* s. o. zu S. 136, 12. – *35* Charles *Bonnet* (1720–93): Naturforscher und Philosoph in Genf. Von seinen Schriften kannte der Dichter vor allem die »Considerations sur les corps organises«, die 1762 und die »Contemplations de la nature«, die 1766 deutsch erschienen waren. – *36* Robert *Hooke* (1635–1703): engl. Physiker. In Frage kommt nur seine Untersuchung: »A hypothetical explanation of memory« in den posthumen »Philosophical experiments« 1726, die den einzigen Versuch Hookes auf diesem Gebiet darstellen.

S. 710, *8 Fabius:* Der röm. Feldherr Quintus Fabius Maximus († 203 v. Chr.) bekam wegen seiner hinhaltenden und abwartenden Kriegsführung gegen Hannibal den Beinamen »Cunctator« (Zauderer). – *32 Eulerscher Rösselsprung*: Leonhard Euler schrieb 1759 eine Abhandlung über den Rösselsprung, die in den »Mémoires« der Berliner Akademie erschien.

S. 712, *24 toga virilis:* weißes Übergewand, das alle freien Römer vom Tage ihrer Volljährigkeit zu tragen hatten.

S. 713, *24 Römer:* ital. Hausierer. – *34 Hospodar:* (»Herr«) Titel der ehemaligen Fürsten in der Walachei.

S. 714, *27 Schachbrett:* So nur die erste Ausgabe. Die späteren Drucke setzen wohl fälschlich die Verkleinerungsform: »Schachbrettchen«. Vielleicht liegt eine verlesene Korrektur J.P.s vor.

S. 715, 19 *Mosisdecke:* s. o. zu S. 226, 26.

S. 716, *7 Empyreum:* Feuerhimmel, der Sitz der Seligen in der griechischen Mythologie. – *13 horazische Mischung:* vgl. dazu am Schluß von »de arte poetica« die Verse 438ff. Aber auch die bekannte Sentenz: »utile cum dulci« des Horaz kann dem Dichter vorgeschwebt haben, obgleich diese in einen anderen Zusammenhang gehört.

S. 717, *2 Anjou:* Dazu zitiert Berend aus den Exzerpten: »Die Eltern der sechsfingerigen Familie in der Provinz Bas-Anjou lassen nach der Geburt den 6. Finger wegschneiden; gebären doch solche.«

S. 719, *35 Lochbaum*, richtig Lachbaum: ein mit Lachen (Kreuzschnitten) versehener Baum, der die Grenze einer Gemarkung bezeichnet.

S. 720, *5 Herkules-Säule:* Als Säulen des Herkules wurden im Altertum die Vorgebirge von Gibraltar und Ceuta benannt, da diese nach der Sage von Herkules an den Grenzen der damals bekannten Welt aufgerichtet worden waren.

S. 721, *32 Berlinerblau:* eigtl. Name einer Porzellanfarbe, die in der Berliner Manufaktur hergestellt wurde, hier vermutlich eine Anspielung auf die Allgemeine Deutsche Bibliothek.

S. 722, *1 hocus pocus:* Schabernack. Die Erklärung aus einer Verstümmelung der Konsekrationsformel war damals und ist noch heute sehr verbreitet, doch liegt die Entstehung des Wortes, das zuerst in England als Taschenspielername auftritt, völlig im dunkeln. – *2 John Tillotson* (1630 bis 1694): wirkungsvoller, volkstümlicher Prediger der anglikanischen Kirche, zugleich auch als Politiker tätig. Er starb als Erzbischof von Canterbury, zu dem er 1691 bestallt worden war. Seine »Complete Works« wurden 1752 in drei Bänden gesammelt. – *13 Petrus Lombardus:* s. o. zu S. 29,7.

S. 723, *4* Joh. Bernh. *Basedow* (s. o. zu S. 235,5) im ersten Band seiner »*Philalethie*« (1764), S. 252f. Der Gedanke selbst, den u. a. auch Kaiser Friedrich II. verwirklichen wollte, ist uralt und bereits bei den Griechen als Legende zu belegen.

S. 724, *16 H.:* Ähnlich umgeht Sterne im »Tristram Shandy« (VIII, 13) den Buchstaben K im Alphabet. – *17 Holbeins Bein:* Die Anekdote ist Campes »Reise von Hamburg bis in die Schweiz« (1786) entnommen.

S. 725, *28 Fetspopel:* Die Gestalt war J. P. aus Flögels »Geschichte der Hofnarren« (1789) bekannt. Vgl. dort S. 82.

S. 726, *19* Joh. Georg *Meusel* (1743–1820): Publizist, setzte Hambergers vielbändiges Sammelwerk: »*Gelehrtes Deutschland* oder Lexikon der jetzt lebenden deutschen Schriftsteller« fort und ergänzte es durch ein umfangreiches »Verzeichnis der 1750–1800 verstorbenen deutschen Schriftsteller«. – *26 Hamann:* s. o. zu S. 132,4. – *27* Christ. Ludwig *Liskow* (1701–60): satirischer Dichter, dessen funkelnder, an Swift geschulter Witz und dessen glatter Stil ihn damals ebenso überschätzen, wie heute zu unrecht vergessen ließen. Eine »Sammlung satirischer und ernsthafter Schriften« gab er selbst 1736 heraus.

S. 727, *9 Manipel und Pugillum:* eine Handvoll und drei Finger voll, Apothekermaße. – *11 Moxa* (spanisch): Beifußwolle, ein grauer Stoff, der äußerlich als Heilmittel gegen Gicht und Podagra verwendet wird. Dabei wird die Moxa mit Speichel an die Haut befestigt und verbrannt, so daß eine eitrige Brandwunde zurückbleibt. – *23 Gabe:* Die ersten Auflagen setzen das geläufigere »Dosis«.

S. 728, *5 Herz-Polype:* s. o. zu S. 360, 10. – *10 kantonieren:* (in der Militärsprache) vorübergehend Lager nehmen. – *27 Tuberose:* Herbsthyazinthe. – *33 Schiff und Geschirr:* tautologischer Ausdruck für »Hausrat«.

S. 729, *35 steh auf, hebe dein Bett auf:* vgl. Matth. 9,6. Der Satz ist in der zweiten und dritten Auflage ausgefallen.

S. 730, *7ff. Universalkrankheit:* vgl. o. S. 371, 29 und die Anmerkung. – *21 himmlisches Grahamsbett:* s. o. zu S. 207, 12. – *24 Wurstschlitten:* unbequemes, ländliches Fuhrwerk.

S. 731, *21 Neros Palast:* Die »domus aurea«, das Goldene Haus des Nero, 64 n. Chr. nach dem Brande Roms erbaut, bedeckte mehr als anderthalb Quadratkilometer, so daß in Rom das Witzwort umlief: »Rom wird ein einziges Haus.«

S. 733, *14 Raillerie:* Spötterei.

S. 736, *17 Kato:* s. o. zu S. 601, 21. – *28 Kontumazhaus:* Absonderungs- oder Quarantänehaus. – *29 russischer Eispalast:* s. u. zu S. 847, 7.

S. 737, *23* William *Pitt* d. J. (1759–1806): engl. Staatsmann, seit 1783 Premierminister, dem es gelang, die engl. Wirtschaft und Politik nach dem verlorenen Unabhängigkeitskrieg wieder zu stabilisieren. Der franz. Revolution stand er lange abwartend gegenüber, erst der Einfall der Revolutionsarmeen bewog ihn, 1793, in den Krieg gegen Frankreich einzutreten. – *36 bureau d'esprit:* s. o. zu S. 142, 1.

S. 739, *23–740, 3 Zuneigung des Fürsten:* Der Absatz ist in der zweiten Auflage eingeschoben.

S. 741, *4 Pennypostamt:* s. o. zu S. 334, 9. – *20 Linnäus:* Karl von Linné revolutionierte 1735 durch sein »Systema naturae« und die folgenden Werke: »Genera« und »Classes plantarum« (1737 und 1738) die Naturwissenschaft, indem er das Sexualsystem auch bei Pflanzen zur Klassifizierung einführte.

S. 743, *23 er:* Die Drucke setzen wohl versehentlich »es«.

S. 744, *28 Gleicher:* deutscher, damals besonders dichterisch verwendeter Ausdruck für Äquator.

S. 745, *9 heiliger Januar:* An seinem Namenstag vergießt der Leichnam des San Gennaro, des Schutzpatrons von Neapel, aus seiner Sterbewunde frisches Blut, und die Neapolitaner fürchten Unheil, wenn dieses Bluten einmal ausbleibt.

S. 746, *4 wie Portugal mit Blut:* vgl. o. S. 561, 5 und die Anmerkung dazu. – *11 Kastor und Pollux:* die Söhne der Leda und des Zeus, die er in seiner Verkleidung als Schwan gezeugt hatte. Sie wurden darum aus einem Ei geboren.

S. 750, *18 Sportelbuch:* Rechnungsbuch über die gerichtlichen Nebeneinnahmen des Konsistoriums. – *23 Rekahnsfahrt:* Gemeint ist »Anton

Friedr. Büschings ... Beschreibung seiner Reise von Berlin über Potsdam nach Rekahn« von 1778. – *25 meine Schwester:* die Philippine aus der »Unsichtbaren Loge«.

S.751,*13 Tribonian* († 546): röm. Rechtsgelehrter, hatte durch lange Jahre den Vorsitz der Rechtskommission, die unter Justinian das römische Recht neu kodifizierte. – *15 nach Howard:* John Howard (1726–90): engl. Philanthrop, der sein Lebenswerk den hygienischen Verbesserungen im Gefängnis- und Hospitalwesen widmete und zu diesem Zweck ausgedehnte Reisen unternahm. Sein Bericht: »The state of the prisons in England and Wales; and an account of some foreign prisons« (1777, dt. 1780) erregte ungeheures Aufsehn.

S.753,*19 rückständige Ehepfänder:* vgl. die Strohkranzrede o. S.75,18ff.– *32 Goldwoge:* In der letzten Auflage steht der Druckfehler: »Geldwoge«. – *35 Poenitentiaria:* s.o. zu S.137,15.

S.755,*12* Maximilian, Herzog von *Sully* (1560–1641): franz. Staatsmann unter Heinrich IV. Seine »Mémoires« (deutsch 1783–86) zählen zu den wichtigsten Dokumenten der franz. Geschichte. – *22 Antoninus Philosophus:* Beiname des röm. Friedenskaisers Marc Aurel.

S.757,*25 edel:* In Österreich und Bayern nennt man Edler einen Adelsgrad, der zwischen dem Freiherrn und dem einfachen Adel steht. – *36 wie Paulus die Schlange:* vgl. Ap. Gesch. 28,5.

S.759,*14 Königsberger Bratwurst:* Joh. Christ. Wagenseil (1633–1705), der Nürnberger Polyhistor, gibt in dem in der Note erwähnten Werk – seinem letzten – das Gewicht dieser ungewöhnlichen Wurst mit 434 Pfund an. – *31 Domizellar:* junger Domherr, der im Kapitel noch nicht Sitz und Stimme hat.

S.760,*10* Michael *Denis* (1729–1800): erst Jesuitenpater in Wien, dann freischaffender Dichter. Auf Klopstocks Spuren wandelnd, verdeutschte er 1768 Macphersons »Ossian« und schrieb eigene Gedichte als Sined der Barde. Seine Dichtungen wurden gesammelt in »Ossians und Sineds Lieder«, 5 Bde. 1784. – *15* und *16 »Skizze von Wien«* (6 Hefte, 1786–90) und *»Faustin* oder Das philosophische Jahrhundert« (1783): beides Schriften des mediokren Wiener Publizisten Joh. Pezzl (1756–1823). – *16 Blumauer:* s.o. zu S.548,11. – *18 »Wiener Musenalmanach«:* Er wurde von Alxinger herausgegeben und erschien zuerst 1774. Neben Alxinger und Blumauer arbeitete allerdings auch Denis an diesem Almanach mit.

S.761,*5 Leberreim:* gemeine und schlechte Stegreifgedichte, die nach altem Brauch bis ins 17. Jahrh. über dem Essen einer Hechtleber gemacht wurden. – *10 volle Krebse:* Bei Vollmond sollen die Krebse besonders fett werden. – *26 reisender Franzose:* Die Stelle findet sich in den »Briefen eines reisenden Franzosen über Deutschland« (von Kaspar Risbeck) 1783, 1. Bd. S.295.

S.762,*2–29 Abschnitt über Viktor und Brief der Pfarrerin:* Einschub der zweiten Auflage. – *3 Dr. Graham:* s.o. zu S.207,12. – *22 Lordship:* J.P.

setzt »Lordschip«, denn er gesteht selbst im »Enochsblatt« des ersten komischen Anhangs zum »Titan«: »daß mir, eh' ich im Englischen perfekt war, immer ein ch nach dem s entfuhr, statt des h.«

S.763,*11* Carl *Stamitz* (1746–1801): umschwärmter Virtuose auf der Viola d'amore und bahnbrechender Tonsetzer der Mannheimer Schule. J.P. hatte den vielgereisten Musiker 1792 bei einem Konzert in Hof gehört.

S.764,*5 Anekdoten für Prediger:* Joh. Friedr. *Tellers* »Anekdoten für Prediger und Priester zur Unterhaltung« erschienen 1778 in drei Bänden. – *18 Wüstenbock* (syn. mit Sündenbock): vgl. 3.Mose 16,21f.

S.767,*11 Philippine:* s.o. zu S.750,25.

S.768,*31 Doppel-Uso:* doppelte Wechselfrist.

S.769,*11 Schulpforta:* s.o. zu S.65,33.

S.771,*4 Tarantel:* Zum Verständnis zitiert Berend aus den Exzerpten die Notiz: »Der von der Tarantel Gestochene leidet Pein, wenn der Musikant in einem Ton oder Strich fehlt.« – *22 dritter Sinn:* Beim Jungen ist an den Geruchssinn gedacht, bei der Sängerin jedenfalls an den Geschlechtssinn, der damals als sechster Sinn gerechnet wurde.

S.772,*6 Euler:* Leonhard Euler gab 1739 eine knappe, mathematisch begründete »Theorie der Musik« heraus. – *6 Sulzer:* s.o. zu S.644,28. Vgl. den Artikel: »Dissonanzen« im ersten Band seines Werkes.

S.773,*18 tremolando:* bebend. – *35* Antonio *Sacchini* (1730–86): gefeierter Opernkomponist aus Florenz.

S.774,*16*–775,*2 Appels Erzählung:* Der Abschnitt, der ein früheres Motiv wieder aufklingen läßt (s.o. S.577,29ff.), ist erst in der zweiten Auflage eingefügt.

S.776,*27 Gewitterstürmer* (analog zu Feuerstürmer gebildet): Sie zeigen durch Läuten der Glocken die Brandgefahr bei einem Blitzeinschlag an.

S.781,*4 Vergiß mein nicht:* viel gesungenes, um 1790 gedichtetes Lied von Max v. Knebel. Die Musik von Lorenz Schneider wurde häufig Mozart zugeschrieben.

S.783,*12 Ararat und Tabor:* Auf dem Ararat landete die Arche Noah nach der Sintflut, der Berg Tabor in Galiläa gilt als der Berg der Verklärung Christi. – *30 Bayles Wörterbuch:* s.o. zu S.595,13. – *34 Olla Podrida:* Allerlei.

S.785,*16ff. hinter den rauchenden Bergen usw.:* Die Stelle nimmt die Gedanken aus Ottomars erstem Brief auf, vgl. o. S.217,27

S.788,*34 Nachsommer:* So die kritische Ausgabe; die Originaldrucke setzen, vermutlich durch das Wort: »Nebensonne« in der folgenden Zeile verleitet, »Nebensommer«.

S.793,*5 Latrie:* Götzendienst. – *5* und *6 Dulie und Hyperdulie:* Heiligenverehrung und überschwengliche Heiligenverehrung.

S.794,*8 Wohlstand:* altertümliche Form für »Anstand«. – *26 dal segno:* vom (Wiederholungs-)Zeichen an.

S.795,*15f. Staaten:* Anspielung auf die zweite polnische Teilung von 1773.

S.796,*12 Musäus:* s.o. zu S.360,34. – *22 Jakobi:* s.o. zu S.152,24ff. – *22 Klinger:* s.o. zu S.29,30. – *31 Allwills Briefwechsel:* s.o. zu S.152,24ff.

S.798,*5 Namen der Großen:* In der ersten Auflage war noch der Witz eingefügt, daß die Großen ihre Sprößlinge wie Pasquille erstlich vervielfältigen, zweitens anonym versenden. Wie schon die Note vermerkt, hatte J.P. den Scherz inzwischen in der »Erklärung der Holzschnitte« von 1797 verwendet (vgl. die Erklärung zum vierten). – *6 pièces fugitives:* seit dem 17. Jahrh. eine in Frankreich modische Form kleiner Gelegenheitsdichtungen. – *18 vingt-quatre:* Das Hoforchester Ludwigs XIV. trug diesen Namen, weil es aus 24 Spielern bestand. – *19 Goethe:* vgl. Wilhelm Meisters Lehrjahre VIII, 5. – *28 Ostrazismus:* das Scherbengericht in Athen, das in öffentlicher Abstimmung über die Strafe der Verbannung zu befinden hatte.

S.799,*9* Karl Friedr. *Bahrdt* (1741–92): aufklärerischer Theologe, in seiner Stellung so umstritten wie verhaßt. Er hatte sich 1789 durch eine Satire auf das preuß. Religionsedikt ein Jahr Festungshaft und die Ausweisung zugezogen. Als Schankwirt starb er verbittert in der Nähe von Halle. – *26 in effigie:* »im Bild«, sinnbildlich.

S.801,*6* Charles-Marie de La *Condamine* (1701–74) und Pierre *Bouguer* (1698–1758) unternahmen 1736 eine Expedition nach Peru, um die Gestalt der Erde zu erforschen.

S.802,*1 Donatschnitzer:* grober Verstoß gegen die Elementarregeln der Sprachlehre, genannt nach Aelius Donatus, einem bekannten röm. Sprachlehrer des 4. Jahrh. – *18 Fechser:* Rebknoten als Setzling. – *24 portugiesische Israeliten:* s.o. zu S.561,5. – *28 Wer seines Herren Willen weiß usw.* nach Luk. 12,47f.

S.804,*34 Pringle und Schmucker* (1712–86): Kapazitäten auf dem Gebiet der Militärarzneikunst. Besonders Pringles Hauptwerk: »Observations on the diseases of the army« (1752, dt. 1772) war allgemein bekannt.

S.808,*21 der naturhistorische Goeze:* s.o. zu S.633,17. – *25 Linné:* Seine »Oratio de telluris habitabilis incremento« steht in der Erlanger Ausgabe seiner Aufsatzsammlung: »*Amoenitates academicae*« im zweiten Band. – *32 Deutscher Herr:* Angehöriger des Deutschen Ritterordens.

S.810,*25 Nürnbergische Konvertitenbibliothek:* sicher Anspielung auf eine Erbauungsschrift der Zeit. Doch war es nicht möglich, ein Buch dieses Titels ausfindig zu machen.

S.811,*33 Drehbasse:* drehbares Geschütz auf Schiffen.

S.812,*3 Ixions-Rad:* Ixion, der Sohn eines Königs der Lapithen, hatte sich in Hera verliebt und wurde von Zeus zur Strafe auf ein feuriges, nie stillstehendes Rad geflochten. – *23 Assekuranzbrief:* Versicherungsbrief.

S.813,*14 Donnerhaus:* Modell, um die Wirkung von Blitzableitern zu demonstrieren.

S.814,*5 Hexe von Endor:* Sie weissagte König Saul seinen Sturz und Tod. Vgl. 1. Sam. 28. – *5 Hexe von Kumä:* die cumäische Sybille war die berühmteste Wahrsagerin des Altertums. – *29 des Dreh-Rosinante:* In den beiden ersten Auflagen steht für unser Empfinden geläufiger »*der* Dreh-Rosinante«. Doch geschah die Änderung der letzten Ausgabe wohl mit Bedacht, da der Name: »Rosinante« im spanischen männlich ist. – *36 Wieglebische natürliche Magie:* 1779 erschien »Joh. Nik. Martius' Unterricht in der natürlichen Magie... umgearbeitet von Joh. Chr. Wiegleb«. Das Werk wurde dann bis 1805 in zweiter Auflage als ein riesiges Korpus in 20 Bänden ediert.

S. 815, *1 Trunkus, Plempsum, Schallalei:* glückbringende Taschenspielerformel. – *11* Nicole *Malebranche* (1638–1715): Philosoph in der Nachfolge des Descartes, der ein umfangreiches Werk: »De la recherche de la verité« geschrieben hat. – *13 Hamiltons memoires:* Darunter ist der Roman: »Mémoires du Comte de Gramont« (1713) von Anthony, Graf von Hamilton zu verstehen. – *17 nach Moritz:* K. Ph. Moritz, der seit 1789 Professor für Altertumskunde an der Kunstakademie in Berlin war, schrieb über die antike Mythologie und den antiken Kult verschiedene, bedeutende Aufsätze und seine berühmte »Götterlehre der Alten« (1791).

S. 817, *8 Digesten:* s. o. zu S. 576, 23. Die einzelnen Verordnungen sind dabei nach *Titeln* (Paragraphen) unterteilt. – *31 Büsching:* s. o. zu S. 92, 14. – *33 Terzienuhren:* astronomische Uhren, welche auch die Terzien (s. o. zu S. 485, 27) anzeigen.

S. 819, *8 Halbkenner:* Verdeutschung der letzten Ausgabe für »Ignorant«. – *25f. Girondisten und Feuillants* (nach ihrem Versammlungsort im Pariser Kloster der Feuillants bezeichnet): zwei gemäßigte Parteien im revolutionären Frankreich. – *33 Akzessit* (»er ist nahe gekommen«): Nebenpreis.

S. 820, *17 Martinitag:* 11. November. – *26 Jonastag:* 12. November. – *33 Leopoldstag:* 15. November.

S. 821, *30 Ottomars-Tag:* 16. November. Die Apostrophierung ist an die Gestalt Ottomars aus der »Unsichtbaren Loge« gerichtet.

S. 823, *8 Platzgold:* ein Präparat aus Goldlack, das beim Erwärmen mit Knallen auffliegt.

S. 824, *34 Reichsgravamina:* s. o. zu S. 90, 33.

S. 825, *6 Brokardikon:* s. o. zu S. 177, 28. – *12 Institutionen:* der erste Teil in Justinians »Corpus juris«. Die Institutionen geben eine systematische Übersicht des röm. Rechts und waren zur Einführung in das Rechtsstudium gedacht. – *14 accessorium:* Beiwerk, Anhängsel. – *30 Prokulejaner:* Die Prokulianer waren eine der beiden führenden Rechtsschulen der röm. Kaiserzeit und standen mit der zweiten, den Sabinianern, in einer lebhaften Kontroverse. Der zitierte Satz: »Der Augenblick einer Formänderung schafft eine neue Sache« bildete einen der Hauptgegensätze. – *33 Siegwart:* s. o. zu S. 635, 12. – *36 Servituten:* das Recht an fremdem Eigentum, auch die Last, die mit einem Besitz verbunden ist.

S. 830, *18 Rataffia:* Fruchtlikör.

S. 831, *17 quarentigiatisches Instrument:* Bürgschaftsurkunde. – *18 Par-*

tagetraktat: Abtretungsvertrag. – *29 den sie so liebte und Viktor auch:* eine an sich nicht nötige Wiederholung aus dem letzten Satz.

S. 832, *17 Bunterie-Gespann:* Berend vermutet unter »Bunterie« eine Korrumpierung aus »Bunte Reihe«.

S. 833, *14 Mikrologie:* Kleinigkeitsgeist.

S. 837, *22* Michel *Baron* (1653–1729): einer der größten Schauspieler der franz. Bühne, als Darsteller der heroischen Partien in Dramen Corneilles und Racines noch in hohem Alter umschwärmt. Seine Eitelkeit brachte ihm viel Tadel und manche sicher unzutreffende Anekdote ein.

S. 838, *11 Bill und Act:* Gesetzentwurf und das daraus erwachsene Gesetz. – *12 in nuce:* im Keime. – *14 enragés und noirs:* Bezeichnungen für radikale Revolutionsparteien in Frankreich. – *14 Philipp, Herzog von Orleans* (1747–93): »der rote Prinz«, stand unter dem Namen Philipp Egalité auf der äußersten Linken im Nationalkonvent und stimmte mit dieser für den Tod Ludwigs XVI. Als sein Sohn 1793 mit dem General Dumouriez zu den Österreichern überging, wurde Philipp guillotiniert. – *15* Jean Paul *Marat* (1744–93): fanatischer Anhänger Dantons, stürzte mit ihm die Girondisten und veranstaltete unter ihren Anhängern ein gräßliches Blutbad. 1793 wurde er von Charlotte Corday im Bad erstochen. – *29 mort:* So nennt man im L'hombre den Strohmann, den vierten Spieler, der gerade aussetzt.

S. 840, *1 Muhameds Reise:* Von Mohammed berichten die arabischen Historiker übereinstimmend (vgl. Gibbon: »Decline und Fall of the Roman Empire«, Kap. 56), er sei von einem geheimnisvollen Tier Borak aus dem Tempel zu Mekka durch alle sieben Himmel vor Gottes Thron getragen worden. Diese Reise nahm nach Gibbon allerdings doch den zehnten Teil einer Nacht in Anspruch.

S. 842, *33* Marie Catherine *Biheron* (1719–86): Sie hatte in vieljähriger Arbeit ein Kabinett von Wachsfiguren und von zerlegbaren, anatomischen Figuren geschaffen, solche auch zum Teil verkauft.

S. 845, *15 Edikt von Nantes:* das Toleranzedikt von 1598, in dem Heinrich IV. den Hugenotten Religionsduldung zusicherte. – *33 Lektisternien:* Kulthandlung im antiken Rom, bei der künstliche Genienbilder zu Tische lagen und feierlich bewirtet wurden. – *35 Panist* (»Versorgter«): Laienpfründner.

S. 846, *11 Forster:* s. o. zu S. 427, 30. Vgl. seine vortreffliche Schilderung in den »Ansichten vom Niederrhein« 1. Abt. XXI. Abschnitt. Es handelt sich um das Hochaltarblatt von Rubens in der Antwerpener Kathedrale.

S. 847, *2 unkennen:* wenig glückliche Eindeutschung von »ignorieren«. – *7 russischer Eispalast:* Im strengen Winter 1756 hatte ein Höfling für die Kaiserin Katharina von Rußland auf dem See bei Petersburg einen Palast aus Eis errichten lassen. An seinen Eingängen spien Delphine kalte Naphthaflammen. – *18 Papilloten:* Haarwickel. – *34 wie Pompejus' Ritter:* Caesar soll während des Bürgerkrieges seinen Soldaten befohlen haben, im Kampf stets auf das Gesicht der Krieger des Pompejus zu zielen.

S. 848, *12 Freiheiten der gallikanischen Kirche:* Die sog. »Gallikanischen Freiheiten«, die 1438 in der »Pragmatischen Sanktion« erstmals gesetzlich verankert wurden, sicherten der franz. Krone und dem Klerus weitgehende Selbständigkeit von Rom zu. 1594 durch Pithou systematisiert, blieben sie bis zum Ausgang des »ancien-regime« in Kraft. Doch scheint der Vergleich bei J. P. wie öfters willkürlich durch das Wort: »Freiheit« hervorgerufen. – *18 Clarissa:* s. o. zu S. 29, 22. Die ersten vier Teile des Romans schildern den Kampf von Clarissa gegen ihren Verführer Lovelace, dessen gewaltsamer Werbung sie im 5. Band zum Opfer fällt.

S. 849, *31 St. Clermont:* J. P. denkt an die »ponts naturelles« bei *Clermont-Ferrand.*

S. 854, *30ff. Iphigenie:* vgl. »Iphigenie auf Tauris«, II, 1 und III, 1.

S. 856, *4–32 Er legte an den Spinnrocken usw.:* Einschub der zweiten Auflage.

S. 857, *20 Rikoschetblicke:* s. o. zu S. 578, 2.

S. 858, *11f. daß sonach die Geschichte usw.:* wieder eine Sinnumkehrung. Es müßte heißen: »daß sonach ... meine Beschreibung in einem halben Jahre der Geschichte nachkomme«. Doch ist hier auch an einen Scherz zu denken.

S. 861, *12 recht gern:* In den ersten beiden Auflagen folgt: »Denn auch Klotilde mied, eingedenk der letztern Beklemmungen, das Schauspiel, und bloß die fünfjährige Giulia mußte ihre liebende Seele kühlen.« – *30 concert spirituel:* s. o. zu S. 391, 32.

S. 862, *19 à la grécque:* in griechischem Geschmack, svw. grotesk oder bizarr.

S. 865, *6 jener Tyrann:* der aus der Theseussage bekannte Riese Prokrustes, der großgewachsene Gäste in ein zu kurzes Bett zu legen pflegte und ihnen dann die überstehenden Glieder abhackte. – *34 mundieren:* ins reine schreiben.

S. 866, *6 drei Alphabete:* in Druckbogen des Romans. Bekanntlich wurden damals noch die Bögen in der Setzerei mit den Buchstaben des Alphabets bezeichnet. – *21 joues de Paris:* künstliche Wangen, wie »cul de Paris« gebildet.

S. 867, *5ff. Sechster Schalttag:* Berend nimmt für diesen bedeutenden Aufsatz Anregung durch Herder an, von dessen »Briefen zur Beförderung der Humanität« der zweite, thematisch verwandte Teil 1793 erschienen war, und wohl auch durch Christian Otto, der in dieser Zeit eine Untersuchung über den Parallelismus der Kreuzzüge, der Reformation und der Revolution ausarbeitete. – *28 wie ein bekannter Philosoph:* vermutlich Herder in seinen »Ideen zur Philosophie der Geschichte der Menschheit« (1784 bis 1791). – *33 Metamorph. L. II. Fab. 10:* nach der heute üblichen Einteilung der Metamorphosen: Buch 9, 36ff.

S. 868, *8 Vortizelle:* Wimpertierchen.

S. 869, *5 bowling-green:* Rasenplatz. – *15 die Nativität stellen:* das künftige Geschick aus den Sternkonstellationen der Geburtsstunde vorhersagen. – *21 allgemeine Welthistorie:* s.o. zu S. 638, 18. – *28 Code noir:* 1685 erlassenes Gesetz, das die Verwaltung und den Handel der Neger in den franz. Kolonien regelte. – *31 Dekretalbriefe und Extravaganten:* die dem »Corpus juris canonici« beigegebenen Sammlungen von Dekretalen (Entscheidungen) Johannes' XXII. und der späteren Päpste.

S. 870, *1 Achilles' Schild:* Auf ihm stellte Hephaisth nach Homers Bericht (Ilias XVIII, 478 ff.) Menschen, Tiere, Städte, die Erde und das Meer, die Sonne und alle Gestirne dar.

S. 871, *2 platonisches Jahr:* ein Zeitraum von rund 25800 Sonnenjahren, den der Pol des Himmelsäquators braucht, um einen Umlauf um den Pol der Ekliptik auszuführen.

S. 872, *16 Librationen:* Schwankungen, bes. des Mondes in seiner Stellung zur Erde.

S. 873, *17 Untertanenhandel:* s.o. zu S. 50, 1.

S. 875, *24*–877, *9 Verwechslung Viktors:* Einschub der zweiten Auflage.

S. 878, *35 majore und minore:* Dur und Moll.

S. 879, *32 ich und der Leser:* vgl. o. S. 539, 21 f.

S. 882, *6–12 Viktor hatte sogar usw.:* Zusatz der zweiten Auflage, ebenso die Stellen, auf die darin angespielt wird. (Vgl. o. S. 690, 9–11, S. 779, 20 f. und S. 856, 23 ff.)

S. 895, *4 Coventgarden:* das 1733 am Markt errichtete Londoner Theater.

S. 896, *33 Professor Hoffmann:* Leopold Aloys Hofmann (1746–1806): berüchtigter Denunziant und Journalist in Wien, gab 1792 die »*Wiener Zeitung*« heraus, in der er versteckt und offen gegen die aufklärerischen Tendenzen und die Ideen der Revolutionszeit zu Felde zog.

S. 897, *11 Chiragra:* Handgicht. – *23 kartesischer Wirbel:* s.o. zu S. 208, 31. – *33 dephlogistisierte Luftart:* Sauerstoff.

S. 898, *13 Haller:* in den »Elementen der Physiologie«, 5. Bd., 15. Buch, Abschn. 2, § 4.

S. 899, *14 Geldbörse am Hintern:* s.o. zu S. 744, 12.

S. 900, *18 le grand escuyer tranchant:* seit Philipp IV. von Frankreich ein Titel des königlichen Bannerträgers, der bei feierlichen Anlässen als Vorleger an die königliche Tafel gezogen wurde. – *22 Wahlreiche und Erblande:* Böhmen und Ungarn sind unter den Wahlreichen Österreichs zu verstehen, während Erblande die den Habsburgern erblich zugehörenden Gebiete genannt werden.

S. 901, *4 fallopische Muttertrompete* (tuba fallopia): Eileiter, genannt nach dem italienischen Anatom Gabriele Fallopio (1523–62). – *29 syllogistische Figuren:* in der Logik die vier möglichen Schlußfiguren einer Folgerung. – *31 Salvationsschrift:* Verteidigungsschrift.

S. 902, *28 Boselkugel:* Kegelkugel. – *32 Kalkant:* Balgtreter.

S. 903, *17 Vergette:* Bürste, kurzgeschorenes Stirnhaar. – *33 Haar der Berenice:* Das Haar, das diese ägyptische Königin der Aphrodite für die glückliche Rückkehr ihres Gemahls Ptolemäus Euergetes geweiht hatte, verschwand aus dem Tempel und wurde in ein Sternbild (nahe dem Löwen) verwandelt. – *35 Kulmination im Nadir:* Der Nadir ist als Tiefpunkt dem Zenit entgegengesetzt, also eine Aufgipfelung im Tiefpunkt.

S. 904, *11 Pfeilnaht* (sutura sagittalis): verbindet die beiden Scheitelbeine. – *14 Zainhammer* (auch Zahnhammer): Werkzeug der Steinhauer.

S. 905, *8 Antihypochondriacus:* »A. oder Etwas zur Erschütterung des Zwerchfells und zur Beförderung der Verdauung«, Titel einer mehrbändigen Sammlung von Anekdoten und Witzen, die G. A. Kayser in den Jahren 1782–96 herausgab. – *9 Vademecum:* Von den zahlreichen Schriften dieses Titels denkt J. P. (nach S. 548, 13) offenbar an das »V. für lustige Leute, eine Sammlung angenehmer Scherze, witziger Einfälle usw.«, Berlin 1764–92 bei Mylius. – *13* Tobias *Smollet* (1721–71): engl. Arzt und Romanschriftsteller, dessen Schelmenromane (»The adventures of Roderick Random« 1748 und vor allem »The adventures of Peregrine Pickle« 1751) typisch für das von J. P. als »niederländisch« gekennzeichnete Genre sind. Vgl. »Vorschule der Ästhetik« § 72.

S. 908, *14 man begeht die meisten Torheiten usw.:* vgl. o. S. 665, 13.

S. 912, *31 Klaglibell:* Klageschrift. – *33 Rubrum:* der mit roter Tinte geschriebene Titel eines Urteils.

S. 913, *5 Abt Galiani:* s. o. zu S. 156, 24. – *6 der alte Shandy:* vgl. Tristram Shandy III, 29. – *32 Salvator Rosa:* s. o. zu S. 249, 13. – *34 jus imaginum:* Recht auf Bilder (Recht, sich Bilder zu setzen).

S. 914, *31 Esaushände:* Anspielung auf die bekannte Erzählung vom Erbbetrug des Jakob. Vgl. 1. Mose 27, 11 ff.

S. 915, *12 ff. Sebastian:* im einen Fall das berühmte Spätbild Tizians (um 1570), das sich heute in der Petersburger Eremitage befindet, im andern das Jugendbildnis van Dyks, heute im Besitz der Alten Pinakothek in München. Die beiden Stellen, an denen van Dycks »Sebastian« erwähnt wird (S. 915, 16–19 und S. 919, 18–21 samt der zugehörigen Anmerkung) sind erst in der zweiten Auflage eingeschoben. – *26 Kallus:* Rinde, Haut. – *30 griechisches Feuer:* bereits im Altertum bekanntes Kriegsmittel, das vor allem im Seekampf gern verwendet wurde, da dieses Feuer auch durch die Berührung mit Wasser nicht gelöscht wird.

S. 916, *14* Nikolaus Rosen *v. Rosenstein* (1706–73): berühmter schwed. Arzt, war bahnbrechend in der Entwicklung homöopathischer Heilmittel.

S. 919, *22 Weiber in Italien:* Sie verhängen die Bilder, damit die Heiligen sie nicht sündigen sehen. – *25 Holzschnitt zu den zehn Geboten:* Wohl der Holzschnitt zum sechsten Gebot, auf dem David die nackte Bathseba im Bade beobachtet. Die groben, unbeholfenen Holzschnitte des Bayreuther Katechismus nahm J. P. später zum Anlaß für seine satirische »Erklärung der Holzschnitte« von 1797.

S. 920, *9 globe de compression von Bélidor:* Druck- oder Mordschlag, s. o. zu S. 505, 8.

S. 925, *1 Sabbaterweg:* s. o. zu S. 629, 25.

S.926,*22 Pitt:* s.o. zu S.737,23. – *34 Isaak Casaubonus* (1559–1614): franz. Humanist. 1614 verfaßte er im Auftrag Heinrichs IV. seine umfangreiche Schrift: »Exercitationes de rebus sacris et ecclesiasticis contra Baronium«, in denen er den Geschichtsirrtümern des gelehrten Kardinals (s.u. zu S.966,5) nachging. Der Nachsatz, der für J.P.s Art, Anmerkungen zu schreiben, recht bezeichnend ist, wurde in der dritten Auflage angefügt.

S.928,*34 Preßfreiheit:* Gemeint ist wohl die Proklamation gegen aufrührerische Pamphlete, die 1792 erlassen wurde.

S.929,*29 Gradual-Disputation:* öffentliche Verteidigung einer These, um den Doktorgrad zu erlangen. – *31* Nicolas de *Catinat* (1637–1712): Marschall von Frankreich unter Ludwig XIV., zeichnete sich besonders in den italienischen Feldzügen 1690–96 aus. Von ihm waren damals noch zahlreiche Sentenzen im Umlauf.

S.930,*13f. Nominal- und Realterrition:* mündliche und tätliche Androhung der Folter. – *19* Hermann *Boerhaave* (1668–1738): Professor der Medizin und Botanik in Leyden, dort Lehrer Albrecht von Hallers, einer der bedeutendsten Ärzte aller Zeiten. – *36 Schußwasser:* aus Kräutern mit Weingeist destilliertes Wundwasser.

S.932,*5 Härten:* bayr. Kinderspiel, bei dem gekochte Eier mit den Spitzen gegeneinander gestoßen werden. Das härtere, unverletzt bleibende Ei gewinnt. – *11 Iris:* die griechische Götterbotin. – *18 Vergißmeinnicht:* s.o. zu S.781,*4*.

S.933,*5 Stolgebühren:* Nebengebühren für den evang. Pfarrer. – *14 Pastoraltheologien:* spöttische Anspielung auf Oemlers schon erwähntes »Repetitorium über Pastoraltheologie«, s.o. zu S.138,7. – *36 Voetius:* s.o. zu S.84,30ff. Die beiden Zitate sind der gleichen Stelle entnommen.

S.934,*31 papinischer Topf:* s.o. zu S.90,34.

S.936,*21 Kasualrede:* Gelegenheitsrede.

S.937,*17 Kautelarjurisprudenz:* der Teil des praktischen Rechtes, der sich mit den möglichen Verhütungsmaßnahmen eines Schadens oder Verbrechens befaßt. – *17 medicina forensis:* Gerichtsmedizin. – *17 Sphragistik:* Siegelkunde. – *29 so oft:* in der dritten Auflage fehlt »so«. – *35 Bänderlehre* (Syndesmologie): Teilgebiet der Anatomie.

S.938,*26 Fallhut:* Ihn trugen kleine Kinder, um sich beim Sturz nicht zu verletzen.

S.940,*13 Ruhe du auch:* s.o. S.766, 19.

S.941,*9 nachtlichte:* Durch diese eigene Wortprägung ersetzte J.P. in der dritten Auflage das gebräuchliche Fremdwort: »illuminierte«. Die Reimersche Gesamtausgabe hat die falsche Konjektur: »nächtliche«, der die meisten Ausgaben folgten.

S.942,*27 Vierfünftel:* Die Drucke setzen übereinstimmend »Fünfviertel«. Da ein Spaß an dieser Stelle aber auszuschließen ist, muß man an eine Entgleisung der Feder denken.

S.945,*18 car tel est notre plaisir:* seit Franz I. die Formel, mit welcher der franz. König auf Briefen der Staatskanzlei seine Entscheidungen bezeichnete. – *29 Franz Koch:* Diesen abgedankten, auf einer Art Maultrommel spielenden Soldaten, hatte der Dichter bei einem Konzert in Hof im August 1792 gehört. Koch wurde – beiläufig bemerkt – durch den Roman so berühmt, daß sich ein zweiter Virtuose unter seinem Namen etablierte.

S. 946, *28 Lorettohaus:* s. o. zu S. 425, 5.

S. 947, *19 teuerster **:* Zu ergänzen ist vermutlich »Christian Otto«.

S. 949, *4 weiße Taube:* s. o. S. 888, 7ff. und S. 766, 28f. – *20 Wie sie so sanft ruhen!:* Anfang des Liedes: »Der Gottesacker«, dessen erste beiden Strophen A. C. Stockmann dichtete und das später vielfach umgearbeitet wurde.

S. 951, *5 Vergiß* mein nicht *usw.:* frei nach der zweiten und dritten Strophe des Knebelschen Liedes (s. o. zu S. 781, 4).

S. 961, *1f. Vorrede zum dritten Heftlein:* Der beigefügte Zusatz der dritten Auflage ist falsch. Es muß umgekehrt heißen: »das in der ersten Auflage erst hier begann«.

S. 963, *8 Quinquenell:* s. o. zu S. 114, 21. – *13 Gehenna:* Ursprünglich ein dem Moloch geweihtes Tal bei Jerusalem, in der christlichen Kirchensprache der Höllenpfuhl.

S. 964, *8 Halloren:* So werden die Salzsieder in Halle genannt, die eine streng in sich geschlossene Gilde bildeten und eine eigene, dem Rotwelschen verwandte Sprache entwickelt haben. – *8 Gex:* eine Landschaft und ein Städtchen im franz. Jura, in dem der Kretinismus sehr verbreitet war. – *31 Stab Wehe:* s. o. zu S. 180, 35.

S. 965, *2 Platner:* vgl. seine »Philosophischen Aphorismen« 1793, Teil 1, S. 609, § 1008. – *7 blumauerische Parodie:* s. o. zu S. 548, 11. – *21 Yorick mit den Eseln:* 1768 erschien in London eine Sammlung »Sermons to asses« von John Murray, die in der deutschen Übersetzung von 1769 Sterne untergeschoben wurde und den Titel: »Yoricks Predigten an Esel« erhielt.

S. 966, *4* Cesare *Baronio* (1538–1607): röm. Kardinal und Kirchenhistoriker, begann seine »*Annales ecclesiastici*« als junger Mann und vollendete den letzen der 12 Foliobände erst in seinem Todesjahr.

S. 967, *9 Doppelspat:* durchsichtiger Kalkspat, der alle Gegenstände doppelt zeigt.

S. 968, *31 Traum am dritten Osterfeiertag:* s.o. S. 985, 27ff.

S. 969, *31 die zweite Welt aufsteigt, und wenn:* Dieses Stück des Satzes ist nur in der ersten Auflage enthalten, während es in den folgenden versehentlich ausgefallen ist.

S. 970, *31 oft:* Noch die zweite Auflage setzt verallgemeinernd »immer«. Eine der zahlreichen Ausdrucksmilderungen der letzten Ausgabe. Vgl. o. S. 606, 25 und die Anmerkung.

S. 971, *31 Gullivers letzte Reise:* Im Land der Pferde war das Lügen unbekannt. – *33 Kubach:* Gemeint ist »Tägliches Bet-, Buß-, Lob- und Dankopfer, d.i. Großes und vollkommenes Gebetbuch« von Michael Cubach, das schon 1616 in Leipzig erschien und mehrere Auflagen erlebte. – *33 Schatzkästlein:* Titel von zahlreichen, religiösen Erbauungsschriften der Zeit. – *33 collegia pietatis:* So nannte Philipp Spener (s.o. zu S.601,21) in Frankfurt seine gemeinsamen Andachtsstunden, die er erst in seinem Hause, dann nach 1712 auch in der Kirche abhielt und die bald an vielen Orten Nachfolge fanden.

S.972,*10*–973,*3 Besuch bei Agnola:* Einschub der zweiten Auflage.

S.974,*30 liquor probatorius* (richtig: L. vini probatorius): Hahnemannsche Weinprobe. Durch das einfache Auflösen von Weinsäure in Schwefelwasserstoff kann man die Verfälschung des Weines durch Bleisalz feststellen.

S.975,*2 Moria:* Auf diesem Berg fand nach dem A.T. die Opferung Isaaks durch Abraham statt. Vgl. 1.Mose 22,2–14.

S.976,*19 der berühmte Graf von Brühl:* der Günstling und erste Minister Augusts des Starken, den er gänzlich unter seinen verhängnisvollen Einfluß zu bringen verstand. »Leben und Charakter des Grafen von Brühl« wurden schon 1760–64, unmittelbar nach seinem Tode, von Justi dargestellt.

S.977,*14 Uriasbriefe:* s.o. zu S.518,12.

S.978,*8 Freuden-Lymphe:* Lympha heißt urspr. »Gewebesaft«.

S.979,*15 Kurhut:* Neun Kurfürsten gab es nur von 1692 an (endg. 1708), als Hannover mit der Kurwürde bekleidet wurde, bis zum Aussterben der bayr. Linie der Wittelsbacher 1777. Dann fielen durch die Erbfolge der Heidelberger die getrennten Kurwürden von Bayern (seit dem Beschluß von 1623) und der Pfalz wieder in eine zusammen, und Hannover rückte an die achte und letzte Stelle. – *24 investitura per pileum:* Belehnung durch den Hut, der nach germanischem Brauch bei der Lehensübergabe als Rechtssymbol diente.

S.980,*24 Fettmännchen:* geringe kölnische Scheidemünze. – *36f. Gerichthalter, Musikmeister und Lebensbeschreiber:* Das sind J.P.s Berufe in der »Unsichtbaren Loge«.

S.981,*33 Phalänen:* Nachtfalter.

S.985,*28 Lieder:* Das richtige Verständnis ist hier erschwert, da J.P. für Lieder und Augenlider gleichmäßig »Lieder« schreibt. Vgl. jedoch o. S.968,32.

S.987,*2 Konduktor:* Leiter an einer Elektrisiermaschine. – *3 Isolierschemel:* Isolatorium, s.o. zu S.99,21. – *17 Nur meinen Vater usw.:* Der Sinn dieser Stelle, die offenbar dialektisch gefärbt ist, muß lauten: »Wenn es nur meinen Vater nicht erschlägt!« Die ersten beiden Auflagen schreiben dafür »nichts«, was wohl im Sinne der Redensart: »es verschlägt nichts« noch zu verstehen, aber schwer mit dem Zusammenhang zu vereinen ist. – *19 Waldhammer:* s.o. zu S.69,19.

S.989,*5 Herrenschmidts osculologia:* Jak. Herrenschmidt gab 1630 ein dickleibiges Werk: »Osculologia theologo-philologica usw«. heraus, das J.P. vermutlich durch seinen Titel aufgefallen war, unter dem er sich jedoch zu unrecht ein »Lehrbuch des Küssens« versprach. So schreibt er an Wernlein (Brief vom 20. April 1791): »Können Sie nicht Herrenschmidts osculologie für mich erstehen, weil ich ihn haben muß, um nur, wenn mich einer fragt: was ist ein Kuß, mit einer Nominaldefinition und einigen literarischen Notizen bei der Hand zu sein. Hier will mirs kein Teufel definieren.« – *19 Frauenlob:* Der Minnesänger Heinrich von Meißen, gen. Frauenlob, wurde 1318 von acht edlen Frauen – nach dem Bericht Albrechts von Straßburg – zu Grabe getragen, weil er den Frauen in seinen Liedern so großes Lob erteilt hatte. – *21 Verfasser des deutschen Alcibiades:* Gemeint ist Karl Gottlob Cramer (1758–1817), Verfasser von vielbändigen Ritter- und Räuberromanen, der in Deutschland lange Jahre ein Modeautor war. Er begann mit noch stark aufklärerischen Romanen, zu denen auch »Der deutsche Alcibiades« (1790f.) und »Hermann von Nordenschild« (1791f.) gehören. – *34 f. nach der Bergsprache:* Bergleute von der Feder werden beim Bergbau die Leute in der Schreibstube genannt, von Leder und von Feuer die Grubenarbeiter und die Hammerschmiede usw.

S. 990, *12 Kotzebue:* s.o. zu S. 143,30. – *13 Poetenwinkel in Jena:* Der Ausfall auf die Jenaer Romantiker (den Kreis um die Gebrüder Schlegel) und die Note unten traten erst in der letzten Auflage an die Stelle einer nochmaligen Nennung Cramers. – *34 Lucinde:* Friedrich Schlegels frivoler und halb programmatischer Roman von 1799. – *34 Herders Feinde:* Herder war in dieser Zeit mit den Kantianern und der romantischen Schule in Jena und der dortigen »Literaturzeitung« in einem heftigen Kampf begriffen, an dem sich auch der Dichter auf Herders Seite beteiligte.

S. 992, *31 Youngin:* (von den Gedanken Edward Youngs beeinflußte) Schwärmerin.

S. 993, *13ff. Prospekte und Florhut:* Diese Szene ist schon bei Fielding vorgebildet. Im »Tom Jones« (10. Buch, 7. Kap.) findet Blifil beim Helden den Hut der Sophie Western und bringt damit Tom Jones in den gleichen Verdacht.

S. 994, *19 wie Ritter Michaelis:* Joh. David Michaelis (1717–91), Theologe und Orientalist von europäischem Ruf, veröffentlichte 1762 in Frankfurt a. Main »Fragen an eine Gesellschaft gelehrter Männer, die auf Befehl S.M. des Königs von Dänemark nach dem Orient reisten«. – *31–995, 8 Raub des Schattenrisses:* Einschub der zweiten Auflage. Vgl. o. S. 541, 20ff.

S. 995, *4 Avisfregatte:* Schnellboot zur Übersendung wichtiger Nachrichten.

S. 996, *2 sokratischer Genius:* Sokrates erzählt bekanntlich in Platos »Apologie« von dem Genius in seiner Brust, der ihm nie zustimmenden Rat erteilte, ihn aber stets vor einem falschen Verhalten zu warnen pflegte.

S. 1000, *13 Maler:* vgl. o. S. 536, 20ff. Auch diese Stelle (bis Zeile 23) ist in der zweiten Auflage eingefügt worden.

S. 1001, *32 Raguel:* Im apokryphen Buch Tobit des A. T. schaufelt Raguel um Mitternacht ein Grab für Tobias, der als achter Freier um seine Tochter Sara geworben hat. Alle anderen hatte der böse Geist Asmodeus in der Hochzeitsnacht getötet. Da Tobias am Leben bleibt, schüttet er das Grab am Morgen fröhlich wieder zu. Vgl. Tobias 8,9–17.

S. 1002, *16 Philippi-Jakobi:* 1. Juni.

S. 1005, *15 teurer:* Die Drucke setzen übereinstimmend »treuer«, was stark gegen den Sinn der Stelle verstößt.

S. 1006, *10 Korpuskularphilosophie:* Lehre von den Urkörpern. Danach ist die Seele schon im Diesseits von unsichtbaren Körperteilen umgeben, die den Urstoff zu einem ätherischen Körper im Jenseits bilden. – *13 Zaspel:* ein großes Garnmaß von je 20 Strängen. – *13 weifen:* haspeln, aufwickeln.

S. 1008, *12 Bestia-Spiel:* Spiel mit hohem Einsatz. (Bête nennt man im Kartenspiel den Strafsatz oder den Einsatz). – *31 Versöhntag:* Eigentlich umgekehrt: »der große Versöhntag des 4ten Mai.« vgl. o. zu S. 186, 10.

S. 1009, *3ff. Schnepfenthaler Erziehanstalt usw.:* Bis auf das »scheerauische Marianum«, das der »Unsichtbaren Loge« entstammt, bedeutende Erziehungsinstitute der Zeit. Besonders die Schnepfenthaler Anstalt in Thüringen, 1784 von Christian Gotth. Salzmann gegründet, stand in hohem Ansehen. – *33 1'''':* eine der von Sterne beeinflußten, scherzhaft genauen Winkelangaben.

S. 1010, *3 milder:* Textkonjektur von Josef Müller für das in den Drukken stehende »wilder«. – *20 Septleva* (richtig sept-et-le-va): die siebenfache Verstärkung des Spieleinsatzes und der entsprechende Gewinn.

S. 1011, *4 Schnarrkorpusregister* (auch Schnarrwerk genannt): die Pfeifen und Metallzungen an der Orgel, die einen schnarrenden Ton erzeugen. – *10 Wurstschlitten:* s. o. zu S. 730, 24.

S. 1012, *14 Fümet:* Wohlgeruch bei Speisen. – *29 Ventos- und Pluvios-Tag:* Wind- und Regentag.

S. 1014, *4 sympathetische Kuren:* Diese sind auf die geheimnisvolle Wechselwirkung zwischen der Seele oder Organen des menschlichen Körpers mit Dingen der Umwelt abgestimmt. Durch das Sprechen würde dabei der Rapport unterbrochen.

S. 1015, *15 Brumaire:* Nebelmonat (22. Okt.–20. Nov.), der zweite im Revolutionskalender. – *15 Floréal:* Blütenmonat (20. Apr.–19. Mai).

S. 1016, *17 Antoninen und Sulla:* Unter den Friedenskaisern Antoninus Pius und Marc Aurel, der von ihm adoptiert war (138–180 n. Chr.), stand Rom in seiner höchsten Blüte, unter Sullas Diktatur herrschten Willkür und Gewalt, doch hatte Sulla wenigstens nominell die Herrschaft des Senates und der republikanischen Ordnung wiederhergestellt. – *36 Läuse Sullas:* Nach einer im Altertum verbreiteten Sage soll Sulla an Läusen gestorben sein.

S. 1017, *36* Karl Ferd. *Hommel* (1722–81): verdienstlicher Rechtsgelehrter. J.P.s Zitatangabe ist ungenau. Er meint die »Rhapsodia quaestionum in foro quotidie obvenientium usw.«, die, 1765 erschienen, ihren Verfasser lange in Ansehn erhielt.

S. 1018, *8f. 11. Oktober und 4. August:* Die Anspielung auf den 11. Oktober (des Jahres 1788?) vermag ich nicht zu erklären, am 4. August 1789 hob die franz. Nationalversammlung alle Feudalrechte auf. – *10 David:* vgl. 1. Chron. 28, 11ff. – *30 Fiat justitia usw.:* Es geschehe Recht, auch wenn die Welt darüber zugrunde geht! Devise Kaiser Ferdinands I. von Habsburg.

S. 1019, *29 Januarius in Puzzolo:* Berend vermutet in dem verklausulierten Bonmot eine Anspielung auf die Zerstörung der Nase durch die Lustseuche. – *31 kleinen Ursachen:* Vor »kleinen« muß notwendig »einzelnen« ergänzt werden, da ohne diesen Zusatz die Antithese nicht zur Geltung kommt. – *37 Labats Reisen:* Die Stellenangabe der Anmerkung bezieht sich auf den 5. Teil der »Voyages en Espagne et Italie« (8 Bde) des franz. Missionars und Reisenden Jean Baptist *Labat* (1663–1738), die 1758–62 in der deutschen Übersetzung von Trölsche erschienen waren.

S. 1020, *1ff. närrischer Gedanke:* Diese Szene – ob dabei ein Wunschtraum des Dichters zugrunde liegt, wie es Berend sehr wahrscheinlich macht, bleibe dahingestellt – dient ganz konkret der Vorbereitung auf die Entdeckung J.P.s als fünfter Fürstensohn, an welcher Stelle (s.u. S. 1228, 30ff.) der Gedanke spielerisch wieder aufgenommen wird. – *11 Knäs:* russ. Fürstentitel.

S. 1021, *3 infulieren:* (mit dem Bischofshut) bekrönen. – *4 Doktor Ludwig:* wohl Christian Gottlob Ludwig (1709–73), dessen »Institutionen« der verschiedenen medizinischen Disziplinen lange als Lehrbücher dienten. – *5 Tissot von den Nerven:* Der unvollendete »Traité des nerfs et des leurs maladies« des berühmten Schweizer Arztes Simon-André Tissot (1728–97) ist gemeint, der 1781/82 in deutscher Übersetzung erschien und von J.P. exzerpiert wurde.

S. 1022, *18f. dionysische und konstantinopolitanische Periode:* Die erste wurde um 525 n. Chr. von dem röm. Abt Dionysius eingeführt und setzt als Anfang der Epoche die Geburt Christi, die zweite taucht, unbekannten Ursprungs, zuerst im 7. Jahrh. auf und gibt als Periodenbeginn das Jahr 5509 v. Chr. an. – *22 Paulus:* vgl. 2. Kor. 12, 2f.

S. 1023, *31 capitulatio perpetua:* ewig gültiges Abkommen. So wurde der Wahlvertrag des Westfälischen Friedens genannt, da er unauflösliche Geltung besitzen sollte.

S. 1024, *8 Sansculotide:* So nannte man im Revolutionskalender Festtage, die auf die Schalttage der einzelnen Monate fielen. – *11* Robert *Bellarmin* (1542–1621): jesuitischer Theologe, seit 1599 Kardinal, entschiedener Vorkämpfer für die Autorität des Papstes gegen die Häretiker und die Reformation. Sein Hauptwerk, die »Disputationes de controversiis christianae fidei adversus hujus temporis haereticos«, erschien 1581–92 in Ingolstadt. – *16* Joh. Jak. *Moser* (1701–85): württemb. Staatsrechtler und Patriot. Er wurde 1759 durch den Herzog für sechs Jahre auf dem Hohentwiel in demütigender Weise gefangengesetzt und schrieb dort mit der Spitze seiner Lichtputze Abhandlungen, Aufsätze und zahlreiche Kirchenlieder. Seine Leidenszeit hat er in der »Lebensgeschichte J. J. Mosers, von ihm selbst beschrieben« (3 Bde. 3. Aufl. 1777) dargestellt. – *17 Despotismus:* Das Gleichnis stammt von Montesquieu, s. o. zu S. 354,25.

S. 1025, *1 jene vier Punkte:* der Doppelpunkt und die beiden Gedankenpunkte am Ende des vorigen Absatzes.

S. 1026, *27 frère terrible:* »Schrecklicher Bruder« wird in den Freimaurerlogen der Bruder genannt, der die Adepten durch Schrecknisse zu prüfen hat. – *28 unsichtbare Mutter-Loge:* s. die Anm. zum Titel dieses Romans.

S. 1027, *3 Paphos:* eine der Aphrodite heilige Stadt auf Zypern. Dort befand sich ihr Haupttempel mit einem berühmten Hain. – *4 wie Ludwig XI.:* König Ludwig XI. von Frankreich weihte 1478 auf einer Pilgerfahrt zur Notre-Dame de Boulogne Stadt und Grafschaft der Maria. – *7 der alte Lipsius:* Just Lipsius (1547–1606), der als alter Mann wieder katholisch wurde, gab zwei Werke über die Wundertaten der Notre-Dame von Hal heraus. Im ersten »De diva virgine Hallensi liber, quo beneficia eius et miracula fide atque ordine descripta« (Antwerpen 1604) teilte er eine Weihinschrift mit, mit der er dem Gnadenbild eine silberne Feder geweiht habe zum Dank für den Schutz bei seinen literarischen Arbeiten. – *22 Schatullgut:* ein Gut, dessen Erträge der königl. Schatulle zufallen. – *28 patrimonium Petri:* Erbvermögen Petri, der Kirchenstaat. – *36 Hesperiden-Äpfel:* Nach der griechischen Sage bewachen die Hesperiden in einem Garten jenseits des Weltmeeres die goldenen Äpfel des Lebens.

S. 1028, *7 Schupflehen:* werden auf Lebenszeit verliehen, so daß man die Erben nach dem Tod des Erblassers wieder »schupfen«, d. i. vertreiben kann. – *13 Rittersprung:* Er gab nach altem Rechtsbrauch Anrecht auf einen Besitz. Bei J. P. sehr häufig metaphorisch gebraucht. – *29 primus adquirens:* erster Besitzanwärter. – *29 Kunkellehn:* ein Lehen, das auf die weibliche Linie übergehen kann.

S. 1029, *22 Fruktidor:* Fruchtmonat (18. Aug.–16. Sept.), der zwölfte im franz. Revolutionskalender.

S. 1032, *20 libieren:* ein Trankopfer bringen, vergießen.

S. 1034, *28 Bilderblinde* (oder -blende): Nische, in die ein Bild eingelassen ist.

S. 1035, *29 Mauerkrone:* s. o. zu S. 516,3. – *34 Lindenblätter:* Die Drucke setzen versehentlich »Lindenblättern«.

S. 1037, *27 Proprehandlung:* Handlung mit eigenen Erzeugnissen.

S. 1038, *6 Sekundawechsel:* bereits einmal protestierter Wechsel. – *10 Talmudische Artikel:* Im Talmud sind die Lehren und Vorschriften des nachbiblischen Judentums zusammengefaßt, doch besitzt der Talmud keine kanonische Gültigkeit.

S. 1046, *16 Voltaire:* J. P. spielt auf den letzten Aufenthalt Voltaires in Paris in seinem Todesjahr 1778 an. – *21 Quadruplik:* eigtl. vierte Eingabe der Verteidigung in einem Strafprozeß. – *27 Gustav:* vgl. das Ende der »Unsichtbaren Loge«.

S. 1047, *4 Tremulant:* Beberegister an der Orgel, das allen Stimmen einen zitternden Klang unterlegt.

S. 1048, *5 Zwieselwagen:* einfacher, unbequemer Bauernkarren.

S. 1050, *5 mandata... propria:* eigene Erlasse der heiligen kaiserlichen Majestät. – *24 Voliere:* Vogelhaus, Taubenschlag. – *28 Wildau:* Aus Sigauds »Dictionnaire des merveilles de la nature« hatte sich J. P. notiert: »Wildau ließ Bienen an seinem Arm einen Muff bilden, am Gesicht eine Larve – mußten auf seinen Befehl auf dem Tisch hin- und hergehn – machte es mit jeder Biene, Wespe, Fliege so und in fünf Minuten zahm.«

S. 1051, *6 Tournure:* Einkleidung. – *11 physiognomische Fragmente:* s. o. zu S. 98, 1. – *18 Mosisdecke:* s. o. zu S. 226, 26. – *32 Pupillenkolleg:* Obervormundschaftsgericht.

S. 1056, *4 alter Traum:* s. o. S. 766, 31 ff. – *21 der Traum:* s. o. S. 986, 9 f.

S. 1062, *20 Karnation:* in der Malerei der Farbauftrag bei Fleisch- und Gesichtspartien.

S. 1063, *3 nähere Weiße:* J. P. spielt auf die Franzosenkriege der Zeit an. – *5 Kiblah:* das Ziel. Die Mohammedaner blicken beim Gebet nach dem Ziel ihres religiösen Lebens, nach Mekka. – *11 Seifersdorfer Tal:* ein beliebter Ausflugsort in der Umgebung von Dresden.

S. 1065, *16 Chrysalide:* goldfarbige Schmetterlingspuppe.

S. 1070, *32*–1071, *30 Streit über das Vergeben:* Einschub der zweiten Auflage.

S. 1072, *21 Maestoso:* J. P. hat hier wohl, wie auch sonst mehrfach, »maestoso« (feierlich) mit »mesto« (traurig) verwechselt.

S. 1076, *10 heimgegangen:* die gewöhnliche Inschrift auf Grabsteinen in den Herrnhutischen Friedhöfen.

S. 1080, *19 ff. Giulias Brief:* So erhält Siegwart, der Held in Joh. Martin Millers gleichnamigen Roman (s. o. zu S. 635, 13), von einem Mädchen Sophie nach ihrem Tode ihr Tagebuch zugestellt, das die Geschichte ihrer vergeblichen Liebe zu ihm und ihres tödlichen Leidens enthält.

S. 1083, *3 Kissen mit Heu:* Um den Toten die Erde leicht zu machen, pflegt man in manchen Gegenden Deutschlands ihnen Kissen aus Heu in den Sarg zu legen oder den Sarg mit Heu zu bedecken. – *6 Lilie:* s. o. zu S. 58, 27. – *31 Das Grab ist tief und stille usw.:* Das Gedicht von Joh. Gaudenz von Salis-Seewis (1762–1834) mit der Überschrift: »Das Grab« ist der bekannten Sammlung seiner »Gedichte« entnommen, die Joh. Matthisson 1793 herausgab.

S. 1095, *11 Dikasteriant:* Schöffenrichter, auch Anwalt bei einem Schöffengericht.

S. 1096, *29 Hysteron-Proteron:* »Hinterst-zuvörderst« (Goethe), eine grammatische Figur, der die Verkehrung der richtigen Reihenfolge im gedanklichen Ausdruck zugrunde liegt.

S. 1097, *3 Haberrohr:* seit dem 17. Jahrh. eingebürgerter Name für die Schalmei. – *7 Mälzel:* Joh. Nep. Mälzels (1772–1838) großes Panharmonikon, mit dem der Wiener Mechaniker zuerst seinen Ruf begründete, war 1792 zum erstenmal gezeigt worden. – *8 Potemkins Orchester:* Gregoire-Alexandrowitsch, Fürst Potemkin (1739–91), der berühmte russ. Staatsmann und langjährige Favorit der Kaiserin Katharina, war für den Glanz seiner Hofhaltung und die Extravaganz seiner Neigungen berühmt. Beide wurden 1793 in einem anonymen Buch über das »Privatleben des Fürsten Potemkin« ausführlich dargestellt. – *20 Ephorus Emerepes:* Emerepes, ein spartanischer Ephor und ein Freund der alten Gepflogenheiten, soll die zwei Saiten zerschnitten haben, mit denen der Sänger Phrynis die Leier zu vervollkommnen suchte. Die Erzählung ist Montaignes »Essays« (I, 22) entnommen.

S. 1098, *17* Marianne *Ehrmann*, geb. Brentano (1755–96): Verfasserin zahlreicher moralischer Romane und Erzählungen. Sie hatte wirklich 1789 den Straßburger Privatgelehrten Ehrmann geehelicht, der sie in einer Straßburger Zeitung rezensiert hatte.

S. 1099, *5 Epiphanius* (gest. 403): Metropolit von Konstantia und Freund des Hieronymus. Er zählt in seinem »Panarion« (Arzneikasten) achtzig Arten der Ketzerei auf und Heilmittel gegen sie. – *5* Christian Wilh. *Walch* (1726–84): Kirchenhistoriker, gab in seinem Hauptwerk, das 1762–85 unvollständig in 11 Teilen erschien, einen »Entwurf einer vollständigen Historie der Ketzereien, Spaltungen und Religionsstreitigkeiten bis auf die Zeiten der Reformation«. – *9 Klinamen:* Neigung. – *14 Monachismus:* mönchische, »weltabgewandte« Lebenseinstellung. – *15 Fohismus:* die frühe buddhistische Lehre des Fohi. Sie erkennt fünf Umwandlungen in den Vorgängen des Lebens, bei denen alle Elemente ineinander übergehen und sich wieder aufheben. Aus dieser Kreisbewegung erwächst die ethische Forderung nach einer gelassenen, verachtenden Gleichgültigkeit gegen das Leben. Alle diese Begriffe besitzen für J.P. keine historische Wertigkeit – sonst wäre eine Reihenfolge: Christentum – Stoizismus – Fohismus gar nicht möglich –, sondern er verwendet sie für bestimmte gleichbleibende, philosophische Haltungen und Lagen.

S. 1100, *4 Bayle:* s.o. zu S. 593, 13. – *6 Münzwardein:* Geldprüfer, der Gewicht und Wert der Münzen zu überprüfen hat. – *27 Schneiderische Haut:* eigtl. die Nasenschleimhaut, nach Konrad Viktor Schneider benannt, der sie 1660 in seinem Werk: »de catarrhis« zuerst beschrieben hat. Hier ist aber wohl eher an die Netzhaut des Auges zu denken.

S. 1102, *28 Bonnet:* s.o. zu S. 709, 35. – *32 wie Kardan:* Geronimo Cardano (1501–74), it. Philosoph und Naturwissenschaftler, gab 1546 und 1575 in zwei Teilen eine Autobiographie heraus: »de vita propria«, von der sich J.P. sehr beeindruckt fühlte. – *36* Hermann Samuel *Reimarus* (1694–1768):

Philosoph und Naturwissenschaftler mit vielseitigsten Neigungen. Er gab 1756 eine »Vernunftlehre als Anweisung zum richtigen Gebrauche der Vernunft usw.« heraus, die 1790 bereits in fünfter Auflage gedruckt wurde.

S. 1105, *21* *37. Hundposttag:* Das Kapitel ist für die zweite Auflage verändert und um zwei Szenen nicht unerheblich erweitert worden: einmal ist das Gespräch Klotildens mit der Pfarrerin und Emanuels Brief (S. 1114, 3 bis 1118, 13) eingeschoben, zum andern wurde die Duellaffäre Flamins durch den Besuch seines Vaters (S. 1120, 28–1123, 25) vorbereitet. – *26 Palmyra:* Die Ruinen von Palmyra, der unter der Herrschaft der Zenobia blühenden Handelsstadt in Syrien, waren schon im 18. Jahrh. durch das von Wood und Dawson veröffentlichte Kupferstichwerk: »The ruins of Palmyra« (London 1753) sehr berühmt.

S. 1107, *5 Dominikaner Cardone:* Vincente Cardone, der um die Wende des 16. Jahrh. lebte, schrieb als junger Mann jenes Gedicht: »*L'R sbandita*«, das 1614 zuerst erschien und 1618 zusammen mit dem »L'Alfabeto distrutto« wieder aufgelegt wurde. – *20 dictum probans:* Beweissatz.

S. 1108, *23 Orleans:* Philipp, Herzog von Orleans (1674–1723), der als Vormund Ludwigs XV. von 1715 bis zu seiner Mündigkeit 1723 die Regentschaft in Frankreich innehatte, war für sein ausschweifendes, zügelloses Leben berüchtigt.

S. 1109, *29 lectures upon heads:* George Alexander Steevens (1710–84), ein mäßiger Schauspieler und Schriftsteller, trat 1764 in einer literarischen Kontroverse mit dem parodistischen Ein-Mann-Stück: »A lecture upon heads« auf dem Haymarket hervor, das ihn in beiden Sparten zum gefeierten Mann machte.

S. 1111, *34 Klotilde:* Die hl. Chlotildis regierte als Frau des ersten Frankenkönigs Chlodwig I. über das fränkische Reich.

S. 1112, *18 Platner:* in seinen »Phil. Aphorismen«, Leipzig 1776, S. 401, § 1049.

S. 1118, *7 erste Auflage:* s. o. zu S. 1105, 21. – *26 spiritus asper:* Das griechische Anlautzeichen bei nicht gehauchten Vokalen hat die Gestalt eines nach links geöffneten Kreises.

S. 1119, *1 Kant:* vgl. »Kritik der prakt. Vernunft«, 1. T., 1. Buch, 3. Hauptstück.

S. 1122, *24 die fünfte Bitte:* s. o. zu S. 489, 15.

S. 1123, *26 Viktor hörte usw.:* Auch diese Wiederholung (vgl. S. 1117, 35 ff.) ist durch die erwähnten Umstellungen und Erweiterungen des Kapitels bedingt.

S. 1128, *21 Moritz:* Karl Philipp Moritz im »Magazin der Erfahrungsseelenkunde« (ersch. 1783–93). Der zitierte Aufsatz: »Eine fürchterliche Art von Ahndungsvermögen« erzählt von Menschen, die andern den Tod am Gesicht ablesen können. – *28 Tod! Ich bin schon begraben:* s. o. S. 1088, 28.

S. 1144, *27 Schläfe:* Plural zu der alten Form: »Schlaf«.

S. 1145, *31 ff. Traum:* Dieser Traum Emanuels wurde von J. P. am

Todestag von K. Ph. Moritz (Brief vom 26. Juni 1793) gedichtet, der für die Gestalt Emanuels als Vorbild diente. So schreibt der Dichter am 12. Aug. 1795 an Moritz' Bruder: »Nie hat der Zufall Spiele der Phantasie bitterer realisieret als die im ‚Hesperus' durch den Tod Ihres geliebten Verwandten. Denn über ein Jahr vorher war schon der Plan und also Emanuels Sterben entworfen, daß ich beinahe meistens schrieb, daß er es lese. Noch mehr, den Vernichtungstraum im 38. Kapitel, den ich später einfügte, machte ich gerade an seinem Todesmorgen.« Vgl. o. S. 1232, 16ff. Das widerspricht auch durchaus nicht der Angabe des »Vaterblattes«, wonach Emanuels Tod im Februar 1793 »voraus gemacht« wurde, denn das in sich selbständige Stück war leicht und ohne große Modifikationen in den fertigen Teil einzufügen.

S. 1152, *17 Devalvation:* Abwertung.

S. 1153, *5 Nebelstern:* ein von einem kreisenden Schimmer umgebener Fixstern.

S. 1160, *3 Sagen meiner biographischen Vorzeit:* Anspielung auf Veit Webers schon o. zu S. 143, 31 erwähnte Sammlung: »Sagen der Vorzeit« (1787–98). – *6 Banal-Chiffren:* unaufgeschlüsselte Zeichen einer Geheimschrift. – *7 unbezifferter Generalbaß:* Die Grundstimme im musik. Satz, dessen harmonisches und kompositorisches Gefüge noch nicht durch Zahlen angegeben ist. – *8 hebräische Konsonanten:* Das Hebräische deutet die Vokale in der Schrift nur durch Punkte oder Striche unter den Konsonantenzeichen an.

S. 1161, *10 gradus ad Parnassum* (Stufen zum Parnaß): So wurden lat. oder griech. Wörterbücher genannt, die den Worten Synonyma, passende Beiwörter und metrische Bezeichnungen beigaben, zum Gebrauch bei prosodischen und poetischen Übungen. Der erste »Gradus ad P.« wurde 1702 von Paul Aler in Köln ediert. – *13 er:* bezieht sich auf Matz. Der Zwischensatz, der den Zusammenhang unterbricht, ist mit der Stelle S. 1160, 34 bis 1161, 4 erst ein Zusatz der zweiten Auflage. – *20 Dreiknöpfler:* Le Baut war als Kammerherr berechtigt, drei Knöpfe an seinem Staatskleid zu tragen.

S. 1162, *30 Schießgeld und Meßgeschenk:* Das Schießgeld bekommt ein Jäger für das von ihm geschossene Wild, Meßgeschenke werden für gute Abschlüsse auf den Handelsmessen ausgegeben. – *35 Prezist:* Bittsteller, Pfründner.

S. 1163, *25 Drachen-Pechkugeln:* Daniel gibt im A. T. dem babylonischen Drachen »Pechküchlein« zu fressen, an denen das Ungeheuer zugrunde geht. Vgl. die apokryphen Zusätze zum Buch Daniel (Dan. 14, 23 bis 27).

S. 1164, *23* Joh. Matth. *Bechstein* (1757–1822): Naturforscher und Forstmann, untersuchte zuerst systematisch die Tiere nach ihrer Nützlichkeit. Aus seiner »Naturgeschichte Deutschlands« (1789–95) hat sich J. P. viel exzerpiert.

S. 1165, *3 Beinschwarz:* tiefschwarze Farbe aus gebrannten und zerriebenen Knochen. – *4 peccata splendida:* J.P. übersetzt den von Augustin geprägten, theol. Begriff meist wörtlich mit »glänzende Sünden«. Augustin bezeichnet so die Verdienste und Tugenden der Heiden.

S. 1166, *14 höhern Antrieb:* Die folgende Szene bildete in der ursprünglichen Konzeption einen der Brennpunkte des Planes. Erst während der Arbeit am Roman rückte die politische Thematik in den Hintergrund.

S. 1167, *20 Filial:* Nebenkirche. – *21 Sodalen:* geistliche Zunftgenossen. *26 Tyrier:* Die Statue des tyrischen Herakles oder Melkarth – er ist mit dem Herakles, den wir aus der griech. Mythologie kennen, nicht identisch – war als Symbol der gehemmten Sonnenkraft an die Tempelwand gefesselt. Nur an wenigen Festtagen wurden dem Melkarth die Bande abgenommen.

S. 1169, *11 dekollieren:* köpfen.

S. 1171, *17 Neunundneunziger:* Schimpfname der Apotheker, weil sie – nach Grimm – angeblich immer 99% nehmen. – *26 Simson:* vgl. Richt. 16, 28ff.

S. 1172, *29 Hiatus des dritten Kapitels:* Wirklich hatte die hier angehängte Episode zusammen mit der Fabel urspr. im 3. Hundposttag gestanden. Christian Otto hatte sie dort als störend empfunden, so daß J.P. sie hier etwas unmotiviert nachträgt.

S. 1173, *15 Diopterlineal:* Zielspaltenscheit, ein Lineal, auf dem zwei mit Sehschlitzen versehene Metallplatten befestigt sind. – *36 Vikariatkonklusum:* Entscheidung des bischöfl. Obergerichtes.

S. 1174, *9 gleich dem Teufel:* vgl. Apok. 12, 12. – *12 berlinischer Kalender:* Der »Almanach de Berlin« zeigte zu jedem Monat die entsprechenden Landarbeiten an.

S. 1179, *13 Morgenröte:* Ähnlich wünscht sich Justel als Braut des Schulmeisterlein Wutz in die Länder hinter dem Abendrot zu gehen. Vgl. o. S. 445, 4f.

S. 1181, *12 anderer gebückter Mann:* Berend vermutet hier eine Apostrophe an Friedrich v. Meyern (1762–1829), den Verfasser des indischen Romans: »Dya-Na-Sore oder Die Wanderer« (3 Bde. 1787), an dessen Handlungsschema sich J.P. im »Hesperus« mehrfach anlehnt. Eine solche Apostrophierung war zumindest nach den Vorarbeiten geplant.

S. 1182, *34 eine Stunde vor meinem Tode:* vgl. o. S. 420, 12ff.

S. 1184, *2 Paraklet:* Beistand, Tröster. – *4 Retraiteschuß:* Abberufungsschuß, mit dem die Soldaten zum Rückzug befohlen werden. – *28 Lukubrieren:* das Nachtarbeiten.

S. 1186, *25 Buo-Upas-Baum* (antiaris toxicaria): ein sagenumwobener Baum der malaiischen Inselwelt, der einen gefährlichen Milchsaft enthält. – *30 die Stimme:* s. o. S. 948, 30ff.

S. 1187, *36 Lätare-Sonntag:* Am vierten Fastensonntag, der als Frühlingsbeginn gilt, wird in allen östlichen Teilen Deutschlands der »Tod ausgetragen«. Dabei wird eine Strohpuppe, die die verderbliche Kraft des Winters mit sich nehmen soll, aus dem Dorf geschleppt und verbrannt.

S. 1189, *24 Passauer Kunst:* So heißt seit dem 30jährigen Krieg das »Festmachen« des Körpers gegen Verwundungen durch Blei und Eisen, weil diese Kunst ein Passauer Scharfrichter zuerst gefunden haben soll.

S. 1190, *24 Cänäus:* Dieser Riese wurde von den Zentauren seiner Unverwundbarkeit wegen unter einem Berg von Felsen und Baumstämmen lebend begraben. – *34 Rousseau:* in dem Brief gegen den Selbstmord in der »Neuen Heloise« (III, 22), den J. P. übersetzt hatte. – *36 Orph. Arg.:* die sog. »Orphischen Argonauten«, eine spätantike Version des bekannten Sagenstoffes.

S. 1193, *5* Nicolas *Boileau* Despréaux (1636–1711): für mehr als ein Jahrhundert der Gesetzgeber der franz. Poesie, mußte sich schon bei Lebzeiten wegen seiner gesuchten Ausdrucksweise und seiner Langsamkeit im Arbeiten viel Spott gefallen lassen. – *27 Ankerströme:* Gemeint ist J. J. Anckarström (1762–92), ein schwed. Offizier, der am 16. März 1792 König Gustav III. ermordete.

S. 1194, *35 Boguer:* s. o. zu S. 801,6. Die Anmerkung ist ein Zusatz der zweiten Auflage.

S. 1195, *4 Wetzlarer Prokurator:* Anwalt am W. Kammergericht.

S. 1197, *30 Montaigne:* s. o. zu S. 154,9.

S. 1198, *32 concepit* (»er hat es verfaßt«): nach dem Namenszug stehendes Signum zum Beweis der Verfasserschaft.

S. 1200, *5 Oemlers Pastoraltheologie:* s. o. zu S. 138,7. – *14 Girtanner:* J. P. spielt auf die reaktionären und oft fälschenden »Historischen Nachrichten und politischen Betrachtungen über die franz. Revolution« an, die Chr. Girtanner 1791 ff. erscheinen ließ. – *27 eiserne Birn:* eine Art Knebel, macht in der Folter den Opfern ein lautes Schreien unmöglich. – *30 Jubeljahrtür:* die sog. »porta santa«, ein vermauerter Seiteneingang zur Peterskirche, der nur alle 25 Jahre zum Jubeljahr vom Papst eigenhändig geöffnet wird. – *34 ff. An demselben Tage usw.:* Auch hier schiebt die zweite Auflage noch einmal Tostato ein. In der ersten heißt der ganze Absatz nur: »Viktor bekannte sich ruhig und gern zum Verfasser des Hirten- und Schäferbriefes in der Uhr.«

S. 1202, *1* François M. Le Tellier, Marquis de *Louvois* (1641–91): der allmächtige Kriegsminister Ludwigs XIV. Er gab der späteren Politik des Königs das Gepräge höchster Rücksichtslosigkeit und war in Deutschland durch die von ihm befürwortete Zerstörung der Pfalz besonders verhaßt. Der Ausgang dieses Pfälzischen Erbfolgekrieges hatte ihn schwer in seiner Stellung am Hof erschüttert. – *1 Tessin:* Gemeint ist Karl Gustav Tessin (1695–1770), der Günstling Adolf Friedrichs von Schweden und langjährige Botschafter in Paris. Er fiel 1752 in Ungnade und zog sich vom Hof zurück. – *5 f. Treff- und Spießfolgedank:* Der Treffdank ist eine Prämie für mutige und erfolgreiche Söldner, der Spießfolgedank wird den Söldnern als Belohnung für einen geglückten Feldzug gegeben.

S. 1207, *33 souffre douleurs:* »Schmerzensdulder« heißt in Frankreich jemand, der zum Spielball des Spottes oder zum Sündenbock für die Bosheit seiner Umgebung geworden ist. – *34 Patropassianer:* Ketzername für jene Bewegung der Monarchisten im 3. Jahrh., die streng an der Einheit der Person Gottes festhielten und in Christus nur eine Erscheinungsform des Vaters sahen. Darum warfen ihnen ihre Gegner vor, sie ließen »Gottvater selbst leiden«.

S. 1211, *17 dem Leser:* vgl. o. S. 1115, 18. Der Satz ist erst ein Zusatz der zweiten Auflage.

S. 1214, *22 poste aux chiens:* Hundepost, Analogiebildung zu »poste aux ânes«.

S. 1215, *2 Amancebada* (span.): eigtl. »Konkubine«. J. P. denkt jedoch wohl allgemeiner an die Bedeutung: »Geliebte«. – *36 casa santa:* s. o. zu S. 425, 5.

S. 1216, *26ff. Nachtrag zum Nachtrag:* Ergänzung der zweiten Auflage.

S. 1217, *10 vidimierte Kopie:* beglaubigte Abschrift. – *20 45. Kapitel:* Die laufende Bezeichnung als »Hundposttag« fehlt bewußt, da ja der Hund nicht mehr als Postbote in Erscheinung tritt. Auch dieses Schlußkapitel ist an manchen kleineren Einzelzügen in der zweiten Auflage verändert worden, die Hofer Episode (S. 1221, 31–1222, 21) und der Rechenschaftsbericht des Lords (S. 1226, 30–1228, 10) wurden erweitert.

S. 1218, *8 Doktor Fenk:* eine der Hauptfiguren der »Unsichtbaren Loge«. – *35 Ramberg:* der vielbeschäftigte Zeichner Joh. Heinr. Ramberg, der mit seinen zahllosen, routinierten und meist sehr flüchtigen Blättern durch Jahrzehnte die deutschen Musenalmanache beherrschte. Sein Stern war damals noch im Aufstieg begriffen.

S. 1219, *11 die Zahl 99:* s. o. zu S. 1171, 17. – *31 Spitzbubeninseln:* wohl die sog. Ladronen, eine kleine Inselgruppe an der südchin. Küste. – *31 Büsching:* s. o. zu S. 92, 14. – *31* Joh. Ernst *Fabri* (1755–1825): Prof. für Geographie in Erlangen, gab u. a. 1780–90 eine »Elementargeographie« in vier Bänden heraus, der er eine vom Dichter häufig benutzte »Geographie für alle Stände« folgen ließ.

S. 1220, *17 Zento* (it. cento): Flickwerk, auch Bezeichnung für ein zusammengestoppeltes Gedicht. – *25 die drei Kavitäten der Anatomie:* Kopf-, Brust- und Unterleibshöhle.

S. 1222, *13 Kandidat:* Er trug in der ersten Auflage den Namen: »J. P. Friedrich Richter«, der später getilgt wurde, als J. P.s wirklicher Name allgemein bekannt geworden war.

S. 1223, *3 Prinzenräuber:* Anspielung auf den sächsischen Prinzenraub von 1455.

S. 1226, *3 Dosenstück:* Feine, medaillonartige Gemälde auf Schnupftabakdosen waren damals sehr in Mode. Für ihre Herstellung war in Deutschland besonders Stettin bekannt.

S. 1227, *3 petrographische Karte:* Landkarte, auf der die Grenzen der Gesteinsformationen eingetragen sind.

S. 1228, *12 Sturmvogel:* »Der Sturm- oder Ungewittervogel wird von den Einwohnern von Feroer p. wegen des vielen Fettes statt einer Lampe gebraucht, indem sie bloß einen Docht durch den Körper ziehen und anbrennen«, notiert Berend zu dieser Stelle aus J. P.s Exzerpten. – *33 Gleichheitsystem:* Anspielung auf den Versuch Ludwigs XIV., den Söhnen der Maintenon die Ebenbürtigkeit und damit die Rechtsansprüche auf die Thronfolge zu sichern.

S. 1229, *12 Gängelwagen:* Laufgestell für kleine Kinder.

S. 1230, *2 Laudons-Stirn:* Gideon Ernst Freiherr v. Laudon (1717–90), der Sieger von Kunersdorf und Belgrad, österr. Feldmarschall unter Maria Theresia und Joseph II., war nach Berichten und Bildern im späteren Alter häufig von Schwermut und Gewissenskämpfen befallen, die seiner Stirn ein düsteres, verschattetes Aussehen gaben.

S. 1232, *3 Ballen ausgepackter Hundposttage:* Erinnert an den Anfang des sechsten Buches im »Tristram Shandy«, wo Sterne den Leser bittet, auf den Ballen mit den Exemplaren der ersten fünf Teile sich niederzulassen. – *16 berühmter Schriftsteller:* K. Ph. Moritz, s. o. zu S. 1145, 31 ff. – *19 zwei Engel:* Amöne Herold und Beate v. Spangenberg, zwei Jugendbekanntschaften des Dichters. Das Fräulein von Spangenberg hatte schon für das Porträt Beatens in der »Unsichtbaren Loge« mehr als nur den Namen hergegeben, in Amöne hatte sich J. P. während der Niederschrift des Romans sehr und unglücklich verliebt.

S. 1233, *9 Egerie:* röm. Quellnymphe, die Frau und Ratgeberin des zweiten röm. Königs Numa Pompilius. – *27 Pseudo-Sebastiane:* Nach dem Tod des jungen portugiesischen Königs Sebastian in der Schlacht von Alkazar (1578) nutzten mehrere Betrüger die Stimmung des Volkes aus, das an die Wiederkehr des Monarchen glaubte, und spielten seine Rolle.

S. 1234, *19 wie Lykurg:* Lykurg nahm dem spartanischen Volk, ehe er zum Orakel nach Delphi ging, den Eid ab, nichts an seinen Gesetzen zu ändern, bis er wiederkehre. Da ihm das Orakel bestätigte, daß seine Verfassung gut sei, entzog er sich die Speise und starb fern der Heimat. Noch sterbend befahl er, seinen Leichnam zu verbrennen, damit die Spartaner von ihrem Eid nicht entbunden werden könnten.

NACHTRAG

S. 179,*28ff. Erstlich bin ich zwar ein Jahr hinter Gustavs Leben zurück usw.:* Die Stelle berührt sich eng mit ähnlichen Zeiterörterungen bei Sterne, vgl. bes. Tristram Shandy IV,13: »Ich bin diesen Monat ein ganzes Jahr älter, als heute vor zwölf Monaten, und da ich, wie Sie sehen, schon fast bis auf die Hälfte meines vierten Bandes gelangt bin und noch nicht weiter als bis auf den ersten Tag meines Lebens, so geht daraus klar hervor, daß ich schon jetzt dreihundertvierundsechzig Tage mehr zu schreiben habe, als ich zuerst begann, so daß ich, anstatt wie ein gewöhnlicher Schriftsteller pflegt, in meinem Werke mit dem, was ich daran getan, weiterzukommen – vielmehr geradeso viele Bände zurückgekommen bin. . . . . Laß mich schreiben, wie ich mag und wie ich will, nach Horazens Rat mitten in meine Materie hineinfallen: ich werde mich niemals einholen – trotz alles Treibens und Peitschens; wenn auch das Ärgste zum Argen kommen sollte, habe ich doch immer einen Tag vor meiner Feder voraus, und ein Tag ist genug für zwei Bände, und zwei Bände werden genug sein für ein Jahr.«

S. 300,*31 Febrikanten:* svw. Fieberkranke. So verbessert das Druckfehlerverzeichnis der Erstausgabe. Die zweite Auflage läßt versehentlich »Fabrikanten« stehen, und dieser Fehler ist in alle späteren Ausgaben übernommen worden.

S. 442,*33 Valet de fantaisie:* Man wird diesen Ausdruck am treffendsten mit »kurzweiliger Rat« wiedergeben, obwohl ein genauer Quellennachweis nicht möglich war. Es ließe sich zunächst wohl auch an eine Analogiebildung zu der in der barocken Gesellschaft und Literatur üblichen Bezeichnung: »berger de fantaisie« denken. Wenn ein »berger de fantaisie« ein vornehmer Mann ist, der sich in die Rolle des Schäfers verkleidet, dann wäre entsprechend ein »valet de fantaisie« jemand, der sich als Diener verkleidet. (Es braucht nur an die Gepflogenheiten der Verwechslungskomödien bis hin zu Marivaux erinnert zu werden.) Wahrscheinlicher aber ist es, daß J. P. den Ausdruck wie andere, ähnlich gebaute Titel (grand escuyer tranchant) einem älteren franz. Werk über die Hofordnung entnahm. Dann wäre mit dem Ausdruck entweder der Mann gemeint, der für bestimmte Lustbarkeiten verantwortlich war, oder aber eine Art Hofnarr. Beides schließt der deutsche Ausdruck »kurzweiliger Rat« in sich ein.

Nachwort

I

Jean Paul sah mit den Augen seines Luftschiffers Giannozzo Abgründe und Himmelsstriche dieser Welt, wie sie damals noch niemand gesehen hatte, und zu denen sich die Späteren langsam vortasteten. Er sah sie, indem er nicht nur seine Phantasie auf die Reise schickte, sondern jede ihm wahrnehmbare Einzelheit mit der Bewegung und der Vibration der sich drehenden Erde versah. Aus hellwachen Träumen, überwachen Erwartungen und traumsicheren Wahrnehmungen baute Jean Paul seine Welt zwischen den Polen des genau umzirkten Einzeldings, in einer Feldlerchen- und Grashalmperspektive, und des unermeßlichen Flugs in die Licht- und Farbenfelder, in einer Zeitrechnung, in der sich in *einen* Augenblick eine unabsehbare Zeitspanne drängt. Wie kein anderer deutscher Schriftsteller hat Jean Paul seine eigene Epoche hinter sich gelassen, einem Kometen gleich, der stets neu gesichtet und neu entdeckt werden muß.

Die Romane Jean Pauls zeigen die Parabel vom Menschen, der, mit seinen Passionen, Affekten und Vernunftgründen ausstaffiert, zwischen einer Umgebung der umgrenzten Gegenstände und einem Gegenüber der unumgrenzten Räume sich bewegt. Wie verhält er sich? Richtet er sich ein? Welche Haltepunkte durchläuft er?

Die Sprache Jean Pauls ist so gut wie unentdeckt. Sie vermag es, die heftigen Dissonanzen und die großen, überspannenden Flügelschläge in ihre Bildketten, Sätze, signalisierenden Rhythmen und in ihre Gedankenführung aufzunehmen.. Stefan George hat Jean Paul als »die größte dichterische Kraft der Deutschen« bezeichnet, und Oskar Loerke schrieb von seinen Romanen, sie seien »Tröge für ein Meer«.

Die Formulierungen der Ästhetik Jean Pauls haben von allen ästhetischen Versuchen in der deutschen Literatur am meisten die Fesselung an die Zeit ihrer Entstehung gelöst. Sie sind heute noch verbindlich.

Wird das Leserbewußtsein in Jean Paul endlich mehr entdekken als den idyllischen und in der Gartenlaube schreibenden Vorfahren eines biedermeierlichen Lebensgefühls, der er sicher auch war? Jean Paul ist ein fast Unbekannter in der deutschen Literatur. Wer sich ihm nähert, wer in seinen Bann gerät, zieht sein Blickfeld weiter.

In den Band 1 dieser Ausgabe sind die beiden umfangreichen ersten Romane des Dichters: ›Die unsichtbare Loge‹ und ›Hesperus‹ aufgenommen. In der ›Unsichtbaren Loge‹, seinem bedeutenden und sehr zu unrecht von der Kritik vernachlässigten Frühwerk, fand Jean Paul zur großen Romanform und zu seiner eigenen Handschrift. In diesem Werk erscheinen die Traditionen der aufklärerischen Satire, des empfindsamen Romans und der gespenstischen Schauerromantik jener Zeit in einem neuen eigenständigen Stil aufgehoben und umgewandelt.

Im Anhang der ›Unsichtbaren Loge‹ ist, wie in der Originalausgabe, Jean Pauls berühmte Idylle ›Das Leben des vergnügten Schulmeisterlein Maria Wutz in Auenthal‹ abgedruckt, auf die das neunzehnte Jahrhundert seine Wertschätzung Jean Pauls aufbaute. Sie ist bis heute als *das* Meisterwerk dieser dichterischen Gattung anzusprechen, wenn auch als ein besonderes und außenseiterisches; Jean Paul nennt sie, mit all seiner ästhetischen Vorsicht, »eine *Art* Idylle«.

Der ›Hesperus‹, der zweite große Roman, mit dem Jean Paul der beliebteste deutsche Romancier seiner Epoche wurde, greift die Thematik der ›Unsichtbaren Loge‹ wieder auf. Im Wechselspiel einer äußeren Handlung, die verwickelt und verflochten ist, und einer inneren, die die seelische Bewegung der Helden in Liebe und Haß, Eifersucht und Freundschaft nachzeichnet, führt Jean Paul an Abgründe, an deren Rändern seine Gestalten zwischen Wachen und Traum, zwischen Leben und Tod dahintanzen. Die äußere Handlung spielt in dem von einem Fürsten regierten

Zwergstaat Flachsenfingen – sie zeigt Elemente der vielen kleinen, geheimen Verschwörungen in jener Zeit der Großen Revolution –, gleichzeitig aber auch in rein idyllischer und in heroischer Umgebung: im Pfarrhause Eymanns in St. Lüne und in dem paradiesischen Ort Maienthal, dem Wohnsitz des indischen Erziehers Emanuel, einer der großen von Jean Paul erschaffenen Figuren, sowie auf der ›Insel der Vereinigung‹, dem Refugium des Lord Horion. In der inneren Handlung, für die dieses Spiel aus Staatsaktionen, Intrigen und Verwechslungen nur Vorwand und Anlaß ist, zeigt Jean Paul mit oft beklemmender Scharfsicht die verborgenen Regungen des Herzens und die findigste Rabulistik des Verstandes. Er findet im ›Hesperus‹, aufbauend auf den Erfahrungen der ›Unsichtbaren Loge‹, zu einer Ausdrucksfähigkeit, die mit ihren Bilderstürzen und mit ihren das Bewußtsein provozierenden musikalischen Flügen Vorbilder für surrealistische Dichtung schuf.

Bevor Jean Paul im Frühjahr 1791 als Achtundzwanzigjähriger die ›Unsichtbare Loge‹ zu schreiben begann, hatte er mannigfache Mühen, Unglücksfälle und Erfahrungen durchzustehen, die in den beiden ersten Romanen ihre Spuren hinterließen. Mit einem Aufgebot von autodidaktischem Fleiß, mit Zielgläubigkeit und Selbstdisziplin versuchte er so lange die engen Verhältnisse, in die er hineingeboren war, zu berennen, bis sich ihm größere Bewegungsfreiheit eröffnete. Am 21. März 1763 kam er in Wunsiedel im Fichtelgebirge als erster Sohn des Tertius und Organisten Johann Christian Christoph Richter zur Welt. Die abgelegene Gegend seiner Herkunft benutzte er als willkommene Zuflucht seiner Phantasie und seiner literarischen Besonderheit; er machte aus ihr ein Positivum, indem er sich durch sie gegen abgeblaßtes Kolorit und weitergereichte Moden verwahren ließ: »Lasse sich doch kein Dichter in einer Hauptstadt gebären und erziehen, sondern wo möglich in einem Dorfe, höchstens in einem Städtchen«. In das Dorf Joditz bei Hof übersiedelt die Familie zwei Jahre später; Jean Pauls Vater wird als Pfarrer dorthin berufen. 1776 ist der neue Wohnort Schwarzenbach a. d. Saale, ebenfalls in der Nähe von Hof. Der fünfzehnjährige Jean

Paul beginnt 1778 seine Exzerptenhefte zu füllen: mit den Zitaten aus Unmassen von gelesenen schöngeistigen, wissenschaftlichen, philosophischen, theologischen und halbwissenschaftlichen Werken. In den Jahren 1778 bis 1780 entstehen allein zehn Bände solcher Art. In die Zeit von Februar 1779 bis Oktober 1780 fällt der Beginn von Jean Pauls großen Freundschaften: mit Lorenz Adam von Oerthel, der als »vornehm zart, hektisch und empfindsam« charakterisiert wird, gleichaltrig mit Jean Paul, mit dem »exzentrischen, kühnen und unglücklich selbstherrlichen« Johann Bernhard Hermann, zwei Jahre älter als Jean Paul, und dem gewissenhaften, hilfsbereiten Georg Christian Otto, der, mit Jean Paul im selben Alter, sein ganzes Leben hindurch der erste kritische Begutachter seiner Werke geblieben ist. Diese Freundschaften schließt Jean Paul als Schüler der Prima des Gymnasiums zu Hof.

Im April 1779 stirbt Jean Pauls Vater; für die Familie bedeutet dies Einschränkung, schließlich Armut. Im Januar 1781 schreibt der achtzehnjährige Jean Paul für Lorenz Adam von Oerthel seinen kleinen empfindsamen »Gymnasiastenroman« »Abelard und Heloise«, hinter dem sich, unausgesprochen, das erste Liebes- und Freundschaftsdrama des Dichters verbirgt. ›Heloise‹ steht für Beate von Spangenberg von dem nahen Schloß Venzka, die Freundin Oerthels. Jean Paul, der Einblick in den Briefwechsel der beiden hatte, scheint sich selbst in Verliebtheit und in eine mit Gewalt unterdrückte Eifersucht hineingesteigert zu haben, was aus seinen privaten Aufzeichnungen hervorgeht. Jedenfalls wurde die Gestalt Beates einer der auslösenden realen Schatten für »Beate« in der ›Unsichtbaren Loge‹ und für »Klotilde« im ›Hesperus‹, die beide zwischen zwei Freunden stehen. Beate von Spangenberg, die ein Jahr älter war als Jean Paul und Oerthel, verheiratete sich in einer ›Versorgungsehe‹ mit einem Amtmann Schäffer und wohnte schließlich in der Nähe von Jena. Keine Frau scheint in dem bewegten Leben Jean Pauls noch einmal einen so nachhaltigen Eindruck hinterlassen zu haben; sie ist »das vortreflichste Frauenzimmer, das ich in meinem närrischen, bloß tockierten Leben gesehen«. – Von Mai 1781 bis November 1784 studiert

Jean Paul, in enger Freundschaft mit Oerthel, an der Universität Leipzig Theologie; einprägsam ist für ihn nur der Philosoph Platner mit seinen Shakespeare-Vorlesungen. Jean Paul liest und exzerpiert, und beginnt im Stil seiner Zeit Satiren zu schreiben: 1782 »Lob der Dummheit«; 1783 erscheinen die »Grönländischen Prozesse«, eine Satirensammlung in zwei Teilen, zu Berlin; ohne Publikumserfolg. Er arbeitet an einer neuen Satirensammlung, verlobt sich während eines Ferienaufenthalts in Hof vorübergehend mit Sophia Ellrodt, schreibt 1784 sein »Andachtsbüchlein«, und verläßt schließlich im November 1784 fluchtartig und unerkannt Leipzig, um sich seinen Gläubigern zu entziehen. In Hof bewohnt er zusammen mit seiner Mutter eine Einzimmerwohnung, drei Jahre hindurch, was ihm Stoff genug für die Haushalts-Geräusch-Nöte in seinem späteren Roman ›Siebenkäs‹ liefert. In solcher Enge schreibt er 1786 ohne viel Glück seine ›Mixturen für Menschenkinder aus allen Ständen‹.

In diesem Jahr beginnt die Kette seiner Todeserfahrungen, die ihn erschüttern und die seinen beiden ersten Romanen ihr Siegel aufdrücken: Im Oktober stirbt Lorenz Adam von Oerthel, dreiundzwanzigjährig. –

Von Januar 1787 bis Ostern 1789 unterrichtet Jean Paul den jüngeren Bruder Oerthels, Christian Adam, in Töpen als Hauslehrer; an Ostern 1789 erscheint seine schon früher verfertigte Satirensammlung unter dem vom Verleger gewünschten Titel »Auswahl aus des Teufels Papieren«. Im selben Jahr begeht Jean Pauls Bruder Heinrich Selbstmord in der Saale. Wieder in Hof, beginnt Jean Paul die Reihe seiner »Gesamt«- oder »Tutti-Liebe« im Kreis von fünf jungen Mädchen, seiner »Erotischen Akademie«. Zu diesem Kreis gehört Amöne Herold (geb. 1778), der zweite »reale Schatten«, der hinter der Idealgestalt Klotilde verborgen ist. Es wiederholt sich in diesen Jahren ein ähnliches Freundschafts-Liebes-Drama, wie es zwischen Jean Paul, Oerthel und Beate von Spangenberg zehn Jahre zuvor spielte, nur diesmal nicht im Verborgenen, sondern es wird in Gesprächen, Briefen und Begegnungen ausgetragen. Amöne Herold wird die Frau von Jean Pauls Freund Georg Christian Otto: dies ist das

Ergebnis der Wirrungen, die sich vom Frühjahr 1791, ernsthafter vom Herbst 1792 bis zum Februar 1793 hinziehen. Jean Paul schrieb über den Anfang dieser Liebesverkettung, die mit dem Beginn seiner Arbeit an der ›Unsichtbaren Loge‹ zusammenfiel: »Was soll da das Einbein machen, das am nämlichen Tag, wo es einen Roman zu schreiben anfing, zugleich einen zu spielen anhob...«.

Die Todes-Kette setzt sich ebenfalls fort: im Februar 1790 stirbt Jean Pauls Freund Johann Bernhard Hermann mit neunundzwanzig Jahren in Göttingen, im September 1792 der jüngere Oerthel, Jean Pauls einstiger Zögling. Am 15. November 1790 macht der Dichter in Schwarzenbach, wo er Privatlehrer ist, seine Tagebuch-Aufzeichnung über eine Todesvision, deren Abglanz in seinen Werken des öfteren wiederkehrt: »Wichtigster Abend meines Lebens: denn ich empfand den Gedanken des Todes, daß es schlechterdings kein Unterschied ist, ob ich morgen oder in 30 Jahren sterbe, daß alle Plane und alles mir davonschwindet und daß ich die armen Menschen lieben sol, die sobald mit ihrem Bisgen Leben niedersinken«.

Vor diesem Hintergrund entstehen bis 1791 »Des Amts-Vogts Josuah Freudel Klaglibell gegen seinen verfluchten Dämon«, »Des Rektor Florian Fälbels und seiner Primaner Reise nach dem Fichtelberg« und schließlich die Geschichte vom »Leben des vergnügten Schulmeisterlein Maria Wutz in Auenthal«, die am 12. März 1791 beendet wird und später im zweiten Band der ›Unsichtbaren Loge‹ gedruckt erscheint. Vom Frühjahr 1791 bis Frühjahr 1792 arbeitet Jean Paul an der ›Unsichtbaren Loge‹, die im Jahr darauf, mit dem Untertitel ›Mumien‹, in zwei Bänden aufgelegt wird. – Im September 1792 beginnt er die Ausarbeitung des ›Hesperus‹, die sich bis zum Sommer 1794 hinzieht. An dem Tag, an dem Jean Paul seinen großartigen »Traum Emanuels, daß alle Seelen eine Wonne vernichte« niederschreibt, am 26. Juni 1793, stirbt Karl Philipp Moritz, der in Jean Pauls Imagination das Vorbild der Gestalt Emanuels war.

Im Mai 1795 erschien der ›Hesperus‹ in drei Bänden im Druck. Zugleich mit ihm brachte dieses Jahr zwei andere deutsche Romane: Ludwig Tiecks ›William Lovell‹ und Goethes ›Wilhelm Meister‹. Diese Konstellation ist bezeichnend: Jean Paul erscheint gleichsam zwischen Romantik und Klassik als eine dritte Gewalt und Möglichkeit. – Den stärksten Publikumserfolg hatte Jean Pauls Roman. Er verhalf seinem Autor zum Ruhm, zumindest innerhalb Deutschlands. Er leitete damit eine neue Epoche im Leben Jean Pauls ein, die sich im ›Titan‹ widerspiegelt.

II

Den Roman ›Die unsichtbare Loge‹ bezeichnet Jean Paul 1825 in seiner »Entschuldigung bei den Lesern der sämtlichen Werke in Beziehung auf die unsichtbare Loge« als eine »geborne Ruine«. In seiner Vorrede zur zweiten Auflage, 1821, versprach Jean Paul noch eine Beendigung des Fragments: Der Titel »soll etwas aussprechen, was sich auf eine verborgene Gesellschaft bezieht, die aber freilich so lange im Verborgenen bleibt, bis ich den dritten oder Schlußband an den Tag oder in die Welt bringe«. – Aus dieser versprochenen Fortsetzung wird nichts, und das ist verständlich. Jean Paul brach seinen ersten Roman ab, um ihn, mit ähnlichem Vorwurf, aber mit neuen Aufbauplänen, mit schärferen Umrissen für die höfische Welt und die revolutionären Tendenzen und mit verbesserten stilistischen Mitteln noch einmal zu schreiben: in der Gestalt des ›Hesperus‹! Ob er sich selber über diesen in der Literaturgeschichte einmaligen Vorgang ganz klar war, bleibt dahingestellt. Jedenfalls bewegten ihn Überlegungen in ähnlicher Richtung, als er in einem Begleitbrief zur ersten Niederschrift der ›Unsichtbaren Loge‹ an Otto schreibt: »Übrigens ist dieses Pak ein corpus vile, an dem ich das Romanenmachen lernte; ich habe jetzt etwas besseres im Kopfe!«

Um einen Lotsen durch das Werk Jean Pauls mitzugeben, ist es unerläßlich, den Inhalt der einzelnen Bücher zu skizzieren: denn ihr Plan droht oft in den Heckenwucherungen des Labyrinths unterzugehen. Ein Vergleich der Grundrisse der ›Unsichtbaren Loge‹ und des ›Hesperus‹ zeigt ihre Ähnlichkeit.

Blickt man auf die beiden Haupthelden, so erkennt man ähnliche Schicksale. In der ›Unsichtbaren Loge‹ unterliegt der Held Gustav, der in völliger Abgeschlossenheit mit dem Anspruch höchster Idealität erzogen wird, den Verführungen des Hoflebens. Im ›Hesperus‹ kann der einigermaßen versöhnliche Schluß nicht darüber hinwegtäuschen, daß der Held Viktor sich vergeblich bemüht hat, seine Ideale im Hofleben zu verwirklichen.

Die Motive, die die Maschinerie der Fabel in Bewegung setzen, sind zum großen Teil traditionell. In der ›Unsichtbaren Loge‹ will ein Vater, der Obristforstmeister von Knör, seine Tochter Ernestine nur dem Mann geben, der sie im Schachspiel besiegt. Die Mutter stimmt nur unter der Bedingung der Hochzeit zu, daß das erste Kind dieser Tochter »für den Himmel« großgezogen werde; es soll seine ersten Unterweisungen fürs Leben acht Jahre lang unter der Erde von einem herrnhutischen Jüngling, dem ›Genius‹, erhalten. Wie der achtjährige Gustav von Falkenberg gleichsam »stirbt«, um das Licht der Erde zum ersten Mal zu sehen, ist einer der Höhepunkte des Romans. – Gustav wird eines Tages von der ehemaligen Geliebten seines Vaters und jetzigen wohlhabenden Frau Röper verirrt aufgefunden und von ihr wegen der Ähnlichkeit mit ihrem verschollenen Sohn Guido festgehalten, der aus dem Verhältnis mit dem Vater von Falkenberg entsprungen ist. Sie schickt schließlich Gustav, mit dem Medaillon des Verschollenen um den Hals, nach Hause. Nach einer Militärdienstzeit wird Gustav in der Residenzstadt Scheerau am Hof des Landesfürsten eingeführt. Er trifft dort auf die Schwester des Verschollenen, auf Beata. Sein Freund und gleichzeitiger Mitbewerber ist Amandus. Gustav wird in das Hofleben hineingezogen und von der Regentin Bouse verführt, während Beata den Fürsten abweist. Gustav und Beata finden sich, nach Verwicklungen, zu denen auch das Medaillon beiträgt, in dem traumhaften Ort Lilienbad. Der Roman bricht jedoch ab mit der Nachricht, daß Gustav sich im Gefängnis befindet, da er mit einer geheimen Verschwörergruppe, zu der auch Ottomar, der natürliche Sohn des Fürsten gehört, ausgehoben worden ist. –

Die Handlung des ›Hesperus‹ kann man wie folgt vereinfacht

zusammenfassen: Viktor, der vermeintliche Sohn des Lord Horion, und Flamin, der vermeintliche Sohn des Kaplans Eymann, sind als Kinder in London und in dem idyllischen St. Lüne erzogen worden. Flamin bittet Viktor um Fürsprache bei seinem einflußreichen Vater, damit er ihm die Wege ebne zur Heirat mit Klotilde, der Tochter des Kammerrats von Le Baut in der Residenzstadt Flachsenfingen. Durch Flamin lernt Viktor Klotilde kennen und faßt ebenfalls eine Neigung zu ihr. Sie erzählt ihm begeistert von ihrem Lehrer Emanuel, in dessen Schilderung Viktor Ähnlichkeiten mit seinem eigenen Erzieher Dahore entdeckt. Viktor wird von Lord Horion auf die ›Insel der Vereinigung‹ gerufen; dort erfährt er, daß Flamin der Bruder Klotildens und Sohn des Fürsten Januar von Flachsenfingen ist, eine Verwandtschaft, die er geheim zu halten gelobt. In dem traumhaften Ort Maienthal findet er seinen Lehrer Dahore wieder, der mit Emanuel identisch ist. Am Hof in Flachsenfingen, wo Viktor eine Stelle als Leibarzt bekommt, wird er jedoch in das verderbliche Hofleben hineingezogen, entfremdet sich schmerzlich von Klotilde, da er sich nicht geliebt glaubt, wird von Flamin durch Eifersucht entzweit und schließlich von der Fürstin Agnola beinahe verführt. Aus einem Freundschaftsbund mit »den drei Engländern« entsteht eine Verschwörung, in der der Intrigant Matthieu eine verräterische Rolle spielt. Inzwischen erklärt Viktor auf der Heimfahrt von einem Ball in der Osternacht seine Liebe an Klotilde und wird nicht abgewiesen. Viktor verbringt mit Emanuel und Klotilde die Pfingsttage in Maienthal und wird dort von dem eifersüchtigen Flamin zum Duell gefordert. Flamin tötet, ebenfalls im Duell, den Vater Klotildes. Viktor erfährt beim Tod Emanuels, daß er der Sohn des Kaplans Eymann sei und glaubt als Bürgerlicher auf Klotilde verzichten zu müssen. Doch eine glückliche Lösung wird gefunden. Durch Offenbarung des Geheimnisses von Flamins Abkunft versöhnen sich Viktor und Flamin in St. Lüne. Viktor und Klotilde werden ein Paar. Am Schluß des Romans tritt der Erzähler Jean Paul selber in die Handlung ein. Lord Horion endet sein Leben freiwillig auf der ›Insel der Vereinigung‹. –

In beiden Handlungen stehen sich drei verschiedene Sphären gegenüber, die jeweils durch Orte mit entsprechenden Ortsnamen symbolisiert werden: die Sphäre der Residenz, die kritisch-satirisch beschrieben wird (Scheerau in der ›Unsichtbaren Loge‹; Flachsenfingen im ›Hesperus‹); die Sphäre der ländlichen Idylle (der Rittersitz Maußenbach; das Pfarrhaus des Pastors Eymann in St. Lüne); die Sphäre der großen Traumlandschaften und romantischen Freudenorte (Lilienbad; Maienthal). – Die Entsprechung der Personen liegt auf der Hand; sie sind profilierter im zweiten Roman, das zeigt sich besonders bei einem Vergleich von Gustav und Viktor, von Amandus und Flamin, von Beata und Klotilde, schließlich vom Genius und von Emanuel. Aber auch sonst gibt es viele Nebengestalten und Nebenmotive, die den beiden Romanen gemeinsam sind. Die geheimnisvolle Gestalt des Mannes mit den sechs Fingern, die dort wie hier auftritt, sollte wahrscheinlich als eine Art Schlüsselfigur der Verschwörung dienen, zu einer Zeit, als Jean Paul noch beide Romane in *einen* »zusammenwerfen« wollte. Das Motiv der Blindheit spielt, neben den Hauptmotiven Freundschaft, Liebe, Tod, Erziehung, Staatsmoral in beiden Romanen eine große Rolle. – Jean Paul deutet selbst auf Wiederholungen hin; so sagt er von seinem Helden im ›Hesperus‹, dem er die ›Unsichtbare Loge‹ als Lektüre in die Hand drückt, daß »er (Viktor) ... zwischen seiner Pfingstreise (im H.) und jener Badereise (in der U. L.) soviele Verwandtschaft herausfand ...«. Andere wiederholende Anspielungen gehören zu der Gepflogenheit Jean Pauls, alle seine Geschichten mit einem stehenden Heer von gemeinsamen Sonderlingsgestalten und ausgefallenen Orten zu durchsetzen: Die Gestalt des Knef im ›Hesperus‹ entpuppt sich als der Fenk des früheren Romans. Das ›Einbein‹ tritt dort wie hier als einer der Beinamen des Verfassers auf. Auch die ›Molukke Teidor‹ wird schon in der ›Unsichtbaren Loge‹ erwähnt: Auf ihr schreibt Jean Paul den 53. Sektor.

Die Geschichte vom Wutz, vor den beiden Romanen geschrieben, nennt Jean Paul einerseits eine »dürre Knospe und Vorübung« für seine Romane, andererseits »eine exzentrische

Idylle, ein dessein a la plume von einem Geschöpf, dem der sinliche Freudendünger die höhere Sonne vergütet«. Jean Paul fragt Karl Philipp Moritz, ob sie der ›Loge‹ »beigeleimt« werden solle. Der stimmt begeistert zu. Es werden einige Verbindungen geschaffen: Jean Paul verlegt den Falkenbergischen Rittersitz in der ›Loge‹ in die Nähe von Auenthal und läßt den Sohn des Idyllen-Wutz als Nebenfigur auftreten. Der Schulmeister in Roman und Idylle war wahrscheinlich ursprünglich *eine* Person; dann aber wird er in Vater und Sohn aufgeteilt, weil sonst in der Idylle der Tod des Wutz nicht möglich wäre. Im ›Wutz‹ selbst wird Scheerau und, in der ersten Auflage, sogar die Residentin von Bouse erwähnt. Im ›Hesperus‹ läßt Jean Paul seinen Helden Viktor den ›Wutz‹ lesen.

III

Wichtiger noch als die äußeren Zusammenhänge dieser drei Frühwerke ist ihre gemeinsame Eigenart, die sie durch die Jean Paul'sche Konzeption besitzen und die sie von ähnlichen Versuchen in der zeitgenössischen Literatur abhob. Der Handlungsverlauf erreichte dies nicht. Erreicht wurde die Eigenständigkeit, die zum literarischen Ereignis führte, vielmehr dadurch, daß Vorstellungsbereiche erweitert und daß der deutschen Sprache Möglichkeiten hinzugewonnen wurden, die für die deutsche Literaturtradition bis dahin nicht vorhanden waren.

Auf den ersten Blick scheint es, als ob Jean Paul zu der Apparatur des damaligen *Unterhaltungs- und Trivialromans* wenig hinzufüge. Wir begegnen Verwechslungen, Kindsvertauschungen, Duellen, Raubüberfällen, requisitenreichen Intrigen, geheimnisvollen Andeutungen, sentimentalen Liebesgeschichten, edelmütigen Freundschaftstaten, Reisen, Episoden vom Glück im Winkel und vielen anderen Motiven, die damals wie noch heute in der »unterströmigen« Literatur gang und gäbe waren und sind, die man in den Geschichten der Familienblätter, der ›Sentimentalen Wochenschriften‹ ebenso finden konnte wie später in Christian August Vulpius' ›Rinaldo Rinaldini‹, in den

›Ritter-Romanen‹, in der ›Gartenlaube‹ und, noch weiter eingeengt, im ›Heimatroman‹. Der Bericht über die Auffindung des Kindes mit den zerschnittenen Augen in der ›Unsichtbaren Loge‹ ist ein Beispiel für die direkte Übernahme des Kolportage-Stils, ähnlich die Überraschung der Liebenden durch Flamin im ›Hesperus‹: »›Schurke!‹ – schrie der herausstürzende Flamin mit sprühenden Blicken, mit schneeweißen Wangen, mit wie Mähnen herunterhängenden Locken, mit zwei Taschenpistolen in den Händen – ›da nimm, nimm, Blut will ich‹ und stieß ihm das Mordgewehr entgegen – Viktor drängte Klotilden weg und sagte: ›Unschuldige, vermehre deine Schmerzen nicht!‹« – Das Zeugma: »Blicken, Wangen, Locken, – Taschenpistolen« ist freilich jeanpaulisch. An solchen Stellen jedoch, wo das Gerüst der Intrige notgedrungen gestützt werden muß, merkt man, wie Jean Paul zu den vorhandenen Versatzstücken griff, ohne hier Zeit zu finden, sie zu verwandeln. Er hat das Handlungsgerüst, das sein Romanleser von ihm erwartet, nötig, um seinen eigenen Begriff von Handlung durchzusetzen. Was er an Motiven dem geheimniskramenden Abenteuerroman, wie Meyerns ›Dya Na Sore‹, oder Publikumserfolgen wie Sintenis' ›Veit Rosenstock‹ und Grosses ›Der Genius‹ entnimmt, wird in der festgelegten Eindeutigkeit mannigfach gebrochen, durch die Art der Darstellung mit Nebengeräuschen versehen, die mehr und mehr die hergebrachte Eintönigkeit überstimmen, so daß schließlich, in einer Bündelung solcher Einzelmotive, Jean Pauls spannungsreiche, gefühls- und gedankengeladene Gesamtschau von Mensch, Welt und Überwelt erscheint. Die ›Insel der Vereinigung‹ (im zwölften Hundposttag des ›Hesperus‹) mit ihrem Verschwörungscharakter und ihrem geheimnisvollen Maschinenzauber ist zunächst ein solches Requisit aus der Abenteuer-Sphäre. Aber wie durchscheinend wird dieses Requisit in der Schilderung Jean Pauls. Das ominöse »Steinerücken« gehört noch zur traditionellen Maschinerie, während dann Jean Paul den Rundgang um die Insel dazu benützt, sie aus ihrer trivialen Requisitenhaftigkeit zu erlösen und sie zu einem Teil seines imaginären Reiches zu machen: »Der Vater ging mit dem Sohne langsam um das

Ufer und rückte nach und nach 27 Steine, die in gleichen Entfernungen auseinander lagen, aus ihrem Lager heraus... Unter dem Rundgang um die Insel sah Viktor ihr Stab- und Fruchtgeländer von hohen Baumstämmen, die ihre Schatten und ihre Stimmen in die Insel hineinzurichten schienen und deren Laubwerk die bebenden Wellen mit ihren zerteilten Sonnen und Sternen besprengten...« Das starre, zunächst von der Handlung diktierte Requisit löst sich auf in die Wellenbewegung des Jean Paul'schen Stils und findet erst so den Weg zu einer ›*Vereinigung*‹ der zertrennten und in sich abgekapselten Partikel der Welt, die der Name der Insel andeutet: »ein hohes schwarzes, an die Tannenspitzen reichendes Tor sah mit einer weißen Sonnenscheibe bemalt nach Osten und schien zum Menschen zu sagen: gehe durch mich, hier hat nicht nur der Schöpfer, auch dein Bruder gearbeitet! – «

IV

» – im Grunde muß jede Hauptmaterie für einen Autor nur das Vehikel und das Pillensilber und der Katheder sein, um darin über alles andere zu reden«. Diese Stelle aus einem Brief Jean Pauls an Christian Otto vom 26. März 1793 macht deutlich, daß mit einer allgemeinen Skizzierung des Verlaufs von Geschichten bei keinem Autor so wenig gedient ist wie bei Jean Paul. Die ›Unsichtbare Loge‹ und der ›Hesperus‹-Roman stehen beide in der Tradition der *Staatsromane*, sie spielen an Fürstenhöfen, das Liebes- und Intrigantenleben am Hof, Auseinandersetzungen zwischen politischen Richtungen und die Frage der Erziehung von Staatsmännern sind Motive in beiden Romanen. Die Haupt- und Staatsaktion der barocken Literaturepoche klingt nach, gemildert und beruhigt durch den Staatsroman der Aufklärung, eines Haller und Wieland. In einem Plan zum ›Hesperus‹ notiert Jean Paul unter dem Titel ›Jungenda‹ die Leitgedanken, die er in seinem Roman verschmelzen will: »Satirische Karakter – Freundschaft – Liebe – Republik – Ein Zwek – Agathonsche Zwek – «. An Wielands ›Agathon‹ sollte also zunächst der Zweck des Buches gebunden sein, d.h. die Erziehung des Helden zum Fürsten war zunächst das leitende Thema. Davon ist nicht viel übriggeblieben. Im ›Hesperus‹ entpuppt sich der Hauptheld, Viktor, am Schluß als Bürgerlicher. Am Ende der ›Unsichtbaren Loge‹ sitzt der Held Gustav als Verschwörer im Gefängnis. Das Schema der aufgeklärten Haupt- und Staatsaktion wurde von Jean Paul während des Schreibens am Roman durchbrochen. Erst im ›Titan‹ zwang er sich dazu, dieses Schema einzuhalten – und es fragt sich, welche Konsequenzen für die Imaginationskraft des Autors und für das Kunstwerk selbst daraus entstanden. In den ersten beiden Romanen behielt das Sterne'sche ›progressive digression‹, die vorwärtsschreitende Abweichung, das Jean Paul'sche Rankensprühen die Oberhand über dem vorgefaßten Plan. Es wäre freilich ohne den Widerstand dieses Planes nicht ausführbar gewesen, hatte also den Grundton der Staatsaktion nötig. – Alles, was Hofatmosphäre und Hofcharaktere betraf, nahm Jean Paul aus der Literatur. Er verharrte deshalb nicht lange bei reinen Hof-Szenen, sondern versetzte sie sofort mit kreatürlichen Regungen, zumeist mit Charakterschwächen, die nicht allein dem Hof zugehörig waren und bei denen er sich nicht an ein Reglement zu halten hatte. Das Auflösen der Hofintrigen eines Matthieu in individuelle, züngelnde Kunstfertigkeiten ist ein Beispiel dafür. Indem der Autor politisches Pathos mit Witz und Phantasie durchlöchert, schafft er sich die Möglichkeit, durch die Maschen eines konventionellen Handlungsnetzes hindurchzuschlüpfen: wobei er freilich das Handlungssystem am Schluß zerreißt, und so die Bewegung des Hindurchschlüpfens wesentlicher für den Roman wird als das System selbst. Wie oft im Werk von Jean Paul, so löst sich auch hier Stoff in Bewegung auf, doch die Bewegung ist an das Vorhandensein des mehr und mehr in den Hintergrund tretenden Stoffes notwendig gebunden. Das ist ein Kunstgriff des Autors, der weniger ein Trick ist als eine aus seiner Begabung erwachsende Zwangsläufigkeit. Gerade deshalb freut er sich über nichts mehr, als wenn er aus Weimar berichten kann (11. Juni 1796 an Christian Otto): »Die Karaktere Joachime, Matthieu (der besonders) und Agnola werden hier für wahre gehalten und gefielen gerade am meisten. Im Klub stritt man, ob Flachsenfingen ein Abriß von Wien oder Manheim wäre wegen des Lokalen – Wieland war des höhnischen Dafürhaltens, Flachsenfingen liege in Deutschland sehr zerstreuet.« Im übrigen mokiert sich Jean Paul über die allgemein sich wiederholenden »großen« Ereignisse und Hauptaktionen, wo er kann, und mißt ihnen nicht mehr Bedeutung bei als eben die von Vehikeln: »Und so spielen wir alle unsere Haupt- und Staatsaktzion bald auf dem Nazional- bald auf dem Familientheater und machen uns falsche Wunden und Bäuche...« Er sucht in diesen Aktionen die verborgenen Schattierungen der Seelen oder die Absprünge zu seinen Flügen, die Randsituationen, die Misch- und Zwischenzustände auf. So gerät er aus der Schablone einer zeitgenössischen Mode unversehens in Zonen, die so schnell nicht zu Ende zu entdecken sind. Unverblümt kündigt er dem Leser seine Entführung in diese Zonen, mittels seiner Digressions-Methode, an, am Beginn der ›Unsichtbaren Loge‹: es könne aus einer scheinbaren Digression der Natur eine schriftstellerische gemacht werden, »aber erst im 20sten Sektor; weil ich erst ein paar Monate geschrieben haben muß, bis ich den Leser so eingesponnen habe, daß ich ihn werfen und zerren kann, wie ich nur will«.

Dort, wo er seine Helden Haupt- und Staatsreden halten lassen muß, wie seinen Viktor im 32. Hundposttag, hilft er sich durch verschiedene Mittel. So schafft er in diesem Fall einen Abstand zwischen dem Helden und der Rede, indem er vorausschickt: »Er ahmte meistens den Stil nach, den er zuletzt gelesen oder – wie heute – gehört hatte; daher sprach er in Sentenzen wie der eine brennend-kalte Engländer«. Zum anderen aber steigert er in diesem Fall unter der Hand die sentenzenhafte Staatsrhetorik in die bewegte, weitausgreifende Gebärde Viktors hinein. Formell-aufklärerisch beginnt die Ansprache: »Kein Staat ist frei, als der sich liebt; das Maß der Vaterlandsliebe ist das Maß der Freiheit« – und sie endet jeanpaulisch: »In meinen jüngern Jahren war mir oft die Menge der Menschen schmerzlich, weil ich mich unvermögend fühlte, 1000 Millionen auf einmal zu lieben; aber das

Herz des Menschen nimmt mehr in sich als sein Kopf, und der bessere Mensch müßte sich verachten, dessen Arme nur um einen einzigen Planeten reichen...« Das Sprungbrett der Staatsaktion und des vorgeschützten Zitaten-Stils schleudert den Autor dorthin, wo er der Autor ist.

V

Jean Paul kam aufatmend aus seiner ›*satirischen Essigfabrik*‹, als er die ›Unsichtbare Loge‹ begann. Er entfernte sich von der Tradition des Satirendrechselns, aus der er sich schon mit dem ›Schulmeisterlein Wutz‹ halbwegs herausgezogen hatte. Das heißt nicht, daß er seinen Hang zur Satire aufgab; er verfeinerte ihn vielmehr und stellte ihn in Dienste. In seinen Extrablättern schiebt er noch Satiren alten Stils ein, die zum Teil aus seinen früheren Sammlungen stammen. Was aber den ›Wutz‹ und die beiden Romane in der Tonlage mitbestimmt, ist nicht die Satire, die unmittelbar durch Komik vernichten oder herabsetzen will, sondern gleichsam ein huschendes satirisches Schattenspiel, ein aufstachelndes Ferment der Bewegung, das gegen die Gefahr abgestandener Zustandsschilderungen, sei es in den idyllischen, sei es in den ›hohen‹ Passagen, mit Glück eingesetzt wird. Die Väter der Jean Paul'schen Satire, auf die er sich oft genug berufen hat: Erasmus, Swift, Young, Sterne, Pope, Hamann, Liscow, Rabener, treten mit ihrem Einfluß mehr und mehr zurück. Am Schluß des fünften Schalttags, am Ende des 20. Hundposttags, hält sich der Autor die ›Dornenkronen‹ der Menschen vor Augen: »so vergeht mir die Lust, mit satirischen Dornen um mich zu schlagen, und ich möchte lieber einige aus euern Füßen oder Händen ziehen.« Die grotesk-satirische Akzentuierung des Pastors Eymann gibt der Idylle von St. Lüne etwas von der Beweglichkeit, die die Idylle von Auenthal durch ähnliche Züge im Porträt des Wutz verlebendigt. Aber schon im ersten Sektor und im ersten Extrablatt der ›Loge‹ gibt Jean Paul zu erkennen, daß er sich nicht mehr in die Essigfabrik zurücktreiben läßt. Obwohl der erste Sektor einen alten konventionellen Vorwurf der Satiren behandelt: Heiratsfragen und mögliche Kuppelei, wird hier in der Episode mit der ›Kopulierkatze‹ ein feineres Garn gesponnen. Wie das vor sich geht, ist leicht zu erkennen: durch eine *genauere Beobachtung der Einzelfälle*, die die Satire dem geläufigen Modell entfremdet: »steht der Mann selber unkopiert fünf Fuß hoch vor ihr: so leistet sie es nicht mehr – ihre wie eine besonnete Mückenkolonne spielenden Empfindungen treiben aus einander, wider einander und in einander, ein Fingerhut voll Puder am besagten Mann zu viel oder zu wenig – eine Beugung seines Oberleibes – ein zu tief abgeschnittener Fingernagel – eine sich abschälende schurfichte Unterlippe – der Puder-Anschrot und Spielraum des Zopfs hinten auf dem Rock – ein langer Backenbart – alles.« Von der genauen Wahrnehmung aber wird bei Jean Paul das Rudel der dahinlaufenden Worte in *stärkere Bewegung* versetzt bis zu Kapriolen, die einzelnen Worte gewinnen an verrückter Buntheit, halten sich stockend in der Bewegung zurück, um nach kurzem Stocken wieder vorzuschießen: ein synkopischer Rhythmus, der mit einer an der Wahrnehmung neu beflügelten Wortimagination zusammenwirkt, läßt glänzende satirisch gefärbte Romankapitel entstehen. Sie erinnern nur noch von ferne an die Kopisterei der Essigfabrik. Der »geneigte Leser« hat das Recht nachzudenken: aber das Schattenspiel der Satire schreibt ihm die Gangart in dem Labyrinth der witzigen Formulierungen vor, er ertappt sich dabei, daß er zwei, drei Mal um die verkehrte Ecke herum assoziiert und spürt bald die Satire auf sein eigenes Denk- und Sprachvermögen, die er jedoch lächelnd-zuvorkommend serviert bekommt: »... daß er seine Weisheitzähne und seinen Philosophen-Bart soll so außerordentlich lang gewachsen tragen, wie der geneigte Leser beide trägt, dem es freilich nicht erst hier vorgedruckt zu werden braucht – er merkte alles schon vor drei guten Stunden –, daß hinter der Kopulierkatze etwas stak oder steckte, Ernestine nämlich selber.« Wenn irgendwo in deutscher Sprache Imagination und Wortchemie ein unzertrennbares Paar Brüder sind, dann bei Jean Paul. Die Schachregeln des Doktor Fenk für den Rittmeister (aus eben diesem ersten Sektor der ›Loge‹) sind Zeuge dafür, freilich, »kein Deutscher verstand Metaphern weniger« als er. – – » – wie nämlich der dümmste Mann sich für klüger hält als die klügste Ehefrau; wie diese vor ihm, der vielleicht außer dem Haus vor einer Göttin oder Götzin auf den Knien liegt, um beglückt zu werden, gleich dem Kameele auf die ihrigen sinken muß, um befrachtet zu werden.« Jean Paul kennt das Hexenspiel der deutschen Pronomina, niemand wird ihn festnageln, noch dazu wenn dieses Spiel in Wetteifer gerät mit den eleganten Bocksprüngen deutscher Syntax-Möglichkeiten; aber wehe dem Übersetzer (speziell dem, ders ins Englische setzt)! Hier werden nicht mehr Pointen und Bonmots gejagt, sondern Denkvorgänge vorexerziert, jene Fixigkeit wird gefordert, die man dem Französischen nachsagt. So hilft das satirische Element mit, die Handlung zu entschweren und statt ihrer die Spontaneität des Autors direkt auf den Leser zu übertragen, und nicht, wie zuvor, die Last der traditionellen Illusionen oder Desillusionen. Die Satiren erhalten die Spiritualisierung von Flaschenteufeln, die im Roman auf- und niederfahren. Ein Heer solcher Schatten bevölkert diesen Band, manche bestimmen ganze Kapitel; so ist der Sektor zwei der ›Loge‹ von A bis Z vom satirischen Flaschenteufel besessen, der den betrügerischen Handel und den Vater der Falkenbergischen Ahnen skizziert. »Aber der Stammhalter drehte *langsam* den Kopf hin und her und sagte kalt, ›ich mag nicht‹ und trank Zerbster Flaschenbier...« Doch das muß im Zusammenhang des gesamten Kapitels gelesen werden.

VI

Friedrich Hebbel war der Meinung, das »Schulmeisterlein Wutz« enthalte den »ganzen Succus des echten Jean Paul«. Dagegen steht ein Wort Jean Pauls aus den Vorarbeiten zu seiner Selbstbiographie: »Wer mich rein und recht beurteilen will, muß mich in meinem *Ganzen* nehmen; denn sonst gibt und nimmt er mir im einzelnen zuviel und ist nie meiner Meinung über mich.«

Die *Idylle* sucht nach jenem geschlossenen, begrenzten Raum, in dem der Mensch sich »zuhause« fühlt, nach dem Zufluchtsort, der der Kreatur keine fremde Rolle aufzwingt, der ihre Sympathien und Neigungen frei hervortreten und sich entwickeln läßt, aus dem Querzüge, Intrigen, Abwehrmasken verbannt sind. Das ›Bildchen‹ dieses Zufluchtsorts konnte seit je seine Züge entweder mehr aus realen Landschaften holen oder aus phantastischen, in Dörfer und Täler führen oder in Märchengegenden mit Nymphengrotten. Es wurde immer eine Art Vorbild. Die ›Poetik des Raums‹ findet in der Idylle die ursprünglichen poetischen Kräfte des Rückzugs auf sich selbst; sie erkennt im Abenteurer-Roman den Gegenpol, den Drang zum Vorstoß ins Unbekannte.

Jean Paul ist ein Genie der Idylle, mit der großen Sehnsucht nach der ewigen troglodytischen Zeit. Seinen All-Flügen steht das Einnisten in Furchen und in Höhlensysteme gegenüber, eine Polarität, die er selber in den »drei Wegen glücklicher, nicht glücklich, zu werden« in der Vorrede zu »Quintus Emanuel Fixlein« beschrieb. Daß das Leserbewußtsein des neunzehnten Jahrhunderts aus dem *Ganzen* Jean Pauls sich nur den idyllischen Teil herausschnitt, und noch dazu sich aus diesem Teilaspekt nur die harmlosen Lauben-Partien aneignete, rückte Jean Paul in ein Mißverständnis, das heute noch wuchert.

Das Höhlenleben Gustavs am Anfang der ›Unsichtbaren Loge‹ bietet die Visionen, zu denen der idyllische Jean Paul fähig war. Er zeichnete Bilder, die sich mit Urbildern des Menschengeschlechts berühren, verwirklichte in dem Ausblick aus der Höhle in das Nachtmeer die in der Idylle verborgenen bedrängenden Forderungen, was zwar kaum ein deutscher Kritiker, wohl aber ein französischer Literarhistoriker, Gaston Bachelard, wahrnahm. Die beiden großen Panoramen der Jean Paul'schen Kunst kommen in dem Aufblick Gustavs in den Nachthimmel aufeinander zu: »Diese Türen ließ er (der Genius) in der Nacht vor dem ersten Junius, als bloß die weiße Mondsichel am Horizonte stand und wie ein altersgraues Angesicht sich in der blauen Nacht nach der versteckten Sonne wandte, mitten in einem Gebete unvermerkt aufziehen – – und nun siehst du, Gustav, zum ersten Male in deinem Leben und auf den Knien, in das weite neun Millionen Quadratmeilen große Theater des menschlichen

Leidens und Tuns hinein; aber nur so wie wir in den nächtlichen Kindheitjahren und unter dem Flor, womit uns die Mutter gegen Mücken überhüllte, blickest du in das Nachtmeer, das vor dir unermeßlich hinaussteht mit schwankenden Blüten und schießenden Feuerkäfern, die sich neben den Sternen zu bewegen scheinen und mit dem ganzen Gedränge der Schöpfung! – O, du glücklicher Gustav; dieses Nachtstück bleibt noch nach langen Jahren in deiner Seele wie eine im Meer untergesunkene grüne Insel hinter tiefen Schatten gelagert und sieht dich sehnend an wie eine längst vergangne frohe Ewigkeit.« – – »Welch ein halsbrecherischer Idylliker!« bemerkt Max Rychner. Das Menschenleben scheint zwischen Himmel und Höhle eingespannt wie zwischen längst vergangene frohe Ewigkeiten, – die eine begrenzt im Dunkel, aber ebenso ungemessen wie die andere, unbegrenzt, zwischen den Himmelslichtern. Jean Paul hat fast alle seine Idyllen mit diesen Sehnsüchten beladen; auch seine Vorrede zur ›Loge‹, die er in der Postkutsche schreibt, beherrscht die Erwartung eines Ausblicks: vom Fichtelberg; Wutz, dem er am Tag vor seiner Hochzeit einen solchen Aus- und Aufblick aus Auenthal vermacht, ist keinesfalls harmlos. Näher besehen bleibt kaum eine der Jean Paul'schen Idyllen in der bloßen Bequemlichkeit. Wutz ist das Gegenteil des Spießerideals, dessen man Jean Paul verdächtigt hat. Er nähme sonst die ›Höhle‹ seines Betts als Selbstverständlichkeit und erkennte nicht in ihr den seltenen Schutz-Winkel inmitten der mörderischen Bataille, in dem er sich selber sprechen hört. Es ist, als wüßte er sich zurückgeschluckt in jene Höhle, aus der er einst unfreiwillig kam: »Und kroch er endlich in der letzten Stunde eines solchen Leidentages unter sein Oberbett, so schüttelte er sich darin, krempte sich mit den Knien bis an den Nabel zusammen und sagte zu sich: ›Siehst du, Wutz, es ist doch vorbei.‹«

VII

Enzyklopädistik, Wortgerölle, Fremdwortserien, Zitate, Exzerpte, Fußnoten gehörten zum strategischen Plan Jean Pauls, die ihm vorschwebende Welt-Gebärde in seinen Romanen auszuführen, die Viktor im ›Hesperus‹ leidenschaftlich beruft: »tausend Millionen auf einmal zu lieben«... »und der bessere Mensch müßte sich verachten, dessen Arme nur um einen einzigen Planeten reichen.« Kein Aufwand und Aufmarsch von Register-Systemen konnte dafür gewaltig genug sein, aber auch keine Erwägung des einzelnen Wort-Elements genau genug. Aus Sprachwirbeln und Worthäufungen, aus oft bewußt entkörnten und bewußt überladenen Worthülsen und aus Bilderfolgen, deren rascher Sturz die Umrisse der einzelnen Bilder verwischte, schuf sich Jean Paul, wie er es selbst nannte, eine ›Manier‹, die sein Vorhaben trug: sobald der Leser sich dieser Manier anvertraute und die Texte nicht »kanzleiverwandt« las. Jean Paul ging dabei systematisch zu Werk. Die Exzerpte wurden spezialisiert geordnet. Kuriose Bezeichnungen für merkwürdige Speisen, Handwerke, Gewohnheiten wurden zusammengestellt: »Hechtwürste, Bratelbraten, Eingeschneizel«; seltsame Orts- und Personennamen wurden gesammelt. Neben den Exzerptbänden entstand das ›Mitwörterbuch‹, eine Zusammenstellung von Synonyma; allein für das Wort ›sterben‹ brachte er es auf zweihundert Wendungen. Mit einem ungeheuren Fleiß legte er noch in seiner Satiren-Zeit Register über Register an, dazu wiederum »Register dessen, was ich zu thun habe«:

» 1. Dieses Register zu machen.
2. Aus der ›Geschichte‹ ein Register.
3. Aus den ›Gedanken‹ eins.
4. Das erste durchzulesen und
5. das andere.
6. Das Wörterbuch vermehren.
7. Es lesen.
8. Die ›Geschichte‹ lesen.
9. Die ›Gedanken‹ lesen.
10. Register aus den ›Thorheiten‹ machen.
11. Eines aus der ›Wizsammlung‹.
12. Diese lesen.
13. Die ›Ironien‹ lesen.

14. Ein Register daraus machen.
15. Die Anleitung zum Wizze lesen.
16. Die Tugend lesen.
17. An dem deutschen Lexikon arbeiten.
18. Lesen der Anekdoten.
19. Ein Register für die Register aus der Geschichte machen.
20. Am ersten Tage die Übungen in Stylen, am zweiten in Vorbereitungen, 3ten im Buchmachen.
21. Mein Tagebuch machen.
22. Auf die Menschen Achtung geben.
23. Meine Urtheile über die besten Autoren abfassen.
24. Ich muß mich im gemeinen Leben nach Stoff zu Gleichnissen umsehen.«

Aus dem in seinen früheren Jahren systematisch begründeten Wort-Fundus wurde die Enzyklopädistik seiner Romane gespeist, – wobei weniger die Sammlung selbst als die Schärfung der Sinne beim Auswählen und Sammeln in den Romanen sich auswirkte.

Die erstaunlich ungewöhnliche Art der »Systematisierung« in seinen Registern und in seinem Mitwörterbuch führt Jean Paul in der ›Unsichtbaren Loge‹ am Ende des 16. Sektors in einem Extrablatt über ›Erzieh-Idiotismen‹ vor: »Ich gewöhnte meinem Gustav an, die Ähnlichkeiten aus entlegnen Wissenschaften anzuhören, zu verstehen und dadurch selber zu erfinden. Z. B. alles Große oder Wichtige bewegt sich langsam: also gehen gar nicht die orientalischen Fürsten – der Dalai Lama – die Sonne – der Seekrabben; weise Griechen gingen (nach Winkelmann) langsam – ferner tut es das Stundenrad – der Ozean – die Wolken bei schönem Wetter«... etc.

Jean Paul hatte (ähnlich wie Rabelais und Fischart) einen sicheren Spürsinn für Kombinationen, die motorisch waren: d.h. die mehr hergaben als ein kurioses Sammelsurium. Sie riefen Funkensprünge hervor und brachten ihn dem Ziel näher, ein allumfassendes ›Gesamtbewußtsein‹ in seinem Werke, wie spielend, im »quer durcheinander Hinbauen« zu umreißen. Er arbeitete mit der Gelehrtenmethode der Zettel und Zettelkästen, Besucher berichten von seinen »nummerierten Fächern«, aber nicht, um die Erscheinungen der Welt zu spezialisieren, sondern sie, im Gegenteil, aus der Spezialisierung der »entlegenen Wissenschaften« zu erlösen, auf Grund von vorhandenen und erfundenen Ähnlichkeiten. Von »der Erschaffung des Schöpfers Jean Paul in seinen Werken« hat Oskar Loerke gesprochen, ein Ausdruck, der dem Verfahren Jean Pauls entspricht. Wer diesem Vorgang mit dem Zeigefinger am Begriffsgerüst dahintastend oder mit einer falsch eingestellten informationstheoretischen Mechanik nachgeht, kommt nach wie vor zum Schluß: »sinnlose Anhäufung zufälligen Wissens«. – Erst das Zusammenwirken von Wahrnehmung und Vorstellung, von Systematik und Imagination hob Jean Pauls Enzyklopädistik aus bloßer Skurrilität und ließ sie als eines der wichtigsten Elemente teilhaben an seinem schöpferischen Vorgehen: »Aus allen Winkeln des Gehirns krochen verborgene Einfälle hervor; jede Ähnlichkeit, jede die Stammutter einer Familie von Metaphern, sammelte ihre unähnlichen Kinder um sich, und gleich einer wandernden Mäusefamilie hängt sich ein Bild an den Schwanz des andern.« Eine Häufung von Bonmots und Lehren wird nicht mehr lehren, sondern aus den Lehren die ironische Gegenwahrheit des Nicht-Lehrbaren herausholen, dann aber durch den Aufeinanderprall ihrer Vergleichbarkeiten das Bewußtsein über jede lehrbare Einzelerfahrung zu einer sich weiter vorwagenden Erfahrungsanstrengung locken. Ähnliches geschieht im ›Hesperus‹ bei raren Worten, die sich der Raritäten von Herrn Le Bauts ›Cabinet d'histoire naturelle‹ annehmen. Der Gedankenstrich wird dabei Jean Pauls wichtigstes Hilfsmittel: »In einem solchen Entwurf halt' ich die unähnlichsten und feindlichsten Dinge bloß durch Gedankenstriche auseinander«, kündigt Jean Paul seine Vorrede zur zweiten Auflage des ›Hesperus‹ an. Das Mittel des Zeugma knüpft Querknoten in die Wortvorhänge: »Ich denke, ich werde heute Kopfschmerz und den Nathan und der Himmel ein Gewitter bekommen«. – »Pechholz in den Ofen und Möhren in den Magen schieben.« Katachresen sprengen die Metaphernkette und schaffen das Gegenteil vom festen Besitz, nämlich beweglichen: »Und dann zog er fort, nicht als Gewitter, sondern als Regenbogen, den er aus der achten Farbe allein verfertigte, aus der schwarzen, und zwar mit den Augenbraunen.« Nicht durch zu wenig, sondern durch zu viel Sinn, durch Sinnüberladung treten die Worte aus ihrer gewohnten Reihe und greifen weiter aus, führen hin zur »complexe et indivisible totalité«, die Baudelaire fordert, der sich auf Jean Paul beruft. Die Dichtkunst entdeckt hier neu ihre Domäne als erste konstituierende Macht; denn »die Philosophie macht« nach Jean Paul »nur die Silberhochzeit zwischen den Begriffen, die Dichtkunst aber die erste«.

Der Titel ›Hesperus‹ selbst ist unter solchen jeanpaulisch-enzyklopädistischen Gesichtspunkten gewählt. Erst während des Drucks wird er gefunden, er hat keine direkte Beziehung zum Stoff und zur Handlung, er soll, in einem Wort, die Stimmung des gesamten Werkes umfassen: signalisierend und pantomimisch. Das anfängliche Sprechen der Menschheit soll wieder erscheinen, das noch nicht zerstreut und erstarrt ist. In den Gesten dieses Sprechens, im Zusammenspiel mit der Enzyklopädistik soll es möglich sein, die große Spannweite des Romans auch im kleinsten Ausschnitt sichtbar zu machen: »Er wankte ohne Steig ins Dorf hinab, umzogen von den großen Kreisen des Kibitzvogels und von den kleinen des Maikäfers.« – Ein Gespräch zwischen Klotilde und Viktor im 7. Hundposttag weist auf diese Anfangs-Sprache hin. »Aber wie lernt das Kind unsere Sprache, wenn es nicht schon eine kann?« Viktor antwortet: »Also muß die pantomimische Sprache gerade soviel bezeichnen wie die Ohrensprache.« Er hält sie für »die erste, im Menschen dagewesene«. Wenige Zeilen weiter geht Viktor den Hintergründen dieser pantomimischen Zeichen nach und findet dort die *Erinnerung* und die *Hoffnung*. Das Wort Hesperus scheint nichts anderes zu sein als ein Hinweis auf die Koinzidenz beider Regungen und damit auf den Sinn dieses großen Romans. Jean Paul verwechselt als Enzyklopädist nicht den absoluten Geist mit der Methode einer Spezial-Wissenschaft. Er weiß, daß er das Ganze im Einzelnen antreffen kann, aber nur dort, wo seine Sprache die erste, die »dagewesene« Sprache aufspürt.

VIII

Was aber macht Jean Paul aus der traditionellen ›Tugendempfindsamkeit‹, aus deren Stimmungsbereich er doch vor allem herkam? Wann erscheint sie in humoristischer Brechung, wann formt er sie zu mythischen Naturbildern? Welches sind die Komponenten der großen Traum-Visionen in der ›Loge‹ und im ›Hesperus‹, die bis zu den All-Flügen und an die Grenzen der Musik reichen? Welche Rolle spielen die Ausläufer der ›Schauerempfindsamkeit‹, mit denen dieser Band durchsetzt ist, mit ihren Leichengesichten, Grabes- und Schlachtfeld-Stimmen, Gliederpuppen und Wachsfiguren? Wie verhalten sich die großen Vernichtungs- und Freudenaugenblicke und die Blitzschläge, die noch über Vernichtung und Vereinigung hin weiter bestehen, zu dem bisher gesichteten Teil des Kontinents Jean Paul?

Daraufhin ist zugleich Jean Pauls ›Titan‹ zu befragen, der im Band 3 dieser Ausgabe steht. – –

Weder die ›Unsichtbare Loge‹ noch ›Hesperus‹ haben ihre Höhepunkte in den letzten Kapiteln. Dort macht sich vielmehr der Widerspruch zwischen der Handlung des begrenzten ›Staatsromans‹ und der Konzeption des »unbegrenzten« Romans deutlich spürbar; im ›Hesperus‹ durch das Auseinanderfallen der ›hohen‹ und ›niedern‹ Tonart und durch die Vernachlässigung der Gestalt Klotildes; in der ›Loge‹ durch den Hippel'schen Behelfs-Gag der Briefe, der aber immerhin einen treffenden jeanpaulischen Schluß-Satz ermöglichte. – Wenn Jean Paul, kurz vor seinem Tod, den ›Hesperus‹ als ein Buch bezeichnete, das seinen ›Zweck‹ nicht erreichte, so wäre zu fragen, ob er damit jenen ›Agathonschen Zweck‹ der äußeren Handlung meinte, den das Buch sicher nicht erreicht hat, oder den von Viktor ausgesprochenen umfassenden ›Zweck‹ der Gesamt-Liebe und des Planeten-Flugs. Jean Paul beschäftigt dieses Buch bis zum Ende seiner Tage. Den Autor und seine Gestalten hat es unter einen hohen Anspruch gestellt. Es gehört zu den Unruhe stiftenden Büchern, deren Komposition nicht in Lösungen aufgehen, ebenso wie das Fragment der ›Unsichtbaren Loge‹, gleichsam der erste

Anlauf zum ›Hesperus‹. Nicht von ungefähr steht das Motiv der ›Ruhe‹ in beiden Romanen an entscheidender Stelle als ein angestrebtes, im Leben nie erreichtes Ziel, die letzte Erfüllung der Vision von der Idylle und der entgegengesetzten Vision vom großen Flug. »Ruhe! dich geben weder Freude noch der Schmerz, sondern nur die Hoffnung. Warum ruht nicht alles in uns wie um uns?« (Viktor im 45. Kapitel des ›Hesperus‹). Ruhe wird als Sehnsuchtsmotiv ausgesprochen; sie wird beschworen, wo die Wellen der Sätze im ozeanischen Stil Jean Pauls an den Höhepunkten einhalten und eine Ahnung geben vom Zusammenfall des Entzweiten. »Ein singendes Wesen schwebte durch unser Tal, aber von Blättern und Dämmerung verdeckt, weil der Mond noch nicht auf war. Es sang schöner als ich noch hörte:

– – Niemand, nirgends, nie.
– – Die Träne, die fällt.
– – Der Engel, der leuchtet.
– – Es schweigt.
– – Es leidet.
– – Es hofft.
– – Ich und Du!«

(*Unsichtbare Loge*, *54. Sektor*)

Walter Höllerer

Zur Textgestaltung

In der Einrichtung des Textes folgt unsere Ausgabe in allen wesentlichen Fragen den bewährten Grundsätzen der Kritischen Ausgabe, die ihr Herausgeber Eduard Berend in seinen »Prolegomena zur historisch-kritischen Ausgabe von Jean Pauls Werken« (veröffentlicht in den Abhandlungen der preuß. Akademie der Wissenschaften, Jahrg. 1927, Phil.-hist. Klasse, Nr. 1) ausführlich dargestellt und begründet hat.

Da die von Jean Paul lange geplante Gesamtausgabe bei Reimer erst in seinem Todesjahr 1826 zu erscheinen begann, ohne daß der Dichter noch auf sie Einfluß nehmen konnte, gibt es von ihm keine verbindliche, zu seinen Lebzeiten veranstaltete Sammlung seiner Werke. Deshalb werden unserer Textredaktion die jeweils letzten, noch vom Dichter selbst besorgten Einzeldrucke zugrunde gelegt. Unsere Ausgabe, die alle willkürlichen Eingriffe, alles Streichen und »Bessern« im Text streng vermeidet, ist um eine zuverlässige Wiedergabe der ursprünglichen Form der Werke bemüht. Darum werden neben der vorbildlich edierten Kritischen Ausgabe, deren Ergebnisse wir dankend benutzen, in jedem Fall von jedem Werk alle Originaldrucke genau verglichen, wobei wichtige Erweiterungen und Einschübe, ebenso die Varianten der verschiedenen Drucke, sofern sie inhaltliche Bedeutung besitzen, in den Anmerkungen aufgeführt oder kenntlich gemacht werden. Konjekturen und Änderungen gegen die Drucke, die bisweilen durch die Nachlässigkeit des Satzes in den Originalausgaben notwendig sind, werden nur mit großer Vorsicht vorgenommen und ebenfalls in den Anmerkungen unter Angabe des vorgefundenen Wortlautes gebucht.

Unsere Ausgabe nähert die äußere Textgestalt der Werke behutsam der heutigen Schreibweise an, läßt aber den Lautstand des Dichters unangetastet. Zwar werden in der Orthographie die altertümlichen Formen (deßhalb, bischen, Thau, Schooß, Drath, wol, blos, hinzu kommen usw.) durch die heute üblichen (deshalb, bißchen, Tau, Schoß, Draht, wohl, bloß, hinzukommen usw.) ersetzt, ebenso Fremdwörter und französische Ausdrücke in Zitaten unserer Schreibung angepaßt. Auch werden falsche oder veraltete Schreibungen von Namen (Göthe, Büffon, Nikolai usw.) durch die richtigen oder gebräuchlichen Formen (Goethe, Buffon, Nicolai usw.) wiedergegeben. Alle Eigenheiten und Eigenwilligkeiten in Jean Pauls Diktion, alle persönlichen und idiomatischen Sprachgewohnheiten werden jedoch bewahrt. So behält unsere Ausgabe z. B.: weitläuftig, Augenbraunen, funfzig, Dinte, sprützen, Heurat bei anstelle von weitläufig, Augenbrauen, fünfzig, Tinte, spritzen, Heirat. Auch dann, wenn innerhalb eines Werkes Doppelformen nebeneinander auftreten: hierbei neben hiebei, elf neben eilf, gescheit neben gescheut, Sina neben China usw., schien ein Eingreifen nicht gerechtfertigt. Jede solche Änderung oder Vereinheitlichung, auch wo sie zunächst berechtigt scheinen mag, würde das Textbild verunstalten und auf die Dauer zu untragbaren Konsequenzen und Schwierigkeiten führen. Das gilt im besonderen Maße für die Tilgung des Fugen-S im Genitiv, die Jean Paul nach 1817 rigoros in allen Werken und Neuauflagen durchgeführt hat. Obwohl diese vermeintliche Neuerung, der Jean Paul eine eigene umfängliche Abhandlung gewidmet hat, sprachwissenschaftlich sich schon sehr bald als unhaltbar erwies und der Dichter vielleicht selbst wieder von ihr abgekommen wäre, darf uns das nicht dazu verführen, diese Tilgung wieder rückgängig zu machen. So werden auch eigentliche Sprachfehler, die bei Jean Paul in der Rechtschreibung und in der Grammatik nicht selten auftreten, nur dort korrigiert, wo nachweislich eine Verwechslung vorliegt, z. B. wenn er stets Magahonie statt Mahagonie, Lordschip statt Lordship, Retoude statt Redoute, Fortins statt Fortius schreibt.

Abkürzungen werden beibehalten, sofern sie dem modernen

Gebrauch noch entsprechen: usw., d.h. und ähnliche. (Das Frakturzeichen ꝛc wurde in die entsprechende Abkürzung der Antiqua: etc. aufgelöst.) Wo diese Abbreviaturen jedoch heute unverständlich sind, wie A. d. B. für Allgemeine deutsche Bibliothek, oder schon früh zu Mißverständnissen Anlaß gaben, wie das häufige Abkürzen von Doktor, Herr und heilig in D., H. und h., werden sie besser aufgelöst. Ebenso ersetzen wir die häufig bei Zahlen vorkommenden Ziffern durch Zahlwörter. Solche ganz willkürlichen Unterscheidungen dienten ohnehin keiner bestimmten Absicht und entsprangen gewöhnlich der Bequemlichkeit des Autors oder des Setzers.

In der Anwendung der Satzzeichen folgt Jean Paul stärker als in der übrigen Sprachgestaltung seiner Werke den Vorschriften seiner Zeit, die freilich um vieles lockerer und gefühlsbestimmter angewandt wurden, als es die strengen und bisweilen starren Regeln der Gegenwart zulassen würden. „Meine Interpunktion ist die herkömmliche, wie meine Briefe zeigen“, schreibt der alternde Jean Paul an Heinrich Voß (Brief vom 17. August 1822). In den Drucken verbinden sich die Gewohnheiten des Dichters noch überdies mit den Gepflogenheiten der jeweiligen Setzer, und da Jean Paul selten an der Interpunktion korrigierte, schwankt ihr Gebrauch in den einzelnen Schriften oft sehr beträchtlich. Jean Paul bedient sich also zunächst keiner originellen Interpunktion, er ist auch im allgemeinen nicht, wie man erwarten würde, auf musikalische Wirkungen und rhythmische Gliederungen bedacht, sondern handhabt seine Interpunktion, häufig selbst gegen den Rhythmus, nach dem logischen Verständnis des Lesers oder nach der eigenen Bequemlichkeit. Fast immer fehlt bei eingeschobenen Sätzen oder Vergleichen zu Anfang oder zu Ende das Komma, vor Klammern und Einschaltungen schwankt der Gebrauch der Satzzeichen noch stärker, in Aufzählungen, die durch ›und‹ oder durch ›oder‹ gekoppelt sind, werden die einzelnen Glieder nach dem Zeitgebrauch durch Komma getrennt usw. In solchen Fällen ist es so unbedenklich wie notwendig, dem Leser das ohnehin schwierige Verständnis der langen Perioden zu erleichtern und ihm nicht durch eine mangelnde und ungewohnte Interpunktion neue Hindernisse in den Weg zu legen. Es versteht sich jedoch von selbst, daß eine strenge und pedantische Reglementierung unbedingt vermieden wird und daß alle tatsächlichen Eigenheiten Jean Pauls beibehalten werden: seine Vorliebe für den Gedankenstrich zur Trennung einer längeren Reihe von koordinierten Sätzen, vor allem in den gehobenen Landschafts- und Stimmungsschilderungen (»Die Flöte tönet fort – sie gehen den Nachtgang der Himmelleiter hinauf – zwei ängstliche Herzen zerbrechen mit ihren Schlägen beinahe die Brust – der Genius stößet die Pforte auf, hinter der die Welt steht – und hebt sein Kind in die Erde und unter den Himmel hinaus...«, vgl. S. 62, 21 ff.); das gleiche gilt für die Verwendung des Doppelpunkts vor dem zusammenfassenden Nachsatz und des Strichpunkts zwischen mehreren verbundenen Nebensätzen (›Die umkehrenden Gespielinnen kamen den Garten herauf, und beide mußten auseinander scheiden; und als Viktor noch mit erstickten Lauten sagte: ›Ruhe wohl, du edle Seele – ...‹; und als ein Auge voll neuer Tränen ihm dankte; und als er sich tief, tief bückte vor der Heiligen, Stillen, Bescheidenen und aus Ehrfurcht nicht einmal ihre Hand küßte: so umarmte in der Unsichtbarkeit ihr Genius seinen Genius vor Entzücken....«, vgl. S. 1073, 18 ff.). Diese Charakteristika besitzen als Zäsuren und rhythmische Unterteilungen eine stilistische Funktion, die auf keinen Fall angegriffen werden darf. Hierher gehört als drittes vorstechendes Merkmal noch das Fehlen des Kommas zwischen mehreren Beiwörtern, die zu einem Substantiv gehören und mit diesem als Einheit aufgefaßt sind, ein Merkmal, das in allen Schriften gleichmäßig auftritt. Nur wo ein solches Beiwort einen längeren Zusatz bei sich trägt, wird es in unserer Ausgabe durch ein Komma von den anderen isoliert, während der Gebrauch in den Drucken hier schwankt.

Auch die Verwendung des Apostrophs, mit dem Jean Paul gewöhnlich seine Prosa sehr sorgfältig und konsequent bezeichnet, richtet sich in unserer Ausgabe weitgehend nach seinem Vorbild. Jean Paul ersetzt durch den Apostroph immer ein am Wortende ausgefallenes ›e‹ (sagt', dacht', verzög'), während bei angelehntem ›das‹ oder ›es‹ der Apostroph (ins, durchs, sprachs) entfällt, wenn nicht das vorausgehende Wort verkürzt ist (wär's, bracht's) oder auf einen Vokal endet (sei's, wo's). Nur beim Genitiv der Eigennamen (Shakespeare's, Matthieu's) und in der Befehlsform in der zweiten Person Singular (geh', schrei') entfällt in unserer Ausgabe, abweichend von den Drucken und der Kritischen Ausgabe, der Apostroph, und die Schreibweise wird nach der üblichen Form geregelt.

Besondere Schwierigkeiten ergeben sich schließlich in der Anwendung der Anführungsstriche, vor allem innerhalb längerer Redeabschnitte. Jean Paul setzt die Anführungszeichen nicht nur bei der direkten, sondern auch bei der indirekten Rede, um in dieser eine dem Wortlaut nach wiedergegebene Rede von einer nur nach dem Inhalt mitgeteilten zu unterscheiden. Die Anführungsstriche müssen auch in diesem Fall natürlich beibehalten werden. Dem Brauch der Zeit folgend läßt der Dichter gern vor einem eingeschobenen »sagt' er« die Anführungsstriche fort oder trennt solche eingefügten Partikeln von der Rede selbst lediglich durch Bindestriche oder Klammern. Das fiel in den alten Drucken, die ohnehin für gewöhnlich solche gesprochene Abschnitte zu Beginn jeder Zeile mit Anführungszeichen versahen, nicht ins Gewicht, erschwert aber dem heutigen Leser die glatte Lektüre durch die Ungewohntheit einer derartigen Interpunktion. Umgekehrt stellt eine Auflösung nach dem heutigen Gebrauch in Anführungszeichen und Kommata einen zu weitgehenden und gefährlichen Eingriff dar. Wir ergänzen daher nur stets die Anführungsstriche, ohne hingegen die Klammern oder Bindestriche durch die üblichen Kommata zu ersetzen. So wird einmal die Lesbarkeit wesentlich erleichtert und zugleich der Charakter, den diese eingeschobenen Partikel oder Berichtstücke als zurückgedrängte und untergeordnete Regiebemerkungen besitzen, nirgends verwischt, ein Vorgehen, zu dem sich in den Schriften Jean Pauls auch sonst genügende und rechtfertigende Anhaltspunkte finden.

Norbert Miller

INHALT

DIE UNSICHTBARE LOGE (MUMIEN)

Ester Teil

Zweiter Teil

Drittes Heftlein

ANHANG